Cuaderno de ejercicios
COMUNICATIVOS Y GRAMATICALES

Luis Fernández Sosa

Catedrático de español,
comunicaciones y comercio exterior
Western Illinois University

V212 SOUTH-WESTERN PUBLISHING CO.

CINCINNATI   WEST CHICAGO, ILL.   DALLAS   PELHAM MANOR, N.Y.   PALO ALTO, CALIF.

CONTENido

PRIMERA PARTE: SEMÁNTICA DE LA COMUNICACIÓN COMERCIAL

INTRODUCCIÓN

TÉCNICAS DEL PENSAR CREADOR PARA LA COMUNICACIÓN COMERCIAL

SEGUNDA PARTE: REDACCIÓN DE MENSAJES COMERCIALES PERSUASIVOS Y EJERCICIOS

PRIMERA PARTE

INTRODUCCIÓN

TÉCNICAS DEL PENSAR:

1. Técnicas del pensar inquisitivo.
2. Técnicas del pensar morfológico.
3. Técnicas del pensar creador personal.
4. Técnicas del pensar creador colectivo: sesiones de torbellino de ideas y de imaginativa sinéctica.
5. Técnicas del pensar pronosticador.

INTRODUCCIÓN

0.1 La Semántica en la comunicación comercial.

El objetivo del lingüista, del estudioso de la lengua, es la investigación y descripción de las lenguas como sistemas de comunicación humana. Tener competencia en un idioma consiste en el dominio del sistema de sonidos y de los patrones estructurales básicos que lo integran. En un cuaderno de ejercicios gramaticales para la comunicación comercial nos interesa inculcar en el lector, a través de la práctica, la competencia comunicativa en el ámbito del comercio. Esta competencia se puede definir como la habilidad de actuar dentro de una situación real de la vida comercial. En esta situación se produce un intercambio dinámico en donde la competencia lingüística se adapta a todos los factores de información concurrentes, sean lingüísticos o extralingüísticos, que han aportado los participantes y existen en la sociedad.

En la actualidad el estudio de la estructura del vocabulario, esto es, el sistema de relaciones de las palabras entre sí para producir significado, forma parte de la Gramática. Este estudio recibe el nombre de Semántica. El significado de una expresión no sólo depende del orden de colocación de las palabras integrantes y de la selección realizada dentro del vocabulario, sino que, además, depende en gran medida de la situación y del fondo del acto comunicativo, como la calidad o personalidad de los comunicantes, su procedencia y demás factores no lingüísticos.

Este cuaderno puede utilizarse de varias maneras en relación con las obras *Comunicación* y *Gramática de la comunicación*. Se pueden hacer los ejercicios al mismo tiempo que se estudien cualquiera de las anteriores o se puede usar después de haberse estudiado, como otro paso más hacia la consecución de los objetivos del comunicante comercial, esto es, compartir significados. En realidad, el beneficio mayor de estos estudios resultará de integrar estos instrumentos vinculados por dichos objetivos. Son obras abiertas a las necesidades pedagógicas de sus lectores.

Este carácter pedagógico aconseja aportar las teorías del significado más influyentes de las cuales hemos aprovechado sus aspectos más útiles, como necesario preámbulo. Aquí aparecen, por otra parte, las bases teóricas del enfoque semántico de los estudios gramaticales actuales.

0.2 Teorías del significado.

Conviene repasar tres cuestiones relacionadas con el significado, vistas en las obras anteriores. Dijimos que la denotación es el sentido social convenido. En el acto comunicativo es la transformación de la designación potencial de una palabra en designación real. Connotación es el sentido secundario de la palabra, dependiente de las circunstancias de su empleo, sentimientos, el modo de decirse, la actitud del hablante, etc. Se aludió, por fin, al entorno informativo, donde hay circunstancias personales que llamamos situación y otras generales que constituyen el fondo.

Estas cuestiones repasadas se relacionan con tres aspectos del significado que pueden resumirse por medio de tres preguntas fundamentales. El mismo planteamiento de estas preguntas determina el nombre genérico dado a tres posturas que engloban varios enfoques en los estudios semánticos:

¿Qué significan las palabras? Se plantea la *teoría referencial.*
¿Cómo significan las palabras? Se plantea la *teoría conceptual.*
¿Para qué significan las palabras? Se plantea la *teoría del uso social.*

En vez de estimar estas teorías como excluyentes, nos convendrá estimarlas como complementarias, como aspectos del significado, según predomine un determinado interés en el estudio. Así, en la referencial predomina la precisión en el pensamiento; en la conceptual la transmisión del mensaje y en la teoría del uso social se atiende al resultado, a los efectos del mensaje. Si ahondamos en estas teorías veremos que el foco de interés se desplaza del emisor, en la referencial, al mensaje en la conceptual, hasta el destinatario en la del uso social.

0.2.1 Teoría referencial.

Aquí se considera el significado de las palabras como vinculado a las cosas: las palabras se refieren a los objetos, tanto físicos como mentales. Se ha hecho proverbial el llamado triángulo semiótico o del significado:

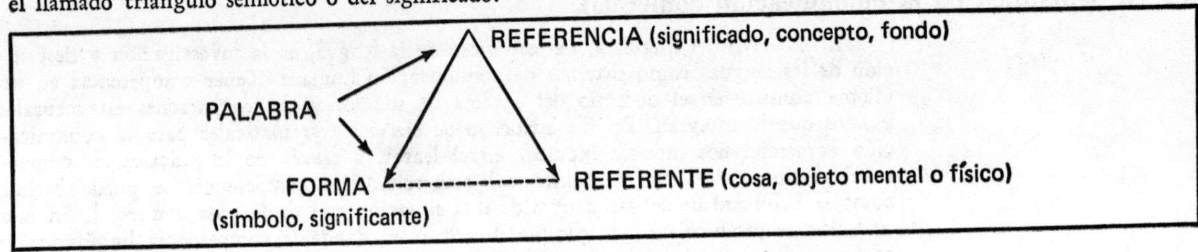

La línea interrumpida indica la relación indirecta entre forma y referente que se unen por medio del concepto. Las palabras son resultado de la combinación de forma y fondo. En la postura empirista, dentro de esta teoría, se afirma que el significado de un pensamiento se determina por su colocación dentro de la totalidad de los pensamientos de una persona, de toda su experiencia y de las relaciones de las cosas entre sí. Los pensamientos se refieren a las cosas.

Se ha censurado a esta teoría el hecho de que se puede establecer un sistema de representación del pensamiento de tipo personal que desconozca la comunicación social. Podremos denotar, además, solamente respecto a las palabras de designación potencial como los sustantivos, pero quedan fuera los relacionantes que no designan cosas. Su mayor utilidad reside en la explicación de las oraciones declarativas.

Sea que se identifique el significado de una expresión con el de la cosa referida o con la conexión — la relación entre expresión y referente — se subraya la condición simbólica de las palabras: las palabras representan algo diferente a ellas mismas. Pero dos expresiones pueden tener diversos sentidos a pesar de tener el mismo referente. El fenómeno opuesto, el mismo sentido con distintos referentes, se puede demostrar con el hecho de pronunciarse no sólo expresiones diferentes, sino la misma expresión, con contenido diverso, tal como sucede con los deícticos, las señales dentro del acto lingüístico; cuando empleamos *yo, tú, aquí, allí*, nos referimos a distintas personas y lugares que cambian según la posición del hablante.

La función referencial del lenguaje solamente es una de las varias encomendadas a este medio comunicativo, más ceñida al pensamiento, centrada en oraciones declarativas. Lo que distingue a esta función es el explicitar un segmento del discurso, de aclarar lo que se trata de comunicar, en especial, alguna cosa fuera del lenguaje: en el llamado mundo real. Debemos dar otro paso. De la referencia pasaremos a las evocaciones suscitadas por las palabras en las mentes de los comunicantes.

0.2.2 Teoría conceptual.

Ha recibido otros nombres, como teoría o nivel ideacional, siguiéndose la nomenclatura del filósofo inglés Locke. En ella se considera el significado de una palabra o expresión vinculado al concepto: las palabras señalan conceptos. El objetivo de la comunicación, según esta teoría es la transmisión de los conceptos de una mente a otra. El énfasis recae en la codificación y en la descodificación del mensaje en ideas, pensamientos, sentimientos, actitudes y demás aspectos psicológicos.

En realidad cualquier ser humano comprende las palabras de otro porque las emplea también en su propio pensar. Las mismas palabras sirven tanto para pensar como para comunicarse. Dado que el lenguaje es también expresión libre del pensamiento, con todas las particularidades según la experiencia del comunicante, siempre encontraremos que las connotaciones desbordan el sentido único que se ha intentado transmitir. Esta teoría presupone, por tanto, a la anterior: se procura explicar lo que se necesita para que el mensaje ofrezca un significado dado, pero siempre nos queda un residuo subjetivo.

Algunos de sus propugnadores ponen énfasis en la intención expresada y en la captación correcta de la misma durante el acto lingüístico; aunque a veces hallaremos que el significado es una simple función de un pensamiento expresado en ciertas palabras, en el que determinamos esta función por medio del contexto —tal como acontece con las expresiones irónicas. Debemos recordar asimismo, que al aprender su idioma nativo un niño adquiere un medio de representación para ayudarse a pensar, para formar actitudes, etc., además de adquirir la capacidad social de entenderse con los demás. Lo que necesita éste al comienzo, pues, es presumir que lo que el hablante expresa en sus palabras es también un pensamiento que podrá realizar con dichas palabras percibidas en su propio pensar. Más adelante surgirán otros principios de interpretación para entender la mentira, la ironía, la metáfora, etc.

Sostienen algunos estudiosos actuales, como Chomsky y seguidores, que el significado de una oración está determinado por su estructura sintáctica, o sea, por el ordenamiento interno de sus miembros, y por el significado de cada miembro componente de la misma. De ahí que se necesite un diccionario por el que se establezca el modo de combinar dichos miembros con vista a la estructura sintáctica permitida por el idioma para obtenerse significados. Es como una descodificación que arrojará el sentido de las combinaciones de los elementos léxicos de un idioma. Saber un idioma, para esta escuela llamada transformacionalista, consiste en saber las reglas de su empleo.

Habrá que apuntar, para completar esta posición, que el hablante puede generar, producir y comprender oraciones nuevas, debido al hecho de que primero puede componer pensamientos novedosos. Se da un significado a las palabras percibidas del mismo modo que se usan en el pensamiento personal, por la capacidad del oyente de generar pensamientos utilizando hasta las mismas palabras. El concurso de ambos comunicantes parece inescapable para producir significados. No es tanto, por consiguiente, conocer consciente o inconscientemente las reglas sintácticas de una lengua como aceptar el hecho de que pensamos y nos comunicamos con el mismo vehículo. De esta suerte sobrepasamos el escollo de necesitarse un complicado libro de códigos para entendernos con los demás.

Esta teoría, en esencia, sostiene que las ideas y conceptos son entidades reales de la mente humana: por el lenguaje se representan con sonidos o con signos gráficos para la transmisión de una mente a otra. Debemos suponer la existencia de elementos comunes en número apreciable dentro de las mentes de todos los hombres, para que haya comunicación. De ahí proceden las teorías acerca de las ideas universales que habitan en las mentes desde el mismo nacimiento del hombre. Por el lenguaje se reactivan estos elementos mentales comunes y se logra la comunicación. Esto explica el interés en la precisión del pensamiento expresado en el mensaje.

La equivalencia entre palabras y cosas resulta una consecuencia inescapable de esta posición ante el significado. Idealmente sería el mejor modo de utilizar el lenguaje para evitar la ambigüedad y la incomprensión. Pero en la realidad no sucede de esa manera. Necesitamos sumergirnos en el intercambio entre los participantes de los actos sociales, donde podamos aprovechar los resultados de usar las palabras, donde haya una correlación clara entre concepto y conducta.

0.2.3 Teoría del uso social.

Se considera aquí el significado de las palabras vinculado a la situación en la cual ocurren y a las respuestas o reacciones a su expresión. Las unidades del lenguaje obtienen su significado debido al uso que hacen de ellas las personas en los actos del intercambio social. Dentro de esta teoría englobamos a la teoría conductista y a la reciente de los actos del habla *(speech acts)* que aspira a superar deficiencias de la primera.

El significado siempre es una posibilidad del habla. El idioma permite su empleo en diferentes instituciones, en rituales o prácticas, en campos de la actividad humana, en procedimientos especiales, en deportes, en fin, en toda la gama de la actividad social a la cual se adapta. Se explica el significado con vista a la actividad en donde se emplea. Así, una anotación de tantos en un juego de básquetbol obedece a la convención de dicho deporte de anotarse según las pelotas encestadas; de la misma suerte, firmar el nombre en un trozo de papel expedido con ciertas convenciones por una entidad bancaria, representa un mensaje de pago que llamamos cheque. Es el juego o la institución los que confieren significado a una expresión.

Al incidirse nuevamente en la convención social, origen del lenguaje como vehículo de la comunicación, tendremos que fijarnos en las circunstancias en que ocurre una expresión. Nos ayudará recordar la teoría o conjunto de preguntas sobre las circunstancias: *el qué, el por qué*, etc., de darse una expresión. Se identifica, por consiguiente, el significado con la situación y el contexto y se compone de tanto la expresión como la reacción a la misma, la llamada retroinformación, el mensaje entendido como de ida y vuelta del emisor al receptor y de éste a aquél: comprende lo lingüístico y lo extralingüístico.

Esta teoría vale principalmente para los actos lingüísticos de situaciones sujetas a una inspección pública, al observarse los aspectos de la transmisión y recogerse fehacientemente porque son verificables. El hecho de que haya un amplio consenso en relación con el significado habitual de las palabras, sostiene esta teoría, debe inducirnos a pensar que el significado es una función de la situación comunicativa que todos pueden comprobar. Para que esta teoría surta efecto deben existir rasgos comunes y peculiares de las situaciones en que se emite una expresión dada.

Como los demás niveles, esta teoría se basa en otra feliz penetración en el mecanismo de la comunicación humana por medio del lenguaje. De la misma suerte que el uso significativo del lenguaje se relaciona con su referencia al mundo real, tangible, y tal como en algunos respectos nos expresamos y comunicamos pensamientos al emplear palabras como símbolos de éstos, así también sucede con las unidades léxicas del lenguaje que reciben su significado mediante su empleo, ya que están vinculadas a distintas formas de la conducta social.

0.3 Aplicación.

Para una Semántica de la Comunicación, el planteamiento del problema del significado, por consiguiente, no es tanto saber lo que es el significado sino saber el modo de compartirlo. Lo que debemos hacer, en palabras de Wittgenstein será, "no buscar el significado, sino el empleo de las palabras"; de la misma manera que la paz es el resultado del respeto al derecho ajeno y no se busca este ente abstracto, sino que resulta precisamente de actos regidos por esta consideración al prójimo. Las expresiones no tienen significado en sí, sino en el uso especial que se haga de las palabras. Después de todo, el significado es un fenómeno mental, ocurre dentro de la mente humana; como todo fenómeno cultural es creación del hombre: él es quien les confiere sentido a las formas lingüísticas.

La simbolización en el lenguaje es la conversión de algo procedente del ámbito psicológico en sonidos o signos gráficos para relacionar al emisor y al receptor en la vida social. La formación apropiada de las oraciones está determinada en principio por la estructura del significado, ese orden conferido por el hombre a la experiencia. Si prestamos atención al uso del lenguaje observaremos que el aspecto del significado supera apreciablemente al aspecto de la estructuración del sonido. Mientras que el significado se halla a ambos lados del acto lingüístico, al comienzo con el emisor, y al final con el receptor, el sonido se halla únicamente en el medio del proceso. El emisor crea una estructura semántica y la convierte en sonido. El oyente no crea ninguna, sino que al percibir el sonido lo transforma en significado. Por regla general el oyente presume que el sonido tiene un sentido; su papel consiste en recuperarlo por medio de la aplicación del mismo proceso empleado por el emisor, pero en dirección inversa.

El papel preponderante del significado dentro de nuestro enfoque parece indudable. Es mucho más fácil, además, explicar el empleo del lenguaje desde la base de un modelo semántico: cuando empleamos palabras es porque antes tenemos algo que decir con significado. Si el significado ha de pasar de una mente a otra, las palabras deben ordenarse, en primer lugar, con arreglo al nivel semántico; con vista al nivel sintáctico, en segundo; y conforme al fonológico, en tercero. Este modelo relaciona mejor el sistema con el habla, la competencia o saber de las reglas del lenguaje con la actuación o desempeño. Claro que no hay una distinción nítida, ni puede haberla, entre los tres componentes principales del lenguaje dentro de la mente pues se hallan interpenetrados. La conversión de un componente a otro es gradual e impura, no mecánica y pura.

Parece más práctico comenzar el estudio del lenguaje con un enfoque semántico, del mismo modo que exponemos la elaboración de un producto partiendo de la materia prima. Aquí la materia prima es el significado, la sustancia del contenido de una expresión. Conviene también aceptar el criterio semántico para arrancar desde una estructura más compartible con nuestros semejantes. Hay conceptos básicos en la mayor parte de las culturas, verbigracia: la buena voluntad, los colores, la nutrición, etc.

Esta parte alícuota de la humanidad debe ser el punto de partida del estudio del lenguaje para combatir un exagerado relativismo que recalca la diferencia exterior de los idiomas. Este principio debe presidir la práctica de la traducción y de la comunicación entre personas procedentes de distintas culturas. Junto con los aspectos lingüísticos tendremos otros que se hallan fuera del lenguaje. Se deben aportar estos factores relacionados con la disposición psicológica y genética, ya que facilitan el acuerdo entre los seres humanos. Partiremos, pues, de lo semejante para entendernos y luego explicaremos lo diferencial, lo que distancia y separa.

Si la anatomía y la fisiología de la producción fónica del lenguaje impiden la existencia de algunas combinaciones de sonidos en la mayor parte de los idiomas, podríamos estimar que su análogo en el ámbito semántico reside en el conocimiento universal. Hay absurdos, como nociones de perros voladores, y hay inclusiones de conceptos, como considerar a un niño como un ser animado, de la familia humana que todavía no ha llegado a su perfección de ser adulto. Todas estas consideraciones nos deben ayudar en nuestro estudio semántico. Son de aplicación general y se pueden describir. Pero veamos primero la aplicación en categorías principales del significado de las teorías referencial, conceptual y del uso social.

0.4 Categorías del significado.

Tampoco ofrecen una separación tajante entre sí, se interpenetran como acabamos de ver con las tres teorías del significado, según el objeto de estudio, y, como vimos con las categorías sintácticas anteriormente, con palabras que pasan de la categoría de verbo a la de nombre sustantivo, de nombre sustantivo a adjetivo y demás.

Precisamente, un repaso de nuestros estudios gramaticales nos mostrará un paralelo muy útil, desde el punto de vista pedagógico, entre las categorías del significado y las tres dimensiones significativas de todos los signos lingüísticos. En efecto, estos arrojan tres dimensiones significativas: una interna y dos externas. La interna vincula sonido y cosa mentada, es la dimensión simbólica. La relación del signo con los restantes miembros del repertorio lingüístico, con la red organizada del vocabulario, es la relación paradigmática, con el sistema. La segunda externa corresponde a los nexos del signo lingüístico, la palabra, con los restantes del discurso o expresión, incluso con los extralingüísticos. Es la relación sintagmática. Así, tendremos la siguiente correspondencia entre estos puntos:

DIMENSIONES SIGNIFICATIVAS PREDOMINANTES DE LOS SIGNOS LINGÜÍSTICOS		
Simbólica	Paradigmática	Sintagmática
TEORÍAS DEL SIGNIFICADO		
Referencial	Conceptual	Uso Social
CATEGORÍAS DEL SIGNIFICADO		
Existencial	Estructural	Intencional

0.4.1 Categoría existencial.

Su principio fundamental consiste en la equivalencia entre palabras y cosas, sucesos, acciones y cualidades representadas. La relación de referencia, también llamada denotativa, es esencial, pues, para la comprensión del significado: en otras palabras, hay un sentido en el cual algunos elementos del vocabulario de todos los idiomas se pueden poner en correspondencia con aspectos del mundo tangible. Son las llamadas palabras con sustancia, tales como los sustantivos, adjetivos, verbos y adverbios. Estas categorías sintácticas son inseparables de las categorías semánticas. Se puede afirmar, incluso, que los modos de significar de la gramática tradicional han vuelto a aceptarse dentro de los estudios contemporáneos: un nombre designa un ser, un verbo una acción o estado, etc.

Pero la aceptación de este criterio no entraña la supresión de los demás sentidos, ni tampoco, hemos de repetir, que todos los elementos del vocabulario tienen referente. Lo que importa destacar es la presuposición de que hay una existencia, una realidad que se deriva de nuestra experiencia directa con los objetos del mundo tangible. Esta noción de existencia real es básica a los efectos de sostener una relación que se refiere a cosas. La aplicación de los términos *existencia* y *referencia* se puede extender de varios modos. Por ejemplo, aunque no haya entes tales como unicornios ni centauros, podemos darle una existencia mítica o ficcional en determinado tipo de discurso. Podremos extender dicha aplicación, asimismo, a otras construcciones mentales tales como átomos, genes, y demás entes pertenecientes a la esfera abstracta. Debe recalcarse el hecho de que hacemos una extensión por analogía respecto a la aplicación a objetos tangibles, la que realizamos de continuo en el lenguaje diario. El principio general, pues será de que la referencia presupone la existencia.

Los idiomas imponen una estructura o categorización de la experiencia sobre el mundo y establecen fronteras arbitrarias en su percepción. Por dicha causa a menudo es imposible ofrecer equivalentes lexicales entre los diferentes idiomas. Por otro lado, lejos de entrañar una deficiencia la imprecisión de la categoría existencial, la misma imprecisión dota de flexibilidad al proceso comunicativo. La precisión perfecta es inalcanzable: no hay límites para el número y naturaleza de las percepciones que se puedan tener de los diversos objetos; no hay tampoco virtud alguna en ofrecer más distinciones de las necesarias para el propósito específico de un acto comunicativo.

0.4.2 Categoría estructural.

El significado de una palabra se halla en el lugar que ocupa dicho significado dentro del sistema de relaciones de todo el léxico de un idioma. La relación contraída dentro del sistema respecto a las demás palabras es su significado. Por virtud de su potencialidad de ocurrir en determinado contexto, la unidad lingüística entra en dos tipos de relaciones. Llamamos relación paradigmática la relación con las demás unidades que pueden ocurrir en dicho contexto, ya dejadas fuera por nuestro proceso de selección. Llamamos relación sintagmática la resultante entre la palabra y las demás con las cuales la hemos combinado. La declaración de que el significado de cada término es una función del lugar que ocupa en su propio sistema, determina una serie de relaciones semánticas al nivel paradigmático o del sistema que veremos a continuación. Veremos las relaciones al nivel sintagmático en la categoría intencional más adelante.

La premisa fundamental del estructuralismo, por tanto, consiste en la afirmación de que cada elemento lingüístico tiene su lugar en un sistema, y su función o valor se deriva de las relaciones con los demás miembros del sistema. Podremos deducir dos *principios* semánticos de dicha premisa. El primero es el principio del *contraste*, el segundo es el principio de los *elementos constituyentes* o de los *componentes semánticos* de las palabras. Las relaciones *contrastivas* principales son *oposición*, *antonimia*, *contraposición* y *dirección*. Las relaciones *componenciales* principales son la *hiponimia* y la *incompatibilidad*.

0.4.2.1 Oposición.

Se dice normalmente de las expresiones o palabras cuya afirmación implica la denegación de otra y cuya denegación entraña la afirmación de su opuesto. Así, tenemos *macho* y *hembra*; *jefe* y *subordinado*; *Juan no está casado* y *Juan está soltero*.

Son relaciones binarias o dicotómicas en donde llamamos a los términos colocados en esta relación con el nombre de *complementarios*. Nos referimos claro al orden normal de las cosas, pues si necesitamos apuntar a un caso de anormalidad, por ejemplo, con *macho* y *hembra*, usaremos la voz *hermafrodita*, en donde coalescen ambas cualidades.

0.4.2.2 Antonimia.

La relación de complementaridad obligatoria de la oposición no se da entre los llamados antónimos. Si decimos que *Juan es bueno* queremos decir que *Juan no es malo*, pero si decimos *Juan no es bueno* no significamos que *Juan es malo* necesariamente. De ahí que encontremos entre estos elementos léxicos grados intermedios que no existen entre los opuestos del primer grupo. Entre la bondad y la maldad hay multiplicidad de matices.

La antonimia se da, pues, con respecto a términos situados dentro de una polaridad, *bueno/malo, alto/bajo, fuerte/débil*. En realidad siempre comportan una comparación que puede ser explícita o implícita, porque el hablante tiene una norma de comparación, aunque no la exprese. Si decimos que *Juan es un empleado eficiente*, tenemos en mente una norma referente al tipo de trabajo, sea de oficina, de transporte, etc. En el vocabulario cotidiano se refleja la tendencia del pensamiento a polarizar la experiencia y juzgar en términos de oposición. Por ello tendremos que matizar o puntualizar para impartir una información completa. Por ejemplo, cuando nos preguntan, "¿Fue difícil el trabajo?", nos contentaremos con un *sí* o con un *no* si lo único que importa es expresar la oposición, pero usaremos otras expresiones cuando interese establecer una gradación apropiada. Hemos observado, por otro lado, la existencia de antónimos morfológicos: *eficiente/ineficiente, armado/desarmado* con prefijos, o lexicales, *frío/caliente, sueño/vigilia*, o por medios sintácticos con voces afirmativas o negativas, como vimos en los ejemplos anteriores.

0.4.2.3 Contraposición.

Entendemos por este término la relación entre expresiones o elementos léxicos cuya enunciación supone la existencia de su recíproco. Con la voz *padre* suponemos la existencia de *hijo*, son relaciones inseparables por consiguiente. Si decimos que *Juan se casa con Petra* por fuerza se implica que *Petra se casa con Juan*. La reciprocidad de esta relación determina la calificación de *recíprocos* a los elementos lexicales o expresiones que la comportan.

0.4.2.4 Dirección.

El contraste direccional apunta a un movimiento en alguna dirección con respecto a algún punto. Es la relación entre *dar* y *recibir, vender* y *comprar, llegar* y *partir*. Obra por excelencia en las relaciones especiales: *arriba/abajo, ir/venir*, como también en las temporales: *antes/después*, por lo que sirven como deícticos en la situación comunicativa como ocurre con *aquí* y *allí*, con *este* y *ese, tuyo* y *mío, yo* y *tú*. La importancia de esta relación semántica parece ser decisiva para la formación de los tiempos verbales donde se mueve la acción verbal desde un punto de vista, desde el presente, hacia atrás o hacia adelante, según convenga. Es posible que todo el sistema de oposiciones se base en una extensión analógica de esta orientación y movimiento que una persona utiliza en su propio entorno. Más tarde se extienden por analogía a los demás objetos y procesos del mundo. Los casos de *arriba* y *abajo* y de los puntos cardinales *norte*, como arriba, *sur* como abajo, etc., parecen confirmar esta cuestión.

0.4.2.5 Hiponimia.

Este término recién acuñado en la Semántica surgió por analogía con sinonimia y antonimia. Si bien el término es de creación contemporánea, su noción ha estado con nosotros desde el comienzo; es la *inclusión* que siempre ha sido reconocida como una de las leyes organizadoras del vocabulario. Se utiliza esta voz por razones de claridad en la exposición. Vemos las relaciones entre *rosado, escarlata, rojo* y *color*; donde *color* incluye a *rojo*, y éste a su vez incluye a sus hipónimos *escarlata* y *rosado*. Se llama generalmente al término incluyente con el nombre de *superordinado*, aunque otros usan *archilexema*, como análogo de *archifonema* en Fonología.

Se dice que hay una relación unilateral donde un término implica al otro pero no en dirección inversa. El principio semántico de la hiponimia nos permite ser más específicos o generales según lo aconsejen las circunstancias comunicativas. El efecto más importante de la distribución jerárquica del vocabulario por medio del principio de la hiponimia es la estructuración toda de la cultura. No solamente las cosas o utensilios se definen por medio de su función, sino que, además, reflejan el orden jerárquico de las instituciones en que funcionan. En este respecto señalamos a las cosas por los valores e intereses que hay en la sociedad, en la actividad humana a la que sirven. De ahí que los idiomas difieran considerablemente en la equivalencia de los términos; una actividad puede estar más desarrollada en una cultura que en otra, lo que causará una traducción de equivalentes aproximados. El traductor bilingüe habrá de observar las posibilidades de superposición cultural para aprovecharlas en su trabajo.

Sobresale una variedad de hiponimia también conocida desde antiguo: *la relación de las partes con el todo*. Es la relación semántica entre *llavín* y *picaporte* con *puerta*, y de ésta con *casa*. La distinción con la inclusión de los colores es evidente: el llavín y el picaporte no son una clase de puerta del modo que *rosado* y *escarlata* son colores al igual que *rojo* y todos se subsumen bajo el término titular *color*. Esta condición oculta muchas veces las relaciones entre las partes y el todo cuando existen muchos términos intermedios. En muchas ocasiones, por otra parte, tendremos necesidad de emplear esta inclusión de un término en otro para definirlo, tal como sucede con los *segundos*, los *minutos*, las *horas* y el *día*.

El nombre colectivo es otra variedad importante de esta relación semántica de tipo componencial. Hay una relación de inclusión en *ganado* y *res, biblioteca* y *libro*. Podríamos utilizar el término *lexema*, ya visto en trabajos anteriores, para decir que los colectivos con lexemas que denotan agregados, grupos de personas u objetos. Existen, igualmente, distinciones culturales respecto a la distribución de colectivos cuya expresión será a veces en singular, como sucede con *mobiliario*, o en plural, como conjunto de unidades contadas, como *los muebles*. La hiponimia se halla presente en la clasificación de distintas disciplinas entre las que sobresalen la Biología, la Botánica y la Zoología con sus jerarquías trazadas en orden vertical donde el género abarca la especie.

0.4.2.6 Incompatibilidad.

Es la relación de contradictoriedad que hallamos en las oraciones. Si decimos que *Juan tiene puesto un traje blanco*, se desprende que dicha expresión es contradictoria de *Juan tiene puesto un traje azul*. Los colores forman parte de un orden o espectro donde el empleo de uno de los términos excluye a otro perteneciente al mismo orden. De ahí que también podamos decir que la relación de incompatibilidad también es de *exclusión*. Observamos que mientras en la inclusión la metáfora espacial usada es de perpendicularidad, ahora tenemos en esta explicación una metáfora de horizontalidad. Esta cuadriculación de los elementos se verá más adelante en métodos estructurales de estudio semántico.

La relación incompatibilidad contribuye en gran medida al conocimiento. Al saber los límites entre los distintos significados pertenecientes al mismo orden, sabremos comunicarnos con mayor efectividad. Esto presupone el conocimiento de todos los miembros. Aunque puede darse el conocimiento de algo sin referencia a sus contiguos, en la práctica se aprende de modo simultáneo con continuo ajuste de las fronteras significativas de cada término, hasta que se asemeje a la norma habitual en la actividad o en la comunidad lingüística correspondiente. Siguiendo con los colores como ilustración, aquellos cuya profesión o interés demande mayor acuidad en la distinción entre los diversos colores, como es el caso de los pintores, desarrollarán una terminología más amplia. En un comunicante comercial el orden a desarrollar, primordialmente, será la clase de los mensajes según el objetivo de cada ocasión. Por supuesto este conocimiento tendrá lugar después de haberse obtenido el conocimiento menos preciso de la comunidad que no necesita saber las distinciones particulares para sus necesidades. Recalquemos que la incompatibilidad no es una mera diferencia de significado entre cualquier grupo de términos. Los términos han de figurar primero en un orden particular, como un *continuum*, y no hallarse totalmente desligados o carentes de contigüidad significativa.

Una particularidad de la incompatibilidad, la exclusión de combinaciones no binarias o dicotómicas, se observa en las *series*, los *ciclos*, los *rangos* y *escalas*. Las series por excelencia son los números ordinales y cardinales. Por ejemplo, cuando decimos *la cuarta pregunta*, excluimos a las restantes, que al menos son tres más. En los días de la semana tenemos un ejemplo de ciclo, son clasificaciones periódicas del tiempo. El rango militar, el rango académico, el burocrático, etc., son muestras de combinaciones estructuradas a base de la incompatibilidad. El rango de sargento, por ejemplo, está circunscrito por los grados de teniente y cabo. Las escalas de evaluación de *excelente, bueno, regular, malo* y *pésimo*, con cinco términos, muestran la relación de incompatibilidad respecto a la conducta. Pudiéramos incluir entre las escalas más corrientes a los distintos tipos de longitud, pesos, etc. Así, un metro excluye a un metro y medio.

0.4.2.7 Métodos estructurales.

El método de los *campos semánticos* ha gozado de gran aceptación en diversísimas disciplinas. Se ha utilizado en Antropología para las relaciones de parentesco, en las Ciencias Naturales para la distribución de la flora y de la fauna, para sólo mencionar las más conocidas de las aplicaciones. Los resultados obtenidos demuestran la utilidad del enfoque estructural a la Semántica y confirman las observaciones hechas por (von) Humboldt y por Saussure, de que los vocabularios de los distintos idiomas no coinciden al codificar la experiencia. Se hacen distinciones en un idioma que no se hacen en otro; como tampoco las zonas de empleo de los términos mantienen las mismas fronteras. Esto se nota con el siguiente cuadro de términos empleados en español, francés e inglés:

SELVA	BOSQUE	MADERA
FORÊT		BOIS
FOREST	WOOD	

El léxico de una lengua, pues, se divide en sectores de palabras interrelacionadas. Cada uno de los conjuntos de vocablos que comportan un contenido común, un término superordinado, se denomina campo semántico. A cada uno de los rasgos distintivos se les llama *semas*. El primero que utilizó este método fue Trier, aunque lo formuló de modo muy rígido. Para él, el campo semántico era un conjunto de elementos delimitados mutuamente sin superponerse, "como las piezas de un mosaico" o de un rompecabezas. Pero las piezas están en estado de flujo, en perpetuo cambio. Si uno de los conceptos cambia en el transcurso del tiempo, los otros del mismo sector se ven también modificados, lo cual implica, automáticamente, un cambio en el significado de las palabras correspondientes.

Parece evidente que estas delimitaciones son ideales. Este fenómeno de la asociación, por otro lado, muestra que cuando se produce un vacío, la pérdida de un miembro del campo, éste no queda automáticamente compensado por la extensión de las palabras próximas. Son casillas, por consiguiente, de orden ideal. No existen, además, coincidencias perfectas entre campo nocional y campo lexical, entre la noción de algo y la palabra que lo designa. De ahí el frecuente recurso de perífrasis del tipo *el hecho de remar*, por falta del sustantivo correspondiente.

El *análisis componencial* es uno de los métodos más extendidos en todas las disciplinas de estudio. Hay varios modelos. En el primero, más sencillo, se van descomponiendo los rasgos distintivos, los semas de una palabra, hasta llegarse a sus últimos rasgos, para contrastar estos componentes con los componentes de las otras palabras relacionadas en su campo. Por ejemplo, con *hombre, mujer, niño* y *niña*, podemos partir como pertenecientes al superordinado *ser humano*. Sus relaciones entre sí se pueden representar en el siguiente esquema bidimensional:

<table>
<tr><td colspan="3" align="center">SER HUMANO</td></tr>
<tr><td></td><td align="center">MACHO</td><td align="center">HEMBRA</td></tr>
<tr><td>ADULTO</td><td align="center">HOMBRE</td><td align="center">MUJER</td></tr>
<tr><td>JOVEN</td><td align="center">NIÑO</td><td align="center">NIÑA</td></tr>
</table>

El cuadro anterior muestra dos dimensiones de significado: sexo y adultez, aunque haya una separación implícita de antemano entre el ser humano y los demás seres animados.

Hay otro modelo de mayor popularidad, con notaciones de los signos (+) y (—), para establecer distinciones binarias según los criterios elegidos para realizar el análisis. Si contamos con los criterios de *ser humano, adulto* y *macho* (el masculino como término más indiferenciado), nos dará:

$$
\begin{array}{ll}
\text{hombre:} & + \text{ ser humano} + \text{adulto} + \text{macho} \\
\text{mujer:} & + \text{ ser humano} + \text{adulto} - \text{macho} \\
\text{niño:} & + \text{ ser humano} - \text{adulto} + \text{macho} \\
\text{niña:} & + \text{ ser humano} - \text{adulto} - \text{macho}
\end{array}
$$

Hemos expuesto, pues, un análisis componencial con oposición binaria.

El análisis componencial guarda relación respecto a la factorización en la Aritmética. Hay una proporcionalidad indudable si exponemos que

$$
\begin{array}{ll}
 & 4 \text{ es a } 10 \\
\text{como} & 6 \text{ es a } 15 \\
\text{como} & 8 \text{ es a } 20 \\
 & (2x) \quad (5x)
\end{array}
$$

con el paralelo dado por los rasgos o semas *sexo* y *adultez*:

$$
\begin{array}{c}
\text{sexo} \\
\text{el hombre es a la mujer} \\
\text{como} \\
\text{el niño es a la niña} \\
(\text{macho } x) \quad (\text{hembra } x) \\
\text{adultez} \\
\text{el hombre es al niño} \\
\text{como} \\
\text{la mujer es a la niña} \\
(\text{adulto } y) \quad (\text{joven } y)
\end{array}
$$

Hay, asimismo, conexiones con la Lógica. De la misma manera que podemos dar definiciones por medio de la utilización de relaciones contrastivas y componenciales, se pueden dar las relaciones lógicas de inferencia e incongruencia a base de los términos hiponimia e incompatibilidad. Así, si decimos *la secretaria es mujer*, implicamos que *la secretaria es adulta*, y *la secretaria es mujer* es incongruente con *la secretaria es hombre*. Las relaciones de tautología y contradicción se observan también con base a la hiponimia y a la incompatibilidad en los siguientes ejemplos:

Ese hombre es adulto, implica una tautología

Esa niña es hombre, entraña una contradicción.

Hemos de apuntar que otro aspecto útil del análisis componencial radica en la obtención de consecuencias lógicas de las definiciones, pues damos prioridad al significado de las oraciones donde aparecen los términos más que a las palabras por sí solas. La verdad y la falsedad, por tanto, son propiedades de los significados de las oraciones que se han determinado por el sentido estructural.

El *análisis onomasiológico* es otro método estructural que ha merecido la atención de importantes lingüistas contemporáneos como Coseriu, Pottier, Hjelmslev y Katz. Según Coseriu los semas son los rasgos mínimos distintivos del significado que operan dentro de un campo léxico específico y que sirven para estructurar dicho campo a varios niveles de oposición. Halla, en cambio, componentes genéricos que llama *clasemas* que son comunes a lexemas (unidades de sentido) que abarcan a varios campos léxicos. Estos términos amplios son también ordenadores sintácticos tales como las oposiciones *animado/inanimado, macho/hembra*, etc. De ahí que dichas oposiciones determinen también la interdependencia de sustantivos y adjetivos como de sujeto y verbo. El clasema determina, por ejemplo, que no podamos decir *ese hombre se encuentra en estado de gestación,* puesto que cualquier sujeto que contenga el componente semántico de *macho* como *ese hombre* se halla constreñido a realizar funciones inherentes a su significado biológico.

Se ha hecho proverbial el análisis de Pottier sobre *silla, sillón, banqueta* y *mecedora* que parten del clasema *superficie plana:*

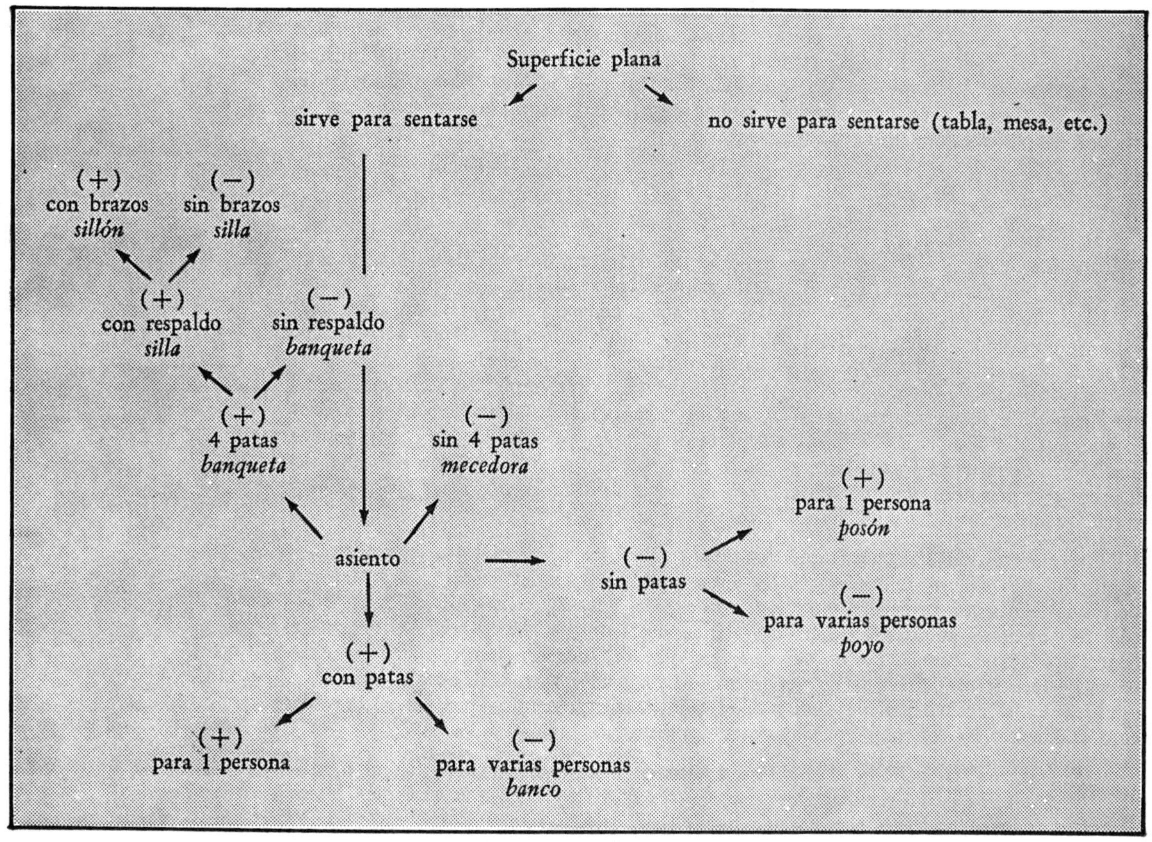

Podemos decir, entonces, que desde el clasema *superficie plana* hemos deducido los semas *asiento, para una persona, con cuatro patas, respaldo* y *brazos,* y el resultado arroja el semema llamado *sillón. Semema* es el conjunto de semas resultante del análisis de los componentes. Este análisis onomasiológico — relativo al nombre — caracteriza a los diccionarios ideológicos. Este tipo de diccionario, como el de Casares, es un gran auxiliar del redactor al dar formas lingüísticas apropiadas a las ideas o nociones que se intentan expresar. Hay otros diccionarios llamados ideoconstructivos, muy útiles también, pues dan racimos de palabras semejantes en el contenido, que el redactor o emisor escogerá según su pertinencia.

El *método semasiológico*, en cambio, caracteriza a los diccionarios alfabéticos. Decimos semasiológico porque partimos del semema. Con *sillón*, por ejemplo, hay diccionarios que lo definen como *silla de brazos, mayor, y más cómoda que la ordinaria*. Del nombre *sillón* se deducen sus semas.

Todos estos métodos se usarán con cautela pues sólo ofrecen las distinciones fundamentales de relación entre los elementos de un campo léxico y ofrecen como resultado lo que hemos establecido previamente como criterios distintivos. Se encuentra, pues, lo que se busca. Las matizaciones del significado responden al nivel sintagmático o del discurso. La categoría estructural se halla ligada a la capacidad de información de los elementos léxicos que se utilizan en la Informática. La unidad de información es el llamado *bit* (fusión abreviada de las voces inglesas *binary* y *digit*, "dígito binario") que determina la información mínima de una oposición binaria — que hemos llamado semas — entre unidades significativas.

Tendremos las siguientes consecuencias informativas. Cuanto mayor sea el número de oposiciones binarias (*bits*) de un lexema dado, mayor será la información, puesto que aumenta el campo de complementación u oposición con los términos negativos. Y, al contrario, la mayor capacidad de un lexema, como ocurrió con el clasema *superficie plana*, de inclusión de términos, está en razón inversa al número de *bits* del mismo. Esto obedece al hecho de que cuantos más elementos tiene una clase, menor es el número de elementos en oposición con signos negativos y todos los elementos no incluidos en él, lo están en su complementario.

0.4.3 Categoría intencional.

Es el sentido de las palabras en un discurso dado, en un acto del habla, esto es, al nivel sintagmático, dado por los comunicantes dentro de su libertad de combinar elementos léxicos del sistema. Es, pues, una relación concreta que se establece en cada acto comunicativo por medio del lenguaje, entre emisor y receptor. Todo acto sémico no se produce en el sistema, al nivel paradigmático, sino por el discurso en el habla real. El conjunto de hechos conocidos por el receptor, por ejemplo, en el momento del acto sémico, e independiente de este, constituye parte de su situación; mientras que lo que sepa el emisor de su receptor será parte de la suya. La situación está determinada por las circunstancias particulares de cada comunicante y el fondo por las generales que comparten ambos con la comunidad. Ambas circunstancias englobadas, situación y fondo forman parte del significado intencional.

Ni la categoría existencial, que nos da un referente claro, ni la categoría estructural, que nos da una relación genérica entre los elementos del léxico, son suficientes para una Semántica de la comunicación. Se necesita, además, satisfacer con más plenitud las funciones apelativa, fática y artística del lenguaje. Las funciones expresiva, denotativa y metalingüística quedan mejor explicadas dentro de las categorías existencial y estructural. Hemos de acudir a la categoría intencional puesto que en el discurso, en el acto del habla, hallamos el significado pretendido por los actores del acto comunicativo con objeto de alcanzar un resultado.

En efecto, el significado es la cosa o acción en la categoría existencial; el significado es la relación de un elemento léxico con otros en el sistema; en la categoría intencional lo constituye el efecto producido por virtud de asociarse emisor y receptor. El significado radica en la asociación de comunicantes con vista a un resultado. De ahí que el significado de las palabras sea, en última instancia, el efecto conseguido: el principio capital de esta categoría. Aquí está el origen del énfasis actual en la competencia comunicativa como aspecto fundamental del conocimiento de una lengua. Se procura saber actuar dentro de un idioma para conseguir determinados resultados. Una verdadera competencia comunicativa depende de la habilidad de un hablante dentro de los actos diversos que impone la vida social. Para un comunicante comercial, por tanto, resulta imprescindible el conocimiento de los diferentes mensajes que forman parte de la actividad comercial. Cada tipo de mensaje es un acto comunicativo. El manejo efectivo de los mensajes comerciales es prueba de la capacidad comunicativa en esta esfera de la actividad social.

0.4.3.1 El acto del discurso.

La corriente actual en los estudios de la Semántica conocida con este nombre se propone caracterizar la naturaleza del lenguaje en términos de una noción dinámica: usamos el lenguaje para la acción. Explicar o describir es una de las muchas acciones que hacemos con el lenguaje, también prometemos, preguntamos, acordamos, ordenamos, etc. Al expresar una oración el hablante, en realidad, desempeña tres tipos de actos: 1) el *locucional* o elocutivo, la pura enunciación lingüística que puede tener o no significado; 2) la ejecución de un acto que puede ser de alabanza, de crítica, de acuerdo o de cualquier otra clase; el hablante intenta producir este acto formulado previamente en su mente, que, al pronunciarse o emitirse al exterior por ello, recibe el nombre de *ilocucional*; 3) el hablante logra una respuesta del oyente: cambiarle su actitud, agradarle, o simplemente inducirle a realizar un acto ulterior. A este tercer acto se le llama *perlocucional*. El hablante, pues, expresa una oración, pura enunciación lingüística (acto locucional), con una intención particular (acto ilocucional), que alcanza determinado efecto en su oyente (acto perlocucional).

La tarea fundamental de la Semántica, según esta corriente, consistirá en explicar el significado de una oración, no sólo con base a una relación entre las oraciones y un contexto extralingüístico que esas oraciones se encargan de representar, sino también con base a lo que hace el hablante con una oración: qué acto lleva a cabo y cuáles presunciones — llamadas también presuposiciones — alberga, al realizar el acto lingüístico. Se procura solucionar el problema del significado no solamente de las oraciones declarativas, sino, justamente, de la gama completa de los actos lingüísticos realizados con preguntas, mandatos, promesas, exclamaciones, sugerencias, exhortaciones, negaciones y demás. El lenguaje, por consiguiente no se entiende sólo como vehículo para la transmisión del pensamiento, uno de tantos entre los actos lingüísticos, sino que, incluye además, cuantas actividades sociales se hacen por su medio.

Se desprende una consecuencia fundamental de esta corriente encabezada por el lingüista Austin, para el redactor actual: las normas esenciales de la redacción son *las condiciones apropiadas para el uso de las palabras y oraciones*. El fin se convierte en la norma de propiedad gramatical. No se hacen distinciones entre expresiones gramaticalmente correctas o incorrectas, sino entre expresiones efectivas o inefectivas. Los parámetros, por consiguiente, son los usos apropiados o inapropiados del lenguaje, para conseguir determinado resultado en el acto comunicativo. Ahora se caracteriza la habilidad de un hablante según el empleo adecuado del lenguaje en un determinado contexto. Al recalcarse el aspecto de la actuación o desempeño en lugar del conocimiento de las reglas de un idioma, la llamada competencia, se incide en la meta presente de los estudios gramaticales: la competencia comunicativa.

Esta posición se ha continuado por Grice con la titulada Semántica Pragmática. En toda comunicación, sostiene dicho lingüista, existe un acuerdo genérico de cooperación entre hablante y oyente. Este principio rector se incrementa en la conversación. Así, ha elaborado una serie de normas que deben seguir los participantes en dicho acto de intercambio oral para que cristalice la comunicación. Debe darse la mayor cantidad posible de información de acuerdo con los propósitos del intercambio. Se dirá sólo lo que se estime cierto, siempre y cuando haya evidencia de su certeza. Únicamente se ofrecerá lo que sea pertinente. En cuanto a la actitud, por último, será de carácter consciente, esto es, se tendrán en cuenta las significaciones posibles de las palabras emitidas. Estas recomendaciones se pueden condensar en los siguientes pares de máximas: a) evitar la oscuridad y ambigüedad, y b) ser breve y ordenado en la expresión.

0.4.3.2 Sentido temático.

Lo que sostienen lingüistas como Leech, de que hay un sentido temático en el lenguaje, resultado de lo que se comunica y en virtud del modo en que se ha organizado el mensaje, del foco de interés y de la distribución de los elementos léxicos, no es más que el conjunto de normas de la redacción, ofrecido en los estudios anteriores. La Lingüística contemporánea, por tanto, al destacar la importancia del componente semántico, lo que hace es facilitar la aplicación de sus investigaciones al uso real del lenguaje, al nivel sintagmático o del discurso.

Lo que se necesita ahora es observar la relación de cada palabra, de cada oración con el discurso o enunciado total de que forman parte. El significado no existe en forma abstracta, en el sistema solamente, sino, además, dentro del contexto lingüístico. El sentido temático se relaciona, pues, con la importancia relativa de cada elemento oracional dentro del tipo de mensaje de que se trate, entendido como una totalidad significativa.

Esta corriente de la Semántica del acto del habla corrobora la necesidad de comunicarse con conciencia de los elementos lingüísticos utilizados. Este sentido temático constituye, por así decirlo, el método fundamental de una Semántica de la comunicación. Se tiene conciencia de la información antigua del mensaje que obra como marco de la nueva: ésta es el foco pues constituye el meollo del mensaje. Así podemos discernir lo subsidiario y lo relevante de un mensaje, según la capacidad informativa menor o mayor de los elementos constitutivos, alineados de modo deliberado. El significado, se desprende de esta posición, no puede considerarse nunca de modo aislado: los elementos lingüísticos se combinan según determinada intencionalidad que procura ciertos efectos. El emisor, por tanto, vuelve a tener presente a su destinatario para producir significados compartibles. El significado es un problema fundamental del lenguaje. Si el lenguaje es una manifestación de la libertad humana, como se ha afirmado desde el principio de los tiempos, su plano más propio es la finalidad que persigue el hablante al emplearlo. El lenguaje, además, es la primera manifestación del hombre como ente capaz del conocimiento interno y externo. Por el lenguaje el hombre objetiva y fija sus impresiones y reacciones inmediatas, o sea, representa con él el contenido de su conciencia. Más allá de la facultad de pensar, el lenguaje permite conocer. El lenguaje, lejos de poder reducirse a una categoría existencial, referencial o intencional, las abarca a todas. Por el lenguaje se manifiesta el pensamiento y la actividad, la interioridad y la exterioridad del hombre. Lo lógico, lo poético, lo instrumental, se hallan insertos en el lenguaje, para conocer y dar a conocer.

La semanticidad no está únicamente en el sistema o sólo por el sistema en la lengua abstracta, como es la atribución de determinados significados categoriales a determinados elementos léxicos y pretendiendo que a la misma forma corresponda siempre el mismo significado. Esto implica ignorar que la lengua o sistema no es una realidad autónoma, sino que se estructura sobre la base del discurso, del habla. La norma verdadera no es un sistema fijo e inmutable sino un simple promedio resultado de constatarse los efectos del acto lingüístico. La lengua alberga significados potenciales que se actualizan en el habla, esto es, adquieren realidad mediante las determinaciones realizadas por los actores — emisor y receptor — de la comunicación. A las significaciones, a la estructura interna primaria, les salen, les brotan las palabras y no viceversa. La intencionalidad es parte del acto lingüístico: la redacción efectiva y el sentido temático son una misma cosa.

El significado *per se*, además, no puede "observarse", como quisieron los behavioristas o conductistas al ligarlo con la situación nada más. No tiene el mismo tipo de objetividad que las cosas y los acaeceres físicos. Pero esto de ninguna manera entraña que pueda ignorarse o interpretarse sólo lo tangible del mensaje. La razón es sencilla: el significado está al mismo tiempo en la naturaleza, en la realidad física, y en la conciencia, en la realidad interna. El método externo únicamente, como querían los empíricos, resulta enteramente impropio e inadecuado. La introspección, por otra parte, se logra con grandes trabajos. Ha de incidirse, como consecuencia, en el diálogo, en el intercambio lingüístico y extralingüístico, en el acto del habla, donde se ajustan y reajustan los significados entre los participantes según sean sus necesidades comunicativas. La objetividad reside en el carácter intersubjetivo del acto lingüístico. El significado, hemos de concluir, es intersubjetivo.

Es indudable que a la misma forma pueden corresponder varios contenidos semánticos, y que cada palabra, cada acto lingüístico nuevo, representa un nuevo significado. La esencia del significado es dinámica y no estática. Dado que el lenguaje es el fundamento mismo de la intersubjetividad, en cada mensaje se intercambian nuevos significados. Algo se comunica, es decir, se hace común, de modo que la referencia de la palabra se vuelve objetiva. Se han de rechazar pretensiones de exclusividad y de validez por parte de cualquiera de las posturas. Responden a investigaciones distintas e igualmente válidas, que se ocupan de aspectos diferentes y que plantean nuevos problemas.

Entre los problemas planteados por esta distribución tripartita de categorías del significado se halla la inclusión, dentro del nivel sintagmático del signo lingüístico, de viejas relaciones semánticas consideradas a otros niveles en otros estudios. Esta Introducción tiene un carácter esencialmente pedagógico, orientador por consiguiente. Esto determina la adjudicación de la *sinonimia, la homonimia* y la *polisemia* al nivel sintagmático. Hemos querido viabilizar la explicación pedagógica mediante esta reunión del nivel sintagmático con el acto del habla, donde combinamos los elementos léxicos para que el receptor obtenga los significados que con antelación hemos tenido en la mente de modo consciente. Así esperamos que se facilite la comprensión de esta disciplina naciente, la Semántica como parte de los estudios lingüísticos, ya no más como esfera filosófica o psicológica, como hasta muy recientemente había estado. En definitiva, hemos de recordar, todo está dentro del lenguaje.

En este nivel sintagmático, en el acto del habla, las palabras obtienen su sentido original en virtud de su aplicación a personas, objetos, cualidades, actividades, procesos y relaciones en situaciones específicas. Para cada palabra hay un empleo apropiado en donde recibe su sentido concreto. De ahí la necesidad de tomar en consideración el contexto en donde ocurren las palabras y la inseparabilidad de los estudios semánticos de los estudios sintácticos. En principio, todas las relaciones semánticas se hallan dominadas por el contexto, pero la sinonimia, la homonimia y la polisemia son las más dependientes de todas porque son relaciones semánticas articuladas en un acto específico y concreto del habla.

0.4.3.3 Sinonimia.

Las palabras que tienen la misma o muy parecida significación se llaman sinónimos. A la idea de un hombre que trabaja el campo pueden corresponderle varios nombres sustantivos como *campesino, agricultor, labrador* u otros. Este mismo significado, pues, puede expresarse con varios elementos léxicos pertenecientes a la misma categoría gramatical que escoge el hablante según la propiedad de su uso en un acto comunicativo. No existen, en puridad, palabras con idéntica denotación. Lo que ocurre es que en un determinado contexto los rasgos significativos que comparten son suficientes para darles el mismo significado.

La sinonimia es una relación entre dos o más elementos léxicos respecto al sentido y no de referencia, dado que, con frecuencia, los elementos léxicos carecen de referencia. Así, podemos decir que *de pronto* y *repentinamente* son elementos léxicos sinónimos aunque no podemos señalar ninguna cosa o referente en su significación. Probamos que los elementos léxicos son sinónimos mediante la sustitución de uno por otro en la misma oración. Si la significación persiste, diremos que son sinónimos:

Mi domicilio está en la calle 20
Mi residencia está en la calle 20
Mi casa está en la calle 20

Domicilio, residencia y *casa* contraen relaciones sintagmáticas con los otros miembros del enunciado que hacen posible la sustitución sin que se modifique sustancialmente el sentido de *lugar donde uno vive*. En otros contextos no sucederá lo mismo. Otra prueba de conmutación consiste en dejar en blanco el espacio correspondiente: Mi............ está en la calle 20. La variedad de oraciones en que se usa una palabra constituye su definición. Esta viene a ser una definición contextual, como pasa con los ejemplos dados en los diccionarios.

El hecho de la dependencia de la sinonimia en el contexto se puede comprobar con la supresión de todos los sinónimos. Se empobrecerá la expresión, sufrirá la comprensión, pero la supresión de la equivalencia de significado de una palabra respecto a otra no afecta la existencia de ninguna. Si eliminamos la sinonimia en el contexto de *domicilio* y *casa*, por ejemplo, seguirán existiendo por su lado sin que sufran en lo más mínimo. Esta cualidad se extiende a las otras relaciones básicamente contextuales como la homonimia y la polisemia.

En el habla se neutralizan, por la intención del hablante, las diferencias paradigmáticas, por ejemplo, entre *ir* y *navegar*, siendo *ir* el término superordinado y *navegar* el hipónimo. Así, podemos decir:

Iré en barco por el Caribe este verano, y
Navegaré por el Caribe este verano.

Al modificar sintácticamente *iré* con la frase adverbial *en barco* ambas expresiones ofrecen el mismo significado en este acto lingüístico. Lo genérico se hace específico y concreto en el habla, el verbo *ir* adquirió un significado especial por la intención del hablante.

La interpenetración de las dimensiones del signo lingüístico es un hecho del lenguaje. La expresión *en absoluto* al asociarse con oraciones negativas ha permitido el paso del nivel sintagmático al paradigmático. Ahora podemos decir *en absoluto* al responder a algo en sentido negativo.

Los factores extralingüísticos a veces facilitan la sinonimia. Así, con los verbos *buscar* y *comprar*; al pasar frente a una panadería le decimos a nuestro acompañante: *voy a buscar pan*. En el orden habitual de las cosas el pan no se halla perdido ni situado en un paraje remoto o desconocido, sino al alcance de la vista; en realidad queremos decir: *voy a comprar pan*. Se sobreentiende que la panadería vende pan y que buscarlo sin pagarlo no es la forma habitual de obtenerlo. Hicimos sinónimos, pues, a *buscar* y *comprar*.

En otros estudios que consideran la sinonimia al nivel paradigmático, se sugiere la prueba de la sinonimia mediante el análisis componencial. Así, *niño* y *chamaco* ofrecen los mismos componentes + *ser humano* + *macho* — *adulto*.

A los efectos de nuestra orientación pedagógica, conviene incluir dentro de la sinonimia a las expresiones equivalentes de otras que nos sirven para comprender mejor una oración compuesta de elementos léxicos especializados o desconocidos por el receptor. Hay varios procedimientos, como la frase y la oración explicativa entre comas o guiones o en paréntesis; las aclaraciones con la conjunción *o* y con locuciones como *esto es, queremos decir*, etc., que son otros medios sintácticos de conseguir semejanza de significados dentro de un enunciado, a nivel sintagmático, de distintas formas lingüísticas. En suma, para nuestros fines didácticos, podemos hacer sinónimas las expresiones dadas como equivalentes; aunque unas estén compuestas de varios elementos léxicos.

0.4.3.4 Homonimia.

Decimos que algunas palabras son homónimos cuando tienen la misma forma pero ofrecen significados, apuntan cosas, que no guardan relación entre sí. Son proverbiales los homónimos *gato*, que apunta al animal felino y *gato* usado para designar el aparato que levanta automóviles. A veces la igualdad fonética nos confunde: *haya*, árbol, y *aya*, niñera. Son los llamados *homófonos* cuya semejanza fonética desaparece en la escritura.

Mientras que en la sinonimia se prodigan las formas lingüísticas en busca de la expresión más adecuada y cabal del pensamiento del emisor para compartir significados conocidos con el receptor, en la homonimia expresamos cosas distintas con la misma palabra. El hecho de pertenecer a la esfera sintagmática se advierte con claridad cuando expresamos la misma palabra *gato* en un contexto oracional diferente:

Subí el automóvil con el gato

Subí al automóvil con el gato

El contraste de significados se manifiesta mediante el empleo de la preposición *a* que aparece en la contracción *al (a + el)*, medio sintáctico; en la primera oración el hablante levantó el vehículo con una máquina, y en la segunda se introdujo en el vehículo en unión de un animal felino.

0.4.3.5. Polisemia.

En un sentido restringido decimos que cuando una misma palabra se puede aplicar a distintos objetos, esto es, que una palabra tiene distintos significados relacionados entre sí, hay polisemia. Esta relación semántica se diferencia de la homonimia en el hecho de que los significados se hallan relacionados. Así, por analogía con la parte angosta del cuerpo humano que une la cabeza con el tronco, el cuello, utilizamos la palabra cuello para designar las partes angostas de una botella, de una vasija, de un diente, de un hueso, de prendas de vestir, etc. Desde este punto de vista la polisemia representa una economía del sistema de la lengua. Se considera únicamente, por tanto, al nivel paradigmático.

Nos conviene, en cambio, considerar la polisemia en un sentido mucho más amplio. No solamente podrá haber polisemia respecto a una palabra dotada de varios significados conectados entre sí, sino también la habrá respecto a un enunciado, a una obra, a una colección de obras e, incluso, todo cuanto el hombre ha creado, tiene un significado que varía según las culturas. Si entendemos la polisemia al nivel sintagmático, del habla, se nos convierte en el fundamento de la libertad humana en el lenguaje.

En efecto, dijimos que la connotación es el sentido secundario de las palabras, dependiente de las circunstancias de su empleo, del modo de decirse, de la actitud del hablante, etc. Pues bien, las asociaciones mentales de las palabras en los hablantes responden a sus diferentes experiencias. La palabra *campo* que designa terreno rústico, por ejemplo, para un agricultor será un *campo de cultivo*; para un militar, *campo de batalla*; para un geólogo, *campo de exploración*; para un pintor, *campo de sugerencias visuales*; para un corredor de bienes raíces, será *campo de venta*; para un atleta, será *campo de entrenamiento*, y así sucesivamente. Estas connexiones mentales son las connotaciones que ofrecen *campo* a tenor de la experiencia de cada uno. En nuestros propios estudios hemos utilizado la expresión *campo semántico*. Se desprende que, a mayor número de esferas de actividad o experiencias, mayor será el número de niveles de significado de las palabras y textos; es decir, la polisemia es resultado de las asociaciones hechas por cada individuo; pertenece a lo que hemos llamado sentido connotativo.

De ahí que en las esferas culturales que no están interesadas en el sentido denotativo, como en la Religión y la Literatura, aparecen distintos niveles de significado que han sido codificados en algunos estudios. Así, hay un sentido *literal* que coincide con la denotación, y luego un sentido *alegórico*, relacionado con la enseñanza; hay un sentido *simbólico* donde un objeto representa un complejo de ideas, como sucede con la cruz; se halla también un sentido *arquetípico* o de un modelo relacionado con algo elemental en la vida humana, como el matrimonio, la ciudad, etc.; y, en cosmogonías, religiones y otras concepciones de alcances infinitos, aparece un sentido *final*, llamado también *anagógico*, en el cual aparecen todas las cosas del universo provistas de un destino, de un significado coincidente, en un orden espiritual. Dado que los sentidos secundarios de las palabras pueden desplazar al sentido literal, denotativo, la polisemia ha sido el procedimiento de evadir la censura ideológica. El hombre siempre ha sabido escapar a las constricciones impuestas desde el exterior a su conciencia. El arte de la propaganda comercial, por otro lado, descansa en gran parte en la cadena de asociaciones favorables del nombre de un producto en sus destinatarios. Es otro ejemplo del empleo de la polisemia en la vida real. Partimos, por supuesto, de la premisa de que el significado es un fenómeno de la mente humana, fenómeno cultural como ninguno.

Los límites entre los distintos niveles de significado por fuerza son tenues, borrosos, e, inclusive, se superponen entre sí. Las asociaciones integrantes de la polisemia pueden provenir de distintos factores, como:

a) la experiencia personal en los diversos campos de la actividad humana;
b) la época del mensaje;
c) el statu social, o sea, el lugar del emisor y receptor en la sociedad;
d) las circunstancias del empleo del mensaje, dialecto, estilo, etc.;
e) los sentimientos, actitudes, sexo, edad, salud, etc. del emisor;
f) la conexión de otro significado de la misma expresión que puede ser placentero, peyorativo, sexual, etc.
g) la conexión con otras palabras que habitualmente concurren con las empleadas en el mensaje, en un campo o en una actividad; y,
h) la falta total de conexión de una palabra con otras. Es la colocación de las palabras en un ambiente lingüístico diferente del habitual, como sucede con la metáfora.

0.4.4 Corolario

El vacío significativo no existe. El hombre aborrece vivir sin darle significado a cuanto percibe, y dota de significaciones a las palabras en un proceso de perpetuo cambio, tal como sucede con la vida misma. Todos los factores, temporales, espaciales, culturales, contribuyen a conferirle a las palabras multiplicidad de significados, o sea, a la relación semántica de la polisemia. Esta relación nos permite incorporar a los significados que aparecen en otros estudios con el nombre de estilísticos, afectivos, reflejos, colocativos, etc., bajo el rubro genérico de sentido connotativo de las palabras.

Nuestro enfoque pedagógico, desde una Semántica de la comunicación, tiene un valor más heurístico que doctrinal, pues aprovecha las investigaciones procedentes de los distintos campos de la Lingüística para utilizarlas en la comunicación comercial. Su utilidad se hace más evidente al nivel de esta Introducción donde hemos comprobado la confluencia, en los estudios de la comunicación, de la ramas lingüísticas, de las humanidades puras y aplicadas y de las actividades comerciales.

Podemos postular, con vista a la exposición de esta Introducción el siguiente corolario. Como que el sentido denotativo, conceptual, cognoscitivo o lógico, está en el sistema, y como el sentido connotativo, múltiple de la polisemia, está en el habla, en un discurso dado, el único modo de conciliar el carácter cerrado, unidimensional, neutral, del primero, con el carácter abierto, de infinitas asociaciones del segundo, será por medio del sentido temático: *el uso consciente de las palabras*.

Producir el significado, previamente concebido en la mente del emisor por medio del uso apropiado de palabras y oraciones, de tal modo que el receptor lo pueda compartir, es también el objetivo de este *Cuaderno de ejercicios*. Las prácticas y sugerencias son los procedimientos encaminados al logro de dicho objetivo. El significado, en definitiva, es el conocimiento que nos capacita para emplear cualquier expresión del modo más apropiado para la comunicación por medio del lenguaje, ya sea en la vida cotidiana, o ya sea en la actividad social determinada que nos interesa. En el contexto especializado de la comunicación comercial, el uso apropiado consiste en obtener los resultados que respondan a un mejor intercambio de bienes y servicios, para que los disfruten el mayor número de seres humanos, tal como se considera hoy la actividad comercial.

Las categorías del significado, existencial, estructural e intencional, responden a puntos de vista complementarios que pueden entenderse con las preguntas del *qué*, el *cómo* y el *para qué* del significado de las palabras respectivamente. Estas tres preguntas presiden la elaboración de los ejercicios de este cuaderno.

EL SIGNIFICADO EN LA SEMÁNTICA DE LA COMUNICACIÓN COMERCIAL

		CATEGORÍAS	PRINCIPIOS	RELACIONES SEMÁNTICAS	VARIEDADES	MÉTODOS	
DIMENSIÓN DEL SIGNO LINGÜÍSTICO — Simbólica		EXISTENCIAL (el qué)	Equivalencia entre palabras y cosas	Referencia		Observación Comprobación	Referencial
Paradigmática		ESTRUCTURAL (el cómo)	Contraste entre palabras / Componentes de las palabras	Oposición Antonimia Contraposición Dirección Hiponimia Incompatibilidad	Partes con el todo Colectivos Series Ciclos Rangos Escalas	Campos semánticos Análisis componencial Análisis onomasiológico Análisis semasiológico	Conceptual — **TEORÍAS DEL SIGNIFICADO**
Sintagmática		INTENCIONAL (el para qué)	Efecto de las palabras en el acto del habla	Sinonimia Homonimia Polisemia	Literal Alegórico Simbólico Arquetípico Anagógico	Intercambio oral Sentido temático o redacción	Uso social

0.5 El proceso de pensar.

Se ha generalizado el empleo de la voz *proceso* para designar cualquier evento de imposible verificación. De ahí procede la denominación proceso de pensar. Podemos considerarlo como el acto de asemejar, probar y analizar cualquier semejanza o analogía y de reconstruir tales semejanzas para su empleo efectivo en la vida de relación. Si nos encaminamos hacia la acción dentro de la vida social, seamos más precisos y procuremos las funciones específicas del órgano donde ocurre este proceso, esto es, el cerebro, para observar los efectos que produce en otros órganos y en las cosas alrededor nuestro.

Debemos considerar el rol del cerebro y del sistema nervioso ya que son órganos tangibles del cuerpo humano, los dos susceptibles de experimentación, observación y medición. El cerebro es un sistema en el cual las cosas suceden conforme a la naturaleza del sistema. Lo que pasa por el cerebro es la información y la manera en que lo hace se llama pensar. Si podemos entender cómo funciona cualquier sistema, podremos mejorarlo, aumentar su efectividad. Esto es, podremos instituir métodos para inducir su mejoramiento; además, tendremos la oportunidad de identificar la fuente orgánica de nuestros errores, causados por el mal funcionamiento del sistema. Idiomas, apuntes, signos matemáticos, gráficos, computadoras y otros objetos inventados por el hombre, son auxiliares del pensar: no realizan los actos mentales sino que, sencillamente, permiten un mejor funcionamiento del cerebro.

De esta suerte, si consideramos al cerebro humano como un canal a través del cual confluye la información percibida, entonces ésta se nos aparecerá de distintas formas: datos, demostraciones, pruebas, valoraciones, actividades a emprender, selecciones, decisiones, reacciones, soluciones a problemas y demás. El cerebro se encarga de modificar la naturaleza de la información, según se haya recibido en el tiempo. Podemos elaborar métodos de pensar para escapar de la constricción temporal de recepción de información. Estos métodos procurarán imprimirle cambios a la información, de tal manera, que arroje un significado apropiado. En la mayoría de las veces procuramos el cambio de información para producir un patrón de reacción a la misma, que nos sea útil en nuestras actividades.

Por otra parte, cualquier proceso educativo que trascienda un mero adiestramiento o adoctrinamiento, se dispone a mejorar la conducta mediante una sensibilización apreciable en un aspecto dado o procura el logro de mayores niveles de concientización. Al pensar seguimos y examinamos a la vez un camino, patrón, forma, fórmula, mapa, o cualquier otro esquema mental. Tales analogías o modelos constituyen los lentes para ver el mundo. La actividad, pues, de usar, construir y luego emplear analogías cambia la información. Analogías, modelos y metáforas son construcciones mentales escogidas con conciencia o creadas deliberadamente para reflexionar sobre cualquier acto o cosa sometidos a examen. Por medio de un modelo examinamos en su totalidad un evento; por medio de la analogía intercambiamos grupos de cosas dentro del modelo para que los elementos desconocidos se comparen a los conocidos; por medio de la metáfora transferimos rasgos específicos de un evento o cosa a otros para que las relaciones de semejanza se vean con más claridad. Todo pensar, en último grado, se reduce a uno de ellos.

No podemos prescindir de los modelos de los eventos ocultos a nuestra mirada, si nuestro empeño es dar la explicación más completa posible del mundo que llega por nuestros sentidos. Toda disciplina que sea prueba palpable del constante esfuerzo del ser humano por ofrecer descripciones más exactas y explicaciones más razonables, por fuerza es una diseñadora de modelos y una actividad en constante hacer de analogías y metáforas. Conocer el proceso de pensar es estar al tanto de que se compone de modelos, analogías y metáforas. Sus rasgos y funciones son observables. Es lo único que podemos observar del acto de pensar. Pero, si son nuestras construcciones, también podemos cambiarlas, aumentar su eficiencia para actuar mejor en sociedad.

0.5.1 La provisionalidad de los modelos, analogías y metáforas.

No hay ningún pensamiento que no se pueda mejorar de alguna forma: la provisionalidad es su carácter fundamental. En efecto, ya desde la infancia hemos venido guardando inconscientemente restos de la experiencia que viene a servir como de almacén con cuyos elementos depositados construimos los modelos, analogías y metáforas. Todo nuevo modelo construido, toda nueva analogía y toda nueva metáfora, muestra la estructura y función del mundo de un modo novel, dentro de los términos de dichas construcciones mentales. Ningún modelo, ninguna analogía y ninguna metáfora, por arraigadas que estén con el uso, será la última palabra en nuestra búsqueda de una comprensión más acabada, de una explicación más completa, de una descripción del mundo observado más interesante y más fiel. Nuestro entendimiento se acrece al tiempo que inventamos o que alguien nos presenta un modelo más claro, una metáfora más ingeniosa o una analogía más penetrante relativas al mundo en que desenvolvemos nuestras actividades.

Debemos distinguir con gran cuidado el acto de conjurar de la memoria de nuestras ideas heredadas, impulsivas por tanto, del verdadero acto de pensar. Nos será posible, gracias a esta distinción, separar las ideas con que nos controlan los modelos, analogías y metáforas procedentes del pasado, de las construcciones nuestras que evidencian una mentalidad en estado de alerta. Con tal concepción del proceso, todas las observaciones y explicaciones, los procedimientos del razonamiento, se comprenderán como provenientes de un modelo del cual partimos y del cual ya estamos conscientes de emplear. Ya no más se nos darán modelos como dictados inapelables, como afirmaciones irrebatibles de una realidad objetiva que se nos dirige directamente, sin intermediarios de palabras, bien venga en lenguaje científico y preciso, bien venga en lenguaje misterioso y poético. Las leyes de la naturaleza y de la labor humana que hemos extraído y enunciado se derivan tanto de nuestros modelos como de los datos coleccionados en nuestra observación. Habremos comprendido que no hay un dictamen definitivo sobre la información recogida del mundo natural y del mundo humano: tendremos un pensar crítico.

Desde el contexto del cual nos expresamos — el marco de referencia de nuestras observaciones, presunciones, descripciones y explicaciones — se apreciarán simplemente como los modelos por cuyo medio se observa y se valora el mundo. Los llamados factores sociales tildados de determinantes, los estados mentales tildados de insuperables y las normas de conducta de irrevocable cumplimiento, son todos modelos que hemos elaborado o que nos han entregado otros. Con esta concientización, disfrutamos ahora de libertad para no dejarnos llevar por los modelos sin que manifestemos de alguna forma nuestro pensar sobre ellos. Así emplearemos nosotros a los modelos y ya nunca más seremos manejados por ellos. Estaremos conscientes de las posibilidades brindadas por los modelos para comprender el mundo, para realizar nuestras labores de modo más eficiente. En verdad, al estar conscientes del acto de pensar comprendemos las limitaciones de los modelos, analogías y metáforas que lo constituyen. Tendremos que encararnos al siguiente dilema pues, o nos dominará por completo un modelo cuyas reglas seguiremos sin examen, o calaremos a fondo dicho modelo por medio de la exploración de los detalles de su construcción, de las trabazones lógicas que encierre, de la efectividad que ofrezca y de la validez última que tenga con vista a nuevas experiencias. Ha de ser nuestra perenne tarea, por consiguiente, manejar los modelos a sabiendas de su provisionalidad, a sabiendas de que los abandonaremos por otros en cuanto no nos sirvan más en nuestra continua indagación sobre el mundo y en el desenvolvimiento de nuestras obligaciones con efectividad. El pensar crítico descansa sobre la base de su provisionalidad.

0.5.2 Una noción dinámica del pensar crítico.

De la misma manera, pues, que la corriente actual de los estudios de la Semántica caracterizó la naturaleza del lenguaje en términos de una noción dinámica, al afirmar que usamos el lenguaje para la acción, ahora, en relación con el pensar crítico, podemos afirmar que lo realizamos para comunicarnos con efectividad, esto es, también lo empleamos para la acción. Con esta decisión estamos en condiciones de desarrollar procedimientos deliberados de pensar crítico que no hubieran podido considerarse mientras que se estimara de carácter inmutable. Ni tampoco la observación del acto de pensar se estimará en lo sucesivo cuestión de atisbar en la mente en busca de un proceso efímero, sino un análisis del carácter del modelo, de la estructura y funcionalidad de la analogía propuesta, de cómo se comunica en el acto lingüístico. Será el examen de la estructura lógica de las oraciones expresadas y la prueba de validez de las relaciones entre los símbolos y las materias simbolizadas. Esto es lo que quisimos hacer en las secciones "Vamos a razonar contigo" de la *Gramática*. Las oraciones aparecen como componentes del modelo, forma, fórmula o mapa, y, como tales, sujetas a cambios, a mejores construcciones. Dentro de la intencionalidad del discurso, es el modelo el determinante del significado. Las oraciones se insertan en el modelo, adquieren su significado de acuerdo con la intención del comunicante, la cual se reconoce en el modelo propuesto.

El pensar crítico, como el lenguaje, es un proceso flexible, abierto a debate, modificable y en perpetuo movimiento puesto que es un intento consciente y arduo de introducir representaciones de los eventos con mayor significado, esto es, comunicables en sus rasgos, relaciones y funciones. De ahí que sobrevengan experimentos, sustituciones, se utilicen otras opciones y alternativas a las expresiones usadas. Así nos liberamos de los dictados de un único modelo y adquirimos nuestro propio criterio. Esto, tal vez, sería lo que quiso decir Montaigne al afirmar que "quien sigue a otro, no sigue nada". Con tal actitud, el pensar únicamente se vería como rebelión o como apostasía, lo cual es un absurdo. Esta actitud de apertura a las exigencias de cada acto lingüístico preside los ejercicios "Variedades de la expresión". Al aludir antes a la obligación de adquirir conciencia sobre el lenguaje y la necesidad de modificar modelos, analogías y metáforas de que está aquél compuesto, por implicación queremos decir que el pensar crítico es insuficiente. Los cambios necesitados han de venir por otros procedimientos del pensar. Llamaremos *abierto* a este tipo de pensar que nos permitirá tanto un empleo novedoso de la lógica como salir de sus cauces habituales.

0.5.3 Técnicas del pensar abierto.

En la actualidad, no solamente en el campo educativo, al nivel de la enseñanza lingüística, se observa esta insuficiencia del pensar lógico, sino que en otros campos de la actividad social, especialmente en la actividad comercial, en el seno de las empresas privadas y públicas, se ha notado también la incapacidad del pensar lógico, en numerosas ocasiones, para conseguir efectividad en el desempeño de las labores. Debemos, por consiguiente, vincular ambos estudios que procuran cambios en la misma actividad mental. El énfasis presente del papel del pensar abierto en la decisión del ejecutivo, en la solución de problemas, en la confección de nuevos diseños y en la introducción de innovaciones en toda la línea industrial, comercial y administrativa, se concreta en la implementación de técnicas o métodos para plantear y resolver problemas.

Surge también la necesidad de vincular el estudio gramatical con el estudio empresarial porque el campo educativo no ha marchado a la par del campo comercial en la facilitación de actitudes, mejoramiento de habilidades y en el desarrollo de técnicas o artes creativas. Esto es, no se ha avanzado tanto en el campo educativo como en el campo comercial en el área del pensar abierto. A pesar de que el profesor más flexible improvise sus propias estrategias para desarrollar el pensar abierto en sus educandos, hoy día se dispone solamente de un puñado de materiales educativos, y, con todo, muy dispersos, en el campo de la comunicación y de la enseñanza gramatical. El presente *Cuaderno*, por ello, se impone la tarea de satisfacer esta necesidad al incluir lecturas condensadas de los métodos de pensar abierto, usados en las empresas contemporáneas. De otra parte, ya hemos comprendido que dirigir y comunicarse son una misma cosa en la labor gerencial. El gerente, como cualquier otro ser humano envuelto en una labor social, necesita de las artes comunicativas y gramaticales para compartir las ideas resultantes de su creatividad. Esta vinculación, pues, es mutuamente necesaria.

Creatividad, dentro de los límites estrictos de nuestro enfoque, es el proceso mental que contribuye a la formación de esos objetos también mentales llamados ideas. Démosle el nombre que se quiera — solución de un problema, nuevo diseño, decisión, innovación — constituye por lo general una combinación singular de ideas preexistentes. Esta definición entraña la ventaja de generalizar situaciones cualitativamente distintas. Por ejemplo, la solución de un anagrama pide la recombinación de letras; artistas, diseñadores e ingenieros combinan colores, materiales y formas y el matemático combina ideas en sus soluciones creativas. Sin un amplio repertorio de ideas resulta en extremo difícil hallar una combinación novedosa, las posibilidades de hacerlo son menores. Aquí tenemos otra razón más para la inclusión del *Vocabulario* en la presente obra. Un problema, también dentro de nuestro enfoque, es una situación estimulante para la cual el organismo de que se trate carece de respuesta congruente o de satisfacción apropiada. Como dicho organismo debe cumplimentar la necesidad experimentada, sea por motivación interna o por exigencia externa, psicológicamente experimenta una sensación de desequilibrio. Esta percepción constituye un problema. Lo importante, en nuestro enfoque, es que no puede desatenderse esta percepción, no hay opción a pasarla por alto. El problema desaparece cuando se proporciona una solución satisfactoria, cuando da resultado el diseño, la decisión o la innovación. En la confección de los ejercicios hemos querido, por ello, juntar el mundo académico con el mundo de la actividad social.

Las técnicas del pensar abierto aparecen con el siguiente orden:

1. Técnicas del pensar inquisitivo con lista de preguntas.
2. Técnicas del pensar morfológico.
3. Técnicas del pensar creador personal.
4. Técnicas del pensar colectivo: sesiones de torbellino de ideas y de imaginativa sinéctica.
5. Técnicas del pensar pronosticador.

En nuestro libro *Comunicación*, Lección 1, sección "Aplicación Práctica", abordamos el tema de los distintos tipos de razonamiento. Mencionamos el inductivo, el deductivo, el crítico, el creativo y el inconsciente o liberado del control de la conciencia. Dentro de este último incluimos un comentario sobre las sesiones de asalto de ideas, según como se desprende de su original en inglés, *brainstorming*, aunque preferimos decir sesiones de *torbellino* de ideas dada la aspiración de afluencia en tropel de ideas suscitadas en su transcurso. De la misma suerte, conviene ahora utilizar otra terminología por la mayor amplitud dada al tema en este trabajo.

En la enumeración de arriba aparecen con los números 3, 4 y 5, las técnicas aquí calificadas de pensar creador personal y colectivo, y están subdivididas en sesiones de torbellino y sesiones de imaginativa sinéctica. Estas denominaciones corresponden al razonamiento creativo y al razonamiento inconsciente, utilizadas en la sección mentada del libro *Comunicación*. Son las únicas técnicas, en puridad, del pensar creador, en el sentido de que no están sometidas al control de la razón. Precisamente, su principio fundamental es la suspensión de cualquier juicio o dictamen con el objeto de ofrecerles una recepción favorable a las ideas novedosas que se han tratado de suscitar. Algunas veces, hemos de advertir, dichas ideas producen de primera intención una impresión de disparate. Nos parecen insensatas, porque le quitamos el dique normal, la razón, a la imaginación, para que fluyan ideas sin interrupciones. Con el pensar lógico ya restablecido, se intentará espigar dentro de esta corriente revuelta, las ideas cuyo hallazgo no haya podido realizar la razón.

Si bien en las ilustraciones y diagramas se apuntan las fuentes de información de muchas de las técnicas, e incluso de procedimientos especializados, deseamos señalar ahora las fuentes principales o los propulsores principales de estas técnicas en lo que sepamos. Alex Osborn figura en el pensar inquisitivo y en las sesiones de torbellino; Fritz Zwicky en el morfológico; Edward de Bono en el creador personal; William J. J. Gordon en las sesiones de imaginativa sinéctica y la empresa Rand Corporation en la encuesta Delphi, correspondiente al pensar pronosticador.

0.6 Creatividad para todos.

Sin creatividad el hombre jamás hubiera hecho su mundo, lo que llamamos cultura o civilización; nadie pone en duda la necesidad de ser creativos. Es tan útil en tiempos de bonanza como indispensable en tiempos de penuria. Pero, ¿es posible que la creatividad esté al alcance de cualquier persona? Porque, si bien la anhelamos, nos quejamos de su elusividad. Se la considera regalo divino, destello genial, inspiración de elegidos, azar portentoso proveniente de circunstancias privilegiadas y muchas cosas más que acusan su posesión limitada. Tal parece que no podemos hacer nada por conseguir esta facultad de la mente, sino sólo esperar por su llegada, en estado de favorable recepción. Sin embargo, ¿no será que llega únicamente de modo pasivo porque no hemos querido desarrollar un método capaz de despertarla?

La creatividad también ha sido vista como una forma subterránea del pensar, de difícil acceso, y, por consiguiente, de gran dificultad de desarrollar, porque se halla en gran medida en disparidad con las formas tradicionales del pensar, con el pensar ordenado, lógico, encadenado, cuyos pasos dados en el exterior todos pueden comprobar y considerar objetivos. En el pensar lógico se necesita estar cierto a cada paso, lo cual aureola al sujeto de los pensamientos consecutivos. En el pensar creador la dirección del pensar puede apuntar a cualquier parte, puede proseguir una línea inesperada que tal vez podamos describir como un zigzag. En el pensar creador no hace falta demostrar la certeza de cada paso: lo único que tenemos que demostrar es que ha habido un cambio.

Lo primero, pues, será comprender los procesos mentales de la creatividad. Lo segundo será escapar de las actitudes que cohíben la existencia de dichos procesos. Lo tercero será aprender a utilizar los procedimientos que contribuyen a propiciarla. Si hemos aprendido a utilizar el pensar lógico, a encaminarlo con métodos apropiados, no debe haber ninguna barrera para utilizar la creatividad de modo deliberado también, mediante la elaboración de métodos adecuados para desarrollarla. Al fin y al cabo, razonar y crear son procesos de la mente humana.

La increíble eficiencia de la mente humana reside en su capacidad de organizar información. La información se arregla conforme a patrones o esquemas repetitivos. A medida que los patrones mentales adquieren mayor firmeza, mayor es su utilidad. La creatividad, en cambio, proviene de la ruptura de los patrones establecidos, con el ánimo de contemplar las cosas de modo distinto. De ahí que la misma eficiencia de la mente en establecer patrones fijos, donde hemos dispuesto la información recibida de cierta manera, conspira contra la creatividad. La mente se asemeja a un archivo dispuesto para almacenar datos según ciertos criterios. Lo que se persigue con la creatividad es lograr ver los datos desde otros criterios, para producir nuevos modos de utilización: son otros métodos de referencia en el archivo.

La creatividad no debe ser esfera aparte en la sociedad para consumo de unos pocos, como ocurre con el cultivo de las artes, ni tampoco debe seguir perteneciendo al departamento de investigación y desarrollo de productos de las empresas de modo cerrado. La creatividad no puede ser coto privado ni en la sociedad ni en las empresas. Sea el campo que sea, la creatividad está presente: en los sistemas de información, comunicaciones, departamentos de finanzas, mercadeo, publicidad, relaciones laborales, trabajos investigativos, solución de problemas, planeamiento, decisión, diseño, innovación, relaciones públicas, campañas de venta, en suma, está presente en toda la gestión empresarial, en cualquier aspecto de la actividad social donde hagan falta las ideas.

Las ideas son los cristales a través de los cuales contemplamos los datos para hallar información, este conocimiento necesario para producir resultados en nuestras gestiones. Hasta que no miremos los datos desde la perspectiva de alguna idea, no tendremos información. Ante los mismos datos, cada ser humano percibe la información de modo diferente debido a la experiencia personal, a la idea con que los contemple. De la misma suerte, datos de antigua recepción arrojarán nueva información si los contemplamos con una visión diferente, desde la perspectiva de otras ideas. La creatividad se relaciona a la vez con el aporte de nuevas ideas y con la renovación de las anteriores. Dado que los datos pueden hallarse al alcance de cualquiera, dependerá de la creatividad nuestra de que nos brinden información. La creatividad es un instrumento indispensable para luchar en el mundo competitivo de hoy, para desarrollar nuevas ideas que hagan pleno uso de cuantos datos dispongamos para el éxito de la gestión ejecutiva.

La creatividad nos permite dar la zancada gigantesca hasta las nuevas ideas que nos encaminarán hacia más datos necesarios. Son las ideas las que originan los nuevos datos, y no al revés como se ha creído por muchos. Para adelantarnos a la experiencia, para no seguirle a la zaga y quedarnos atrás de los demás, hemos de emplear la creatividad. La creatividad, por otro lado, no consiste sólo en la gestación de ideas, sino, además, en la huída de las desgastadas, de las inoperantes en nuevas circunstancias. Por inercia, si no por conformismo, sobreviven ideas inútiles que no recibieron el examen periódico de su efectividad.

Este continuismo es una gran rémora: nos ahogan las ideas ya caducas. Más aún, las ideas elaboradas con lentitud a lo largo de un extenso período de tiempo se nos hacen onerosas y opresoras. Necesitamos reestructurarlas en el proceso creativo donde descartemos los elementos inútiles para disponer las cosas de modo más eficiente. Para lograr creatividad habremos de cambiar la actitud: dejaremos hábitos tradicionales de pensar, procedimientos y estilos poco efectivos. Habremos de aprender nuevas expresiones, habremos de cambiar nuestros mensajes para alcanzar el tipo de comunicación que hemos intentado. Los ejercicios gramaticales han de ser tanto creativos como razonados para estar a tono con la mentalidad del ejecutivo de hoy, con las funciones de servir a la sociedad y a la empresa mediante la gestión efectiva de dirigir: la Gramática servirá a la comunicación.

La idea de la comunicación, puesta en la recogida de datos sobre el funcionamiento del idioma español, sirvió de fundamento a la *Gramática*. Esto no quiere decir que la comunicación se haya quedado estancada. La comunicación es un proceso, está siempre en movimiento. No puede quedar el conocimiento gramatical desligado del proceso vivo de la comunicación. Hay que activarlo mediante la práctica de ejercicios donde haya uso de la razón, del análisis, donde se estimule la creatividad mediante cambios. De igual suerte, en el texto *Comunicación* se hizo hincapié en la elaboración de mensajes lógicos y creativos; fue un estudio de los mensajes efectivos para actuar con eficacia en las empresas y en la sociedad. La razón y la creación se hallan en el lenguaje. Al desarrollar ambos aspectos de nuestro pensar de modo consciente, haremos un uso más pleno del sistema de comunicación humana por excelencia. Si contrastamos el pensar lógico con el pensar creador podremos comprender sus cualidades más sobresalientes, sabremos más tarde cómo utilizarlos mejor para comunicarnos con más eficacia.

0.6.1 Diferencias entre el pensar lógico y el pensar creador.

El pensar lógico es consecutivo, procede directamente de un estado de información para alcanzar otro. Su cualidad distintiva es la continuidad. El pensar creador salta de un estado de información a otro en virajes inesperados, procede de un estado de información para alcanzar otros que no aparecen contiguos, sino en forma zigzagueante. Su cualidad distintiva es la discontinuidad.

En el proceso educativo nos despreocupamos del pensar creador porque algunos de sus principios se apartan y hasta contradicen la cadena del razonamiento. A pesar de la oposición reinante entre ambos procesos, en el curso del recorrido, el resultado final es semejante. Así, cuando nos presentan una solución a un problema no sabremos decir con certeza por cuál camino vino, si por los pasos contados de la reflexión y de la lógica, o por el camino zigzagueante del acto creador. Una vez que hayamos arribado a la solución por conducto del pensar creador, podremos remontarnos y trazar los pasos que hubieran podido darse de haberse seguido el proceso lógico en el pensar. Por la misma causa, lo que pudiese parecer un giro brillante de la imaginación a determinada persona, podría parecerle a otra una progresión sencilla de etapas sucesivas del pensar razonado. De cualquier manera, la mayoría de estos procesos ocurren en una zona intermedia comprendida entre los polos del pensar lógico y el pensar creador. Todos discurrimos a lo largo de un espectro de matices que se originan en la creación y culminan en la razón.

En efecto, hay dos etapas bien diferenciadas en el pensar. Como comenzamos con una idea ya en uso, desde una perspectiva ya dada por otros, no nos preocupamos del origen de la idea, de la primera etapa del pensar. Creemos que no existe o que no necesitamos preocuparnos del punto de partida, de la etapa creativa, hasta la damos por sentada. La segunda etapa se relaciona con los procedimientos de la Lógica y de las Matemáticas. La computadora, por ejemplo, es un artefacto que funciona únicamente para sustituir la segunda etapa del pensar. La primera etapa termina cuando los datos y el programa han ingresado en la computadora. Ni la Lógica ni las Matemáticas se aplican directamente a una situación: sólo cuando esta situación ha quedado dividida en conceptos, rasgos, factores, causas, efectos y otras parcelas perceptivas.

Damos por descontado que todos estos pasos iniciales son acertados y únicamente le prestamos atención a la propiedad de los pasos de la segunda etapa, a la forma arbórea de la Lógica que nos sirve para procesar conceptos y alcanzar una solución correcta.

En otras palabras, estimamos que pensar consiste solamente en la segunda fase del proceso. Pero es en la primera fase en donde se forman las parcelas perceptivas, donde se arman y se desarman los patrones mentales resultado de la llegada de información. Tal vez gran parte de nuestros problemas con el pensar provengan de nuestra inexperiencia con la primera etapa, la etapa creadora. Hemos alcanzado tal perfección en el manejo de los procedimientos de la razón que nada más nos hemos preocupado de la transmisión de estos procedimientos y paradójicamente no hemos diseñado los procedimientos transmisibles para pensar con creatividad.

En años recientes, e irónicamente gracias a la llegada de la computadora, prototipo del pensar secundario, se ha señalado la importancia de la etapa primaria. Son las preguntas hechas a la computadora y la selección de los datos con los cuales la alimentamos, los verdaderos responsables hoy de su provechosa presencia y ya no más la excelencia de su proceso de computación el cual ahora damos por sentado. Ninguna medida de excelencia en el procesamiento de datos podrá compensar, por ello, las deficiencias de la primera fase. En sistemas matemáticos cerrados, como lo fue el viaje a la luna, la computadora resultó utilísima. Esto no ocurre con el planteamiento de problemas de abierta solución o con situaciones donde la cuestión central estriba en definir el problema. Poco podremos hacer en estos casos a menos de que retornemos a la primera fase del pensar.

No es cuestión meramente de saber cuáles conceptos emplearemos, sino que también necesitaremos saber cuáles valores les adjudicaremos a los conceptos, puesto que, un simple cambio de valoración respecto a un concepto dado, sin variar éste en lo más mínimo, nos puede llevar a muy diversas conclusiones. Los valores, incluso, se hallan más determinados por el carácter natural de fabricante de patrones de la percepción. Escoger una zona de atención, un enfoque o un grupo de factores, pertenece a la primera fase. Tales preferencias, claro, predeterminan el resultado final del proceso de pensar. Las Matemáticas entran en acción luego de que hayamos escogido un punto de vista ante las cosas. Las Matemáticas por sí solas carecen de la capacidad de seleccionar el punto de mira para enfrentarnos a un problema.

Ilustremos este punto con un ejemplo. Así, hay muchas maneras de enfocar el problema del absentismo laboral. Pudiera enfocarse como una simple pérdida de horas de labor rendidas, o como una disminución en el número de horas de trabajo o producción, esto es, ambos enfoques entrañan una consideración numérica o de pura aritmética. Siguiendo este enfoque numérico, se puede considerar el número de obreros ausentes en cualquier momento, tanto de forma estacionaria como de forma fluctuante. Con otra perspectiva, si consideramos el nombre de los empleados ausentes, pudiéramos hallar si los mismos obreros faltan al trabajo o si se rota la nómina toda de modo equitativo. Se podría averiguar, además, si el absentismo era previsible en ciertos períodos del año o cuáles son los períodos en que las ausencias se acrecentarían con regularidad.

Pues bien, todas estas preguntas se plantean en la primera fase de pensar. Sería posible medir cuanto haya a la vista, para luego plantear las preguntas, aunque este enfoque abarcaría un sinnúmero de casos. En esta dirección, además del mero contar de hombres-horas se pudiera plantear la cuestión de averiguar quiénes faltarán con más probabilidad. Otra pregunta que pudiera hacerse: cuál es la causa del absentismo — enfermedad, reajustes anuales, concurrencia a eventos deportivos, políticos, o cualquier otra causa. Alguien vendrá con un enfoque radicalmente diferente, y, en lugar de contar las horas-hombres perdidas, deseará saber si el absentismo en realidad afectó la producción. Sería un escape de la presunción reinante de que toda ausencia determina una baja en la producción. Y si así fuese, ¿no habrá existido una cantidad excesiva de empleados para realizar la tarea?

Todavía otra persona pudiera aducir que los compañeros del ausente se esmeraron, al punto de que no se notó la ausencia, por cuestión de compañerismo o solidaridad. Habiéndose originado este concepto, se puede mirar el absentismo con cristales positivos. Se pudiera llegar, inclusive, hasta la consideración de que el absentismo es parte de la satisfacción del empleo, un liberador de una rutina indeseable. Se desprende de todas estas consideraciones que un mero contar horas-hombres, o simples correlaciones matemáticas, son aspectos parciales del problema.

A menudo se cree que carece de importancia el punto de partida para examinar un problema debido al hecho de que, si los procedimientos utilizados en la segunda fase de pensar son apropiados, nos llevarán de todos modos a la respuesta correcta. Tal creencia puede tener penosas consecuencias. Si se parte de ciertas premisas, como vimos con la consideración de que el absentismo es una transgresión laboral y por ende perjudicial para la producción, nunca obtendremos una respuesta comprensiva del problema. Dicha presunción presente en la formación del concepto absentismo de hecho invalida la cadena de razonamientos de la segunda etapa de pensar, por muy acertados que sean. Su origen espúreo, su formación defectuosa en la primera fase de creación de conceptos, así lo determina.

En la primera fase, por consiguiente, el énfasis reside no tanto en la manipulación de los conceptos como en su formación. El primer eslabón de la cadena de razonamientos es el pensar creador, su verdadero puntal. Aquí los conceptos se agrupan o simplifican; se introducen nuevos elementos o se descartan otros, se ajustan o se sustituyen, y así sucesivamente. La fuerza de la costumbre nos inclina a aceptar el enfoque más fácil, el más transitado, el de menor esfuerzo. Para fabricar el primer eslabón necesitamos habilidad en el pensar creador, en hacer saltar el pensar en dirección oblicua o zigzagueante, en salir de los canales habituales. Esta práctica, lejos de reducir la eficiencia en el pensar razonativo, facilitará su tarea lógica. La forja de un nuevo eslabón de arranque requiere una nueva aleación. Los saltos del pensar creador procuran un cambio de posición para disparar al blanco con más posibilidades de acierto. Siempre hay una posición mejor y debemos estar en su búsqueda continuamente, en procura de los cambios de la vida misma.

0.6.2 El pensar creador para cambiar y el pensar lógico para dictaminar.

El pensar creador es germinativo: hace brotar ideas en busca de cambios de perspectiva, de nuevos conceptos, siempre en movimiento, para escaparse de una forma fija de pensar. Para el pensar germinativo no hay fruto definitivo, no hay soluciones, porque siempre procura hallar una mejor. Mediante su perenne zigzaguear se modifican los patrones mentales, se reestructuran en cambios sucesivos. En esta fase nunca se intenta probar nada, sino procurar nuevas ideas, explorarlas. No le compete el juicio ni la decisión final de selección entre las ideas germinadas. El eslabón final de la cadena lógica es el juicio de selección que dictamina sobre cuál idea será llevada a la práctica, la que dará resultado, la que ostenta superioridad según un sistema de criterios.

La creación aporta un número indiscriminado, la lógica dictamina, dirá la última palabra. El pensar lógico establece relaciones, produce esquemas probatorios, busca la efectividad y la eficiencia: procura la estabilidad. Mientras que la creación formula preguntas, presenta hipótesis, la lógica responde y escoge, prueba y demuestra. El pensar recto, ordenado, consecutivo de la lógica nos dice: "Aquí tenemos el mejor punto de vista, la manera acertada de enfocar las cosas". El pensar zigzagueante de la creación, en cambio, nos dice: "Tratemos de encontrar otras posturas, cambiemos la perspectiva de las cosas". El pensar recto enjuicia para seleccionar, el zigzagueante procura alternativas para ofrecer un surtido amplio de selección. Por eso nunca está en reposo. A la concentración y estabilidad del pensar lógico le precede un período de búsqueda incesante de formas.

El pensar consecutivo puede proceder sin desviaciones porque utiliza el procedimiento de la exclusión: se sirve del *sí* y del *no*, escoge una forma y desecha las demás. Cada paso del pensar lógico, cada eslabón engarzado, ha de encajar a la perfección. No se puede incurrir en error en ningún momento. Aquí radica su característica fundamental. Cada paso debe justificarse, su precedente determina su validez. El juicio está basado en la selección, en distinguir una cosa de otra. Lo que una cosa sí es, determina el que otras no lo sean. Es el sistema SÍ/NO del juicio lógico.

El pensar creador se escabulle del sistema por medio de sus saltos en cualquier dirección. Hemos utilizado el símil del zigzag para representarlo. No procura lo justo, lo válido ni lo verdadero, sino lo distinto: el cambio porque difiere de lo anterior. Los valores de la justicia, de la validez y de la verdad no se aplican al pensar creador.

El único error consistirá en la soberbia o en la rigidez de los que se aferran a una única y sola idea. La naturaleza de una idea no pertenece a la esfera de jurisdicción de la creación. Este examen le corresponde al pensar lógico.

0.6.3 El empleo de la información en el pensar lógico y en el pensar creador.

En el primer caso se utiliza la información por su significado, porque puede producir un resultado. En el segundo caso la información se usa para engendrar nuevas ideas, por sus efectos de suscitar otras formas mentales. El pensar lógico analiza, mientras que el creador provoca. El primero se conforma con el significado presente, con la forma habitual de las cosas. El segundo multiplica los significados en abanico iridiscente.

Si al pensar lógico le interesa el origen de las ideas, si echa una mirada a su pasado es porque usa la información con vista a la validez de su origen. Al pensar creador, en cambio, si le interesa el porvenir de la idea, si echa una mirada al futuro, es porque utiliza la información para adelantarse a los acontecimientos. Aquel intentará hallarle un fallo, una debilidad a la idea. Es su deber, para rechazar las impropias. Este procurará hallarle la parte favorable para aprovecharla, aunque comprenda que es inadecuada por el momento. Las ideas se emplean a modo de catalizadores para disparar otras, son caldo de cultivo de gérmenes prometedores que replantean los viejos patrones mentales. En el pensar lógico se describe lo que sucedió en nuestros adentros, en nuestro propio pensar, de modo inequívoco; en el pensar creador hay el ánimo de provocar que suceda algo, se dan saltos inesperados con la información disponible.

Los saltos se justificarán después de que se hayan dado. Con arreglo a los patrones trillados el salto carece de sentido; pero cuando se dé, el salto podrá alumbrar la existencia de otro patrón, entonces se justificará el movimiento. De ahí que en el pensar lógico una cosa deba seguir a otra sin interrupciones y que en el creador se den saltos adrede. Es la continuidad y la discontinuidad respectivamente. Si bien en el pensar creador se puede dar un brinco totalmente injustificado, no es necesario siempre darlo sino estar en disposición de poderlo hacer. En el pensar lógico ha de haber algún motivo para decirse algo, en el creador el motivo podrá sobrevenir después de haberse dicho. Esos saltos injustificados siempre a primera vista, a la luz de los viejos patrones, adquirirán validez con posterioridad, tendrán sentido cuando abran el camino a nuevos patrones mentales. En el pensar lógico se siente el vértigo ante la brecha, ante la falta del eslabón siguiente. En el pensar creador se abre una sima a propósito, se deja de forjar el siguiente eslabón para que la información comunique nuevas ideas, para multiplicar los efectos de la información.

En el pensar lógico la conclusión debe venir siempre después de presentadas las pruebas; en el creador la conclusión puede precederlas. No es que afirmemos que se llega a una conclusión y luego se procura justificarla con una racionalización a posteriori. Esta actitud está en franca contradicción con el pensar creador porque entraña la misma soberbia que hemos estado señalando en quienes se aferran a una idea única. El proceso radica en dar el salto provocador hacia una nueva posición, y, una vez instalados, tal vez sobrevenga la nueva visión de las cosas. La nueva posición, por supuesto, tendrá que validarse más tarde, en el pensar lógico, con la prueba de su efectividad.

El pensar lógico se enfrasca en lo pertinente; el creador acoge las intrusiones del azar. El pensar recto acoge lo que habrá de considerarse y dejará fuera todo lo demás, lo que sea improcedente. Este escoger viene determinado por el enfoque dado a la situación. Al paso que el pensar en zigzag suscita las visitas del exterior pues se dificulta en grado extremo cambiar las ideas desde su interior. El azar es un modo de introducir ese elemento de discontinuidad que sirve para hallar otras ideas. El pensar lógico debe escudriñar con cuidado para rechazar lo que carezca de conexión. El pensar creador, por necesidad procura la intromisión de elementos ajenos a la situación y la ocurrencia de accidentes, de hechos fortuitos, para inducir la ocurrencia de nuevas ideas. El azar, pues, es otro elemento causante de discontinuidad: nada puede parecerle irrelevante al pensar creador. En contacto con un problema, hasta lo más descabellado puede provocar la idea pertinente que lo resuelva.

0.6.4. La dirección seguida en el pensar lógico y en el pensar creador.

El pensar lógico marcha por la senda de los patrones establecidos, ya que busca pruebas, y, naturalmente, estas son más fáciles de encontrar por el camino más acostumbrado. Como no procura ideas nuevas no tiene por qué abandonar este camino habitual ni tampoco por qué no emplear lo que choca a la vista, lo obvio. El pensar creador, por otra parte, se aparta conscientemente de lo palmario y de lo evidente. No es porque la novedad le ofrezca más atracción, sino porque la condición de palmariedad de una idea pudiera ocultar otra idea, tal vez oculta dentro del resplandor de la idea evidente. La dirección del pensar lógico, por necesidad, es predecible: una prueba conduce a otra. Pero el pensar creador, al zigzaguear, elude lo obvio, no quiere dejarse encandilar por la idea actual, salta a otra posición donde pueda descubrir ideas subyacentes.

Si se hace un hábito la exploración más allá de lo palmario, el pensar creador podrá encontrar nuevas ideas con regularidad. Después de todo, no se pierde nada con probar pues siempre se puede regresar a los caminos trillados. En la exploración no hay por qué escoger una idea meramente por su rareza. Es la búsqueda, la persecución, la que puede resultar valiosa. Se descubren, por lo general, más cosas en la dirección de ideas extrañas que en la dirección de ideas evidentes. Los parajes inexplorados guardan riquezas que les toca descubrir a los viajeros creativos.

El pensar lógico se cierra en sí mismo. El pensar creador deja una puerta abierta de escape. El pensar lógico promete al menos un resultado al final, mientras que el creador, aunque multiplica las posibilidades de un hallazgo superior, de un gran acierto, no puede prometer nada; el pensador puede venir con las alforjas vacías de su exploración. Pero vale la pena el riesgo porque se puede encontrar la vena preciosa. La certeza no existe en el pensar creador lo mismo que no existe ninguna seguridad de utilidad en una empresa. El riesgo es parte del trabajo ejecutivo, de los negocios y de la vida misma.

Parece indudable que debemos adiestrarnos en la exploración de ideas nuevas, en las prácticas del pensar creador, para aumentar nuestras posibilidades de triunfo. Hay que desarrollar las artes del pensar creador para disminuir las posibilidades de fracaso en hallar otras ideas. Esto no quiere decir que debamos usar el pensar creador en todo momento. El proceso creativo tuerce el rumbo del pensar, interrumpe el discurrir. No se puede ir a cualquier lugar torciendo el rumbo continuamente, en perpetuo cambio de dirección.

Precisamente, al cambiarse de dirección en determinado punto y seguirse en derechura por la senda que parte de este nuevo punto, se podrá llegar a otros lugares, a las soluciones que buscamos. La falta del pensar en zigzag nos condena a movernos en la misma dirección improductiva. Por otro lado, si seguimos por el mismo camino ya habrá otros que descubran el nuevo punto, la nueva dirección y no nos quedará más remedio que utilizarlo después de que haya rendido sus mejores frutos a sus descubridores. Tantos habrán ya seguido por el nuevo rumbo que tendremos que conformarnos con seguirlos para no quedarnos rezagados.

En la práctica el pensar creador ocupa a lo sumo un cinco por ciento del proceso total de pensar diario. Todo, claro, dependerá de las circunstancias particulares de cada situación. Así, si hay que diseñar a toda costa un producto o resolver un problema apremiante, y ambos se resisten, tendremos que dedicarles más tiempo. En la vida cotidiana apenas se pasan más de tres minutos al día en el pensar creativo para abordar un problema. Lo que importa recalcar no es tanto la extensión de tiempo empleado sino la disponibilidad de este utensilio del pensar creador.

Cuando disponemos de procedimientos creativos y se manejan con habilidad, nos podemos enfrentar a las situaciones que los requieran de modo muy diferente. Ya no habrá cabida para la rigidez mental, ni para la soberbia, ni para el dogmatismo. Nos inclinaremos a escuchar a los demás, a prestarles atención a sus ideas y hasta exploraremos por nuestra cuenta las ideas ajenas sin exponerlas a críticas desanimadoras. Esto es, nos habremos vuelto más tolerantes.

La posesión de los medios para pensar con creatividad viene a ser, hasta cierto punto, como llevar el gato en el baúl del automóvil. Tal vez no lo necesitaremos durante el transcurso del viaje, pero tenerlo y saberlo emplear nos darán mayor confianza y flexibilidad para transitar por todo tipo de camino. De hecho, se usan de modo alternado los dos procesos de pensar: mientras que el pensar creador infunde vida a nuevas ideas, el pensar lógico las alimenta y las lleva al pleno desarrollo. De rareza el pensar creador proporciona la solución al problema, sino que más bien suele apuntar hacia la existencia de otros enfoques o rescatarnos de un callejón sin salida al darle curso a otras ideas.

Al cuestionarse ideas o conceptos de larga aceptación, la intención no será tanto destruirlos como abrir la mente a otras posibilidades, a reestructurarlos, a ponerlos al día. De momento se emplean las ideas de que dispongan, de otra manera sería imposible procederse a hacer cualquier cosa. No estriba pues la cuestión en crearse un estado perpetuo de insatisfacción con el orden reinante, sino en crear la esperanza de mejorarlo. Una vez que se haya adquirido el hábito de pensar creativamente, su uso efectivo no estará confinado a ocasiones formales, a sesiones especiales de pensar creador, ni tampoco se quedará en un puro procedimiento. Se unirá en plena armonía con el hábito de pensar lógico: será una actitud.

Antes de alcanzar esta etapa de tu adiestramiento, habrás de prestarles atención a los principios del pensar creador, así como adquirir pericia mediante su práctica. De lo contrario, deberás conformarte con cualquier inclinación con que hayas nacido, sin el beneficio del cultivo de la facultad de pensar con creatividad, con el arte resultante. No hay que estimar al método creativo de pensar como un medio útil para decidir cuestiones en la labor ejecutiva ni tampoco como un recurso efectivo para actuar, para llevar a la práctica las ideas formadas en el proceso. Su función sólo sirve para hacer germinar ideas. Pero, una vez germinadas, habrás de verificar su utilidad, su conveniencia, su provecho, con el pensar lógico y su escrupuloso rigor. En resumidas cuentas, en el orden natural de las cosas, no podemos examinar las ideas sin antes haberlas tenido. Ambos tipos de pensar son complementarios y necesitan de todos los recursos de empleo eficaz para la labor ejecutiva, para comunicarse con eficacia en el mundo pluralista y competitivo de hoy. La Gramática, hasta ahora, ha representado únicamente al pensar lógico, mientras que en nuestro enfoque tiene que incluir por fuerza al pensar creador en busca siempre de la mejor comunicación. La comunicación es nuestro objetivo: los ejercicios gramaticales creativos son medios de alcanzarlo.

0.7 TÉCNICAS DEL PENSAR INQUISITIVO CON LISTA DE PREGUNTAS

0.7 TÉCNICAS DEL PENSAR INQUISITIVO CON LISTA DE PREGUNTAS

No hay nada nuevo con respecto a preguntar: incluso, es una de las funciones básicas del lenguaje por la cual deseamos obtener información. La lista de preguntas, esto es, la confección de una serie de oraciones con esta actitud apelativa de cuestionar o averiguar algo partiendo de un criterio o de varios criterios, representa un intento de estructurar esta natural inclinación humana hacia la curiosidad. Se emplea tanto para el pensar lógico como para estimular el pensar creador. La colocación de esta técnica a la cabeza de las demás obedece al propósito de que presida la actitud inquisitiva a todos los ejercicios, de la misma manera en que situamos las reflexiones y las sugerencias, en forma de preguntas, en la parte de "Aplicación práctica" de la primera lección del libro **Comunicación** con idénticos fines.

Las diferentes etapas de un adiestramiento educacional, **concientización, motivación, comprensión, práctica, habilidad** y **empleo** del aspecto enseñado, están impregnadas de aspectos inquisitivos. Mediante las respuestas se observa el desarrollo de la semilla educativa. El comienzo de toda tarea de adiestramiento es la concientización, cuya forma pedagógica consiste en una orientación de la conciencia hacia el objetivo del momento. Las preguntas capitales **qué, por qué, cómo, quién, cuándo, dónde,** se encaminan a proporcionar esta necesaria orientación en el pensar lógico. Este pensar colabora antes y después del verdadero pensar creador o ideación. El proceso creativo se compone, por ello, de las siguientes etapas, aunque algunas no son necesarias en ocasiones:

1. **Orientación:** el planteamiento del problema o cuestión.
2. **Preparación:** recogida de datos pertinentes.
3. **Análisis:** división en partes del material relevante.
4. **Ideación:** acumulación de alternativas mediante las ideas.
5. **Incubación:** espera deliberada para propiciar la iluminación.
6. **Síntesis:** reunión de distintos elementos en nuevas ideas.
7. **Valoración:** dictamen o juicio sobre las ideas halladas.

0.7.1 La orientación.

La versión o idea de que un problema bien elaborado o formulado representa la mitad del camino hacia la solución, señala lo indispensable de esta etapa. A lo que debemos agregar que el planteamiento se hace como un acicate a nuestra actividad mental, el problema es un desafío para desplegar la actividad humana por excelencia: pensar con una mira. Así, un problema definido con justeza es un problema medio resuelto, tanto para el pensador aislado como para los miembros de un grupo, incluyendo sobre todo al director entre cuyas tareas se halla el planteamiento verídico del problema.

La solución de un problema, pues, depende en primer lugar de un planteamiento acertado. Inquirir, plantearse otras posibilidades, considerar viejos problemas desde nuevos ángulos, son actitudes que exigen una imaginación creadora. **"¿Cuál es el problema en realidad?"** constituye la pregunta que nos quita la perplejidad. **"¿Cuál es mi objetivo?"**, **"¿Por qué lo quiero lograr?"**, son las preguntas cuyas respuestas replantearán el problema. Al preguntarnos y al preguntar a otros el **por qué** se quiere encontrar la solución, nos situaremos en el pináculo desde el cual avizoraremos todas las posibilidades de solución.

0.7.2 La preparación y el análisis.

Ambas etapas o fases se encaminan a la par o de igual forma. De la misma manera que el esfuerzo consciente es el fundamento de la creación, el verdadero objetivo hallado constituye la causa del esfuerzo. En especial rige la etapa preparatoria, ya que la causa y el efecto representan los hechos cuya elucidación buscará el análisis debido. Algunos rebasan la mera pregunta causal con las formas **por qué así** y **qué tal si**, por no conformarse con un **status quo** insuficiente. Al disponerse el procedimiento creativo, el análisis descubrirá relaciones. Se configura un punto focal, un área o marco de labor, integrado por los objetivos claramente delineados. Los pasos sucesivos varían con las circunstancias pero nunca se sale del marco trazado.

0.7.3 La ideación.

No puede haber, claramente, una fórmula fija o exacta para la producción de ideas. La facultad que desempeña la función principal en todo proceso de ideación es la asociación de ideas. Por dicho término entendemos el proceso de enfilarse la imaginación hacia la memoria para engarzar un pensamiento tras otro, para proseguir de uno a otro pensamiento. Hay tres leyes básicas de asociación: contigüidad, semejanza y contraste.

En la contigüidad se relacionan los objetos por el tiempo, el espacio, la posición, la causa y efecto, y demás relaciones de proximidad aparecidas en la mente. Se plantean preguntas como: **¿qué viene después?**, **¿con qué va esto?**, **¿qué sucedió antes?**, **¿respecto a qué esto es mayor o menor?**, **¿qué causará esto?**, **¿qué será causado por esto?**

La ley de semejanza cubre toda la gama de parecidos, desde el más remoto hasta la identidad total, pasando por la proporción entre partes y la igualdad; cubre asimismo los elementos integrantes de los objetos cuyo parecido es perceptible, como también el factor del común denominador de las cosas. Por su alcance es la más importante de todas las leyes de asociación: analogías, metáforas y modelos son ejemplos de construcciones mentales basadas en la ley asociativa de la semejanza. Se plantean preguntas tales como: **¿a qué se parece esto?**, **¿qué atributo tiene esto en común con eso otro?**, **¿no es lo mismo esto que lo otro?**, **¿qué tal respecto a sus componentes?**, **¿no está presente este factor en estos otros fenómenos?**

La ley de contraste, en cambio, cubre toda la gama de diferencias, desde la oposición inoperante hasta la total contraposición entre los entes considerados en la comparación. Se plantean preguntas del siguiente tenor: **¿a qué se opone esto?**, **¿en qué aspectos esto contradice lo otro?**, **¿cuál es el**

punto diferencial?, ¿cuál es su opuesto?, ¿qué tal si lo hacemos al revés o viceversa?

El intento es, pues, formar un esquema, como un mapa mental, en nuestra empresa de buscar una solución al problema. Todo pensar gira alrededor de una comparación. El planteamiento de preguntas aumenta las posibilidades de hallar la comparación afortunada. Las preguntas formuladas con imaginación, saliéndose de lo habitual, ayudan al hallazgo de nuevos patrones mentales. Si bien la razón responde a las preguntas, la imaginación ha de encontrar relaciones entre las cosas, agrandando el radio de observación por medio de una lista copiosa de preguntas. A una lista copiosa de preguntas, por fuerza, ha de seguirle una cantidad copiosa de respuestas, de ideas cuya combinación engendrará la buscada, la solución creativa. Varios ejemplos de listas se ofrecerán, por ello, más adelante.

0.7.4 La incubación.

Es la parte del procedimiento o proceso creador (creativo) de relajamiento, de consciente abandono a los aspectos estudiados, para que reaccionando entre sí, se integren en patrones nuevos, den relaciones dejadas de percibir. La mente se compone de diversos estratos mentales. Hay un estrato mental del yo consciente, de la mente regida por la razón. Pero hay estratos que se escapan al examen directo. Se han explicado, sobre todo en los estudios psicoanalíticos de Freud y de Jung, por medio de un estrato subconsciente personal y de otro, de carácter colectivo o general de la humanidad; y aún por la existencia de una zona indiferenciada mental, como la zona originaria de todas las demás, cuya sucesiva diferenciación determina la personalidad singular de cada individuo. Se estima que en el proceso de incubación se produce la comunicación de estas capas mentales, por donde los contenidos psíquicos afloran hacia la conciencia.

0.7.5 La síntesis.

Es aquí, en esta fase o etapa crucial, donde mezclamos o combinamos los aspectos o ideas jamás antes combinados, donde surge la creación de cualquier clase que sea. Y ya no es solamente que mediante el proceso de disgregación del análisis, concienzudamente realizado, se logre una integración final diferente, sino que ahora, además, ocurre el fenómeno de **la sinergia**. El concepto de sinergia se halla en la base de todo acto creativo: la idea resultante es mayor que la suma de sus elementos componentes. Hay un todo, la creación, superior a las partes porque integra una realidad distinta. Es el efecto estético total, por ejemplo, de una flor, superior por todos conceptos a sus partes componentes, cáliz, corola, etc.; es el concepto de vida, imposible de crear por el hombre, a despecho de la disección de los distintos aparatos constitutivos de la función vital. Pero la síntesis humana también es creativa porque ha integrado los elementos componentes de las ideas en otras ideas. Una idea es como la materia: altamente divisible, infinitamente desmenuzable. Pese a que no nos sea dable llegar hasta los átomos finales de la idea, por así decirlo, podemos reorganizarlos en formaciones moleculares distintas. No llegaremos a la fusión ideacional, pero el proceso de reagrupación es uno de los aspectos esenciales de la civilización y de la cultura, la causa de su progreso. El proceso de ideación, por su acumulación ininterrumpida de alternativas, no puede sufrir el rigor del pensamiento lógico, del dictamen juicioso. Hay que volver, cuando haya una suma apreciable de ideas, al pensar razonado para extraer, de la cantidad, la necesitada calidad.

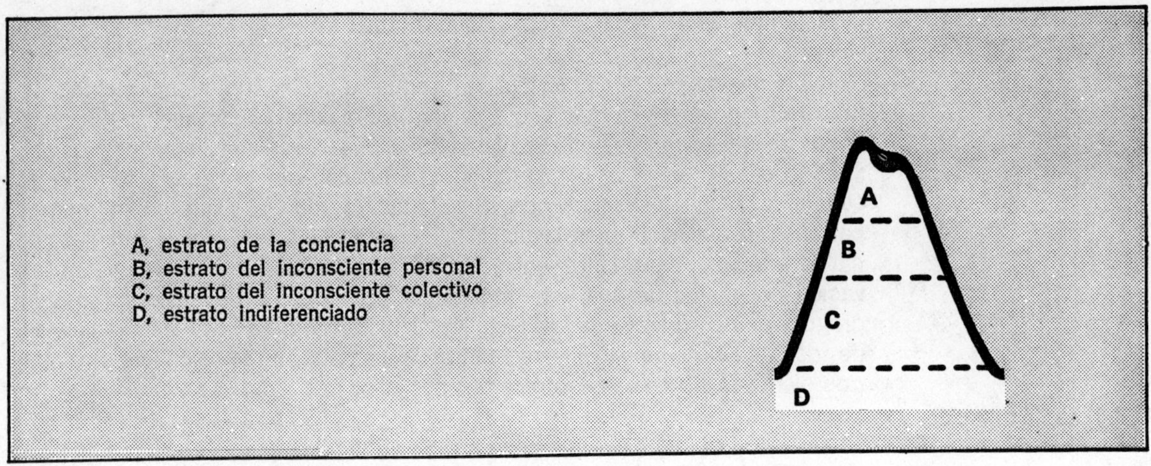

Ilus. 1

LOS ESTRATOS MENTALES DEL YO EN LA INCUBACIÓN

0.7.6 La valoración.

Es otra etapa o fase indispensable que debe distinguirse o separarse con nitidez de las demás, sobre todo de la etapa ideacional. Ahora se procura escoger, entre las ideas ofrecidas, la que responda a una serie de criterios formulados con antelación. Las consideraciones más frecuentes giran alrededor del costo, del tiempo requerido, de su utilidad, de la facilidad o práctica de implantación, de la aceptación social, de los efectos que producirá. A mayor cantidad de criterios de valoración, por supuesto, mayor será la posibilidad de acertar en nuestra selección. La confección de una lista de criterios, por otro lado, realza nuestra sensibilidad para apreciar el desafío en el problema planteado, nos alerta a contemplar contingencias, consecuencias o efectos. Nos ayudará, en suma, a prejuzgar con cierta seguridad la efectividad de las ideas implantadas.

En realidad, pocas ideas son prácticas por sí solas. Es por la ausencia de una imaginación activada por el pensar inquisitivo, en la aplicación, más que por la dificultad en su adquisición, que fracasan muchas ideas. El proceso creativo no debe finalizar con la idea — debe proseguir con ella haciendo la idea seleccionada aceptable. Su implementación exige que preparemos nuestras ideas para cualquier eventualidad que surja, para cualquier problema originado en su empleo. La implementación efectiva puede asegurarse con la lista de preguntas capitales, las de las circunstancias, **qué, por qué, cuándo, cómo, dónde, quién,** y cualquier otra aumentada con las palabras de relación, como **para qué, con qué,** y demás.

En el mundo pluralista actual, donde las disciplinas se interpenetran del mismo modo que las naciones y los hombres se interrelacionan, nos encontramos a menudo con ideas, objetos, invenciones, cuyo empleo puede resultar conveniente en campos al parecer ajenos. Surge así la pregunta relativa a otros usos, a la implantación de la idea en otro lugar, lo que constituye la médula de la innovación. Si bien antes seguimos el camino trazado por la meta u objetivo enmarcado y sólo necesitamos los medios para alcanzar el fin perseguido, ahora nos podemos encontrar con la respuesta dada de antemano, con el hecho esclarecido, con la solución del problema en un campo dado. En la experimentación y continua investigación de planteles y laboratorios se hallan procedimientos, se descubren propiedades y cuerpos cuya utilización no tiene por qué limitarse a una sola especialidad, mucho menos en un mundo regido por la intercomunicación como el actual.

A consecuencia de esta comunicación, al descubrirse un hecho, se imagina uno para qué pudiera servir; se parte, pues, de los medios hasta la meta. Bajo el rubro de otros usos hay muchas preguntas que pueden despertar nuestra imaginación, especialmente cuando hallamos en la etapa valorativa un grupo de ideas cuya implantación pudiera ser beneficiosa más allá del campo que suscitó nuestra indagación. Entre las preguntas están:

> ¿De qué otra manera se podría usar esto tal como está?
> ¿Cómo podría modificarse esto para implantarlo en tal campo?
> ¿Qué otra cosa pudiera hacerse con esto?
> ¿En qué otro mercado o segmento pudiera introducirse este producto?
> ¿Cuáles son los otros empleos que puede tener el talento de una persona?
> ¿Podrá transponerse tal costumbre o consumo de tal país o de tal época?
> ¿Cuáles son las otras funciones que pudieran dárseles a tales datos?
> ¿A quiénes, además de a mí, pudiese servirles esta información?

Si en el mundo investigativo y de la actividad industrial se aprovechan las oportunidades de empleo diferente de sus respectivos objetos, nada hay en contra de la utilización de sus hallazgos en nuestros campos de la comunicación, del comercio y de la gramática. El constante trasiego de las diferentes categorías gramaticales, por otro lado, muestra esta disposición natural hacia el cambio en la utilización que hace el hombre de las mismas en todos los tiempos. El traspaso de significados, el continuo evolucionar de las formas lingüísticas, la importación de vocablos y expresiones de otros idiomas, por sólo citar los fenómenos de usos distintos de mayor relieve en la comunicación humana por medio del lenguaje, nos demuestran la existencia de esta actitud en su forma más espontánea. El redactor comercial que realiza la construcción de sus mensajes gramaticalmente creativos, puede aprovechar todas las oportunidades de transposición sugeridas, de forma estructurada, con listas de preguntas apropiadas al mensaje particular de que se trate.

0.7.7 Integración del pensar inquisitivo con la gramática.

Los libros **Comunicación** y **Gramática de la comunicación,** acompañan la presente obra, se hallan dotados de numerosos esquemas condensadores, de cuadros sinópticos y de clasificaciones. Los índices generales de cada libro, y, particularmente, los índices de cada lección del libro **Gramática,** constituyen una fuente inagotable de sugerencias y reflexiones para realizar cambios. A sus funciones explicativas se añaden funciones creativas cuando se contemplan con el deseo de comunicar — objetivo capital — utilizándose variedades surgidas de la modificación de los elementos clasificados. Por otro lado, dichas clasificaciones son como casilleros dinámicos, descriptivos del estado actual de la lengua, sujeta, como todo lo humano, al cambio, a una mejor utilización de los recursos para aumentar su rendimiento en la sociedad — y, por ello, han de subordinarse a una comunicación más efectiva. Las preguntas capitales, por ejemplo, con vista a los casilleros de las palabras de relación aportados en la **Gramática,** pueden aumentar el caudal de preguntas de manera apreciable. Los tres aspectos fundamentales de la relación, **espacio, tiempo y condición**, constituyen criterios para el pensar inquisitivo. La anteposición de preposiciones y conjunciones a las palabras interrogativas citadas, **qué, dónde, cuándo**, etc., nos hará ver relaciones que pasan inadvertidas cuando se aceptan pasivamente las cosas. La lista de valores o significaciones de preposiciones, conjunciones, adverbios, pronombres, numerales, en actitud cuestionante, se convierte en próvida fuente de reflexiones sobre la situación confrontada.

Asimismo, la maestría en el manejo de verbos y nombres, tanto sustantivos como adjetivos, con sus respectivas ramificaciones expositivas, nos sensibilizará respecto a los diversos tipos de preguntas encerradas en las listas que aparecerán después de esta sección. La sustitución de los verbos resulta, en la mayoría de los casos, en un cambio de la función del sujeto o en la implantación de una idea en otro lugar. Los cambios en la sustancia y en la cualidad, representados mayormente por nombres, adjetivos y adverbios, se procuran en el planteamiento de muchas preguntas. El dominio del mecanismo del idioma, por ello, contribuye tanto al pensar lógico como al pensar creador.

Las listas traídas aquí reciben en inglés el título de **ideas checklists**. Pudiéramos españolizar esta denominación titulándolas **listas para chequear ideas**. En sí son estimulantes tanto del pensar lógico como del pensar creador que, como estrategias variables según el frente de que se trate, se pueden modificar a tenor de las circunstancias. En nuestro caso se refiere dicha afirmación a las circunstancias comunicativas. Nada hay, pues, de inflexible en su formulación. Siendo Alex Osborn el verdadero iniciador de esta corriente del pensar inquisitivo mediante la aplicación de listas de preguntas a una situación de la vida comercial, presentaremos en primer lugar nuestra versión de su clásica lista. Las restantes prosiguen la línea trazada por dicho estudioso en su obra **Applied Imagination**, con las modificaciones aconsejadas por las necesidades de cada caso. Estas técnicas, tan necesarias en la adopción de decisiones, solución de problemas, en los diseños de nuevos productos, para innovar o simplemente para mejorar, vuelven a recordarnos que "preguntando es como mejor se aprende".

0.7.7.1 Lista de preguntas con verbos para estimular el pensar lógico y el pensar creador sobre sustancias y cualidades.

1. Adaptación del resumen para estimular el brote de nuevas ideas por Osborn, al libro **Gramática de la comunicación**, Prefacio, página VII: Relaciones lógicas del fenómeno de la sustancia y de la cualidad con sus correspondientes clases sintácticas, verbos, sustantivos, adjetivos y adverbios.

   Innovar: ¿Puede usarse en otros campos? ¿Nuevos modos de uso tal como está? ¿Habrá otros usos con alguna alteración? ¿Qué cosas admitirán su empleo?

   Adaptar: ¿Qué otra cosa es como esto? ¿Qué otra idea sugiere esto? ¿Ofrece el pasado algún paralelo, parecido, análogo? ¿Qué puedo emular, imitar, copiar? ¿A quiénes se podría seguir? ¿Países, idiomas, estilos, épocas, modas?

   Modificar: ¿Le damos una vuelta distinta? ¿Variaremos el significado, color, movimiento, sonido, olor, forma, textura? ¿Qué otros cambios pueden hacerse?

Magnificar: ¿Qué añadiremos? ¿Tamaño gigante? ¿Más tiempo, frecuencia? ¿Más fuerte, más alto, más largo, más denso, más grueso, más ancho, más profundo? ¿Mayor valor? ¿Qué ingrediente agregaremos? ¿Multiplicaremos, duplicaremos, triplicaremos? ¿Exageraremos? ¿Acentuaremos un rasgo, una cualidad, un detalle? ¿Más caro?

Minificar: ¿Qué substraeremos? ¿Haremos una miniatura? ¿Más pequeño, más débil, más bajo, más corto, menos denso, más delgado, más estrecho, menos profundo? ¿Menos tiempo, menos peso, menos palabras? ¿Omitiremos, suprimiremos, condensaremos? ¿Qué ingrediente quitaremos? ¿Dividiremos, en mitades, en cuartos, en trozos? ¿Desmenuzaremos, pulverizaremos, atomizaremos? ¿Menos significados? ¿Rebajaremos un rasgo, una cualidad, un detalle? ¿Reduciremos precio, costo de producción?

Sustituir: ¿Qué otra cosa en su lugar? ¿Quién en su puesto? ¿Otros ingredientes, materiales, procesos, procedimientos? ¿En otro lugar, tiempo? ¿Otro enfoque, otro tono de voz? ¿Otra fuente de energía? ¿Otros canales?

Reorganizar: ¿Intercambio de componentes? ¿Otros patrones, modelos, formularios? ¿Otro formato, otra secuencia, otro ritmo, otra velocidad, otro horario? ¿Otro diseño, otra distribución? ¿Cuál? ¿Otra disposición de elementos?

Trastrocar: ¿Qué tal el opuesto? ¿Cuántos opuestos hay? ¿Lo pondremos al revés, de lado, de cabeza? ¿Permutaremos el anverso y el reverso, el superior y el inferior, la delantera y la trasera, el interior y el exterior? ¿Invertiremos las funciones? ¿Nos pondremos en su lugar? ¿Qué tal si desempeñamos su rol? ¿Cambiaremos los roles? ¿Situaremos el positivo en el negativo y viceversa? ¿Trocaremos la causa por el efecto y viceversa?

Combinar: ¿Qué tal una mezcla, una aleación, una fusión? ¿Hacer varias cosas al mismo tiempo, en el mismo lugar, por las mismas personas? ¿Varias personas, varias unidades, propósitos, atractivos en armonía? ¿Combinamos ideas? ¿Ideas del mismo campo, de otros campos? ¿Combinamos actividades? ¿Cruzaremos miembros de tal familia, raza, especie con tales otras?

0.7.7.2 Lista de preguntas con preposiciones.

2. Los valores principales de las preposiciones simples usados como criterios para formular preguntas, ilustrativas del empleo de estas preposiciones, libro **Gramática**, pp. 157-161.

RELACIONES	LISTA DE PREGUNTAS
PUNTO TEMPORAL, ESPACIAL O FIGURADO	¿**A** qué hora se vende mejor? ¿Se vende más **a** cinco pesos?
MODO	¿Se podrá fabricar **a** presión, **al** vacío, **a** vapor, **a** máquina?
DIRECCIÓN MOVIMIENTO TÉRMINO GENERAL	¿**A** quién satisfacer: **al** cliente, **al** empleado, **al** gremio, **al** gobierno, **a** los accionistas, **a** los jefes, **a** la junta directiva, **a** la comunidad, **al** consumidor nacional y/o extranjero, **a** gobiernos extranjeros, **a** los acreedores?
PRIORIDAD	¿Pondremos esto **ante** esto otro? ¿Se dirá el informe **ante** el público, **ante** el jefe, **ante** el cliente?

RELACIONES	LISTA DE PREGUNTAS

INFERIORIDAD
DEPENDENCIA

¿Se trabajará **bajo** techo? ¿Se pone la pieza **bajo** la otra? ¿Se colocará a tal empleado **bajo** este otro?

MEDIO
INSTRUMENTO
CONCURRENCIA
COMPAÑÍA

¿Fabricaremos también este artículo **con** esto? ¿Qué haremos **con** esta máquina también? ¿Caminará **con** alcohol, **con** carburante, **con** nafta, **con** gasohol, **con** gasoil? ¿Irá bien esta pieza **con** las demás? ¿Se envuelve **con** otros?

OPOSICIÓN
CONTRARIEDAD

¿Pondremos tal producto **contra** tal competidor? ¿Servirá la medicina también **contra** la calvicie?

POSESIÓN
PERTENENCIA
PROCEDENCIA
COMPOSICIÓN,
MATERIA
CONTENIDO
PRINCIPIO
TIEMPO, MODO,
CALIDAD

¿Operaremos con capital **de** esta empresa, **de** otras fuentes? ¿Nombraremos jefes **de** Cuba, **de** México, **de** Estados Unidos? ¿Podremos hacerlo **de** plástico, **de** cobre? ¿Venderemos un plato **de** carne, **de** tamales? ¿Una lata **de** sopa? ¿Abriremos la tienda **de** diez a diez? ¿Empezaremos la jornada laboral **de** ocho a cinco? ¿Se podrá abrir **de** noche, **de** madrugada? Se paga **de** contado? ¿Viene **de** suplente?

PRINCIPIO EXACTO
TEMPORAL O
ESPACIAL

¿**Desde** qué lugar a qué lugar se puede acortar esto? ¿**Desde** qué punto a qué punto pondremos la ruta? ¿**Desde** qué hora pierden fuerzas los empleados? ¿**Desde** qué hora afluye el público al sistema de transporte?

LUGAR, PARTICIPACIÓN
TIEMPO
MODALIDAD
PRECIO
MEDIO, TRANSPORTE

¿Podrá hacerse **en** tal localidad? ¿Hábil **en** varios métodos? ¿Podrá hacerse **en** menos tiempo, **en** dos minutos? ¿Podrá fabricarse **en** serie? ¿Se vende más **en** barquillos? ¿Podrá venderse **en** diez pesos? ¿Se anuncia **en** revistas? ¿Podrá decirse **en** español? ¿Lo enviaremos **en** avión?

COOPERACIÓN
SITUACIÓN MEDIA

¿Podrán hacerlo **entre** Juan y Pedro? ¿Levantaremos las fábricas **entre** el ferrocarril y la carretera?

APROXIMACIÓN

¿**Hacia** dónde sale la gente? ¿Vendrán **hacia** acá? ¿Irán los precios **hacia** arriba o **hacia** abajo?

TÉRMINO EXACTO

¿**Hasta** qué tamaño se puede reducir? ¿**Hasta** qué hora se podrá trabajar con eficiencia?

DESTINO
USO CONVENIENTE
OBJETIVO O FIN
PLAZO

¿Podrá venderse **para** las señoras, **para** niños? ¿Se podrá hacer **para** otra clientela? ¿**Para** qué otra cosa servirá esto? ¿Servirá **para** curar tal enfermedad? ¿**Para** qué fin estamos trabajando en esto? ¿Se debe hacer **para** mañana, **para** esta tarde?

AGENCIA
CAUSA

¿Se hace **por** esta fábrica o **por** esta otra? ¿Se puede hacer **por** otros? ¿Se podrá utilizar **por** otros? ¿**Por** qué hay problemas? ¿**Por** qué los estudiantes se aburren?

RELACIONES	LISTA DE PREGUNTAS
MOTIVO **MODO** **DURACIÓN** **MEDIO, VÍA** **CUANTÍA, PRECIO** **SUSTITUCIÓN** **EQUIVALENCIA** **DIRECCIÓN** **TRUEQUE** **OPINIÓN** **COLOCACIÓN** **OBJETO**	¿Trabajarán más los empleados **por** emulación, **por** un aumento de sueldo, **por** una bonificación, **por** recibir una participación en las utilidades? ¿Se venderá más **por** piezas? ¿No se trabajará mejor **por** la tarde, **por** siete horas? ¿Se enviará **por** correo, **por** avión, **por** barco? ¿Se dará al público **por** cien pesos? ¿Podrán hacerlo estos empleados **por** los otros? ¿Utilizaremos esta máquina **por** esta otra? ¿Les daremos tal producto **por** este agotado? ¿Trabajará la computadora **por** cinco contadores? ¿Votaremos, trabajaremos **por** Pedro? ¿Les daremos la casa **por** la deuda, **por** la finca? ¿Los tendrán **por** honrados, **por** gente cumplidora? ¿Colocaremos el motor **por** detrás, las hélices **por** arriba? ¿Empezaremos **por** el final, **por** la mitad? ¿Lo hacen **por** ganar, **por** quedar bien?
FAVORECIMIENTO	¿Haremos la cuestión **pro** Liga Contra el Cáncer, **pro** Hospital Infantil?
CONFORMIDAD	¿Retribución **según** el tipo de trabajo, la hora?
CARENCIA **PRIVACIÓN**	¿Podremos fabricarla **sin** esta pieza, **sin** esta operación? ¿Parecerá mejor la mercancía **sin** estos adornos? ¿Tendrá más unidad el escrito **sin** tantas oraciones? ¿Trabajarán mejor **sin** ruido, **sin** calor, **sin** frío, **sin** interrupciones, **sin** molestias?
ELEVACIÓN **ASUNTO** **INMEDIACIÓN**	¿Pondremos esta pieza **sobre** aquélla? ¿Hablaremos **sobre** negocios sólo? ¿Edificaremos la planta **sobre** la bahía, **sobre** el río, **sobre** la línea del ferrocarril?
CONSECUTIVIDAD **ORDEN TRASERO**	¿Qué operación, paso, movimiento, **tras** éstos? ¿Nombraremos al Secretario **tras** el Vicepresidente?

0.7.7.3 Lista de preguntas con conjunciones coordinantes.

Libro **Gramática**, pp. 161-165; los valores principales de la coordinación usados como criterios: unión, distribución, disyunción y adversación.

CONJUNCIONES	LISTA DE PREGUNTAS
COORDINADAS **COPULATIVAS**	¿Fabricaremos aquí los ejes **y** las ruedas? ¿**Ni** parece bien esto solo, **ni** luce bien en el conjunto?
COORDINADAS **DISTRIBUTIVAS**	¿Podremos producirlo **sea** a mano, **sea** a máquina? ¿Caminará **bien** por batería, **bien** por electricidad?
COORDINADAS **DISYUNTIVAS**	¿Nombraremos ayudante a Juan **o** nombraremos a Pedro? ¿Destacaremos este punto de venta **u** otro?
COORDINADAS **ADVERSATIVAS**	¿Trabajará a plena capacidad **pero** luego se agotará?

CONJUNCIONES	LISTA DE PREGUNTAS
a) RESTRICTIVAS	¿Lo podremos poner en venta **aunque** tenga ese defecto?
b) EXCLUSIVAS	¿No será María Rosa **sino** Raquel? ¿No habrá ningún problema **sino que** no desean comunicarse?

0.7.7.4 Lista de preguntas con conjunciones subordinantes circunstanciales.

Libro **Gramática**, pp. 169-177; los valores principales de esta subordinación usados como criterios: lugar, tiempo, modo, comparación, fin, causa, consecución, condición y concesión; conjunciones en negritas.

CONJUNCIONES	LISTA DE PREGUNTAS
LOCATIVAS	¿Es aquí **donde** se puede vender también?
TEMPORALES	¿Cambiamos la publicidad **cuando** las ventas declinan? ¿Mantenemos la misma campaña publicitaria **mientras que** el producto se siga vendiendo bien? ¿Lanzaremos el producto en otro país **después de que** bajen las ventas en este otro?
MODALES	¿Ofreceremos comida en los viajes **como** hacen los restaurantes? ¿Trataremos los problemas **como si** fuesen estímulos a la creación? ¿Le enviaremos el pedido **según y conforme** lo solicitó?
COMPARATIVAS:	
a) DE MODO	¿**Como** está envasado el champú en plástico, **así también** envasaremos el ron en pequeños frascos plásticos?
b) DE CANTIDAD:	
1) DE IGUALDAD	¿Señalaremos la tarifa de los taxis en el aeropuerto **igual que** está puesta en el centro?
2) DE DESIGUALDAD	¿Asciende el costo de la vida **más** aprisa **de lo que** se aumenta el jornal a los trabajadores? ¿**Cuanto menos** corra el automóvil **tanto menos** me consumirá de gasolina?
FINALES	¿Daremos la mercancía por debajo del costo de producción **a fin de que** sean nuestros clientes? ¿Utilizaremos todos los canales publicitarios **con objeto de que** se enteren de la calidad del producto?
CAUSALES	¿Estudian con desgano **a causa de que** están desnutridos? ¿Liquidaremos las existencias **en vista de que** su estilo pasó de moda? ¿Les daremos la salida ahora **puesto que** llegaron temprano?

CONJUNCIONES	LISTA DE PREGUNTAS
CONSECUTIVAS	¿Demoraremos el proceso de añejamiento **de modo que** el licor adquiera más bouquet? ¿Bajaremos los impuestos **al punto que** la gente invierta más en el comercio?
CONDICIONALES	¿Rendirán mejor labor **si** les damos comisión? ¿Entraría más público a la tienda **si** pusiéramos este adorno en las vidrieras? ¿Captaré la atención del auditorio **con sólo que** prepare el discurso? ¿Lo terminará enseguida **a menos de que** sufra un accidente?
CONCESIVAS	¿Tendrá el mismo cargo **aun cuando** superó todos los cálculos de venta? ¿Tendrá la calidad de siempre **por** muchos años **que** hayan pasado? ¿Se le dará la misma cotización **a pesar de que** el producto ha sido mejorado?

0.7.8 Lista de preguntas específicas para valorar ideas, agrupadas por criterios.

CRITERIOS	PREGUNTAS DE POSIBLE FORMULACIÓN
SENCILLEZ	¿Es sencilla la idea? ¿Parece evidente o parece demasiado rebuscada, demasiado ingeniosa o demasiado complicada? ¿Puede exponerse en una declaración simple, clara y concisa? ¿Podrá hacerse la exposición en dos o tres oraciones cortas para entenderse por todos? ¿Se podrá entender en especial por quienes hayan de aplicarla, al nivel de una inteligencia promedio? ¿Deja a la gente boquiabierta por su sencillez? ¿No ha dicho nadie, **"por qué no se me ocurrió a mí antes?"**? ¿Podrá usarse sin mayores explicaciones? ¿No estaremos matando chinches a cañonazos?
COMPATIBILIDAD	¿Es compatible con la naturaleza humana? ¿Les parecerá aceptable al presidente, a la junta de accionistas, al gremio, a los clientes, al gobierno, a la comunidad? ¿Qué le parecerá al vecino, al competidor, a la gente de la casa, al transeúnte, a cualquiera? ¿Es ética? ¿Cuáles son las implicaciones culturales de todo tipo: religiosas, sociales, políticas, económicas, artísticas, legales y demás? ¿Está conforme con las prácticas y objetivos de la empresa? ¿Cuáles son las personas y los grupos afectados? ¿Qué problemas a su vez causará? ¿Qué elementos intangibles involucra: actitudes, valores, opiniones, etc.; lo mismo que tangibles: materiales, equipo, canales de distribución, etc.? ¿Qué pasará en caso de fracasar su aplicación?
UTILIDAD	¿Aumentará la producción? ¿Mejorará la calidad? ¿Se emplearán mejor los recursos tanto humanos como materiales? ¿Mejorarán los métodos de operación, mantenimiento o construcción? ¿Representa un avance con respecto a las herramientas y maquinarias? ¿Aumenta el margen de seguridad? ¿Previene el malgasto o conserva materiales? ¿Elimina trabajo o esfuerzo innecesarios? ¿Reduce los costos? ¿Aumenta las funciones: otras tareas, otros servicios; otros mercados, podrán servirse ahora? ¿Contribuye a un nivel ma-

CRITERIOS	**PREGUNTAS DE POSIBLE FORMULACIÓN**

yor de rendimiento: alarga la vida del producto, lo hace más seguro, más exacto, de mayor confianza, de mayor facilidad de uso, mantenimiento y reparación? ¿Eliminará partes superfluas? ¿Empleará materiales más baratos? ¿Reducirá operaciones de fabricación? ¿Permitirá contratar a más obreros? ¿Facilitará la fabricación a mano, a máquina, con total automatización de las operaciones? ¿Permitirá la fabricación en serie? ¿Aumentarán los usuarios? ¿Contribuirá a la mercadeabilidad del producto? ¿Mejorará su apariencia? ¿Introducirá mejoras en el plan de ventas, de publicidad, de mercadeo? ¿Destaca una línea o rasgo que atraerá más a la clientela? ¿Mejora los métodos de la oficina, las condiciones laborales? ¿Dará resultado en la práctica? ¿Podemos afrontar sus gastos? ¿Cuánto ganaremos?

OPORTUNIDAD

¿Se ajusta al problema? ¿Dará la solución en el clavo? ¿Remediará la situación total o parcialmente, por el momento o para siempre? ¿Viene a tiempo: habría sido mejor hace un año, o será mejor dentro de seis meses? ¿Cuándo convendrá implantarla? ¿Podemos esperar?

0.7.9 Decálogo inquisitivo para valorar la idea sobre un nuevo producto, basada en criterios de objetivos, necesidades y recursos de la empresa.

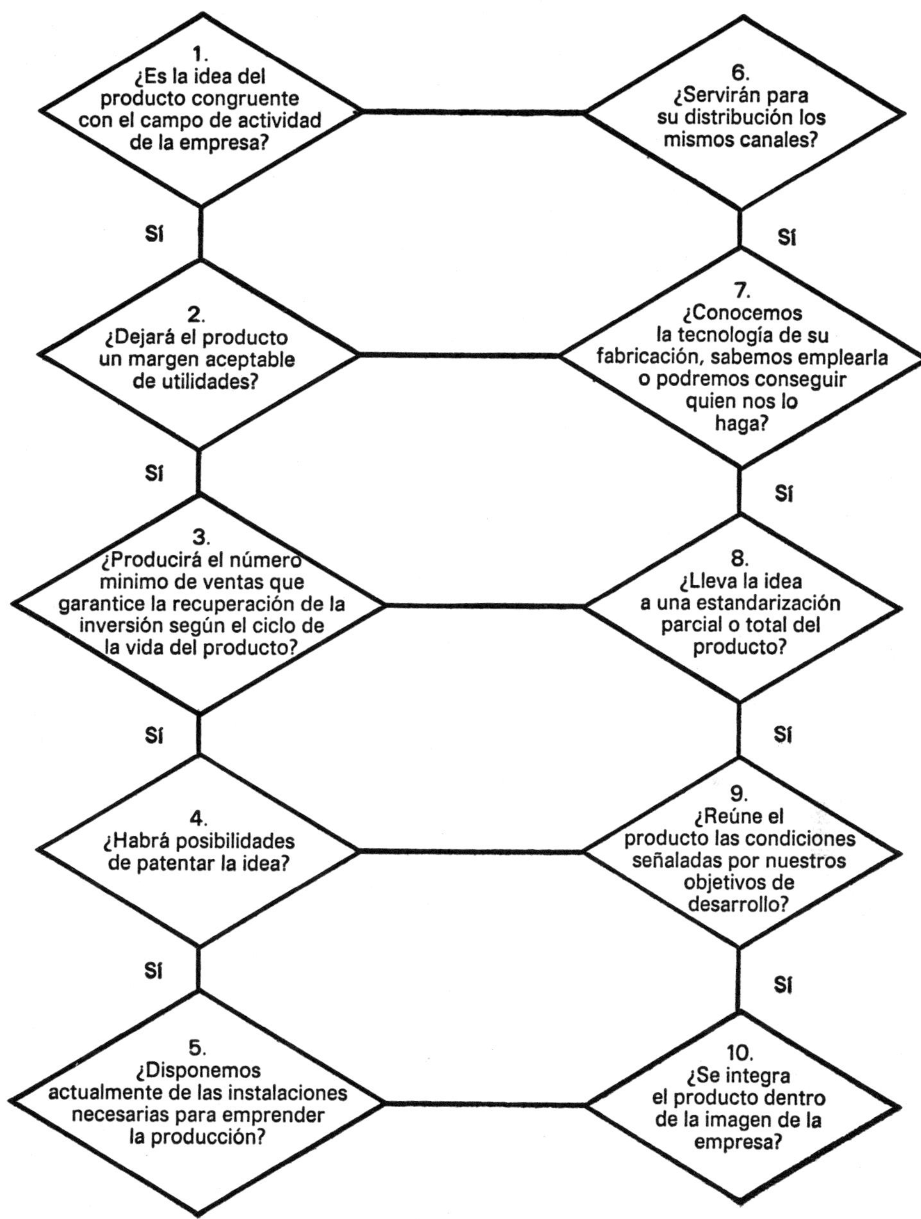

PRUEBA DE COMERCIALIZACIÓN O DE MERCADO

0.8 TÉCNICAS DEL PENSAR MORFOLÓGICO

0.8.1 Antecedentes

0.8.2 Empleo actual del método morfológico

0.8.3 Integración del pensar morfológico con los estudios gramaticales

0.8 TÉCNICAS DEL PENSAR MORFOLÓGICO

0.8.1 Antecedentes.

De gran popularidad y difusión en la actualidad, el **análisis morfoló-gico** ostenta muy diversas fibras que trataremos de relacionar para demostrar el creciente intercambio entre todas las disciplinas. La misma denominación muestra su afinidad con la parte de la Gramática llamada Morfología, cuyo estudio versa sobre la composición de las palabras, en la manera en que se agrupan sus elementos constituyentes. La derivación de este pensar, a base del análisis, del pensar inquisitivo se puede observar en el hecho de que se utilizan listas de cualidades, sustancias o procesos que se someten a una serie de relaciones entre sí. Las listas ahora, en lugar de ser de preguntas para estimular la imaginación, son de relaciones entre los patrones de información hallados que arrojan nueva luz por esta nueva interacción.

En su planteamiento original se aspiraba a incluir todas las dimensiones posibles en un problema, en las situaciones vitales del ser humano, no solamente en el globo terráqueo, sino además, en el universo. De ahí que los estudios del propulsor principal de esta corriente filosófica, el astrónomo y físico norteamericano Fritz Zwicky, aspiren a una **visión universal** en la consideración de todos los problemas humanos, con el concurso de una investigación de carácter mundial. Sin una inclusión de todos los hechos, ha afirmado Zwicky, no se puede arribar a las soluciones de los problemas, hasta darse con la más satisfactoria para los requisitos que les planteamos. Llamando **pegs of knowledge**, los aspectos informativos esenciales, a las características de los objetos del mundo físico, a las estructuras y formas geométricas, geológicas y biológicas, Zwicky también incluye en su investigación las interrelaciones estructurales del orden más abstracto en los fenómenos culturales, como conceptos, ideas y valores de la conducta.

El término **morfología** ha sido empleado, asimismo, para designar la búsqueda científica de relaciones estructurales en la Anatomía, la Geología, la Botánica y la Biología. Esta búsqueda del significado de todos los fenómenos culturales, organizados en un sistema de relaciones y oposiciones, se mencionó en el "Prefacio" del libro **Comunicación**, al mencionarse a la Semiótica como la disciplina naciente encargada de tales averiguaciones. Este mismo objetivo totalizante se nota en la Ecología cuyos estudios están de moda hoy por el interés creciente en el ambiente tanto humano y natural, para conocer sus efectos en la vida actual. En esta rama se estudian las interrelaciones entre los organismos vivientes y sus respectivos ambientes.

La base de estos estudios está en el hecho del mutuo influjo de criaturas y naturaleza; los organismos se conforman a su ambiente, pero, éste, a su vez, resulta afectado por ellas. De hecho, vida y ambiente son partes de un todo superior. A este todo superior lo hemos llamado **comunicación**.

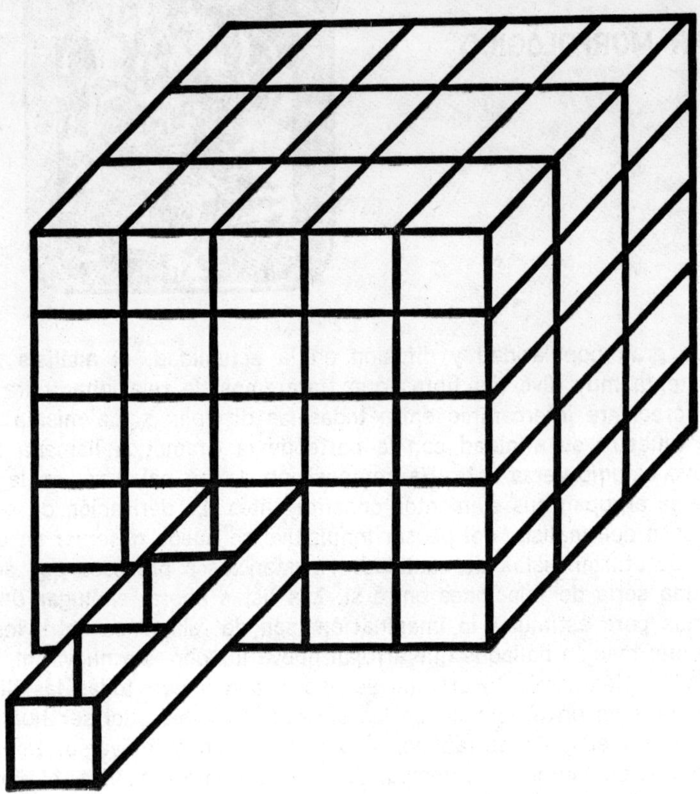

Ilus. 2

UNA MATRIZ MORFOLÓGICA TRIDIMENSIONAL CON CASILLEROS SALIENTES

La actitud inquisitiva, vista anteriormente, abarca o intenta abarcar la totalidad de posibilidades concurrentes en una situación — tal como demostraron los prolijos cuestionarios que se acompañaron. La afinidad de esta intención de abarcar cuantos aspectos existan en una situación con la corriente morfológica parece evidente. Está relacionada también con la creencia en la total comunicabilidad de los fenómenos culturales y naturales, corroborada ahora por la implantación de los estudios interdisciplinarios. Como una idea, además, crece por anexión de otras, no sólo de las contiguas como ocurre con frecuencia al llenarse un casillero vacío con las vecinas, sino que, el crecimiento mayormente sucede por la combinación de ideas — y en el caso de las ideas creativas por combinación de ideas bien alejadas — este hecho demuestra el carácter complementario de la información de este pensar.

El paso desde el pensar inquisitivo, el recabador de información, se puede ahora comprender mejor. De la indagación infrecuente y hasta inusitada, que arroja respuestas impensadas antes, en forma de listas también, se inventan casilleros posibles, combinaciones de ideas, sobre todo de atributos o cualidades de los objetos o de las sustancias. Cada vez — dijo el autor de estudios sobre la creatividad basados en listas de atributos, Robert P. Crawford — que cambiamos un atributo o la cualidad de alguna cosa, como también cuando aplicamos la misma cualidad o atributo a algo diferente, incidimos en la conducta creadora, encontramos otra idea. En efecto, creamos nueva información luego de aislar los atributos principales de un objeto o de una situación, mediante la permutación de sus distintas posibilidades.

Tomemos, por ejemplo, una tiza. Podemos considerar tres dimensiones o aspectos: color, forma y textura. No solamente podemos incluir los colores fundamentales del arco iris y el blanco y el negro, sino que podemos llenar una lista de todos los matices y combinaciones conocidas; luego, a su vez, podemos considerar la mezcla de colores en distinta proporción, de los ya conocidos. Lo mismo podemos hacer con las otras dos cualidades entresacadas. La variedad de permutaciones, de posibilidades no ensayadas, como formas de animalillos para estimular el empleo de la tiza a los escolares infantiles, sería en verdad extraordinaria. El elenco de un grupo artístico o deportivo admite infinidad de permutaciones. Osborn citaba el caso del orden de bateo en un equipo de béisbol, que, con nueve jugadores, permite la confección de 362,880 órdenes distintos.

En realidad, lo que todos estos investigadores han hecho es encontrar gérmenes creativos latentes, dejados sin explotar por estudiosos de la antigüedad, pero, especialmente, de la época medioeval para acá. En efecto, aunque la expresión "análisis morfológico" fue acuñada por Zwicky, el método es tan antiguo como el pensar inquisitivo, sólo que se ha sistematizado hoy. Podemos remontarnos al sabio mallorquín Raimundo Lulio, en catalán Ramón Llull, quien en su **Arte Magna**, tratado doctrinal sobre la Lógica, tuvo la idea de resolver todos los problemas de la Filosofía y de la Metafísica, mediante la combinación sistemática de un pequeño número de principios, tal como se observa en la reproducción de un grabado aparecido en su obra.

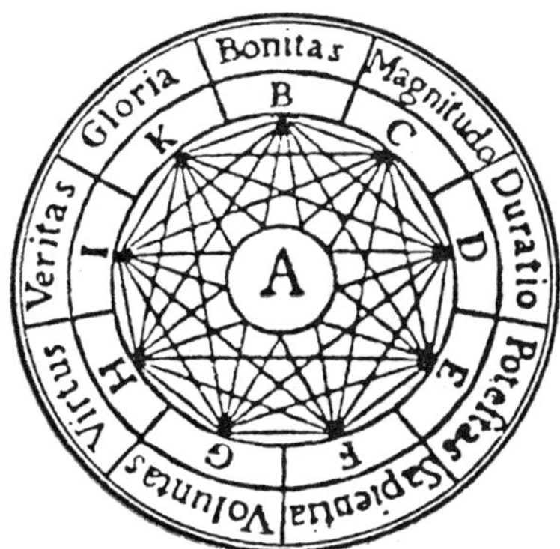

Ilus. 3

EL ARTE MAGNA DE LULIO

Completó gráficamente esta idea con la rotación de los principios en continua combinación. Desgraciadamente, en aquel tiempo no había computadoras para enumerar todas las combinaciones posibles. Más tarde, Leibnitz alabaría el procedimiento en su **Disertación del Arte Combinatoria** y Kircher mostraría en una **Tabla Combinatoria** las posibilidades del análisis morfológico. Aquí se explican todas las aspiraciones de universalidad, la amplitud desmesurada de los postulados del método y el aprovechamiento de los descubrimientos de otros hombres cuando se utilizan con otros fines, con otras ideas.

0.8.2 Empleo actual del método morfológico.

De hecho, el análisis morfológico de Lulio lo propugnó Leibnitz y atendió únicamente a las posibilidades conocidas, no se aventuraron — ni era posible que lo intentasen en sus respectivas circunstancias — a entrar en **terra incognita**, en el territorio desconocido del pensar creador para hallar relaciones entre las cosas, ignoradas hasta entonces. Este papel le tocó a Zwicky en sus estudios sobre la propulsión a chorro. En la práctica actual del método morfológico se siguen los siguientes pasos:

1. Análisis sistemático de una cuestión, objeto, situación para hallar los aspectos principales. A estas categorías esenciales se les llama **parámetros.** (Columna exterior izquierda de la ilustración.)
2. Se consideran las alternativas de alcanzar o satisfacer los parámetros (renglones en la ilustración).
3. Se examinan todas las posibles permutaciones de las alternativas en esta construcción que recibe el nombre de **matriz morfológica.**

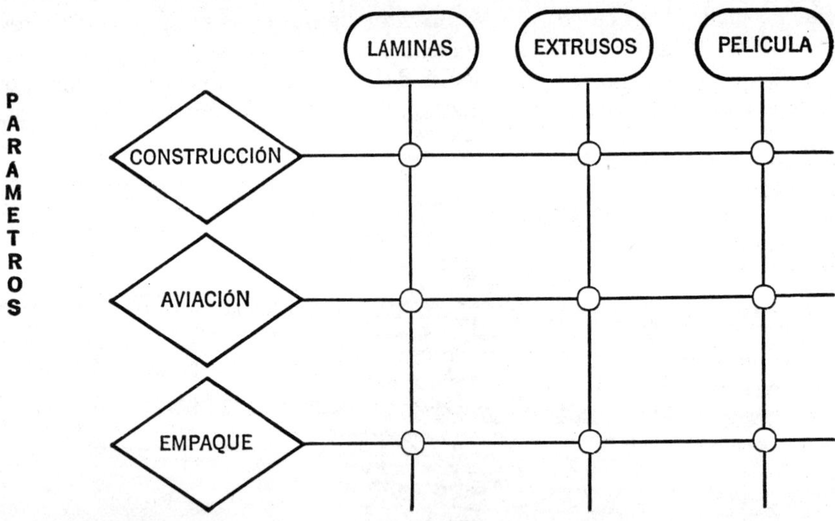

Ilus. 4

MATRIZ MORFOLÓGICA CON FORMA DE TABLERO DE DAMAS

En la ilustración se han considerado tres parámetros de mercados de una empresa, construcción, aviación y empaque, con tres productos que fabrica: láminas, extrusos y película. El número de combinaciones posibles de ventas a estos tres mercados principales identificados son $3 \times 3 = 9$. Si la misma empresa desea diseñar un envase con una **forma** determinada, hecha de un determinado **material** cuyo **contenido** puede presentar determinado **estado**, podemos llamar parámetros a las formas y producir una serie de permutaciones del material con que está compuesto y del estado del contenido que son respectivamente, $9 \times 7 \times 7 = 441$. Las celdillas o cuadrículos constituyen las combinaciones posibles que le permitirán a la empresa encontrar el envase apropiado para sus objetivos comerciales. Cuando sobrepasamos tres factores de multiplicación ya deja de ser posible la representación diagramática del método. Igualmente, cuando el número de parámetros y de alternativas no se han limitado, el método no puede emplearse individualmente. El número de permutaciones es ya tan grande que solamente un departamento entero podrá examinar con cuidado las distintas posibilidades para escoger las combinaciones más convenientes. Siempre hay la ventaja de eliminar de entrada algunas combinaciones de física imposibilidad, y, en el caso ilustrado, de descartar envases fracasados o ya utilizados por competidores, con lo que el estudio de las 441 posibilidades se reduce considerablemente. Conviene, con todo, que las nuevas alternativas se examinen por un panel de peritos en el ramo, cuya labor conjunta permita la sinergia creativa. A veces, a primera vista, muchas combinaciones podrán parecer absurdas; la experiencia y percepción de los peritos permitirán el hallazgo de nuevas formas. Así el pensar lógico y el pensar creador se funden en el mundo actual.

Como hasta en una matriz de cuatro parámetros y cuatro alternativas hay 256 posibilidades, aún cuando se empleen computadoras, se debe simplificar el estudio mediante la subdivisión de los parámetros principales en submatrices para estudio particular por un grupo o por un individuo. Por ejemplo, en el perfil analítico de un país o zona se puede adjudicar el estudio particular de un ingrediente de la fórmula de mercadeo, de carácter controlable o de la microeconomía de la empresa, sea el producto, precio, distribución, promoción y venta, con respecto a uno solo de los factores incontrolables o de la macroeconomía, ambiente, competencia, sistema legal e instituciones, a una persona dentro de un grupo digamos de estudiantes. Luego se integran los resultados esenciales dentro de las casillas informativas correspondientes que aconsejarán las decisiones a tomar con respecto a dicho mercado, constituido por una zona o país. Apuntamos de paso la existencia de una casilla abierta a la inserción de alguna nueva dimensión al problema con el nombre de otros factores. Otro modo de satisfacer la necesidad de simplificación reside en utilizar un criterio restrictivo a priori. Usándose el mismo caso ilustrado, de un país o zona como mercado, podemos eliminar todos aquellos territorios carentes de tranquilidad pública o de una adecuada infraestructura a nivel vial, publicitario, de almacenaje, y demás.

El mapa multidimensional morfológico se convierte en el vehículo más sistemático para vaticinar, para leer en el futuro, con vista a las posibilidades de inventos, de combinación de factores para ofrecer un determinado estado de una empresa, de un producto, o de la política mundial. Este método se halla inscrito en muchas técnicas del pensar pronosticador. El forzar relaciones de elementos y de procesos constituye un método indispensable para emplearse en las decisiones ejecutivas, en los departamentos de investigación y desarrollo, y en la preparación de la etapa de planeamiento de la empresa necesitada de pronósticos sobre la tecnología. Acompañamos unos diagramas aparecidos en obras dedicadas a estos estudios, tales como **Forecasting Technology for Planning Decisions** que acusan el empleo de esta técnica en las empresas contemporáneas. Obsérvese que el uso de letras y números para los parámetros y alternativas facilita la combinación en formas como A3, B4, etc. Si bien los inventos y procedimientos nuevos, al igual que todos los planteamientos morfológicos se hallan condicionados por los elementos analizados y colocados como parámetros, este método contribuye a vislumbrar un número vastísimo de permutaciones de la información. Esta transformación se ha convertido en una labor indispensable de tanteo y de experimentación para el ejecutivo interesado en el éxito de su gestión.

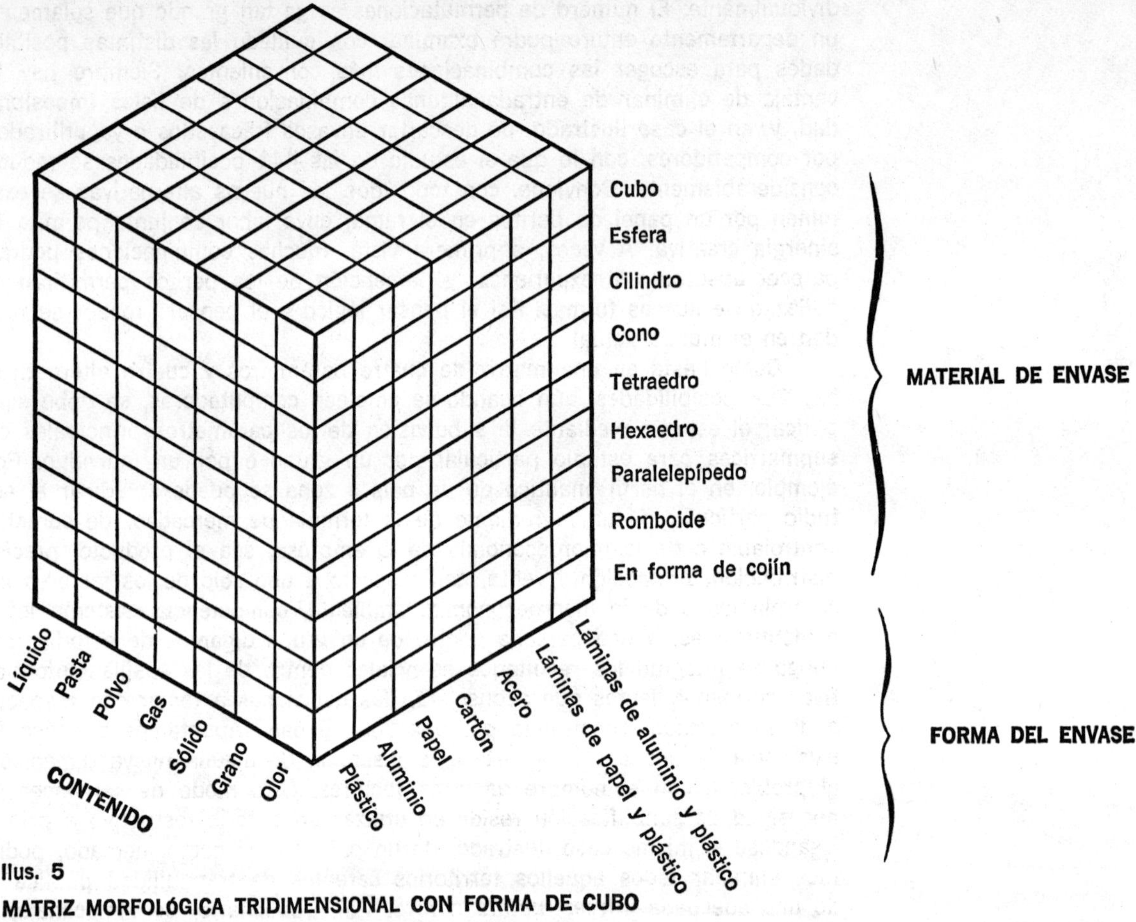

Ilus. 5

MATRIZ MORFOLÓGICA TRIDIMENSIONAL CON FORMA DE CUBO

0.8.3 Integración del pensar morfológico con los estudios gramaticales.

En nuestra labor de comunicantes comerciales podemos poner en acción muchas sugerencias provenientes de las técnicas del pensar morfológico. En el estudio semántico, por ejemplo, en la sección 0.4.2.7, se aludió a los métodos estructurales. De sus clasificaciones eminentemente lógicas podemos partir para transformar su información mediante intercambios en las casillas alejadas. Así incidimos en la conducta creativa. Como los idiomas nos imponen en gran medida una distribución determinada de la información, cuando realizamos traducciones, cuando nos ponemos en lugar del receptor de la información cuyo idioma nativo es, por ejemplo, el inglés, tendremos más oportunidades de comunicarnos. Los idiomas se intercambian expresiones que sus hablantes consideran útiles. En este respecto, conviene aclimatar muchas expresiones procedentes del inglés porque el campo de la comunicación comercial ha adquirido un extraordinario desarrollo — su verdadera incepción como campo académico — en las aulas norteamericanas. Transferimos, por otro lado, la tecnología involucrada en la administración de empresas. Tecnología es cualquier aplicación a la vida del conocimiento, sea de las ciencias físicas como de las ciencias sociales, para aumentar la capacidad humana en todos los órdenes.

Producto en país o zona **X**	Producto	Precio	Distribución	Promoción	Venta
Ambiente **Consumidor** **Aspectos culturales** **Desarrollo económico e industrial** **Clima político** **Otros**					
Competidores					
Sistema legal					
Instituciones					
Otros factores					
	Comentarios:				

Ilus. 6

MATRIZ MORFOLÓGICA PARA UN PERFIL ANALÍTICO DE MERCADEO CON MÚLTIPLES PARÁMETROS Y ALTERNATIVAS, ÉNFASIS EN LA INFORMACIÓN

De modo análogo, en el campo de la redacción gramatical, aumentamos el caudal de voces, facilitamos el triunfo de la comunicación con nuestros semejantes, cuando adquirimos distintos tipos de lenguaje: con un uso creativo del "Vocabulario". En sí la lista de palabras es una lista de parámetros y las acepciones son alternativas, cuyas permutaciones enriquecen la lengua a la par que desarrollan la mentalidad. A vía de ilustración, tomemos dos términos registrados como parámetros, como voces principales, **declive y pendiente**. **Declive** muestra las siguientes alternativas: **pendiente**, cuesta, rampa, desnivel, repecho, ribazo, vertiente, bajada, explanada, escarpe, inclinación, grada, caída.

Mientras que **pendiente** ofrece: aplazado, incompleto, diferido, irresuelto, suspenso, suspendido, colgante, por hacer(se), cuesta, empinación, subida, rampa, costana, inclinación, **declive**, repecho, arete, arracada. zarcillo.

Más allá de los significados semejantes entre las dos voces **declive y pendiente,** de su equivalencia en determinados contextos, podemos traspasar equivalentes del primer término al segundo, y viceversa, que contribuyen no solamente a la amenidad sino que también dotan de matices significativos a nuestras expresiones. Notemos que ambos términos comparten cuatro acepciones, a saber, **cuesta, rampa, repecho e inclinación.** Si añadimos también la transferencia de algunos otros podremos hallar la expresión certera de la imagen mental que queremos compartir.

La redacción de mensajes, el intercambio de los hombres por medio del lenguaje, el propio pensar, son todos procesos creativos cuando adquirimos conciencia de la capacidad de ofrecer nuevas relaciones al entrar en contacto elementos hasta entonces desvinculados. Las técnicas del pensar morfológico son excelentes auxiliares del pensar lógico y del pensar creador que, por su capacidad de representación visual, contribuyen a la comunicación tanto en las aulas como en los talleres y oficinas de hoy.

PARÁMETROS CLAVES / ALTERNADOS		1	2	3	4	etc.
TEJIDO ADITIVO	A	COLORANTE	AGENTE DE BLANQUEAMIENTO	TERMINADO	ANTI ESTÁTICO	
SUSTRATO DE FIBRA	B	PROTEINA	CELULOSA	NYLON	POLIÉSTER	
PROCESO MEDIO	C	ACUOSO	SOLUCIÓN ACUOSA	SOLVENTE ORGÁNICO	AIRE GAS VACÍO	
MECANISMO PARA FIBRA ADITIVA	D	SUSTANTIVO	DIFUSIÓN	PRECIPITACIÓN	REACTIVO	
etc.						

Ilus. 7

EJEMPLOS DE EMPLEO DE MATRICES MORFOLÓGICAS PARA HALLAR NUEVOS PRODUCTOS Y PROCESOS

0.9 TÉCNICAS DEL PENSAR CREADOR PERSONAL

0.9.1 Primer grupo: percatarse de las ideas vigentes

0.9.1.1 Ideas predominantes
0.9.1.2 Ideas implícitas
0.9.1.3 Ideas excluyentes
0.9.1.4 Ideas de los límites
0.9.1.5 Ideas de las presuposiciones

0.9.2 Segundo grupo: pensar lateralmente

0.9.2.1 Discontinuidad
0.9.2.2 Cambios en la percepción de las cosas
0.9.2.3 Cambios en otras percepciones

0.9 TÉCNICAS DEL PENSAR CREADOR PERSONAL

0.9.1 Primer grupo: percatarse de las ideas vigentes.

Antes de sacar nuevas ideas o dejar las antiguas, conviene percatarse de las ideas vigentes. Al examinarlas, nos encontraremos con diferentes tipos, de acuerdo con la sujeción que ejercen:

1. Ideas predominantes
2. Ideas implícitas
3. Ideas excluyentes
4. Ideas de los límites
5. Ideas de las presuposiciones.

Estos tipos identificados no agotan los obstáculos presentados a la elaboración de nuevas ideas o al escape de las ideas inoperantes. Nos servirá de guía esta lista para reconocer el fondo o ambiente en que nos dispondremos a elucubrar ideas.

0.9.1.1 Ideas predominantes.

a) De la misma manera que una persona ejerce dominio sobre un grupo, la idea predominante organiza el enfoque hacia un problema o situación.

b) Por lo común únicamente existe una conciencia difusa de dicha idea.

c) La idea predominante puede haber surgido junto con la situación o ser un componente del modo de tratarse la situación. Por ejemplo, una empresa publicitaria puede estimar que el mismo tema ha de ofrecerse por todos los canales publicitarios, sin pararse a considerar que la tradición surgió cuando había medios publicitarios o cuando eran muy primitivos.

d) En numerosas ocasiones la idea dominante no se refiere a la situación problemática sino al modo en que se la contempla. De ahí que muchos se crean que con haber encontrado la esencia del problema han resuelto todo. Primero hay que discernir el enfoque y más tarde se busca la causa del problema. Cuando se halla el enfoque se hace más fácil la tarea total.

e) Hay que evitar la apatía: debemos discernir y enunciar con precisión la idea predominante porque a veces engloba a toda la situación.

f) En un mensaje escrito se presenta la oportunidad de señalar la idea dominante. Se declara cuál es o se destaca con un medio tipográfico.

g) En cualquier situación pueden hallarse diversas ideas dominantes.

h) Como uno puede estar sujeto al dominio de una o de diversas ideas que conforman una ideología, es menester darse cuenta de su existencia. En caso de duda, conviene pedirles a los demás su opinión respecto a las ideas o a la ideología que parecen dominar nuestro enfoque.

0.9.1.2 Ideas implícitas.

a) Mientras que las ideas predominantes organizan el enfoque o la situación, las ideas implícitas son de poca monta y por ello pasan inadvertidas. Casi siempre están en la solución o enfoque dado a un problema.

b) Nunca examinamos las ideas implícitas, aunque nos restan movilidad. No es tan importante el examen de estas ideas para justificar su presencia como saberse que restringen el hallazgo de la solución del problema. Dan la libertad relativa de un animal sujeto por una larga soga a un poste.

c) Puede darse el caso de haber toda una lista de ideas implícitas.

0.9.1.3 Ideas excluyentes.

a) Queremos demostrar con esta expresión o aseveración el hecho de caerse en una situación de dilema, de escoger entre dos puntos en total oposición. Ahora nuestra libertad de movimientos está constreñida por ambos polos, solamente podemos movernos en la esfera delimitada por dichas dos ideas. Antes estuvimos anclados por una idea dominante o con una libertad relativa alrededor del ancla, por una idea coadyuvante. Ahora la polaridad nos restringe sin darnos cuenta, con una impresión de libertad mediante el ofrecimiento de alternativas, aunque se dejan fuera posiciones intermedias.

b) Hallamos exclusión no solamente entre dos ideas, sino también en aquellos casos en que se da una postura y se excluyen todas las demás, como también cuando se dan diversas alternativas excluyentes de otras. Lo importante es señalar la inflexibilidad resultante.

0.9.1.4 Ideas de los límites.

a) Son las condiciones limitadoras. Así, la condición limitadora por excelencia es el marco desde donde consideramos un problema.

b) Si uno se acostumbra a tratar un problema desde un marco únicamente, llega a creerse que no hay otros. Conviene verlo, pues, como una condición limitadora, como los límites que encierran la consideración del problema.

c) Siempre hay un conjunto de condiciones que deben satisfacerse para la consideración de un problema. Son circunstancias delimitadoras de nuestro plan de trabajo. En algunos casos son las especificaciones de un diseño. En ocasiones son muy vagas y solamente nos damos cuenta de estas condiciones cuando chocamos con ellas o cuando nos advierten que así no puede plantearse o resolverse la cuestión.

d) Al comprender la existencia de las condiciones limitadoras podremos plantear la necesidad de su existencia, su validez. Hay a menudo, por ello, la solución innovadora de un problema recibe el calificativo de trampa, por haber desconocido los límites que todos se creían de obligatoria observancia.

e) El diseño de un nuevo producto con frecuencia se halla circunscrito por las fronteras derivadas de preconcepciones acerca de las condiciones que debe reunir el producto o por el comportamiento de otros productos en el pasado. Tales límites impiden desarrollar nuevos productos, y, a la postre, sólo permiten pequeñísimas variantes de los viejos. Hay que reconocer el hecho de que, en multitud de ocasiones, las especificaciones han venido después de haberse desarrollado el producto.

0.9.1.5 Ideas de las presuposiciones.

a) Sea el punto de partida para pensar que tengamos, siempre comenzamos con una serie de presuposiciones. De lo contrario el proceso todo sería imposible de realizar.

b) Al paso que los límites restringen la libertad de elaboración de ideas, las presuposiciones constituyen la materia prima, el alimento con el cual las desarrollamos.

c) Algunas presuposiciones son valederas, otras no lo son. Aún así nos conviene tratarlas a veces como válidas para llegar a alguna parte.

d) Lo primero que debemos hacer es demorar el examen de la validez; nos bastará saber que se parte de presuposiciones, tanto en nuestro pensar como en el de los demás.

e) Hay variadísimos grados de legitimidad en las presuposiciones. Así, se estima que los empleados deben recibir el pago de sus servicios. Se cree, asimismo, que trabajarán con más ahinco para ganar más. Mientras que la primera presuposición pudiera examinarse, y demostrarse que no es un hecho cierto en todos los casos, la segunda, considerada como un hecho irrebatible, nos excluiría factores tan importante como la satisfacción en el empleo, el impulso o motivación, la seguridad en el puesto, y hasta la idea no demasiado peregrina de que los sueldos altos atraen a empleados que no son eficientes por necesidad.

f) Lo peligroso de las presuposiciones no consiste tanto en su uso, sino en el hecho de que escapan de nuestra atención. Como no podemos prescindir de las presuposiciones para poder pensar, nos bastará saber que están presentes en toda situación, en todo enfoque a un problema, en la solución que procuremos. Tampoco podremos saber su número exacto ni agotar su estudio. Pero cuando nos sensibilizamos de su presencia, como también en el caso de las ideas vistas arriba, estaremos en mejores condiciones de hacer germinar ideas. Lo cual, al fin y al cabo, es nuestro objetivo.

0.9.2 Segundo grupo: pensar lateralmente.

El pensar lateralmente implica el juicio, la evaluación y la crítica, que son aspectos todos de la forma lógica de pensar que cristalizan en la función denegadora, en la palabra **no** o en otras con la misma significación negativa. El juicio compara una idea con la realidad tal como la percibe la experiencia o compara varias ideas entre sí. La evaluación contempla la idea para percibir su conveniencia o utilidad, para decidir si vale la pena continuar con ella, explorarla o desarrollarla. La crítica, por último, contempla una idea vigente, que goza de aprobación general, que parece efectiva, para hallarle deficiencias, errores, aspectos débiles y demás. Mediante un proceso de selección arribamos a la idea que triunfa sobre las otras. Llamaremos técnica de pensar lateral al tipo de pensar en el cual no empleamos la función denegadora, cuando nos hacemos a un lado del pensar consecutivo, con ánimo de alcanzar una idea, esto es, para crear.

El primer paso en el pensar lateral ha de ser la evitación de los modos fijos o habituales de mirar las cosas. Esto entraña escapar de los conceptos mediante el esfuerzo de escoger otro o de escoger otra palabra. En una discusión, por ejemplo, se evita deliberadamente el empleo de la palabra para salir del concepto. Se dan rodeos para decir lo mismo. Pues bien, hasta en este procedimiento se consigue obtener nuevas ideas. Otro procedimiento útil reside en el fraccionamiento del concepto. No es analizar, en donde descomponemos los elementos sin dejar residuos. Ahora se trata de dividir en cualquier número de elementos, aunque queden elementos del concepto original sin considerar. La cuestión es escapar del mismo, de cambiar, no de hallar si es útil o productivo de momento.

Así, podemos considerar el boleto de una compañía aérea. Dividamos el concepto en conveniencia para el pasajero y utilidades para la empresa. Del subconcepto primero podemos extraer dos más: ventaja agotada y ventaja latente. La diferencia estriba en que la ventaja agotada no atrae más porque los pasajeros la agotaron completamente, mientras que la ventaja latente representa la atracción futura, propiciadora del aumento en la demanda de boletos. La ventaja latente puede compensar la subida del precio del boleto, al paso que la ya usada tiene dificultad en hacerlo. Por ejemplo, la aerolínea pudiera preparar un plan general de viaje que incluyese un aumento en la tarifa, pero con ventajas tales como reservación y comida en hoteles y transporte terrestre incluidos. El viajero asiduo, además, recibiría un descuento digamos del 25% para volar en los próximos meses o durante un año. El criterio **tiempo** para fraccionar llevó, pues, a una idea creadora.

La reunión de fracciones de distintos conceptos para integrar un nuevo concepto nos obliga a mirar las semejanzas y olvidarnos de las diferencias. Al ponerse bajo un mismo concepto elementos considerados hasta entonces distintos, se abren perspectivas que nos hacen ver de modo diferente las cosas. Se puede hallar, incluso, que sólo eran manifestaciones de la misma cosa. En nuestro propio **Cuaderno** estamos considerando bajo el concepto **creatividad** las actividades comunicativas que anteriormente se trataban por separado en las humanidades, en especial en la enseñanza gramatical, y en las humanidades aplicadas, especialmente en la administración de empresas.

En la actualidad se han reunido bajo la égida del concepto **disponibilidad** las actividades de publicidad y mercadeo, al notarse que ofrecen una disponibilidad mental y física respectivamente, o sea, sin manifestaciones del mismo concepto. De la misma suerte, la polaridad u oposición entre **responsabilidad y trabajo,** entre patrono y empleado, se ha esfumado, al considerarse que las funciones de apreciación de la labor, recompensa, distribución de tareas y demás, se pueden hacer en ambas direcciones. El empleado también tiene responsabilidad respecto a sus compañeros, al gremio, a su familia y a la sociedad, así como la gerencia tiene la responsabilidad de aceptar y poner en marcha cambios sugeridos por los empleados. El desempeño de las funciones sugeridas por la palabra responsabilidad, sin un conocimiento cabal de las funciones sugeridas por la palabra trabajo, carece de fundamento. Ambas vienen a integrarse en el nuevo concepto de **servicio,** gerentes y empleados son servidores de la sociedad.

En la sección 0.4.2.7 aparece un análisis onomasiológico que parte del concepto **superficie plana.** Pudiéramos desarrollar el subconcepto **no sirve para sentarse,** dejado sin tocar en el fraccionamiento del concepto original, y apuntar el concepto **sirve para acostarse** y llegar hasta el concepto **cama.** La reunión de diferentes elementos de sillón, cama y mecedora seguramente estuvo en la mente de los diseñadores del **sillón reclinatorio** que sirve para sentarse, acostarse y cambiar de posiciones. Se puede hacer, por consiguiente, una labor creadora con la recomposición de elementos dispares en los distintos métodos de análisis estructural. Otro uso creativo de los estudios gramaticales reside en el desarrollo de árboles de conceptos expuesto en la teoría transformacionalista. La fusión de elementos desmenuzados en ramas al parecer opuestas podría arrojar resultados creativos. Recordemos que no estamos haciendo un análisis lógico, sino un fraccionamiento del concepto con fines creativos.

Todas estas técnicas expuestas arriba se refieren a las ideas vigentes. Hemos pensado lateralmente con ellas pero los cambios introducidos han procedido del empleo creativo de procedimientos lógicos. Ahora veamos técnicas del pensar lateral **ad hoc**, sugeridas por Edward de Bono en su obra **Lateral Thinking for Management — A Handbook of Creativity.**

0.9.2.1 Discontinuidad.

Se busca o procura un cambio mediante o a causa de la ruptura o interrupción del orden normal de las cosas. Esta ruptura se produce por medio de la introducción de un elemento ajeno por completo a la situación. Se aplica también esta denominación cuando no se encuentre la conexión a primera vista. La discontinuidad tiene virtualidad únicamente dentro de un sistema de organización de patrones como el de la mente. Con la discontinuidad se reestructura la información o se cambia el punto de entrada para plantear el problema. Este cambio irracional replantea la situación al punto de que en su debido curso, a su tiempo, sobrevendrá la razón para justificarlo, el contexto donde se junta cambio y situación. Paradójicamente, observó George Bernard Shaw, el hombre irrazonable, al no ajustarse a sus circunstancias, introdujo los cambios resultantes en progreso. Hemos visto, por otra parte, que las analogías, modelos y metáforas representan las operaciones del pensar. Cuando son desaforadas y absurdas estamos en la esfera del pensar alógico, en las esferas más extremas de la imaginación.

Sin agotar, ni mucho menos, las formas de inducir discontinuidad, son bien conocidas las siguientes:

a) Ante cualquier problema traemos una palabra escogida al azar en el diccionario hasta ver cuál tipo de conexión se establece. En el presente **Cuaderno**, el "Vocabulario" puede utilizarse para este procedimiento. El enlace se justifica a posteriori cuando la atención desplazada hacia el elemento extrínseco teja una cadena de asociaciones que la razón no pueda captar de inmediato. Recordemos que procuramos efectos para salir de un estancamiento o de una etapa de sequía de ideas. Se puede confeccionar una tabla numérica de palabras sacadas a la suerte del tesoro de vocablos. Conviene al principio hacer una lista pequeña, digamos de cien palabras y al atascarnos en una situación, traer por ejemplo la palabra #40 para ver qué conexiones resultan. Otro procedimiento con nuestro propio Vocabulario reside en confrontar las listas de significaciones de dos palabras, una representante del concepto de la situación, pongamos por caso **horario** — del trabajo — debemos reestructurar, y de cualquier palabra procedente de otra esfera distinta, como **dimensión**, perteneciente al espacio, hasta dar con alguna acepción que se relacione con **horario**. En la redacción propiamente de mensajes la diversidad de tipos procede de esta mezcla de elementos que origina una nueva especie.

b) Sumergirse en un ambiente totalmente diferente del habitual donde confrontamos el problema. Sobre todo debe ser un ambiente rico en estímulos sensoriales sin obedecer a ningún programa, para dejar actuar al azar.

c) Dejar ingresar las solicitaciones de la fantasía y de cuantas cuestiones aparezcan fuera de su contexto habitual. Aquí caben las uniones de elementos que aparecen separados en nuestra experiencia. De las creaciones artísticas como la sirena, el centauro y el hipógrifo, mezclas de partes de persona y animal o de animal y ave respectivamente, pasamos al orden práctico, ya alcanzado, de deslizarse el hombre por el agua con aletas, de desplazarse por tierra con rapidez y de moverse por el aire como las aves.

0.9.2.2 Cambios en la percepción de las cosas.

Son las alteraciones en la forma de las cosas al mirarlas con cambios de su posición o al darles una deformación.

a) La reversión es un cambio estimulante. Por reversión queremos decir poner las cosas al revés, lo de arriba para abajo y viceversa, lo de delante para atrás y viceversa, lo de adentro para afuera y viceversa; tomar la dirección opuesta: si es a la derecha, entonces a la izquierda, si es hacia arriba, entonces hacia abajo. El propósito es producir algo provocador.

Tomemos por ejemplo un automóvil conducido a lo largo de un camino. Supongamos entonces que el vehículo se conduce a sí mismo y lleva a su tripulante contra su voluntad; o que su conducción habitual se hace en la marcha trasera, o que lo que se mueve es el camino y el automóvil se halla detenido, etc. Otro ejemplo, ahora, respecto a la productividad en las áreas de servicio que aumenta a un ritmo mucho más lento que la de la fabricación de maquinaria. Hay actividades, tales como la educación o la salud pública, que parecen ir a la contraria: el aumento en la calidad de los servicios se ve acompañada de aumento de personal y de materiales. Más todavía: no hay medios adecuados para medir la productividad al no haber un artículo fijo en la fase final. Aquí podríamos aplicar la reversión y evaluar la capacidad de producción de modo negativo, o sea, de los resultados provenientes de prescindir de la educación y de la salud pública. Mediríamos, pues, no el aumento de la producción, sino su descenso al faltar la capacidad y la salud de las personas. Con este mismo caso, también pudiéramos decir que obtener los mismos resultados con un aumento de los costos entrañaría un descenso en la productividad, como ocurre con la inflación. La recomendación respecto al empleo de esta técnica se reduce a mantener la paciencia hasta dar con una idea provocada por una reversión que puede llevarse a los límites de lo imaginable.

b) La deformación de las cosas ha producido obras sobresalientes en el campo artístico. Por deformación queremos decir la acentuación de los rasgos, sea en un proceso o en una cosa. Con algunos ejemplos veremos cómo la desfiguración y exageración en un punto han suscitado nuevas ideas.

En el caso de una fábrica de abonos se llegó a un exceso en la producción a causa de un pronóstico demasiado halagüeño sobre las necesidades futuras de siembra y a causa también de una economía en la producción de nitrógeno en la forma de amonio. Desfiguraremos la situación diciendo que debido a la baratura de la producción se regalará el abono a quienes carezcan de medios de pago. De esta suerte, se puede hacer un plan de subsidio a los campesinos endeudados que a su tiempo podrán adquirir el abono mediante pago. La desfiguración pudiera referirse a una completa saturación del mercado que determina la diversificación de las actividades de la empresa en el campo de la irrigación de terrenos desérticos y en la desecación de pantanos para aumentar el mercado de su producto original.

Respecto a un problema de control de la calidad de un producto se pudiera afirmar que como tenía tantas deficiencias nadie pudo notarlas. De aquí se pudiera llegar a rediseñar el producto en lugar de subsanar las faltas. O el problema consiste en reducir los gastos innecesarios. La exageración ahora sería decir de que se les paga a los empleados por sentarse en la oficina. De ahí puede proceder la idea de contratar los servicios de alguien únicamente para reducir los gastos o de reunir a los empleados en ciertas ocasiones para sentarse alrededor de una mesa con objeto de discutir el modo de hacer economías.

Las recomendaciones de empleo de esta técnica inciden en las anteriores y, además, en algunas particulares: conviene realizar una sola deformación a la vez — la cual no tiene por qué llegarse al extremo para ser efectiva — y se deben seguir los efectos mismos de la deformación junto con las ideas provocadas con el cambio. Lo importante es abandonar la forma convencional de las cosas en procura de soluciones creativas que se resisten a llegar con el desenvolvimiento habitual de los procesos. Así se justifica la sinrazón de los cambios internos. Como hemos visto en las artes, lo familiar y corriente se transforma en raro y extraño, mientras que lo insólito y lo inverosímil se nos aparecen como habituales y reales.

0.9.2.3 Cambios con otras percepciones.

Nos referimos a una disposición mental y a intervenciones propiciadoras de una nueva forma de utilización de información. Dado que, a mayor conocimiento de un campo, mayor es la dificultad en salirse de los patrones habituales de plantearse un problema; para encontrarle solución sirven algunos procedimientos que rompen la secuencia o presupuestos, enraizados en nuestros métodos como peritos o especialistas. Es otra versión del hecho de resolver el problema con un recién llegado porque no estaba atado a las reglas o porque no había tenido tiempo de adquirir los prejuicios profesionales. Tal vez la osadía de los jóvenes para resolver problemas resida en su carencia de sedimentación de ideas propias del campo al cual acaban de llegar.

a) Al cambiar la disposición mental se abandonan las reglas de relevancia o pertinencia conocidas. Nos salimos del problema que nos aqueja, dejándonos asaltar de las ideas irrelevantes halladas en la visita a una exposición de objetos bien alejados de la esfera de actividad nuestra. Son ideas surgidas de la contemplación de objetos o procesos distintos a los existentes en nuestra situación. De la misma manera, cuando leemos una publicación profesional ajena a nuestras actividades, o cuando enfocamos la atención en secciones pasadas siempre por alto en nuestras publicaciones predilectas, pueden suscitarse ideas que rompan nuestros patrones mentales.

b) La fertilización por cruce de campos diferentes ha sido el punto de partida del pensar sinéctico que veremos más adelante en este **Cuaderno.** En realidad es muy semejante a la técnica anterior de exposición consciente, sólo que ahora nos ponemos en contacto con personas y antes lo hicimos con cosas. Se trata de recibir el influjo de personas ajenas a nuestro trabajo, a nuestro campo, al problema que confrontamos. Puede darse cuando escuchamos a alguien platicar sobre su trabajo, o cuando traemos a un grupo de especialistas en diferentes esferas para discutir nuestro problema. En todo caso, la cuestión radica en beneficiarse con otras percepciones.

La fertilización puede ocurrir en el transcurso de una conversación, en juntas convocadas expresamente para escuchar la opinión de otros colegas y hasta por la antigua práctica de solicitar sugerencias que se depositan en un buzón. Podemos sentir el chispazo cuando oímos a otro resolver el problema nuestro según su experiencia. Así le preguntamos: "¿qué haría usted en mi lugar?" Hay que advertir que debemos velar por un empleo eficiente del tiempo, dada la tendencia natural a la garrulería en situaciones informales.

c) La transferencia a otro problema puede darnos percepciones diferentes del problema irresuelto. No queremos decir que vayamos a mariposear sin resolver ninguno, sino poner otra actividad en nuestra mente que nos haga salir del atascadero. Cuando sobrevenga la idea feliz podremos retornar al problema original. Esta transferencia puede ocurrir cuando atendemos a algún entretenimiento o **hobby**. Es muy factible que una forma paralela de atención produzca la ruptura del patrón mental y encontremos la coyuntura deseada. Habrá que prevenir, claro, la polarización entre el caos improductivo y cualquier formalización esterilizadora de la creatividad.

d) El empleo de analogías, modelos y metáforas, sacados de situaciones o procesos bien distantes del problema confrontado, resulta fuente próvida de ideas. Sabemos que su construcción está en la base de todo pensar. La recomendación aquí estriba en emplear comparaciones con imágenes vívidas, con procesos cuyos cambios sean visibles para provocar una nueva visión, para que arroje otra percepción de nuestra situación. Cuando desarrollamos una comparación, bien puede sugerirnos un desarrollo paralelo en nuestro problema. Por ello, la búsqueda de analogías, modelos y metáforas procedentes de las esferas más divergentes, constituye un puente entre el pensar lógico y el pensar creador. Su empleo en grupo, como veremos en otro lugar, incrementa aún más su efectividad.

Nos encaminamos hoy hacia la instauración de verdaderos laboratorios de pensar, sea de tipo individual o de tipo colectivo. Cuando colocamos dos o más objetos o clases de objetos, unos junto a otros, con el fin de compararlos y de dicha comparación surge una semejanza entre ellos, habremos logrado una analogía. Los nombres de las analogías son diversos: símil, imitación, modelo, metáfora, caricatura, extrapolación y muchos más. Analogar está presente en la adquisición y práctica del lenguaje, en la conducta como en la tecnología, la ciencia más abstracta se basa en la inferencia analógica.

Los ingenieros obran con vista a las condiciones simuladas de los túneles de viento en sus experimentos de resistencia al aire. Los políticos, comentaristas y votantes miran al pasado, durante los procesos electorales, para analizar y guiarse en sus futuras opiniones y selección de candidatos. Los jueces aplican los precedentes legales a los nuevos casos presentados, los científicos emplean insectos, primates o reclusos para juzgar los resultados antes de aplicar sus hallazgos a la población toda. Moralistas, predicadores, profetas, escritores, caricaturistas y dirigentes enseñan y guían por medio de historietas y parábolas. La capacidad analógica, pues, preside también las actividades humanas fundamentales.

Podemos hallar, por ello, un paralelo de nuestros estudios sobre la Semántica y sobre el proceso del pensar, con los estudios de la estructura mental humana, según el afamado psicólogo suizo Carl Gustav Jung, utilizados por estudiosos de la escuela Gestalt, para integrar los diferentes estratos en un yo armónico. En la ilustración que sigue asemejamos el yo a un cono volcánico por cuya abertura se efectúa la emisión de mensajes encaminados a obtener comunicación. Hemos colocado la comunicación encima porque subsume todas las teorías y todos los procesos. En las técnicas de pensar creador colectivo, que veremos más adelante, concurren varios conos, varias personas; es natural, pues, que todas aspiren a la comunicación.

COMUNICACIÓN

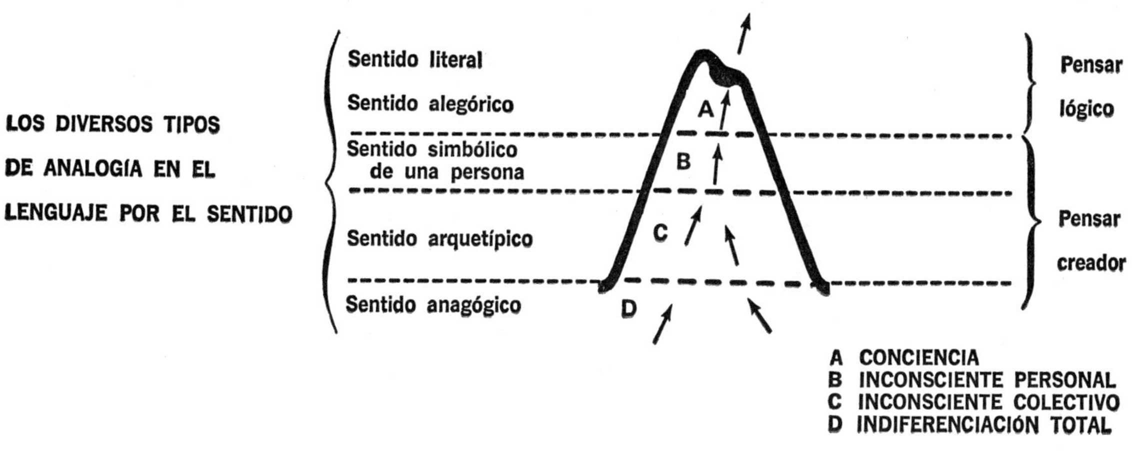

Ilus. 8

MODELO DE COMUNICACIÓN QUE INCLUYE ESTUDIOS DE JUNG Y DE LA TEORÍA GESTALT

0.10 TÉCNICAS DEL PENSAR CREADOR COLECTIVO: SESIONES DE TORBELLINO DE IDEAS Y DE IMAGINATIVA SINÉCTICA

0.10.1 Sesiones de torbellino de ideas

0.10.1.1 Estructuración de la sesión

0.10.1.2 Celebración de sesiones apartes de valoración

0.10.1.3 Interacción e intercambio de ideas entre los concurrentes

0.10.1.4 El juicio está totalmente prohibido en la sesión de torbellino

0.10.1.5 La imaginación se deja en completa libertad

0.10.1.6 Se procura producir el mayor número posible de ideas

0.10.1.7 Utilización de todas las técnicas del pensar creador personal

0.10.2 Sesiones de imaginativa sinéctica

0.10.2.1 Únicamente participan peritos o especialistas procedentes de campos distintos

0.10.2.2 El grupo nunca está constituido por más de siete personas

0.10.2.3 El grupo tiene carácter permanente

0.10.2.4 Se selecciona y se adiestra con cuidado al personal

0.10.2.5 Las sesiones integran el pensar lógico y el pensar creador

0.10.2.6 El director de las sesiones actúa en calidad de jefe

0.10 TÉCNICAS DEL PENSAR CREADOR COLECTIVO: SESIONES DE TORBELLINO DE IDEAS Y DE IMAGINATIVA SINÉCTICA

0.10.1 Sesiones de torbellino de ideas.

El más conocido de los procedimientos formales para resolver problemas dentro de un grupo, utilizándose las técnicas del pensar lateral, es el llamado torbellino de ideas o **brainstorming**. Se procura facilitar el nacimiento de ideas en lugares y en ocasiones particulares, o sea, se organizan sesiones ajustadas a ciertas reglas. Sus caracteres distintivos son:

1. Estructuración de la sesión.
2. Celebración de sesiones para pensar lateral separadas totalmente de las sesiones para juzgar las ideas.
3. Interacción e intercambio de ideas entre los concurrentes.
4. El juicio está totalmente prohibido en la sesión de torbellino.
5. La imaginación se deja en completa libertad.
6. Se procura producir el mayor número posible de ideas.
7. Utilización de todas las técnicas del pensar creador personal.

La sesión de torbellino se asemeja a un baile de carnaval con sus caretas y disfraces, con nuestra conducta diferente de la habitual. Nos vestimos de forma desacostumbrada, ocultamos nuestra identidad, únicamente con el propósito de la diversión. La nueva identidad nos permite salir de la rutina del trato diario y decir lo que las normas sociales nos prohiben. Al regresar del baile se produce un retorno a la vida de relación normal. De la misma suerte, cuando se termina la sesión de torbellino, regresamos al pensar lógico, pero volvemos con el aporte de la creación, con la diversión de las formas ordenadas del pensar.

0.10.1.1 Estructuración de la sesión.

Dada la concurrencia de varias personas al acto del pensar lateral, se necesita organizar o arreglar la sesión según reglas. Lo primero será darle un título, ofrecer el propósito y convocar a los participantes con tiempo.

a) Duración. A lo sumo una sesión de torbellino durará media hora. En una sesión en extremo prolífica podrá extenderse el límite por un cuarto de hora más. El fin es evitar la monotonía, la apatía, el aburrimiento. Dado su carácter, siempre ha de estar en movimiento y suspenderse cuando todavía se sientan deseos de seguir. Como en una comida provista de distintos manjares, se suspende la ingestión de alimentos cuando aún hay apetito. Jamás habrá de languidecer una sesión de torbellino.

b) Número de participantes. Pueden asistir desde seis hasta doce miembros. El límite mínimo evita la degeneración de la sesión en discusión o debate; y el número tope previene la dominación de la sesión por un número reducido de locuaces y la conversión de los demás en espectadores.

c) Calidad de los participantes. Debe haber un núcleo de personas interesadas en el problema; una tercera parte parece ser una cantidad apropiada. Los demás, las dos terceras partes de los sesionistas deberán proceder de las actividades más diversas. En la práctica esta formación reviste dificultades, pues la mayoría de las veces los miembros proceden de la misma institución. Algunas de estas dificultades pueden obviarse con invitar a contadores, secretarias, oficinistas, además del personal creativo por antonomasia que se halla en los departamentos de investigación y desarrollo.

Dado que la jerarquía impone respeto, no conviene contar con un jefe en el grupo, sobre todo el superior jerárquico de algún miembro que pudiera sentirse cohibido para expresar ideas en su presencia. En una clase, por ello, el profesor evitará la inhibición de los estudiantes al no participar en la sesión. Convendrá en ocasiones invitar a alumnos de otros cursos, a profesores de otras asignaturas o a miembros de otras instituciones docentes. No habrá tal inconveniente en una clase dedicada a la creatividad o en agencias de publicidad cuyos jefes saben apreciar el valor de las ideas y en donde no haya temor a un juicio subconsciente de su parte.

d) Período preparatorio. Convendrá celebrar una sesión de práctica cada vez que haya un nuevo miembro carente de experiencia en este pensar colectivo creador; diez minutos de duración parece ser una longitud apropiada y se celebrará inmediatamente antes de tener lugar la sesión. Para no perderse tiempo, se da un problema concreto, como buscar otro tipo de picaporte o de pupitre.

e) Director. Cada reunión tendrá un responsable con las siguientes funciones:

1) Convocar a los sesionistas con dos días de antelación, informándoles del propósito y título de la reunión, para que preparen una lista de ideas.
2) Comenzar y terminar la sesión.
3) Limar las asperezas.
4) Definir el problema al comienzo y recordarlo de cuando en cuando durante la sesión para que no se pierda el hilo.
5) Nombrar y supervisar a un secretario o apuntador en sus labores de extractar las ideas ofrecidas y anotarlas todas aunque parezcan repetidas.
6) Detendrá la sesión a intervalos para tener la seguridad de que las ideas se han anotado por el apuntador.
7) Tendrá una pizarra lista para apuntar las ideas a la vista del grupo que así continuará la cadena de asociaciones sugerida por estas ideas.
8) Le facilitará, de serle posible, una grabadora al apuntador, pues la grabación completa de la reunión evitará el olvido u omisión de cualquier idea que parezca repetida o inoperante.
9) Impedirá que cualquier miembro ofrezca un juicio sobre las ideas.
10) Le dará la palabra a los miembros.
11) Ofrecerá su propia lista de sugerencias cuando nadie tenga nada que decir.

12) De sobrevenir un silencio le pedirá al apuntador la lectura de las ideas sugeridas, o las repasará en la pizarra o decidirá que se escuche la grabación para mantener la corriente de ideas, tanto de modo visual como auditivo.

f) Apuntador. Para facilitar la labor del director conviene tener un apuntador o secretario cuyas funciones pueden ser:

1) Llevar notas de las ideas en forma de lista.
2) Detener la sesión para solicitar la repetición de ideas que no haya entendido bien.
3) Se hará cargo de la limpieza de la pizarra y del manejo de la grabadora.
4) Dominará su tendencia a suprimir lo que le parezca redundante.
5) Apuntará en la pizarra, cuando no lleve notas, para ayudar al director.

0.10.1.2 Celebración de sesiones apartes de valoración.

Ahora se trata de juzgar los resultados de la sesión de torbellino. Al cabo de una semana pueden reunirse los mismos participantes, parte del grupo u otros participantes de otros grupos en intercambio. Las ideas ofrecidas no llevan el nombre de quien las pensó para evitar inhibiciones. Se delibera conforme al pensar lógico. En un ambiente docente, por ello, el profesor puede asumir las funciones de director de esta sesión tipo jurado. Las ideas ofrecidas en una lista pueden examinarse de acuerdo con estos criterios:

1) Utilidad: algo mejor, más barato, más manejable, más atractivo y demás.
2) Mérito para futura exploración: aspectos prometedores, alcances vastos . . .
3) Aspecto práctico: facilidad de probarse, fabricarse, distribuirse, etc.
4) Enumeración: a) enfoques; b) ideas que pueden ponerse en práctica sin dificultad; c) ideas necesitadas de más información o de aclaración antes de poder ser aceptadas o descartadas; d) ideas ya probadas.

Al final de la sesión de valoración se da una clasificación de las ideas y de los resultados bajo los siguientes rubros: a) ideas de inmediata aplicación; b) ideas que exigen más detalles y c) los distintos enfoques y actitudes recogidos. De no haber acuerdo sobre los criterios puede sesionarse con el solo objeto de hallar una lista de criterios de valoración. En sesiones comerciales se realiza el escrutinio de ideas según el interés mercadístico, la posibilidad de llevarse a cabo, la existencia de materias primas y demás. En una clase de redacción puede utilizarse el "Vocabulario" de este **Cuaderno** para servir de punto de partida en hallar otras palabras o expresiones, para cambiar la redacción de los mensajes o su formato.

Para determinar el rendimiento de las sesiones de torbellino se han elaborado varios métodos. Al compararse listas procedentes de distintas sesiones, después de omitirse las duplicaciones e ideas desvinculadas con el problema tratado, se contrasta el número de ideas originales, la flexibilidad basada en el número de enfoques y la diversidad de categorías de ideas. Se puede computar el tiempo empleado para producir determinado número de ideas, sacar el porcentaje de ideas prácticas respecto al número total en bruto de ideas aportadas o hallarse el número de objetos producidos como resultado de las ideas suministradas.

0.10.1.3 Interacción e intercambio de ideas entre los concurrentes.

Mientras que los grupos de discusión tienden a hallar un punto de acuerdo intermedio, un consenso, el grupo de torbellino se impone la tarea de hallar diferentes puntos de vista, diferentes ideas que se van sumando. De las ideas ajenas provienen sugerencias a nuestra imaginación. De ahí la necesidad de apuntar en notas, en la pizarra o grabar cuanto se diga en la sesión de torbellino para proseguir con las ideas de otras personas.

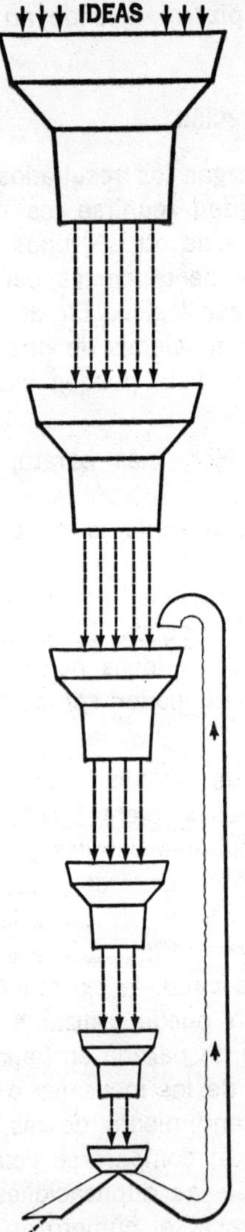

SESIÓN DE TORBELLINO:
Características

1. Sesión estructurada.
2. Pensar lateral sólo.
3. Interacción e intercambio de ideas entre concurrentes.
4. Juicio suprimido.
5. Imaginación libre.
6. Producción de ideas en el mayor número posible.
7. Utilización de todas las técnicas del pensar personal.

SESIÓN DE VALORACIÓN:
Posibles criterios

1. Utilidad: algo mejor, más barato, manejable, atractivo, etc.

2. Mérito para futura exploración: aspectos prometedores, alcances vastos, etc.

3. Aspecto práctico: facilidad de probarse, fabricarse, distribuirse, etc.

4. Enumeración de
   a) enfoques;
   b) ideas que pueden ponerse en práctica sin dificultad;
   c) ideas necesitadas de más información o de aclaración antes de ser descartadas o aceptadas;
   d) ideas probadas antes.

Ideas aceptadas

Ilus. 9

SEPARACIÓN DE LA SESIÓN DE TORBELLINO RESPECTO A LA SESIÓN DE VALORACIÓN

Hay ciertas circunstancias que aconsejan el cambio de los procedimientos. Para aprovechar las ideas de los concurrentes a una asamblea, a una reunión anual, o en cualquier concurso numeroso de personas, se improvisan grupos de seis a diez personas bajo la dirección de un líder o encargado. Estos grupos pequeños realizan minisesiones que se interrumpen a intervalos de diez minutos para que el encargado comunique la lista de ideas al líder de la reunión general, quien a su vez irá enumerando las ideas sobresalientes en una lista para discutir ante el pleno o ante una comisión de examen de ideas. En otros casos, cuando haya que comprimir el proceso de pensar lateral en grupo, por falta de tiempo en una escuela o cualquier institución, se puede sesionar alternadamente con el pensar lateral y con el pensar lógico. Se interrumpe la sesión de torbellino cada siete o diez minutos para realizarse un examen o valoración de la lista de ideas.

0.10.1.4 El juicio está totalmente prohibido en la sesión de torbellino.

La tendencia normal nuestra es hacia la emisión de un juicio, de una crítica o de una valoración: necesitamos hacerlo en la vida activa para poder desenvolvernos en sociedad. Ahora hay que detener esta inclinación a toda costa. Servirá por ello nuestra práctica en el pensar creador personal. La evaluación tiene lugar cada vez que un sesionista dé la razón del fracaso de una idea, de su impropiedad, de su alto costo. A medida que tengamos mayor conocimiento de un campo, mayor será nuestra urgencia de compartir este conocimiento con los demás. Apenas surja cualquier comentario de este tipo el director dirá: "Eso es una valoración". Así se suprimen las valoraciones, sin miramientos.

Pero la compulsión a comentar sobre la propiedad de las ideas ajenas se iguala con nuestro hábito de criticar las ideas propias antes de darlas a conocer. Mientras que el director puede frenar el comentario ajeno, no puede hacer lo mismo en nuestra interioridad. Por ello se necesita una actitud tolerante ante nuestras ideas arrebatadas, antes de tener una actitud tolerante ante las de los demás. Hay, por otro lado, otra crítica insidiosa: cuando se dice que la idea no es nueva. Ya habrá tiempo de decirlo en la sesión subsiguiente de valoración. Como hay participantes que no pertenecen al campo de la cuestión objeto de sesión, esta ocurrencia es corriente.

0.10.1.5 La imaginación se deja en completa libertad.

No importa lo descabellada que sea la idea ofrecida. En su oportunidad habrá tiempo para reducirla a sus debidas proporciones. Es más fácil, además, hacer esta reducción con posterioridad que sacar otra idea desmesurada en un ambiente poco propicio a dejar libre la imaginación. Debemos recordar que el propósito de la sesión de torbellino no reside en solucionar un problema sino en buscar ideas que contribuyan a la solución. En el ambiente de favorable acogida al aluvión de ideas de una sesión de torbellino, ha de mantenerse la espontaneidad de la creación. De estas sugerencias liberadas de raciocinio sobrevendrán los resultados prácticos en su debida oportunidad.

Cuando haya peligro que se pierda este flujo constante de la imaginación el director pudiera ofrecer una lista copiosa de preguntas para estimular la imaginación creadora. En este tenor, aquí viene a contribuir el pensar inquisitivo con sus listas de preguntas. El mismo autor de las sesiones de torbellino, Alex Osborn, confeccionó una lista de preguntas, ya vistas, con este propósito. Vemos con ello que estos métodos de pensar abierto se interpenetran con el ánimo de resolver problemas, crear nuevos productos e introducir innovaciones.

La imaginación dejada en libertad tiene sus atractivos para el sesionista. Es un estímulo de sus facultades aunque no falta el factor de enaltecimiento del ego: deseamos lucirnos en público, mostrar nuestra ingeniosidad y desplegar nuestra capacidad de asociación. La sesión, por consiguiente, canaliza estas tendencias naturales hacia la interacción estimulante de ideas. Las salidas humorísticas son consecuencia de esta tendencia. La sesión de torbellino posee el incentivo adicional de deparar un buen rato. Se liberan todas las represiones del ego mediante el disfraz formal de la sesión durante el baile de máscaras del intelecto. Las juntas o mítines, las reuniones de los distintos comités o cualquier reunión, sujeta al cumplimiento de un reglamento, resultan más amenas cuando se alternan con los procedimientos de la sesión de torbellino.

0.10.1.6 Se procura producir el mayor número posible de ideas.

Estadísticamente se ha comprobado que, a medida que aumenta el número total de ideas, se incrementan las posibilidades de hallazgo de ideas valiosas. Siempre, claro está, que la proporción de buenas ideas se mantenga constante. Pero es que, además, a mayor número de ideas, mayor será la cantidad de combinaciones entre sí. Y esto es precisamente el significado de la creación. De este entrecruzamiento fértil de ideas y puntos de vista diferentes sobrevendrá la idea que conduzca al resultado apetecido. Aquí se resumen las recomendaciones anteriores de no dejar sin decir ni anotar cuantas ocurrencias se susciten en el transcurso de la sesión. Hay que dejar mudo a nuestro censor interior, lo mismo que hay que anotar o grabar cuanto se diga. De esta suerte se procura la combinación y el mejoramiento de las ideas de distintos sesionistas. Es una ponina de ideas: los participantes deben sugerir el modo en que se pueden mejorar las ideas de otros o el modo en que varias ideas se pueden fusionar en otra idea todavía mejor.

Como todavía pueden continuar manando ideas después de finalizada la sesión, se recomienda entregar la lista de ideas anotadas por el secretario con un espacio en blanco para agregar las ideas surgidas. Luego que todos hayan escrito en dicho espacio, se vuelven a circular las listas con las ideas agregadas a última hora. Así se consigue volver a estimular la secreción de ideas propias en virtud de habernos puesto nuevamente bajo el influjo de las ideas ajenas. Conviene recordar que en todo este proceso de intercambio de listas se mantendrá en el más estricto secreto el nombre de la persona cuyas ideas se hayan anotado en la última vuelta. De esta suerte se conserva la espontaneidad y el flujo incesante de ideas. Si aún alguien continúa teniendo ideas, le puede remitir al director, también en forma anónima, su lista adicional siempre que lo haga dentro de un plazo prudencial para catalogarlas con vista a la sesión de valoración.

0.10.1.7 Utilización de todas las técnicas del pensar creador personal.

El pensar en grupo no pretende constituirse en un sustituto del pensar personal creador. Ambos se complementan. Se tratará en lo posible de emplearse cuantas técnicas despierten la creatividad. Le tocará al director percatar a los miembros del grupo sobre las ideas vigentes. Cuando en una institución docente el profesor confiera esta labor a un estudiante, le podrá entregar a éste una exposición sobre las ideas vigentes que se podrá entregar con ocasión de hacerse la citación para ahorrarse tiempo; aunque se puede entregar antes de comenzar la sesión y discutirla seguidamente. Las otras técnicas de discontinuidad, cambios en la percepción de las cosas y cambios con otras percepciones se aplicarán a discreción del director.

De hecho, el modo en que el director defina el problema determinará el curso de la elicitación de ideas. De definirse escuetamente, el canal de asociaciones será muy limitado; pero habrá de evitar caer en una definición tan general que invite a la divagación o a la digresión. De ahí que la recomendación de percatarse de las ideas vigentes, primer grupo de las técnicas del pensar creador personal, sea el medio más idóneo para formular la definición del problema y el consiguiente título que llevará la sesión. Dado que en multitud de ocasiones la mera enunciación del problema apunta hacia el modo de resolverlo, se puede dar el caso de ser insalvable el escollo de definirse. Habrá entonces que acudir a un relato por extenso del problema. Precisamente, con el concurso del grupo se podrá definir con rigor y de ahí surgirán las ideas tendientes a resolver el problema. Todos los integrantes expresarán sus ideas ante el grupo ya que cada uno reviste las cualidades de pensador personal: el director es simplemente un organizador. Así la sesión de torbellino cumple su función de ser un medio formal para fomentar el nacimiento de ideas, como un foro en el cual se vierten las contribuciones de cada pensador creativo.

0.10.2 Sesiones de imaginativa sinéctica

Procedente del griego **synecticos**, la Sinéctica señala la afluencia de elementos al parecer inconexos, de campos distantes, de personas entendidas en las disciplinas más alejadas que convergen para hallarles solución a los problemas espinosos presentados en las empresas contemporáneas, basándose mayormente en el pensar metafórico. Estos grupos, inicialmente formados por William J. J. Gordon, se constituyen en una empresa con carácter permanente o en una empresa dedicada a la investigación, con siete peritos como número máximo, bajo la dirección de una persona entendida en el pensar creador. Se escogen personas aptas que se adiestran por un período suficiente para adquirir un sentido de solidaridad y de compenetración necesario en el libre intercambio de ideas, opiniones, analogías, puntos de vista, explicaciones, preguntas y respuestas; en suma, se abordan los problemas desde los puntos de vista analítico e imaginativo, dentro de una sesión, hasta hallar soluciones fuera de los estudios habituales. Difieren pues, dichos grupos, de los grupos de torbellino de ideas, en lo siguiente:

1. Únicamente participan peritos o especialistas de campos distintos.
2. El grupo nunca pasa de siete.
3. Tiene carácter permanente.

4. Se selecciona y se adiestra con cuidado al personal.
5. Las sesiones integran el pensar lógico y el pensar creador.
6. El director actúa en calidad de jefe de creatividad.

Aún cuando se hayan refinado los procedimientos del pensar creador personal y del grupo de torbellino de ideas, sigue predominando una concepción del universo, del mundo, de las cosas, de sentido unitario. Esto es, se intenta hallar la unidad en la multiplicidad. La transposición de soluciones de un campo a otro, en especial de las soluciones dadas por los seres naturales a sus problemas, ha engendrado otra rama afín llamada Biónica, para aplicarlas a los objetos de hechura humana. La Sinéctica y la Biónica hacen un uso exprofeso de un pensar analógico o metafórico inusitado, con el objeto de darle solución a los problemas suscitados en el mundo cultural o tecnológico. La Biónica se circunscribe al uso de prototipos biológicos y se dedica al estudio de la estructura, funcionamiento y mecanismo de plantas y animales para obtener información sobre su diseño, con el fin de implantarlo en los sistemas humanos. La Sinéctica ha encontrado en el mundo natural el repertorio más valioso para la sugerencia de metáforas. De ahí el entrecruzamiento de estas estrategias del pensar creador.

0.10.2.1 Únicamente participan peritos o especialistas procedentes de campos distintos.

Se trata de obtener el equilibrio entre la sabiduría del perito y la interacción del grupo. Es evidente que el grupo tiende al común denominador, hacia el nivel más seguro y superficial en sus decisiones. De tal tendencia no se escapa el grupo integrado por las personas más selectas. Esto puede resolverse tanto al nivel psicológico como al nivel ético de la siguiente forma. Al nivel psicológico, primero debemos reconocer que el individuo procura siempre su individualidad; segundo, siempre el hombre se halla afiliado a un grupo. El ser humano no crece de modo unidireccional — desde el grupo familiar a la singularidad personal — sino mediante una continua oscilación entre persona y grupo. Al nivel ético, los integrantes han de observar dos normas de conducta. Primera, el miembro del grupo debe comprometerse a resolver el problema del mejor modo posible, sea la forma propuesta de quien sea. Segunda, con esta postura mental se puede oscilar entre el énfasis individual y el énfasis colectivo. La meta común aúna las contribuciones del perito o del grupo indistintamente.

Con tales presupuestos, se obliga a que cada experto exponga el problema en los términos más accesibles a sus colegas de otros campos. Al ponerse en **palabras corrientes** sus razonamientos y sentimientos, los demás están en disposición de notar aspectos que se hayan escapado a la atención del perito. Esta ocurrencia es frecuente, como hemos visto, debido a la formalización de los patrones mentales en los campos del conocimiento. De hecho, el grupo sinéctico apresura la actividad mental individual. El proceso de incubación semiconsciente de los elementos de un problema lleva, a veces, de varias semanas a varios meses. Con este flujo constante de intercambio se procura acelerar la formulación y solución del problema. Las explicaciones sucesivas esclarecen aspectos en el mismo acto de hablar para el hablante. Se explora, por consiguiente, el aspecto inconsciente de los peritos al inducírseles a expresar conceptos irracionales o ilógicos de los problemas. Pues bien, **la comunicación** de aspectos irracionales produce metáforas evocadoras, imágenes rudimentarias, a las cuales se agarran los otros miembros para proseguir con el problema, para participar en él. Se parte de la premisa, claro está, de que resolver problemas es racional pero que la búsqueda de la solución con frecuencia es irracional. No es coincidencia accidental de que todo invento, antes de que demuestre efectividad, parezca un artefacto estrafalario producto de la mente de un iluso. La imaginación creadora se nutre de estos aspectos irracionales o ilógicos aunque sea la imaginación de un especialista o perito.

Cuando el perito transforma la terminología de su especialidad en expresiones corrientes está invitando a que los demás se entrometan sin el menor recato, a que le acosen a preguntas que tal vez le parezcan infantiles. Precisamente, el grupo sinéctico procura la restauración de la curiosidad infantil dentro del ambiente adulto. Sólo que ahora está dirigida conscientemente hacia un propósito definido. El planteamiento novedoso del problema, por ello, está en la médula de esta estrategia del pensar creador.

0.10.2.2 El grupo nunca está constituido por más de siete personas.

La Sinéctica, al recalcar la importancia del planteamiento del problema, de esclarecer su naturaleza, antes de disponerse el grupo a suscitar el nacimiento de ideas y de puntos de vista, considera al grupo como una red de comunicaciones de carácter unitario. En efecto, de haber un número cuantioso de participantes, se carecería de la cohesión esencial de una fuente emisora y receptora de mensajes. El grupo es un todo: es una fuente de información dotada de varios componentes. Debe haber, además, un cociente de resistencia mínimo entre dichos componentes en los distintos mensajes intercambiados. Si se aumentan los componentes internos se incurre en el riesgo de que haya interferencias en el circuito. Al reducirse el número se podrán sintetizar más tarde, con más eficiencia, las ideas aportadas.

La intromisión de elementos irrelevantes, consustancial al pensar creador, determina la supresión de cualquier intento de discriminar ideas. Un grupo menor de personas ofrece menos problemas de manejo; es más fácil la vigilancia de la actuación de un grupo pequeño. La solidaridad y compenetración, por otra parte, psicológicamente hablando, se producen con mayor facilidad en un grupo mínimo. Hacia la unidad del grupo propende la interacción del grupo de imaginativa sinéctica. No debemos olvidarnos del factor logístico. El costo de un grupo, aunque justificado por su productividad de ideas, luego convertidas en productos o en la supresión de obstáculos en la gestión empresarial, representa un aspecto más para la formación de un grupo reducido. Cuando se escogen personas procedentes de distintos campos de una empresa se pudiera resentir la conducción de los asuntos en un determinado campo o sección al prescindir de varios ejecutivos a la vez.

0.10.2.3 El grupo tiene carácter permanente.

Las modalidades de colocación de los grupos sinécticos, dentro o fuera de las empresas, depende de la conveniencia de cada caso; pero el carácter permanente procede de su especialización en fomentar ideas y resolver problemas así como del tiempo empleado en producir un espíritu de identificación entre sus miembros. Así se han constituido agencias y grupos de investigación que han recibido en inglés el nombre de **think tanks**. Cualquier empresa puede solicitar sus servicios para resolver un caso o con carácter habitual según sus posibilidades y necesidades. Las ventajas de no estar sometido este grupo a las constricciones de la jerarquía dentro de una empresa, así como el enfrentamiento a un problema, sin los prejuicios del tiempo de haberse recibido la información y de la especialidad en un campo particular de la empresa, han determinado la contratación de estos grupos especiales como cuestión de rutina en las empresas contemporáneas.

Una empresa de vastos recursos puede constituir un grupo de imaginativa sinéctica dentro de sus propios cuadros de dirigentes. Para mantener al día a sus ejecutivos en cuanto a los procedimientos creativos en la gestión empresarial, las empresas pueden rotar a su personal ejecutivo anualmente. Así, sólo el director que funge de jefe de creatividad en la empresa, sería el único miembro permanente. Cada año un nuevo miembro recibe el entrenamiento, lo que, a la vez, representa un enriquecimiento de experiencias ejecutivas. El lado de recreo, de cambio de las obligaciones tal vez sentidas como rutinarias, incrementa el atractivo de pertenecer a un grupo creador dentro de una empresa. Otra modalidad del carácter permanente consiste en mantener un grupo estable, digamos de la mitad del grupo, que pudiera rotar entre sí la jefatura, para adquirir esta experiencia particular. En esta última dirección, hay la alternativa de tener de miembros eventuales del grupo a las personas que trabajen en los aspectos aquejados de problemas de una empresa; solamente a los efectos de resolver estos problemas particulares. Una vez resueltos, las personas especializadas en la sección en donde se suscitó el problema, podrán reintegrarse a sus labores normales.

0.10.2.4 Se selecciona y se adiestra con cuidado al personal.

El establecimiento de un grupo sinéctico comporta un laborioso proceso de selección y adiestramiento. En el caso de integrarse el grupo dentro de los cuadros de una institución se añade un tercer aspecto de adaptación al departamento creativo. El perito o experto debe reunir las siguientes cualidades:

a) **Multiplicidad de actividades.** La hoja de servicios del aspirante o del individuo escogido debe mostrar gran diversidad de labores, de campos de interés y de experiencias. Es de suponerse que tanto para relacionarse con personas dotadas de muy diferente bagaje, como para desplegar un caudal de analogías, el miembro del grupo ha de ofrecer en principio un récord de amplitud y tolerancia hacia todo tipo de actividades. Se ha hallado que las personas dotadas de experiencia en los campos de las ciencias naturales y de las letras disponen de mayores posibilidades metafóricas. Esto quiere decir que tienen un nivel alto de estimulación para concebir comparaciones entre campos separados entre sí. Una hoja de servicios variada, por otro lado, acusa un despliegue de energía, una ejecutoria indicadora de un quehacer constante con alto rendimiento, esencial para la labor creadora.

b) **Capacidad de generalización.** La capacidad de generalizar, modalidad del razonamiento inductivo, la reúnen los ejecutivos eficientes. Esta cualidad capital para funcionar dentro del grupo sinéctico representa un potencial administrativo para la empresa. La práctica en este grupo se podrá trasladar a los mítines de orden administrativo y de formulación de objetivos que así podrán convertirse en sesiones con resultados creadores.

c) Madurez emocional. En general la madurez emocional aquí implica la canalización de la curiosidad e imaginación del niño dentro de la dirección y la voluntad del hombre adulto. Aunque esta madurez emocional se observa en cualquier ser humano, sea la edad que tenga, conviene prestarle atención al candidato cuya edad fluctúa entre los 25 y los 40 años. Mientras que la persona menor de 25 años todavía no ha alcanzado un nivel apreciable de experiencias, la persona mayor de 40 puede estar ya demasiado apegada a algunos hábitos mentales difíciles de superar.

d) Inclinación para comprometerse y ayudar. La persona seleccionada debe poseer la inclinación a identificarse con una idea, con un proyecto u obra. Debe tener entusiasmo para proseguir sin titubeos por un curso de acción: a motivarse para actuar. Es la capacidad de creer y actuar en consonancia con esta creencia. Dicha capacidad de compromiso se extiende también a prestarles ayuda a los demás, a contribuir al grupo, a sentirse parte de una empresa común. Es el hecho de imponerse tareas propias y ajenas.

e) Carácter emprendedor. Todo miembro de un grupo sinéctico debe asumir riesgos, debe ser capaz de asumir la responsabilidad para enfrentarse a una tarea cuyo resultado se desconoce. Esta actitud se requiere en especial en estas actividades relacionadas con problemas insolubles en departamentos o en empresas diferentes de los conocidos por los miembros. Debe sentir el acicate, por tanto, de la dificultad como estímulo para la labor, de seguir derroteros inexplorados, en pos de algo que los demás no han obtenido. Es, en definitiva, la condición de no dejarse amilanar por los contratiempos ante la promesa de un éxito final.

f) Superación de prejuicios. El futuro sesionista sinéctico deberá desconocer jerarquías que no estén basadas en resultados, en pruebas evidentes de la efectividad de una idea. El candidato ha de ser capaz de pasar por alto las imágenes preconcebidas que tenga de sí mismo, de su alta estima como perito en su campo o de la admiración que sienta por otros. Tampoco ha de actuar dentro del grupo regido por el respeto hacia el **status** superior de otros miembros. Como las sesiones se llevarán a cabo dentro de un ambiente de informalidad tendiente a favorecer la creatividad, los miembros no tienen por qué seguir horarios de trabajo fijos, ni llevar una indumentaria especial, ni someterse a las prescripciones de la empresa si funcionan como parte de ella. La libertad mental apuntada se conjuga con la liberación de las ideas vigentes que vimos con anterioridad.

El adiestramiento, por otro lado, puede llevar hasta un año. Por lo común consiste en el alojamiento de los miembros en comunidad para despertar el espíritu de grupo a todos los niveles, para que desarrollen la compenetración mental que facilitará la labor ideacional entre varios. Los medios para estimular la capacidad analógica residen en proveer lecturas de obras imaginativas, de labores investigativas y avances tecnológicos, de narraciones de aventuras, de los procesos de la naturaleza; en proporcionar actividades que estimulen la cooperación entre los miembros elegidos. Más adelante se les instruye en la teoría de la creación y de los procedimientos sinécticos. Aquí viene a servir en particular la audición de las grabaciones de sesiones donde se hayan hecho descubrimientos notables. Precisamente, del análisis y comparación de estas grabaciones procede el establecimiento

de los grupos sinécticos, al descubrirse los mecanismos creativos cuya instrucción sea impartible. La grabación es esencial en la Sinéctica.

El presente trabajo — en sí mismo una conjunción de varios campos
lingüísticos y comerciales bajo la égida de la comunicación como elemento
aglutinante — representa un intento de tipo sinéctico. En sus páginas se
pueden hallar tanto elementos teóricos como prácticos, que sirvan para impartir instrucción, en principio, a las personas interesadas en adquirir experiencia en esta práctica tan extendida en los centros de investigación de
hoy, tanto en empresas como en organismos independientes.

0.10.2.5 Las sesiones integran el pensar lógico y el pensar creador.

El sesionista debe conocer a fondo el funcionamiento de ambos tipos
de pensar. Del pensar lógico se utilizan procedimientos ya estudiados: **el
análisis, la generalización y la construcción de modelos.** El análisis comporta la ruptura de lo complejo en sus partes componentes. La generalización
entraña la identificación de patrones o constantes en la actuación de las
partes. Mediante la construcción de modelos se facilita la concreción de las
generalizaciones. Se transponen los modos de percepción y el sistema de
expectaciones sobre el comportamiento de un campo a otro. Del pensar
creador se utilizan ahora todos los procedimientos compatibles, vistos en
las técnicas del pensar creador personal y en las sesiones de torbellino de
ideas; la Sinéctica recalca la importancia de la diversidad de perspectivas
para utilizarlas como trampolines hacia las soluciones buscadas. Ahondando
en los procedimientos de hacer lo extraño conocido y de hacer lo conocido
extraño, se emplean en la Sinéctica cuatro tipos de analogías que no están
regidas por la semejanza física. En ocasiones son analogías que muestran
relaciones insospechables entre los objetos comparados. Los cuatro tipos
principales son **la identificación personal, el paralelo entre campos diversos,
el símbolo y el mito.**

En 0.4.3.5 de la "Introducción", se abordó la relación semántica de la
polisemia. Las analogías utilizadas en la Sinéctica pueden considerarse como diversos significados. Se prescinde aquí del valor o sentido literal de
las analogías regidas por la razón al haber proporción entre los elementos
comparados. Ni tampoco se describen utilizándose las palabras como signos
equivalentes de las cosas descriptas. Las analogías empleadas en la Sinéctica responden a las posibilidades metafóricas: la adquisición de otros sentidos de las palabras, conforme a la experiencia de la persona. Así, la identificación personal consiste en colocarse en el lugar de los objetos. Esto
implica el desempeño del rol del objeto central tratado. El sesionista se
desposee de sí mismo, logra una transmigración hacia las cosas, para sentir como sienten ellas. Pudiera decirse que, en cambio, las cosas se perso-
nifican o se humanizan. El carácter poético es indudable; pero el objeto es
adquirir otra dimensión, otra perspectiva desconocida, como lo es la perspectiva desde las cosas. Se pudiera integrar dentro del sentido alegórico
de algunos estudios.

Igualmente, dentro de un sentido alegórico, de conferir un significado
dentro de un comentario desde otro campo, se puede estimar el paralelo
entre campos diversos; donde se ve el concurso de varias disciplinas como
factor estimulante de comparaciones. Mientras que estas dos primeras analogías se van construyendo pacientemente mediante un esfuerzo compara-

tivo de una parte con otra, ahora en la simbólica la fusión de elementos dispares y al parecer inconexos es súbita. Es la intuición o juicio interno que se auxilia con el concurso de variadísimas opciones provistas por la experiencia en distintos campos. En cierto sentido, la analogía simbólica constituye una metáfora radical al establecer conexiones con aspectos disímiles de la experiencia humana. Este tipo de analogía presupone la total liberación de la percepción anterior de las cosas, separadas por la razón para poder el hombre funcionar en el universo. En una sesión, por ejemplo, el procedimiento consiste en sacar una palabra clave del problema, tal como se entiende, o que tenga alguna relación con el mismo. Todos se preguntan, luego, la esencia de su significado. Se hacen copartícipes de las connotaciones de la palabra cuestionada. Con todos estos elementos sacados a luz se intenta su sintetización en una o dos palabras que capten las cualidades esenciales. Es, pues, una des-conceptualización y re-conceptualización del problema planteado con el auxilio de la analogía. A mayor generalidad de la palabra elegida para examen, mayores serán las áreas de especulación sugeridas. Por ello no convienen las definiciones a raja tabla, con su implícita limitación, porque no dan pábulo a las discusiones dentro del grupo.

La analogía mítica, por último, se refiere al deseo, al ansia por algo, alentada por la fantasía, por la imaginación común a todos los hombres, por tener las mismas apetencias. Se le concede libertad total a la imaginación para buscar la mejor solución al problema tal como la concibe el deseo, la satisfacción mediante un autoengaño que desconoce las leyes rectoras. El deseo humano es el que se sobrepone a las dificultades interpuestas por las fuerzas naturales. De este deseo cumplido son resultado las construcciones humanas, cuanto el hombre ha construido dentro de la naturaleza y que llamamos cultura. En una sesión, a vía de ejemplo, se plantea el problema de un refrigerador que se descongele por sí mismo, de un horno de cocina que se limpie por su propia cuenta, o sea, el deseo de la comodidad en su respectiva limpieza periódica. El hallazgo de tales soluciones apunta hacia el continuo avance de las fronteras del conocimiento espoleado por el deseo.

0.10.2.6 El director de las sesiones actúa en calidad de jefe.

Mientras que en las sesiones de torbellino el director más bien actuaba en calidad de organizador, el director sinéctico desempeña una jefatura, lo mismo dentro de las sesiones que para cualquier labor de carácter creativo. En ocasiones se crea un departamento de creatividad, sobre todo en empresas dotadas de gran volumen de operaciones o con ramas en distintos países, solamente con el objeto de canalizar la creatividad y la comunicación de esta información a todos los gerentes cuya labor esté directamente relacionada con el aspecto considerado. En otros casos, de menor actividad comercial, el gerente de creatividad asume labores de consultor. Todo ello demuestra el hecho de que la comunicación de ideas es esencial: las ideas son los elementos nutricios aportados por los canales comunicativos. Es consecuencia de la competencia en un mundo pluralista, que requiere un centro colector y emisor de ideas.

La primera calificación del director consiste en ser un perito de la comunicación y del pensar, lo mismo del lógico que del creador. Debe estar al tanto de cuantas técnicas contribuyan al desarrollo de ideas y mostrar

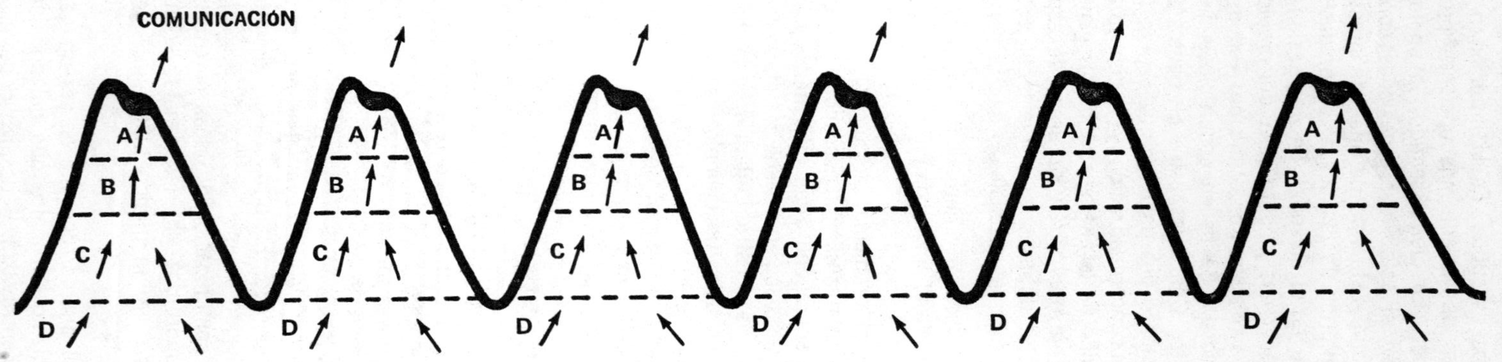

A — Zona del pensar lógico: Analogías de identificación personal y de paralelo entre campos diversos [sentido alegórico]

B — Zona del pensar creador: Analogías de símbolos [sentido simbólico personal]

C — Zona del pensar creador: Analogías de mitos o deseos [sentido arquetípico]

D — Zona del pensar creador: Analogías de la unidad del universo [sentido anagógico]

Ilus. 10

LA COMUNICACIÓN ENTRE SEIS SESIONISTAS SINÉCTICOS: LAS ANALOGÍAS, COMO FLECHAS, ABREN LOS ESTRATOS INCOMUNICADOS ANTES

un grado extraordinario de tolerancia hacia las sugerencias ajenas. De todo lo dicho anteriormente se puede ofrecer un esquema de sus funciones:

a) Escoge a los miembros del equipo sinéctico y dirige su adiestramiento.

b) Tiene que ver con todos los aspectos creativos de la empresa o de la entidad investigativa pertinente para viabilizar la comunicación de ideas.

c) Plantea el problema objeto de la sesión. La fuente o génesis del método sinéctico radica en mostrar la verdadera esencia de un problema mediante el concurso de diferentes campos. Este planteamiento y resolución de problemas constituye el rasgo capital de esta técnica.

d) Introduce replanteamientos del problema conforme se vayan aportando perspectivas distintas durante la sesión, hasta llegarse al meollo de la cuestión. La captación en forma de símbolo es una manera de hallar este meollo.

e) Decide sobre la ruta analógica a seguir en el comienzo y en el curso de la sesión. Puede adoptar la decisión con vista al criterio de la distancia. Esto es, se busca la analogía del campo más distante del problema; así, con problemas relacionados con la mecánica, se buscan modelos de la biología, y viceversa.

f) Grabará toda la sesión. Cuando lo estime apropiado determinará el momento de escuchar la grabación, lo mismo para analizar los resultados hasta entonces obtenidos, como para esclarecer los mecanismos operacionales contribuyentes o por cualquier otro motivo, como revivir el momento de hallazgo en una sesión y energizar nuevamente con ello al grupo.

g) Después de ofrecer nuevamente su planteamiento del problema, le pedirá en la sesión, la explicación al perito o peritos presentes del campo en donde se confronte el problema. Es su responsabilidad despertarles evocaciones de la mayor pureza imaginativa al tiempo que dichos peritos expliciten en los más llanos términos la cuestión. Por turno les pedirá a los otros peritos, ajenos al campo, la formulación del problema, ahora en los términos en que lo entiendan: etapa del replanteamiento.

h) Escogerá de entre los nuevos planteamientos del problema el que le parezca más prometedor para someterlo a la actividad imaginativa, metafórica, del grupo todo. Dicha actividad imaginativa es virtualmente una línea de libres asociaciones que puede comenzar con la analogía fantástica o del deseo, para luego desempeñarse roles de los objetos involucrados en el problema y seguirse con los demás paralelismos y simbolizaciones. Esta actividad imaginativa de los sesionistas constituye una etapa de absoluta libertad para la producción ilimitada de analogías.

i) Determina, por tanto, cuándo conviene oscilar entre el pensar lógico — con su aspecto de hacer conocido lo extraño — y el pensar creador — con su conversión en extraño de lo habitual — en etapas de la sesión. En la etapa analítica inicial se descartan las soluciones prematuras, como una especie de purga, surgidas de ideas inoperantes y se explican las razones de su fracaso.

j) Moverá a los sesionistas hacia la etapa final valorativa que puede ser provisional. Se traslada el problema considerado de modo imaginativo a la esfera real para constatarse la posibilidad o imposibilidad del encaje. Hay una gran diferencia entre sólo mostrar un parecido entre los objetos y desear sacar una conclusión de dicho parecido. Podrán servir las siguientes preguntas para determinar la propiedad de la comparación:

1. ¿De qué se trata la cuestión?
2. ¿Qué se ha comparado?
3. ¿Cuáles son las semejanzas y diferencias?
4. ¿Qué partes de la analogía son débiles?
5. ¿Se puede defender o atacar la analogía como un todo?
6. ¿Se puede cambiar la analogía?
7. ¿Se puede extender la analogía?
8. ¿Es aceptable el resultado de la analogía?

En el caso de resultar negativa la valoración habrá que reanudar la sesión o convocar a otra sesión o a otras sesiones.

k) Para iniciar a novicios en las técnicas sinécticas el director escoge problemas de corto alcance, cuyas soluciones entrañen la posibilidad de medirse o registrarse con exactitud los resultados de su implementación. El objeto es infundir confianza en los nuevos sesionistas y dotarles de un sentido de realización y de premio a las labores emprendidas.

l) Mantiene siempre la diversidad del grupo en cuanto a antecedentes, bagaje, disciplinas de especialización y labores, aun cuando tenga que renovarlo anualmente o incorporar a individuos para la resolución de un problema de su particular área de concentración. Esta diversidad se refiere también a la reacción emotiva hacia los problemas. Así, en caso de escogerse entre individuos de campos semejantes, se preferirá a la persona cuyas reacciones y actitud mental contrasten más con los otros miembros ya participantes en el grupo. Esta perenne diversidad garantiza la existencia, dentro de los cuadros de una empresa considerable, del espíritu de competencia por alcanzar reconocimiento, propio de las empresas recién establecidas o de pequeño alcance. Será también quien siente el precedente en la producción de metáforas. Para quitarles a los sesionistas novicios cualquier reserva, por ejemplo, será quien primero se coloque en el plano del objeto central de un problema, desempeñando el rol de una cosa, por ridículo que parezca esta despersonalización y la conversión del objeto en ser animado. Esta es una salida de los casilleros del conocimiento y de la experiencia humana de la vida real, tal como observamos antes, que realizan los estudios estructurales.

m) Instruirá en las empresas que deseen establecer estos grupos dentro de sus cuadros, apuntando la selección de personas procedentes de todos los campos: producción, ventas, mercadeo, publicidad, personal y demás. Señalará las posibilidades de innovación, sobre todo en esa tierra de nadie que hay entre las distintas especializaciones. Instará a la gerencia a que les sometan los problemas de más urgencia y de mayor rendimiento para justificar la implantación y gastos de mantenimiento del grupo.

n) Mantendrá el sentido de cooperación y la comunicación fluida no sólo con los miembros del grupo sino también con las demás secciones y funciones de la empresa. Además de constatar la efectividad o el resultado de los aportes del grupo, mediante la retroinformación recibida de los otros canales gerenciales, deberá mostrarles a los integrantes del grupo, que por muy creativas que sean sus realizaciones, necesitan del concurso de los otros departamentos para llevar la idea desde su formulación teórica al éxito, en el régimen de libre competencia del mercado abierto. Mantendrá, por consiguiente, la coordinación de la labor del grupo sinéctico con los objetivos de la empresa de la cual es otro organismo más.

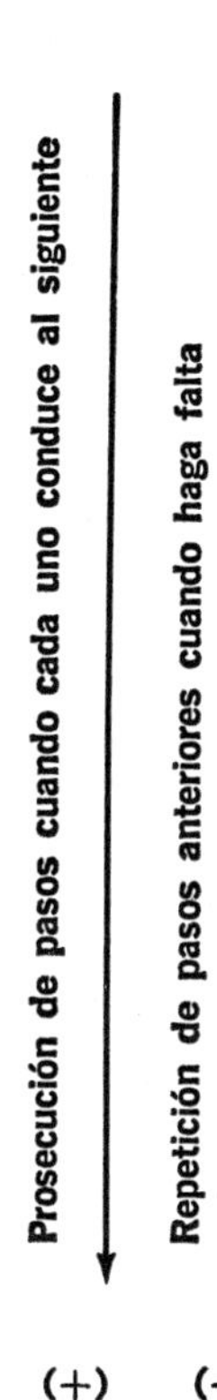

1. Definición del problema por el director.

2. Análisis y discusión del problema por los peritos del campo de donde provenga el problema en términos accesibles a los demás miembros para hacer lo extraño conocido.

3. Purga de soluciones fracasadas; explicación de las causas del fracaso por los peritos de su campo.

4. Formulación del problema tal como lo entienden otros peritos; concentración en un aspecto del mismo; replanteamiento.

5. Formulación de preguntas y suposiciones que provoquen respuestas y reacciones imaginativas entre todos los miembros.

6. Producción de analogías en cualquier orden, según convenga: identificación personal, paralelo entre campos diversos, símbolo y mito; se hace extraño ahora lo ya conocido.

7. Jugueteo con una analogía para comprender sus posibles implicaciones; selección hecha por el director.

8. Aplicación de esta analogía, sea a la definición inicial del problema, a la dada por los peritos o a la formulación del problema tal como lo entienden los otros peritos ajenos al campo en el replanteamiento.

9. De resultar positiva esta aplicación, enumerar entonces los puntos de vista nuevos.

10. Seleccionar un punto de vista prometedor y desarrollar las consecuencias de su aplicación al problema.

11. Valoración del nuevo punto de vista. Si resulta positiva se entrega o se envía la solución al departamento correspondiente. Si resulta negativa, se regresa a 9 y a 10 para examinar otros puntos de vista. De resultar negativas todas las valoraciones de los puntos de vista, se vuelve entonces al punto 6. Cuando resultan infructuosas las incursiones en las analogías, se vuelve al punto 5. Si éste no da tampoco resultado se retrocede al punto 4, concentrándose en otro aspecto si conviene. De ocurrir otro fracaso se empieza por el punto 2 nuevamente.

Esquema de un posible plan para una sesión de imaginativa sinéctica: interpenetración del pensar lógico con el pensar creador.

0.11 TÉCNICAS DEL PENSAR PRONOSTICADOR: EL PLANEAMIENTO INMEDIATO Y LA PROSPECCIÓN

 **TÉCNICAS DEL PENSAR
PRONOSTICADOR:
EL PLANEAMIENTO INMEDIATO
Y LA PROSPECCIÓN**

Al abordar las últimas técnicas que consideramos en el presente trabajo nos referimos al pronosticar sistemático, como componente informativo del acto ejecutivo de decidir, tan necesario en las empresas contemporáneas tanto públicas como privadas. La importancia del juicio en este proceso no puede desconocerse: la función del pronóstico consiste en disminuir la incertidumbre en la tarea específica del planeamiento, como parte de la función mental juiciosa ‹de adopción de decisiones con vista al bien común. Hoy día el pronóstico forma parte de los **sistemas de información gerencial** para dirigir con eficacia.

En efecto, se pueden hacer visibles muchas posibilidades, sólo con el estudio del pronóstico al analizarse las interrelaciones de diversos campos. Se pueden obtener, asimismo, determinaciones de la posible ocurrencia de sucesos futuros y de la probabilidad de que dicha ocurrencia tenga lugar alrededor de ciertas fechas. Algunas acepciones del término **prospección**, expectativas de sucesos y búsqueda de minerales de todo tipo, se relacionan con la constante mirada hacia el futuro, con sus oportunidades y peligros, para que siga prosperando la empresa, cuando no sencillamente hacerla sobrevivir, en un mundo sujeto a las mutaciones más inesperadas de las condiciones ambientales y particulares del giro en que se opera.

En las mismas acepciones comunes de la voz **pronóstico** se notan rasgos esenciales de dichas actividades ejecutivas. Se entiende vulgarmente como pronóstico la predicción o adivinación de las cosas futuras, basado en la **observación** de señales. Ya en la meteorología y en la medicina se precisan otras notas más cercanas al pronóstico comercial. En la primera se define el pronóstico como conjunto de signos particulares, resultado de las observaciones para conocer los **cambios** atmosféricos. Sabemos, por otro lado, de la precaución de meteorólogos al dar sus partes del tiempo. Ante la imposibilidad de suprimir totalmente la incertidumbre, realizan sus predicciones sujetas a ciertos **porcentajes** de ocurrencia. En la segunda de las ciencias mencionadas, se define por la patología médica el pronóstico como una parte de la clínica médica, destinada a averiguar el curso o evolución de una enfermedad. Es un **juicio** que se forma el médico respecto a los cambios posibles en el curso, duración y terminación de una enfermedad, conforme a los síntomas precedentes y concurrentes.

A ello agregamos la temida **junta** de médicos para solicitar la opinión de otros colegas cuando el médico de cabecera necesita del concurso de otros diagnósticos para continuar auxiliando a su paciente. Todos estos elementos subrayados por nosotros, observación, cambios, porcentajes, juicio, junta, se han aprovechado para discernir los elementos de los pronósticos comerciales que informan sobre las condiciones ambientales, el tiempo atmosférico de la empresa y de su desenvolvimiento, su salud, propiamente dicha. Las expresiones "persona de visión" y "pensar con vista al mañana", reflejan creencias populares en una intuición natural que se adelanta a los acontecimientos y que prevé las repercusiones de los actos presentes en el futuro. Estas creencias se cohonestan con la necesidad de conservar los recursos naturales, con los grandes proyectos de colonización de tierras vírgenes, con el aprovechamiento de las plataformas marinas y de los espacios aéreos, con la multiplicación de las fuentes de energía, con las vastas inversiones en los sistemas de transporte y comunicación. En suma, el planeamiento y la prospección se hacen hoy más necesarios que nunca ante las inversiones astronómicas que necesitan dichos proyectos y la dilatada espera en obtener frutos de estudios e inversiones.

Si bien el tempo acelerado del cambio ambiental solicita un pronóstico de corto alcance, la implacabilidad de la inversión tecnológica y la interdependencia de naciones y disciplinas de estudio, determinan el ingreso en el pronóstico de factores antes desatendidos. El estudio requerido para la elaboración de pronósticos es, por fuerza, de carácter multidisciplinario, integral y tecnológico. Una predicción sobre las fortunas de una persona puede darse el lujo de ser idiosincrática y subjetiva. Nuestro estudio requiere, en cambio, el pronunciamiento de un pronóstico de orden objetivo: el propósito de un pronóstico es suministrar al planificador — quien a su vez lo someterá al gerente — un cúmulo de **información** que contiene un estimado de probabilidades sobre los asuntos venideros de la entidad. Dado que la empresa se inserta en un entorno social, nacional e internacional, la concurrencia de factores sociales, políticos, económicos, y demás, a todos los niveles, es obligada, en cualquier pronóstico de hoy.

Cuando hablamos de un pronóstico comercial, pues, nos interesa saber **qué** va a pasar, **cuándo** los sucesos van a eslabonarse entre sí, la **cantidad o número** de elementos futuros por ocurrir y el **porcentaje** de probabilidades de que ocurran. Estos son los cuatro elementos indispensables de un pronóstico. Otras circunstancias: el **cómo**, el **dónde**, el **quién o quiénes**, el **cuánto** de su costo y beneficio, son factores subsidiarios que aparecen en las últimas etapas del acto decisorio, en el proceso total de planeamiento. Nos interesan primordialmente, por lo tanto, los aspectos **cualitativos, temporales, cuantitativos y probabilísticos** de un pronóstico.

El planeamiento, por otro lado, puede proyectarse para ejecución inmediata o para ejecución mediata, más distante. Podemos examinar con algún detenimiento, pues, las técnicas empleadas de pensar pronosticador, de carácter integral, como hemos postulado, con vista a informar para ejecución inmediata o para aportar información respecto a las posibilidades más distantes. El planeamiento inmediato, por lo común, se hace dentro del departamento de la empresa de que se trate, o por el equipo ejecutivo colocado en la oficina central. El planeamiento a largo plazo necesita del concurso de un equipo de expertos, su junta de médicos, que aunque pueden proceder de la misma empresa, idealmente no deben pertenecer a la empresa que solicita sus servicios. Hay institutos dedicados a esta labor hoy día.

Examinaremos, en primer lugar, las técnicas de pensar pronosticador de planeamiento inmediato, de cotidiano empleo; en segundo lugar, veremos las técnicas de pensar pronosticador de planeamiento mediato, la verdadera prospección, en sus modalidades más conocidas, **la escritura de escenarios** y la **encuesta Delphi**. Todas estas variedades se ven asistidas por una plétora de pronósticos tecnológicos cuya contribución a los aspectos cualitativos, temporales, cuantitativos y probabilísticos, hace de estos estudios verdaderas disciplinas de auxilio al planificador y al ejecutivo.

Remitimos a los interesados en profundizar en dichos métodos especializados, ya fuera de nuestros objetivos generales de la comunicación comercial, a las fuentes mencionadas que aparecen en el siguiente cuadro de las técnicas del pensar pronosticador. Muchas de las técnicas de otros tipos de pensar, vistas con antelación en este trabajo, se convierten en eficaces auxiliares de los estudios sobre pronósticos. Esto acredita, tanto la interpenetración de dichas técnicas, como la cualidad totalizante de los pronósticos.

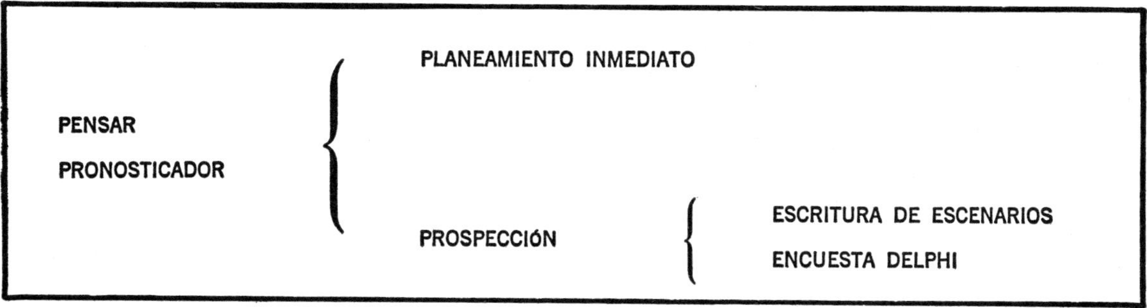

Esquema de métodos tecnológicos y otros de diversa índole, clasificados según el aspecto del pronóstico, cualitativo, temporal, cuantitativo y probabilístico al cual contribuyen o con el que se relacionan mejor.

1. Métodos cualitativos (ofrecen descripciones y/o narraciones de los sucesos futuros, escenarios, sin precisarlos mediante dimensiones):

a) Pensar creador personal, pensar creador colectivo: sesiones de torbellino, sesiones de imaginativa sinéctica; estudio de situaciones hipotéticas.

b) Analogías: históricas, biológicas y geográficas principalmente.

c) Diseño contextual de tiempo independiente y modelos.

d) Construcciones arbóreas de aspectos relevantes.

e) Análisis morfológicos y reconstrucciones.

f) Análisis de elementos faltantes **(gap analysis)** — tipo Mendeleyev.

g) Señales de cambios tecnológicos, escritura de ciencia-ficción, etc.

2. Métodos temporales:

a) Análisis de series temporales y proyecciones de dimensiones físicas sencillas, capacidades funcionales, dimensiones económicas, demográficas y sociológicas proyectadas en períodos de tiempo.

b) Desarrollo de curvas de series temporales para rendir la de tipo **"S"** y alcanzar finalmente la de tipo envolvente.

c) Curvas de aprendizaje.

d) Relaciones entre dos dimensiones que no sean temporales.

e) Tablas de operaciones de compra y de venta de los renglones económicos entre sí **(input and output matrices)** y tablas de relevancia o modelos de sustitución de carácter temporal.

f) Modelos cuantitativos.
g) Analogías cuantitativas.
h) Encuesta Delphi cuando falten métodos tecnológicos de carácter temporal.

3. Métodos cuantitativos (aplicados a un pronóstico cuantitativo dado para ofrecer el nivel de actuación o **performance**, sea con expresión de transcurso de tiempo o solamente los niveles de actuación requeridos en distintas tecnologías para alcanzar cierto desarrollo).

a) Determinación de atributos (factor clave de **performance**) y de parámetros, estos parámetros pueden representar formas especiales de series temporales, a saber, parámetros líderes, analogías cuantificadas, parámetros de sustitución y de curva de aprendizaje.
b) Modelos dinámicos de pronósticos de series temporales.
c) Construcciones arbóreas de aspectos relevantes cuantificados, con planeamientos de arriba abajo o de abajo arriba.
d) La encuesta **Delphi** cuando falten datos numéricos en absoluto.

4. Métodos probabilísticos:

a) Encuesta Delphi.
b) Análisis del impacto recíproco entre diversas tecnologías, tanto de orden manual como con ayuda de computadoras.
c) Cálculos de probabilidades, como los relacionados con los juegos de azar.

0.11.1 El planeamiento inmediato.

En su libro **Future Shook**, Alvin Toffler sostiene que el tempo del cambio social se efectúa de modo tan apresurado que sus consecuencias de desorientación son semejantes a las ocasionadas por el choque cultural. La víctima del choque cultural sufre de su incapacidad para lidiar con el nuevo ambiente en que se le ha puesto, con el ritmo de cambios culturales de un nuevo grupo. Mientras que en este caso del choque cultural la persona es quien se traslada de un grupo humano a otro, en el caso del choque por el futuro es el ambiente que se desplaza, aunque en ambos casos el ritmo de mudanza afecta a una persona determinada. Más y más contemplamos, como testigos espantados, el anacronismo de muchos tipos de adiestramiento universitario, de muchas de las herramientas auxiliares del dirigente, de muchos de los productos, de gran parte de los conceptos con que nos lanzamos tanto a la vida activa como a la vida intelectual, de gran número de instituciones incapaces de adaptarse al devenir humano.

Todo cambia y el ejecutivo ha de influir en dichos cambios para mejor desempeñar sus funciones en la sociedad. Evitar crisis dependerá de anticiparse a los sucesos: le incumbe al dirigente adelantarse a los posibles rumbos de los acontecimientos, a dirigirlos y no a dejarse dirigir por ellos.

0.11.1.1 El ejecutivo como agente de cambios.

Hay cuatro aspectos en la labor ejecutiva que dotan al ejecutivo de la cualidad de agente permanente de cambios sociales, que lo insertan a la cabeza de los propulsores de cambios ambientales: a saber:

a) Cambio de los objetivos de su empresa u organización.
b) Cambio de la estructura o composición de su entidad.
c) Cambio de la asignación de labores o de la distribución del personal.
d) Cambio de la adjudicación de los recursos disponibles entre los distintos elementos.

Sabemos que el propósito del pensar pronosticador, dentro del planeamiento, consiste en suministrar información, la cual servirá, al menos parcialmente, de fundamento para la adopción de decisiones. Planear es una actividad que procura tener en cuenta la futuridad de las decisiones actuales, sus consecuencias venideras, al considerar su compatibilidad con los objetivos empresariales formulados con anterioridad. La decisión representa un escoger entre varias opciones, en particular, es una selección realizada con vista a inconmensurables. Precisamente, la función decisoria entraña la selección en situaciones donde costo y utilidades no se pueden medir con las mismas unidades, donde no existe la simple operación de substracción o resta de inversiones y ganancias. El ejecutivo, en su labor, se auxilia de varias clases de análisis, cuyo fin es informarle de las combinaciones posibles de costos y utilidades. Aquí es donde entra a jugar el pronóstico.

El rol del pensar pronosticador, como componente del planeamiento, consiste en transformar la incertidumbre sobre el futuro en una toma consciente de riesgos. Asumir riesgos es parte consubstancial de la labor directiva, en especial de la del dirigente comercial. El punto de vista actual sobre el pronóstico se basa en el carácter interdependiente de las actividades humanas, de su pluralismo: no se puede hacer nada en el vacío, aislado de los demás, ni tampoco obligado a seguirse siempre los mismos objetivos cualquiera que sean las circunstancias. Todo pronóstico recibe su espaldarazo de validez de su capacidad para ayudar a formular una decisión. De lo contrario sería un ejercicio improductivo, sin el beneficio de orientar hacia una acción determinada. Se pronostica, pues, para actuar.

El proceso de planeamiento reside en preparar una serie de decisiones para actuar en el futuro, dirigidas a alcanzar determinados objetivos mediante la utilización de las vías más óptimas. El plan, que es la concreción de la serie de decisiones adoptadas, se refiere al eslabonamiento entre sí de dichas decisiones, donde una sigue a la otra de modo coherente, en secuencia de mutua dependencia. Planear no es únicamente moldear el futuro a la medida de nuestros deseos, sino hacerlo, además, mediante el empleo eficaz de los recursos a nuestro alcance. Planear y decidir obran de consuno, son inseparables. En efecto, el plan es una secuencia de decisiones. Debe resultar de una decisión primordial de lograr la obtención de determinados objetivos. De aquí proviene su carácter iterativo, su movimiento en constante procura de mejoría, su condición de proceso, su conexión interdependiente con la decisión.

0.11.1.2 La decisión.

El acto de escogerse un curso de actividad de entre varias posibilidades constituye una decisión. Miramos este proceso como una selección de alternativas, examinamos algunos aspectos implícitos del acto decisorio, en términos de la bondad o beneficio que reportará, con base a la información recibida y consciente del carácter aleatorio de los actos humanos. Cuatro actitudes básicas pueden asumirse respecto al futuro:

Primera: una total pasividad. El dejarse llevar por la corriente, el seguir sin pensar a la corriente mayoritaria, el llamado **laissez faire, laissez passer**, son formas de conducta que obedece a esta actitud de indiferencia.

Segunda: el oportunismo. Aquí se aprovecha el instante, la circunstancia presente, la coyuntura desligada de otras situaciones, se actúa dentro de una zona incomunicada con el resto del mundo. Se aprovecha hasta el máximo una situación, por un breve lapso de tiempo, con olvido de la total interdependencia de los sucesos humanos. Comprometemos a veces nuestro futuro por un pobre plato de lentejas. Pero todo y todos tienden a reaccionar, a la corta o a la larga. La viveza sale cara a la postre porque procurarán desquitarse de nosotros aquellos de quienes nos aprovechamos sin mirar las consecuencias futuras de nuestros actos.

Tercera: la adaptación. Nos adaptamos porque deseamos optimizar las decisiones actuales para que sus consecuencias venideras se ajusten al futuro avizorado, a la marcha de los acontecimientos pautados por otros. Hemos extrapolado del pasado las tendencias observadas, para estimar lo que será el probable futuro, hemos querido estar a bien con todos, hemos tenido en cuenta las consecuencias futuras de nuestros actos. Claro que, esta actitud resulta más beneficiosa que las dos primeras, aunque muestra cierta flaqueza. De hecho, dentro del marco de nuestras investigaciones, está reñida con los principios de la labor ejecutiva, se resiente de ilogicidad.

Pues, después de todo, ¿en qué consiste el pronóstico? Se afirma que es un estimado de un estado probable de algo en el futuro, bajo la creencia de que todas las cosas proseguirán su curso anterior, seguirán como en el pasado. Sin embargo, ¿no se ofrecen pronósticos para actuar, después de que se hayan adoptado decisiones? Estas decisiones cambian el ambiente social, tal como quedó expuesto arriba. Por lo tanto, la actitud adaptativa carece de validez hoy dentro del marco de la labor ejecutiva. El valor de un pronóstico, vimos anteriormente, se mide con arreglo al grado de influencia que tenga sobre las decisiones tomadas en el presente. Hace falta otra actitud más concorde con los estudios actuales sobre la información.

Cuarta: la creación. Por esta actitud se procura crear el futuro. No hay hechos futuros porque sencillamente no existen, tal como existen presentes o existieron los pasados, sino un conjunto de potencialidades, en las que intervenimos, para moldear o conformar una serie de tiempos futuros, de lo que se llama ahora futurables.

Lo que hacemos hoy es formular esta pregunta: "¿Cuáles son las alternativas de que dispondremos en el futuro?" Aquí estriba la verdadera actitud prospectiva, la prognosis que constituye la médula de la actitud más consonante con las expectativas componentes del futuro. Porque el planeamiento creador de futurables es parte de la labor del ejecutivo de hoy. Con ello no queremos decir que haya un consenso, como una consigna intolerante de irrevocable cumplimiento de objetivos a tantos años vista. Esto no sería compatible con una economía de libre mercado ni con la libertad de selección inherente a la condición humana. La diferencia entre la actitud adaptativa de planeamiento y la actitud creadora de futurables es fundamental: por la primera nos adaptamos, por lo común tardíamente, a los cambios propiciados por otros; por la segunda causamos el cambio deseado, realizamos el avance, forjamos nuestro destino.

En lugar de preguntarnos como antaño, "¿Cómo será el mundo del futuro?", el planificador creativo planteará ahora, "¿Cómo van a ser las alternativas de los posibles mundos?" El pensador pronosticador se coloca en el año 2020 para decidir hoy lo que quiere que sean las próximas decisiones. Es necesario, por consiguiente, imponerse ciertos límites para evitar un estremecimiento o sacudida que desestabilice y que hasta destruya la empresa y la sociedad que se procuran encauzar. Hay otros errores que evitar en el planeamiento inmediato.

0.11.1.3 Errores frecuentes.

De entrada, debemos aclarar que el planeamiento creador de futurables no es un pronóstico tecnológico propiamente dicho. La tecnología, la aplicación del conocimiento para satisfacer necesidades humanas, es otro componente más del entramado social. La búsqueda de innovaciones por sí mismas no constituye futuro. No porque algo sea nuevo comportará una orientación futura. Ni tampoco el pensar pronosticador tiene que ver con predicciones carentes de información apropiada. No hay hechos futuros, repetimos, en el mundo humano o cultural, sino sólo tendencias y potencialidades que apuntan hacia un mundo esquemático. Los hechos pasados no se proyectan hacia el futuro de modo inerte, porque el futuro no es una continuación simple del presente originado en el pasado. Ahora se aumenta la responsabilidad del ejecutivo con la información suplementaria que los planeadores creativos ponen a su disposición con el objeto de que la labor decisoria sea más eficaz: a más alternativas, más responsabilidad.

Tampoco será una utopía, una ilusión con la cual sueñan los incapaces de resolver los problemas presentes, ni una proyección de nuestros deseos de reformar el porvenir sin contar con recursos adecuados para ello. Habiendo definido nuestras referencias en el futuro, debemos regresar al presente para comprobar que hay realmente una conexión, una senda que permita el acceso desde el presente hacia los futurables, hacia los objetivos seleccionados. Tendremos una visión panorámica de los impedimentos a nuestros planes cuando, ante todo, tenemos la actitud de confrontar la vida, de ajustarla según los planes. Esta inclinación a actuar en el futuro inmediato necesita del concurso de métodos explícitos y racionales para pronosticar: si la empresa no tiene en cuenta su futuro se consume en el presente.

0.11.1.4 Metodología del planeamiento inmediato.

Con antelación afirmamos que la empresa rinde servicios, que el dirigente es un prestatario de servicios a la sociedad. Esto puede entenderse, asimismo, como una misión. Debemos remontarnos, adquirir una perspectiva más comprensiva de las actividades desenvueltas por una empresa, salirnos de una versión literal de las actividades habituales de nuestra entidad, para alcanzar un concepto que englobe sus características sobresalientes, conocer el **quid** de la actividad social que rinde nuestra empresa.

Se ha dicho, por ejemplo, que la esfera de actividades útiles, el negocio o giro de la gigantesca empresa IBM es la fabricación de computadoras, copiadoras, máquinas de escribir, en fin, la fabricación de objetos o equipos de oficina. Una respuesta más directa sería decir que la compañía IBM está en el negocio de obtener ganancias, lo cual no sería satisfactorio tampoco, dado que la empresa comercial está caracterizada por la finalidad de que sus operaciones obtengan utilidad, de lo contrario, no podría existir; por tanto, no estaríamos distinguiendo a la IBM de las demás entidades comerciales. Pero si decimos que la IBM **sirve ciertos datos y ofrece funciones de procesamiento de información para clientes comerciales,** apuntamos el concepto que engloba sus diversísimas actividades que le ha permitido sortear toda suerte de escollos y modificar sus planes con vista al futuro. La empresa dedicada a la fabricación de automóviles, siguiendo ahora esta noción, lo que hace en realidad es diseñar y manufacturar vehículos de transporte humano y de carga. De esta suerte, hoy no debemos considerar meramente el giro con base a las actividades materiales únicamente, sino también con base a su servicio social, al justificante de su existencia. Los detalles y la situación particular se llevan a un estrato superior, el de la función social rendida. De ahí la necesidad de identificar el verdadero giro de la empresa.

"¿A qué negocio nos dedicamos?", es una pregunta que a priori parece superflua. Con todo, a muchos se les escapa la definición del giro fundamental de la empresa que dirigen. La respuesta certera hará desplazar la atención desde un objeto específico hacia el modo de satisfacer mejor un servicio social. Una preocupación excesiva respecto a un producto, por otro lado, pudiera desviar la atención empresarial de una revolución que se esté gestando bajo sus propias narices. La entidad carente de un amplio concepto de la **naturaleza** del negocio pudiera incapacitarse también para enfrentarse a los cambios tecnológicos específicos de su campo.

Arribamos así a una de las tareas más importantes del ejecutivo: decidir cuál es el verdadero giro de su empresa. No queremos decir que esté completamente libre para ejercer su criterio. Hay factores previos condicionantes que dependen, por ejemplo, del modo en que la empresa está organizada o del modo en que opera. Aun cuando quiera ampliar la base estructural y operacional de su empresa, no puede hacerlo de la noche a la mañana. Y la intención de ampliación conceptual debe tener en cuenta, primero que todo, el ambiente futuro, no sea que la conceptualización realizada no resuelva nada; porque sea peor el remedio que la enfermedad, al colocar a la empresa en otro frente donde los cambios tecnológicos sean todavía de mayor envergadura o difíciles de realizar por la empresa.

Ahora, pues, señalaremos algunos de los medios de identificación del giro fundamental de una empresa. Comenzaremos con los mismos aspectos de las actividades sobresalientes. Así, podemos examinar las entidades comerciales en términos de:

    a) su función;
    b) el producto fabricado;
    c) el proceso básico de operación;
    d) el sistema característico de distribución;
    e) el tipo de conocimientos que se imparte y
    f) la materia prima esencial utilizada.

De esta suerte, asociamos a una compañía automovilística; por:

    a) su función de fabricante de transporte a una siderúrgica; por

    b) su producción de acero a una empresa inalámbrica de telecomuni-
caciones; por

    c) su conversión de mensajes en ondas eléctricas y viceversa a una
compañía dedicada a la fabricación de cosméticos; por

    d) su red de distribución integrada por visitantes femeninos a un bu-
fete jurídico;

    e) porque sirve a su clientela que lo consulta por su conocimiento de
las leyes y su experiencia en la dirección de asuntos judiciales; y,
por último, a un matadero;

    f) porque opera con la materia prima carne.

La identificación se hace con vista a permanecer en el giro, a despecho de cualquier cambio, de cualquier innovación avizorada en la tecnología
particular de que se trate, de una parte, o con vista a entrar en otro giro
que parezca más conveniente a sus intereses, de la otra. En todo caso, el
ejecutivo asume la responsabilidad de continuar o de modificar la función
de su empresa, su estructura, la asignación o distribución de personal y la
adjudicación de los recursos disponibles entre los distintos elementos. Todas estas decisiones, todos estos cambios, están basados, por necesidad,
en la información proporcionada por el pensar pronosticador. Estas técnicas
pronosticadoras para el planeamiento inmediato son también inquisitivas. Se
cuestiona el orden presente para poder planear el orden futuro. Así coalescen
el pensar creador y el pensar lógico, sólo que ahora lo que se crea es el
futuro, o mejor, los futurables.

Luego, pues, que se haya identificado el giro fundamental de la empresa, se plantearán algunas preguntas concomitantes cuyas respuestas
constituirán las bases del planeamiento inmediato:

1. ¿Proseguirá este negocio en el futuro?
2. ¿Cómo se administrará en dicho futuro?
3. ¿Deseamos continuar en este giro dado que las perspectivas son
de que seguirá existiendo?
4. ¿O deseamos continuar en el giro a pesar de que las perspectivas
son de que dejará de existir?
5. Si este giro dejará de existir o no queremos continuar en el mismo, ¿cuál es el nuevo negocio en que queremos operar, sabiendo
que entraremos en él desde la posición actual de nuestra empresa?

No obstante, para satisfacer las preguntas anteriores no nos bastarán
las seis premisas relacionadas con las actividades empresariales para conocer la naturaleza del negocio, función, producto, proceso, distribución, conocimientos y materia prima, ya que todavía nos quedan aspectos de la
actividad empresarial de indudable importancia. Nos referimos a las tareas
de planeamiento y decisión, aspectos gerenciales por excelencia, y los servicios auxiliares, de índole operacional aunque no estrictamente productivos.
Entre ellos se cuentan la contratación de empleados, la confección y pago
de la nómina, la teneduría de libros, la informática, el mantenimiento de
una flotilla de transporte, la investigación y desarrollo, y demás, todos los
cuales se hallan relacionados con la gestión administrativa y de continuo,
también se hallan sujetos a los avances inexorables de la capacidad humana.

Cuando hayamos analizado estas ocho actividades empresariales, estaremos en disposición de evaluar las consecuencias deparadas por los cam-

bios a los cuales hemos contribuido. Vendrán en nuestra ayuda cuantos recursos intelectuales hemos aportado, las técnicas de pensar creador como las técnicas de pensar lógico. En el pensar pronosticador se integran con el fin de discernir las ocho actividades esenciales de la empresa sin cuyo análisis nuestro planeamiento inmediato resultará defectuoso. Nada mejor, para la visualización de este proceso, que el diagrama ilustrativo del impacto recíproco entre diversos elementos (**cross-impact analysis** en inglés). Esta matriz intercruzada se asemeja al perfil analítico, ofrecido con anterioridad a propósito del pensar morfológico.

En el diagrama que sigue hemos desglosado en submatrices los conocimientos y los servicios auxiliares pertenecientes a una empresa dedicada a ofrecer información a los ejecutivos de pequeñas empresas y a funcionarios de gobernaciones de pocos recursos, carentes de un departamento de investigación con carácter estable. En cada empresa se hará este desglose conforme a sus particularidades. No puede haber, pues, una matriz intercruzada universal. Aquí se refiere a un cambio tecnológico en una actividad.

Observamos en el diagrama que las hileras y las columnas correspondientes a los conocimientos y a los servicios auxiliares quedan canceladas ya que están allí como encabezamientos de partidas desglosadas. Las marcas en equis (x) muestran la existencia de impactos recíprocos al concurrir el elemento de la fila con el elemento de la columna. Con el pronóstico del cambio tecnológico a mano y la secuencia de impactos mostrada en la matriz, el ejecutivo dispone de la información apropiada para adoptar la

	FUNCIÓN	PRODUCTO	PROCESO	DISTRIBUCIÓN	CONOCIMIENTOS	ANÁLISIS	PROGRAMACIÓN	OFICINA	ASPECTOS LEGALES	MATERIAS PRIMAS	GERENCIA	SERVICIOS AUXILIARES	PROGRAMACIÓN	OFICINA	ASPECTOS LEGALES	PERSONAL
FUNCIÓN	///	x		x	///	x					x	///		x		
PRODUCTO	x	///		x	///	x					x	///		x	x	
PROCESO			///		///						x	///		x		
DISTRIBUCIÓN				///	///							///			x	
CONOCIMIENTOS	///	///	///	///	///	///	///	///	///	///	///	///	///	///	///	///
ANÁLISIS	x	x	x		///	///						///	x	x		x
PROGRAMACIÓN					///		///					///	x			
OFICINA					///			///				///		x		
ASPECTOS LEGALES					///				///			///			x	
MATERIAS PRIMAS	x	x			///	x				///		///	x			
GERENCIA	x		x		///						///	///			x	x
SERVICIOS AUXILIARES	///	///	///	///	///	///	///	///	///	///	///	///	///	///	///	///
PROGRAMACIÓN					///		x					///	///			x
OFICINA					///			x				///		///		x
ASPECTOS LEGALES					///				x			///			///	x
PERSONAL					///						x	///				///

Ilus. 11

Análisis de impactos intercruzados entre las ocho actividades de una empresa, al ocurrir un cambio tecnológico en una de ellas.

decisión más acertada. Aunque no podemos desenvolver el caso, para no salirnos de los límites de este trabajo, aquí se demuestra la interdependencia de las actividades que determinan un enfoque global del planeamiento.

0.11.2 La prospección.

Ya no sólo en el campo empresarial se está consciente de que la aceleración del **cambio**, en todos los órdenes de la vida, llevará en un futuro cercano a nuevas formas e instituciones políticas, a nuevas formas de convivencia, por cuanto que los hombres de todas las latitudes, en todas las esferas de la actividad humana, se hallan preocupados con la marcha de la tecnología, con la utilización del conocimiento humano para satisfacer al hombre y no para el ejercicio del control de unos pocos sobre el resto de la humanidad. Hoy día, pues, todos estamos interesados en encauzar el avance tecnológico, en otear un horizonte que se contrae ante nuestra vista.

En efecto, el cambio precipitado procede de la tecnología. La constante actualización, la puesta al día en un mundo de incesante ascenso demográfico y de mayores aspiraciones de consumo, está enmarcada en los profundos cambios sociales, políticos y económicos acaecidos en el presente siglo que ya le da la mano al siguiente milenio, el siglo veintiuno: así de próxima está ya su presencia. De ahí que se contemple, por la redondez numérica también, el año 2000, con creciente interés por todos. El motor de las transformaciones de las relaciones humanas, la comunicación que se constituye mediante la suma de relaciones en la vida social llamada por ello **sociedad;** y de las transformaciones de las relaciones del hombre con su entorno físico, también llamadas civilización o cultura, a no dudarlo, es la tecnología. La aplicación de la tecnología determina la eficacia del trabajo humano. La empresa debe planificar según los adelantos tecnológicos, debe causarlos, si desea seguir satisfaciendo al hombre.

Escasas serán, por otro lado, las decisiones en el campo tecnológico que rindan dividendo a corto plazo. La investigación y desarrollo de productos son funciones de larga gestación y, cuando se culminan, necesitan un tiempo adicional para que nuevos productos o procesos hagan una contribución de alguna consideración. Cuando tornamos la mirada hacia la planeación a largo plazo, los peligros advertidos o las oportunidades identificadas, nos sugieren cambios mayores en la estrategia, como la diversificación y la liquidación de empresas. Todo ello dentro de un marco cultural y ecológico de mayor influjo a medida que se alarga el pronóstico. De ahí que se planteen las siguientes preguntas:

¿Cómo se diferenciará el futuro del presente?

¿Cómo afectarán estas diferencias las decisiones y los planes de hoy?

Cuando el pronosticador prospectivo avizora el futuro, necesita establecer una clara distinción entre **lo que pudiera pasar, lo que debe pasar y lo que sí pasará,** porque los factores ajenos a la tecnología se inmiscuyen sin remedio en la imagen futura. Mientras que el pronosticador, por ejemplo, concluye que la energía **debe** conservarse y que la calefacción solar **pudiera** solventar el problema de conservación energética, esta necesidad conservacionista **no obligará,** ni mucho menos, a arquitectos y constructores, a instalar paneles cuyos conductos hayan sido calentados por el sol.

El pronóstico prospectivo — aunque puede realizarse por una persona que emite varios pronósticos con ánimo de que alguno dé en la diana — de ordinario se realiza desde un enfoque colectivo. A mayor dilatación de la óptica temporal, los eventos venideros se desdibujan, la pupila personal se muestra insuficiente para captar los nebulosos objetos colocados en un horizonte alejado, digamos de cinco a cincuenta años, conforme a las necesidades prospectivas. Se necesita, por ello, el concurso de otras perspectivas. Se supera, asimismo, la dificultad inherente en un estimado personal porque también éste puede ser erróneo.

Como vimos en la analogía de la junta médica, conviene combinar la capacidad juiciosa de un grupo de expertos, para ofrecer una indicación de la dirección futura de los acontecimientos, desde la perspectiva de su particular disciplina de especialización. Para obviar algunas deficiencias notadas en la efectuación de los llamados **escenarios y encuestas Delphi**, las técnicas más divulgadas de la prospección, se han introducido ciertos procedimientos que han recibido el nombre de **consenso, interación y cruce de parámetros**.

- a) **El consenso.** Se desenvuelve con la encuesta hecha al grupo de expertos sobre los acontecimientos sobresalientes que presumiblemente ocurrirán durante el período de tiempo señalado. Al combinarse estos pronósticos se obtiene una versión media como índice de la opinión general.

- b) **La iteración.** Cada panelista rinde, desde su campo respectivo, una versión del futuro. Se intercambian sucesivamente estas versiones entre los miembros del panel. Así se van subsanando las deficiencias informativas experimentadas en cada pronóstico. Al ajustarse las versiones, como consecuencia de haberse recibido una nueva información desde otros campos, se procura llegar a una versión que incluya tanto el juicio como la información de cada panelista.

- c) **El cruce de parámetros.** No es ni más ni menos lo que expusimos en el diagrama del impacto sucesivo de cada tecnología sobre otras. Este análisis permite la evaluación del efecto de un aspecto o parámetro de una versión de un experto sobre los demás aspectos, que haya podido escapársele a su autor, con objeto de determinarse la íntima coherencia de la visión futura.

La globalidad de la visión es la característica fundamental de la prospección. Con estas reformas se intenta mantener dicha globalidad, la total inclusión de factores relevantes causantes del futuro. El valor descollante de la prospección reside en la obligación de pensar en términos globales sobre el entorno futuro, con sus infinitas posibilidades, y entonces considerar cuáles sucesos futuros serán de mayor interés e influjo respecto a un renglón económico, una industria, una empresa, un recurso o cualquier actividad humana. Así se fuerza a sumergirse al experto en aspectos desconocidos y extraños del complejo mundo contemporáneo. Se destaca, por consiguiente, la interacción de los factores tecnológicos con los culturales y con los ecológicos, al haber una visión superior y simultánea.

Ciertamente, con extrema frecuencia hallamos grandes talentos conocedores de sus disciplinas en grado eminente, carentes sin embargo, de aquella otra luz, necesaria **para darse cuenta** de algo más que está detrás o al lado de los campos de su aptitud. Los escenarios y las encuestas Delphi se enderezan a corregir estas deficiencias: a producir una especie de inteligencia superior, inteligencia como leer adentro, entender las cosas por dentro y desde dentro, capaz de atravesar el velo nebuloso de los tiempos futuros para percibir la totalidad de los elementos esenciales. La prospección discierne con más juicio estas alternativas futuras, luego puestas a disposición del ejecutivo, con estos tres procedimientos comunicativos del consenso, de la interación y del cruce paramétrico. Son comunicativos, en última instancia, porque permiten la participación común en significados: el conocimiento de la interioridad de cada panelista. Las técnicas de redacción de escenarios futuros y de cuestionamiento en forma de encuesta a un panel de expertos representan el ejercicio más completo de la razón eslabonada o discurrir, de la imaginación creadora y de cuantas técnicas hemos traído aquí en este trabajo, encaminadas a brindar la información más difícil de obtener de todas: el estado futuro de los asuntos humanos hasta donde el hombre pueda modificarlos desde el presente. Con esta sinergia, pues, el hombre puede crear su destino.

0.11.2.1 La escritura de escenarios.

Es la redacción condensada de un libreto sobre las actividades futuras de una entidad o determinado renglón de la sociedad. Se intenta narrar y describir el entorno futuro, a tantos años vista, fundándose en la información recogida y en el cálculo de probabilidades de que ocurran determinados eventos, tecnológicos, culturales y ecológicos que se influyen entre sí, para relacionarlos con la empresa o actividad particular que interese.

La expresión **escenario** ha ganado amplia circulación hoy día: no hay publicación seriamente interesada en el destino de cualquiera de las instituciones sociales que no traiga a menudo una predicción documentada, provista de sesudos análisis y consiguiente enjuiciamiento o dictamen, ofrecido por lo común desde una entidad dedicada a investigaciones, que intenta orientar la opinión pública con dicha información. El escenario, en una de sus acepciones, es un conjunto de circunstancias en torno a una persona o a un suceso. En la práctica teatral hay significados adicionales, como disposición de escenas, de lugar donde se coloca el decorado y se representa la acción. En inglés se intercambia la voz **scenario** con la noción de libreto en español, entendido como esquema o sinopsis de una obra dramática. Ahora, su empleo más frecuente gira alrededor de un pronóstico sobre cualquier aspecto, siendo el escenario comercial una de sus variedades más solicitadas por los ejecutivos, para sondear el futuro de sus empresas.

La pregunta que deberá contestarse el planificador será ahora:

¿Qué pertinencia ofrecen los objetivos de la empresa respecto al entorno en donde estará operando de aquí a 5, 10, 20 o más años?

Y, como corolario: ¿Cómo ajustaremos dichos objetivos para que la empresa se adapte a su nuevo entorno?

Estas preguntas tocan la misma raíz de la planificación a largo plazo en una empresa y suscitan, además, temas de la mayor complejidad e importancia, mucho más influyentes que la consideración del impacto de las futuras tecnologías. El planificador, pues, necesitará construir una imagen del mundo en determinado momento futuro y encajar allí a la empresa; todo lo cual, por necesidad, se relaciona con los objetivos empresariales.

Más aún: dado que interesa la continua viabilidad de la empresa en el futuro, se necesitan diversas imágenes o escenarios, en diferentes momentos del futuro. Esto es, se escribirán varios libretos según las presunciones dominantes respecto a cada uno y con un decurso particular de tiempo, unos, a cinco años, otros, a diez, y así sucesivamente. Esta confección de alternativas para que escoja el ejecutivo, en la práctica, se hace mediante la proyección de tres diversas imágenes o escenarios. Por el primero se da por descontado que las actuales corrientes proseguirán sin mayores modificaciones. Es el llamado escenario "a prueba de sorpresas", el cual, generalmente, muestra una proyección a muy corto plazo, digamos a cinco años vista. Se redactan otros dos escenarios, uno desde una vertiente optimista y otro desde una vertiente pesimista, o al menos cautelosa. Otras presunciones, por consiguiente, rigen a estos dos escenarios adicionales. En ellos se tienen en cuenta los factores incontrolables por parte de la empresa, los factores culturales y ecológicos, cuyo influjo se acrecienta con el correr del tiempo. Los cambios sociales, por otro lado, se incuban con más lentitud.

El ingreso en este ejercicio, dada su amplitud, de varias de las técnicas de pensar, resulta inevitable. Incluso, la encuesta Delphi, examinada a continuación de ésta, proporciona a menudo el punto de partida para plantear las circunstancias futuras, desde las perspectivas de expertos en distintas disciplinas. En la escritura de escenarios se dan estos pasos:

1. Acopio de la información.
2. Enunciación de los objetivos empresariales.
3. Valoración de las variables respecto a la empresa.
4. Valoración de las variables respecto al futuro o futuros.
5. Toma de un punto de vista respecto a empresa y futuros.
6. Redacción del escenario.
7. Análisis de las implicaciones del escenario.
8. Implementación del plan.

Sin una profunda apreciación del punto donde se halla hoy la empresa y sin un conocimiento del modo en que llegó hasta él, no podemos esperar la redacción de un escenario convincente. Conviene, por otra parte, cuantificar los objetivos empresariales, o sea, ofrecer una tabla numérica de porcentaje de utilidades, de cómo sacar lo invertido, en determinada escala de tiempo, etc., con vista a un horizonte temporal limitado. Pero aún cuando existan estos objetivos claramente delimitados, habrá que revisarlos periódicamente para comprobar su congruencia con las disposiciones adoptadas por la institución. Como se trata, además, de redactar una historia futura, hemos de recordar que no deben darse disparidades entre los elementos historiados.

Para ello ayudarán los procesos del consenso, de la iteración y del cruce paramétrico dentro de los grupos o paneles de expertos, utilizándose asimismo, la técnica de pensar más apropiada al paso correspondiente. Así, un panel puede considerar a tres niveles el impacto recíproco de las variables, de grande, mediano o poco impacto. Se acude al trazado de una matriz de impactos cruzados para captar visualmente esta interacción. De ordinario los impactos calificados de **gran** impacto son los únicos que figuran en la redacción del escenario, siguiéndose la tónica sumarial de esta técnica pronosticadora. Habrá ocasiones, empero, que exijan el desglose de algunas variables en subpronósticos; lo cual se observó a propósito de la matriz de las actividades de una empresa en el pronóstico de planeamiento inmediato.

Corresponde ahora enhebrar las implicaciones del escenario con los objetivos empresariales y formular como consecuencia los planes futuros de la empresa. Se tabulan, cuando sea necesario, las posibles alternativas dependientes de estos análisis. El verdadero propósito de este ejercicio se muestra con claridad ahora: la revelación de alternativas futuras. De ahí que convenga omitir el escenario a prueba de sorpresas, de espera confiada, para no desviar la atención de los futurables. Así también se revelan necesidades de desarrollo y de prioridad a proyectos que lo propicien, cuando aparezcan de continuo en la serie de escenarios elaborados. De una variedad mayor de escenarios, saldrán mayores posibilidades para acertar.

VARIABLES:	ORGANIZA-TIVAS	ECONÓ-MICAS	SOCIO-CULTU-RALES	TECNO-LÓGICAS	POLITICAS	OTRAS
ORGANIZATIVAS						
ECONÓMICAS	G					
SOCIO-CULTURALES						
TECNO-LÓGICAS						
POLITICAS						
OTRAS						

Ilus. 12

Matriz intercruzada de impactos recíprocos para la redacción de un escenario. (G) significa impacto grande.

0.11.2.2 La encuesta Delphi.

Salida de los estudios de la Rand Corporation, esta técnica representa un perfeccionamiento del método de jurado de peritos que ahora contesta un cuestionario de modo anónimo. De la compilación de sus respuestas se desprende un dictamen sobre el futuro. Todos hemos asistido a simposios, foros, asambleas y demás reuniones en donde se imparte información mediante la exposición y discusión de asuntos importantes por parte de autoridades en la materia, así como hemos recogido la opinión de alguna autoridad expresada de modo individual.

Para aprovechar las ventajas del intercambio de opiniones de especialistas en un mundo cuya explosión informativa determina la imposibilidad de dominar no ya la gama de disciplinas que consideran un problema, sino hasta un campo mismo, y, a la vez, aprovechar las ventajas del juicio individual, se celebran **encuestas confidenciales** con ánimo de soslayar el peso de una opinión respetada sobre los estimados de otras autoridades y evitar la adherencia a ultranza de opiniones previamente expuestas en público a pesar de haberse recibido información que las contradiga. Hay, además, el factor psicológico de seguirse a la mayoría de opiniones, de montarse al carro del vencedor, cuando se asiste a una reunión y nuestra opinión disiente del sentir general. No deseamos quedarnos aislados de la **corriente** mayoritaria.

Las preguntas formuladas giran de ordinario alrededor de los siguientes puntos:

a) Averiguación de los nuevos factores que influirán en el entorno futuro en relación con determinado progreso tecnológico.

b) Obtención de un estimado de probabilidades respecto a pronósticos de actuación o **performance**, así como del tiempo de ocurrencia de sucesos y aparición de tecnologías, suministrado por conducto de otras técnicas pronosticadoras.

c) Estudio de los juicios emitidos por los peritos para pronosticar una escala temporal en la ocurrencia del suceso o aparición de tecnologías, cuando se carezca de otros recursos más objetivos.

d) Verificación de la factibilidad de un suceso bajo determinadas condiciones.

e) Petición a los panelistas de sus estimados cuantitativos de niveles de actividad en los aspectos de interés, ante la ausencia de datos.

De lo anterior se desprende que el empleo de esta técnica se circunscribe a los pronósticos a largo plazo para determinar las nuevas tecnologías y para discernir posibles factores cuyo influjo pudiera introducir descontinuación y modificación en extrapolaciones de series temporales. Las entidades comerciales, por otro lado, funcionan hoy día a tres niveles. En el primer nivel aparecen las actividades analizadas en el planeamiento inmediato. En el segundo nivel se registran relaciones con industrias y mercados de interés inmediato para la firma particular, junto con su propia actuación respecto a los anteriores, expresada con base al valor y al volumen de sus operaciones de venta de bienes y servicios; los aspectos pujantes y débiles de la entidad en términos de sus productos y procesos, así como de su estructura y de su fase operacional; las actividades de sus competidores en el ramo, los recursos de la organización en activos fijos, finanzas, personal y pericia demostrada en las técnicas de aplicación a sus productos, procesos, servicios, materias primas y servicios adquiridos. En el tercer nivel, en un plano de mayor altura, las empresas operan en un mundo regido por sucesos de amplia repercusión: la economía mundial, la producción total de una industria, las partidas fiscales y monetarias de orden nacional e internacional, las corrientes sociales y políticas tal como se muestran en índices de una región, país, comunidad de naciones y mundo en general. En suma, se inserta la empresa dentro del ambiente total.

Aquí, a este nivel superior, se apuntan las tendencias tecnológicas objeto de los pronósticos de las encuestas Delphi. La selección del panel de expertos, la etapa más crucial de este ejercicio, se esmerará en lograr la representación de los aspectos más pertinentes a la cuestión pronosticada, dando por descontado su probada capacidad en el campo de su especialización. Varias cualidades han de reunir los panelistas:

a) Penetración e imaginación para reconocer adelantos potenciales que se han configurado desde un número de tendencias al parecer in-conexas.

b) Profundo conocimiento de dichas tendencias.

c) Conocimiento y competencia de las técnicas de pensar, especialmente de las técnicas pronosticadoras.

Se suscitan varias reflexiones de todo lo expuesto hasta ahora respecto al panelista y el costo del panel. Para mantener motivados a los peritos, cuya retribución de por sí, le resulta en extremo gravosa a una empresa, cuando sus dictámenes han de quedar anónimos y por ende su crédito público no experimenta ningún cambio, se requiere una acentuación del carácter de servicio público de su participación. En ciertos casos, dada la índole confidencial de la materia que impide la divulgación de los pronósticos, se apela entonces a un jurado de expertos procedentes de las mismas filas de la empresa, lo cual obvia esta consideración. De ordinario, pues, el costo de este ejercicio determina su celebración en ocasiones contadas en el campo privado, aunque las instituciones públicas hacen uso de este procedimiento con mayor frecuencia, no sólo por la capacidad económica mayor de dichas instituciones, sino porque se trata de esclarecer tendencias de interés público cuya divulgación es precisamente lo que se intenta conseguir.

El cuestionario escrito se convierte en el vehículo comunicativo entre expertos manejado, generalmente, por un planificador competente en esta labor. Dicha persona se responsabiliza con la conducción de este ejercicio, aunque en ocasiones todo un panel se encarga de supervisarlo y entonces se le nombra como director para administrarlo. Sus obligaciones incluyen la selección del panel, la preparación de cuestionarios y el análisis de los resultados. Cuando haga la selección del panel se asegurará de que los miembros representen tanto los sectores responsables del desarrollo tecnológico como de los más directamente afectados. Junto con la confidencialidad, este procedimiento evita la emisión de un pronóstico cuyo cumplimiento espera el perito cuando toca un punto de su interés. No puede esperarse un pronóstico objetivo, ni siquiera del dictamen de un perito: le es difícil sustraerse completamente de la inclinación de su interés. El equilibrio de intereses aumenta las posibilidades de emisión de un pronóstico objetivo.

Al tocar la actitud de los expertos, tampoco puede olvidarse que su fibra mental es especulativa, investigativa, ponderativa. Mientras que el hombre de empresa, por lo común, se inclina a la acción, obra con vista a una información sobre las oportunidades y peligros futuros. De ahí que cuando la capacidad comunicativa de los expertos deje algo que desear, el valor de la encuesta para el ejecutivo consistirá en la información obtenida a través de las respuestas dadas a los cuestionarios y no en el pronóstico final resultado de la compilación. La convergencia final y las cifras mismas de probabilidades se subordinan al carácter informativo de las opiniones de los expertos. Con todo, el acercamiento de expertos, planificadores, pronosticadores y ejecutivos redunda en mutuo beneficio por la interacción resultante. Es el foro informativo de más alto nivel en el mundo de hoy.

Los factores sobresalientes que tendrá en cuenta el planificador al tasar las consecuencias comerciales de un aumento en la capacidad tecnológica podrán plantearse en las siguientes preguntas hechas a los peritos:

Primera: ¿será el incremento pronosticado en la actuación tecnológica tal que, dentro del horizonte temporal previsto,

a) sustituirá a la tecnología existente de los productos de hoy; y de ser así, cuál será la fecha más cercana;

b) hará anticuada la presente línea de productos; y de ser así, cuánto tardará;

c) aunque la empresa no desarrolle la tecnología de fabricación de los nuevos productos podrá obtenerla de otras empresas;

d) permitirá el desarrollo de productos enteramente nuevos?

Segunda: ¿tendrá el desarrollo pronosticado un efecto apreciable sobre todo el mercado,

a) medido por el volumen de producción;

b) medido por el total de ventas en valor monetario?

Tercera: ¿tendrá una pequeña mejoría en la actuación un efecto apreciable sobre la posición competitiva de la empresa y sobre la parte que disfruta del mercado?

Cuarta: ¿cambiarán la naturaleza del mercado y la clase de clientela potencial?

Los ejemplos de las compañías electrónicas, con la invasión en el campo de la fabricación de relojes, la explosión causada por los transistores y el duelo entablado entre las compañías automovilísticas para resolver los problemas del transporte en un horizonte de limitación energética, de seguro habrán sido objeto de preguntas por sus planificadores. Es posible que hoy se esté planteando, "¿cuánto tardará el automóvil eléctrico en capturar tal por ciento del mercado?" Estas preguntas se formulan con los mismos procedimientos del consenso, de la interacción y del cruce paramétrico de la escritura de escenarios. Se aprovecha al máximo la información de ida como de vuelta, la retroinformación, que alimenta de continuo a cada respondiente, durante el interrogatorio escrito. A los panelistas se les puede preguntar por qué han expresado sus opiniones así; se compilan sus razones que luego se someten a los demás panelistas, siempre conservándose el anonimato. Hay asimismo un remanente de panelistas que se aferran a sus opiniones cuando están convencidos de su certeza; aunque se encontrará un residuo de panelistas incapaces de modificar un criterio una vez que se haya formado a pesar de la información recibida.

Se les participa a los panelistas disidentes la opinión promedio del panel, en vista de cuya información pueden reconsiderar sus opiniones vertidas con anterioridad. Aquí se vuelve a recalcar el aspecto informativo: se revisan los estimados anteriores, no con vista a la opinión autorizada de algún connotado panelista, ni tampoco con vista al peso de la opinión mayoritaria, sino porque se aporta nueva información proveniente de otros colegas. Las sesiones o vueltas celebradas nunca pasan de cuatro. Se espera alcanzarse un consenso a través de esta constante confrontación. A guisa de ilustración se pudiera celebrar una encuesta Delphi de la siguiente forma:

Primera sesión: cada experto estima el año para el cual determinado suceso va a ocurrir. Sus estimados se esparcen por lo común alrededor de un espacio suficiente de tiempo, digamos de cuarenta años, como de 1990 a 2030. Se realiza la operación de sacar el intervalo preferido por la mitad de los respondientes, así como la fecha promedio escogida por dicha mitad. Si en el ejemplo ofrecido dividimos por décadas, tendremos 4 espacios o cuadrantes:

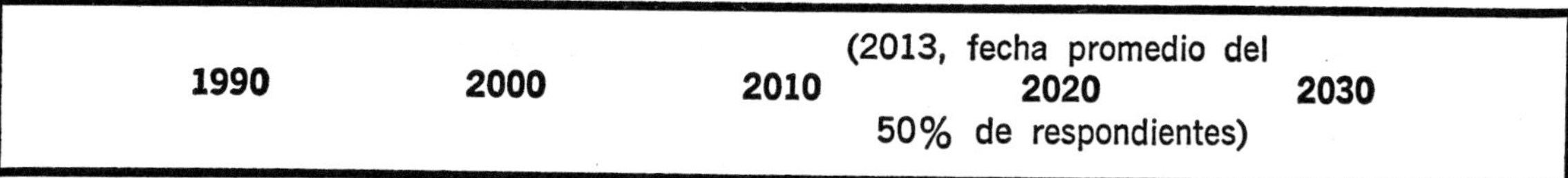

Notamos que la mitad de los respondientes escogió la década entre 2010 y del cómputo de fechas resultó el año 2013 la fecha escogida como la de mayor probabilidad para la ocurrencia del evento preguntado.

Sesión segunda: los panelistas disidentes reciben la petición de reconsiderar sus respuestas, sin que se hallen obligados en lo más mínimo a hacerlo, sino sólo ante la información que el director les haya facilitado, contenidas en las respuestas de la mayoría. Al mismo tiempo, se les pide a los disidentes formular las razones de hallarse fuera de la corriente mayoritaria, esto es, fuera del cuadrante escogido por la mayoría.

Sesión tercera: los respondientes reciben la nueva opinión mayoritaria, que puede haberse incrementado con las opiniones rectificadas de panelistas en la minoría, junto con el nuevo promedio, caso también de que haya habido revisiones, y el resumen de las razones expuestas por quienes se sostienen en sus opiniones divergentes. Con esta información reciben la solicitud de revisar sus opiniones, nuevamente, los panelistas divergentes, según los resultados de la segunda sesión. En caso negativo, los panelistas disidentes exponen las razones de resultar inmunes a los argumentos de la mayoría y de permanecer fuera del intervalo seleccionado por la misma. Se recogen las respuestas y se determina otra vez el intervalo mayoritario escogido y su concomitante promedio. Todos los panelistas reciben información sobre el nuevo estado de la encuesta.

Sesión cuarta: en este último intercambio, en el supuesto caso de que se celebre, se vuelven a distribuir las correspondientes críticas hechas a las razones dadas por los participantes. Los respondientes divergentes de nuevo reciben la petición de reconsideración de la opinión sobre el intervalo escogido o cuadrante y de la fecha media seleccionada. De esta suerte, se intenta ofrecer una última oportunidad de revisión a las posiciones extremas aunque casi nunca se observan cambios más allá de la sesión tercera. El promedio resultante ya puede considerarse como representativo del consenso del panel. Pero aún cuando no lo haya habido, mediante este proceso iterativo y de constante comparación de parámetros dados por distintos panelistas, se realiza el propósito de cristalización de la inteligencia superior, la visión panorámica desde diversas perspectivas. Muchas alternativas futuras, cuya existencia se desconocía, resultan así identificadas.

Otras sugerencias para la celebración de sesiones también han surgido de la práctica. El número de panelistas oscila entre 10 y 50; menos de diez hace difícil la representación adecuada de enfoques y disciplinas, ya sin contar con el posible dominio de una figura respetada; mientras que más de 50 panelistas le impone al planificador serias tareas de conciliación de criterios. La función del director se agiganta a medida que aumenta el número de participantes; se convierte incluso en la función de moderador que procura hacerles llegar a un acuerdo, mostrándoles los puntos comunes en el desacuerdo. En resumen, algunos paneles, por su extensión, se convierten en verdaderos cuerpos deliberativos. Y, como ocurre en ellos, habrá necesidad a veces de invitar a un número en exceso de panelistas para prever la falta de asistencia o de escritura de los interrogatorios y hasta el desinterés en seguir contestando las preguntas en sesiones sucesivas.

La redacción de los cuestionarios, asimismo, se hace con vista a las siguientes observaciones:

a) Las preguntas carecerán en absoluto de ambigüedad, o sea, no deben dejar margen para diversas interpretaciones. Conviene sometérselas a un grupo o panel de prueba, con antelación, para asegurarse de su recta comprensión.

b) La zona de cuestionamiento debe delimitarse con precisión. El respondiente sabrá con certeza cuáles son las cuestiones de interés para que luego pueda señalar los factores, que a su juicio, influirán con mayor intensidad.

c) El aspecto de probabilidad de ocurrencia de algo aumenta a medida que transcurren los años. De ahí que convenga señalar varias fechas y pedirles a los panelistas un índice de probabilidades respecto a cada una de las fechas. Se acostumbra a pedir desde un 50% hasta un 90% de probabilidades de ocurrencia.

d) Como los panelistas han de transitar por zonas inciertas, conviene incluir alguna información adicional que robustezca el planteamiento de la encuesta.

e) Dado que, en última instancia, se formulan pronósticos para informar al ejecutivo, se procurará ajustarse a lo largo de todo el cuestionario, a los objetivos de la empresa a cuya solicitud se ha realizado la encuesta.

f) Para evitar el tedio y la dispersión se procurará no excederse de 25 preguntas y cada una concretada a un solo punto. Los cuatro aspectos de un pronóstico, cualitativos, temporales, cuantitativos y probabilísticos, se mantendrán apartes en cada pregunta.

La información de todo el pensar pronosticador les brindará a los gerentes la orientación necesitada para aprovechar las oportunidades y sortear los peligros en el contexto cambiante del mundo pluralista de hoy.

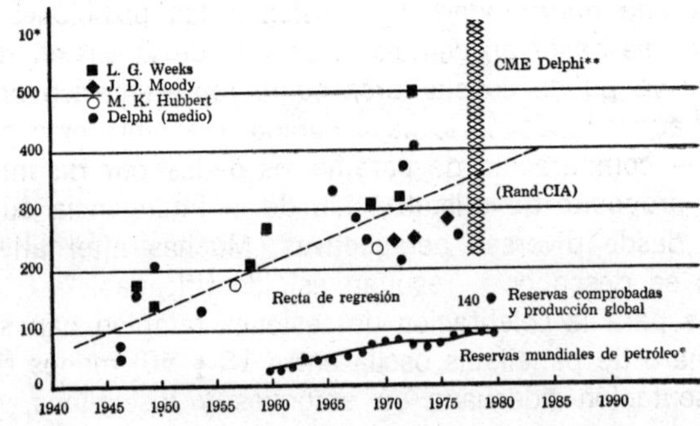

*"World Oil", Resultado de agosto de 1960 a 1978.

**Comisión de Conservación, Informe sobre Recursos Petrolíferos, Conferencia Mundial de Energía (CME), 1977.

Ilus. 13

Estimaciones de los recursos mundiales de petróleo.

Probabilidad de la adopción de la producción en masa

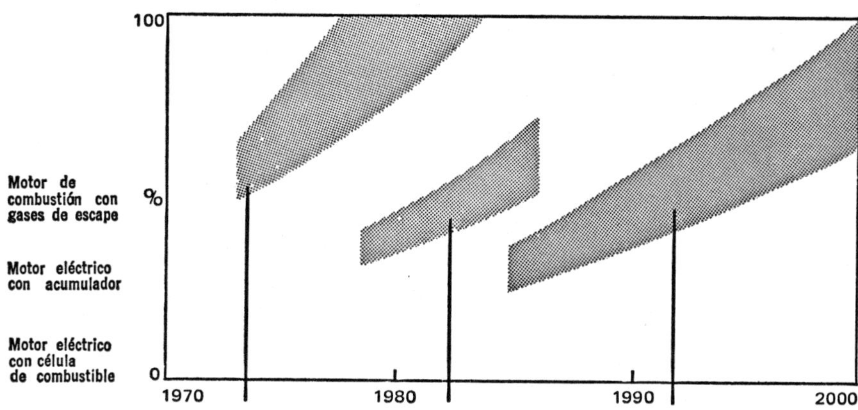

Ilus. 14

Probabilidades de adaptación a la producción en masa de 3 distintos tipos de motores. Preguntas: 1) ¿Cuál es la fecha más cercana?, 2) ¿Cuál es la probabilidad de que los tres vehículos descritos se producirán en masa? Sólo se muestran los intervalos seleccionados por el 50% de los panelistas, marcados con los vectores polígonos a rayas.

1. Producción masiva del motor de combustión sin gases
2. Producción masiva del motor eléctrico, acumulador
3. Producción masiva del motor eléctrico, célula de combustible
4. Impuesto de peso, 10 pfennings alemanes/kg.
5. Impuesto de petróleo, 50 pfennings alemanes/l

Acontecimiento probable en 1982	Año con el 50% de probabilidad	1	2	3	4	5
0.80	1976		−6	2	0	+2
0.40	1983	−2		−4	+8	0
0.00	1992	−1	−8		+2	+2
0.20	—	+4	−10	−5		0
0.60	1978	−8	+3	−6	0	

Ilus. 15

Matriz intercruzada de impactos recíprocos de las invenciones anteriores.

SEGUNdA pARTE

REDACCIÓN DE MENSAJES COMERCIALES PERSUASIVOS Y EJERCICIOS

LECCIÓN 1: REDACCIÓN DE SOLICITUDES DE EMPLEO: FASE INVESTIGATIVA Y EJERCICIOS

LECCIÓN 1: REDACCIÓN DE SOLICITUDES DE EMPLEO:
FASE INVESTIGATIVA Y EJERCICIOS

1.1 REPERTORIO DE EXPRESIONES

A continuación ofrecemos expresiones equivalentes a las procedentes del libro *Comunicación*, pp. 3-19.

1.1.1 Variedades de la expresión

Nuestro punto de arranque... — *nuestro punto de partida.*

... siempre nos comportamos de modo que podamos ser comprendidos por los demás. — *siempre intentamos que nuestros actos sean comprendidos por nuestros semejantes.*

El lenguaje ostenta prioridad sobre todos los actos humanos concebibles. — *Es manifiesto que el lenguaje ocurre primero que todos los hechos humanos en que podamos pensar.*

... en la institucionalización de las relaciones de parentesco, haciéndolas los núcleos primarios de las relaciones sociales. — *en cristalizar las relaciones de los grupos vinculados por la sangre, convirtiéndolas en las células de las relaciones sociales.*

... debemos salvar la distancia entre ambas ramas... — *debemos cerrar la brecha que divide ambas ramas...*

... por consiguiente... — *por tanto, por lo tanto, pues.*

... el lenguaje es un plurisistema... — *el lenguaje es un sistema múltiple, compuesto de multitud de códigos.*

De hecho, la lengua no tiene circunstancias, es atemporal... — *en realidad la lengua carece de circunstancias, accidentes de lugar, de tiempo, de modo, etc.*

... es preciso que se incorporen todas estas posibilidades... — *es necesario que se incluyan todas estas posibilidades...*

No hay discurso, oral o escrito, que no acontezca en una circunstancia... — *No hay trozo de comunicación lingüística, transmitido de palabra o por escrito, que no ocurra en un momento, en un lugar, de un modo, etc.*

Llamaremos entornos informativos a todos los índices participantes en el acto comunicativo que orientan todo discurso, le dan sentido cabal y que hasta llegan a determinar el nivel de verdad de los enunciados. — *Le daremos el nombre de entornos informativos a todas las señales concurrentes al acto comunicativo encauzadoras de todos los discursos, puntualizadoras del significado verdadero, y que incluso llegan a precisar el grado de certeza de las expresiones verbales.*

... sin riesgos de ambigüedad. — *sin peligros de anfibología u oscuridad.*

Más bien es el prototipo de la comunicación verbal bajo condiciones ideales de absoluta complementaridad. — *Nos parece, al contrario, que es el paradigma de la comunicación verbal cuando se dan las condiciones ideales de estar los comunicantes con completa identificación y conocimiento de todas las circunstancias vitales de cada uno.*

Si bien aportamos a la situación numerosos sobreentendidos de índole personal que nos eximen... — *Aunque traemos a la situación incontables sobreentendidos o experiencias previas de carácter personal que nos excusan de...*

El grado de comprensión está en gran parte relacionado con el grado de predictibilidad... — *El nivel de comprensión se halla muy conectado a lo que podamos presumir.*

... como se sabe, por razones de redundancia... — *como es sabido, a causa de la reiteración o repetición...*

Puede incluirse aquí el caso del sujeto bilingüe o plurilingüe. — *Caen dentro de este caso las personas que hablan dos o varios idiomas.*

... y así sucesivamente. — *... etc., etc.*

En tal sentido... — *Siguiendo esta dirección o afirmación.*

El ejecutivo, además, lleva a cabo su misión mediante el concurso.... — *El jefe en las empresas comerciales contemporáneas, asimismo, cumple su trabajo asistido de...*

... cuando sus decisiones se hayan convertido en actos, se ejecuten, y obtengan una respuesta consonante. — *... cuando sus resoluciones se hayan traducido en actos, se lleven a efecto, y consigan una reacción apropiada de los otros.*

Las expectaciones anteriores... — *Lo que esperan los otros porque se ha hecho antes de otra forma...*

... durante la fase de proyección... — *durante la etapa de planeamiento...*

... tu receptividad a las reacciones de tu oyente... — *tu acogida a las reacciones de tu interlocutor...*

Importa tanto el sentido como el trasfondo emotivo. — *Es tan importante el significado como la actitud emocional con que se expresan las palabras.*

... redunda en perjuicio de todos a la postre... — *resulta dañina para todos a la larga, al final...*

... se impone la exigencia de que sean congruentes... — *es necesario que no contradigan, que no estén en conflicto...*

En última instancia... — *En definitiva...*

De esta suerte... — *De este modo, de esta manera, así*

1.1.2 Ejercicios de sustitución

Reemplaza con expresiones procedentes de la sección anterior o con tuyas propias las partes en cursiva. Puedes consultar el *"Vocabulario"*.

1. Llamaremos entornos informativos a *todas las señales concurrentes* al acto comunicativo que *encauzan toda oración,* le dan sentido *verdadero* y que *incluso* llegan a *precisar el grado de certeza de las expresiones verbales.*

2. *Es manifiesto que el lenguaje ocurre primero que todos los hechos* humanos *en que podamos pensar.*

3. Nuestro punto de *partida* es la comunicación.

4. *En realidad, la lengua carece de accidentes de lugar, de tiempo, de modo,* etc.

5. *Nos parece, al contrario,* que el diálogo con omisiones es el *paradigma* de la comunicación verbal *cuando se dan las condiciones ideales de estar los*

comunicantes con completa identificación y conocimiento de sus respectivas circunstancias.

6. *De esta manera,* podrás interpretar las reacciones inexpresadas de tu interlocutor.
7. *Caen dentro de este* caso *las personas que hablan dos o varios idiomas.*
8. Los estudiosos de la Antropología nos dicen que apenas el hombre pudo hablar se enfrascó en *hacer cristalizar* las relaciones de *los grupos vinculados por la sangre,* convirtiéndolas en *las células* de las relaciones sociales.
9. *Es tan importante* el significado como *la actitud emocional con que se expresan las palabras.*
10. No hay *trozo de comunicación lingüística,* transmitido de palabra o por escrito, que no *ocurra en un momento, en un lugar, de cierto modo, etc.*
11. Siempre *intentamos que nuestros actos sean comprendidos por nuestros* semejantes.
12. En *definitiva,* la comunicación será más eficaz no tanto por lo que digas como por lo que hagas.
13. Es *necesario* que se *incluyan* todas estas posibilidades.
14. El ejecutivo habrá tenido éxito cuando sus *resoluciones se hayan traducido en actos, y consigan* una *reacción apropiada* de los otros.
15. El *nivel* de comprensión *se halla muy conectado a lo que podamos presumir,* como *es sabido, a causa de la reiteración o repetición.*
16. Es natural, *por tanto,* que la lengua se ajuste a las condiciones sociales.
17. *Aunque traemos* a la situación numerosos sobreentendidos de *carácter* personal que nos *excusan* de utilizar los recursos lingüísticos...
18. *Es necesario* que las comunicaciones *no contradigan* las del pasado.
19. El *jefe de las empresas comerciales contemporáneas, asimismo, cumple su trabajo asistido* de muchas personas.
20. Debemos *cerrar la brecha que divide* ambas ramas de la Lingüística.
21. La proposición de las comunicaciones *resulta dañina* para todos a la *larga.*
22. Tu *acogida* a sus reacciones son señales que interpreta tu *interlocutor.*
23. Con gran frecuencia se necesita la cooperación de otros durante la *etapa* de *planeamiento.*
24. Hallaremos contextos diversos según la religión profesada, el tipo de gobierno, *etc.*
25. Luego de decir Juan, lo podremos sustituir por éste o dicho hombre, sin *peligros de oscuridad.*
26. El lenguaje es un *sistema múltiple* de códigos.
27. *Lo que esperan los otros porque se ha hecho antes de otra forma* puede estorbar la marcha fluida de tus comunicaciones.
28. *Siguiendo esta afirmación,* sobreentendemos la clase de código verbal.

1.2 CUESTIONARIO Y TEMARIO PARA DESARROLLAR

1.2.1 Sobre "Comentarios sobre la gramática: el verbo"

1. ¿Cuáles son las dos premisas sobre este enfoque gramatical que parte de la comunicación?
2. ¿Por qué volvemos a aproximarnos a las categorías lógicas de sustancia, cualidad y fenómeno?
3. ¿Con qué objeto produce el lenguaje las formas llamadas verbos?
4. ¿Por qué el tiempo verbal no es un concepto absoluto?

5. ¿Cuáles son las formas personales y no personales del verbo?

6. ¿Cómo contrastan el modo indicativo y el modo subjuntivo?

7. ¿Por qué los modos responden al predominio de ciertas funciones comunicativas?

8. ¿Cómo se clasifican actualmente los modos y los tiempos?

9. ¿Qué es morfema?

10. ¿Por qué podemos llamar morfema a las formas de *haber* cuando funcionan como auxiliar en los tiempos compuestos?

11. ¿Cuáles son los morfemas del infinitivo?

12. ¿Qué son morfemas flexivos del verbo?

13. ¿Cuáles son las funciones principales del infinitivo, gerundio y participio?

14. ¿Qué formas pueden adoptar los anteriores?

15. ¿Cómo se distribuyen los morfemas de los gerundios y participios?

16. Explica las dimensiones paradigmáticas y sintagmáticas de los fenómenos lingüísticos.

17. ¿Qué son perífrasis verbales?

18. Explica el sentido general de las perífrasis verbales con infinitivo.

19. Desarrolla un esquema de las perífrasis verbales con infinitivo más comunes con verbos de tu elección.

20. Desarrolla un esquema de las perífrasis verbales con gerundio más comunes con verbos de tu elección.

21. Desarrolla un esquema de las perífrasis verbales con participio más comunes con verbos de tu elección.

22. ¿Qué información adicional ofrecen las personas de los verbos?

23. ¿Qué son tiempos verbales de la cercanía y de la lejanía?

24. Desarrolla un esquema de los grupos de tiempos verbales de la cercanía y de la lejanía con un verbo de tu elección.

1.2.2 Sobre "Resumen del uso de los verbos personales y otras opciones"

1. ¿Cuáles son las verdaderas unidades significativas?

2. ¿Qué factores son esenciales en este enfoque desde la comunicación respecto al uso del lenguaje?

3. ¿Por qué el presente de indicativo es el tiempo más frecuente en la actitud de la cercanía? Ofrece ejemplos.

4. Desarrolla un esquema de los casos sobresalientes de desplazamiento del momento de la acción hacia el presente.

5. ¿Qué significa el pretérito perfecto compuesto?

6. Explica el significado del pretérito imperfecto y desarrolla un esquema con sus desplazamientos.

7. ¿Qué expresamos con el pretérito pluscuamperfecto? Da ejemplos.

8. Desarrolla un esquema con los sentidos del pretérito perfecto simple.

9. ¿Para qué nos sirve hoy día el pretérito anterior? Da ejemplos.

10. ¿Qué denotan los tiempos futuros? Da ejemplos.

11. ¿Cuál es el rasgo distintivo de los tiempos condicionales y qué actitud muestran? Da ejemplos.

12. ¿Cuáles son los límites temporales entre el presente y los imperfectos del subjuntivo? Da ejemplos.

13. ¿Qué formas lingüísticas, sin ser verbos, determinan también la aparición del subjuntivo? Da ejemplos.

14. ¿Cómo se manifiesta con tiempos verbales la total irrealidad? Da ejemplos.
15. ¿Por qué aparecen las formas subjuntivas en expresiones exclamativas y en algunas preguntas? Da ejemplos.
16. Desarrolla un esquema con los usos de la forma *-ra* del subjuntivo.
17. Desarrolla un esquema con los cuatro tipos fundamentales de condición utilizando expresiones de tu elección y explica el modo en que, en tu opinión, se ofrecen actitudes y sentidos particulares al interactuar las formas verbales.
18. Desarrolla un esquema con sustitutos de la prótasis en la construcción condicional.
19. ¿Cómo puede explicarse el fenómeno lingüístico de abundancia de formas verbales con la función apelativa del mandato?
20. ¿Cuál es la situación comunicativa que ofrece la oportunidad de variar las formas del mandato?
21. ¿Qué aspectos influyen en las variaciones anteriores?
22. Desarrolla un esquema inicial del mandato en español según las personas de los destinatarios.
23. Explica la concepción de la forma de mandato con *tú* en la comunicación comercial.
24. ¿Cómo se disponen los complementos pronominales cuando concurren varios con la forma imperativa?
25. Desarrolla un esquema de las formas de mandato respetuoso en singular.
26. Desarrolla un esquema de las formas de mandato con *nosotros*.
27. ¿Cómo se emplea la forma con *vosotros*? Da ejemplos.
28. Desarrolla un esquema con formas de infinitivo para el mandato. Da ejemplos.
29. Explica las formas imperativas en América para la segunda persona del plural. Da ejemplos.
30. ¿Qué queremos decir con un mandato de relato? Da ejemplos.

1.2.3 Sobre "Tráfico; las fórmulas comunicativas"

1. ¿Qué son fórmulas comunicativas en esta gramática?
2. ¿Por qué tienen cohesión dichos grupos?
3. ¿Cuáles son las fórmulas comunicativas más frecuentes?
4. ¿Cómo se atestigua la importancia de dominarlas?
5. ¿Qué se requiere para que la combinación estable de dos o más palabras tenga el sentido unitario y cerrado de las locuciones?
6. ¿Cómo se dividen las locuciones?
7. A su vez, ¿cómo se clasifican las locuciones significantes?
8. Desarrolla un esquema de locuciones nominales.
9. Explica las locuciones adjetivas dando ejemplos.
10. Explica las locuciones verbales dando ejemplos.
11. Explica las locuciones participiales dando ejemplos.
12. Explica las locuciones adverbiales dando ejemplos.
13. Explica las locuciones pronominales dando ejemplos.
14. Explica las locuciones interjectivas dando ejemplos.
15. ¿Cómo difieren los modismos de las locuciones?
16. ¿Qué otras notas de su empleo dan las denominaciones equivalentes de frases idiomáticas o frases coloquiales? Da ejemplos.

17. ¿Por qué cambian tanto los modismos?
18. ¿Cómo se llaman también las frases proverbiales?
19. Desarrolla un esquema de sus notas distintivas.
20. ¿Cómo se usan las frases proverbiales?
21. ¿En dónde estriba su valor?
22. ¿Por qué no pueden traducirse las frases proverbiales, en contraste con los refranes?
23. ¿Qué son refranes?
24. ¿Dónde se centra el interés de decirse un refrán?
25. Desarrolla un esquema de las notas distintivas de los refranes.
26. ¿Cuándo se emplean los refranes?
27. ¿Qué son frases célebres?
28. ¿Cuál es su uso?
29. Cita algunas frases célebres tanto en su idioma original como en español.
30. ¿Por qué circulan internacionalmente muchas fórmulas comunicativas?
31. Explica el significado en español de palabras y fórmulas comunicativas extranjeras. Señala algunas que, procedentes del griego y del latín, aparecen ya como palabras y expresiones del léxico hispánico.
32. ¿Por qué el comunicante debe estar al tanto de la llegada y permanencia de expresiones extranjeras en el léxico hispánico?

1.3 REDACCIÓN. SOLICITUDES DE EMPLEO: FASE INVESTIGATIVA

La selección de una carrera constituye una de las grandes decisiones de la vida. Inexorablemente, la tecnología moderna nos empuja a hacer ajustes y hasta completos cambios de nuestras preferencias profesionales. Como que la mayor parte de nuestra vida activa está dedicada al trabajo, debemos escoger una labor que podamos disfrutar, pero, a la vez, que estimule y compense los esfuerzos. ¿De qué modo determinaremos y obtendremos este tipo de empleo? Dada su importancia, esta cuestión capital requiere un enfoque sistemático, o sea, necesitamos investigar las oportunidades y luego aprovecharlas con procedimientos alejados de la rutina, con creatividad.

Al principio, pues, se tratará de obtener la información respecto a: a) tu propia persona como futuro empleado; b) las otras personas como futuros empleadores o como camaradas de labor y c) las circunstancias propiciadoras de tu asociación con dichas personas. Con la información recogida tendrás los elementos que te ayudarán a preparar los instrumentos comunicativos, orales y escritos, por los cuales te realizarás a cabalidad y lograrás alcanzar tus objetivos, sea por medio de tu ingreso en la vida útil del trabajo organizado o sea por medio de un cambio del empleo actual. La fase investigativa presupone un *análisis de tu persona, de tu futuro profesional, de empleos específicos y de las oportunidades del momento*, con vista de los cuales prepararás un historial de los hechos de tu vida relacionados con tus aspiraciones de empleo y de las condiciones personales que acrediten tu capacidad para un puesto. Conocido también como *Curriculum Vitae,* la carrera de la vida, llamaremos a este esquema de tu relación biográfica, para abreviar, el *vitae.* La fase creadora está constituida por la redacción de mensajes, en donde tratarás de casar tus atributos con los requisitos del empleo apetecido, y por mensajes subsiguientes que procuren acrecentar el interés en ti. No puede quedar fuera la actuación tuya que corrobore, en la entrevista, a la persona que expresaste en la solicitud de empleo.

1.3.1. Análisis de tu persona

Lograr el empleo justo, el que interese, estimule y satisfaga, dependerá ante todo de conocerse a sí mismo, de conocer el futuro profesional propio y de relacionar estos conocimientos a determinadas oportunidades de empleo. Tales esfuerzos se enfilan hacia el objeto de investigación de tu mayor experiencia: tú mismo. Sólo por medio de un profundísimo conocimiento de ti mismo — tus aspiraciones, atributos y habilidades — podrás presentar con efectividad tus calificaciones ante un futuro empleador. El modo en que atraigan determinadas calificaciones tuyas también dependerá del conocimiento de los requisitos y responsabilidades del puesto.

La autovaloración puede completarse con datos más exactos procedentes de tus calificaciones o notas escolares, con los resultados de los tests de aptitud, de inteligencia y de psicología, así como con la información de la etapa educativa que has alcanzado. Has de tener en cuenta la experiencia laboral, el entrenamiento terminado o la etapa en que se encuentra y los niveles educativos a que aspiras. Todo ello te dará una visión más precisa de tus inclinaciones vocacionales y de tu aprovechamiento. Conviene, además, convertir a una escala numérica tus apreciaciones sobre tu personalidad, sobre las cosas que te interesan y sobre las actitudes mostradas para compensar en algo la inevitable subjetividad del autoanálisis. La consulta de los impresos de computadoras, con sus porcentajes y señalamientos de los puntos medios analizados, te ayudará a esta labor.

1.3.2 Análisis de tu futuro profesional

Consiste en la preparación de un perfil de la carrera que te muestre las posibilidades de triunfar con tus dotes ya previamente analizadas. Servirán los siguientes factores para su confección:

1. Requisitos, responsabilidades y satisfacciones del área.
2. Características personales estimadas como esenciales o que sean sumamente deseables para obtener éxito en la carrera.
3. Educación y entrenamiento exigidos con inclusión de datos sobre su naturaleza, costos, tiempo y lugar.
4. Hallar un modelo profesional prestigioso para observar los niveles que dicha persona haya alcanzado en la carrera, en la sociedad y en la realización de su propia persona.
5. Analizar lo que el modelo profesional ha hecho para alcanzar el triunfo, las limitaciones impuestas, las satisfacciones y los desencantos, las etapas de empleo que ha atravesado desde el comienzo hasta llegar a la cima profesional.
6. Relaciona ahora la carrera analizada con tus valores, objetivos y calificaciones.

1.3.3 Análisis de empleos específicos

El siguiente paso consiste en estudiar los análisis de los empleos. Por lo común, las empresas describen en los anuncios de las plazas vacantes los requisitos exigidos para llenarlas. Como es a ti a quien le interesa relacionar dichos requisitos, tal como los entiendes, con respecto a tus investigaciones anteriores, este análisis se compondrá de los siguientes aspectos:

1. Descripción del empleo según la empresa.
2. La comprensión tuya de los requisitos anunciados.
3. El modo en que tu educación satisface dichos requisitos.
4. El modo en que tu experiencia satisface dichos requisitos.
5. El modo en que tus rasgos personales y tus calificaciones te hacen acreedor a ocupar la plaza para servir a la empresa.
6. Cualidades adicionales tuyas que contribuirán al empleo y a la empresa.

Tantos solicitantes se lastran con la consideración única del beneficio propio que les reportará el empleo. Se olvidan del beneficio ajeno: antes de que te coloquen, el empleador debe estar convencido de que tus conocimientos servirán a la empresa. Hay que recordar siempre al destinatario de nuestras comunicaciones. Al tiempo de conducir tu estudio personal, el análisis debe convertirse en un examen riguroso de lo que eres y de lo que puedes hacer. Conocerse a sí mismo exige una valoración honesta de cualidades y defectos, de aspectos positivos y negativos, así como de las verdaderas habilidades en el trabajo. Esta valoración te guiará en la redacción de tu solicitud de empleo y en la actuación durante la esperada entrevista. De las preguntas más frecuentes realizadas por los entrevistadores podemos partir para confeccionar un cuestionario cuyas respuestas proporcionen la base informativa de tu autoanálisis.

1. ¿Qué planes tengo para seguir aumentando conocimientos?
2. ¿Cuáles fueron mis actividades escolares y por qué participé en ellas?
3. ¿Cómo utilicé las horas de descanso y cuáles eran mis pasatiempos?
4. ¿Qué tipo de puesto me interesa?
5. ¿Por qué creo que me gustaría trabajar en esta empresa?
6. ¿Qué empleos he desempeñado y cómo los conseguí?
7. ¿Cuáles fueron mis cursos predilectos y cuáles los aborrecidos?
8. ¿Por qué escogí este campo de actividad?
9. ¿Qué porcentaje de los gastos escolares fui capaz de sufragar por mi propia cuenta y cómo gané el dinero?
10. ¿Qué he hecho durante las vacaciones?
11. ¿Qué sé respecto a la empresa?
12. ¿Estimo que he recibido una buena base docente? ¿Por qué?
13. ¿Qué calificaciones poseo que indiquen éxito en el campo?
14. ¿Qué actividades extraacadémicas realicé? ¿Qué cargos desempeñé?
15. ¿Qué pienso de mi familia, de mis compañeros, de mis amistades, de la escuela, de la sociedad, de la nación, de la situación mundial?
16. ¿Me interesan los deportes, las artes, los viajes? ¿Por qué?
17. Si pudiera comenzar la escuela desde el principio, ¿qué cursos tomaría? ¿Por qué?
18. Si tuviese que olvidarme de toda mi preparación y de todo mi entrenamiento anterior, ¿podría emprender otra ruta? ¿Cuál? ¿Por qué?
19. Si me dieran a escoger, ¿dónde me gustaría trabajar, en una zona poblada, alejada, etc., del país, fuera del mismo, en qué país? ¿Por qué?

Considera tus logros en cuantos aspectos de la vida hayas intervenido. Halla las habilidades y cualidades que contribuyeron a dicho éxito. Las siguientes cualidades te podrán servir también de guía para el autoanálisis.

VERACIDAD	EMPUJE	RESPONSABILIDAD	JUICIO
DOTES COMUNICATIVAS	COOPERACIÓN	PUNTUALIDAD	INICIATIVA
DOTES DE MANDO	SEGURIDAD	DOMINIO DE SÍ MISMO	PULCRITUD
DECISIÓN	EFICIENCIA	TACTO	CONSTANCIA
CREATIVIDAD	ENTUSIASMO	OBJETIVIDAD	HONESTIDAD

1.3.4 Análisis de las oportunidades del momento

Esto se refiere a las posibilidades de hallar colocación al tiempo de entrar tú en el mercado laboral. Tienes que analizar las condiciones para hallar el puesto que deseas. Para ello deberás investigar las oportunidades de trabajo en tres fases: preparar una lista de posibles empleadores, inquirir y analizarla y por último armar la información apropiada sobre el puesto. Procura información respecto a las empresas según sus ingresos netos, expansión de actividades y demás aspectos positivos. Consulta en registros públicos y privados sobre el movimiento inmobiliario, tales como arriendos, alquileres y compra-ventas y sobre constitución de empresas. Consigue datos sobre el movimiento mercantil e industrial. El objetivo de tus pesquisas es formar una lista de empleadores activos cuyas necesidades se ajusten a tus ofrecimientos. Otras sugerencias para allegarte esta información:

1. Usa los medios de información sobre empleo de tu biblioteca o del centro de colocaciones de la universidad.
2. Habla con personas conocedoras del campo.
3. Visita a una filial de la empresa.
4. Procura el nombre de la persona encargada de las colocaciones.
5. Familiarízate con los asuntos actuales relativos a tu campo.
6. Examina las publicaciones destacadas de la empresa, sus documentos hechos públicos y los comentarios aparecidos sobre sus actividades en publicaciones de su ramo.
7. Aprecia la posición de la empresa dentro de su campo o giro.
8. Considera la reputación que goza ante los ojos de empleados, clientes y competidores.
9. Define la naturaleza de sus productos, el tipo de servicios rendidos y la actividad principal con que contribuye a la sociedad.
10. Determina si la empresa asciende dentro de sus propias filas.
11. Halla quién decide en última instancia dentro de tu área.
12. Procura las cualidades más buscadas en los solicitantes de empleo en la empresa que te interesa.
13. Identifica alguna necesidad específica de las plazas vacantes.
14. Entrevístate con quienes trabajan en plazas semejantes en la empresa o en otras, con quienes laboren en plazas diferentes de la misma área de trabajo y pregúntales, en su defecto, a tus profesores y compañeros sobre la experiencia de recién graduados en tales trabajos.

Antes de celebrar las entrevistas sugeridas, prepara un cuestionario con los siguientes puntos:

NATURALEZA DE LA PLAZA, DEBERES Y RESPONSABILIDA-DES, NIVEL DE INGRESO MAS FRECUENTE EN EL ESCALA-FÓN, ENTRENAMIENTO ESPECIAL NECESITADO, ASPECTOS FAVORABLES Y DESFAVORABLES DEL TRABAJO, OPORTUNI-DADES DE ASCENSO, POSIBLES LUGARES DONDE EXISTE EL EMPLEO, INFORMACIÓN GENERAL SOBRE EL SUELDO Y BE-NEFICIOS COMO VACACIONES PAGADAS, RETIRO Y SEGUROS.

1.3.5 La preparación de tu vitae

Ahora te corresponde entrar en el mercado laboral armado de los datos destacados de tu carrera vital que muestren tu aptitud en áreas de trabajo. A medida que aumente tu caudal biográfico irás añadiendo nuevos datos de forma ordenada como pruebas de tu crecimiento.

Puedes seguir el siguiente esquema:

Datos personales

Nombre completo, dirección, teléfono.

Fecha y lugar de nacimiento, ciudadanía.

(Los mismos datos de los familiares más cercanos cuando los puestos solicitados conllevan riesgos sobre la seguridad nacional o se manejan fuertes sumas de dinero o artículos muy valiosos).

Educación

Nombres de las instituciones en las que hayas cursado tus estudios.

Grados académicos, títulos, certificados (con sus fechas de expedición).

Registros o expedientes académicos.

Otros registros o expedientes relacionados con el interés vocacional y los resultados de los tests de aptitudes, premios especiales y honores.

Lista de actividades no académicas: servicios en comités, cargos ocupados, precisando la labor y cualquier programa especial en que participaste.

Nombre de las personas con quienes trabajaste en proyectos particulares.

Experiencia en trabajos y en el servicio militar

Nombre completo y dirección de cada compañía, organización o unidad.

Descripción detallada de los deberes y responsabilidades en cada una de las tareas principales asignadas.

Fechas de cada empleo o labor desempeñada.

Aumentos de sueldo, ascensos y cualquier otra distinción.

Participación en grupos de la comunidad o labor social

Actividades o servicios rendidos en asociaciones o instituciones dedicadas al bienestar social sin ánimo de lucro.

Afiliación a organismos filantrópicos, puestos ocupados en los mismos.

Sociedades e instituciones religiosas donde eres miembro activo.

Actividades útiles y recreativas

Labores realizadas para distracción como costura y carpintería.

Pasatiempos, instrumentos musicales, obras artísticas, deportes.

Recortes de periódicos y revistas, copias de tus escritos

Con descripciones de tus actividades.

Copias de tus publicaciones.

Lista de personas que quieran recomendarte

Nombres, direcciones y números de teléfono de las personas dispuestas a atestiguar sobre tus habilidades cuando las des de referencias. Son las personas que han observado tu conducta en público en la escuela, en el trabajo, en labores sociales, con tu familia.

Las anteriores categorías informativas pueden concretarse con las respuestas a las preguntas de todos los días:

¿Cómo se llama? ¿Dónde vive? ¿Cuál es su teléfono? ¿Cómo podemos localizarlo? ¿Cuándo y dónde nació? ¿Cuál es su ciudadanía? ¿Cómo se llaman sus familiares más cercanos y cuáles son sus señas? ¿Dónde estudió? ¿Qué títulos ostenta? ¿Qué notas obtuvo? ¿Qué otras capacidades tiene? ¿Qué experiencia tiene? ¿Cómo la justifica? ¿En qué servicios u obras comunitarias ha participado? ¿Qué le interesa? ¿Cómo pasa su tiempo libre? ¿Qué pruebas da de lo que ha hecho? ¿Qué referencias tiene?

1.3.6 Ejercicios de redacción

Aplica ahora los conocimientos adquiridos en toda la sección 1.3:

1. Redacta tu autovaloración donde incluirás la apreciación de tus características personales, actividades, asuntos de tu interés o de tu agrado, aptitudes, habilidades, educación, experiencia y cualquier otro aspecto de importancia para ti.

2. Redacta una valoración de carrera dentro de un área que te interese. Ten en cuenta la siguiente información: requisitos generales, responsabilidades, satisfacciones; características personales consideradas esenciales para ejercerla; atributos personales tenidos en gran estima para su ejercicio; niveles educativos exigidos; entrenamiento y experiencia, y, por último el modo en que te identificas con dicha carrera.

3. Con la ayuda de los materiales de referencia de la biblioteca o de los que puedas allegarte, redacta ahora una bibliografía de las fuentes disponibles para analizar empresas desde el punto de vista de emplearse.

4. Confecciona una lista de empleadores prospectivos, tales como una empresa automovilística, otra petrolera, otra de transporte, otra siderúrgica, otra bancaria, otra agrícola, etc.; anota la sede u oficina central y filiales, ventas anuales, producto principal, actividad esencial que rinde a la sociedad, número de empleados, y cualquier otro detalle que estimes necesario. Puedes servirte de los mismos materiales de referencia del número 3.

5. Redacta un autoanálisis con vista a una vacante que te interese. Auxíliate con la valoración de carrera hecha para el número 2.

6. Redacta tu vitae siguiendo los criterios dados y añade cualquier otra categoría informativa requerida para el empleo.

1.4 EJERCICIOS DE CONCIENTIZACIÓN GRAMATICAL

Analiza los aspectos gramaticales de la lección 1 del libro *Gramática*. Puedes usar de modelo la sección "Vamos a razonar contigo: las formas verbales" y las explicaciones de la sección "Tráfico: las fórmulas comunicativas". Tu estudio puede versar sobre el texto de este cuaderno, sección 1.3, sobre tus propios trabajos de redacción del 1.3.6 o sobre cualquier otro texto que estimes pertinente. La conciencia del empleo de las cuestiones gramaticales citadas se incrementa con el dominio de la sección 1.2, "Cuestionario y temario para desarrollar" también de este Cuaderno.

Los puntos de tu análisis gramatical pueden seguir el orden sugerido por el "Contenido" p. viii del libro *Gramática*. Los esquemas y cuadros sinópticos son otros medios auxiliares para realizar un análisis ordenado. Una sugerencia para estudiar las fórmulas comunicativas: prepara una lista con los ejemplos aportados en el texto *Gramática* y de otros textos si fuese conveniente, y preséntalas a tus compañeros para su análisis. Todos estos ejercicios de concientización gramatical pueden hacerse con la participación de un grupo o de una clase y servir de base para discusión.

1.5 EJERCICIOS DE TRADUCCIÓN

Ofrece la versión española de los siguientes anuncios de ventas especiales. Podrás encontrar la traducción correcta de los mismos al final de la lección. Compara tu traducción con la ofrecida en los anuncios en español.

Save 40% on entire stock of ladies' outerwear Sizes 5/6-17/18, 7-15 and 16½-24½ REG. 16.99-79.99 **10⁰⁰ TO 48⁰⁰**	**½ Price on plus sizes' fashion blouses & tunics** Selection of solids and prints. 38-44. ORIG. 9.99-15.99 **5⁰⁰ TO 8⁰⁰**	**Save 30%-44% on misses' fashion slacks & jeans** Latest styles. Fashion colors. 10-16. ORIG. 17.99-19.99 **10⁰⁰ TO 14⁰⁰**
½ Price misses' fashion separates to mix'n match Skirts, pants, tops, jackets. 10-16; 10-18. ORIG. 13.99-19.99 **7⁰⁰ TO 10⁰⁰**	**Save 55% on plus sizes' acrylic knit tops & vests.** Cowl or v-neck tops or vests. 38-44. ORIG. 10.99 **5⁰⁰ EACH**	**Save 25%-37% on underwire, contour and soft cup bras** Wide variety of soft, comfortable styles. ORIG. 6.00-7.00 **3⁷⁵ TO 5²⁵**
Save 28%-37% on juniors' lightweight sweaters Lurex metallic stripes. Sizes S. M. L. REG. 6.99-7.99 **4⁹⁹**	**Save 50%-60% on smashing plus sizes' sweaters** Cardigans, crew or v-necks. Sizes 40-44. ORIG. 11.99-14.99 **6⁰⁰ EACH**	**Save 20% on matching camisole and petticoat** Choice of beige, black or white. S. M. L. ORIG. 5.99 **4⁷⁹ EACH**
Save 38% on juniors' dressy & sporty blouses Beautiful colors. Sizes S. M. L. ORIG. 12.99-17.99 **8⁰⁰ TO 11⁰⁰**	**½ Price misses', juniors' and plus sizes' dresses** 1 and 2-pc. styles. 10-18; 5-13; 14½-22½. ORIG. 19.99-26.99 **10⁰⁰ TO 13⁰⁰**	**Save 36%-50% on ladies' fashion sleepwear** Gowns, babydolls, pajamas, more. S. M. L. ORIG. 5.99-18.99 **3⁰⁰ TO 12⁰⁰**

Save 33%-36% on juniors' skirts, pants and jeans Choice of several styles. Sizes 5-13. ORIG. 10.99-20.99 7^{00} TO 14^{00}	**Save 41%-43% on misses' fashion blouses** Soft and beautiful. Sizes S, M, L. ORIG. 11.99-15.99 7^{00} TO 9^{00}	**Save 33%-36% on ladies' hostess loungewear** Dusters, robes and loungers. S, M, L. ORIG. 8.99-21.99 6^{00} TO 13^{00}
Save 40%-42% on misses' and juniors' knit tops Fashion styles. Acrylic knit. S, M, L. ORIG. 6.99-14.99 4^{00} TO 9^{00}	**Save 30%-33% on misses' fashion plaid shirts** Lurex metallic stripes. Sizes S, M, L. ORIG. 9.99-11.99 7^{00} TO 8^{00}	**Save 34%-40% on ladies' quilted or fleece robes** Acetate/nylon blends. Sizes S, M, L. ORIG. 14.99-28.99 8^{99} TO 19^{00}
Save 40% on misses' fashion velour tops Acrylic/polyester velour. Sizes S,M,L. ORIG. 11.99-14.99 7^{00} TO 9^{00}	**Save 30% on misses' and juniors' sweaters** Many styles. Embroidered trims. S, M, L. ORIG. 12.99-19.99 9^{00} TO 14^{00}	**Save 33% on long or short sleeve leotards or tights.** TIGHTS LEOTARDS ORIG. 2.29 1^{50} ORIG. 5.99 4^{00}

Cortesía de Jefferson Ward Inc., Florida.

Ofrece la versión española de los siguientes modelos en inglés de escritos pertenecientes a la fase investigativa de solicitudes de empleo.

<u>SPECIFIC POSITION ANALYSIS (ADVERTISING MANAGER)</u>

A. My Understanding of Requirements

1. Accountable for administration of advertising department
2. Formulates plans to increase business with established accounts and to acquire new accounts
3. Develops copy and layouts for newspaper/magazine advertisements and scripts for radio/television commercials
4. Coordinates interdepartmental efforts related to advertising
5. Represents advertising department at executive meetings

B. How My Education Fits These Requirements

1. Associate of Arts degree in marketing, Normal Community College
2. Bachelor of Business Administration, management major (Central Michigan University)
3. Supplemented my major field with art and journalism courses
4. Also completed advanced courses in business communications and report preparation

C. How My Experience Fits These Requirements

1. Assisted store manager of campus book store
2. Worked in advertising department of local newspaper
3. Employed as advertising assistant in a large department store during summer months
4. Employed as co-operative education student in sales promotion department of a wholesale-retail company during my junior and senior years at Central Michigan University

D. Personal Qualifications and Traits

1. Cooperative attitude
2. Enjoy retailing and communications
3. Married--no children or other dependents except wife--can work overtime if necessary
4. Earned 75 percent of my college expenses while carrying full academic load
5. Interested in photography as a hobby (received first-place award in local photography contest)

Fuente: Effective Communication in Business, Wolf, Keyser, Aurner. South-Western Publishing Co., Séptima edición, p. 257.

A REALISTIC AND PRIVATE SELF-APPRAISAL

I. **Personality**

    A. Ambitious – I possess strong desires for personal advancement. At times, these drives interfere with my personal relationships. I make friends easily but sometimes lose them quickly. I admit my need of learning more about human relations.

    B. Conscientious – I strive to fulfill obligations but recognize a need for attending more carefully to details.

    C. Dominant – I enjoy influencing others but realize that influence can be reciprocal. I like to lead.

    D. Enthusiastic – My eagerness "comes on strong"; I can energize other people's efforts as well as my own.

    E. Gregarious – I enjoy meeting people and participating in social and service organizations. But I am sometimes more interested in making new friends than in helping old ones. I'm learning not to take people for granted.

    F. Self-Reliant – Holding a part-time job throughout my high school and college education has contributed to my independence. This self-appraisal shows I can study both sides of an issue and arrive at a relatively unbiased solution. However, I do welcome advice from qualified and experienced people in an effort to draw accurate conclusions.

II. **Interests**

    A. Social Interests – I enjoy these activities:
      1. Meeting people, associating with friends, and working with others.
      2. Attending social functions on campus and in the community.
      3. Participating in college activities. I am vice-president of the Business Administration Club on campus.
      4. Participating in off-campus activities.

    B. Academic Interests – My favorite study areas are these:
      1. Management   4. Accounting
      2. Psychology   5. Finance
      3. Communications   6. Mathematics

    C. General Professional Interests – I would enjoy a career that provides:
      1. Broad experience rather than specialization in one area
      2. Opportunity to work with top management
      3. Advancement to leadership
      4. Equitable financial rewards

    D. Other Interests – I enjoy:
      1. Traveling
      2. Water Skiing
      3. Swimming

III. **Aptitudes** – These seem to be my strong and weak points:

    A. According to academic achievement in college
      1. Excellent – Management, Public Speaking, Economics
      2. Good – Psychology and English
      3. Poor – Physical Science and Foreign Languages

    B. According to psychological tests
      1. Interests
        a. High – general problem solving
        b. Low – mechanical
      2. Aptitudes
        a. High – Quantitative
        b. Average – Verbal
        c. Low – Mechanical

IV. **Education**

    A. High School – was graduated June 3. 19—

    B. College – program in progress (sophomore year)
      1. Completing general education requirements.
      2. Plan to work for a Bachelor of Business Administration degree, with management major.

V. **Experience**

    A. Summer employment, during school, with the City Parks and Recreation Department.

    B. Entered the cooperative education program at City College. Employed in the accounting department of a large chemical company. As part of the co-op agreement, I am being rotated to various accounting jobs.

Fuente: Effective Communication in Business, Wolf, Keyser, Aurner. South-Western Publishing Co., Séptima edición, p. 254.

Vocabulario inglés-español

ACCOUNTABLE — Responsable, sujeto a rendimiento de cuentas.

ACCOUNTING DEPARTMENT — Departamento, sección de contabilidad o de contaduría.

(TO) ADMIT — Admitir, aceptar, confesar, reconocer, conceder, dar entrada, permitir.

ADVERTISING DEPARTMENT — Departamento, sección, ramo de publicidad, de propaganda, de anuncios.

AMBITIOUS — Emprendedor, de grandes aspiraciones; ambicioso.

(TO) APPOINT — Nombrar, designar para un puesto, destinar, colocar.

(TO) ASSIGN — Asignar, señalar, designar, traspasar, ceder a favor de, distribuir.

(TO) ATTEND SOCIAL FUNCTIONS — Participar en deberes cívicos, intervenir en las funciones sociales.

BUSINESS ADMINISTRATION — Administración, ministerio, gerencia, dirección, gobierno, manejo de negocios o de empresas.

(TO) CARRY FULL ACADEMIC LOAD — Matricular, llevar todas las asignaturas del año.

CHANGING CIRCUMSTANCES — Circunstancias cambiantes, variables.

(TO) COME ON STRONG — Venir con fuerza, con ímpetu, con vigor.

COPY — Texto, manuscrito; copia, reproducción, duplicado.

CUSTOMER CREDIT TERMS — Plazos o condiciones de crédito del cliente.

DECISION-MAKING ABILITY — Capacidad, habilidad de hacer, tomar o adoptar decisiones, resoluciones; capacidad decisoria; habilidad ejecutiva.

(TO) DEVELOP ALTERNATIVES — Desarrollar, desenvolver, iniciar alternativas; encontrar otras vías.

DISPLAY — Exhibición, muestrario; manifestación, despliegue.

ENVIRONMENT — Ambiente, medio ambiente, atmósfera, entorno.

EQUITABLE — Equitativo, justo.

EXECUTIVE MEETINGS — Sesiones, juntas, mítines, asambleas, encuentros de ejecutivos, de dirigentes, de gerentes, de directores, de administradores.

EXPENSES — Gastos, costas, expensas, desembolsos, expendios, egresos, costos.

EXPERTISE — Pericia, práctica, experiencia en hacer algo.

EXPOSURE — Exposición, puesta a la vista, mostración; revelación; intemperie.

FASHION COORDINATOR — Coordinador(a) de modas, de estilos, de bogas.

FASHION MERCHANDISING — Comercialización de modas, de estilos, de bogas; mercadizar, hacer accesible al público estos estilos.

(TO) FIT — Servir, venir bien, convenir, encajar; ser apto, propio, conveniente, a propósito.

(TO) FORECAST — Pronosticar, augurar, predecir, vaticinar.

(TO) FORESEE — Prever, anticipar, adelantar.

GREGARIOUS — Sociable, gregario.

HOBBY — Afición, entretenimiento, actividad habitual de recreo o diversión.

INVENTORY SHRINKAGE — Merma, contracción, disminución de existencias, del surtido, del inventario.

ITEMS — Partidas, renglones, elementos, artículos; sueltos de periódicos.

LAYOUT — Disposición, arreglo, distribución de elementos a la vista, trazado.

(TO) LEAD — Dirigir, guiar, conducir, mandar, ir a la cabeza, llevar.

LEADERSHIP ABILITY — Capacidad, disposición de mando, de iniciativa, de dirigir; dotes de jefatura, de liderato, de liderazgo, para mover gente.

MAJOR — Asignatura de especialización, área de concentración, estudio, curso principal.

TO MEET PEOPLE — Conocer personas, presentarse a personas, trabar conocimiento con gente; encontrarse con la gente, con personas; reunirse con personas; ir hacia donde está la gente.

MIX'N MATCH — Combinaciones, juegos de ropas; combinar.

OFF CAMPUS — Fuera del recinto universitario, de la zona universitaria.

ON-JOB — En, durante el trabajo, el empleo; mientras se está trabajando.

OVERTIME — Horas extras, jornada extra, en exceso de las horas estipuladas.

PART-TIME JOB — Trabajo por horas, eventual; empleo de tiempo parcial.

PEAK WORK-LOAD PERIODS — Períodos de máximo trabajo.

RATHER THAN — Más bien que; en vez de, en lugar de.

REGARDING — Tocante a, respecto a, relativo a, concerniente a, en lo tocante a, referente a, en lo que atañe a, en lo atinente a.

REQUIREMENTS — Requisitos, exigencias, requerimientos, necesidades.

RETAIL OUTLETS — Tiendas de ventas, salida o mercado al menudeo, al detal, al detalle, lugar de expendio.

(TO) SAVE — Ahorrar, economizar; guardar, conservar.

SELF-APPRAISAL — (auto) examen, (auto) valoración, (auto) evaluación, (auto) aprecio, por sí mismo o propio.

SELF-RELIANT — Que se vale solo, seguro de sí, confiado en sus propias fuerzas.

SPONSOR — Patrocinador, promovedor, patrón, defensor, fiador, padrino.

(TO) STRIVE TO FULFILL — Esforzarse por cumplir, luchar, hacer lo posible por realizar, por llevar a cabo.

(TO) TAKE PEOPLE FOR GRANTED — Desconocer la opinión de la gente; no consultar, no considerar la actitud o parecer en el asunto de los interesados, dar por supuesto el parecer de la gente.

TIME — Tiempo, hora, vez, plazo, época, sazón, prórroga, ocasión.

TRAITS — Rasgos, cualidades, características.

UNBIASED — Imparcial, libre de prejuicios.

A continuación se ofrece la traducción al español de los anuncios de ventas especiales en inglés. Comprueba tu traducción con la que te brindamos aquí.

Ahorre 40% en toda la existencia de ropa exterior para damas Tallas 5-6 17/18, 7 15 y 16 ½ a 24 ½. REG. 16.99-79.99 **10⁰⁰** A **48⁰⁰**	**½ de Precio en blusas y túnicas tallas extras de moda** Colores enteros y estampados. 38-44. ORIG. 9.99-15.99 **5⁰⁰** A **8⁰⁰**	**Ahorre 30%-44% en jeans y slacks de moda para señoritas** Los íltimos estilos. Colores novedosos. 10-16. ORIG. 17.99-19.99 **10⁰⁰** A **14⁰⁰**
½ de Precio en combinaciones de moda para señoritas Sayas, pantalones, tops, jackets. 10-16; 10-18. ORIG. 13.99-19.99 **7⁰⁰** A **10⁰⁰**	**Ahorre 55% en "tops" y chalecos de punto acrílico tallas extras** Chalecos o "tops" cuello "V" o capucha. 38-44. ORIG. 10.99 **5⁰⁰** C/U	**Ahorre 25%-37% en ajustadores anatómicos, con refuerzo de alambre y copa suave** Amplio surtido de modelos suaves y cómodos. ORIG. 6.00-7.00 **3⁷⁵** A **5²⁵**
Ahorre 28%-37% en sweaters ligeros para jovencitas Rayas metálicas Lurex. Tallas S, M, L. REG. 6.99-7.99 **4⁹⁹**	**Ahorre 50%-60% en vistosos sweaters tallas extras** Cardigans, cuellos redondos o "V". Tallas 40-44. ORIG. 11.99-14.99 **6⁰⁰** C/U	**Ahorre 20% en juego de refajo y camisola** En beige, negro o blanco. S, M, L. ORIG. 5.99 **4⁷⁹** C/U
Ahorre 38% en blusas deportivas y de vestir para jovencitas Bellos colores. Tallas S, M, L. ORIG. 12.99-17.99 **8⁰⁰** A **11⁰⁰**	**½ de Precio en vestidos para señoritas, jovencitas o tallas extras** De 1 y 2 piezas. 10-18; 5-13; 14 ½ a 22 ½. ORIG. 19.99-26.99 **10⁰⁰** A **13⁰⁰**	**Ahorre 36-50% en novedosa ropa de dormir para damas** Batas, bobitos, pijamas y más. S, M, L. ORIG. 5.99-18.99 **3⁰⁰** A **12⁰⁰**
Ahorre 33%-36% en sayas, pantalones y jeans para jovencitas. Varios Estilos. Tallas 5-13 ORIG. 10.99-20.99 **7⁰⁰** A **14⁰⁰**	**Ahorre 41%-43% en novedosas blusas para señoritas** Suaves y bellas. Tallas S, M, L. ORIG. 11.99-15.99 **7⁰⁰** A **9⁰⁰**	**Ahorre 33%-36% en batas de casa para damas** Dusters, batas y batas de estar. S, M, L. ORIG. 8.99-21.99 **6⁰⁰** A **13⁰⁰**
Ahorre 40%-42% en "tops" de punto para señoritas y jovencitas Novedosos modelos. Punto acrílico. S, M, L. ORIG. 6.99-14.99 **4⁰⁰** A **9⁰⁰**	**Ahorre 30%-33% en camisas a cuadros de moda para señoritas** Rayas metálicas Lurex. Tallas S, M, L. ORIG. 9.99-11.99 **7⁰⁰** A **8⁰⁰**	**Ahorre 34%-40% en batas de vellón o enguatadas para damas** Acetato/nilón. Tallas S, M, L. ORIG. 14.99-28.99 **8⁹⁹** A **19⁰⁰**
Ahorre 40% en "tops" de velour para señoritas Velour acrílico/poliéster. Tallas S, M, L. ORIG. 11.99-14.99 **7⁰⁰** A **9⁰⁰**	**Ahorre 30% en sweaters para señoritas y jovencitas** Muchos modelos. Adornos bordados. S, M, L ORIG. 12.99-19.99 **9⁰⁰** A **14⁰⁰**	**Ahorre 33% en leotardos o "tights" manga corta o larga** TIGHTS LEOTARDOS ORIG. 2.29 **1⁵⁰** ORIG. 5.99 **4⁰⁰**

LECCIÓN 2: REDACCIÓN DE SOLICITUDES DE EMPLEO: FASE CREATIVA Y EJERCICIOS

LECCIÓN 2: REDACCIÓN DE SOLICITUDES DE EMPLEO:
FASE CREATIVA Y EJERCICIOS

2.1 REPERTORIO DE EXPRESIONES

A continuación ofrecemos expresiones equivalentes a las procedentes del libro *Comunicación*, pp. 27-36.

2.1.1 Variedades de la expresión

Algunas premisas básicas.—Varias declaraciones o aseveraciones tenidas por indudables de carácter fundamental.

De primera intención.—De entrada.

En efecto.—Así es realmente.

Todo cuanto sea humano.—Lo humano sin exclusión alguna.

Campo privativo.—Zona particular.

Un prestario de servicios.—Rinde o realiza actividades útiles.

Por otro lado.—Por otra parte, en cambio.

Hay que delimitarlos, identificarlos.—Es necesario señalar los límites, expresar sus características.

La palabra es el símbolo por excelencia.—La palabra ofrece más posibilidades de significación que ninguna otra cosa.

Has asumido.—Te has impuesto.

A despecho de.—A pesar de.

Está en boga el enfoque sistemático.—La mayoría de la gente comparte este punto de vista de estudiar las empresas como organizaciones.

Bajo la rúbrica general de la gerencia.—Se subordinan estos aspectos a la administración.

Una nueva concepción respecto a las relaciones entre los distintos estratos.—Una idea reciente de las relaciones entre los diferentes niveles.

De modo paulatino.—Poco a poco.

A la antigua usanza.—Como se hacía antes.

El motor de sus acciones.—Lo que mueve a la conducta.

Se ve aparejada.—Tiene su semejante.

Si bien.—Aunque.

Nuevamente.—Otra vez, de nuevo.

Con esquemas mentales creativos.—Ver con imaginación, a grandes rasgos, los programas de acción.

Marcha de consumo.—Va a la par de.

A tal efecto.—Con este fin.

Los antiguos controles.—Las viejas medidas de imposición.

Evaluar lo hecho.—Apreciar el valor de la labor rendida.

Están unidos indisolublemente.—Son imposibles de separar.

Al echar una mirada retrospectiva.—Cuando le damos un vistazo al pasado.

O sea.—Esto es, queremos decir.

Desglosaremos a su vez.—Vamos a separar uno por uno, por su turno.

Deberás cerciorarte de la veracidad.—Habrás de comprobar la certeza.

A menudo.—Frecuentemente, con frecuencia.

No tienen cabida.—Son inaceptables.

Ni aún con los medios masivos.—Ni hasta con la *"media"*.

En suma.—En resumen.

2.1.2 Ejercicios de sustitución

Reemplaza con expresiones procedentes de la sección anterior o con tuyas propias las partes en cursiva. Puedes consultar el *"Vocabulario"*.

1. *Con este fin,* como parte de esta labor, observarás y enmendarás lo que tú y otros hagan o digan.
2. *De entrada,* se evidencia el contenido social del término comunicación.
3. *Habrás de comprobar la certeza* de la información que diste.
4. *Otra declaración indudable y fundamental* reside en el hecho de que los problemas trascienden el reducido ámbito personal de cada ser humano.
5. *Cuando le damos un vistazo al pasado* del mundo comercial.
6. *La palabra ofrece más posibilidades de significación que ninguna otra cosa* para identificar, delimitar y resolver problemas.
7. En el mundo comercial de hoy, *sin embargo,* el hacer no es suficiente, sino que hay que *apreciar el valor de la labor rendida.*
8. *Así es realmente,* intercambiamos y compartimos significados cuando nos comunicamos.
9. En nuestro tiempo, las empresas monopolistas *son inaceptables.*
10. *Aunque* todavía el propósito primordial del gerente consiste en decidir.
11. Esta responsabilidad social de la empresa *tiene su semejante en la idea* actual de que el directivo es un especialista en su campo.
12. La comunicación comercial no puede ser *una zona particular* de los hombres de negocios.
13. *Vamos a separar, por su turno, una a una,* estas comunicaciones.
14. *Por otra parte,* el comunicante sigue confrontando otros problemas.
15. Hoy día, *la mayoría de los estudiosos comparte el criterio de estimar las empresas como organizaciones.* Todas sus actividades *se subordinan a la administración.*
16. Tendrás que familiarizarte con sus *diferentes* unidades, con los métodos de funcionamiento, con la delegación de autoridad y responsabilidad *a todos los niveles.*

2.2 CUESTIONARIO Y TEMARIO PARA DESARROLLAR

2.2.1 Sobre "Comentarios sobre la gramática: la oración"

1. ¿Qué queremos decir aquí por oración?
2. ¿Por qué nos conviene el criterio objetivo de oración?

    3. ¿Cómo es que existen oraciones sin verbos ni sujetos gramaticales?

    4. ¿Cómo confirmamos lo anterior en cuanto a las interjecciones?

2.2.2 Sobre "Clasificación psicológica de la oración simple"

1. ¿Cuál es el criterio de la clasificación ahora?
2. ¿A qué llamamos oración declarativa?
3. Explica las oraciones dubitativas, desiderativas, exhortativas, imperativas y de posibilidad.
4. Desarrolla un esquema de las oraciones interrogativas.
5. Explica las oraciones exclamativas con sus aspectos fónicos y sintácticos.
6. Ofrece un esquema de ejemplos de oración según la actitud, utilizando una oración modelo de tu elección.

2.2.3 Sobre "Otras modalidades de la oración simple: el criterio del significado; oraciones atributivas"

1. ¿Por qué ahora nos hace falta el criterio semántico?
2. Explica la distinción entre oraciones atributivas y predicativas.
3. Desarrolla el tema del sustantivo como núcleo del sujeto.
4. Desarrolla el tema del verbo como núcleo del predicado.
5. ¿Qué es predicado nominal?
6. Explica con ejemplos la función copulativa de *ser, estar,* y otros verbos.
7. Ilustra con ejemplos el predominio de la atención sobre las cualidades o estados y sobre la actividad desarrollada por el sujeto.
8. Explica el modo de completar el significado del verbo por medio de los llamados complementos. Da ejemplos.

2.2.4 Sobre "Nociones para el uso efectivo de los verbos atributivos"

1. ¿Dónde descansa el criterio primordial para distinguir el uso de *ser* y *estar*?
2. ¿Cuándo se usará el verbo *ser*?
3. ¿Cuándo se expresará la atribución con *estar*?
4. Explica por qué *estar* no se halla tan especializado en la atribución, tal como lo está *ser*.
5. ¿Por qué hay afinidad entre la simple atribución y los tiempos verbales simples con la excepción del pretérito perfecto simple?
6. ¿Qué ocurre respecto al interés del hablante en la llamada voz pasiva? Da ejemplos.
7. ¿Qué se quiere decir por aspecto perfectivo e imperfectivo de los verbos? Da ejemplos.
8. ¿Qué afinidad hay en el empleo de participios con *ser* y *estar*? Da ejemplos.
9. Sin embargo, ¿por qué se impondrá el criterio de la intención o de la actitud del comunicante sobre la significación perfectiva o imperfectiva?
10. Desarrolla un esquema con el uso predicativo de *ser*.
11. ¿Por qué *ser* cuando se emplea con adjetivos lo hace con los determinativos? Da ejemplos.
12. Explica el juego expresivo de *estar* con algunos adjetivos calificativos.

13. Explica los desplazamientos hacia la predicación de *estar* y hacia la atribución de los llamados verbos de estado. Da ejemplos.

2.2.5 Sobre "Tráfico: los patrones de entonación"

1. ¿Cómo se ha visto hasta ahora manifestarse la intención del comunicante respecto a la oración expresada?
2. Asimismo, ¿qué fenómenos acústicos causan las mismas intenciones?
3. ¿Qué es grupo fónico?
4. ¿De qué modo damos la señal de haberse terminado el grupo fónico?
5. ¿Qué queremos decir con entonación?
6. ¿Cómo podemos discernir el sentido de un conjunto oracional de alguna longitud?
7. ¿Qué separan, pues, las pausas?
8. Por lo general, ¿de cuántas sílabas constan los grupos fónicos?
9. ¿Cuál es la definición de sílaba?
10. ¿Cuándo hay tendencia a la desmembración en grupos fónicos menores?
11. ¿Cómo se pone de relieve la función principal de la línea musical de la entonación?
12. Explica el patrón normal de entonación. Traza las líneas musicales superimpuestas a los ejemplos aportados.
13. ¿Cuáles son las oraciones que muestran el patrón normal de entonación?
14. Desarrolla el tema de las distintas posibilidades de entonación interna cuando hay que desmembrar una larga oración.
15. Explica los patrones de entonación de los incisos explicativos y de cualquier locución intercalada, con sus líneas musicales superimpuestas.
16. Explica las opciones de entonación interna de las enumeraciones, con las líneas musicales superimpuestas.
17. ¿Por qué se ha dicho que la dicción española es sobria, grave, austera?
18. ¿Por qué la función apelativa se relaciona tan estrechamente con nuestro enfoque comunicativo?
19. ¿Por qué se recomienda terminar las interrogaciones con una pequeña inflexión ascendente?
20. Desarrolla el esquema de los patrones de entonación interrogativos con las recomendaciones para modificarlos.
21. ¿Cuál es la característica esencial del patrón de entonación exclamativo?
22. Desarrolla el esquema de los patrones de entonación exclamativos con las recomendaciones sugeridas. Traza las líneas musicales sobre los ejemplos aportados.
23. Para ilustrar una diferencia tonal entre los distintos patrones ofrecidos, ¿cuál sería la escala numérica de cada uno?
24. ¿Cuáles son los caracteres sintácticos y fónicos de las oraciones desiderativas vehementes?
25. Para la comunicación efectiva, ¿qué tendremos que advertir respecto a la enunciación de oraciones interrogativas y exclamativas?

2.3 REDACCIÓN. SOLICITUDES DE EMPLEO: FASE CREATIVA

La fase investigativa anterior proporcionó la información acerca de tu persona, de tus posibilidades o potencial y de las oportunidades de empleo.

La presente fase se encamina a vincular tus dotes a las necesidades de la entidad empleadora por conducto de mensajes redactados desde tu propia individualidad. Has de mostrar con mensajes propios que eres capaz de satisfacer las necesidades del empleador. Intentarás por ello *persuadir* con una favorable acogida: llamando la atención hacia tu petición, despertando el interés, estimulando el deseo por tus servicios, y, como consecuencia, induciendo a la acción de concederte una entrevista con ánimo de conocerte personalmente. De los símbolos o caracteres escritos de tus mensajes se procura pasar al intercambio personal de la entrevista. En un mundo pluralista, abierto a la competencia, no puedes copiar los modelos de los libros ni seguir con las modas de antaño. Seguirías perdido en el montón anónimo de peticiones dejadas sin contestar, y, en el mejor de los casos, te enviarían la misma carta circular de negativa considerada, dándote las gracias por el interés en la empresa.

De lo anterior se deducen las siguientes etapas de la fase creativa:

1. La redacción de la solicitud de empleo.
2. La redacción del sumario personal.
3. La entrevista.

2.3.1 Pasos en la redacción de la solicitud de empleo

Con la consideración fundamental de que tu solicitud debe ser una genuina expresión de tu persona, se han de dar los siguientes pasos:

a) apertura del canal comunicativo
b) exposición de la capacidad para el puesto
c) identificación de las calificaciones
d) aportación de referencias
e) petición de la entrevista.

2.3.1.1 Apertura del canal comunicativo

Se trata de establecer el primer contacto con el empleador prospectivo. Si para iniciar un punto de contacto con un extraño del que queremos conseguir algo, en el lenguaje oral apelamos a la cortesía y solicitamos su atención con gracia, en este tipo de mensaje escrito tendremos la oportunidad de hacerlo con más meditación. Estructura la oración de apertura, la que abre el canal comunicativo, mediante una declaración original, imaginativa, fresca, o con una pregunta de esas llamadas retóricas, y hasta con alguna exclamación de orden positivo — con las oraciones gramaticales ya estudiadas a conciencia — que te hagan resaltar, que te singularicen, dentro de la avalancha de solicitudes, como el candidato para el puesto. Se trata de que tengan una primera impresión agradable de ti.

Evita, por consiguiente, las expresiones manidas, las formas trilladas, que hagan pensar, "otro más..."; al redactar el mensaje menciona inmediatamente después de la expresión de apertura el hecho de que solicitas el puesto tal, para que no se abriguen dudas sobre el objetivo de tu comunicación.

<table>
<tr><th>Insulso y trillado</th><th>Fresco e imaginativo</th></tr>
<tr><td>Tengan la bondad de considerar la presente como una solicitud de empleo en el departamento de mercadeo.</td><td>Versatilidad es otro modo de llamar la mercadotecnia. Con mi probada experiencia en diversas áreas de mercadeo, estoy seguro que mis dotes les serán de provecho en la plaza de mercadista que por la presente solicito.</td></tr>
<tr><td>¿Les interesa alguien que pueda comunicarse en más de un idioma? Si es así, por favor ténganme en calidad de solicitante de empleo.</td><td>¿Necesita su mundialmente conocida compañía publicitaria una secretaria trilingüe que lo mismo pueda comunicarse en inglés y francés como en español? Si es así, me complace solicitar la plaza vacante de secretaria.</td></tr>
<tr><td>Les escribo en relación con la vacante anunciada de contador. Me interesa cualquier puesto que tengan ahora o en el futuro próximo.</td><td>¡Aquí tienen al contador que quiere contribuir a su rápida expansión con todo tipo de trabajos! Sírvanse tenerme como solicitante de la plaza de contador anunciada en El Día.</td></tr>
</table>

Conviene referirse con precisión al medio comunicativo, publicación, radio, televisión, tablilla, y demás, por cuyo conducto te enteraste de la existencia de la vacante. Habrá ocasiones en que pidas un puesto que no se haya anunciado. Esto ocurrirá porque habrás conocido las necesidades futuras de diversas compañías durante la fase investigativa. Al adelantarte a los demás, por poseer la información apropiada, aumentas tus posibilidades de éxito en conseguir empleo. Otras ventajas: puedes escoger la entidad, la localidad y hasta crear la plaza para ti con el aporte de información de beneficio a la compañía en tu continuo desarrollo profesional y con los nuevos conocimientos adquiridos en la escuela dentro del campo comercial.

2.3.1.2 Exposición de la capacidad para el puesto

Dado que el énfasis reside en el interés del destinatario, en hacer girar el mensaje en torno a la satisfacción que le proporcionarán tus servicios, explica tu preparación escolar y tu experiencia con base a sus necesidades. De la información recogida en la fase investigativa entresaca únicamente los hechos pertinentes al empleo pedido. No llenes de hojarasca tu relación. Destaca de tu bagaje las actividades vinculadas a las expectativas del futuro empleador. Siguiendo con el primer ejemplo de arriba para pedir la plaza de mercadista:

En la Universidad de la Costa me gradué de administrador de empresas con área de especialización en mercadotecnia. Los cursos afines de publicidad, finanzas y contabilidad acentuaron la comprensión del campo mercadístico. Al mismo tiempo, los cursos de informática me mostraron los adelantos y técnicas más avanzadas de recogida y análisis de información. Dentro del marco de los estudios de las ciencias sociales, cursados en la Universidad del Valle, pude ver sus estrechas relaciones con las ciencias comerciales y comunicativas.

El factor experiencia es una de las tantas calificaciones que tendrá en cuenta el empleador. A lo mejor el resto de tus calificaciones compensa en exceso la carencia de experiencia y quién sabe si los empleos por horas que desempeñaste para sufragar en parte los estudios, indican cualidades tales como iniciativa, responsabilidad e integridad. En todo caso, decir, "no tengo experiencia en dicha rama comercial" o manifestar, "siento informarles que mi experiencia se limita a trabajar por las tardes cuatro horas", implica colocarte a la defensiva sin necesidad. Específica y positivamente, pues, describe tus calificaciones y deja el resto de la cuestión para discutirlas durante la entrevista.

2.3.1.3 Identificación de las calificaciones

Por extraño que parezca, bajo ciertas condiciones, los más sólidos merecimientos, los éxitos más resonantes, no se consideran los de mayor valor a los ojos de un empleador. Algún detalle que te parezca de escasa importancia, te hace descollar de entre el grupo de solicitantes. Es como un punto de venta especial de particular interés para un comprador prospectivo de imposible predicción. Pudiera ser alguna sucinta narración de tus actividades tales como tu participación en cuestaciones filantrópicas, colaboraciones en el periódico escolar, modos originales de ayudarte en el pago de los estudios y muchos aspectos más pertinentes en una solicitud. En dichas ocasiones te ven en el acto de servir, de comunicarte, de mostrar iniciativa, como otra versión de que los hechos valen más que las palabras. Sin darte cuenta, habrás mostrado una cualidad deseada en el solicitante del puesto. De cualquier suerte, al identificar tus calificaciones di por qué te interesa el giro del empleador y por qué estimas que puedes realizar el trabajo requerido para el puesto. Ahora te puedes referir a la hoja de tu sumario personal adjunta al escrito de solicitud: "Como podrán apreciar en el sumario personal adjunto..." El objeto de acompañar el sumario personal es, precisamente, identificar tus calificaciones para el empleo específico que solicitas. Por ello, al tiempo que identificas las calificaciones en el escrito, robusteces tus afirmaciones con la lista que acompañas sobre los aspectos biográficos resumidos.

2.3.1.4 Aportación de referencias

Todavía de mayor fuerza son las referencias: otro respaldo a tus palabras. Con anterioridad habrás pedido la autorización a las personas cuyos nombres invoques como referencias. Es de esperar que si dichas personas confían en ti y permiten que uses sus nombres, el empleador les dará más crédito a tus palabras. Tanto en la solicitud como en el sumario personal puedes optar por mencionar que se darán referencias en caso de estar interesados: "se ofrecen referencias", o sólo, "referencias". Esta práctica permite que sólo se molesten a las personas que tuvieron esta deferencia contigo únicamente cuando haga falta.

2.3.1.5 Petición de la entrevista

La conclusión lógica de un mensaje que ofrezca bienes o servicios — aquí se trata del ofrecimiento personal tuyo para emplearte — es procurar la ejecución de una acción correspondiente de adquisición por parte del destinatario. Cerrarás el escrito de solicitud, por consiguiente, con la sugerencia de celebrar una entrevista en los términos más cómodos para el empleador:

> En vista de los datos ofrecidos en la presente, me permito solicitarles una entrevista. Sírvanse ponerse en contacto conmigo por los teléfonos 34-5678 y 87-6543 o escribirme a la dirección dada arriba, cuando les sea más conveniente.

Al ofrecer el *cómo* y el *cuándo* de localizarte, le facilitas la ejecución de la acción de concederte una entrevista al futuro empleador.

2.3.2 La redacción del sumario personal

Constituye una versión más detallada de la información suministrada en la solicitud de empleo. Se redacta con vista al *vitae* confeccionado durante la fase investigativa. Esta hoja biográfica, también llamada *resumé*, ofrece un resumen de los datos que mejor se avengan a los requisitos del puesto particular solicitado y a las necesidades del empleador. El orden de presentación no será el mismo del *vitae* sino que se ajustará, en escala descendente, según el interés específico del caso. Esto es, primero se exponen los requisitos y actividades relevantes y se dejan los datos menos pertinentes para el final.

En el comienzo de tu carrera comercial, lo más probable será que coincidan los datos del *vitae* con los datos del *resumé,* incluso los formatos podrán ser semejantes. En ocasiones, pese a que seas un recién graduado, tu expediente personal acusa tal multiplicidad de datos, que habrás de sintetizarlos para el sumario. No hay por qué sobrecargar al destinatario. La tarea de hacerle llegar la información necesaria, corre por tu cuenta. La hoja adjunta, pues, evidencia lo que manifestaste en la carta, organizada con transición esmerada de un asunto a otro. La redacción del *resumé* reviste las siguientes características: esquematización, tabulación y propiedad de datos respecto a un empleo específico. Mientras que en la fase investigativa hiciste un *vitae* comprensivo, ahora, en la fase creativa, redactarás un *resumé* por cada puesto que pidas.

Así satisfaces las expectativas del empleador: un mensaje personal redactado específicamente para él, junto con un *resumé* únicamente apropiado para una situación de colocación particular. Cuando buscaste en la fase investigativa, igualmente, trataste de averiguar la identidad y cargo del encargado de la recepción de las solicitudes de empleo para personalizar tu futuro mensaje. Ahora has dirigido tu carta a una persona claramente identificada con su cargo correspondiente. Si has agotado los recursos de investigación sin éxito, tendrás que dirigir la solicitud a nombre del encargado de recibir las solicitudes según el anuncio de la vacante, y, en su defecto, al director de personal de la empresa empleadora.

El sumario personal también se arregla de acuerdo a las categorías informativas. Aquí corresponden esencialmente tu educación, experiencia y referencias. Expresarás con veracidad la extensión y calidad de tu preparación. Enumerarás los certificados de estudios, títulos y grados académicos. En tu hoja sumarial describirás con concisión las experiencias laborales merecedoras de destacarse en relación con el puesto pedido, con inclusión de las responsabilidades, ascensos y reconocimientos a tus triunfos vocacionales o profesionales. Sé justo con tus logros sin menoscabo de la verdad. Una falsa modestia, que deje de mostrar lo que eres y lo que has hecho, te perjudicaría tanto a ti como a la empresa a la cual pudieras servir. La mención a las referencias, tal como se apuntó antes, puede darse o no en la hoja sumarial. Si optas por darlas, ofrecerás la información del modo más conveniente para tu destinatario. Ofrecerás nombres completos, direcciones exactas, teléfonos y horas para llamar, y cualquier otra información que facilite la localización de quienes te recomienden.

Igualmente, cuando recibas contestación a tu solicitud de empleo, acusa recibo sin dilación. Cuando te inviten a la entrevista, acepta la invitación y confirma los detalles para celebrarla. No dejes en el aire ningún aspecto de consideración personal. Después de la entrevista enviarás una nota de gracias por dicha cortesía, adjuntarás cualquier modelo recibido o darás algún nuevo dato que te hayan pedido y reiterarás tu interés en tener la oportunidad de servir a la empresa como empleado. Pero cuando carezcas de toda retroinformación respecto a la solicitud de empleo, pasadas unas dos semanas, encarece tu interés en recibir respuesta y reitera tu capacidad para trabajar en la empresa. El caso es mantener abiertos los canales comunicativos, en dos direcciones, dentro del marco de la buena voluntad.

En suma, en la fase investigativa te autoanalizaste y confeccionaste un *vitae* tuyo. Cuando aparece la oportunidad de un empleo, preparas un sumario personal arreglado al interés del empleador y a los requisitos del puesto. De este sumario extraes los datos pertinentes, que están esquematizados, tabulados y categorizados, para redactar la solicitud de empleo; son cuatro operaciones de redacción dentro del enfoque sistemático. Desde el comienzo, donde acopiaste la información, pasas en la segunda etapa, a la creativa, donde te pones en acción en interés de tu destinatario.

2.3.3 La entrevista

La invitación a entrevistarte significa que el empleador ha recibido una impresión favorable de ti. El intercambio en persona te da la oportunidad de corroborar frente a frente de que eres el mismo ser humano deseoso de servir como expresaste en tu mensaje de solicitud. Hoy día varias personas entrevistan al solicitante de empleo para calibrarlo desde distintos puntos de vista. El director de personal podrá conducir la entrevista; varias entrevistas con el futuro supervisor y con su superior inmediato son muy frecuentes. El juicio sobre tu persona de mayor peso siempre será el de tu supervisor, que es la persona en cuyo departamento existe la vacante anunciada.

De primera intención has triunfado. La compañía tiene interés en ti. No hay por qué sobresaltarse. Te has preparado durante la fase investigativa para aprovechar esta ocasión de demostrar tus habilidades de razonamiento, de descripción, de información y de persuasión. Tus cursos de comunicación y lenguaje te han dado la pericia para actuar en público, para hablar y escuchar. Por otra parte, los entrevistadores harán todo lo posible por tranquilizarte, ya ellos han pasado por el mismo trance. Eres un experto de ti mismo y has conocido todo lo posible de la empresa. A última hora has pasado por la oficina de colocaciones universitaria para conocer cualquier información adicional sobre el proceso de la entrevista con representantes de esta empresa, pues las necesidades laborales hoy día sufren cambios constantes. Hasta algún compañero podrá haber sido entrevistado por el mismo equipo recientemente. Tu conciencia está tranquila: te has preparado todo lo humanamente posible. Ahora, a ser tú mismo, no un maniquí.

2.3.3.1 Frente a un entrevistador

Dado que la primera impresión que causaste por escrito fue favorable, continúa en el mismo cauce ahora en persona. Muéstrate vestido y arreglado, como cuando te vas a sacar una fotografía para el anuario escolar. Preséntate a tiempo en el lugar señalado. La norma consiste en no llamar la atención a estos detalles para que la atención se centre en el objetivo del entrevistador: estimar tu conocimiento y aquilatar tu capacidad de comunicación de dicho conocimiento.

Considera tus movimientos corporales, controla manerismos. Cuando te extiendan la mano, mira derechamente a los ojos de tu interlocutor y estrecha las manos con firmeza. Cerciórate de que sabes su nombre antes de entrar al salón. Cuando te ofrezcan sentarte, no te sientes en la punta del asiento con la rigidez de un poste, ni tampoco te arrellanes en el fondo con el temor de un condenado a muerte. Mantente con los hombros erguidos y la mirada alerta. Deja las manos descansar sobre el asiento o sobre ti sin el menor asomo de tensión. Por lo común, el entrevistador hablará sobre algo de común interés o de los acontecimientos del día para aflojar la tensión. Además de preguntas relacionadas con la información que has dado, te preguntarán sobre tu conocimiento de la empresa. Casi siempre salta la pregunta: "¿Por qué solicitó empleo en esta empresa?" Sin embargo, el objeto de la entrevista se cumple mejor cuando te manifiestas espontáneamente: cuando aprovechas la oportunidad recibida de desarrollar un tema de conversación. Las respuestas a las preguntas que te han formulado, precisamente, van encaminadas a darte el pie para que te extiendas, para despejar el sendero de tu exposición por la que expresarás tu modo de ser y comunicarás tu conocimiento. Por ello, cuando con antelación hayas estado repasando el temario de preguntas más frecuentes formuladas en el transcurso de la entrevista de empleo, habrás procurado establecer la conexión entre las respuestas y los temas que domines. Con dicha práctica aprovecharás mejor y harás aprovechar a tu entrevistador este intercambio personal. De cualquier suerte, habrás demostrado tener la cualidad de cooperador para que otros cumplan con sus obligaciones.

2.3.3.2 Restricciones impuestas a las preguntas del entrevistador

No solamente el entrevistador está consciente de que tú formas parte del público general cuyo servicio es obligación de su empresa, y por dicho motivo se habrá cohibido de formularte preguntas capciosas o condescendientes, sino que, además, existe ya una copiosa legislación en los países más avanzados para proteger los derechos de toda persona hábil para desempeñar un empleo. Conviene revisar las guías generales de la entrevista vigentes en el país, que además pueden servir de pauta para las empresas más progresistas del mundo hispánico.

a) Raza, religión y país de origen

En el curso de la entrevista, el entrevistador deberá tener presente las leyes contra las prácticas discriminatorias. Sea al nivel federal como al nivel estatal, es ilícito discriminar a un solicitante de empleo a causa de su raza, religión, país de origen, edad o sexo. Cualquiera que sea el motivo, el entrevistador se abstendrá de preguntar cuestiones relacionadas con los antecedentes del solicitante que pudieran servir para identificar su raza, religión o país de origen.

En el caso de iglesias, escuelas y de otras instituciones entre cuyas funciones se halla la práctica de alguna religión o culto, podrá exigirse la pertenencia a su fe religiosa a algunos de sus empleados. La condición para permitirse esta excepción será de que el ejercicio del cargo exija el conocimiento y la práctica de dicha religión. Así, en una universidad operada por una comunidad religiosa, se les podrá pedir a los profesores la adherencia a su credo ya que la instrucción se imparte desde tal punto de vista; pero los empleados de oficina no están sujetos, por la índole de sus funciones, a sustentar las mismas creencias religiosas. Más aún, no se les podrá pedir a las personas ajenas a la administración y al claustro de profesores la asistencia a ningún culto.

b) Discriminación por razón de sexo y edad

En la mayor parte de los estados se permite la inclusión de preguntas relativas a la edad y al sexo en los formularios de solicitud de empleo. Esta información, empero, no podrá utilizarse en contra del solicitante. No es aconsejable, por ello, preguntar o abordar el tema de la edad pues podría dar base a una queja de discriminación. Se le podrá preguntar al solicitante la fecha de graduación, tanto de la enseñanza secundaria como de la superior y los períodos de empleo en los trabajos relacionados con la presente solicitud. A los efectos del seguro social, de la pensión y por razones de semejante legitimidad, se le podrá pedir prueba de la edad, una vez que el solicitante sea colocado. Al entrevistarse a personas de evidente apariencia juvenil que necesitan acreditar su condición de empleables, se permite pedirles la aportación de la necesaria documentación durante el curso de la entrevista.

Como hay por lo general poca dificultad en establecer el sexo del solicitante en la entrevista, las restricciones giran alrededor de preguntas sobre cuestiones de un sexo que no se pueden hacer a los miembros del otro. Es el principio de equidad. Por ejemplo, no se le puede preguntar a una mujer si tiene hijos pequeños en la casa y si ha hecho los arreglos para que alguien se encargue de ellos, o si se halla embarazada o si proyecta tener familia. El estado marital, aunque no debe preguntarse en los modelos de solicitud de empleo, podrá incluirse luego de colocarse al solicitante por las mismas legítimas razones de tributación, planes de beneficio y demás.

A continuación ofrecemos un cuadro de las precauciones que deben guardarse para formular preguntas:

Asunto	Preguntas objetables	Preguntas aceptables
Situación financiera	Sobre solvencia, propiedades, crédito, cuenta bancaria.	Ninguna.
Impedimentos	Sobre condiciones que no afectan el desempeño del trabajo.	Pregúntese directamente si el candidato tiene alguna lesión que interfiera con el desempeño del trabajo; se recomienda intentar un acomodo razonable de personas impedidas.
Peso y altura	Sobre aspectos desligados de los requisitos del trabajo. Habrá que justificar la necesidad de formular estas preguntas a causa del giro de la empresa.	Pregúntese sobre la habilidad de ejecutar la labor en el contexto de los deberes del empleo.
Familia y estado marital	Sobre el cuidado de la prole, prácticas anticonceptivas, preferencias del cónyuge sobre el horario de trabajo, viajes, etc. Cualquier pregunta hecha a un sexo solamente.	Pregúntese directamente al solicitante si puede cumplir con el horario de trabajo o con los requisitos del empleo. Se deben hacer las preguntas a *ambos* sexos.
Baja del servicio militar	Sobre cualquier aspecto que no esté relacionado con una baja deshonrosa.	Pregúntese directamente si tuvo una baja deshonrosa.
País de origen	Sobre linaje, lugar de nacimiento, capacidad de comunicarse en otro idioma.	Únicamente cuando los requisitos del empleo lo exijan, pregúntese sobre la capacidad de entenderse en la lengua nativa o en alguna foránea.
Nombre	Sobre cuestiones relacionadas con el origen, legitimidad del nacimiento, previos casamientos.	Pregúntese directamente si con anterioridad ha trabajado bajo otros nombres.
Antecedentes penales	Sobre la comisión de delitos, infracciones, violaciones; haber sido encausado, haber sido condenado, arrestado o razones de arresto por motivos que no tengan la menor relación con el empleo solicitado.	Pregúntese directamente si ha sido condenado por un delito relacionado con las funciones del puesto, verbigracia: encarcelado por el delito de sustracción de fondos si la solicitud se refiere a un puesto de cajero.
Ciudadanía	Sobre la condición de ciudadano; de probarla antes de la colocación.	Pregúntese directamente si no ha podido emplearse en el país dentro de la ley por limitación de la visa de entrada o por la condición de inmigrante; se pide la prueba de ciudadanía después de la colocación.
Educación	Sobre la petición de grados académicos y cursos que no se relacionan directamente con el desempeño del puesto.	Solicítense grados y cursos directamente relacionados con el trabajo especificado.
Religión y cultos	Sobre preferencias religiosas, creencias, prohibiciones, fe profesada, iglesia a que pertenece, prácticas religiosas.	Pregúntese directamente si puede cumplir con el horario de trabajo señalado.
Experiencia laboral	Sobre tipos de empleos asociados a grupos étnicos.	Pregúntese directamente si tiene experiencia laboral relacionada con el puesto.

2.3.4 Ejercicios de redacción

Aplica ahora los conocimientos adquiridos en toda la sección 2.3:

1. Redacta una solicitud de empleo dirigida a una empresa de tu interés. El empleo pedido debe estar relacionado con el área de concentración de tus estudios. Sigue los cinco pasos sugeridos en la redacción.
2. Prepara una hoja de sumario personal para enviarla adjunta a la solicitud de empleo del número 1.
3. Suponiendo que el jefe de personal te ha respondido a tu solicitud anterior y de que te ha invitado a pasar por su oficina el jueves de la semana entrante a las diez de la mañana, escribe el pertinente mensaje de consecución.
4. Como resultado de la entrevista sostenida, ahora estás ansioso por conseguir el puesto ofrecido. Escribe otro mensaje de consecución apropiado.
5. Pasa por la biblioteca o por el salón de lecturas donde haya publicaciones que traigan anuncios de empleo. Prepara una lista de estos recursos. Selecciona el anuncio que cuadre mejor con las calificaciones que esperas tener al tiempo de tu graduación. Escribe también la correspondiente solicitud.
6. Prepara una lista de posibles preguntas, con sus respuestas, que te podrán hacer en la entrevista.
7. Prepara un informe oral sobre las técnicas de la entrevista con demostración visual de la actuación.
8. Redacta un informe sobre las medidas existentes en tu país para proteger los derechos de colocación. Relaciona dichas medidas con las observaciones ofrecidas sobre preguntas en las entrevistas.

2.4 EJERCICIOS DE CONCIENTIZACIÓN GRAMATICAL

Analiza los aspectos gramaticales de la lección 1 del libro *Gramática.* Puedes usar de modelo la sección "Vamos a razonar contigo: las oraciones atributivas" y las explicaciones de la sección "Tráfico: los patrones de entonación". Tu estudio puede versar sobre el texto de este cuaderno, sección 2.3, sobre tus propios trabajos de redacción del 2.3.4 o sobre cualquier otro texto que estimes pertinente. La conciencia del empleo de las cuestiones gramaticales citadas se incrementa con el dominio de la sección 2.2 "Cuestionario y temario para desarrollar", también de este cuaderno.

Los puntos de tu análisis gramatical pueden seguir el orden sugerido por el "Contenido", p. ix del libro *Gramática.* Los esquemas y cuadros sinópticos son otros medios auxiliares para realizar un análisis ordenado. Una sugerencia para estudiar los patrones de entonación: prepara una explicación del uso efectivo de las sugerencias para una entrevista de empleo. Todos estos ejercicios de concientización gramatical pueden hacerse con la participación de un grupo o de una clase y servir de base para discusión.

2.5 EJERCICIOS DE TRADUCCIÓN

Ofrece la versión española de los siguientes anuncios de ventas especiales. Podrás encontrar la traducción correcta de los mismos al final de la lección. Compara tu traducción con la ofrecida en los anuncios en español.

Save 40% on ladies' casual fashion knee hi's Solids and stripes. Fits sizes 9-11 REG. 1.39-2.19 **83¢** TO **1³⁰**	**Save 41%-56% on assorted women's sport shoes** Choose from oxford and slip-on styles. ORIG. 11.99-15.99 **6⁹⁹**	**Special Purchase women's 2-band fashion slides** Man-made uppers, lowers. Fashion colors. Minimum 36 Pair Per Store **6⁹⁹**
Save 25% on beaded or polyester silk handbags For evening wear. Chain or rope straps. REG. 7.99 **5⁹⁹**	**Save 33%-50% on women's latest fashion sandals** Dressy styles. Choice of heels or wedges. ORIG. 14.99-19.99 **9⁹⁹**	**Save 37% on ladies' boxed 2-piece knit sets** Hat w/scarf or gloves, umbrella w/scarf. ORIG. 7.99 **5⁰⁰**
Save 33% on ladies' polyurethane handbags Single and multi-compartment styles. ORIG. 8.99-17.99 **6⁰⁰** TO **12⁰⁰**	**Save 40%-42% on ladies' boxed purse accessories** Choose from a large selection of styles. ORIG. 6.99-9.99 **4⁰⁰** TO **6⁰⁰**	**Save 19%-24% on three boxed handkerchieves** Soft, embroidered handkerchieves. ORIG. 3.99-4.99 **3⁰⁰** TO **4⁰⁰**
50%-75% off all colored stone and bead jewelry Necklaces, earrings, bracelets. ORIG. 2.00-4.00 **99¢**	**Special Purchase women's slides** Man-made uppers and bottoms. Minimum 36 Pair Per Store **4⁹⁹**	**Save 36% on a selection of ladies' felt hats** 100% wool. Fedora, profile, pinch crown. ORIG. 10.99 **7⁰⁰**

Cortesía de Jefferson Ward Inc., Florida.

Ofrece la versión española de los siguientes modelos en inglés de escritos pertenecientes a la fase creativa de solicitudes de empleo.

```
                                          1600 Jefferson Street
                                          Janesville, WI 53545
                                          November 2, 19--


Mr. Robert Cleary
Reardon Manufacturing Company
812 Rust Drive
Hibbing, MN 55746

Dear Mr. Cleary:

     Thank you for the October 31 interview concerning a management-
trainee position with your company.

     The opportunity to discuss my qualifications in terms of your
firm's needs makes me confident that I can fulfill the requirements
of your program. With a bachelor's degree in management and with
work-related experience as a student, I have acquired a solid foun-
dation in preparation for management training. Because Reardon offers
challenges and opportunities to its personnel, I am very much inter-
ested in a career with your firm.

     Please write me at the address given above or telephone me at
(414) 871-9087 regarding your decision. Because I am interested in
a career with a vigorous, progressive firm, I look forward to an
affirmative reply.

                                          Sincerely yours,

                                          Sally Detzel
                                          Sally Detzel
```

Fuente: Effective Communication in Business, Wolf, Keyser, Aurner, South-Western Publishing Co., Séptima edición, p. 273.

1520 University Drive
East Lansing, MI 48823
June 1, 19--

Personnel Officer
Packaged Homes, Inc.
2226 Outer Drive
Springfield, IL 62704

Dear Manager:

The excellent reputation and rapid growth of Packaged Homes, Inc. are indica-tive of an outstanding marketing division. Having a desire to be associated with your firm, I am applying for a position with your marketing team.

In preparation for a marketing career, a minor in economics was taken to enrich my business background. Because a working knowledge of statistics is important, I acquired the ability to use this skill in the preparation of analytical reports. Communication courses were taken because the ability to express oneself both orally and in writing is equally important to a marketing career.

At City College I earned a business administration degree with a marketing major. Related courses in advertising, management, and accounting increased my understanding of the marketing field. Courses in data processing showed me the techniques and procedures for gathering and effectively analyzing data. To help me in better understanding others, courses in psychology and sociology were also taken.

Through City College's co-operative education program, I was employed by the Apex Company in Cincinnati, Ohio. This practical experience, reinforced by participation in college and city organizations which are listed on the en-closed data sheet, has developed my ability to communicate effectively and to fulfill responsibility. The opportunity to work with several department heads and observe supervision in action has reinforced my desire to work in a marketing department -- especially yours.

Will you let me prove personally what my references will confirm? To arrange an interview at your convenience, please telephone me at 517-228-4512 or write me at the address given above.

Sincerely yours,

Charles Rotella
Charles Rotella

mco

Enclosure: Resume

Fuente: Effective Communication in Business, Wolf, Keyser, Aurner, South-Western Publishing Co., Séptima edición, pp. 68 y 273.

Vocabulario inglés-español

ABOVE — Arriba, encima, antedicho, *ut supra*, susodicho.

(TO) ACQUIRE — Adquirir, obtener, conseguir, contraer.

(TO) APPLY FOR A POSITION — Solicitar, pedir puesto, plaza vacante, empleo.

(TO) ASSOCIATE — Vincular, relacionar, conectar, asociar, juntar.

AT YOUR CONVENIENCE — Cuando le plazca, le convenga; a su gusto; cuando le sea conveniente.

AUDIENCE — Auditorio, audiencia, concurrencia, público.

BECAUSE — Porque, por, pues; a causa de, debido a, en virtud de, en razón de (que).

(TO) CHALLENGE — Desafiar, retar, poner a prueba, servir de estímulo, acicatear, espolear, disputar, demandar.

CONCERN — Empresa, entidad, compañía, establecimiento mercantil; cuidado, preocupación, interés.

CONFIDENT — Confiado, seguro, cierto.

DATA PROCESSING — Proceso o procesamiento automático, electrónico de información, procesamiento de datos con computadora.

DEAR MANAGER — Estimado, apreciable, distinguido señor director, gerente; muy señor mío.

(TO) ENCLOSE — Enviar adjunto, adjuntar, acompañar en la presente, enviar anexo, incluir en carta.

EXTRACURRICULAR ACTIVITIES — Actividades extraordinarias, adicionales, suplementarias de estudios; actividades no académicas.

(TO) INCREASE — Incrementar, aumentar, acrecentar, subir, elevar.

IN TERMS OF — Con base a, en términos de, conforme a, según, con arreglo a.

(TO) LIST — Poner en lista, listar, alistar; enumerar, figurar, aparecer en lista; registrar, obrar en columnas.

(TO) LOOK FORWARD — Esperar, estar a la espera, quedar aguardando, anticipar con placer, quedar en espera de sus noticias.

OUTSTANDING — Sobresaliente, destacado, notable, relevante.

(TO) PLEASE — Agradar, gustar; tener la bondad, la amabilidad; hacer el favor, servirse.

POLYURETHANE — Poliuretano. Fibra que se utiliza en la fabricación de ciertos tejidos.

(TO) REINFORCE — Fortalecer, fortificar, reforzar; apuntalar; corroborar.

SKILL — Destreza, habilidad, pericia, arte, práctica, maña.

SINCERELY — Atentamente, sinceramente; quedo atentamente suyo, su seguro servidor; quedo a sus gratas órdenes; le saluda respetuosamente; le reitera su aprecio.

SUPPLIED UPON REQUEST — Serán dada(s) u ofrecida(s) a petición.

TEAM — Equipo, grupo, partido, cuerpo, *staff*.

(TO) THANK — Agradecer, dar las gracias, apreciar, acusar recibo con placer, manifestar agradecimiento, complacerse con, por.

UNDERSTANDING — Comprensión, entendimiento, acuerdo, inteligencia.

A continuación se ofrece la traducción al español de los anuncios de ventas especiales en inglés. Comprueba tu traducción con la que te brindamos aquí.

Ahorre 40% en medias informales hasta la rodilla para damas
Colores enteros y rayas. Para tallas 9-11.
REG. 1.39-2.19 **83¢ A 1^{30}**

Ahorre 41%-56% en zapatos deportivos surtidos para señoras
Modelos oxford y slip-on.
ORIG. 11.99-15.99 **6^{99}**

Ahorre 25% en carteras de seda poliéster o cuentas
Para usar de noche. Asa cadena o "cuerda".
REG. 7.99 **5^{99}**

Ahorre 33%-50% en sandalias de última moda para damas
Modelos de vestir. Tacón o plataforma.
ORIG. 14.99-19.99 **9^{99}**

Ahorre 33% en carteras de poliuretano para damas
Modelos de uno y múltiples compartimentos.
ORIG. 8.99-17.99 **6^{00} A 12^{00}**

Ahorre 40%-42% en accesorios para carteras de señora
Un extenso surtido donde elegir.
ORIG. 6.99-9.99 **4^{00} A 6^{00}**

50%-75% de descuento en todas las joyas de piedras de colores y cuentas
Collares, aretes, brazaletes.
ORIG. 2.00-4.00 **99¢**

¡Compra Especial! zapatillas para damas
Completamente sintéticas.
Mínimum 36 Pares Por Tienda **4^{99}**

Ahorre 37% en juegos de 2 piezas de punto para damas
Sombrero con bufanda o guantes, o sombrilla con bufanda.
ORIG. 7.99 **5^{00}**

Ahorre 36% en extensa colección de sombreros de fieltro para damas
100% lana. Fedora, profile, pinch crown.
ORIG. 10.99 **7^{00}**

¡Compra Especial! zapatillas de moda, 2 tiras, para damas
Totalmente sintéticas. Colores de moda.
Mínimo 36 Pares Por Tienda **6^{99}**

Ahorre 19%-24% en caja de tres pañuelos
Suaves y bordados.
ORIG. 3.99-4.99 **3^{00} A 4^{00}**

LECCIÓN 3: REDACCIÓN DE MENSAJES DE VENTA: INVESTIGACIÓN SOBRE EL CONSUMIDOR Y SOBRE EL PRODUCTO Y EJERCICIOS

3.1 REPERTORIO DE EXPRESIONES

A continuación ofrecemos expresiones equivalentes a las procedentes del libro *Comunicación*, pp. 43-57.

3.1.1 Variedades de la expresión

... donde se conjuga el logro de la ganancia bajo la égida de un eticismo comercial. — *En los que se realiza el logro de la ganancia sujeto a normas éticas de conducta.*

A granjearse una buena acogida. — *A obtener una recepción favorable.*

Ha intentado captar su benevolencia. — *Ha intentado captar su buena voluntad.*

Esta afinidad de sentimientos que denota. — *Esta afinidad de sentimientos que significa literalmente.*

Esta confianza que dimana de tu identificación con la empresa. — *Esta confianza que se desprende de tu estrechísima relación con la empresa.*

Para que el inquirido no se sienta perplejo. — *Para que la persona a quien preguntamos sí sepa qué responder.*

En todo caso. — *De cualquier manera que sea.*

Harás incapié en. — *Subrayarás.*

Esta condición puede ser de accionista... — *La calidad en que están las personas puede ser de accionistas...*

Tienen su contrapartida. — *Tienen sus equivalentes, sus correspondientes.*

La proyección mental de las personas. — *La colocación imaginaria de las personas.*

De cuya falta no se había percatado. — *De cuya falta no se había dado cuenta.*

Te has impuesto de los objetivos subyacentes. — *Te has enterado de los objetivos que están al fondo de la cuestión, dentro de ella.*

Incluyendo a la cinestesia. — *Además del sentido del movimiento del cuerpo.*

Por lo pronto. — *De primera intención, provisionalmente.*

Subsanaremos estas deficiencias. — *Remediaremos estas limitaciones.*

Somos víctimas de su catarsis verbal. — *Somos víctimas de la catarata de palabras dichas para aliviarse.*

Cuando evaluamos críticamente... — *Cuando evaluamos usando la razón...*

La razón desempeña su cometido por medio de... — *La razón realiza su función mediante...*

La razón acude al análisis. — *La razón recurre al análisis.*

Hacemos un orden de lo que parece un agregado disforme a primera vista. — *Ordenamos lo que parece un conjunto heterogéneo al principio.*

Sus errores lo serán concomitantemente. — *Sus equivocaciones las acompañarán en consecuencia.*

A reserva de que tú profundices. — *Sin perjuicio de que tú ahondes.*

De modo contingente. — *De modo fortuito, eventual, que puede pasar o no.*

Cualquier predicación diversa que hagamos del sujeto. — *Cualquier afirmación contradictoria que hagamos de la persona.*

Son pruebas coadyuvantes. — *Es una evidencia de que contribuye.*

Dando por descontado... — *Aceptando sin más discusiones...*

Sea para cohonestar o para recusar... — *Sea para dar una apariencia de justa a una decisión o para no aceptar la intervención de alguien o tacharlo...*

Si disfrutamos de poder. — *Si gozamos de una posición de mando.*

Sembramos dudas y suspicacias sobre la honradez de personas involucradas. — *Dejamos caer opiniones que delatan incertidumbre y desconfianza en las personas que intervienen.*

Por lo común. — *De ordinario.*

Cuando la prueba invocada supone la verdad misma de la tesis propuesta. — *Cuando la prueba que se alega y la conclusión son una misma cosa.*

3.1.2 Ejercicios de sustitución

Reemplaza las partes en cursivas con expresiones procedentes de la sección anterior o con otras tuyas. Puedes consultar el *"Vocabulario"*.

1. *De primera intención,* nos obliga a aceptar que no percibimos todas las circunstancias presentes en el acto comunicativo.

2. Desarrollamos la individualidad cuando evaluamos *usando la razón...*

3. *De ordinario,* la primera declaración alude a algún hecho que disfruta de general crédito público.

4. La misma *buena voluntad* debe impregnar las preguntas dirigidas a todos: con claridad y concisión, para que *la persona a quien preguntamos sí sepa qué responder.*

5. Para darnos un límite la razón *recurre al análisis.*

6. Como por *su propia naturaleza* la conclusión procede de las premisas confrontadas... debemos partir de hechos verificados.

7. Por el sofisma accidental no debe entenderse sólo *las cosas que le pasan a una persona de modo fortuito,* sino que *se incluye también a cualquier afirmación contradictoria que digamos de una persona.*

8. Para el logro de esta eficiencia los directivos procuran que las comunicaciones de Universal S.A. se encaminen siempre a *obtener una buena recepción.*

9. Casi todas las razones de la empresa tienen *sus correspondientes* en razones de las personas que integran el público.

10. *La colocación imaginaria* de las personas en tal situación, por necesidad, estará relacionada con la empresa y los productos que tú representas.

11. Ocurre la falacia circular cuando *la prueba que se alega y la conclusión son una misma cosa.*

12. Eres la persona que participa en las tareas directivas con palabras y actos animados de propósitos *en los que se realiza el logro de la ganancia sujeto a normas éticas de conducta.*

13. *De cualquier modo,* el movimiento que tú buscas procede de la interioridad.

14. Por ello, te esmerarás en captarle la atención, haciéndole ver lo que necesita, de cuya *ausencia no se había dado cuenta.*

15. Sea para *dar una apariencia de justa a una decisión o para no aceptar la intervención de alguien,* se apelan a los sentimientos con ánimo de evitar la entrada de lleno en cualquier interpretación de datos.

16. *Sin perjuicio de que tú ahondes* según sean tus necesidades . . .

17. Restauramos ese orden superior rector al combinar estos elementos *u ordenamos lo que parece un conjunto heterogéneo al principio.*

18. *Aceptando* el lenguaje plenamente emotivo *sin más discusiones* . . .

19. En tu *condición* de empleado a prueba de la empresa Universal S.A., ya te *has enterado de los fines que están dentro de* sus mensajes comerciales.

20. *Remediaremos* estas deficiencias mediante la observación . . .

21. *Dejamos caer opiniones que delatan incertidumbre y desconfianza en las personas que intervienen* con idénticas intenciones tortuosas.

22. La razón *realiza su función mediante* dos actividades principales: el análisis y la síntesis.

23. Por medio de nuestros sentidos corporales, *además del sentido del movimiento del cuerpo,* aprehendemos tanto el universo exterior como el interior.

24. Esta confianza, que *se desprende de tu estrechísima relación* con la empresa que representas, se traslucirá en tus comunicaciones.

25. *Es una evidencia que contribuye* pero no es decisiva por sí sola.

26. Incurrimos en falacias emotivas cuando declaramos de modo tan terminante, especialmente si *gozamos de una posición de mando,* que impedimos las objeciones de nuestros subordinados.

27. En tu informe anual *subrayarás* las cifras favorables a tu empresa para despertar confianza en sus operaciones.

28. De la misma manera que las formas del razonamiento son infinitas, sus *equivocaciones las acompañarán en consecuencia.*

29. Somos víctimas de la *catarata de palabras dichas para aliviarse* de la gente que nos causa hastío.

30. Esta afinidad de sentimientos que la palabra simpatía *significa literalmente,* simplemente es la cualidad de trascender nuestro propio yo . . .

3.2 CUESTIONARIO Y TEMARIO PARA DESARROLLAR

3.2.1 Sobre "Comentarios sobre la gramática: la oración predicativa"

1. ¿Por qué no hay compartimentos sellados en la mente humana, ni siquiera en el criterio semántico que representa la distinción entre verbos atributivos y verbos predicativos?

2. Desarrolla el tema de la reserva o cautela en estudiar las oraciones predicativas y la falta de interés en el sujeto.

3. ¿Por qué el criterio semántico para dividir los verbos está condicionado por el carácter simbólico del lenguaje y por la situación temporal de los hablantes?

4. ¿Por qué el punto de partida de la comunicación es la concurrencia o equilibrio entre la unicidad del evento y la generalización?

5. Desarrolla el tema de las consecuencias que tiene el hecho de que el

lenguaje se usa para otros menesteres vitales además de emplearse en el intercambio de informaciones precisas.

3.2.2 Sobre "Clasificación de las oraciones predicativas"

1. Explica la distinción entre oraciones transitivas e intransitivas. Da ejemplos.
2. Explica el empleo de las oraciones pasivas. Da ejemplos.
3. ¿Qué son verbos reflexivos?
4. Desarrolla el tema de los matices significativos que adquieren los verbos con los complementos pronominales de la reflexión. Da ejemplos.
5. ¿Qué son reflexivos absolutos?
6. Desarrolla el tema de los cambios de significado de algunos verbos usados en forma reflexiva. Da ejemplos.
7. ¿Qué son oraciones recíprocas?
8. Explica el uso de los pronombres reflexivos y de locuciones añadidas en las oraciones recíprocas. Da ejemplos.
9. Desarrolla el tema de las significaciones de las oraciones unipersonales e impersonales. Da ejemplos.
10. Desarrolla el tema de los verbos habilitados para servir de unipersonales con algunos problemas de concordancia en su uso. Da ejemplos.
11. ¿Qué son oraciones semi-impersonales?
12. Desarrolla el tema del empleo de las oraciones pasivas-reflejas. Da ejemplos.
13. En una oración como "se encuadernan libros", ¿qué tipo de oración obtenemos?
14. Desarrolla el esquema de los usos y restricciones de los elementos sintácticos en las oraciones reflexivas-impersonales. Da ejemplos.
15. Desarrolla el tema relacionado con los significados de las oraciones reflexivas-pasivas. Da ejemplos.
16. Desarrolla el tema de los usos de construcciones de sentido impersonal-pasivo, con las recomendaciones sobre el empleo de los complementos pronominales. Da ejemplos.
17. ¿Cómo podemos asegurarnos de que un verbo indica a) reflexión pura, b) acción recíproca y c) impersonalidad (con *se* y verbo en tercera persona singular)?

3.2.3 Sobre "Significados de las transformaciones de una oración modelo"

1. Partiendo de una oración transitiva completa de tu elección como modelo, realiza los cambios estructurales sugeridos y explica los significados resultantes.
2. ¿Por qué las clasificaciones tienen un carácter pragmático?

3.2.4 Sobre "Oraciones afirmativas y negativas

1. Explica los conceptos de oraciones afirmativas y negativas, las razones para estudiar la actitud relacionada con la negación con su expresión por medio del lenguaje y las recomendaciones hechas al directivo.

3.2.5 Sobre "Posibilidades expresivas de la negación"

1. Desarrolla el tema de la conveniencia de estudiar con las formas negativas.
2. Explica los medios léxicos, morfológicos y semánticos de la negación. Da ejemplos.
3. ¿Qué son medios sintácticos de la negación?
4. Desarrolla un esquema de contrastes de palabras afirmativas y negativas, a) general, b) de elementos análogos, c) respecto a personas, d) respecto a cosas, e) respecto al tiempo, f) respecto al lugar, g) respecto al modo de realizarse la acción, h) respecto a la extensión de cualidad o acción de sujetos extendida a otros y, por último i) respecto a la unión y compañía. Ofrece los contrastes con oraciones completas.
5. Comenta sobre el significado negativo de muchas locuciones al concurrir con negaciones o referirse a objetos de poca importancia. Da ejemplos.
6. ¿Cuál es el principio general de la negación en español cuando concurren varias palabras negativas?
7. ¿Cuál recomendación surge como consecuencia de lo anterior?
8. Desarrolla un esquema de los matices de la negación con ejemplos ilustrativos.

3.2.6 Sobre "Tráfico: concordancia entre sujeto y predicado"

1. ¿Cuál es la expresión formal de los nexos psicológicos y semánticos entre el sujeto y el predicado?
2. Comenta sobre la correspondencia entre sujeto y predicado y el empleo de la expresión morfema flexivo para indicar esta función.
3. ¿Cuándo no ofrece ninguna dificultad la concordancia entre sujeto y verbo?
4. Desarrolla el tema de los factores interdependientes que dictarán la concordancia: el significado del sujeto, su naturaleza o composición y la concurrencia de varios sujetos.
5. ¿Qué problema se presenta cuando concurren varias personas en el acto del discurso respecto a la concordancia?
6. Igualmente, ¿qué problema se presenta cuando concurren varios infinitivos como sujetos respecto a la concordancia?
7. ¿Cómo se realiza la concordancia, por lo general, de acuerdo con la colación u orden entre sí de sujeto y predicado?
8. Desarrolla el tema de las discordancias de persona y número realizadas con intención. Ofrece ejemplos.
9. ¿Por qué empleamos con preferencia la primera y la segunda personas del plural cuando concurren *yo* y *tú* con terceras personas?
10. ¿Por qué empleamos a veces los pronombres sujetos a pesar de que la norma general es de prescindir de ellos cuando las terminaciones verbales indican con claridad cuál es el sujeto?
11. ¿Por qué debemos mantener la misma persona verbal como sujeto en nuestros escritos?
12. Explica las opciones presentadas con las oraciones atributivas en los ejemplos sacados del libro *Comunicación*. Ofrece tu opinión.

13. Explica la opción de concordancia cuando empleamos un sujeto compuesto de varios elementos unidos por conectivos como *con, como, tanto... como* y *así... como*. Ofrece ejemplos con oraciones pasivas.

14. ¿Qué factor contribuye a la concertación en singular aunque el sujeto esté compuesto de varios elementos?

15. ¿Qué ocurre ahora cuando a cada elemento le precede un artículo en el caso anterior?

16. ¿Cómo se realiza la concordancia entre sujeto y predicado en las oraciones pasivas reflejas?

17. ¿Por qué conviene en las oraciones modales concertar en plural cuando el sujeto está en plural?

18. Igualmente, ¿por qué conviene concertar las oraciones "se mandó cerrar las puertas" y "se espera corregir las faltas" en singular?

19. Desarrolla el tema de la concordancia respecto a los nombres colectivos sujetos y sus predicados. Ofrece ejemplos y comenta sobre los ejemplos dados en el libro *Comunicación*.

20. Explica las posibilidades de concordancia según el orden entre sujeto y predicado en los ejemplos aportados cuando los elementos del sujeto múltiple están unidos por *o* y por *ni*.

21. ¿Por qué los pronombres neutros sujetos concuerdan en singular con sus verbos?

3.3 REDACCIÓN. MENSAJES DE VENTA: INVESTIGACIÓN SOBRE EL CONSUMIDOR Y SOBRE EL PRODUCTO

**3.3
INVESTIGACIÓN
SOBRE EL
CONSUMIDOR
Y SOBRE EL
PRODUCTO**

3.3.1 La comunicación en el mercadeo
3.3.2 El programa comunicativo de mercadeo en la redacción

3.3.3 Las necesidades del consumidor, los productos que las satisfacen y los mensajes para vincularlos

- 3.3.3.1 La naturaleza de sus necesidades
- 3.3.3.2 El rol desempeñado por los productos
- 3.3.3.3 El papel asumido por los mensajes de venta en la selección de productos

Necesidades vitales
Necesidades sociales
Necesidades personales

3.3.4 El análisis del consumidor

- 3.3.4.1 La encuesta al consumidor
- 3.3.4.2 La entrevista informal
- 3.3.4.3 La entrevista en grupo
- 3.3.4.4 Las preguntas por proyección
- 3.3.4.5 Completar oraciones
- 3.3.4.6 El desempeño de roles
- 3.3.4.7 Los tests asociativos
- 3.3.4.8 Sugerencias para la administración de las técnicas anteriores

3.3.5 El análisis del producto

- 3.3.5.1 El análisis del producto tangible
- 3.3.5.2 La percepción o imagen que tiene el consumidor

Enfoque sobre las características diferenciales del producto
El análisis de los productos del competidor
El análisis de los productos industriales
El análisis de los productos de tiendas al detalle, de mayoristas y de empresas de servicio
Técnicas investigativas para apreciar la reacción del consumidor
Análisis de las novedades introducidas en el producto

- 3.3.5.3 El análisis de la labor comunicativa anterior

Presupuesto
Medios de comunicación
El análisis de los textos de los mensajes

Los mensajes de venta son los instrumentos de la comunicación comercial que influyen en la conducta de sus destinatarios: enterándolos de la existencia de bienes o servicios, informándolos de sus características, despertando su interés, canalizando sus deseos, reafirmándolos en su preferencia y persuadiéndolos a su adquisición. Aquí también caben los mensajes encaminados a producir una convicción, fortalecer una creencia y a inducir a la ejecución de un acto. Esta complejidad de los mensajes de venta impone la necesidad de prepararlos mediante una investigación acuciosa. La tarea comunicativa se ha integrado, además, al mercadeo. No podemos exponer las técnicas de la redacción de los mensajes, por ello, sin antes revisar, al comienzo de esta fase investigativa, algunos conceptos fundamentales. Como resultado, tendremos la necesidad de investigar al consumidor, el producto y el mercado, como paso previo a la redacción de los mensajes de venta de mayor empleo en la actualidad: el *anuncio* y la *carta de promoción*.

3.3.1 La comunicación en el mercadeo

Los mismos principios de la comunicación se hallan presentes en la definición más generalizada del proceso gerencial de mercadeo, expuesta por el Institute of Marketing: es la labor ejecutiva encargada de identificar, anticipar y satisfacer las demandas del consumidor de una manera mutuamente satisfactoria. Aquí el destinatario es el consumidor y el mercadista es el emisor. La coparticipación en los significados reside ahora en la coparticipación en beneficios; y, entenderemos aquí como mercado, a las personas que necesitan el producto o servicio, tienen la voluntad de adquirirlos y la capacidad económica para comprarlos en cierto tiempo y lugar. La teoría del mercadeo es la satisfacción del destinatario — he aquí la retroinformación que la fundamenta. La práctica del mercadeo se ramifica en distintas actividades que han sido englobadas en la expresión "fórmula de mercadeo", por el mercadista norteamericano Neil Borden. En dicha fórmula se integran, en cambiante proporción, los componentes desarrollados para satisfacer las necesidades percibidas de un mercado o segmento diferenciado, situado en un determinado entorno. Este entorno está constituido por factores políticos, culturales, económicos y sociales. Los componentes del entorno se conocen con el nombre de elementos incontrolables de la fórmula porque su modificación no está en manos del mercadista. Los elementos desarrollados para satisfacer las necesidades del consumidor son, básicamente, el producto, su precio, su distribución y la comunicación, por ello llamados elementos controlables de la fórmula mercadística.

Si bien la comunicación incluye además de palabras a acciones y a objetos, nos referiremos sólo a los mensajes enviados al consumidor o al distritribuidor con determinados objetivos. Estos objetivos se pueden enmarcar en el modelo de conducta sugerido por el ciclo vital del producto. En general se ha demostrado que hay distintas etapas en la existencia de un producto: introducción, crecimiento, madurez, saturación y declinación en el mercado. Cada una de estas etapas indicará el énfasis del mensaje. El modelo ilustra cómo los mensajes procuran producir efectos en el consumidor, tales como percatarle de la existencia del producto, informarle sus cualidades, para preferirlo, desearlo, adquirirlo y seguir satisfecho con su adquisición. Estos objetivos comunicativos se viabilizan mediante los siguientes instrumentos de mercadeo:

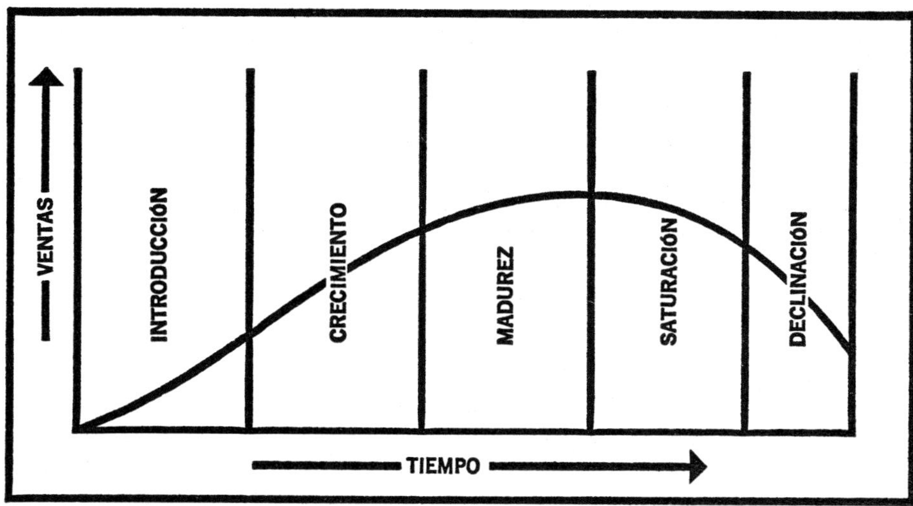

El anuncio

Es la presentación impersonal de productos, servicios o ideas en uno de los medios masivos de comunicación mediante una tarifa que paga un patrocinador identificado.

La publicidad

Es cualquier referencia, mención o transmisión de noticias respecto a una empresa, sus productos, sus actividades, sin una estipulación de pago por hacer esta presentación favorable en los medios masivos de comunicación.

La promoción de ventas

Bajo este término aparecen distintas actividades y mensajes, tales como demostraciones, regalos de muestras, exposición en vitrinas o vidrieras, disposición artística de artículos, exhibiciones, así como el envío de mensajes que no utilizan los medios masivos de comunicación, como las cartas de venta.

La venta personal

Consiste en la presentación personal, hecha de palabra, ante el consumidor, el decisor de las compras o autoridades en el ramo, de los artículos o servicios ofrecidos.

Todos estos instrumentos de mercadeo, que hemos incluido en el elemento "comunicación" de la fórmula mercadística, se han conocido con los nombres de publicidad, propaganda, y otros. Así aparecen departamentos de publicidad, relaciones públicas y demás. A causa de que todas estas actividades apuntan hacia los mismos objetivos mercadísticos de venta, hemos preferido agruparlas bajo el título de comunicación. Los objetivos comunicativos dependen de la labor mercadística. Por el hecho de que incluye estas actividades tan vitales, es ya práctica generalizada en las empresas contemporáneas conferir esta tarea a un vicepresidente de mercadeo o a un gerente general de ventas.

Su importancia determina la investigación de las interrelaciones dinámicas entre productos, consumidores y entornos, aunque por razones de espacio, estudiaremos los entornos más adelante. Dentro del enfoque de la sección presente, asimismo, hemos de limitarnos sólo a investigar los instrumentos comunicativos esenciales, el anuncio y la carta personal de venta — que procuran la comunicación del mercadista con su consumidor, sin la cual no hay comercio. No podemos dejar a la buena voluntad de los operadores de los medios masivos de comunicación el encarecimiento de nuestros productos, por lo que debemos esclarecer el modo de anunciar con eficiencia; ni tampoco podemos abordar el estudio de actividades básicamente extralingüísticas dentro de la promoción de ventas, sino únicamente la carta promocional. La venta personal, asimismo, se inserta dentro de otros estudios en el libro *Comunicación*, al cual remitimos al lector interesado. El número y accesibilidad de los consumidores determinará el empleo del anuncio o de la carta. Si hay pocos consumidores, como en el caso de los consumidores industriales, o la unidad de venta es grande por consumidor, se prefiere utilizar la carta.

En ambos casos, los objetivos se ajustarán a la etapa vital del producto, sin que quepan distinciones tajantes entre cada fase:

a) Durante la fase de introducción el papel del mensaje es despertar la conciencia sobre la disponibilidad del producto y estimular a su adquisición.

b) Durante la fase de crecimiento los competidores, por lo común, entran también en el mercado; de ahí que los mensajes se centren en la comunicación de la diferencia entre el producto propio y sus competidores.

c) Durante las fases de madurez y saturación, con la competencia ya consolidada, los mercadistas usan los mensajes para colocar la marca dentro de un segmento específico de consumidores, al demostrarles la ventaja particular que les representa el producto.

d) Durante la fase de declinación, con la disminución del número de consumidores, se apelan a distintas estrategias, tales como testimonios, exposiciones argumentativas, defensas, y demás. A todos los efectos prácticos, cuando se producen alteraciones en las dosis de los componentes de la fórmula mercadística, se abre un nuevo ciclo vital del producto en el mercado.

e) A través de las distintas fases se usan los mensajes para mantener satisfecho al consumidor con su adquisición. Este objetivo es particularmente útil en el caso de la compra de artículos costosos. Los anuncios y cartas son ahora recordatorios encaminados a mantener la lealtad de los consumidores hacia un producto que ha satisfecho sus necesidades.

La definición de los objetivos exige que se hagan análisis de los consumidores, del producto y del mercado. Dichos análisis aportan información sobre los problemas y oportunidades que confronta el producto. Los objetivos, por consiguiente, se pueden definir para que ayuden a resolver los problemas y a aprovechar las oportunidades. Con los objetivos comunicativos definidos, se procede a formular el programa comunicativo de mercadeo: la investigación y el planeamiento son aspectos indispensables de la función mercadística.

3.3.2 El programa comunicativo de mercadeo en la redacción

El tratamiento sistemático de la información constituye el fundamento de la gestión ejecutiva. El plan comunicativo de mercadeo es uno de sus componentes esenciales. Pero el plan excede los límites de nuestro enfoque en este *Cuaderno*. Tocaremos, por ello, únicamente las investigaciones sobre el consumidor, sobre el producto y sobre el mercado. Por último, hemos de tocar la fijación de los objetivos comunicativos y colocación del producto — como resultado de dichas investigaciones — seguidas de las técnicas de creación de anuncios y cartas de promoción para confeccionar mensajes de venta efectivos.

Hay otros aspectos del plan comunicativo de mercadeo, tales como el presupuesto, los medios masivos de comunicación a seleccionar para los anuncios, otros programas de promoción, cambios en la fórmula mercadística, así como el control y la evaluación del programa comunicativo, que rebasan las consideraciones estrictas para la redacción de mensajes de venta. Luego de especificarse los límites de nuestros estudios y el orden de presentación, corresponde ahora considerar nuestra campaña comunicativa desde la pupila del consumidor. La percepción que obtengamos de su punto de vista contribuirá a predecir su reacción respecto a nuestros mensajes de venta. Esta percepción suele comenzar con el conocimiento de su conducta.

3.3.3 Las necesidades del consumidor, los productos que las satisfacen y los mensajes para vincularlos

La función básica de los mensajes de venta consiste en vincular las necesidades del consumidor con los productos del mercadista que las habrán de satisfacer. Aquí tenemos, pues, la función del mensaje de venta en el proceso de libre selección que realizará el consumidor en nuestro mundo pluralista de hoy. La comprensión de su conducta se elucidará mejor mediante la consideración de tres variables:
1) La naturaleza de sus necesidades.
2) El rol desempeñado por los productos para satisfacerlas.
3) El papel asumido por los mensajes de venta en la selección de productos.

3.3.3.1 La naturaleza de sus necesidades

El complejo de necesidades experimentadas por el consumidor que influyen en su conducta adquisitiva varía a tenor de su profundidad, origen e importancia. Las más profundas y permanentes de todas las necesidades son de carácter elemental; verbigracia: la de conservación, la de reproducción, la de seguridad, la de nutrición. Podemos establecer, por ello, la primera categoría de necesidades: las llamaremos *primarias*. Ostentan por lo común un carácter congénito de gran resistencia a cambios y tienen distribución universal: ocurren por todo el globo terráqueo y se manifiestan en todos los tiempos.

Al contrario de las anteriores, los que sí cambian son los objetivos para satisfacerlas, que se convierten en necesidades *secundarias*. Así, la necesidad de techo y abrigo impele en la mayor parte de las culturas a conseguir una casa. A cada necesidad primaria le pueden caber, por consiguiente, distintos objetivos. Estas necesidades secundarias caen bajo el influjo de las fuerzas sociales y culturales, son de carácter aprendido, no congénito. Hay también un tercer grupo de necesidades que pueden entenderse como los problemas u obstáculos presentados que deben superarse para alcanzarse los objetivos. Su incidencia es más particular e individualizada. Podemos llamarlas necesidades *terciarias*. Siguiendo con el ejemplo anterior, si alguien desea construirse una casa o adquirir una, debe aprender las artes de la edificación o ahorrar lo suficiente para adquirirla de otro. Es aquí, al nivel terciario, que se utilizan los productos comunicados, por lo que las herramientas de construcción o las cuentas de ahorro contribuirán a colmar la necesidad de alojamiento. Las tres categorías de necesidades configuran la estructura total de necesidades experimentadas por el consumidor. Conviene ahora mirarlas como necesidades *vitales*, *sociales* y *personales*, en escala descendente de experimentación, aunque coexisten en el consumidor al mismo tiempo y en algunos casos el orden de urgencia es diferente.

a) Necesidades vitales

Corresponden a toda la gama de preservación y continuación de la vida, de llevarse o adaptarse con el ambiente, de prosperar dentro de él, por lo que también se han llamado necesidades *ecológicas*. En otros estudios aparecen con el nombre de *utilitarias*. Consubstancial a esta categoría es el interés en conocer la naturaleza del ambiente, comprenderlo para luego controlarlo y encauzarlo según nuestros objetivos, para el beneficio humano. Así surgen las distintas civilizaciones como modos de adaptar la naturaleza al hombre.

b) Necesidades sociales

Se refieren a la adaptación del ser humano a un grupo que se traduce en la aceptación, en su ingreso, en cooperar con los demás integrantes. Estas necesidades conducen a metas específicas cuyo logro entrañará la aceptación social, la pertenencia al grupo aspirado. A su vez, estas metas se convierten en demanda de productos, tal como sucede con el atuendo juvenil. Los grupos fijan ciertos patrones o estándares de conducta y de empleo de productos cuya observancia y consumo respectivamente proporcionarán la aceptación y prosperidad personal dentro del grupo. Este tipo de conformación tiene también aspectos de ecología social.

c) Necesidades personales

Se relacionan con los esfuerzos tendientes a expresarse los individuos, a reflejar la singularidad de su yo. De aquí proceden los conceptos de imagen propia que tiene de sí cada persona y de la preservación de su ego, de su identidad psicológica. En otros tiempos se habrá dicho que es el concepto del honor, de la fama y en un contexto ético se habla de la reafirmación de los valores personales. Sea como sea, la imagen propia, la autoimagen, representa una concepción idealizada del yo, de lo que quiere ser una persona. De ahí que procure comportarse de modo consonante con dicha imagen y que su actuación promueva y ensalce su autoestimación. Se proyecta dicha imagen, pues, en la conducta. Al mismo tiempo, se intenta proteger al yo de cualquier amenaza, real o imaginada, que pudiera mermar la autoestima o lesionar la imagen individual proyectada a los demás. Es la esfera del ego. La proyección personal se observa en la adquisición de objetos, no tanto para satisfacer una necesidad física o tangible, como para corroborar la idea que se tiene de sí mismo; para que los demás confirmen su posición social, su prominencia, sus atributos estimados importantes en el orden social particular en que conviva.

La incidencia de las tres necesidades variará de acuerdo con la oportunidad, la persona y la situación. Una necesidad determinada variará según el grado que se haya colmado. En el caso de una persona hambrienta, la necesidad de nutrición, por lo general, tiene precedencia sobre los demás. La persona bien alimentada, en cambio, experimentará tal vez la necesidad de ser aceptada por el grupo. Mientras que la necesidad personal de realización se manifiesta en unos en la aspiración de estar al frente de una empresa, en otros se ofrece en el continuo cambio experimentado en la labor de viajante. Si bien la incidencia dependerá de la situación individual, hay necesidades latentes que salen a la luz cuando sobreviene la oportunidad de satisfacerlas. Así ocurre, por ejemplo, ante una venta especial con apreciable descuento, que saca a relucir la necesidad de economizar en tiempos inflacionarios.

3.3.3.2 El rol desempeñado por los productos

Si las necesidades del consumidor constituyen los motores de su conducta que lo impulsan hacia el lugar donde se ofrecen los productos, éstos representan el otro polo de la ecuación mercadística. Son las soluciones a los problemas confrontados por el consumidor. Por ello, los productos se habrán de mirar siempre como meros medios o instrumentos para satisfacer las necesidades — que son los verdaderos fines del consumidor. El mercadista hallará, en múltiples ocasiones, gran dificultad en discernir cuál es la necesidad que satisface más plenamente su producto. Habrá que recordar que con frecuencia se satisfacen varias necesidades y que, en la misma persona, el orden de precedencia varía con las circunstancias. Pero cuando el mercadista averigua cuál es la necesidad más sentida que colma su producto estará en disposición de señalarle tal ventaja al consumidor, en darle la oportunidad de satisfacerla con su ofrecimiento, para mutuo beneficio, en una coyuntura comunicativa dada.

3.3.3.3 El papel asumido por los mensajes de venta
en la selección de productos

La función de vincular la necesidad del consumidor con el producto ofrecido procede de la libertad del consumidor para escoger en el mercado.

Al acto libre de adquirir le ha correspondido con antelación el acto libre de seleccionar dentro de los datos ofrecidos respecto a los productos. Decimos que obtenemos una información cuando se organizan los datos de acuerdo con una idea de su utilidad respecto a una acción a tomar. El mensaje, por tanto, debe tener en cuenta el interés del consumidor que procura información que se conforme a sus necesidades. El mensaje no crea necesidades, aunque en ocasiones ofrezca una solución satisfactoria a una necesidad sentida que no se ha articulado, que no ha asomado plenamente a la conciencia. Sin que represente una secuencia inexorable, pueden darse nueve factores en el proceso de selección del consumidor:

1) El mensaje que constituye una fuente de información para el consumidor.

2) El consumidor actúa para escoger voluntariamente los mensajes que desea recibir.

3) Los consumidores experimentan necesidades.

4) Los consumidores procuran encontrar opciones y alternativas.

5) Los consumidores emparejan las necesidades con dichas opciones y alternativas.

6) Las variables externas influyen en el proceso de selección de productos.

7) La decisión de seleccionar todavía debe superar otras constricciones particulares del consumidor.

8) La respuesta del consumidor al mensaje puede oscilar entre adquirir en el momento y retardar la decisión hasta otra ocasión más conveniente, con una demora entre el estímulo y la reacción pretendida.

9) El mensaje conforma en ocasiones una retroinformación para el futuro: este proceso constituye un saber que dictará las decisiones venideras.

3.3.4 El análisis del consumidor

Sabemos que en toda gestión comunicativa efectiva se necesita un plan que especifique lo que se espera lograr, los detalles de los programas encaminados a alcanzar el cumplimiento de las metas y una relación de las normas o medidas de progreso, para saberse si el plan ha llenado su cometido. Este plan comunicativo de venta es parte de la función de mercadeo. Como por definición el mercadeo implica la satisfacción del consumidor, el rol preponderante de conocer a cabalidad al receptor de sus esfuerzos comunicativos determina que cualquier mensaje de venta comience por el conocimiento de su blanco: el futuro consumidor. Más tarde, los mercadistas ajustarán los productos y la información relacionada con éstos a las necesidades del consumidor. La recopilación de datos se realiza con el auxilio de numerosas técnicas entre las cuales descuella la encuesta al consumidor. Recomendamos al comienzo de estos análisis un repaso a la sección 0.7 de este *Cuaderno*, relativa al pensar inquisitivo.

3.3.4.1 La encuesta al consumidor

Está al principio de esta labor. Hay observaciones del personal de ventas e investigaciones realizadas con otros motivos que contribuyen eficazmente al aporte de datos, con el consiguiente ahorro de energías, recursos y tiempo. Más productivo para el mercadista, sin embargo, es el trabajo investigativo específico, hecho con la mira única de averiguar cómo se comporta el consumidor prospectivo. Sus resultados son más certeros, aunque su ejecución será más costosa. El más utilizado de los procedimientos consiste en someter a un grupo representativo de consumidores a una encuesta, donde se les pregunta por qué han adquirido tal bien o contratado tal servicio. Sin embargo, a veces los consumidores se muestran reacios a divulgar las razones de sus selecciones y hasta llegan a desconocer las razones en muchas ocasiones. La pregunta clásica: "¿Por qué adquirió tal producto o procuró tal servicio?", no cabe, pues, formularse para evitar que el encuestado adopte una postura defensiva, en especial en casos de satisfacción de necesidades sociales y personales. No se dicen entonces las razones para preguntar, lo que se conoce como la técnica de preguntar por rodeos. El mercadista puede apelar a otras técnicas de averiguación.

Ilustración del uso de diversas técnicas para averiguar las razones que tienen las secretarias para no emplear el equipo de transcripción aunque esté disponible en la oficina.

1. Pregunta por proyección o indirecta: "En su opinión, ¿por qué las secretarias se abstienen de usar el equipo de transcripción a pesar de que lo pueden utilizar en cualquier momento?"
2. Pregunta directa: "¿Cuáles son las circunstancias que le impiden a Ud. utilizar el equipo de transcripción a pesar de que lo tiene a mano?"

3. Completar oraciones: Por favor complete la siguiente expresión:

Me gustaría que las máquinas de transcripción

____

____

4. Dibujo mudo para que la secretaria ofrezca su versión de lo que sucede en la escena de debajo: "¿Qué piensan las personas del dibujo?"

3.3.4.2 La entrevista informal

Se deja en libertad al entrevistado para que hable libremente de un tema y no se ofrecen comentarios valorativos que inhiban al entrevistado. Más bien se le estimula a seguir con expresiones de interés: "Estoy interesado en saber cómo decidió comprarse una tienda de campaña?", "¿Me pudiera hablar un poco más sobre eso?" El entrevistador puede tomar nota de las palabras vertidas o grabarlas en una cinta magnetofónica.

3.3.4.3 La entrevista en grupo

Ahora lo más importante es la interacción de los entrevistados, de diez a doce por lo general, para que fluya una conversación espontánea, con explicación de sus verdaderas razones para emplear el producto o utilizar el servicio. La grabadora también es recomendable.

3.3.4.4 Las preguntas por proyección

Cuando se preguntan las razones de otras personas para adquirir los productos o servicios del mercadista, sobre todo de las personas que ofrezcan semejanzas que permitan agruparlas junto a la persona inquirida. Se estima que las personas atribuyen sus propias razones a otras y proyectan sus razones de consumo de esta forma velada.

3.3.4.5 Completar oraciones

Se trata de darle un cariz de objetividad a la pregunta como cuando se pide completar la expresión: "las personas que manejan carros deportivos _______________________". Una variante de esta técnica es ofrecer tiras cómicas mudas para que el consumidor redacte su interpretación de lo que sucede.

3.3.4.6 El desempeño de roles

Una dramatización para colocar al consumidor en una situación, no tanto para identificarse con el papel encomendado, sino con el objeto de que proyecte su propia conducta, como siempre ocurre.

3.3.4.7. Los tests asociativos

Primordialmente se emplean para obtener connotaciones que revelen actitudes vinculadas a un producto. Se lee una lista de palabras al consumidor. Después de leerse una palabra se le pregunta cuál palabra le viene a la mente conectada con la que acaba de escuchar. La asociación ha de darse enseguida, pues una demora en responder implica una asociación emotiva que no se desea revelar. Generalmente preguntas y respuestas se graban. Deben mezclarse, además, palabras inocuas o neutrales para que el consumidor desconozca la cuestión principal del test. Los tests asociativos con dibujos se han empleado con éxito en recientes estudios.

3.3.4.8 Sugerencias para la administración de las técnicas anteriores

Dado que los cuestionarios utilizados comparten muchos aspectos con los formularios, remitimos al lector interesado al libro *Comunicación*. Hemos de recalcar, no obstante, algunos detalles. Cuando se dan, por ejemplo, cinco respuestas a escoger, en vez de contestarse libremente, esto no solamente representa un esfuerzo menos gravoso para el consumidor, sino que además resulta más fácil de tabular la encuesta. En ocasiones se necesitará conocer la actitud individual y se preferirá la pregunta de libre contestación. Si se emplean ambas, conviene comenzar con la selección de opciones para facilitarle la tarea al respondiente. En todo caso se observarán las siguientes normas:

Primera

Las preguntas serán fáciles. Deben tocar cuestiones corrientes en las que está empapado el respondiente: "¿Con qué frecuencia compra jugo de naranja congelado?"

Segunda

Las preguntas no indicarán la respuesta. Hay que evitar preguntas como, "¿No cree que el televisor Universal es el mejor?"

Tercera

La distribución facilitará la tabulación:

En comparación con el año pasado,
este año Ud. ha usado este producto,
——————(a) más
——————(b) igual
——————(c) menos

Las entrevistas, por otro lado, pueden realizarse por teléfono. Esta práctica tiene ventajas: se cubre gran cantidad de consumidores sin que tenga que desplazarse el entrevistador. Habrá que mantener todavía más cuidado en la modulación de la voz para no sugerir ninguna actitud que entorpezca la espontaneidad de la información. Tiene la desventaja de que los teléfonos no están extendidos por todas las capas de la población. Las encuestas, también por razones de economía, se hacen utilizando otro canal: por correo. Los cuestionarios entonces van acompañados de una carta de introducción que induzca a completar y a enviar la encuesta con el franqueo pagado de antemano. Con la llegada de las computadoras, que facilita el análisis de gran cantidad de respuestas, se ha visto hoy la propagación de las encuestas por correo como arma efectiva de la investigación mercadística.

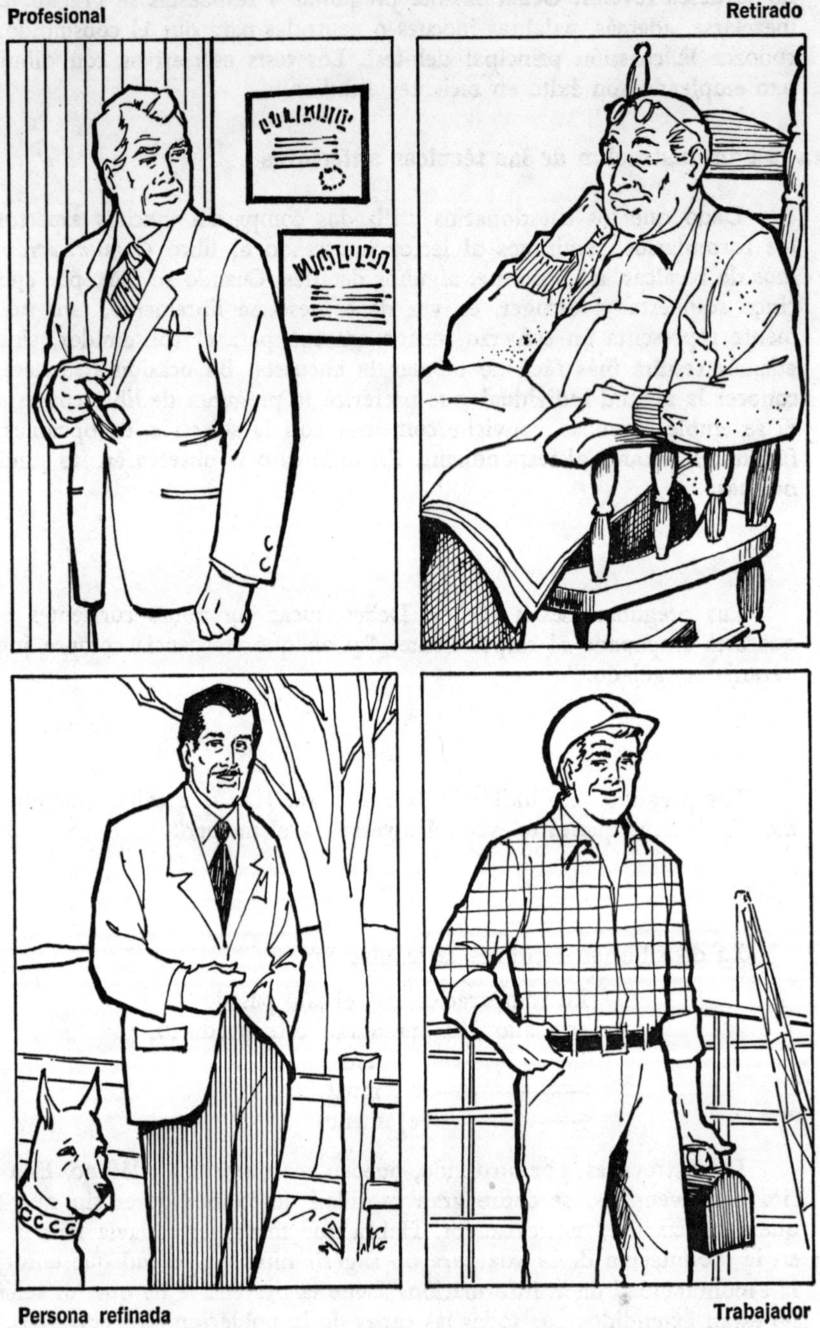

Test asociativo con dibujos. Se trata de averiguar el tipo de persona asociada con el consumo o empleo de determinado producto y servicio.

3.3.5 El análisis del producto

Mientras que el análisis del consumidor tiene el designio de ofrecerle al mercadista el conocimiento de las necesidades y fines que los consumidores prospectivos procuran satisfacer, el análisis del producto tiene el propósito de determinar fundamentalmente las cualidades que resuelven problemas y satisfacen necesidades al adquirirlo. Dada su íntima relación con el anterior análisis, ambos se efectúan simultáneamente. La decisión, asimismo, de colocar el producto en un segmento del mercado, dependerá en gran parte de los atributos del producto.

El análisis, por fuerza, entraña la búsqueda de problemas y oportunidades. El mercadista ha de determinar las limitaciones del producto con el fin de mejorarlo, así como señalar en el mensaje sus ventajas; todo ello con el fin de aumentar su venta. Pero, ¿qué es un producto? A *prima facie* diremos que es el objeto dotado de ciertos atributos físicos y técnicos. Ésta es la visión del fabricante y debemos mirarlo con la pupila del consumidor: como un medio de satisfacer una necesidad. De ahí que se han de contar todas las características y beneficios para el consumidor antes de diseñar el mensaje. Los elementos integrantes de un producto, además de los aspectos físicos y técnicos, son el diseño con un punto de atracción singular, la garantía, el servicio posventa, los accesorios, la entrega fácil o sin costo, el envase, el precio, la disponibilidad, la facilidad de su uso, su durabilidad, su funcionalidad, la economía representada en su empleo, la información incorporada, las instrucciones para usarlo, en fin, cualquier aspecto que represente una ventaja para el consumidor.

Entre las consideraciones generales están los casos de venderse un solo producto o toda una línea. Algunos mercadistas ofrecen una línea completa de productos aunque cada uno posee una característica distintiva. Se habrá de escoger entre realizar una campaña de venta en conjunto o por separado. En el caso de los productos complejos, con variedad de tamaños, estilos, precios y envases, la misma variedad constituye un atributo del producto. La definición de productos según la apreciación de servicio, al detalle o al por mayor representa una consideración capital. Así, arrendar automóviles no es sólo entregar el vehículo sino también el añadirle otros servicios que, unidos, constituyen el producto. En una tienda por departamentos, asimismo, se hace imperioso ver el producto como un complejo conjunto de atributos. Su heterogeneidad es la característica de mayor relieve. Sin embargo, el detallista puede señalar otras cualidades: espacio para estacionamiento, accesibilidad al transporte público, ubicación de la tienda, servicio de crédito, devolución de mercancía insatisfactoria, entrega a domicilio y demás. En el caso del mayorista, además de los aspectos anteriores puede incluir los términos de contratación, personal de asesoramiento, cuerpo técnico para composturas, etc., los cuales han de integrarse en el producto total.

El análisis de los atributos de un producto, regido por el objetivo de satisfacer mejor las necesidades del consumidor, ofrece los siguientes pasos:

1) el análisis del producto tangible,
2) la percepción o imagen que tiene el consumidor y
3) la labor comunicativa anterior para determinar los atributos prometidos al consumidor.

3.3.5.1 El análisis del producto tangible

Se trata de determinar las características únicas del producto o de descubrir las cualidades que confieren una ventaja competitiva. Si los atributos del producto resuelven los problemas del consumidor mejor que otros, esta información figurará en el mensaje de venta. Deben descubrirse, por supuesto, las deficiencias: "¿para qué necesidades el producto representa una solución insatisfactoria?", "¿de qué forma los productos competidores dan más satisfacción?" Las debilidades apuntadas pueden indicar segmentos del mercado a los cuales el producto no puede venderse o pudieran indicar direcciones en el desarrollo y mejora del producto. El mercadista que confecciona un plan comunicativo necesita sumergirse plenamente en todos los aspectos del producto, observar el modo de su fabricación, de exhibirse y de venderse. Debe leer también cuanta información, tanto de carácter técnico como investigativo, se refiera al producto.

a) Enfoque sobre las características diferenciales del producto

Mayormente los productos se venden en competencia con otros semejantes, por lo que habrá que distinguirlos especificando las características que, al satisfacer las necesidades, también los hagan mejor que los otros productos. El objetivo, pues, es la búsqueda de ventajas competitivas.

b) El análisis de los productos de consumo

1. Composición. ¿Cuáles son sus ingredientes o componentes? ¿Cómo contribuye cada uno? ¿En qué se diferencian rasgos, componentes e ingredientes, de los respectivos en productos competidores?
2. Variedades. ¿Cuáles son los estilos y tamaños disponibles? ¿Colores, sabores?
3. Funcionamiento. ¿Cómo se pone en marcha? ¿Se maneja mejor que los productos competidores? ¿Es más seguro, confiable? ¿Funciona con mayor rapidez? ¿Dura más?
4. Fabricación. ¿Cómo se hace el producto? ¿Es distinto su proceso de fabricación? ¿Se aplica mayor control al proceso? ¿Es novedoso o tradicional?
5. Costo y precio. ¿Está el costo por encima o por debajo del promedio? ¿Están los márgenes ofrecidos por encima del promedio? ¿Hay incentivos especiales en el precio?
6. Envase. ¿Se puede usar nuevamente? ¿Tiene valor decorativo? Puede exhibirse? ¿Les agrada a los distribuidores? ¿Le sirve a los usuarios? ¿Protege el producto?
7. Distribución. ¿Dónde se ofrece? ¿Fácil de hallar? ¿Se ofrece en lugares acostumbrados o en locales especializados? ¿Hay existencias suficientes?

c) El análisis de los productos industriales

Respecto a una maquinaria o bienes de producción, habrá que hacer algunas consideraciones particulares:

1. Capacidad de la máquina. ¿Cuál es el nivel de rendimiento? A tal nivel

o niveles, ¿cuál es la calidad del producto? ¿Qué desecho o residuo industrial habrá?

2. **Costo de rendimiento.** ¿Cuál es el costo por unidad? ¿Cómo varía el costo según distintos niveles de rendimiento? ¿Cómo se compara con la maquinaria de los competidores o con la antigua que se pretende reemplazar?

3. **Instalación.** ¿Cuánto cuesta? ¿Demora su entrega, cuánto? ¿Cuánto tiempo demorarán los operadores en aprender a manejarla?

4. **Servicio.** ¿Cuál es el estimado de su costo? ¿Dónde se brinda servicio? ¿Hay repuestos?

5. **Flexibilidad.** ¿Se adapta la maquinaria a la fabricación de otros productos? ¿Puede variar el producto? ¿Cuesta mucho el proceso de adaptación en términos de tiempo, dinero y esfuerzo laboral?

d) El análisis de los productos de tiendas al detalle, de mayoristas y de empresas de servicio

En general, el foco de atención se fijará en la mezcla o variedad de productos ofrecidos y en la mezcla de servicios puestos a la disposición del consumidor. Las cualidades que aventajan a los productos competidores, nuevamente, habrán de resaltarse.

e) Técnicas investigativas para apreciar la reacción del consumidor

A menudo, conviene investigar la reacción del consumidor a ciertos rasgos tangibles del producto. Son particularmente valiosas las investigaciones en los casos de alteración del producto o de introducirse uno nuevo.

1. **El test de uso.** Esta prueba también conocida como el *est en casa* consiste en suministrarle el producto a un grupo de consumidores para que lo usen simultáneamente con el producto acostumbrado. Se les entrega un formulario para apreciar su uso, durante o después de la prueba. Se tratará de mantener incógnito el producto del mercadista y en ocasiones se emplearán varios productos para ocultar cuál es el que interesa.

2. **Los tests de preferencia.** De menos rigor en su administración, pues no se oculta la identidad del producto ni se somete a la prueba de su uso normal. Entre estos tests se hallan las averiguaciones de las reacciones de los consumidores a los sabores, colores, diseños y demás, como cuando se sitúa una mesa en un supermercado y se les ofrecen muestras para probar a los clientes. Se procura grabar las reacciones expresadas o se les extiende un corto formulario para dejar constancia de los efectos en los consumidores.

3. **La prueba de servicios y de bienes industriales.** Además de los tests anteriores, en el caso de una maquinaria se puede dejar instalada como muestra en las entidades que figuran como consumidores prospectivos; y en el caso de los servicios, se pueden rendir de modo gratuito. Más tarde se procurará averiguar las reacciones con los mencionados formularios o grabaciones.

f) Análisis de las novedades introducidas en el producto

La continua mejoría del producto es parte consubstancial del programa dinámico de mercadeo o mezcla mercadística. A los cambios hechos corresponden nuevos atributos del producto que han de comunicárseles a lôs consumidores. Su análisis determinará si las mejoras introducidas proporcionan verdaderos atributos promocionables en el futuro.

1. Técnicas investigativas para apreciar los cambios en el producto. Se suelen utilizar las mismas técnicas de apreciación de los productos existentes. A ellas se le añade el *test conceptual*. Consiste en explicarle a un grupo representativo de posibles consumidores, como en una campaña de venta en miniatura, las ventajas del producto mejorado. Se utilizan todos los recursos, dibujos, descripciones, anuncios de prueba, etc. Se registran las reacciones por medio de los cuestionarios o de entrevistas libres.

2. La prueba local. Cuando ya se han hecho cambios en un producto se puéde hacer un test de mercado dentro de una zona limitada, antes de introducirlo en general. Se aprecia la reacción del grupo situado en la zona con la prueba de fuego de observar la compra del producto ya modificado. Si el análisis de los cambios revela que se ha creado un atributo nuevo y diferenciador, se informa esta ventaja al plan comunicativo.

3.3.5.2 La percepción o imagen que tiene el consumidor

Deben hacerse los análisis del producto tangible junto al estudio del modo en que se le aparece al consumidor. Éste retiene sólo la característica que le satisface la necesidad. El mercadista puede recurrir a todas las técnicas tratadas que se pueden combinar, sobre todo en la investigación de las necesidades del consumidor. Los dibujos y tiras cómicas carentes de leyendas se prestan como ninguna otra técnica para este menester pues solicitan la interpretación de una escena. Se utiliza con gran éxito, además la prueba de las oposiciones semánticas. Se sitúan dos opuestos separados por siete intervalos o matices y se les pide a los consumidores que marquen en el espacio que les parezca más apropiado a su reacción hacia el producto:

MODERNO └─┴✓┴─┴─┴─┴─┘ **ANTICUADO**

En la sección 0.4.2 y subdivisiones, de este *Cuaderno*, se pueden hallar más oposiciones semánticas de posible utilización para este ejercicio mercadístico.

3.3.5.3 El análisis de la labor comunicativa anterior

Parte indispensable en la comprensión de un producto es la investigación del historial de su comunicación. En gran medida, los esfuerzos comunicativos del pasado han condicionado el conocimiento y las percepciones acerca de un producto por parte del consumidor: la información provista por los mercadistas es un factor considerable. El estudio incluye la evaluación de lo que se haya dicho del producto, del auditorio al cual se le dirigió la información y de la intensidad del trabajo comunicativo. Así se discernirá la efectividad de la campaña precedente y se definirán las deficiencias y problemas. El encontrar soluciones a tales problemas llevará a la definición de un esquema que servirá de clave para trazar objetivos comunicativos dentro del plan del año entrante.

Un análisis a fondo de las actividades comunicativas respecto a un producto ha de incluir consideraciones sobre tres aspectos fundamentales del programa:

Primero. Presupuesto

Su análisis comporta no solamente hallar la cantidad total gastada en el esfuerzo comunicativo, sino también comparar la cifra con las ventas, para observar si los gastos comunicativos marchan más aprisa, a la par o más despacio que el volumen de las ventas. Se observarán año por año, asimismo, los cambios y tendencias de significación en todo el sector, comparándose con los gastos de los competidores.

Segundo. Medios de comunicación

Al señalarse los medios masivos de comunicación empleados o el servicio de correspondencia en el caso de las cartas de promoción, se aportan las partidas de gastos. De esta suerte se revelan cambios y tendencias apreciables, o sea, el énfasis en determinado medio comunicativo. La comparación con los gastos de los competidores, por vehículo, arrojará luz sobre los consumidores a los cuales desean llegar. A su vez, esta información guiará al mercadista en sus futuros empeños.

Tercero. El análisis de los textos de los mensajes

Mientras que el análisis de la *media* considera a quiénes se ha dirigido el mensaje, el análisis del texto se centra en el contenido del mensaje. Se determina por cuánto tiempo se le han venido formulando promesas al consumidor o se le han hecho apelaciones respecto al producto, cuándo se han realizado cambios, aumentado o añadido apelaciones simultáneas o cuándo se han interrumpido con otras actividades promocionales como ofertas por tiempo limitado, descuentos y demás. En el análisis del texto figura de modo preponderante el agente de presentación, por ejemplo, en el caso de un anuncio, según el carácter que tenga, actor profesional o miembro del público consumidor, y en el caso de las cartas, su formato. El ritmo de presentación, el lenguaje utilizado, y demás factores contribuyentes, han de considerarse en este análisis.

3.3.6 Ejercicios de redacción

Aplica ahora los conocimientos adquiridos en toda la sección 3.3:

1. El concepto mercadístico de satisfacción del consumidor, del destinatario, en el orden comercial, permea hoy día todas las actividades sociales.

a) Redacta un mensaje en el que instes a la elección de un candidato al Congreso. El mensaje está destinado a publicarse en periódicos.

b) Redacta un mensaje para difundirse por la radio con el fin de solicitar la contribución del pueblo para el Asilo de Ancianos de la localidad.

c) Redacta un mensaje para transmitirse por cierto canal de la televisión que informe sobre un programa especial próximo a transmitirse por el mismo canal.

Explica el modo de influir en la conducta de los destinatarios de cada mensaje.

2. Redacta un estudio para explicar la etapa de la vida de un producto en que mejor convienen cada uno de los siguientes objetivos:

a) Conseguir pedidos.

b) Despertar curiosidad en el consumidor prospectivo.

c) Levantar el volumen de ventas.

d) Trazarle rumbos al cuerpo de vendedores.

e) Inducir a la utilización del producto en calidad de prueba.

f) Suministrar una información.

g) Crear o modificar una actitud o una opinión.

Relaciona tu explicación con el plan general de mercadeo, con los cambios del producto, con la situación competitiva, con las condiciones económicas, con los aspectos o puntos fuertes de la empresa y con sus objetivos generales.

3. Suponte que la empresa tuya haya recibido las siguientes cuentas: a) por espacio utilizado en un periódico; b) por la contribución de un personaje deportivo a un anuncio de un producto de la empresa en la televisión; c) por la confección de un comunicado realizada por una empresa de relaciones públicas donde se menciona la aparición de un producto fabricado por tu empresa que ha revolucionado el mercado; d) por el nuevo diseño de un envase realizado por una empresa dedicada a ese giro y f) por los bolígrafos con el emblema de la empresa que regalarán los vendedores a los clientes prospectivos. En tu calidad de vicepresidente de mercadeo, redacta las contestaciones para pagar o para negarte a pagar, explicando las razones para hacerlo.

4. En tu calidad de concesionario de una marca de automóviles has de escoger los instrumentos comunicativos de mercadeo, anuncio, publicidad, promoción de ventas y venta personal, que mejor satisfagan tus objetivos mercadísticos. Explica el modo de utilizar estos componentes en el caso, a) de las personas que utilizan el carro para ir al trabajo y salir de paseo, y b) en el caso de una compañía propietaria de autos de alquiler.

5. Redacta una explicación de las funciones del director de comunicación cuya plaza ha quedado vacante en tu empresa con vista a las explicaciones de 3.3. Explica por separado las razones para escoger determinado medio comunicativo para dar a conocer la existencia de la vacante a los posibles solicitantes.

6. Redacta un mensaje en tu calidad de miembro del equipo comunicativo de una empresa, sea pública o privada, para acentuar sus rasgos como:

a) fabricante de productos que mejoran las condiciones de vivir; b) contribuyente a la adquisición de divisas por su volumen de exportación; c) interesada en aumentar constantemente la calidad de los productos; d) empleadora y e) participante en el mejoramiento de la comunidad.

7. Explica las necesidades que satisfacen los siguientes artículos:
   a) Un carro deportivo.
   b) Un dentífrico.
   c) Un perfume.
   d) Un ventilador.
   f) Un paquete de cigarrillos.

8. Describe las características que verán tres adquirientes distintos en un costoso reloj de pulsera, comprado por los siguientes motivos:
   La persona A lo compró como regalo de graduación para su hijo.
   La persona B lo compró como medio para saber la hora.
   La persona C lo compró como prenda.

9. Explica las fuentes de información que procurarán estos consumidores:
   a) Un ama de casa que necesita un plomero.
   b) Un médico que considera una nueva medicina.
   c) Un comerciante que busca una nueva agencia publicitaria.
   d) Un estudiante que desea comprar una motocicleta de uso.
   e) Un agente de compras de una cadena de restaurantes que necesitan freidoras reguladas electrónicamente.

10. Con vista a los anuncios de la Coca-Cola que conozcas, explica las necesidades que ha intentado satisfacer cada uno.

11. En cuanto al proceso de decisión del consumidor, explica el tipo de mensaje más adecuado a cada uno de los pasos.

12. Los siguientes artículos exigen grandes inversiones en campañas comunicativas: analgésicos, dentífricos, detergentes, refrescos y cigarrillos. Explica las causas de necesitar tanta promoción.

13. Redacta una encuesta que le harás a tus compañeros. Diles que quieres averiguar su comportamiento habitual para hacer compras. Les pedirás que digan después de cada afirmación si es algo que hacen *con frecuencia, algunas veces* o *rara vez*. Distribuye en columnas e hileras para hacer fácil la tabulación. Puedes darles la encuesta para llenar en los espacios con una marca o hacer la encuesta de modo oral y entonces serás tú quien marque después de cada respuesta. Aquí tienes un formato para el trabajo:

	Con frecuencia	Algunas veces	Rara vez
Hablo con amigos o familiares antes de comprar	————	————	————
Llamo a una oficina de protección al consumidor	————	————	————
Veo el precio del artículo y luego lo comparo con otros	————	————	————
Pago al contado siempre	————	————	————
Compro sólo en lugares conocidos	————	————	————
Compro sólo las marcas conocidas	————	————	————
Compro al vendedor a domicilio	————	————	————

Compro el artículo más barato   ——————   ——————   ——————

No me salgo de mi lista de compras   ——————   ——————   ——————

Siempre me paso del presupuesto para
   comprar algo   ——————   ——————   ——————

Compro cualquier cosa que tenga re-
baja   ——————   ——————   ——————

Me parecen verdaderas las afirmaciones de los anuncios y de los vende-
dores   ——————   ——————   ——————

Me leo cuanta información traiga la
   etiqueta, el folleto, la garantía, etc.   ——————   ——————   ——————

14. Comenta sobre las posibilidades de dar las razones de compra de los
    siguientes artículos o servicios:
       a) Un aire acondicionado para el dormitorio.
       b) Un boleto para el concierto de la orquesta sinfónica.
       c) Una matrícula para un seminario para ejecutivos.
       d) Un fijador de cabello para hombres que viene en un frasco de espray.
       e) Las bujías para una flotilla de camiones de reparto.

15. Redacta una pregunta de proyección para que el consumidor exprese
    las razones de haber adquirido:
       a) Una póliza de seguro de vida.
       b) Un pomo de café instantáneo.
       c) Una lata de cerveza alemana.
       d) Una reservación en un motel de una cadena conocida.

16. Preséntales a tus compañeros la siguiente declaración para completar:
    "las personas que fuman tabacos (puros) ————————————————".
    Determina más tarde las razones, vitales, sociales o personales y las
    actitudes proyectadas por tus compañeros, si son fumadores de tabaco
    o no.

17. Describe la dramatización de tus compañeros de haber estado en una
    competencia o espectáculo. Con vista a su dramatización confecciona
    una lista de los motivos que han tenido para asistir.

18. Entrevista a un grupo perteneciente a una institución cualquiera, polí-
    tica, religiosa, artística, estudiantil, etc. Haz la pregunta general de por
    qué pertenecen a la institución. Deja que se manifiesten espontánea-
    mente y se hagan comentarios entre sí. Redacta más tarde los resul-
    tados para saber las necesidades que satisfacen con su afiliación.

19. Saca una lista de palabras del "Vocabulario" del presente *Cuaderno*.
    Menciona luego una lista de productos y pregúntales a tus compañeros
    cuál palabra de la lista asocian al producto mencionado.

20. Confecciona una lista de expresiones, preguntas, comentarios, y demás,
    que pueden ayudar a realizar una entrevista libre al consumidor con
    éxito. Incluye chistes, proverbios, dichos, etc., que sirvan para aliviar
    la tensión, sobre todo para empezar a preguntar sobre algo personal.

21. Confecciona una lista de los posibles componentes del producto que
    llamamos un periódico. Utiliza un periódico de tu localidad y recuerda

que tanto lectores como anunciantes forman parte del público consumidor.

22. Redacta una carta de introducción para hacer una encuesta por correo. Para facilitar su realización por parte de los consumidores, sigue esta secuencia en la redacción:

Atención, cáptala mediante una mención a sus necesidades.

Interés, despiértalo con la mención de los motivos de satisfacción.

Deseo, avívalo por medio de expresiones que lo hagan percibir su beneficio.

Acción, ínstala al pedir con cortesía y claridad que llenen el formulario.

23. Una de las claves para entrar con probabilidades de éxito en una categoría establecida de productos reside en diseñar un artículo que posea un atributo singular para destacarlo de los demás. Explica el atributo que destacarás en un mensaje relacionado con a) un champú, b) una maquinita de afeitar nueva en el mercado, c) un juego electrónico para usar en el televisor y d) una copiadora electrónica de oficina.

24. Como gerente de ventas de una nueva agencia de arriendo de automóviles tienes que redactar el mensaje que incluya todos los servicios añadidos que resultan en el producto o servicio brindado. Recuerda destacar algún servicio que rinda un beneficio particular para el consumidor. Compara el producto total con los competidores ya establecidos en el giro.

25. Consigue un anuncio de una empresa que venda una línea de productos. Explica las ventajas y desventajas de anunciar todos los productos en un solo anuncio.

26. Utiliza el procedimiento de las oposiciones semánticas para apreciar la imagen de una tienda. Puedes partir de la oposición, *tienda elegante o cara* vs. *tienda popular barata*, para ilustrarte con un ejemplo.

27. Usando un formato semejante al que aparece debajo, selecciona dos productos o servicios parecidos y realiza la comparación entre ambos. De los resultados trata de destacar los rasgos diferenciales de tu producto o servicio que redundan en beneficios al consumidor:

Producto o servicio	Materiales y construcción	Método de operación	Diseño y apariencia	Datos de su empleo y actuación	Rasgos diferenciales	Servicio al cliente	Precios y condiciones de pago
Tu producto o servicio							
Competidor							

28. En tu calidad de gerente de comunicación de una empresa dedicada al giro de alimentos congelados, que distribuye los productos en tres zonas, te hallas con los siguientes datos:

a) Las ventas del año recién terminado alcanzaron la cifra de $500,000, con el costo de las mercancías, de tipo variable, al 60% de las ventas.

b) Los costos administrativos y de venta, con exclusión del renglón de los anuncios, sumaron $100,000 y son relativamente fijos hasta un volumen de operaciones de $1,000,000.

c) El presupuesto de anuncios era de $50,000. Sin embargo, en una ciudad que estimaste era representativa de las tres zonas, realizaste un test local con anuncios *el doble* del presupuesto regular. En dicha ciudad las ventas se incrementaron en un 20% durante la campaña doble de anuncios.

Redacta ahora un plan para la campaña anunciativa del año siguiente con vista a tu interpretación de los resultados del test.

29. Ahora eres el jefe de comunicación del Banco Comercial. Has averiguado los gastos en anuncios de tus competidores, los bancos A y B. Te llama la atención el hecho de que aunque tu presupuesto es mayor que el de tus competidores, los gastos por concepto de anuncios de tu banco no corresponden con tu parte del mercado (en este caso es el monto de depósitos). Aquí tienes las cifras:

Banco	Gastos en anuncios	% del gasto de todos en anuncios	Porcentaje del mercado de cada banco
Banco Comercial	$50,000	42%	60%
Banco A	$40,000	33%	30%
Banco B	$30,000	25%	10%

Redacta ahora un plan a seguir con vista al análisis de estos datos.

30. Consigue ejemplares de mensajes de venta en el historial de una empresa para realizar análisis del contenido o del texto tal como se sugiere en 3.3.5.3:

a) Tiempo de emplearse promesas y apelaciones al consumidor.
b) Cambios observados en promesas y apelaciones.
c) Concurrencia o interrupción por otras actividades promocionales.
d) Agente de presentación, medio utilizado o servicio de correo.
e) Formato.
f) Ritmo de presentación.
g) Tipo de lenguaje.
h) Tests realizados para evaluar la efectividad de los puntos anteriores.

3.4 EJERCICIOS DE CONCIENTIZACIÓN GRAMATICAL

Analiza los aspectos gramaticales examinados en la lección 3 del libro *Gramática*. Puedes usar de modelo la sección "Vamos a razonar contigo: las oraciones predicativas" y las explicaciones de la sección "Tráfico: concordancia entre sujeto y predicado". Tu estudio puede versar sobre el texto de este *Cuaderno*, sección 3.3, sobre tus propios trabajos de redacción del 3.3.6 o sobre cualquier otro texto que estimes pertinente. La conciencia del empleo de las cuestiones gramaticales citadas se incrementa con el dominio de la sección 3.2, "Cuestionario y temario para desarrollar", también de este *Cuaderno*.

Los puntos de tu análisis gramatical pueden seguir el orden sugerido por el "Contenido", pp. ix y x del libro *Gramática*. Los esquemas y cuadros sinópticos son otros medios auxiliares para realizar un análisis ordenado. Todos estos ejercicios de concientización gramatical pueden hacerse con la participación de un grupo o de una clase y servir de base para una discusión provechosa.

3.5 EJERCICIOS DE TRADUCCIÓN

Ofrece la versión española de los siguientes anuncios de ventas especiales. Podrás encontrar la traducción correcta de los mismos al final de la lección. Compara tu traducción con la ofrecida en los anuncios en español.

Save 20% on all Jean Nate cologne and moisturizing lotion in stock Beautifully scented cologne and moisturizing lotion in a variety of sizes	**Save 40% on men's gift boxed set of six socks** Orlon acrylic/nylon blend socks. REG. 7.99 **4**^{80}
Save 25% on all Cachet, Aviance and Wind Song gift sets in stock Several cologne and dusting powder gift sets, all by Prince Matchabelli	**Save 39% on men's briefs in holiday gift boxes** Three nylon or two cotton/nylon briefs. REG. 4.99-5.99 **3**^{00} TO **3**^{60}
Save 15% on all Revlon Moon Drops skin care products in stock Selection includes cleanser, moisturizer, toner, mask and freshener	**½ off all men's 14K and 10K gold rings in stock** Assorted styles. Some with genuine stones REG. 175.00-405.00 **87**^{50} TO **202**^{50}
Save 15% on all Max Factor Skin Principal treatments in stock Clarifying lotion, cleansing lotion, moisturizer and more	**Save 39% on men's gift boxed handkerchieves** Boxes of two to ten. Some with initials REG. 1.99-5.99 **1**^{20} TO **3**^{60}
Save 15% on all Max Factor Maxi-Wear makeup in stock Eye shadows, blushes, foundations, lipsticks, nail polish and more	**Save 41% on men's western style hats** Great-looking hats in easy-care fabrics. REG. 16.99 **10**^{00}

Cortesía de Jefferson Ward Inc., Florida.

Ofrece la versión española de los siguientes modelos en inglés.

PROBLEM

In 1978 the Westinghouse Corporation was testing a new light bulb that was designed to challenge GE's dominance in supermarket sales of light bulbs. GE's dominance of this $200 million retail business was due to their ability to get distribution in more stores than any other brand. Store managers generally stocked only one brand of light bulb because they viewed all bulbs to be essentially the same.

Westinghouse conducted research that revealed that consumers considered shopping for light bulbs to be an uninteresting chore. The research also indicated consumers had hostile feelings toward light bulbs — a purchase was generally stimulated only because a bulb had burned out. This suggested that bad feelings toward light bulbs could be overcome by offering a bulb with longer life.

The longer life bulb became the key element in Westinghouse's challenge of GE. The technology was readily available — long-life bulbs had been produced since 1920 and all major manufacturers offered them although mainly to commercial users. Long-lasting bulbs which were made by utilizing a thicker filament had the disadvantage of requiring more electric power to operate. However, they lasted about three times longer. Westinghouse decided to guarantee its long-lasting bulbs for two years and price them at 89¢ compared to 67¢ for a standard bulb. The new bulb was named the Turtle-Lite to connote long life. Particular attention was paid to the bulb's shape and packaging to make it distinctive on the supermarket shelf. The bulb was given a modern angular, flat top shape and was packed in a trapezoidal red package. A special space-saving display case was designed for the supermarket.

To support the introduction of the Turtle-Lite, Westinghouse allocated $6 million for TV advertising — the highest budget in the industry. In addition consumers were to be offered $1.00 purchase rebates through newspaper coupons.

1. What product attributes have been designed into Westinghouse's new product?

2. The Turtle-Lite has several disadvantages as a new product entry. What are they and how serious do you think they are?

3. On balance, do you think the Turtle-Lite has sufficient strength to achieve its objective of challenging GE's dominance in supermarkets?

English Muffin Interview Guide

USE OF ENGLISH MUFFINS
    Situations where used
    Frequency of use
    Usage by various household members
    Types of uses
    Impact of flavor variety on usage patterns

SELECTION OF BRAND
    Brands used
    Degree of loyalty
    Criteria for selection
        Quality
        Availability
        Price
        Flavor variety
        Packaging
        Other factors
    Perceived differences among brands
    Substitution patterns

ATTITUDES TOWARD EXISTING BRANDS
    Satisfactory attributes
    Unsatisfactory attributes/sources of dissatisfaction
    Areas for improvement

REACTIONS TO NEW CONCEPTS
    Overall reactions
    Perceived likes/dislikes
    Product-related expectations
    Usage-related expectations
    Factors influencing likelihood of changing to new product

**Typical statements that might be used
to test brand image of a food product**

1. A brand I like.
2. A brand I would recommend to friends.
3. A brand I would serve guests.
4. A brand I would serve my family.
5. A brand I purchase for special occasions.

6. An expensive brand.
7. A brand to ask for when dining out.
8. A brand for cost-conscious people.
9. A low-price brand.
10. A healthful brand.

11. A brand for older people.
12. A brand my parents used.
13. A brand for young people.
14. A brand for children.
15. An old-fashioned brand.

16. A brand that no one uses any more.
17. A brand that "with it" people use.
18. A brand with an attractive package.
19. A brand that is available in most groceries.
20. A brand that is nutritious.

21. A brand with high quality.
22. A brand that is consistently good.
23. A brand for entertaining.
24. A dependable brand.
25. A fresh brand.

26. A brand I buy to reward myself.
27. A brand that reminds me of good times.
28. A natural brand.
29. A brand with a good reputation.
30. A brand I regularly keep on hand.

31. A brand I save for "company."
32. A brand for diet-conscious people.
33. A versatile brand.
34. A brand that is a good value.
35. A brand backed by a good company.

36. A brand I can't find in the supermarket.
37. A brand that has changed over the years.
38. A brand that is going downhill.
39. A brand that has improved over the years.
40. A brand for middle-class people.

Vocabulario inglés-español

ABOUT — **De**, acerca de, sobre, con respecto a, hacia, a eso de, aproximadamente, tocante a.

AHEAD — Delante, al frente, delante de, adelante.

ANY MORE — Ya más, más nunca.

AROUND — Alrededor (de), a la redonda, a la vuelta de, en torno a, por aquí.

BEFORE — Antes, ante, en presencia de, delante, enfrente, delante de, anteriormente.

BY — Por, para, cerca, a un lado, de.

CAR — Coche, carro, vagón, tranvía, automóvil, máquina, ascensor.

COMPANY — Compañía, visita, sociedad.

DIET CONSCIOUS PEOPLE — Gente, personas con conciencia o interés en la dieta.

DIRT — Tierra, suelo, polvo, suciedad, mugre.

FOR THE SAKE OF — Por, por motivo, causa, razón de; en beneficio de, por el bien, amor de.

FROM — De, desde, hecho de, de parte de; según; a.

(TO) GO DOWNHILL — Ir pendiente, cuesta abajo; estar, ir en decadencia, disminuir en categoría; haber pasado del apogeo o del mejor momento.

GROCERY — Bodega, colmado, tienda de ultramarinos, abacería, tienda de abarrotes, de víveres, mercado, supermercado.

IN A WAY — Hasta cierto punto, de cierta manera.

IN FRONT OF — Frente a, delante de, en frente de.

LOOKS — Aspecto, apariencia.

MOST — Más, la mayor parte de, la mayoría de, casi.

NO MATTER WHAT YOU DO — Haga lo que haga, a pesar de lo que haga, aunque haga lo imposible.

ON — Puesto (sobre una persona), en, sobre, a, de, por, con.

OVER THE YEARS — Al cabo del tiempo, de los años, en el transcurso de los años.

PACKAGE — Paquete, cajetilla, fardo, bulto; trato, negocio completo.

POLLUTION — Contaminación, polución.

SOUND — Sano, bueno, ruido, sonido; solvente, seguro, firme, sólido, entero, completo.

TO TRY — Ensayar, tantear, intentar, probar(se), comprobar, verificar; cansar, exasperar, irritar.

UNLESS — A menos (de) que, a no ser que.

WHOLE — Todo, entero; único; ileso; conjunto.

"WITH IT PEOPLE" — Los que están en la última, al día, que saben hacer las cosas, que tienen cacumen.

A continuación se ofrece la traducción al español de los anuncios de ventas especiales en inglés. Comprueba tu traducción con la que te brindamos aquí.

Ahorre 20% en toda la colonia y loción humectante Jean Nate en existencia Colonia y humectante de exquisito aroma en distintos tamaños.	**Ahorre 40% en estuches de 6 pares de calcetines para caballeros** Calcetines de nilón/acrílico Orlon. REG. 7.99 4^{80}
Ahorre 25% en todos los estuches de regalo Cachet, Aviance y Wind Song en existencia Varios estuches de colonia y talco para regalo. Todos de Prince Matchabelli.	**Ahorre 39% en calzoncillos en estuche para regalo** Tres de nilón o dos de algodón/nilón. REG. 4.99-5.99 3^{00} A 3^{60}
Ahorre 15% en todos los productos Moon Drops de Revlon para el cuidado de la piel en existencia El surtido comprende: limpiador, humectante, base, máscara y loción refrescante.	**¡Rebajados a la ½! todos los anillos de oro 10K y 14K para caballeros en existencia** Modelos surtidos. Algunos con piedras legítimas REG. 175.00-405.00 87^{50} A 202^{50}
Ahorre 15% en todos los tratamientos Max Factor Skin Principal en existencia Loción para aclarar, loción limpiadora, humectante y más.	**Ahorre 39% en pañuelos en caja de regalo para caballeros** Cajas de dos hasta diez. Algunos con iniciales. REG. 1.99-5.99 1^{20} A 3^{60}
Ahorre 15% en todo el maquillaje Max Factor Maxi-Wear en existencia Sombra para los ojos, colorete, base, lápiz labial, barniz para las uñas y más.	**Ahorre 41% en sombreros del oeste para caballeros.** Elegantísimos. En Prácticos tejidos. REG. 16.99 10^{00}

LECCIÓN 4: REDACCIÓN DE MENSAJES DE VENTA: INVESTIGACIÓN SOBRE EL MERCADO Y EJERCICIOS

LECCIÓN 4: REDACCIÓN DE MENSAJES DE VENTA: INVESTIGACIÓN SOBRE EL MERCADO Y EJERCICIOS

4.1 REPERTORIO DE EXPRESIONES

A continuación ofrecemos expresiones equivalentes a las procedentes del libro *Comunicación*, pp. 69-88.

4.1.1 Variedades de la expresión

Resta tratar.—*Queda por discutir.*
Los factores partícipes.—*Los factores que participan, que forman parte.*
Por su propia índole.—*A causa de su condición particular.*
Como formularios sin imaginación.—*Como modelos o planillas para llenar sólo con los nombres correspondientes a cada caso.*
Con el prurito de corrección y logicidad.—*Por el alarde de seguir los usos establecidos y la razón, de modo excesivo y por puro capricho.*
Quizás (quizá) se escribió a impulsos de la necesidad o de la inspiración.—*Tal vez se escribió a impulsos de la necesidad o de la inspiración.*
No se deja al arbitrio de la suerte.—*No se deja al azar o a la casualidad.*
Consten de varios elementos.—*Estén formados de varios elementos.*
La coherencia se resiente.—*La coherencia deja que desear.*
Se ha de descartar.—*Se debe excluir.*
Sin que interceptemos los otros rasgos.—*Sin dejar de tocar las otras características sobresalientes.*
Sin más circunloquios.—*Sin más rodeos.*
Encabezar oraciones con las locuciones aludidas o insertarlas en el medio. —*Principiar oraciones con las locuciones aludidas o intercalarlas.*
Deseamos recalcarte que los uses con mesura.—*Queremos enfatizarte que los emplees con gran control.*
Lejos de producirle al lector la impresión de agrado buscada, le causará una impresión de artificialidad.—*En lugar de darle al lector agrado le dará fastidio.*
El paralelismo es la forma *ad hoc*.—*La colocación bilateral, en contraste, es la forma justa para ello.*
Dan al traste.—*Arruinan, destruyen.*
Viene a cuento.—*Es oportuno contar ahora.*
Los clientes potenciales, así chasqueados.—*Los clientes posibles, de este modo decepcionados.*
Evitar la ambigüedad.—*Impedir la captación de otros sentidos indeseados.*

Dar sustantivos inequívocos.—*Dar nombres inconfundibles.*
En otros términos.—*En otras palabras.*
A priori.—*De entrada.*
Hay que entablar.—*Se debe iniciar.*
Parquedad excesiva.—*demasiado laconismo, faltan palabras.*
Por cuanto.—*Debido al hecho de que.*
Las connotaciones personales implican.—*Los sentidos accesorios personales comportan.*
Descodificando el mensaje—*Dándole sentido al mensaje por medio de las convenciones aprendidas de interpretación de símbolos.*
Habrás aupado tu ego.—*Habrás satisfecho tu orgullo y predominio personal.*
En resumidas cuentas.—*En última instancia, al final.*
Todo se subsume en función comunicativa.—*Todo cae bajo la función comunicativa.*

4.1.2 Ejercicios de sustitución

Reemplaza las partes en cursivas con expresiones procedentes de la sección anterior o con expresiones tuyas. Puedes consultar el *"Vocabulario"*.

1. *Se debe excluir,* claro está, la exaltación afectiva.
2. Los clientes *posibles, de este modo decepcionados,* todavía se preguntan por qué no les llegó la revista.
3. En todas las comunicaciones comerciales, por su *condición particular de* intercambio de significados y servicios, está presente la función denotativa.
4. Al mostrarte algunos procedimientos retóricos, *queremos enfatizarte que los emplees con gran control.*
5. *Se debe iniciar* una lucha vigilante entre la verbosidad y *el laconismo.*
6. En la lectura de la lección anterior vimos las funciones mentales de la percepción y de la interpretación, ahora *nos queda por discutir* su aplicación.
7. Puede darse el caso, incluso, de que en la misma oración principal, el sujeto o el verbo *estén formados* de varios elementos.
8. Habrás *satisfecho tu orgullo y predominio personal* por encima del de tus clientes.
9. *En otras palabras,* las palabras no significan por sí solas.
10. Surge la necesidad de observar la correspondencia de los factores *que participan* en una comunicación con las funciones del lenguaje.
11. Los detalles más insignificantes *arruinan* la redacción más acabada.
12. *Los sentidos accesorios personales comportan* también un conocimiento previo de nuestro destinatario.
13. Aclarar aquí será dar *nombres inconfundibles.*
14. No debemos redactar las comunicaciones comerciales al extremo de aridez y de monotonía, *como modelos o planillas para llenar sólo con los nombres.*
15. *Al final,* todo *cae bajo* la función comunicativa.
16. El abuso de los procedimientos retóricos, *en lugar de darle agrado al lector le dará fastidio.*
17. Incluso, puedes ir al grano, sin más *rodeos.*
18. *Tal vez* se escribió a impulsos de la necesidad o de la inspiración.
19. *Es oportuno ahora contar* el incidente ferroviario que costó tantas vidas.
20. No se deja al *azar* lo que puede preverse.

21. Cuando se halle el receptor *dándole sentido al mensaje, por medio de las convenciones aprendidas de interpretación de símbolos,* percibirá la cortesía con que se redactó.

22. En los mensajes largos tendremos la oportunidad de *principiar* oraciones con locuciones de enlace o de *intercalarlas.*

23. Es imposible la exposición de un rasgo determinado de la redacción sin que *dejemos de tocar los otros rasgos.*

24. El último de los rasgos de una redacción efectiva ha quedado implícito en la concisión *debido al hecho de que* hemos mantenido presente al destinatario.

25. El equilibrio de transmitir todo el mensaje en el menor número de palabras plantea *de entrada* la adquisición de varios vocabularios.

26. Se impone la necesidad de darte los instrumentos verbales que *impidan la captación de otros sentidos indeseados.*

27. *La colocación en contraste* es la forma *justa para* las oraciones coordinadas.

28. *Por el alarde de seguir los usos establecidos y la razón, de modo excesivo y por puro capricho,* muchos mensajes parecen tratados científicos.

4.1 CUESTIONARIO Y TEMARIO PARA DESARROLLAR

4.2.1 Sobre "Comentarios sobre la gramática: el nombre"

1. ¿Qué se ha llegado a decir del pensar?
2. ¿Cuáles son las dos clases fundamentales de nombres?
3. Si bien hay porosidad de funciones entre ambas clases, ¿qué función le está encomendada con exclusividad al sustantivo?
4. Desde un punto de vista semántico, ¿cómo podemos definir el sustantivo?
5. ¿Cómo obtenemos el concepto de nombre adjetivo?
6. Desde el punto de vista sintáctico, ¿cómo podemos definir el sustantivo?
7. Según la forma, ¿cómo podemos caracterizar el nombre dentro de la clase de palabra variable?

4.2.2 Sobre "Los sustantivos"

1. Desarrolla el cuadro de oficios del sustantivo, ilustrando con ejemplos de tu elección.
2. ¿Por qué las funciones verdaderamente sustantivas son las de sujeto, complemento verbal y término de preposición?
3. ¿Por qué cualquier palabra o enunciado que realice las mismas funciones se sustantiva ipso facto?
4. Explica el proceso de adjetivación del sustantivo dando ejemplos.
5. ¿Cuál es la significación de las tradicionales clasificaciones de género y número de los sustantivos?
6. ¿Cuáles son los morfemas flexivos correspondientes a estos conceptos?
7. ¿Cuándo los artículos determinados obran a modo de morfemas flexivos de género y número?
8. Aporta casos demostrativos de la índole más genérica de la acepción masculina del sustantivo.

9. ¿Por qué el artículo es una clase funcional nada más y no una parte de la oración como se creía antes?

10. Discute sobre las diversas clases de actualización por medio de artículos. Brinda ejemplos.

11. ¿Qué sucede cuando *lo* y los artículos basados en *el* y *un* preceden palabras, frases y hasta oraciones?

12. ¿Qué indica la ausencia de artículos o de otros determinadores nominales?

13. Presenta un esquema, con ejemplos ilustrativos, de las funciones de los artículos.

14. ¿Por qué el sustantivo plural, aunque esté sin artículo, implica una determinación?

15. Desarrolla un esquema de los significados de la sustantivación con *lo*, dando ejemplos.

16. ¿Cómo se define el concepto de plural y cuál es su expresión morfológica?

17. Desarrolla un cuadro con sustantivos que no se ajusten al principio general anterior. Brinda ejemplos.

18. Explica el desplazamiento del sustantivo en adjetivo por medio de la aposición. Ilustra la explicación con ejemplos.

19. Explica el desplazamiento del sustantivo en adjetivo por medio de la anteposición de preposiciones simples. Ilustra con ejemplos la explicación.

20. Comenta los casos de desplazamiento del sustantivo en adjetivo al ir pospuesto el primero al segundo y conectado por preposición simple, incluyendo los infinitivos. Emplea ejemplos.

4.2.3 Sobre "Los adjetivos calificativos"

1. ¿Qué queremos decir con *adjetivos calificativos*?

2. ¿Por qué no es absoluta la libertad de colocación del adjetivo calificativo respecto al sustantivo que modifica?

3. Desarrolla el tema de las significaciones del calificativo pospuesto o antepuesto al sustantivo. Aporta ejemplos.

4. Explica la función identificadora de algunos adjetivos usados en posición fija respecto al sustantivo. Ilustra la explicación con ejemplos.

5. Ofrece un esquema de las varias significaciones de algunos adjetivos resultantes de la posición antepuesta y pospuesta respecto al sustantivo. Da ejemplos.

6. Presenta las posibilidades de concordancia de un calificativo en concurrencia con varios sustantivos. Ofrece ejemplos.

7. Empleando ejemplos, discute sobre la concurrencia de varios calificativos con un sustantivo.

8. ¿Cuál es el principio que rige a los morfemas flexivos del calificativo?

9. Explica los casos de abreviación o apócope de algunos adjetivos. Ofrece ejemplos.

10. Desarrolla el tema de las funciones adverbiales de los adjetivos. Ilustra la exposición con ejemplos.

11. Presenta los procedimientos, tanto sintácticos como morfológicos, empleados para cambiar la significación de los calificativos. Da ejemplos.

12. ¿Qué queremos decir con *morfemas facultativos*?
13. ¿Por qué podemos llamar terminaciones valorativas a todos estos procedimientos de modificación libre?
14. Desarrolla un esquema de las significaciones de algunos apreciativos afectivos. Ofrece ejemplos.
15. ¿Por qué parece predominar la función denotativa del lenguaje cuando empleamos comparativos y superlativos?
16. ¿Cuáles son las posibles gradaciones resultantes de la comparación de la cualidad existente en varios sustantivos?
17. ¿Por qué la determinación nominal se hace plena identificación con el uso del superlativo?
18. ¿Por qué muchos calificativos no permiten ninguna gradación?
19. Explica las razones para estudiar las construcciones comparativas y superlativas bajo el título de instrumentos verbales de la gradación y las categorías lógicas. Ofrece ejemplos de la conversión de una categoría a otra.
20. Desarrolla el esquema genérico de los instrumentos verbales para significar la igualdad. Da ejemplos.
21. ¿Cuáles son los esquemas de la perfecta identidad y de la semejanza?
22. Ofrece el esquema genérico de los instrumentos verbales para significar la desigualdad. Brinda ejemplos.
23. ¿Cuáles son las formas orgánicas de la comparación de superioridad y que por ello no necesitan la anteposición de *más*?
24. Explica los significados comparativos de las siguientes expresiones:
Esta tela es de calidad más inferior que la otra.
Pedro es más hombre que Juan.
Juan es más comerciante que Pedro.
Hoy se atropella al empleado cada vez menos.
25. ¿Cuáles son los modificantes más usados para matizar las siguientes construcciones comparativas:
Juan trabaja más que Pedro.
La comunicación es más importante que la expresión.
Juan es mejor empleado que Pedro, y
¿Hay más libros que estantes?
26. Desarrolla el esquema de las fórmulas correlativas, con dos verbos expresos, con uno y sin ninguno. Ofrece ejemplos.
27. Desarrolla el esquema genérico de los instrumentos verbales usados para significar el grado máximo. Brinda ejemplos.
28. ¿Por qué aunque empleamos el término *superlativo* en realidad damos sólo una comparación de excelencia?
29. ¿Cómo significan hoy los superlativos orgánicos *óptimo, pésimo, mínimo, máximo, ínfimo* y *supremo*?
30. Comenta sobre el sentido superlativo de algunos ordinales y el empleo de palabras cuyo contenido conceptual denota excelencia y el punto máximo de superioridad. Da ejemplos.

4.2.4 Sobre "Tráfico: morfología del género y número de los nombres"

1. Comenta sobre los siguientes asertos:
"Son inseparables las distinciones morfológicas de la semántica".

"Como ya no partimos de paradigmas, no llamamos accidentes a estas variaciones (de las desinencias), sino morfemas flexivos".

2. ¿Cuáles son los factores influyentes en la atribución de género y número y qué símil puede ilustrar la explicación general?

3. ¿Por qué podemos dejar fuera de nuestro estudio a *esto, eso, aquello, ello, lo* (artículo) y *algo*?

4. ¿Con qué objeto el nombre ha adoptado un número infinito de formas?

5. ¿Qué función significativa priva sobre la diferenciación de masculino y femenino?

6. ¿Por qué los días de la semana, meses, colores, números cardinales, ríos, montes, lagos, son masculinos y la hache es femenina?

7. ¿Qué otros factores influyen en esta atribución de género de los sustantivos?

8. Dando ejemplos, presenta el esquema del género de los apelativos o sustantivos usados para designar personas, junto con los recursos empleados para diferenciar el sexo de las personas y de algunas especies animales.

9. Presenta el esquema de las formas de los sustantivos usados para designar cosas aportando ejemplos.

10. ¿Qué queremos decir con la afirmación de que el género de los calificativos es incidental al sustantivo que califica?

11. ¿Cuáles son los morfemas de género de calificativos de mayor productividad en el idioma?

12. Ofrece ejemplos de adjetivos invariables para masculino y femenino terminados en *-a; -í, -ú; -ble, -bre, -ense, -iense; -ante, -ente, -iente; -e* (simple) y los terminados en consonante.

13. ¿Cómo podemos resolver la atribución de género cuando tanto el sustantivo como el calificativo no terminan en *-o* ni en *-a*?

14. Brinda ejemplos de excepciones al caso anterior de calificativos con femenino terminado en *-a* y masculino que no termina en *-o*, con terminación en: *-e; -ín; -dor, -tor, -sor* y *-és*. Explica su significación general.

15. Discute sobre el número de los nombres: otras partes de la oración que siguen los patrones del plural; los tres morfemas de plural según la terminación, con ejemplos; las razones de parecer más sistemática, la distribución de esta categoría del número; el influjo del contorno fonológico; la simplificación de grupos al final como norma.

16. ¿Por qué recomendamos el empleo de *-s* para cualquier vocablo terminado en vocal, sea una simple o en más de una?

17. ¿Qué ocurre con los plurales de *ay, ley, carey* y *buey*?

18. Comenta sobre varios casos inestables y dobles de formación de plural, a la vez que das ejemplos del plural de palabras de diversa terminación.

19. ¿Cuál es el problema planteado al comunicante en español respecto al plural de los nombres terminados en consonante?

20. ¿Cuáles son las grafías de terminaciones consonánticas en español de los nombres más corrientes?

21. ¿Qué acomodo podemos realizar con terminaciones raras como *-j* en *reloj* y *-f* en *motif*?

22. Desarrolla el tema de la actitud respecto al plural de tantas palabras procedentes de otros idiomas y las distintas soluciones dadas a voces extranjeras de uso frecuente en español. Presenta ejemplos.

23. Por influencia del contorno fonológico existen algunas soluciones del plural en nombres terminados en *-s* y esdrújulos terminados en *-n* y algunos de los llanos terminados en *-r* que se apartan de las formas anteriores. Explica con ejemplos estas soluciones anómalas.

4.3 REDACCIÓN. MENSAJES DE VENTA: EL ANUNCIO Y LA CARTA DE PROMOCIÓN. INVESTIGACIÓN SOBRE EL MERCADO

Luego de haberse procedido en la lección anterior a los análisis del consumidor y del producto, nos resta analizar el mercado, en este final de la fase investigativa de los mensajes de venta que estamos estudiando: el anuncio y la carta de promoción. El mercado, dentro de este enfoque comunicativo del mercadeo, está constituido por personas; los consumidores son los destinatarios, como vimos. Mientras que en la lección previa estudiamos al consumidor según un criterio de las necesidades experimentadas, o sea, recurrimos al procedimiento lógico de la división, ahora nos corresponde emplear el procedimiento también lógico de la clasificación. Se llama *segmentación* el método de agrupación de consumidores de acuerdo con diversos criterios, como veremos en el transcurso de esta lección; aunque partiremos de la misma división tripartita de necesidades vitales, sociales y personales del consumidor, para conocer mejor a nuestro destinatario.

Como también se procura maximizar las ventas, conforme a una política económica de eficiencia, en el segmento o segmentos escogidos, tal objetivo requiere a su vez un análisis de sus aspectos fundamentales. Se deberá predecir el potencial, lo cual determinará la enunciación de un estimado de ventas. Al igual que los otros análisis, este estudio servirá para ofrecer información al mercadista en relación al atributo indicado del producto, que se le señalará al segmento seleccionado de mayor promesa; servirá, asimismo, para discernir problemas y oportunidades de venta, para dar comparaciones respecto a las ventas de competidores y para señalar los elementos más influyentes del entorno general del producto. Si los competidores comportan el entorno particular del producto, el general está constituido por toda la ecología natural y social. En el cuadro sinóptico adjunto se podrá apreciar, a grandes rasgos, el modo de desdoblarse esta investigación.

Si bien vamos a proceder a segmentar el mercado, no hay que seguir siempre esta estrategia que gira alrededor del consumidor. El mercadista puede pasar por alto las diferencias entre consumidores y tratar de mercadear el producto sin realizar ninguna modificación en la fórmula mercadística. Dicha táctica se conoce con el nombre de *agregación:* se podrá satisfacer al mayor número de consumidores, lograr un máximo de ventas, así como desplazarse hacia mercados y países sin incurrirse en mayores gastos. A la inversa, también se podrá dirigir todo el esfuerzo a un segmento de gran rendimiento, haciéndose caso omiso de los restantes segmentos. A esta táctica se le llama *concentración*. La agregación es una estrategia riesgosa porque incita a los competidores a desmembrar, en distintos segmentos, el mercado inicial agregado, con el ofrecimiento de distintas fórmulas mercadistas para satisfacer otras necesidades. Así, cuando el detergente *Tide* salió al mercado, sus mercadistas, dada la innovación representada por los detergentes para satisfacer la necesidad de la limpieza, simplemente recurrieron a la agregación de todos los consumidores. Pero tan pronto aparecieron otros productos, aduciendo un resultado de mayor blancura, mayor suavidad para la ropa, o de protección a las manos, se hizo patente la vulnerabilidad de la estrategia de agregación y hubo que realizar una especialización para retener a los consumidores originales y atraer a otros nuevos segmentos.

La práctica de la concentración está cargada, aún más, de riesgos. Es como "ponerle todo el dinero a una baraja", aunque el mercadista se puede sentir satisfecho con una penetración tal del mercado, que un segmento sólo le sirva para cumplir sus objetivos de venta. Observemos que mientras en la agregación se cambia de lugar pero el producto permanece estático, y que en la concentración el producto se cambia a tenor de los cambios del mismo segmento ubicado en el mismo lugar, en la segmentación la estrategia es de flexibilidad: de acuerdo con la ecología reinante, se cambia de fórmula mercadística y de segmento en continuo dinamismo. De cualquier suerte, el ciclo vital del producto pesará en cualquier decisión de estrategia.

4.3.1 La segmentación

Este análisis parte del criterio fundamental de que redactaremos nuestros mensajes de venta con vista a lo que sepamos del destinatario, del consumidor. Como ya hemos dividido en tres tipos fundamentales las necesidades sentidas por el consumidor, a saber: vitales, sociales y personales, trataremos de clasificar a la población con arreglo a criterios que tengan en cuenta dicha distribución. Hemos de recordar que las necesidades no son excluyentes, sino concurrentes, en la mayor parte de los casos. La prioridad en su satisfacción vendrá regida por un cúmulo de factores presentes en la situación del consumidor. Las variables que expondremos, por tanto, transvasan cualquier categoría — por lo cual servirán más bien de pautas generales.

No intentamos agotar, ni mucho menos, las posibilidades clasificativas. Precisamente, pocas áreas del planeamiento y de la investigación han incitado tanto al pensar creador como la exploración de métodos de segmentación de mercados. El mercadista capaz de identificar un nuevo método para colocar sus productos o rendir sus servicios a un segmento insatisfecho, estará en disposición de escapar de los rigores de una competencia perniciosa en mercados saturados; en mercados donde productos competidores se hayan establecido desde antiguo y cuya entrada sea, por ende, de gran dificultad, si no de costo. De hecho, la segmentación puede constituir el medio más efectivo de rejuvenecimiento de un producto en su fase declinatoria o el instrumento de renovación de la fórmula mercadista, al servir a segmentos desconocedores de la capacidad del producto o servicio para satisfacer sus necesidades. El mercadista creativo puede repasar las diversas formas de pensar creador que aparecen en la "Introducción" de este *Cuaderno*, en especial la técnica del pensar morfológico. La creación de un perfil del consumidor, hasta entonces ignorado o insatisfecho, puede provenir de la juiciosa combinación de aspectos alejados que no se hayan visto juntos con anterioridad.

4.3.1 INVESTIGACIÓN SOBRE EL MERCADO

4.3.1 La segmentación

- **4.3.1.1 Segmentación por necesidades vitales**
  - Variables geográficas
  - Variables por densidad demográfica
  - Variables biológicas

- **4.3.1.2 Segmentación por necesidades sociales**
  - Lenguaje
  - Religión
  - Educación
  - Orden institucional
  - Tecnología y bienes de insumo
  - Órdenes económico, político y jurídico

- **4.3.1.3 Segmentación por necesidades personales**
  - Las ideas fundamentales
  - El perfil psicográfico
  - El proceso de adopción
  - La percepción del grupo pertenecido
  - La motivación
  - La proporción en el consumo

- **4.3.2.1 Ventas del mercado en su totalidad**
  - Estimado del tamaño absoluto del mercado
  - Estimado del tamaño del segmento
  - Pronóstico del crecimiento del mercado
  - Cómputo de los índices de ventas por temporadas y por territorios

4.3.2 Las ventas

- **4.3.2.2 Ventas del producto del mercadista**
  - Ventas totales del producto
  - Ventas en cada uno de los segmentos
  - Crecimiento de las ventas
  - Índices temporal y territorial de ventas

- **4.3.2.3 Ventas de competidores**
  - La definición del competidor
  - El estimado de la porción controlada por competidores
  - La colocación de cada producto competidor en el mercado

- **4.3.2.4 Influencias ambientales sobre las ventas**
  - Ponderaciones sobre las necesidades vitales y sociales afectadas
  - Ponderaciones sobre las necesidades personales afectadas
  - Una mirada al mercado hispanoamericano

4.3.1.1 Segmentación por necesidades vitales

Partamos de la ecología, la ciencia que estudia las interrelaciones entre los organismos vivientes y sus respectivos ambientes, para ofrecer nuestras consideraciones para clasificar en segmentos a los consumidores. De hecho, la vida y el ambiente son inseparables: plantas, animales y hombres se asocian con su ambiente y viven en un equilibrio vital. La misma fórmula mercadista entraña una aplicación del concepto de ecología. Dado que los organismos vivientes responden a necesidades de conservación, y de ahí las soluciones dadas de defensa, abrigo, nutrición y demás; de propagación, y de ahí las soluciones de constitución de diferentes grupos, monogamia, poligamia y variantes, podremos anotar entonces algunas observaciones de posible uso en la segmentación.

a) Variables geográficas

Aquí entran el clima, la orografía, la hidrografía, y otras, que influyen en la satisfacción de las necesidades perentorias mencionadas. No son las mismas necesidades las experimentadas en un país tropical que las de otro sujeto al ritmo de cuatro estaciones; un país o una región tropical por hallarse en una altitud considerable, pueden disfrutar de un clima uniformemente benigno todo el año, mientras que unas condiciones desérticas en otros, requerirán distintas soluciones de adaptación.

b) Variables de densidad demográfica

El número mismo de habitantes por kilómetro cuadrado influye en cualquier segmentación. Habrá concentraciones urbanas y zonas dispersas de asentamientos humanos, que se han conocido desde antiguo como la dualidad entre la ciudad y el campo. Aquí entran en juego los medios de transporte empleados, lo sitios frecuentados por el consumidor, los canales de distribución más idóneos para hacerle llegar la mercancía y otros aspectos relacionados con el espacio. Además de la clasificación de mercados urbanos y rurales, la primera puede agruparse en escala ascendente: la cuadra o manzana, el barrio, colonia o zona residencial; la zona metropolitana constituida por una ciudad y poblaciones satélites; la megalópolis o unión de metrópolis contiguas o cercanas, sin olvidarnos de que los viejos núcleos urbanos son distintos de la nueva urbanización; luego hallamos el distrito, la provincia, el estado, la región o territorio, donde predomina cierto tipo de habitante. La ubicación del segmento, por tanto, es un factor apreciable. Imaginemos, por un momento, las posibles soluciones que tendrá la necesidad de defensa o seguridad personal, según sea una metrópolis o un lugar despoblado.

c) Variables biológicas

La edad, el sexo, la salud, la altura, el peso, el color de la piel y del cabello determinarán distintas soluciones al abrigo, a la nutrición, a la ropa, a las medicinas, a los cosméticos, a la vivienda y demás. El estado marital puede ocasionar necesidades al haber prole o descendencia. Pueden convivir bajo un mismo techo no sólo la familia nuclear, de dos generaciones, sino también la extendida con tres y hasta ,cuatro y con parientes; el ciclo de la familia, con hijos pequeños, crecidos, o sin ninguno, determinará la creación de otros segmentos.

4.3.1.2 Segmentación por necesidades sociales

Ningún mensaje de venta se envía desligado de los demás componentes de la fórmula mercadista. A los elementos incontrolables de tipo vital o ecológico de dicha fórmula, recién examinados, se les suma todo el conjunto de factores sociales, componentes de su ecología cultural. Siendo la cultura de carácter social, o sea, aprendida dentro de un grupo, conviene señalar que todas sus facetas están interrelacionadas y sus normas compartidas por la mayoría de sus miembros. La segmentación en mercados, teniendo en cuenta los criterios de idioma, ciudadanía, origen nacional, grupo étnico o racial, ocupación, ingreso económico, clase social, casta, jerarquía, nivel educativo, pertenencia a asociaciones e instituciones religiosas, políticas, laborales, profesionales, cívicas, económicas, y demás, muestran diversos grados de correlación y de hecho han servido para segmentar, con éxito, a grupos extensos de consumidores.

Con el adelanto en los estudios lingüísticos, antropológicos y sociológicos el mercadista se halla en aptitud de examinar distintos aspectos que pueden arrojar hallazgos felices de segmentación. Veamos algunas consideraciones alrededor de estos campos culturales.

a) Lenguaje

Idioma hablado o escrito, lengua oficial, diversidad o pluralismo de lenguas, jerarquía de idiomas para los tipos de mensajes, lenguas internacionales, medios masivos de comunicación existentes. En relación con los entornos informativos de la comunicación — que aparecen en *Comunicación*, lección 1 — el mercadista puede utilizar las clasificaciones que contribuyan a la segmentación lingüística que le convenga. Baste recordar que hay dialectos, contextos y códigos empleados en la comunicación lingüística, cuyo influjo es determinante a la hora de compartirse significados.

b) Religión

Festividades, oficios o servicios, rituales, tabúes, creencias, mandamientos o normas, oraciones, sistemas filosóficos o ideologías resultantes, objetos sagrados, libertad de cultos, religión oficial, ateísmo oficial, asimismo, superstición, relaciones con otras religiones, universalidad o localismo en su profesión; nexos con autoridad central, jerarquías dentro de una institución religiosa; ética o conducta de creyentes en relación con la economía, la familia, la política, prácticas anticonceptivas, papel de la mujer, etc. El lenguaje y la religión son las creaciones culturales más influyentes en cualquier sociedad. Veremos más adelante, en la segmentación por necesidades personales, el impacto sobre la conducta individual, en sus valores y actitudes.

SEGMENTACIONES UTILIZADAS EN LOS ESTADOS UNIDOS

I. Datos por hogares

A. Tamaño del Condado:
- A Tamaño del condado
- B Tamaño del condado
- C Tamaño del condado
- D Tamaño del condado

B. Área geográfica:
- Dentro de SMSA
- Fuera de SMSA
- Urbana
- Rural
- —Campesina
- —No campesina

C. Región geográfica:
- Nueva Inglaterra
- New York Metropolitana
- Atlántico medio
- Centro-este
- Chicago Metropolitano
- Centro-oeste
- Sureste
- Suroeste
- Pacífico

D. Edad de los hijos:
- Ninguno menor de 18
- Hijo más joven 6-17
- Hijo más joven menor de 6

E. Tamaño de la familia:
- 1 ó 2 miembros
- 3 ó 4 miembros
- 5 ó más miembros

F. Entrada de la familia:
- Menos de $5,000
- De $5,000 a $7,999
- De $8,000 a $9,999
- Más de $10,000

G. Propiedad de la casa:
- Casa propia
- Casa alquilada

H. Característica de vivienda:
- Una sola familia
- Más de una familia

II. Datos por individuos

A. Edad:
- Menores de 6
- De 6 a 11
- De 12 a 17
- De 18 a 34
- De 35 a 49
- De 50 a 64
- Más de 65

B. Sexo:
- Masculino
- Femenino

C. Educación:
- Primaria o menos (1º a 8º grados)
- Algunos de preuniversitario
- Graduados de preuniversitario (9º a 12º grados)
- Algunos universitarios
- Graduados universitarios

D. Estado Civil:
- Casados
- Viudos
- Divorciados o separados
- Solteros

E. Ocupación:
- Empleados:
- —Profesionales y técnicos
- —Gerentes, funcionarios y propietarios, excepto agricultores
- —Oficinistas, vendedores
- —Artesanos, capataces
- —Operarios; obreros urbanos y trabajadores de servicios domésticos
- —Granjeros, gerentes de granjas, campesinos y capataces
- —Servicios armados
- Retirados
- Estudiantes
- Amas de casa
- Desempleados (buscando trabajo)
- Otros

III. Datos por cabeza de hogares

A. Sexo:
- Masculino
- Femenino

B. Edad:
- Menores de 24
- De 25 a 34
- De 35 a 49
- De 50 a 64
- Mayores de 65

C. Educación:
- De primaria o menos (1º a 8º grados)
- Algunos de preuniversitario
- Graduados de preuniversitario (9º a 12º grados)
- Algunos universitarios
- Graduados universitarios

D. Ocupación:
- Empleados:
- —Profesionales y técnicos
- —Gerentes, funcionarios y propietarios, excepto agricultores
- —Oficinistas, vendedores
- —Artesanos, capataces
- —Operarios, obreros urbanos y trabajadores de servicios domésticos
- —Granjeros, gerentes de granjas, campesinos y capataces
- —Servicios armados
- Retirados
- Desempleados (buscando trabajo)
- Otros

IV. Datos por amas de casa

A. Edad:
- Menores de 24
- De 25 a 34
- De 35 a 49
- De 50 a 64
- Mayores de 65

B. Educación:
- Primaria o menos (1º a 8º grados)
- Algunas preuniversitarias
- Graduadas de preuniversitario (9º a 12º grados)
- Algunas universitarias
- Graduadas universitarias

C. Empleo:
- Empleadas fuera de la casa
- Jornada completa (más de 30 horas por semana)
- Jornada parcial (menos de 30 horas por semana)
- Sin empleo fuera de la casa
- Desempleada (buscando trabajo)
- Otros

c) Educación

Nivel de alfabetización, sistemas educacionales, autodidactismo, educación vocacional, afiliativa, humanística, instrumental, teórica o práctica; preparación docente, libertad académica, control estatal, educación universal o por casta, sexo, afiliación política, etc.; educación estancada o en renovación, énfasis tecnológico o artístico, educación formal, sea primaria, secundaria o superior, obligatoriedad de cada una; determinación del nivel educativo: uno bajo pedirá mensajes hablados, imágenes visuales, símbolos, uno alto permitirá el uso de los escritos; presupuesto privado y público para la educación, recursos empleados; función de la escolaridad en el desempeño de empleos, cargos ejecutivos públicos y privados, requisitos educativos exigidos en el papel y en la práctica, prestigio de los títulos académicos, tanto en la nación como en el exterior; nexos con la investigación y la ampliación de conocimientos, viajes educacionales, estancias en países extranjeros para dichos objetivos, intercambios educacionales; seriedad en la adjudicación de plazas docentes, exámenes periódicos de capacitación, incentivos para fomentar capacidades, habilidades y adiestramientos en el ejercicio de empleos, oficios y profesiones.

Es indudable: la eficiencia de los organismos educacionales en ajustarse a la marcha de los tiempos, determina el estándar de vida de una nación en su totalidad, y no sólo de grupos elitistas, con la consiguiente merma en la extensión de los mercados. La capacidad escolar abre horizontes, nuevas metas necesitadas de nuevos recursos, que le tocará proveer al mercadista. La calidad de la educación, en definitiva, será la causante de la movilidad social y económica sobre las cuales se hacen segmentaciones cambiantes en el mercado, cuyas variaciones son fuentes de ventajas para el mercadista avisado. Toda segmentación, por otra parte, es dinámica, como corresponde al proceso mercadista en el mundo pluralista contemporáneo.

d) Orden institucional

La cultura es el cuerpo de ideas e instituciones que se ha dado una sociedad para la convivencia social y para regular la conducta de sus integrantes. En todo caso, la cultura se inserta dentro de una civilización dada, la especie superior — que en el caso de los países de habla hispánica es la occidental. Es bien discernible la existencia de dos bandas culturales en el mundo hispánico: la española y la hispanoamericana. En esta última se configuran conjuntos con algunos rasgos distintivos. En general podemos anotar una subcultura mexicana, otra caribeña, otra centroamericana, otra andina, otra de la parte septentrional de Sudamérica y otra meridional, la del cono sur. Podemos comparar la civilización y la cultura con el sistema de la lengua y con el uso o normas de empleo. Cada nación o grupo de naciones tiene su acento propio, su acento cultural, que conviene tener presente a la hora de la segmentación y a la hora de redactar los mensajes.

No estaban desacertados nuestros antepasados cuando veían en los acontecimientos históricos la moldura de la conducta de sus países. Sin ser la única condicionante, conviene incluir la razón de existir y su pasado, en cualquier asentamiento humano, para realizar una segmentación efectiva. Otros factores: el parentesco, con sus relaciones internas y la adjudicación de la autoridad que determina quién realiza las compras y, en general, el rol de cada uno de los miembros; la concepción de la amistad y los modos de expresarla con las expectaciones consiguientes; la distribución en clases sociales no sólo por el dinero o el nivel de ingreso y la ocupación, sino además por tradición, herencia, educación, pertenencia a una institución; la movilidad y estratificación social, la discriminación hacia grupos étnicos, económicos, y demás o la cooperación resultante de la tolerancia; las instituciones sociales, además de la célula familiar, como los gremios, las fuerzas armadas, los partidos políticos, las asociaciones cooperativistas, benéficas, recreativas, artísticas, deportivas, o sea, todo tipo de organización social que el individuo lleva a cabo para realizar algo que no puede hacer por sí solo; los grupos de presión o de interés surgidos de la necesidad de hacerse sentir en el complejo mundo de hoy; los estados de opinión divergentes de las corrientes actuales, respecto a lo que constituye *status* social, como la labor manual considerada inferior a la labor intelectual, el predominio de un sexo sobre otro, la adjudicación de tareas por cualquiera de las cualidades diferentes de la capacidad individual; debemos señalar que la imitación en la conducta es el aglutinante social más poderoso — un tipo de persuasión después de todo — que la coerción o la violencia que se imponen desde fuera. La imitación es, pues, la fuerza institucional más eficaz.

Al realizar el mercadista la segmentación, como paso previo a determinar el segmento al cual dirigirá su mensaje, conviene recordar que ninguna sociedad es un receptor pasivo de mensajes, ideas, habilidades u organizaciones causantes de cambios en la conducta. La respuesta particular dependerá de que satisfagan una necesidad social. Entre las respuestas a los estímulos o incitaciones tenemos:

1) Aceptación que resultará en asimilación. Si la novedad de verdad colma la necesidad, se incorpora plenamente a la cultura.

2) Modificación. Cuando hay ciertos aspectos incompatibles con los hábitos sociales, se realizarán cambios en la novedad ofrecida para armonizarla con la cultura.

3) Selección de elementos. Se aceptan algunos elementos de la novedad y se desechan los incongruentes con las normas culturales básicas de la sociedad.

4) Rechazo. Si el mensaje o la novedad en general no satisfacen de ningún modo la necesidad social, el esfuerzo mercadista resulta estéril. Podrán ensayarse provisionalmente pero en definitiva no se aceptarán por chocar con las normas básicas de la sociedad.

5) Hostilidad. Al considerarse que el mensaje o la novedad vulneran las instituciones de la sociedad de que se trate, que amenazan la continuidad de la sociedad, sobreviene una reacción que suprime no ya el mensaje o la novedad, sino también la fuente de emisión o de envío.

e) Tecnología y bienes de insumo

A la criatura humana le cabe la tarea de fabricarse un entorno a su medida, al que llamamos civilización, que constituye una modificación hecha tanto a su propia persona como a la naturaleza circundante. La tecnología es uno de los elementos capitales hoy en esa constante tarea humana civilizadora. La empresa comercial es el agente por excelencia de los cam-

PERFIL DE HOGARES CON HUERTOS

Características	% de hogares con huertos
Total de hogares	43
Edad	
18–29	38
30–49	45
más de 50	46
Educación	
Universitaria	44
Secundaria	42
Primaria	45
Raza	
Blanca	45
Otras	39
Ocupación	
Titulado	46
Comercio	42
Empleados y vendedores	35
Agricultores	74
Obreros	42
Retirados, desempleados, etc.	43
Ingreso familiar anual	
más de $15,000	48
de $10,000 a $14,999	43
de $7,000 a $9,999	41
de $4,000 a $6,999	39
menos de $7,000	37
menos de $4,000	35
Región	
Este	41
Medio-Oeste	52
Sur	44
Oeste	34
Tamaño del huerto	
más de 2,500 pies cuadrados	28
menos de 2,500 pies cuadrados	15

bios humanos, tanto a nivel nacional como internacional: es el vehículo que acarrea cambios implícitos en la aplicación de tecnología. Entenderemos aquí por tecnología el empleo sistemático del conocimiento, de todo tipo, para las tareas prácticas o de utilidad. En ocasiones el resultante es un bien de producción, el insumo, en otros será una pericia, un saber hacer algo que pueden ser procedimientos matemáticos, prácticas empresariales, sistemas de análisis de problemas, informática o procesamiento mecánico de la información, y hasta estas mismas técnicas de redacción y de pensar de este *Cuaderno,* son otros componentes del saber tecnológico.

Para servir a las necesidades humanas la tecnología debe estar incorporada, a través de la invención y de la innovación, a bienes, procedimientos y procesos. Surge así una cultura material, tangible, con grados de aplicación observables en grupos humanos que permite una segmentación bastante precisa. Así aparecen artefactos, herramientas, máquinas, vehículos y demás objetos auxiliares para integrar un sistema de transportes, un sistema de aprovechamiento energético, otro de comunicaciones o vías para enlazar una nación, todo el conjunto de instituciones dedicadas a la enseñanza de la ciencia y de la tecnología, y, sobre todo, el aspecto investigativo que gira alrededor de la innovación para desarrollar los bienes que satisfacerán la demanda sin tregua de los consumidores por alcanzar sus valores o bienes estimables. Pues bien, de la misma manera que creamos un universo humano, que realizamos construcciones espirituales y materiales, dichas construcciones nos influyen a su vez. Es cuestión de ecología. Las diversas ramas de actividad humana: manufactura, agricultura, servicios y demás, representan modificaciones hechas tanto a la naturaleza física como a la humana que repercuten en su mismo autor: el propio hombre.

Ahí está la urbanización de hoy como signo de la tecnología de la comodidad: los cambios incurridos en las sociedades, a consecuencia de la introducción de nueva tecnología y bienes de producción, han de tenerse en cuenta para determinar el estilo de vivir, en el sistema de valores y en la llamada "calidad de la vida". Sin ir más lejos, el hecho de que se haya llamado a la actual una sociedad de consumo, indica el influjo preponderante del mensaje comercial en la vida moderna, por el encauzamiento realizado por esta técnica de la comunicación. Se podría decir ahora, "dime qué consumes y te diré quién eres", con que se encuentra hoy el hombre en la ciudad contemporánea.

Hay muchos niveles, en las poblaciones y países, de cultura material y aplicada, de gran interés para el mercadista. Muchas de estas variaciones aparecen asociadas con diferencias en los aspectos económicos y culturales. La tecnología, primordialmente, efectúa cambios en la productividad y desempeña por ello un papel decisivo en la capacidad de crecimiento económico, en la distribución de bienes y servicios; en el sistema económico, en la balanza de pagos y en todos los renglones económicos que determinarán el consumo. La urbanización y la industrialización marchan parejas como manifestaciones del desarrollo tecnológico y productivo de una nación. El mercadista estará al tanto de los continuos cambios en dichas estructuras que determinarán la existencia de nuevos consumidores.

f) Órdenes económico, político y jurídico

Siendo factores incontrolables de la fórmula mercadista, la segmentación, por fuerza, estará constreñida por dichos órdenes sociales. La distribución de la riqueza y la propiedad de los bienes productores en un medio limitado, que constituye la economía; la vertebración de los poderes por los cuales se rige una sociedad para funcionar como entidad independiente, que constituye el orden político, y la regulación de las actividades y relaciones humanas, que constituye el entramado legal, figuran como consideraciones básicas del mercadista para satisfacer el segmento social con un máximo de beneficio recíproco.

Si bien la tecnología es el componente decisivo hoy en cada uno de los tradicionales factores de producción, recursos naturales, trabajo, capital, empresa — y ahora el nivel educativo también para aplicar con más efectividad la tecnología, esta versión contemporánea de capital — todavía hemos de considerar el sistema económico como interdependiente del político, y, en muchos casos, subordinado a su ideario. Ambos órdenes se funden hasta hacerse indistinguibles: de ahí que el ordenamiento legal de una nación refleje básicamente estos órdenes sociales capitales.

El sistema económico de una sociedad puede contemplarse como un conjunto de patrones culturales por los cuales sus integrantes emprenden actividades de producción, distribución y consumo de bienes y servicios. Se coordinan estos esfuerzos mediante la asignación de tareas, una especialización, en busca de mayor eficiencia, lo cual requiere planeación. Se pueden, pues, clasificar las naciones según los grados de aplicación tecnológica a la economía. El hecho de que sean importadoras o exportadoras de dicha creación humana constituye un criterio preciso de segmentación. Lo mismo puede hacerse respecto a los grupos humanos dentro de una sociedad: los mercados se expanden al difundirse la tecnología a través de la empresa y la educación.

Si en el sistema económico tenemos distinciones entre clase empresarial, capitalista, trabajadora, técnica, según su papel en la producción — lo cual nos puede servir de base para nuestra segmentación, y en el caso de la empresa, empresa dedicada a la producción, distribución, y demás funciones económicas — el sistema político nos puede dar la consideración de gobernantes y gobernados para segmentar nuestros mercados. Casi siempre la organización política se refiere a la forma adoptada para administrar la nación-estado a distintos niveles: nacional, estatal o provincial, regional, municipal y cualquier otro de distribución de facultades para imponer la voluntad de la entidad sobre el individuo. La capacidad de gobernar, la soberanía, constituye la piedra angular, de la administración pública: la libre administración de las leyes dentro de un territorio y sobre los grupos humanos asentados dentro de sus límites. Así se concibe el estado moderno.

El pluralismo caracterizador de las sociedades modernas se observa en el campo económico y el político. Concurren las empresas públicas con las privadas así como existen consorcios entre los sectores públicos y privados. Ante las imperfecciones de la economía de mercado, surgen diversas gradaciones de intervencionismo estatal. Existen sectores económicos que el estado se reserva, mientras que hay sectores donde predomina el libre juego de la oferta y la demanda. En ocasiones surge la necesidad de proteger a capas de la población que no han podido incorporarse a los avances o se encuentran en proceso de incorporación, lo cual requiere protección provisional. De la misma suerte, hay pluralismo ideológico, por lo que no se coacciona a la población para adoptar determinada orientación política. Todos estos renglones representan oportunidades para el mercadista que desea satisfacer un segmento aparecido por dicha diversidad política, administrativa e ideológica, la cual determina por su parte el origen de nuevas necesidades.

La llamada economía libre, como la democracia pura, son metas a alcanzar en la constante lucha humana por aumentar la participación de todos en la dirigencia de los destinos públicos y la accesibilidad a los bienes, de insumo y consumo, en la medida más amplia posible. La libertad y la igualdad han de marchar de consuno. En el mundo actual concurren en competencia económica y política, estados y empresas, gremios y partidos, organismos públicos y privados, además de los individuos por sí solos. No nos interesa la consideración de los estados totalitarios, con absoluto control de las formas de acceso al poder público y a los bienes de producción. Así y todo, se notan grietas en dicha centralización que permitirán la redacción de mensajes y segmentación previa de modo restringido. En general, en los países de habla hispana, las economías y organizaciones políticas ostentan un carácter mixto, salvo el caso de Cuba con total control estatal.

Como los mensajes de venta pueden traspasar los límites territoriales de dichas naciones, conviene tener en cuenta estas variables económicas y políticas e incluso tratar de aprovechar las semejanzas de todo tipo para nuestros propósitos de segmentación. El grado de desarrollo político y económico puede servir de pauta, además del de los otros órdenes culturales antes expuestos. Compiten dentro de cada nación diversas ideologías: nacionalismo, socialismo, liberalismo, etc., en diverso estado de fermentación que puede constituir una fuente de riesgos para el mercadista. A ello se suman otros factores: descontento popular y desorden público, hostilidad hacia la empresa o hacia el giro en general, cambios súbitos de gobierno, conflictos armados y rebeliones internas en competencia para adquirir el poder central, pactos con gobiernos afines, en fin, toda segmentación incrementa, por dichas razones, su carácter provisional, por lo que necesita constante revisión.

Esta fluidez aconseja la formulación de algunas preguntas:

1) ¿Cuál es la estructura política del país?
2) ¿Bajo qué tipo de sistema económico funciona: economía libre, dirigida, mixta?
3) ¿Dentro de qué sector está mi giro, en el público, en el privado, en el mixto?
4) Si mi giro se halla en el sector privado, ¿hay algún peligro o tendencia a incluirlo en el sector público?
5) ¿Cómo controla el Estado la naturaleza y extensión de la empresa y de la propiedad privadas?
6) ¿Cuánto espera el Gobierno que el sector privado contribuya a la consecución de los objetivos económicos nacionales?

En muchas naciones habrá que atender a grandes disparidades en la calidad de la vida de sus habitantes, al incremento demográfico excesivo que desvirtúa los avances económicos y causa desempleo, a la proliferación urbana que no permite la implantación de servicios públicos adecuados, y, sobre todo, a la existencia de vastos sectores carentes de la posibilidad de calmar sus necesidades con la consiguiente limitación del mercado. A mayor apertura de los canales económicos y políticos, mayor será la diversidad de mercados cuya satisfacción corre a cargo del mercadista enterado.

En Hispanoamérica y España, por su diversidad cultural, existen diversos órdenes legales que influyen en la segmentación. Siguiendo nada más un intento esquemático orientador, establecemos de entrada que esta otra dimensión cultural, la ley, incluye tanto la Constitución o carta fundamental como la práctica no codificada que refleja la costumbre o uso del lugar. Por lo común, en los países hispánicos, funciona el sistema escrito legal mediante la aplicación de códigos para regir la actividad y conducta social. Así, se cuentan el mercantil, el civil, el criminal y el administrativo como los principales; coexisten, empero, con prácticas judiciales, antecedentes legales y cuerpos regionales en algunos países.

A dicho entramado jurídico se añaden los acuerdos internacionales como el Gatt, relacionado con los aranceles de aduana, el Pacto Andino y otros que influyen en el ejercicio de las actividades comerciales, sobre todo del mercadeo. Aquí puede surgir otro factor de segmentación: según vayan asociándose las naciones en grupos regionales, continentales o en bloques mundiales, el mercadista podrá aprovechar la identidad de normas observadas para concebir segmentos considerables. A medida que avanza la tecnología y se incrementa el comercio exterior aparecen más regulaciones a tales actividades de cumplimiento internacional. Algunas consideraciones sobre las disposiciones legales que puedan ocurrir respecto a los ingredientes controlables de la fórmula mercadista, se presentan a continuación.

1) Producto

El aspecto físico y la composición química en relación con la pureza, seguridad y eficacia o rendimiento comunicados; empacado, etiqueta o marbete y garantía, en especial el tamaño exigido, el idioma o idiomas exigidos por la ley, la vigencia de la garantía ofrecida y responsabilidad del fabricante. En la etiqueta de ordinaria se requiere ofrecer lo siguiente: nombre del producto, nombre del productor y distribuidor, descripción de los ingredientes, uso del producto, peso, lugar de origen, marcas y patentes.

2) Precio

Restricciones a los precios de reventa, la posibilidad de establecer acuerdos, bajo ciertas condiciones, entre competidores; control estatal en artículos determinados, sean de primera necesidad y farmacéuticos o en períodos de escasez temporal; los márgenes de utilidad permitidos, la obligación de declararlos.

3) Distribución

En este ingrediente hay menos disposiciones reguladoras. Más bien le incumbe al mercadista hallar el canal o los canales apropiados. En algunos lugares se pueden presentar prohibiciones sobre algunos de los instrumentos, como la visita a los domicilios.

4) Comunicación

Entre los aspectos promocionales más regulados sobresalen los métodos de anunciar. Cada nación puede regirlos mediante un cuerpo legal *ad hoc*, además de la usual existencia de un código ético de la respectiva asociación nacional de anunciantes. Las regulaciones ofrecen diversas modalidades: la veracidad del mensaje, la omisión de ponderativos exagerados ("el mejor del mundo", "la solución final"), la aprobación previa a su divulgación por parte de un organismo oficial, y así sucesivamente. La imposibilidad de anunciar ciertos productos, o de emplear ciertos medios de comunicación o de emisión de los mensajes a ciertas horas nada más, o la imposición de tributos en determinados medios comunicativos, constituyen prácticas en algunas naciones, influyentes en la segmentación.

En relación con otros instrumentos mercadistas como la promoción, hay restricciones en su administración, que pueden ser de diversísima condición: premios limitados, número de muestras, etc. En la venta personal hay que estar al tanto del aspecto laboral a la hora de contratar el cuerpo de venta, mientras que en la promoción por correspondencia habrá que velar por las diferentes clases de regulaciones postales de cada nación. La traducción de mensajes comerciales resulta un renglón particularmente delicado. De país a país cambian las connotaciones de las palabras, si no de un subgrupo cultural a otro. Hay una continua renovación en el léxico popular, en el habla, que aprovechará el mercadista observador, al paso que la lengua escrita cambia con más parsimonia. Conviene ofrecer los mensajes traducidos a los agentes o distribuidores locales para asegurarse, antes de divulgarlos, de su idoneidad respecto al mercado en cuestión. La cuenta de gastos de promoción se halla, en ocasiones, sujeta a una inspección minuciosa con objeto de mantenerse el precio del producto dentro de las regulaciones oficiales, además de una posible imposición de tributo según su monto.

4.3.1.3. Segmentación por necesidades personales

La conducta individual no se halla determinada por los factores ecológicos, naturales y sociales, pues una concepción determinista repugna la realidad: la libertad es una condición de la criatura humana. Sólo con observar la infinita variedad de estilos de vivir, de cómo hacer cada uno su vida, de seleccionar dentro del muestrario ofrecido del pluralismo actual, se confirma la libertad humana. El hombre, por otro lado, experimenta necesidades personales muchas veces a causa de su estructura mental. Los estudios sobre el inconsciente son ya una conquista del saber humano. Al haber varios estratos inconscientes, fuera del control de la conciencia y de la sociedad, la conducta humana desafía toda dominación en distintas ocasiones. Hay necesidades que responden a dichos estratos internos, escondidos a la inspección pública. Ya en este *Cuaderno* nos hicimos eco de este hecho al final de la presentación del pensar creador personal. En todas las técnicas de pensar creador se pretende aprovechar la capacidad imaginativa procedente de dichos estratos. La segmentación por necesidades personales intenta agrupar a los individuos que gratifiquen de manera semejante su yo — por responder a una autoimagen parecida. Así mantienen su armonía psíquica interna y el mercadista ha de ayudarlos mediante la satisfacción de dichas necesidades integrando a grupos considerables.

Como adelantamos, la religión es el factor social más influyente en la creación de una civilización y en los valores, actitudes y creencias, aun cuando no se profese o ejerza, por la difusión impalpable de su credo. De los estudios comparativos de religiones y de todas las ramas de la Psicología se auxilia el mercadista para esta segmentación. La difusión universal de la actitud religiosa puede explicarse, asimismo, como originada en el estrato colectivo del inconsciente. Podemos comenzar, pues, la presentación de algunas observaciones y estudios de la conducta individual.

a) Las ideas fundamentales

Giran alrededor de creencias, actitudes y valores tales como:

1) El tiempo. Mientras que en algunos países muchos individuos conservan una creencia de que el tiempo es repetitivo, circular, cíclico, en los sectores más educados se registra más la creencia de que es rectilíneo, irrepetible. La medida cronológica, el reloj empleado para periodizar al tiempo, es característica de la época actual. El hombre, en todo caso, se sitúa ante los acontecimientos con una postura hacia el pasado, el presente y el porvenir. La capacidad de prepararse para el futuro constituye también otra cualidad contemporánea. Simbólica de nuestra actitud hacia el tiempo es la creciente abundancia de utensilios y alimentos preparados para emplear la dimensión temporal con más eficiencia, dado que tenemos las horas, división humana, ocupadas. Al contrario, en sectores apegados al pasado, se observa con lentitud el paso del tiempo. La computadora, abreviación del tiempo, se convierte en el símbolo de nuestra época. Los sectores atados al presente, por último, están a mitad de camino en la adaptación a la mentalidad actual: "ya no hay tiempo para el tiempo", como dijera Carlos Pellicer.

2) El avance personal y el trabajo. La presencia de bienes de consumo, que despierta la necesidad, se convierte en estímulo para el avance o superación del individuo, para el incremento de su capacidad laboral. Las ideas sobre el trabajo oscilan desde una mera labor de subsistencia hasta el ahorro de sus frutos para la formación de capital de producción. Hay concepciones religiosas antagonistas del despliegue de energía humana para obtener bienes materiales, mientras que en otras es camino de salvación, y, en casos de secularizarse, es instrumento de beneficio social o colectivo. Se estima hoy que el avance personal es el motor por excelencia en el desarrollo económico de una nación. Sin esta mentalidad no hay tecnología que valga. Los tests realizados confirman esta correlación, sobre todo en el caso de los gerentes y directores de instituciones. Precisamente, el carácter de dirigente viene dado por esta inclinación hacia el mejoramiento y avance.

3) La riqueza y el provecho material. Mientras que en unos casos la posesión de la riqueza y el provecho económico constituyen motores de la conducta, habrá otros en que el total despego hacia los bienes materiales determinará la ausencia de consumo. Al no haber deseos, no hay necesidades. Existen ideas refractarias al crédito, así como una concepción de la riqueza como posesión de piedras y metales preciosos, o de tierras y ganados, que producen cierta idiosincracia de interés al segmentador.

4) El cambio. Es una variable básica en el rendimiento económico, y, por consiguiente, en la creación de segmentos de consumo. El cambio puede significar la adopción de bienes nuevos o diferentes, la adopción de métodos, la adopción de nuevos procesos, y así sucesivamente. La adopción muestra un cambio de actitud. La predisposición a aceptar cambios depende, además, del riesgo percibido en la adopción del cambio. Cuando los riesgos se consideran como parte inherente del cambio, resultan las llamadas actitudes optimistas, para oponerlas a las pesimistas, reacias a enfrentarse a los cambios y al fracaso. En suma, para los mercadistas anhelosos de introducir innovaciones, se han de considerar algunas pautas:

Primera: se deben identificar los escollos presentados al cambio. ¿Qué tabúes, tradiciones, creencias y prácticas serán desplazadas o afectadas?

Segunda: ha de determinarse cuál de los obstáculos culturales se puede modificar o adaptar.

Tercera: se ha de probar la innovación y darse su evaluación con base a la cultura receptora.

Cuarta: la innovación se acepta con mayor rapidez cuando se haya probado su efectividad al nivel local.

Quinta: la innovación de carácter tecnológico ofrece las mayores posibilidades de aceptación.

Sexta: se ha de procurar un tipo de innovación en armonía con las actitudes y valores de la cultura receptora — es el tratar de seguir la corriente y aprovecharla en lo posible, no de oponérsele ofensivamente.

Se entretejen los estudios culturales con los psicológicos o individuales, de tal manera, que resulta imposible su deslinde. Aun cuando se repitan algunas variables, como ya se adelantó, conviene repasar ciertas nociones sobre la llamada segmentación psicográfica, de gran boga hoy, dado el influjo de los estudios psicológicos en las ciencias comerciales. La psicografía se refiere a la clasificación de una persona conforme a sus rasgos psicológicos y a su estilo de vivir. El llamado estilo de vivir es un patrón distintivo de actividades, intereses y opiniones, una especie de perfil de una persona que no puede traslucirse de una mera información demográfica o sociológica. Ya anteriormente hallamos tests psicológicos de preferencia de productos como índice de la importancia de la psicología aplicada a estos estudios sobre la demanda y consumo. Hay una correlación positiva entre la autoimagen, el concepto propio de cada persona, y el estilo de vivir. La psicografía tiene su origen en la investigación sobre la motivación. Ahora se emplea para predecir y explicar la conducta, para escoger un producto con base a las variables de la personalidad. Sin intentar agotar los estudios sobre la conducta del consumidor, veamos algunos de interés para la segmentación de los mercados por necesidades personales:

b) El perfil psicográfico

Ahora se trata de describir, con una serie de dimensiones relacionadas con actividades, intereses y opiniones, al consumidor prospectivo. Se miden estos factores por medio de una encuesta donde se le pregunta a la persona sobre el modo de emplear su tiempo — actividades — sobre lo que le gusta hacer — intereses — y sobre lo que piensa respecto a distintos asuntos — opiniones. Las respuestas se examinan en busca de patrones que informen respecto al tipo de vida. Se espera segmentar a un mercado cuyas características aparecen desdibujadas, perdidas, dentro de los grupos demográficos. Se procura hallar, pues, la serie de hábitos semejantes en grupos vastos.

La medición de los rasgos psicológicos resulta en extremo compleja. El rasgo se define aquí como una tendencia relativamente constante que induce a actuar de modo parecido en circunstancias que parecen también semejantes. Mientras que la actitud entraña un estado mental, el rasgo se concibe de forma más dinámica. Para realizar esta medición se acude a la observación, se realizan tests, entrevistas y escalas. Este último tipo de averiguación psicológica adopta diversas modalidades:

1) *Aprobación* o *desaprobación.* La persona expresa estar de acuerdo o en desacuerdo, esto es, su reacción a cada una de las partidas expuestas, como:

Creo que lo primero es tener la casa limpia como un crisol.
Creo que lo primero es atender a los niños y luego a mis problemas.

2) *El orden de preferencia.* La persona confiere un orden de preferencia a una serie de valores, tal como se verá en la siguiente lista:

una vida dotada de todas las comodidades
un sentido de mejoramiento y avance en la vida
igualdad de todos los semejantes
libertad para realizar el destino de cada persona
aceptación y prestigio social

3) *La selección forzosa.* Con este método el consumidor ha de escoger entre alternativas que, a primera vista, parecen ser mutuamente exclusivas y pertenecer a una misma clase. De este modo se determina su valor preferente:

deseo disfrutar el momento
deseo triunfar en la vida

Abundan las escalas con gradaciones de preferencia, una alta y otra baja, como por ejemplo, escoger, de entre cuatro expresiones las dos de alta preferencia y las dos de baja preferencia. Se acostumbra a situar dos palabras neutrales para que el consumidor no sepa cuál es el rasgo psicológico que se intenta discriminar:

quiero ser para los demás una persona: agradable
servicial
sensitiva
esmerada

c) El proceso de adopción

Dado que el público responde a un ritmo más acelerado o más retardado al estímulo de nuevos productos o a la aparición de nuevos conceptos, se puede realizar una clasificación, una segmentación, para aprovecharse del porcentaje que convenga. En los estudios sobre la adopción se ha distribuido a la población de la siguiente forma:

A	Innovadores	$2\frac{1}{2}\%$
B	Adelantados	$13\frac{1}{2}\%$
C	Mayoría de adelantados	34%
D	Mayoría de atrasados	34%
E	Recalcitrantes	16%

Este tipo de segmentación con vista a la conducta de adopción puede ofrecer ventajas cuando se armoniza con la etapa vital del producto. Las cinco etapas del producto y estas cinco segmentaciones pueden determinar el tipo de campaña comunicativa si se emplean juiciosamente. Otros factores, claro, como la situación económica, el tipo de producto, y demás, contribuyen a que una persona pertenezca a un grupo diferente en cada caso. La autoimagen puede marcar pautas al mercadista. Quienes se vean a sí mismos como experimentadores, a la vanguardia, con capacidad económica y prestigio social, por lo común se insertan en el primer grupo de innovadores. Siempre "están en la última" por estar bien informados. Los adelantados comportan un grupo de ciudadanos enterados, son los líderes sociales que influyen por su prestigio. El grupo de la mayoría de adelantados lo constituyen los ciudadanos medidos, sólidos, que esperan con cuidado los resultados. Se ven a sí mismos como personas que van a lo seguro. En la mayoría de atrasados ya tenemos reservas hacia el cambio, la condición económica impide la experimentación, la información llega tarde, se aferran por ello a los usos locales. Generalmente comienzan a consumir el producto en su etapa de madurez, si no de saturación. El grupo de los recalcitrantes es de lenta adopción, se hallan aislados, resisten el cambio apegados a los usos tradicionales. Por su lentitud en adoptar el nuevo producto, proceso, técnica, servicio o concepto llegan al mercado cuando el producto está en la etapa de declinación, cuando se introducen cambios para rejuvenecerlo.

d) La percepción del grupo pertenecido

La identificación del individuo con un grupo, o su repulsa de otro, representan segmentos decisivos para el mercadista. Nadie escoge productos que chocan con sus creencias, con el grupo en donde se inserta. Se han hecho varias clasificaciones debido a que una persona pertenece simultáneamente a varios grupos. El más importante parece ser el grupo familiar, pese a la pertenencia a otros. Hay pues, 1) grupos de *referencia*, 2) de *aspiración*, en los cuales se desea entrar o ser considerado como miembro y de ahí el consumo semejante al del grupo aspirado; y, por último, 3) un grupo *rechazado*, al cual no se pertenece o no se desea de ningún modo pertenecer ni mucho menos ser considerado como miembro. Así, mientras que a nadie le interesa que lo incluyan en el grupo de los gordos y de los apestosos, sí se desea seguir manteniendo la fama, "el cartel" de miembro de un grupo prestigioso. Cuando se dice, "esto es lo que se usa, lo que están usando ahora", la referencia se hace a un grupo que se admira, cuya conducta se desea imitar. Como vimos en la sección anterior, la imagen propia de dirigente, innovador, experimentador y progresista, influye en la conducta consumidora: "para que siempre estén hablando de mí".

e) La motivación

Las razones para comprar se superponen en la mayoría de las ocasiones. La indagación del motor principal para realizar el acto de adquisición se realiza con los instrumentos expuestos en este trabajo. Una máquina de coser, un aparato de televisión, constituyen, como vimos, diferentes objetos según la percepción del consumidor: instrumentos utilitarios, signos de *status* o prestigio o sirven de pasatiempo para el adquirente y usuario. De la misma suerte, el modo en que se ve el consumidor determina la motivación. Quienes se vean como elegantes y distinguidos comprarán por la distinción de la marca, por el lugar de venta, en una tienda frecuentada por quienes pertenecen a su grupo o por quienes pertenecen al grupo aspirado. Es proverbial el estudio del mercado del reloj de pulsera:

> Aproximadamente el 23% compra por el precio;
> otro 46% adquiere el reloj por la calidad y un
> 31% compra el reloj como símbolo.

Según como se vea la persona, adquirirá artículos con marca o genéricos, originales o de imitación, nuevos o de uso, piezas de repuesto de fábrica o de otros fabricantes, al crédito o al contado, al mercadista conocido o al desconocido; para aparecer como padre providente y madre sacrificada, como persona espléndida con sus amistades, fina en el trato, hospitalaria con los extraños e invitados; nacionalista o cosmopolita, o sea, en toda la gama de consideraciones que hemos abordado aquí y otras más que irán apareciendo acorde con la imagen de cada cual. Se combinan todas estas razones caleidoscópicamente, en variación, según sea la prioridad de satisfacción de cada necesidad en cada momento. La pertenencia a sociedades artísticas, benéficas, recreativas, profesionales, intelectuales, deportivas, círculos intelectuales, etc., muestra la necesidad personal que interesa, a cuya satisfacción estará atento el mercadista. El rol que se imponga la persona es, pues, tan importante como el rol que le haya dado la sociedad.

f) La proporción en el consumo

Cualquier producto cumple la famosa ley de Pareto: el 15 o el 20 por ciento de los consumidores representan de ordinario más de la mitad de las ventas. Este patrón de conducta contribuye a identificar a los consumidores en frecuentes, moderados, ligeros y ocasionales. La segmentación de este tipo pudiera identificar la causa de no consumir el producto el sector dejado fuera. Esta identificación de cuáles son los grandes consumidores, en especial en bienes industriales, determinará el empleo de cartas de promoción para ajustarse a sus necesidades específicas, en lugar de emplearse anuncios. Véanse los diagramas acompañados.

SEGMENTACIÓN POR EL RANGO DE CONSUMO

Usuarios	Consumo anual en unidades	Número de consumidores	% total de consumidores	% total del N° de unidades vendidas
Frecuentes — A	más de 2000	8	5	38
Moderados — B	de 1000 a 1999	22	13	28
Ligeros — C	de 100 a 999	102	60	30
Ocasionales — D	menos de 100	38	22	4
		170	100	100

Fuente: Simon Majaro, *International Marketing.* New York. John Wiley and Sons 1977, pág. 49.

PROPORCIÓN EN EL CONSUMO

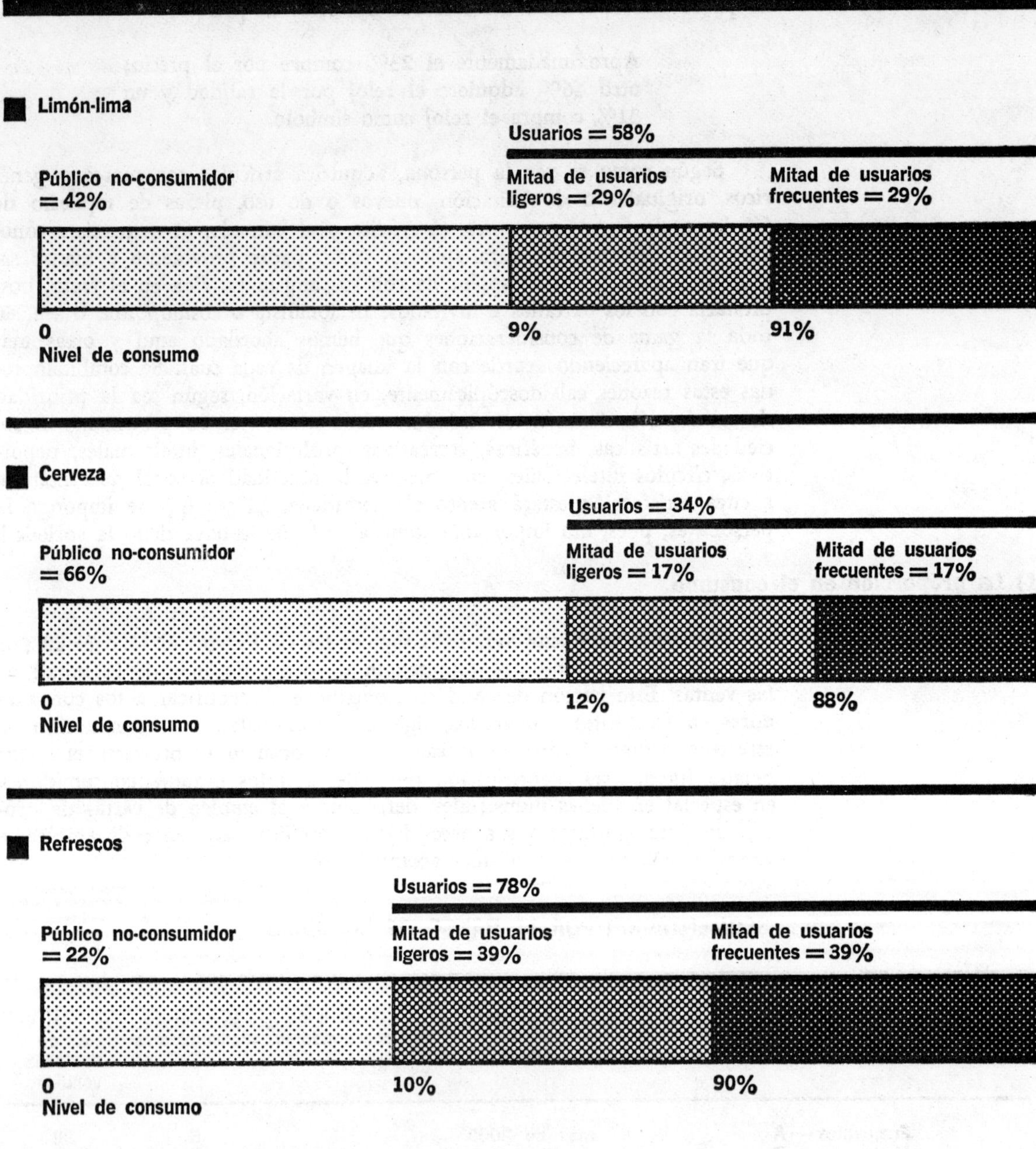

Adaptado de Dik Warren Twedt, 'How Important to Marketing Strategy is the Heavy User? Journal of Marketing, XXVII, enero 1964, p. 72.

4.3.2. Las ventas

Gran parte del análisis relacionado con las ventas gira alrededor de los datos numéricos, es decir, mientras que en la segmentación el énfasis fue cualitativo, ahora el énfasis será cuantitativo. La información recogida complementará la anterior, aunque, dado este énfasis cuantitativo, habrá de basarse en datos procedentes de las más variadas fuentes. Al respecto, el mercadista buscará en las asociaciones comerciales del giro, en las publicaciones mercadistas, en las fuentes estatales tales como el censo, la lista de tributarios, el concepto y monto de los tributos por la cuantía de las ventas; en publicaciones e informes de las entidades comerciales y organismos dedicados al análisis de las ventas; en los índices de los consumidores y asociaciones organizadas para su protección; en las encuestas realizadas para indagar la suma de compras hechas en algún período determinado; dentro de la misma empresa, el departamento de contabilidad ofrecerá las cifras por producto, períodos o por cualquier otro sistema; al paso que la recopilación de datos provenientes de empresas competidoras, será en ocasiones cuestión de hacer estimados y basarse en las declaraciones anuales exigidas por el gobierno. Todo ello enmarcado en la interacción de fuerzas ambientales que apuntan hacia determinadas tendencias. Vemos, pues, una orientación hacia el futuro, hacia el planeamiento otra vez, de estos estudios. La información que veremos a continuación se desglosará así:

1. Ventas del mercado en su totalidad
2. Ventas del producto del mercadista
3. Ventas de competidores
4. Influencias ambientales sobre las ventas

4.3.2.1 Ventas del mercado en su totalidad

Dicho estudio incluirá un estimado del tamaño del mercado como un todo y del segmento de que se trate, un pronóstico del crecimiento del mercado, así como un cómputo de los índices de venta por temporadas y zonas de distribución. El tamaño absoluto deberá estimarse para darse una indicación de sus potencialidades. El crecimiento que se espera del mercado deberá proyectarse según una escala temporal porque este desarrollo influye de modo terminante, en sus potencialidades. La temporalidad de las ventas — su distribución por temporadas — deberá pronosticarse como una guía para la mejor repartición del esfuerzo mercadístico, con respecto a sus distintos ingredientes. La distribución territorial de las ventas, por último, ofrecerá la ubicación del mercado.

Como que ya habremos hecho el perfil del mercado que nos interesa, del segmento, con vista al análisis anterior, ahora pueden surgir dudas sobre cuáles productos se le ofrecerán y sobre la demarcación de la zona de ventas.

La primera indagación corresponde al discernimiento de la categoría en que colocaremos al producto. En un jarabe para la tos, por ejemplo, hemos de decidir si se le incluye dentro de la categoría genérica de cualquier líquido dulce con la propiedad de aliviar la tos — lo cual entrañaría incluir todas las marcas de jarabes del mercado. Sostienen algunos que además deben incluirse cuantos productos alivien la tos, con lo que se añadirán otros productos como las pastillas. Este punto de vista procede de un enfoque desde la competencia. Pudiéramos zanjar la cuestión trazando una divisoria desde el punto de vista del consumidor: si un producto puede sustituir a otro para satisfacer una necesidad, entonces ambos pertenecen a la misma categoría. Remitimos a la sección 0.4.2.7 del *Cuaderno* para incrementar la capacidad creativa de averiguación de categorías.

El segundo aspecto a elucidar es la determinación del territorio adjudicado, es decir, el lugar donde se asienta el mercado con sus límites bien esclarecidos — donde se efectúan las ventas. Conviene, a este respecto, limitarse a una categoría definida de productos y a la zona a la cual se dirigirán los mensajes de venta. El resultado es la demarcación de una zona geográfica de ventas. En las ventas totales del mercado, por tanto, se darán los productos y su distribución geográfica con exactitud. Los mensajes de venta atenderán a estos requisitos. Asisten al análisis los siguientes factores numéricos:

a) Estimado del tamaño absoluto del mercado

Las dimensiones totales del mercado pueden darse de acuerdo con el volumen de las ventas en bruto o en relación a las unidades vendidas. Cuando no se hallen publicados estos datos, habrá que recurrir a fuentes indirectas. Así, cuando no se sepa la suma total de depósitos bancarios, se averiguará el monto de los depósitos de los bancos principales, con lo que, aproximadamente, se tendrá un estimado del mercado bancario.

En ocasiones se puede hacer por proporción de usuarios: si el 43% o 3 millones de hogares tienen jardín, con un consumo de abonos alrededor de \$10, el total arrojará $3 \times 10 = 30$ millones de pesos (o la unidad monetaria de que se trate), tamaño aproximado del mercado. Desde otro ángulo, mediante una encuesta hecha a un grupo representativo de la población, se puede realizar el estimado. En el procedimiento se les pregunta a los usuarios la cantidad comprada de un producto durante un lapso de tiempo dado, que, por lo común, se refiere a un período precedente. Estos estimados se proyectan luego respecto a la población toda, lo que brindará una magnitud aproximada.

b) Estimado del tamaño del segmento

Habrá casos en que se hallen publicadas las tablas de las ventas por partidas definidas de variedades de un producto, tal como aparecen en la tabla acompañada. Sería más conveniente, no obstante, disponer de subgrupos de consumidores con base al criterio de sus necesidades o problemas comunes. Y todavía habrá sectores carentes de cifras. Habrá que recurrir al volumen de ventas de cada marca, modelo o variedad en el mercado que se conozca. El segmento podrá estimarse mediante la asignación de ventas de cada marca a su segmento aproximado, para construir por agregación. En el ejemplo de los dulces, supongamos que los segmentos con base a necesidades fueron: por darse gusto, para postres y para regalos. Las barras se asignan a la primera, los paquetes de barras a la segunda y los envueltos decorativamente, a la tercera, en otra manera de hacerse un estimado del segmento.

El perfil del consumidor prospectivo ofrece información desde la cual el tamaño del segmento se puede estimar, ya que revela la proporción o número de prospectos de cada segmento. Si se emplean las tablas de la proporción en el consumo, en la cual aparecen los prospectos en cada segmento, dichos datos pueden servirnos para nuestros propósitos. Aunque más costoso el procedimiento, siempre se podrá proyectar el segmento mediante la investigación que haya apuntado las compras de una muestra representativa en cada segmento. Casi todos los procedimientos investigativos, como se ha dicho, superponen sus objetivos, por lo cual conviene hacer todos los análisis a la vez.

VENTAS DEL MERCADO EN SU TOTALIDAD

Ventas de confituras y embarques, 1967–1976.

Año	(000,000) Libras	($000,000) Ventas
1967	3,769	$1,645
1968	3,907	2,756
1969	3,888	1,848
1970	3,938	1,909
1971	3,870	1,974
1972	3,973	1,977
1973	3,807	2,141
1974	3,651	2,771
1975	3,357	2,830
1976	3,467	2,912

Fuente: Departamento de Comercio de Estados Unidos, *Confectionery Manufacturers Sales and Distribution* (junio, 1977).

ESTIMADO DEL TAMAÑO DEL SEGMENTO DEL CARAMELO EN 1976

Segmento	Libras (000)	Dólares (000)
En barra	1,077,946	$ 990,326
Unidades de 5¢ y 10¢	329,145	289,456
En cajas	1,548,305	1,338,464
En grueso	341,090	175,899
De a centavo	75,068	50,550
Varios	95,113	67,303
	3,466,667	$2,912,000

Fuente: Departamento de Comercio de Estados Unidos, *Confectionery Manufacturers Sales and Distribution* (junio, 1977).

c) Pronóstico del crecimiento del mercado

Al comienzo de la presentación de las técnicas de pensar pronosticador, en este *Cuaderno*, expusimos que la encuesta Delphi y la escritura de escenarios constituían los procedimientos más extendidos para pronosticar a largo plazo. Giraban alrededor del *qué* va a pasar, *cuándo* los sucesos van a eslabonarse entre sí, *cuántos* elementos futuros están por ocurrir y *cuál* es el porcentaje de posibilidades de su ocurrencia. Ahora nos interesan aspectos más inmediatos cuyas circunstancias giran alrededor del *cómo*, el *dónde*, el *quién* o *quiénes* y el *cuánto* de su costo y de su beneficio. Remitimos a los interesados a la sección del planeamiento inmediato para abundar en los detalles concernientes a dicha técnica y a la sección de prospección para prepararse el mercadista respecto a la aparición de nuevos mercados y a los cambios que él mismo podrá realizar en los distintos futurables. En un cuadro de métodos tecnológicos para pronosticar se hace mención, allí mismo, de varios de los métodos empleados en el pronóstico del crecimiento del mercado, como los siguientes:

1) Tablas de operaciones de compra y de venta entre distintos renglones económicos

Pertenece al grupo de los métodos temporales. Se estiman las ventas futuras basándose en la interdependencia de los factores de la economía. Estas tablas de ingreso-egreso, donde el consumo de uno es la producción de otro factor, se publican en muchos países para la planeación nacional de la economía. Tiene el inconveniente de tardarse mucho tiempo en prepararse y ya resultan los datos inexactos por la concurrencia de tantas variables sociales y personales que han cambiado sustancialmente en el ínterin. Las tablas econométricas pueden prepararse de modo más circunscrito al mercado que interese, con el auxilio de las computadoras, en las empresas contemporáneas.

2) La serie temporal

No es ni más ni menos que el antiguo gráfico donde se traza el movimiento en cualquier actividad conforme a un período determinado. Se espera la continuación de la marcha con vista al pasado. Esta presuposición constituye la mayor flaqueza del método; pero cuando se tienen en cuenta los cambios de gusto, la proliferación de competidores, y hasta cuando se conjuga con el procedimiento anterior, que apunta hacia el crecimiento de distintos ramos, vuelve a resultar útil el método. Así, en el mercado industrial, es previsible que los componentes ligeros de automóviles, como los plásticos y el aluminio, tendrán mayor demanda en el futuro; habremos hecho así una combinación de la tabla de ingreso-egreso con la serie temporal. Puede considerarse también este procedimiento como un modo de presumir la futura demanda derivada de otros factores.

3) Las diversas analogías

En el mismo proceso de pensar, estudiado en este *Cuaderno*, se halla inscrito el principio de la semejanza, de la comparación. Aunque la analogía se inserta en el grupo cualitativo de las técnicas de pronosticación, las relaciones cuantitativas son inseparables. En una de las técnicas analógicas, conocida como la ecuación regresiva, se usan los datos basados en una relación histórica entre la demanda de un producto dado y algún índice económico, o entre la demanda y algún indicador en un período dado de tiempo. La ecuación mostrará la demanda, variable dependiente, basada en el nivel de un índice económico, variable independiente. Así, un estudio realizado sobre la demanda de radiorreceptores se basó en el ingreso per cápita del producto nacional en bruto.

Se expone la fórmula a = b + cx, donde *a* es el número de radios en uso por 1,000 habitantes; *b* es la constante de radios en uso y *cx* es el factor radio multiplicado por el per cápita de ingreso. La ecuación se despeja ahora en a = 8.325 + 0.275 x. En otras palabras, basándonos en la observación de los radios en uso, se puede esperar que cuando haya un aumento de $100 en el ingreso per cápita, las compras de radio subirán en un 27.5 por 1,000 habitantes. Este método obvia la carencia de cifras sobre el número de radios y nada más se tenga la cifra del ingreso. Claro que los gustos y la tecnología influyen en la demanda, e, incluso, se llega a un punto de saturación en el cual sólo se sustituyen los modelos viejos por nuevos. Como se dijo antes, aunque la variable independiente escogida fue el per cápita del producto nacional en bruto, se puede construir cualquier ecuación con otras, con semejantes resultados de correlación.

GRÁFICO DE VENTAS HECHAS DURANTE UN PERÍODO DE TIEMPO

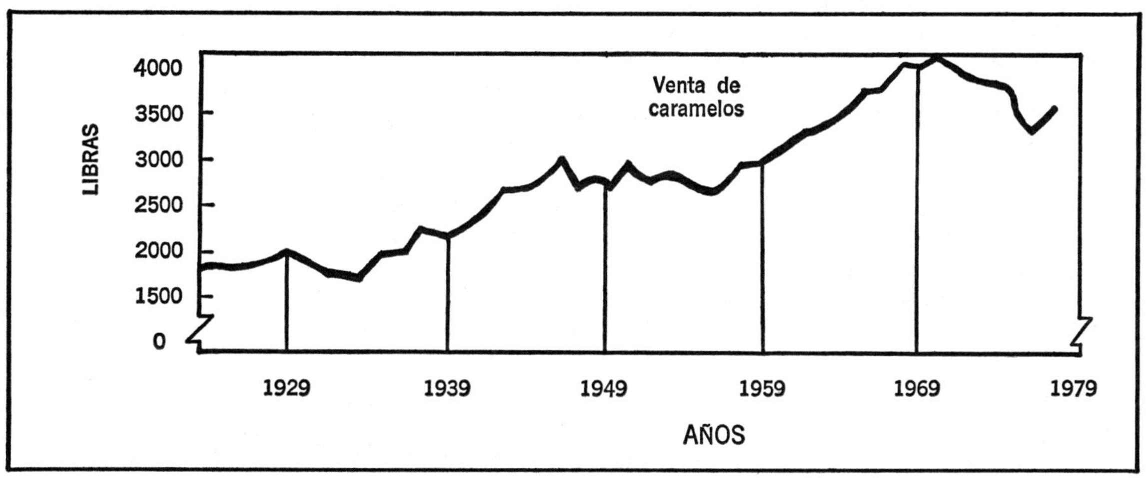

Ventas de caramelos en millones de libras, 1927-76.

Fuente: Departamento de Comercio de Estados Unidos, *Confectionery Manufacturers Sales and Distribution* (junio, 1977).

Por ejemplo, podemos utilizar la analogía de la elasticidad del ingreso con respecto al aumento en la demanda de un producto. De antemano sabemos, por el principio de Engel, el sociólogo alemán del pasado siglo, que a medida de que aumente el ingreso familiar, el porcentaje gastado en alimentos disminuye, al paso que otros renglones permanecen estacionarios o aumentan en cierta proporción. Esto es cierto aun cuando la cantidad absoluta empleada en la alimentación aumente debido al consumo de artículos más caros. Contribuye a la predicción el tipo de la elasticidad de la demanda.

Se divide el porcentaje de cambio en la demanda de un producto por el porcentaje de cambio en el ingreso. Si el cociente es mayor que uno, la demanda se considera elástica, y, a la inversa. Dado que los factores sociales y personales modifican esta analogía, conviene aceptar con cautela estos resultados. La regulación de precios por el Gobierno constituye uno de estos factores de decisivo impacto en la elasticidad de la demanda.

d) Cómputo de los índices de venta por temporadas y por territorios

Se persigue conocer las variaciones de las ventas por períodos de tiempo y por zona geográfica. En casi cualquier categoría de producto, el nivel de demanda del mercado varía por temporada o mes del año y por el área geográfica. Como resultado, las ventas en la mayor parte de los mercados varía según un patrón temporal y según un patrón espacial. La ropa de playa, por ejemplo, se vende mejor en el verano y con preferencia en balnearios. Tales patrones se procuran anotar mediante índices.

1) El índice periódico de ventas. Se suele anotar, mensualmente, la variación esperada en las ventas futuras en la categoría del producto con fluctuaciones periódicas. La construcción del índice se basa en la historia de las ventas del mercado, por mes, durante un año como mínimo, y, con preferencia durante varios años. Las variaciones se dan con arreglo a un mes promedio al que se le asigna el valor de cien y se comparan los demás meses respecto a este punto de comparación, tal como se observa en la tabla acompañada.

Si bien el índice no explica la razón de la variación en las ventas, ofrece ya un punto de partida para un análisis posterior. En ocasiones, la variación dependerá de la aparición del producto, o sea, de la ocurrencia de la oferta, mientras que en otras será a consecuencia de la campaña comunicativa de los competidores, o el ingreso cíclico de los consumidores, etc. Los electrodomésticos se venden con mayor frecuencia en la época pascual y los artículos escolares a principios de curso; todo lo cual explica la oportunidad de acentuación del mensaje de venta con vista a su periodicidad.

2) El índice territorial de ventas. Con la misma técnica de anotación del historial de ventas en las diversas zonas donde se ofrece el producto, se describe la variación esperada en el futuro según las cifras anteriores. El territorio promedio de ventas, igualmente, se representa con el número cien y entonces cada zona restante se mide respecto a este punto de comparación. Esta técnica concurre con otra, consistente en el porcentaje de cada zona respecto a la totalidad de ventas en el mercado. De esta suerte se muestra el modo en que se distribuyen las ventas por zonas. Cuando falten las cifras de las ventas o éstas no coincidan con la forma conocida del área geográfica, podrá buscarse por analogía un correlativo. Así, si un mercadista de muebles de lujo sabe que su mercado prospectivo se aloja en determinado tipo de vivienda, buscará las estadísticas de valoración inmobiliaria para hacer una distribución geográfica correspondiente. Y como el índice anterior, aquí tampoco se ofrecen las razones de las variaciones por

territorio — lo que causará el ejercicio de análisis ulteriores. Un vistazo a las secciones recientemente presentadas, sobre la segmentación según las necesidades, será un buen punto de partida.

ÍNDICE DEL PERÍODO DE VENTAS AL CONSUMIDOR DE LLANTAS, BATERÍAS Y ACCESORIOS

Mes	Índice	Mes	Índice
Enero	81.8	Julio	109.4
Febrero	77.6	Agosto	102.9
Marzo	94.0	Septiembre	94.2
Abril	105.0	Octubre	100.6
Mayo	108.3	Noviembre	103.7
Junio	113.6	Diciembre	108.9

Fuente: Datos extraídos del Buró de Censos de Estados Unidos, *Monthly Retail Trade* (Washington).

Podemos emplear, asimismo, para la confección de un índice territorial de varios países hispanoamericanos, los mismos procedimientos sugeridos por la analogía, cuando adolezcamos de la misma falta de estadísticas. Se confecciona, en la primera de estas técnicas, una matriz morfológica, en la cual se colocan los parámetros o atributos principales de la ecología natural y social. Se comienza por los principales y poco a poco se van añadiendo variables hasta llegarse a comparaciones bastante precisas. Se puede dar un valor a cada variable, una especie de factorización, y clasificar así los países. Así, si le damos un valor de *1* al *5* al ingreso anual de $200 hasta $1,000 por habitante, podemos desestimar a los países que no cumplan un mínimo de $600 de ingreso anual per cápita. Así se han descubierto semejanzas en los mercados de varios países bastante alejados geográficamente.

El otro método, que ha encajado en distintos estudios, consiste en proyectar en un gráfico las cifras del consumo de un producto, junto con las cifras del ingreso per cápita cuando se conocen ambas en un país. Si se conoce el ingreso per cápita en otros países, pero se ignoran las cifras del consumo o si se quiere hacer un estimado del mismo, se presume que el consumo estaría en la misma proporción que el país cuyos datos sabemos. Todo esto entraña que los demás factores permanecen estáticos o son semejantes. En el caso de la venta de automóviles de uso particular, la extrapolación puede afectarse por el carácter montañoso, la imposición de fuertes tasas de importación y por la existencia de un excelente sistema de transporte público. De todos modos, esta superposición en el gráfico puede ayudar a entender las razones de las variaciones territoriales de ventas y alumbrar al mercadista.

4.3.2.2 Ventas del producto del mercadista

Hasta ahora el análisis de las ventas ha contemplado únicamente las relacionadas con la categoría completa de un producto. Le corresponde ahora el turno al producto particular del mercadista. Mientras que la mayor parte de las fuentes informativas para el anterior estudio, procedieran del exterior de la empresa, en este caso las fuentes son básicamente internas. Todo el trabajo consistirá en una comparación entre la actuación del producto promedio y la actuación del producto propio. Dicha comparación arrojará la parte del mercado, la porción de que disfruta el producto propio y ofrecerá una lista de oportunidades y problemas del producto con vista a la preparación del programa comunicativo.

La información recogida será paralela al análisis del mercado en su totalidad, para que exista una comparabilidad aceptable. Deberá haber, pues:

    a) ventas totales del producto,
    b) ventas en cada uno de los segmentos que satisface el producto,
    c) crecimiento de las ventas del producto y
    d) índices temporal y territorial de ventas del producto.

Dado que se pueden hacer las comparaciones usándose el mismo número 100 para el producto promedio del mercado, el mercadista podrá apreciar las tendencias existentes, indicadoras de que el producto suyo marcha a la par, por encima o por debajo del punto medio. La comparación a cada uno de los niveles revelará fortalezas y debilidades ocultas en el mercado con la contundencia de datos numéricos.

4.3.2.3 Ventas de competidores

La obtención de datos cuantitativos exactos para analizar la actuación en las ventas de los productos competidores entraña, en gran número de casos, un objetivo irrealizable. Ello se debe a la habitual resistencia a divulgar los datos que permitan conocer la estrategia mercadista propia a los competidores, en natural actitud defensiva. El mercadista habrá de apelar a distintas estratagemas para obtener cifras aproximadas, cuando no haya manera de conseguir las cifras relacionadas con la porción del mercado controlada por los productos competidores, el monto de sus ventas, los segmentos a los cuales se dirige su esfuerzo mercadista y demás. De antemano se determinará quiénes son los competidores mayores, luego se estimará su parte en el mercado y más tarde se intentará entender cómo se ha colocado cada producto competidor en el mercado.

a) La definición del competidor

Únicamente se considera como tal al mercadista cuyos productos aparezcan dentro del mercado total y dentro de los límites geográficos estrictos del territorio en donde se realizará el esfuerzo mercadístico propio.

b) El estimado de la porción controlada por los competidores

El porcentaje de las ventas dentro de la totalidad arrojará la porción que cada producto domina del mercado. El mercadista podrá apreciar así cuáles productos se hallan en ascenso y cuáles en descenso. La labor estimativa, a falta de estadísticas expresas, tendrá que recurrir tanto a la observación como a la imaginación para agenciarse esta información tan orientadora.

En efecto, de una declaración oficial de la renta se podrá sacar un cálculo de las utilidades devengadas por el producto, y, como consecuencia el número de unidades vendidas. Se sabe más o menos el margen de utilidad dejado por el producto. Cuando concurren multinacionales, por ejemplo, habrá que calcular la disminución en el costo de producción dada la envergadura de sus operaciones. Existirán estadísticas en otros países donde opere y de ellas se pueden sacar generalizaciones sobre el tamaño de sus operaciones y el control del mercado que sus objetivos han señalado. En el caso de empresas mixtas o estatales, la obligación de suministrar cifras de ventas facilitará esta labor.

Acaso dicha labor no consista más que en una atenta observación y un hábil preguntar para llegarse, por rodeos, a cifras aproximadas. Se mirará a los estantes de las tiendas para saberse cuáles son los productos en existencia, su movimiento, la entrada y salida de los marchantes, el aspecto de los mismos, la ubicación de las empresas competidoras, sus canales de distribución. La imaginación se estimula ante la necesidad: cuando un fabricante de refrescos se vio sin datos sobre la competencia, se dirigió a los proveedores de tapas, a los fabricantes de botellas y latas, a la aduana, para obtener datos sobre la entrada del líquido concentrado de la competencia; todo lo cual rindió una información aproximada sobre el control del mercado de cada producto competidor.

c) La colocación de cada producto competidor en el mercado

Con los competidores definidos y su participación en el mercado averiguada, el mercadista deberá estudiar la manera en que se ha situado cada producto. Aquí reside el punto fundamental del análisis. Se determinará, por cada marca competidora, el segmento del mercado al cual se ha dirigido el producto. Las estrategias de la competencia se descubren cuando se examinan los textos comunicativos, los medios comunicativos empleados; se infiere de la lectura de los mensajes el atributo que se ha querido destacar, la necesidad que ha pretendido satisfacer; y de los medios, el tipo de consumidor, el núcleo o subgrupo que constituye el blanco de su programa comunicativo. La información recogida sobre la competencia contribuirá a la colocación del producto propio, como veremos en la siguiente lección.

4.3.2.4 Influencias ambientales sobre las ventas

Aquí coalescen todos nuestros conocimientos adquiridos a propósito de la segmentación según las diversas clases de necesidades vitales, sociales y personales. Seguimos constatando, además, la intervención de los ingredientes incontrolables: la competencia, el ambiente y las instituciones, dentro de la fórmula mercadista. No se puede decir que sean fuerzas ajenas al estudio, puesto que los cambios operados en su seno alteran tanto el proceso de adopción de decisiones de parte del consumidor, como constituyen constricciones de parte del mercadista, en su afán por satisfacer las necesidades del mercado. Si el mercadista, con vista a este estudio, puede predecir los cambios en las exigencias del mercado, estará en aptitud de colocar el producto en el segmento creciente. Traeremos a continuación la ponderación de algunos puntos que ayudarán a escudriñar el futuro, con una mirada a Hispanoamérica.

a) Ponderaciones sobre las necesidades vitales y sociales afectadas

Entre las básicamente *económicas*, nos preguntaremos:

¿Cuál será el nivel de actividad económica? ¿Permitirá la venta de bienes fungibles o de consumo, duraderos, de insumo o bienes de producción? ¿Qué habrá sucedido con la tasa inflacionaria, habrá recesión, depresión, bonanza, *boom*? ¿Cuántas materias primas habrán entrado en la categoría de grave escasez? ¿Cómo se estará haciendo el abastecimiento de energéticos? ¿Cómo estará funcionando el régimen de los precios, por medio del mercado libre, en parte por el gobierno, control total por éste? ¿Cómo influirán los carteles internacionales, guerras, crisis, alianzas en dichos precios? ¿Qué impactos recibirán los transportes por limitaciones de combustibles, pureza atmosférica, seguridad dentro de vehículos? ¿Qué se habrá hecho para conservarse los recursos naturales, la potabilidad de las aguas, el equilibrio natural? ¿Qué grado de convertibilidad tendrá la unidad monetaria nacional?

Entre las ponderaciones básicamente *sociales*, nos preguntaremos:

¿Qué grado de libertad permitirán las estructuras gubernamentales a las actividades sociales de toda índole? ¿Cuál será la ideología de la época, individualismo, estatismo, una mezcla; nacionalismo, internacionalismo; capitalismo, socialismo, una mezcla, cooperativismo; unitarismo, federalismo, autonomismo? ¿Habrá regulaciones que plasmen dichas ideologías, mercado común con otros países, normas supranacionales para regir mercados? ¿Qué seguridad habrá en las actividades comerciales, en el campo, en la ciudad? ¿Cómo accederán las personas a las distintas estructuras de poder, por elecciones periódicas, a través de partidos, golpes de estado, por la violencia? ¿Qué garantías ofrecen? ¿Cómo se accederá a la propiedad de los bienes de producción? ¿Se limitará el ingreso? ¿Cómo cambiará la composición de la familia, cuál será su ingreso, quiénes aportarán el ingreso, quién dictará la adquisición en cuáles renglones? ¿Apunta el índice demográfico hacia un aumento, un descenso, del número total de habitantes, de cuál grupo por edad, etnicismo o localidad? ¿Dónde habrá aumento de población y de capacidad adquisitiva, en las ciudades, en cuál, en los suburbios, en el centro, en zonas de mercado libre, zonas fronterizas, costeras? ¿Cómo habrá conquistado la tecnología las limitaciones naturales? ¿Qué cambios habrá causado la educación, la industrialización, la tecnología? ¿Cuáles son las estructuras sociales resultado de sus efectos ¿Cuánto habrán avanzado los medios masivos de comunicación; cuánta será su difusión dentro de la población; cómo será el acceso a los mismos de cuántos núcleos humanos? ¿Quién o quiénes los controlarán?

¿Cuál será el influjo de la automatización de las labores productivas, del empleo de las computadoras, los electrodomésticos, de la comunicación instantánea entre zonas distantes? ¿Cómo serán las actitudes sociales hacia la mujer, el anciano, el niño? ¿Hasta qué grado las tareas asignadas a los distintos grupos sociales se habrán hecho comunes? ¿Será la retribución semejante, el acceso a determinado tipo de trabajo sin discriminaciones? ¿Cuáles serán las labores prestigiosas, de producción, de servicio, de gobierno, de enseñanza, de protección, de comunicación? ¿Quién será la figura a imitar, el líder político, el ejecutivo, el artista, el rebelde, el intelectual, el líder obrero, el líder militar, el rentista, el heredero, el profesional, el especulador, el deportista, el investigador, el científico? ¿Habrá inclinación a trabajar en grupos, a solas, en empresas, por su cuenta en pequeñas empresas, en oficinas gubernamentales, en un solo empleo o con pluriempleo? ¿Dónde estarán las zonas residenciales de mayor prestigio? ¿Cuántas comodidades disfrutarán otras zonas, cuántos servicios públicos, qué calidad ofrecen? ¿Cómo se irán adaptando los estratos sociales a los cambios procedentes de todas las esferas, lucharán contra ellos? ¿Habrá inmigración, emigración definitiva, temporal, cíclica? ¿Quiénes compondrán dichos grupos inmigratorios y emigratorios?

b) Ponderaciones sobre las necesidades personales afectadas

Las ponderaciones básicamente girarán alrededor del *estilo de vivir*, de los hábitos o costumbres, por lo que nos preguntaremos:

¿Se gratificarán las necesidades de modo inmediato o se pospondrán? ¿Cuáles valores elicitarán adhesión, prioridad en su consecución, anhelo? ¿Valores eternos o de carácter religioso; seculares como la patria, la familia, el grupo étnico o profesional? ¿Habrá una subordinación a valores transcendentes, sea el que sea, religioso o secular, o habrá una preponderancia de los valores de satisfacción propia? ¿Se dejarán las personas imponer valores o lucharán por imponer los propios? ¿Valores adquiridos, tradicionales, modificados? ¿Qué código de conducta resultará de los valores predominantes? ¿Qué harán los individuos para agradar, para tener una vivienda con arreglo a sus ideas? ¿Qué impulsará, ambición, imitación, aprobación, poder, distinción social, cooperación, fraternidad, gratitud, etc.? ¿Qué actividades se desplegarán para tener salud, atractivo personal, recreo, placer, posesión de riquezas, afección de parte de los demás? ¿Cómo se satisfacerá la curiosidad, el deseo de avance personal, la comodidad de la persona, el apetito, la sed, el deseo sexual, el ansia de inmortalizarse, de dejar huella en la vida? ¿Qué se entenderá por haber triunfado, llevar una vida interesante?

¿Cuáles son las experiencias a que se aspira? ¿Cómo serán las actividades predilectas: participativas, pasivas, intelectuales, manuales, construir cosas, manejarlas? ¿Cómo se entenderá el gusto, el tiempo, el trabajo, la cultura, el arte? ¿Qué medios se utilizarán para cumplir con el concepto de los anteriores? ¿Cómo se empleará el asueto: vacaciones, viajes, paseos, conferencias, lecturas, actividades artísticas o creativas, deportivas, filantrópicas, proselitistas, asistencia a espectáculos, clubes, salidas a los centros comerciales, estancia en la casa? ¿Cómo se irán modificando los distintos tipos de lenguaje: culto, profesional, familiar, etc.? ¿Qué cambios se habrán operado en el proceso de adopción, en la proporción del consumo, en la percepción del grupo al cual se pertenece, en la motivación, etc., a consecuencia de la educación, movilidad social y demás factores sociales de influjo en la persona? ¿Hasta dónde habrá esfera personal inmune a las asechanzas del medio? ¿Cómo se entenderá la felicidad personal, la expresión del yo, la esfera de derechos inalienables del individuo? ¿Habrá una nueva moralidad? ¿En qué consistirá el concepto de calidad de vida, lo que le plazca al individuo y lo que estimule su ego? ¿Cómo serán las modas y estilos? ¿Cómo podremos transformarlos?

Estos puntos aportados en forma de listas de preguntas pueden constituir las bases para realizarse una encuesta Delphi, una escritura de escenarios o para emprenderse cualquier tipo de pensar pronosticador. Si bien la encuesta Delphi y la escritura de escenarios son las herramientas investigativas de la prospección, del planeamiento a largo plazo y, dada su complejidad exige el concurso de peritos en distintas materias, se pueden emplear en las escuelas, talleres y oficinas para inculcar la práctica del estudio global, para despertar la conciencia de la *interdependencia* de los actos humanos a nivel universal, de los tiempos, pasado, presente y futuro y de las diversas necesidades vitales, sociales y personales. Los puntos ponderados podrán servir de incitaciones al panel para contemplar tanto el modo de servir al mercado en el futuro, sujeto a las influencias ambientales apuntadas, como el modo de satisfacer sus necesidades con previsión. En este *Cuaderno* se consignan las normas corrientes en dicho ejercicio, al final de las técnicas del pensar pronosticador. Se pudiera arrancar con esta pregunta: ¿qué mercado convendrá satisfacer para tal fecha?

c) Una mirada al mercado hispanoamericano

Quedan algunas cuestiones por resolver cuando se contemplan las influencias ambientales a lo largo del mercado hispanoamericano. Podemos agruparlas en problemas para recabar datos, de su comparabilidad y de evaluación del clima político.

Primero: problemas para recabar datos

A menudo se confrontan problemas de inexactitud que vienen originados por distintas causas. Así, hay ineptitud gubernamental para obtener datos fehacientes por tenerse un bajo nivel educativo en la burocracia, por carecerse de equipos modernos de contabilidad, por la poca eficiencia, en suma. En ocasiones hay una publicación muy selectiva de datos: sólo se destacan los favorables y se omiten los desfavorables, con el ánimo de atraer inversores. En algunas fuentes, por el contrario, se atenderán a los datos negativos, para censurar nada más o por haber una postura poco acogedora hacia la inversión privada. Por parte del público se observará en ocasiones una actitud desconfiada para responder a las encuestas, dada cierta animosidad hacia la averiguación gubernamental de las fuentes de ingreso y cuantía del mismo.

La empresa multinacional Singer ha sugerido, por ello, que en algunos países se observen los siguientes procedimientos:

1) Entrevistar a un grupo no mayor de cinco personas.
2) Mínimo de parte escrita en los cuestionarios, por la alfabetización deficiente o porque el respondiente no es la persona a quien se les dirigen.
3) Inclusión de cuantos auxilios visuales se puedan pensar por lo mismo.
4) Evitar las encuestas telefónicas.
5) Restringir el empleo de entrevistadoras en algunas zonas inseguras.

Hay, por otro lado, una economía subterránea cuyo monto se ignora, y que se tratará de mantener oculta, no tanto por desearse una evasión de impuestos, como por provenir de fuentes ilícitas. Indudablemente, la recirculación de dichos ingresos provoca un florecimiento económico que no aparece en el ingreso nacional bruto.

Segundo: problemas de comparabilidad

Los años de tomarse el censo varían de acuerdo con los países. Habrá que hacer estimados basados en proyecciones de crecimiento, cuya tasa cambia de un país a otro. Otras estadísticas como ingreso per cápita, producto nacional bruto, balanza comercial y demás, necesitarán también ponerse al día mediante estimados. Lo que se entienda por familia, varía con los países. En ocasiones se incluye a toda la familia bajo un mismo techo con gran diversidad de cifras de ingreso disponible. La alfabetización se entenderá en unos lugares como haberse cursado la enseñanza primaria, en otros como saber leer y escribir y en algunos será saber firmar nada más. La constante devaluación de monedas entraña uno de los más serios problemas de comparabilidad, con sus cambios bruscos y la diferente convertibilidad. No hay unanimidad tampoco respecto a la edad de que se considera adulta. En ocasiones será por los años cumplidos, 18, 21 ó 25, por haberse contraído matrimonio, o por autorización paterna o por encontrarse en aptitud de trabajar. La distinción entre clases sociales por el nivel de ingreso, ofrece serias discrepancias también. El estándar de vida de una nación a otra oscila en ocasiones, de tal suerte, que quienes se hallan en la clase media de un país, se considerarían en la clase baja de otros y en algunos países la adscripción a ciertos grupos sociales, aunque el poder adquisitivo no varíe, entraña la pertenencia a determinada clase social.

Tercero: problemas de evaluación del clima político

El deterioro de las operaciones comerciales, a causa de actividades políticas adversas, demanda la evaluación más concienzuda del clima político, o sea, del ambiente generado en una nación en la competencia por el poder público. La expropiación, con compensación satisfactoria o no, cuando no la confiscación, son riesgos latentes en casos extremos. Más corrientes son los casos de intervencionismo estatal que impide, de algún modo, el control de las operaciones.

Puede acudirse al análisis de patrones anteriores de inestabilidad política en el pasado, es decir, a un examen histórico del país respecto a la existencia de rupturas en la entrega periódica de las jefaturas públicas. La apropiación estatal o nacionalización ha sido, con todo, muy selectiva. Mientras que los renglones básicos son objeto de pronta nacionalización, se escapan las firmas manufactureras y de servicio de mayor contenido tecnológico o con una eslabonación de labores y trasiego de materias primas, con empresas situadas fuera del territorio nacional. Cuando se requiere una compleja inversión tecnológica con el concurso de componentes procedentes del extranjero, la nacionalización suele resultar inocua.

La mirada puede dirigirse hacia el futuro en nuestra evaluación. Se pueden incluir los siguientes procedimientos:

1) Auscultación de la opinión de los líderes políticos de toda la gama de la ideología, en ejercicio de un cargo o sin ninguno, para averiguarse su relación con la actividad comercial sea privada o de consorcios con empresas públicas extranjeras, con los cambios económicos y con su impacto en el ramo particular del mercadista.

2) Observación del contexto en que ocurran las declaraciones extremistas. Se suelen ofrecer declaraciones para consumo de la galería

mientras que, por trasmano o detrás de las bambalinas, se facilita y hasta se insta al establecimiento de actividades comerciales de toda índole.

3) Examen de los planes de inversión pública futura y de cualquier tipo de planificación económica gubernamental para saberse el modo de encajar en ellos sin estorbar en absoluto, sino más bien contribuir a su desarrollo.

4) Visitas al país para tomar el pulso de los acontecimientos políticos, para tomar la temperatura de los sentimientos populares. Aquí se incluye, en especial, sostener conversaciones con las personas mejor enteradas de la situación, tales como los dirigentes y figuras conocidas de los diversos sectores.

De los estudios de Sociología y Ciencia Política proceden métodos conducentes a la averiguación del grado de inquietud política, aunque el consenso de cómo definir la inestabilidad o de cómo predecirla no se ha podido lograr. Los partidos políticos cambian, en ocasiones, con poco efecto visible en la vida comercial; más bien se dictan, desde el propio partido gubernamental, medidas que efectúan serios cambios en la vida comercial. Se han empleado indicadores a los cuales se les ha asignado un valor desde *0 a 6:*

0 — elecciones periódicas
1 — caída del gabinete
2 — declaración oficial de proscripción de grupos políticos y su represión
3 — asesinato de figuras políticas y violencia en general
4 — magnicidio o asesinato del jefe del gobierno nacional
5 — golpe de estado con violencia moderada
6 — guerra civil, grupos armados levantados contra el gobierno

De la tabla de evaluación anterior se desprende que únicamente se podrá aplicar en los casos de países cuya organización política no sea totalitaria. Huelga decir, asimismo, que la suma cuyo resultado arroje menos cantidad, señalará la conveniencia del país para el ejercicio de actividades comerciales. Sin embargo, esta relación inversa de modo perfecto, no funciona siempre así. En realidad, la dirección del cambio en el gobierno constituye el indicador por excelencia: a la asunción del poder de un grupo extremista le sigue, a la corta o a la larga, una pérdida de la libertad comercial. Como sucedió con los métodos anteriores para los pronósticos de crecimiento de mercados, el empleo de varios ahora subsanará cada deficiencia particular.

Existe, por ello, otro método de evaluación del nivel de frustración colectiva, o sea, la diferencia entre las expectaciones y promesas y la realidad confrontada. Se han dividido en tres áreas de medición sugeridas por las condiciones habituales en los países desarrollados o industrializados, a saber, vida social, bienestar y cambios económicos. Cada una de estas áreas se desglosa así:

Vida social

Urbanización; alfabetismo (comunicación oral y escrita en el idioma nacional); medios masivos de comunicación; agremiación libre y posesión de recursos naturales y medios de producción adquiridos.

Bienestar

Índice de mortalidad infantil y longevidad; consumo de calorías per cápita; médicos y hospitales per cápita, en la nación y por zonas; consumo per cápita de agua conducida por tuberías e ingreso per cápita según los grupos.

Cambios económicos

Esperanza en aumentar el ingreso per cápita y en la continuación del ritmo de crecimiento de la inversión nacional en bruto.

Siguiendo con el criterio de la orientación del cambio, sea desde el poder ejercido o la dirección preconizada por los grupos fuera del poder, podemos adoptar una mirada más general en nuestra averiguación del clima político. En efecto, desde sus albores, la civilización occidental, dentro de la cual se insertan — o más bien son expresiones culturales los diversos subgrupos hispanoamericanos — ha perseguido ciertos objetivos de convivencia. Estos objetivos se plasmaron en una trilogía: libertad, igualdad y fraternidad que se convirtió en el lema de la Revolución Francesa de 1789. Pues bien, los movimientos políticos occidentales, incluyendo los hispanoamericanos, han propendido hacia esta aspiración tridimensional o han acentuado una de estas tres aspiraciones. Convendrá, por consiguiente, observar la tendencia presentada. Una dirección hacia la libertad, más acentuada que las otras aspiraciones, apunta hacia una libertad comercial por definición. Además, por tanto, del ciclo vital del producto, en distinta etapa según el país, habrá que tener en cuenta las tendencias que se avizoran en cada uno, con vista a los distintos criterios presentados, para una mejor comprensión de las influencias ambientales sobre las ventas en el mercado hispanoamericano.

Dada la riqueza de oportunidades y variedad de problemas, convendrá asimismo, seleccionar los proyectos de investigación conforme a ciertas normas sugeridas por la anterior exposición:

1ra.) Las economías estables justifican más la inversión de recursos investigativos, en contraste con aquellas aquejadas de una tasa inflacionaria galopante, inseguridad monetaria, carencia de infraestructura, y demás.

2da.) A mayor desarrollo económico, mayor será la atracción que despertará el país como mercado para absorber un número apreciable de productos.

3ra.) Las dimensiones del mercado serán tales que justificarán el desembolso causado por la investigación. El reintegro o retorno de los gastos incurridos parece poco probable en mercados diminutos. Convendrá, por ello, unificar en la investigación a los países pequeños como se ha sugerido.

4ta.) Las constricciones legales y gubernamentales, tales como la falta de protección a las marcas, patentes, propiedad intelectual y física, la erección de barreras o un ordenamiento legal hostil a la inversión y demás elementos adversos, pesarán en la decisión de emprenderse investigaciones. No obstante, hay casos que incitan la formación de nuevos segmentos, como ha sucedido con las medidas preventivas de derroche de energéticos, las cuales han aumentado el segmento de casas y motores más eficientes.

4.3.3 Ejercicios de redacción

Aplica ahora los conocimientos adquiridos en toda la sección 4.3:

1. Imagínate que tienes que mercadear el presente *Cuaderno*. Esta obra es tanto un producto de insumo como de consumo, pues sirve, tanto para componer otros trabajos, como para satisfacer la necesidad de información. Para mercadear este artículo editorial puedes apelar a tres estrategias, a saber, agregación, segmentación y concentración. Puedes orientarte con la descripción dada en el "Prefacio" y lo que hayas aprendido por tu parte de su contenido. Redacta entonces tu plan de mercadeo.

2. Ahora tienes que decidir la estrategia, tanto en su etapa inicial como futura de los siguientes objetos y servicios:

    a) un bolígrafo que escribe con tres colores, azul, negro y rojo.
    b) un satélite de comunicaciones que transmite el doble de canales de los de hoy
    c) una gaseosa con un sabor local de tu invención.

    Ten en cuenta los competidores, la novedad y las necesidades vitales, sociales y personales siguientes de:

    a) fisiología — hambre, sed, reproducción
    b) seguridad — salud, defensa
    c) solidaridad — pertenencia e identificación con grupos y personas
    d) autoestimación — dignidad, prestigio en el grupo, aceptación social
    e) realización personal — satisfacción y expresión del yo.

3. Relaciona los deseos de la columna de la izquierda con los valores de la columna de la derecha para hallar un nuevo segmento o uno insatisfecho. Ahora discurre sobre el producto o servicio que les pudieras proporcionar del ejercicio #2, u otros que se te ocurran.

Deseos	**Valores**
comer y beber	economía (gangas, utilidades)
atraer al sexo opuesto	información
dotar de bienestar a los seres queridos	eficiencia
estar libre de miedos y peligros	servicio
ser superior a los demás	calidad
sentirse bien	belleza
gozar del aprecio general	curiosidad
vivir más tiempo	higiene

4. Con vista al último censo, compón un perfil del consumidor con las tres variables ofrecidas de las necesidades vitales. Así, dentro de las *geográficas* — las zonas climáticas, orográficas, territoriales, etc. — las personas residentes en las mismas; dentro de las variables *por densidad demográfica* — las personas residentes en el campo o en centros urbanos y demás subdivisiones; y dentro de las variables *biológicas* los datos ofrecidos respecto al sexo, edad, estado civil, ciclo familiar y demás. Con el auxilio de una computadora podrás hallar un segmento insatisfecho. Así, podrás preguntarte lo que necesita para vestirse — abrigo,

una necesidad vital — una persona residente en la zona del Norte, en una ciudad de 50,000 habitantes y madre de tres hijos pequeños. Aquí entran posibilidades como la compra de una máquina de coser, patrones de coser, clases de corte y costura, tiendas de ropa de niño, establecimientos con departamentos de niños, de telas, etc.

5. Las etapas del ciclo familiar de más aceptación son las siguientes:

   a) La soltería. Personas que viven solas, no han fundado un hogar.
   b) La pareja. Acaban de fundar su hogar pero todavía no tienen hijos.
   c) La pareja con hijos de menos de seis años.
   d) La pareja con hijos que pasan de seis años todos.
   e) La pareja cuyos hijos crecidos permanecen en la casa.
   f) La pareja cuyos hijos salieron de la casa para establecerse aparte.
   g) El cónyuge sobreviviente. Un esposo sobrevive al otro por lo común.

   Encuentra la conducta consumidora de cada grupo respecto a:

   Primero, lavadoras de ropa
   Segundo, viviendas
   Tercero, automóviles de uso
   Cuarto, muebles
   Quinto, alimentos precocinados congelados y en conserva

6. Introduce otros modelos: la familia extendida, un solo cónyuge — divorciado, viudo o abandonado — a cargo de la familia, y la existencia de servidumbre doméstica, para hallar la conducta consumidora respecto a los artículos anteriores. Puedes incluir otros factores: ingreso de una sola fuente, por contribución de varios miembros, etc., para adiestrarte en otras posibilidades.

7. Goza también de general aceptación el modelo de división de clases sociales en los siguientes estratos:

   A. Clase alta, subdividida en superior e inferior
   B. Clase media, subdividida en superior e inferior
   C. Clase baja, subdividida en superior e inferior

   Esta clasificación atiende únicamente a consideraciones *objetivas* de ingreso — verbigracia: se dan cifras, como más de $15,000 tal clase — ocupación y educación, para la formación de grupos de carácter relativamente estables y homogéneos. Hay la creencia de que los individuos comparten normas de conducta, objetivos, intereses, estilos de vivir y valores, dentro de dichas agrupaciones. Dicha clasificación es general o conceptual. Hay otros medios clasificativos de gran auxilio para determinar con más precisión la conducta consumidora y no depender demasiado del criterio anterior:

   a) *Consensual*, o sea, el modo en que los demás clasifican a una persona
   b) *Sociométrico*, es decir, de acuerdo con la gente con quien se reúne uno
   c) *Subjetivo*, esto es, según el criterio personal de pertenecer a una clase

   Con estos criterios: objetivo, consensual, sociométrico y subjetivo, segmenta la población consumidora para hallar las preferencias de bebidas alcohólicas. Cuando halles discrepancias entre la clasificación objetiva y las restantes, podrás hallar segmentos pasados por alto de beneficio tuyo.

8. En el ejercicio anterior explica el influjo de los grupos de referencia, de aspiración y de rechazo en la conducta consumidora de los distintos tipos de bebida. Explica, además, el impacto del grupo de referencia dado por estudiantes, jubilados, viudas, pensionados, rentistas, agricultores, trabajadores no calificados, inmigrantes, desempleados, tanto para dictar el consumo de las bebidas predilectas como para determinar la clase social. Así, se ha comprobado que se tiende a un consumo uniforme en un grupo de referencia y de aspiración, que puede estar en desacuerdo con el criterio demográfico puro de clase social por el ingreso económico.

9. Determina los tipos de lenguaje que debes emplear para redactar los mensajes de venta relacionados con los automóviles tanto nuevos como de uso:

   a) mensajes orales o escritos
   b) medios de comunicación apropiados
   c) variedad de denominaciones de automóviles: carros, coches, máquinas, etc.
   d) variedad de denominaciones de las partes de los automóviles; lo que en unos lugares se llaman neumáticos, en otros son las llantas, las gomas, etc.
   e) el empleo de vocablos extranjeros que aún no se han aclimatado
   f) el empleo de voces técnicas para describir el funcionamiento
   g) la imposición de un punto de vista por el idioma empleado
   h) las disposiciones legales para regular estos mensajes; los manuales de instrucción y de mantenimiento y las palabras en la pizarra y demás lugares para describir aspectos y piezas del automóvil para ser comprendidos sin dificultad.

10. Explica la influencia de las festividades religiosas en tu país, por grupos, sean cristianos, con sus diferentes denominaciones, mahometanos, con sus diversas denominaciones también, y así sucesivamente. Fíjate en el consumo de determinados artículos, medios de transporte durante fechas y por lugares de peregrinación, los tipos de alimentación, los días de asueto, las ceremonias de casamiento, la educación de los hijos. Observa la conducta económica, política, social, artística, deportiva, etc., influida por la fe religiosa. Nota las restricciones en el vestido, en el empleo de símbolos religiosos. Redacta entonces una exposición donde ofreces la segmentación en distintos grupos, el consumo determinado por la observancia de las normas y la posibilidad de intercambiar mensajes procedentes de lugares donde predomine otra religión con las modificaciones consiguientes.

11. Explica la clase de respuesta de tu sociedad, sea aceptación, modificación, selección, rechazo u hostilidad, a un mensaje de venta de anticonceptivos; a un emblema comercial en forma de cruz (cristiana), de estrella de David (hebrea) y de media luna (musulmana); a un artículo con el nombre de la Virgen María; a un robot para empleo industrial; a la figura de un hombre con un delantal puesto; a cualquier tipo de mecanización de labores agrícolas e industriales surgidas por la división del trabajo; a esta misma división del trabajo; a transplantes de órganos entre seres humanos y a la compra a crédito.

12. Dado que la educación constituye una de las determinantes a largo pla-

zo del aumento del ingreso nacional, tranquilidad pública y multiplicación de necesidades, realiza una investigación en tu escuela primero, y después en el sistema escolar para averiguar el porcentaje de educandos en cada uno de los niveles primario, secundario o medio y superior. Relaciona dicho estudio con las posibilidades de segmentación.

13. Examina las prácticas de impartir habilidades comunicativas y la inculcación del hábito de trabajar en equipo; la instrucción en las ciencias gerenciales, en la delegación de autoridad, en el adiestramiento en comunicaciones abiertas, en la retroinformación sobre la tarea ejecutada como método evaluativo, en la cooperación al nivel directivo con gerencia compartida y en la resolución de problemas, tanto en tu escuela como en el sistema educacional. Ofrece tu criterio sobre el desarrollo económico y estos aspectos educacionales a los efectos de la segmentación.

14. Se ha dicho que la Civilización Occidental inculca valores individualistas y competitivos. Aporta ejemplos de cómo se realiza o no este aserto, examinando las instituciones participantes, el proceso mismo, los métodos para estimular y premiar y los valores disímiles tanto de educandos como de educadores. Relaciona esto con el desarrollo económico y la segmentación.

15. También se ha dicho que la participación de la mujer contribuye al desarrollo económico. Explica la causa de que esto sea cierto o no y el papel de la educación como mediadora en este proceso. Obtén algunas estadísticas de la participación de la mujer en el magisterio, como educadora y como educanda en las distintas ramas y niveles (primario, medio y superior). Con dichas cifras a mano, procura relacionarlas con el crecimiento del per cápita del ingreso nacional en bruto y con la segmentación consiguiente.

16. Examina las diferencias en aprovechamiento escolar de los distintos grupos étnicos de la nación y de sus distintos territorios o provincias. Vincula estas variaciones con la capacidad adquisitiva en dichos grupos y las divisiones administrativas que permitan nuevas segmentaciones.

17. La actitud hacia el tiempo incluye las ideas acerca de la prontitud y la tardanza, hacia el hacer las cosas personales sin ajustarse a un horario o mediante la distribución de las ocupaciones conforme a un programa. Redacta una exposición sobre el influjo de estas actitudes en tu ambiente particular, oficina, escuela, taller, etc., para el aprovechamiento general del tiempo en tareas que exigen la contribución de muchos.

18. Explica el modo de redactar mensajes de venta en países o en segmentos donde la motivación para adquirir sea muy escasa y las ideas tuyas para contrarrestar esta actitud de autosuficiencia o el modo de canalizar el consumo hacia aspectos de beneficio común.

19. Consigue las regulaciones actuales sobre los mensajes de venta, en los organismos oficiales, en las empresas publicitarias y de comunicaciones, en la biblioteca, en las asociaciones de anunciantes y demás. Explica la interrelación de leyes con los aspectos económicos, políticos, religiosos y restantes que halles.

20. Los impulsos personales para satisfacer las necesidades vitales, para alcanzar la felicidad, para reconocer los méritos de la labor, para la superación y emulación, son de una extraordinaria variedad. Esto se observa en la clasificación de consumidores en *frecuentes, moderados*

ligeros y *ocasionales*. Determina, según este criterio, los usuarios de los siguientes artículos y servicios:

a) automóviles de arriendo
b) tónicos para el cabello
c) analgésicos
d) cintas y discos musicales
e) cremas de afeitar en potes o latas a presión.

Determina ahora el sexo, la edad, la ocupación, y cualquier otro aspecto analizado en nuestro estudio, de los usuarios, para establecer un perfil del consumidor de cada uno de los artículos o servicios mencionados.

21. La percepción que tiene una persona de un automóvil, de acuerdo con indagaciones sociológicas, oscila alrededor de las siguientes imágenes:

a) un medio utilitario de transporte
b) un medio de ganarse la vida
c) un medio de disfrutar la libertad de locomoción
d) una posesión de valor con costo permanente de mantenimiento
e) un símbolo de *status* o prestigio
f) una expresión de dominio, de control, de su persona sobre las cosas
g) una expresión de su personalidad

Con vista a la situación actual de crisis energética, los avances realizados en el diseño y rendimiento de motores y carrocerías, los motores de gasolina, gasohol o carburante, petróleo o nafta, de alta y baja compresión, y a la llegada hipotética de los primeros automóviles eléctricos, realiza las siguientes labores:

Primera: la segmentación del mercado automovilístico al cual puedes ofrecer los primeros carros movidos por baterías o acumuladores en conjunción con los automóviles convencionales. Vincula dicha segmentación al proceso de adopción.

Segunda: recomienda dos o tres modelos en cada segmento conforme a las imágenes proporcionadas. Vincula estas imágenes al estilo de vivir.

22. Explica las necesidades que pudieran satisfacer los siguientes objetos:

a) una cámara fotográfica de revelado instantáneo
b) un cuadro de un pintor acreditado
c) una casa solar (para aprovechar el calor solar)
d) un abono por toda la temporada a la Sociedad de Conciertos
e) una bicicleta de diez velocidades
f) una máquina de escribir con corrector automático

Relaciona las necesidades percibidas con la motivación y un posible perfil psicográfico del usuario.

23. Identifica al miembro de la familia más indicado, como futuro prospecto de consumidor y explica las razones para ello, de los siguientes objetos:

a) hojas de afeitar
b) una afeitadora eléctrica
c) camisas de vestir masculinas
d) un estéreo

24. Debes comenzar tu campaña comunicativa enviando cartas de promoción y poniendo anuncios respecto a un producto farmacéutico recién salido. Realiza las siguientes tareas:

   a) Identificación de los consumidores prospectivos.
   b) Averiguar el influjo de los grupos de referencia.
   c) Determinar el papel de la clasificación según el proceso de adopción.
   d) Comprobar tus indagaciones con visitadores médicos, viajantes, etc.

25. Una de las dificultades más graves en la determinación del tamaño del mercado total reside en decidir cuáles productos se pueden incluir como competidores. En los casos dados a continuación escoge los productos competidores y explica las razones de su inclusión en el mercado total.

   a) Si el producto a mercadear fuese sopa en lata, decide sobre la inclusión de la sopa deshidratada, los cubitos *(bouillon)* de sopa y de los ingredientes, vegetales, carne, etc., en estado natural.

   b) Si tuvieses que promocionar un supermercado, además de los competidores naturales como los otros supermercados, decide si incluirás a las tiendas mixtas o de abarrote, a la bodega de barrio o de la esquina, a los expendios de carne o carnicerías y pescaderías, a los mercados municipales o abiertos, a las tiendas de alimentos dietéticos, a los productores que venden a domicilio y a las pequeñas tiendas de fácil acceso a los automovilistas.

26. Cuando se conocen las estadísticas de un ramo resulta fácil computar la porción del mercado de una empresa, tanto por unidades como por la unidad monetaria, durante cierto período de tiempo:

$$a) \text{ porción del mercado} = \frac{\text{ventas de la empresa en unidades}}{\text{ventas del ramo en unidades}}$$

$$b) \text{ porción del mercado} = \frac{\text{ventas de la empresa en \$}}{\text{ventas del ramo en \$}}$$

Cuando falten las estadísticas del ramo a veces se puede realizar un estimado aproximado con vista al consumo anual per cápita. Partiendo de cada uno de los consumos per cápita dados a continuación, trata de estimar las ventas al detalle totales del mercado total del producto:

a) Per cápita de consumo de té, 0.8 lbs.
b) Per cápita de consumo de oleomargarina, 11.5 lbs.
c) Per cápita de consumo de cereales para el desayuno, 2.9 lbs.

27. En los últimos tiempos el electrodoméstico de mayor impacto en los Estados Unidos lo ha sido el horno de microondas. Partiendo de 1970 el producto muestra una casi perfecta curva ajustada al ciclo vital. Desde 1973 se le ha añadido a las cocinas eléctricas este tipo de horno. Ahora dichas cocinas muestran el mismo ritmo de crecimiento de ven-

tas que el de los modelos de horno de microondas para colocar sobre cualquier meseta o repisa. Las ventas por unidades de ambos tipos se dan a continuación:

Año	Hornos de microondas	Cocinas con hornos de microondas
1968	—.—	—.—
1969	—.—	—.—
1970	30,000	—.—
1971	100,000	—.—
1972	325,000	—.—
1973	440,000	20,000
1974	635,000	30,000
1975	1,100,000	50,000
1976	1,749,000	80,000
1977	2,156,000	150,000

a) Basándote en las cifras de la tabla, realiza el estimado del tamaño del mercado total de microondas en unidades para 1978.

b) Vendiendo la unidad de horno a $500 y la unidad de cocina con horno a $850, realiza el estimado del volumen de ventas en dólares para 1980.

c) Brinda tu estimado del mercado total para 1982, tanto en unidades como en dólares, de estos electrodomésticos.

28. El mercadista de una casa dedicada a la venta de llantas (gomas, neumáticos) procura la construcción de un índice que muestre la variación geográfica en las ventas del mercado total. Si bien tiene un estimado del tamaño del mercado total de llantas para automóviles, carece de cifras para estimar las ventas por zona. Como tiene a mano el número de automóviles matriculados en cada estado se cree que hay una correlación entre las ventas de llantas y el número de propietarios de automóviles. Así, como que hay un 10% de automóviles de la nación matriculados a nombre de propietarios residentes en el estado, estima que a las ventas de llantas debe corresponderle una cifra semejante. Justifica o refuta la lógica del enfoque.

29. El mercadista de una conocida marca de caramelos en barra ha recogido los datos para la preparación de un índice de ventas por temporada. Las cifras señalan los embarques mensuales. El gráfico representativo aparece debajo. Ha de tenerse en cuenta que estos datos se refieren a los Estados Unidos. Ahora confecciona un gráfico con los posibles embarques que tendrían lugar en tu país. Explica las causas de las variaciones y la justificación del empleo de este método como apropiado o la necesidad de obtener otros datos.

ÍNDICE DE VENTAS EN LOS EMBARQUES MENSUALES
POR FABRICANTE DE CARAMELOS EN BARRA

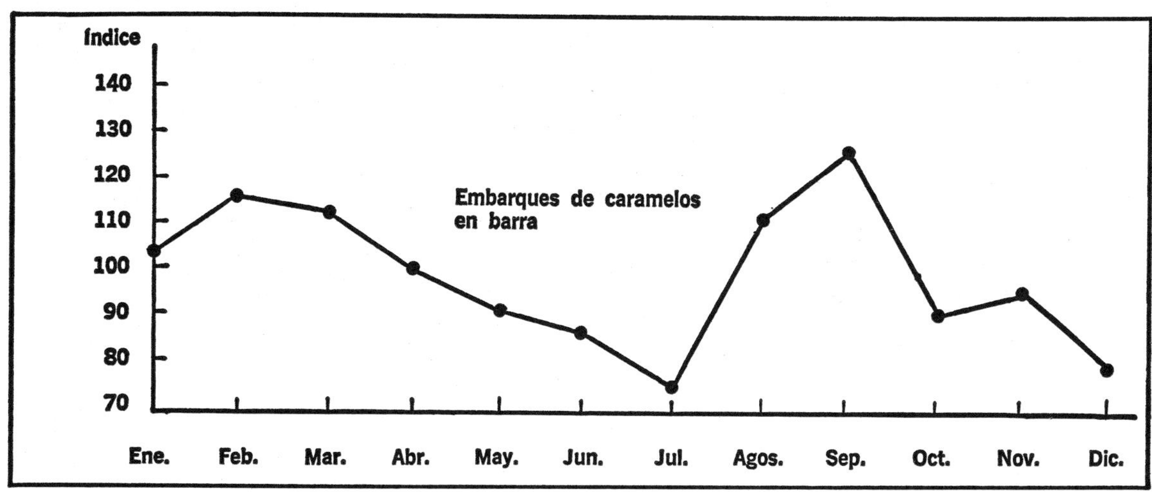

Fuente: Departamento de Comercio de Estados Unidos, *Confectionery Manufacturers Sales and Distribution* (junio, 1977).

30. En la actualidad hay corrientes preocupadas con la capacidad nutritiva de los alimentos, tal como se demuestra en la tabla siguiente en los Estados Unidos:

PORCENTAJE DE PERSONAS SERIAMENTE PREOCUPADAS

CUESTIONES NUTRITIVAS	jun./75	feb./76	jun./76	jun./77	marzo/78
Nutrición de los alimentos	69%	64%	70%	82%	66%
Preservantes	39%	41%	38%	55%	44%
Azúcar en la dieta diaria	38%	40%	50%	51%	62%
Azúcar en la dieta infantil	35%	41%	38%	44%	52%
Colesterol	31%	39%	44%	31%	49%
Colorantes	28%	36%	32%	41%	36%
Glutamato monosódico	24%	22%	24%	41%	27%
Cafeína	22%	18%	30%	27%	29%

Fuente: Ogilvy Mather Research (marzo 19, 1978), p. 3.

a) Expresa la tendencia de las respuestas por año
b) Presenta los problemas y oportunidades para los fabricantes de productos para desayuno, servicios de restaurantes y colegios con comedores a resultas de los datos ofrecidos en la tabla.

31. El mercadista de una marca norteamericana de café molido desea preparar un análisis de mercado basado en los datos que aparecen a continuación:

PORCENTAJE DE TOMADORES DE CAFÉ Y OTRAS BEBIDAS

	1950	1975	1976	1977	Cambio 1976-1977	Cambio 1950-1977
Café	74.7	61.6	59.1	57.9	— 2.0%	—22.5%
Leche y lácteos	51.0	51.1	50.1	48.9	— 2.4	— 4.1
Jugos de frutas y vegetales	32.8	44.0	44.3	46.2	+ 4.3	+40.9
Bebidas	29.1	46.9	48.6	46.4	— 4.5	+59.5
Té	24.0	26.9	26.3	30.7	+16.7	+27.9
Cocoa y chocolate caliente	5.4	2.8	3.8	N/A	N/A	N/A

Fuente: Advertising Age (junio, 1978) Crain Communications, Inc.

PER CÁPITA DEL CONSUMO DE CAFÉ EN LOS ESTADOS UNIDOS

	Población*	Libras	1957 = 100	Galones	1957 = 100
1971	204.3	13.7	87.3	35.3	88.3
1972	206.5	13.6	86.6	35.2	88.0
1973	208.1	13.5	86.0	35.1	87.8
1974	209.7	13.1	83.4	33.8	84.5
1975	211.4	12.7	81.0	33.0	82.5
1976	213.0	11.6	73.9	29.9	74.8
1977	214.7	11.0	70.0	28.4	71.0

*** En millones**

Fuentes: Departamento de Agricultura de los Estados Unidos y el Buró de Censo.

a) Explica el modo de definir el mercado en que va a competir el producto, especificando los productos de la primera tabla que se deben incluir.

b) Explica si las cifras de las tablas proporcionan alguna base para estimar el volumen en dólares del mercado total respecto a la marca del producto del mercadista (el café molido supera la venta del café instantáneo en una proporción de tres a uno en dólares, más o menos).

c) Explica tu opinión sobre el crecimiento del mercado total y la tendencia sugerida por las cifras. Di las causas que apuntan hacia dicha tendencia.

d) Explica las tendencias apuntadas en las ventas de los productos competidores de interés para el mercadista.

32. Con vista a las técnicas del pensar pronosticador examinadas en este *Cuaderno*, a saber: la escritura de escenarios y la encuesta *Delphi*, realiza estos estudios prospectivos en tu clase, en tu oficina, en tu taller, de modo colectivo, o sea en equipo. El profesor o el jefe pueden coordinarlas.

a) Puedes ser miembro de la Junta de Planificación Económica de tu país o un ejecutivo de una empresa privada. Deseas saber las necesidades de transporte para el año 2001, para la apertura del siglo veintiuno. Las ponderaciones sobre las necesidades vitales, sociales y personales pueden servirte de punto de partida.

    b) Deseas conocer ahora, en tu calidad de educador, el futuro de tu campo, los medios instructivos de que se dispondrán en 10 años, servicios de televisión, computadoras, conexiones a una central de información, como una biblioteca central con dependencias en cada ciudad, provincia o estado; las interrelaciones con otros campos, el tipo de estudiante que asistirá a los centros o que aprenderán desde sus hogares, en su trabajo y el entrenamiento requerido para los educadores. Busca en la lección notas sobre la educación.

    c) Ahora estás de director de una empresa dedicada al abastecimiento de comidas a empresas de transportes y a instituciones docentes, tanto públicas como privadas. Puedes realizar la escritura de escenario y la encuesta *Delphi* con un horizonte temporal de 10, 20 y 30 años. Examina con cuidado las ponderaciones sobre el estilo de vivir, en las necesidades personales afectadas. Unas encuestas realizadas a tus compañeros y a pasajeros, para conocer sus aspiraciones y opiniones, podrán contribuir a este trabajo.

33. Aplica ahora tu conocimiento de las influencias ambientales a lo largo del mercado hispanoamericano. Escribe un escenario y redacta una encuesta *Delphi* con tus compañeros para conocer el grado de uniformidada o estandarización de los mensajes de venta respecto a la comunidad de países hispanoamericanos. El horizonte vital quedará a discreción tuya. Las proyecciones de crecimiento procedentes de empresas públicas y privadas podrán servir de fundamento de este trabajo. Igualmente, según como sea el interés de tu situación particular, puedes elegir otros temas para ejercitar la prospección en la gestión ejecutiva relacionada con la investigación del mercado.

4.4 EJERCICIOS DE CONCIENTIZACIÓN GRAMATICAL

Analiza los aspectos gramaticales examinados en la lección 4 del libro *Gramática*. Puedes usar de modelo la sección "Vamos a razonar contigo: los nombres sustantivos y adjetivos, la comparación y la gradación" y las explicaciones de la sección "Tráfico: morfología del género y número de los nombres". Tu estudio puede versar sobre el texto de este *Cuaderno*, sección 4.3, sobre tus propios trabajos de redacción del 4.3.3 o sobre cualquier otro texto que estimes pertinente. La conciencia del empleo de las cuestiones gramaticales citadas se incrementa con el dominio de la sección 4.2, "Cuestionario y temario para desarrollar", también de este *Cuaderno*.

Los puntos de tu análisis gramatical pueden seguir el orden sugerido por el "Contenido", pp. x y xi del libro *Gramática*. Los esquemas y cuadros sinópticos son otros medios auxiliares para realizar un análisis ordenado. Todos estos ejercicios de concientización gramatical pueden hacerse con la participación de un grupo o de una clase y servir de base para una discusión provechosa.

4.5 EJERCICIOS DE TRADUCCIÓN

Ofrece la versión española de los siguientes anuncios de ventas especiales. Podrás encontrar la traducción correcta de los mismos al final de la lección. Compara tu traducción con la ofrecida en los anuncios en español.

<table>
<tr>
<td>

½ Price men's solid color long sleeve dress shirts
Polyester/cotton blend. Sizes 14½-17.
REG. 6.99 EACH 2 FOR 6⁹⁹

</td>
<td>

Save 42% on men's long sleeve flannel shirts
Cotton or polyester/cotton. S, M, L, XL.
ORIG. 6.99 3⁹⁹

</td>
</tr>
<tr>
<td>

Save 49%-60% variety of men's fashion sweaters
Many styles, colors, fabrics, S, M, L, XL.
ORIG. 24.99-32.99 9⁹⁹ TO 16⁵⁹

</td>
<td>

Save 40% on men's long sleeve sport shirts
Many styles. Polyester/cotton. S, M, L, XL.
ORIG. 7.99 4⁷⁹

</td>
</tr>
<tr>
<td>

Save 40% on men's and young men's denim jeans
Cotton denim. Sizes 32-42 and 29-38.
ORIG. 19.99 11⁹⁹

</td>
<td>

Save 40% on young men's long sleeve fashion shirts
Polyester/cotton, other fabrics. S, M, L, XL.
REG. 16.99 10¹⁹

</td>
</tr>
<tr>
<td>

Save 30% on young men's denim or corduroy jeans
Cotton denim. Polyester/cotton corduroy.
REG. 12.99 8⁹⁹

</td>
<td>

Save 37% on men's plaid or patterned sport shirts
Long sleeves. Polyester/cotton. S, M, L, XL.
ORIG. 7.99-11.99 5⁰⁰ TO 7⁴⁹

</td>
</tr>
<tr>
<td>

Save 40% on men's and young men's dress slacks
Polyester and other fabrics. 32-42; 29-38.
REG. 16.99-19.99 10¹⁹ TO 11⁹⁹

</td>
<td>

Save 33%-36% on men's CPO, flannel & corduroy shirts
Cotton flannel or corduroy. Acrylic CPO's.
REG. 10.99-14.99 6⁹⁹ TO 9⁹⁹

</td>
</tr>
</table>

Ofrece la versión española de los siguientes modelos en inglés.

Checklish: Destructive Portrayals

• Am I implying in my promotional campaign that creative, athletic, and mind-enriching toys and games are not for girls as much as for boys? Does my ad, for example, imply that dolls are for girls and chemistry sets are for boys, and that neither could ever become interested in the other category?

• Are sexual stereotypes perpetuated in my ad? That is, does it portray women as weak, silly, and overemotional? Or does it picture both sexes as intelligent, physically able, and attractive?

• Are the women portrayed in my ad stupid? For example, am I reinforcing the "dumb blonde" cliché? Does my ad portray women who are unable to manage a household without the help of outside experts, particularly male ones?

• Does my ad use belittling language? For example, "gal Friday" or "lady professor"? Or "her kitchen" but "his car"? Or "women's chatter' but "men's discussions"?

• Does my ad make use of contemptuous phrases? Such as "the weaker sex," "the little woman," "the ball and chain," or "the War Department."

• Do my ads consistently show women waiting on men? Even in occupational situations, for example, are women nurses or secretaries serving coffee, etc., to male bosses or colleagues? And never vice versa?

• Is there a gratuitous message in my ads that a woman's most important role in life is a supportive one, to cater to and coddle men and children? Is it a "big deal" when the reverse is shown, that is, very unusual and special — something for which the woman must show gratitude?

• Do my ads portray women as more neurotic than men? For example, as ecstatically happy over household cleanliness or deeply depressed because of their failure to achieve near perfection in household tasks?

(A note is needed here, perhaps. It is not the panel's intention to suggest that women never be portrayed in the traditional role of homemaker and mother. We suggest instead that the role of homemaker be depicted not in a grotesque or stereotyped manner, but be treated with the same degree of respect accorded to other important occupations.)

• Do my ads feature women who appear to be basically unpleasant? For example, women nagging their husbands or children? Women being condescending to other women? Women being envious or arousing envy? Women playing the "oneupmanship" game (with a sly wink at the camera)?

• Do my ads portray women in situations that tend to confirm the view that women are the property of men or are less important than men?

• Is there double entendre in my ads? Particularly about sex or women's bodies?

Checklist: Negative Appeals

• Do my ads try to arouse or play upon stereotyped insecurities? Are women shown as fearful of not being attractive to men or to other women, fearful of not being able to keep their husbands or lovers, fearful of an in-law's disapproval, or, for example, of not being able to cope with a husband's boss coming for dinner?

• Does my copy promise unrealistic psychological rewards for using the product? For example, that a perfume can lead to instant romance.

• Does my ad blatantly or subtly suggest that the product possesses supernatural powers? If believed literally, is the advertiser unfairly taking advantage of ignorance? Even if understood as hyperbole, does it insult the intelligence of women?

Checklist: Constructive Portrayals

• Are the attitudes and behavior of the women in my ads suitable models for my own daughter to copy? Will I be happy if my own female children grow up to act and react the way the women in my ads act and react?

• Do my ads reflect the fact that girls may aspire to careers in business and the professions? Do they show, for example, female doctors and female executives? Some women with both male and female assistants?

• Do my ads portray women and men (and children) sharing in the chores of family living? For example, grocery shopping, doing laundry, cooking (not just outdoor barbecueing), washing dishes, cleaning house, taking care of children, mowing the lawn, and other house and yard work?

• Do the women in my ads make decisions (or help make them) about the purchase of high-priced items and major family investments? Do they take an informed interest, for example, in insurance and financial matters?

• Do my ads portray women actually driving cars and showing an intelligent interest in mechanical features, not just in the color and upholstery?

• Are two-income families portrayed in my ads? For example, husband and wife leaving home or returning from work together?

• Are the women in my ads doing creative or exciting things? Older women, too? In social and occupational environments? For example, making a speech, in a laboratory, or approving an ad?

Checklist: Positive Appeals

• Is the product presented as a means for a woman to enhance her own self-esteem, to be a beautiful human being, to realize her full potential?

• Does my advertisement promise women realistic rewards for using the product? Does it assume intelligence on the part of women?

Checklist for evaluating women-related advertising.

1. Advertisers should always take into account the level of knowledge, sophistication, and maturity of the audience to which their message is primarily directed. Since younger children have a limited capability for evaluating the credibility of what they watch, they place a special responsibility upon advertisers to protect them from their own susceptibilities.

2. Realizing that children are imaginative and that make-believe play constitutes an important part of the growing up process, advertisers should exercise care not to exploit that imaginative quality of children. Unreasonable expectations of product quality or performances should not be stimulated either directly or indirectly by advertising.

3. Recognizing that advertising may play an important part in educating the child, information should be communicated in a truthful and accurate manner with full recognition by the advertiser that the child may learn practices from advertising which can affect his or her health and well-being.

4. Advertisers are urged to capitalize on the potential of advertising to influence social behavior by developing advertising that, wherever possible, addresses itself to social standards generally regarded as positive and beneficial, such as friendship, kindness, honesty, justice, generosity, and respect for others.

5. Although many influences affect a child's personal and social development, it remains the prime responsibility of the parents to provide guidance for children. Advertisers should contribute to this parent-child relationship in a constructive manner.

Candy bar advertising copy analysis.

Brand	Product Attribute	Campaign Theme	Target Audience
$100,000 Bar	Chewy & crunchy	If you love chewy caramel.	Kids & teens
Butterfinger	Peanut butter & crunch candy	So good you have to earn it.	Teens & adults
Marathon	Caramel & chewy	Lasts a good long time.	Kids & teens
M & M	Plain or peanut	Melts in your mouth, not in your hand.	Kids
Choco-Lite	Smooth & creamy	Smooth & creamy like a glide.	Kids
3 Musketeers	Fluffy nougat	Fluffy taste that gives your spirit a lift.	Kids
Starburst	Fruit chews	Burst of fruit flavor.	Kids
Snickers	Peanut butter, nougat & caramel	No matter how you slice it, it comes up peanuts.	All family
Reese's Peanut Butter Cup	Milk chocolate, peanut butter	Two great tastes in one candy bar.	Kids & adults
Mars Bar	Nougat, caramel, & chocolate	At work, rest or play, Mars Bar helps make your day.	Adults
Milky Way	Nougat, caramel, & chocolate	At work, rest or play, Milky Way.	Adults
Kit Kat	Milk chocolate, crispy wafer	Its double-delicious.	Kids & adults
Hershey Bar	Chocolate	The great American chocolate bar.	Kids & adults
Tootsie Roll	Chocolatey chews	Whatever it is I think I see becomes a Tootsie Roll to me.	Kids

Baby Ruth	A filling snack	When you gotta have one, you gotta have one.	All family
Caravelle	Crisp chocolate & smooth chewy caramel	Discover Caravelle again. It's better than ever.	Kids
Whistle Pops	Lollipop whistle	Indescribably delicious.	Kids
Mounds	Milk or dark chocolate, coconut	Now there're two kinds of Mounds. Because we don't all like alike.	Teens
Almond Joy	Almond Joy has almonds, Mounds don't	Sometimes you feel like a nut. Sometimes you don't.	Adult
Nestle Milk Chocolate Bar	Creamy, smooth milk chocolate	Nestle madness.	Teens & adults

Vocabulario inglés-español

ACCURATE — Exacto, preciso, correcto, fiel, esmerado, cierto, certero, acertado.

ACTUAL — Real, efectivo, verdadero, existente; flagrante.

ADDRESS — Dirección, señas, domicilio; alocución, discurso, conferencia; hacer uso de, dirigir la palabra a; consignar.

AGAINST — Contra, en contraste con, frente a; cerca de.

(TO) AROUSE — Despertar deseo, incitar, excitar, provocar, promover.

BAR — Barra; lingote; barrote, tranca, barrera, obstáculo; cantina, taberna, bar.

BELOW — Abajo, más abajo, bajo, debajo de, inferior a.

BLATANT — Chillón, vocinglero, ruidoso, notorio, que choca o salta a la vista; intruso, cursi.

BOTH — Ambos, los dos, entrambos.

(TO) CATER — Halagar el gusto; proveer las necesidades o al gusto de; surtir, abastecer, proveer alimentos para restaurantes, fiestas, etc.

CHEWY — Paladeable, masticable; sabrocito; que hace la boca agua.

CHOCOLATEY — Con verdadero sabor a chocolate; chocolatísimo, chocolateado.

(TO) CLAIM — Reclamar, demandar, pedir, exigir; afirmar, sostener.

(TO) CODDLE — Consentir, mimar.

CONSISTENT — Consecuente, compatible, coherente, congruente, lógico; consistente.

COMTEMPTUOUS — Despreciativo, desdeñoso, menospreciativo.

CRUNCHY — Crujiente, fresco, durito.

EITHER — O, uno u otro, cada, cualquiera... de los dos; ambos, en ambos casos; tampoco.

EVEN — Parejo, uniforme, igual, constante; apacible, sereno; número par; aun, hasta.

EXPECTATION — Expectativa, expectación; esperanza.

FAT-FREE — Sin grasa, desgrasado, descremado; libre, exento de sustancias grasas.

FEATURE — Facción o rasgo, característica distintiva; película; artículo principal.

FLUFFY — Esponjoso, fofo, suave, mullido.

FULL — Lleno, completo, harto, pleno; por completo, completamente, por entero, enteramente; sonoro; fuerte.

(TO) GLIDE — Resbalar, deslizar; pasar con facilidad un bocado; volar en avión sin motor.

GUIDELINE — Directriz, norma, pauta, precepto; cuerda de guía.

HAPPY — Feliz, alegre; dichoso, afortunado.

HOUSEHOLD — Familia, unidad doméstica; grupo de personas que residen en una misma casa.

(TO) IMPLY — Querer significar o decir, dar a entender; implicar.

IN FACT — De hecho, en verdad, en realidad, realmente, en puridad.

IN ORDER TO — Para, a fin de, con objeto de.

INSTEAD — En lugar de, en su lugar, en vez de; preferiblemente.

ISSUE — Edición, impresión, tirada, número, emisión; problema, tema; resultado, consecuencia, salida, flujo, descendencia, sucesión.

JUST — Recto, justo; exacto; ni más ni menos, exactamente, justamente, precisamente, sólo, no más; nada más; apenas, ahora mismo, hace poco, reción, recientemente.

KINDNESS — Bondad, gentileza, amabilidad, benevolencia, favor.

LAUNDRY — Lavandería, lavado, ropa para lavar, lavadero.

(TO) LEAVE) — Dejar, abandonar; salir de, partir, irse; legar.

LIFT — Subida, alzada, levantamiento; levantón; alegrón, animación.

(TO) MEET — Encontrarse, reunirse, ir a esperar; responder, hacer frente a, satisfacer, pagar, sufragar, cumplir, honrar obligaciones; batirse con; aparecer a la vista; empalmar con.

(TO) MISLEAD — Extraviar, descarriar, inducir al mal, guiar por mal camino, engañar.

(TO) NAG — Importunar con regaños, irritar, zaherir, molestar o pinchar con reproches.

NEITHER — Ni, ninguno, ni uno ni otro, ninguno de los dos, ni lo uno ni lo otro; tampoco, ni... tampoco.

OWN — Propio, suyo, lo suyo; por su propia cuenta, por sí mismo.

PERFORMANCE — Actuación, desempeño de un papel o rol, cumplimiento, funcionamiento; función, representación, acto, acción, ejercicio.

PLAIN — Sencillo, simple, natural, solo; llano, llanura; evidente, claro; franco, abierto, humilde; ordinario, feo.

(TO) PLAY — Jugar, juguetear; desempeñar un papel o rol, representar; tocar instrumento musical; manipular.

(TO) PORTRAY — Dibujar, retratar, pintar, representar, exponer.

(TO) POSITION — Colocar, situar en un campo dado, ubicar, insertar; emplear.

PRIME — Principal, primario, primero, selecto, de primera calidad; flor y nata; plenitud, número primo; virgulilla; alba, primavera.

(TO) PROMOTE — Promover, promocionar, fomentar; ascender, elevar, adelantar; agenciar, gestionar, explotar.

(TO) REALIZE — Darse cuenta de, hacerse cargo de, adquirir conciencia de, percatarse, caer en la cuenta; realizar, llevar a cabo; convertir algo en dinero efectivo con prontitud.

(TO) REGARD — Considerar, mirar, juzgar, estimar; tocar, referirse a.

(TO) REWARD — Premiar, recompensar, gratificar, galardonear, remunerar.

(TO) SHARE — Compartir, participar en, tener parte en; repartir, distribuir, dividir.

SINCE — Desde (que), después de (que), puesto que, como (que), visto que, dado que, ya que; desde entonces.

SO — Así, por tanto, pues; lo mismo; muy; tan, tanto; también, así también; de esta manera, suerte o modo.

SUBTLE — Sutil; insidioso, astuto.

SUCH AS Tal(es) como; como por ejemplo.

SUITABLE — Propio, conveniente, apropiado, debido, a propósito, adecuado, satisfactorio, conforme.

SUSCEPTIBILITY — Propensión (a), inclinación (hacia); susceptibilidad; capacidad de prueba, para contraer.

(TO) TAKE CARE — Cuidar, vigilar, andar con tiento; atender, servir a.

(TO) URGE — Instar, exhortar; solicitar o recomendar con instancia; urgir, apremiar; incitar, estimular, impeler, impulsar.

WHEREVER — Dondequiera (que), adondequiera (que), por dondequiera (que), en cualquier parte, lado o lugar (que).

A continuación se ofrece la traducción al español de los anuncios de ventas especiales en inglés. Comprueba tu traducción con la que te brindamos aquí.

¡A ½ de Precio! camisas de vestir color entero, manga larga, para caballeros En algodón/poliéster. Tallas 14-1/2 a 17. REG. 6.99 C/U 2 POR 6⁹⁹	**Ahorre 42% en camisas manga larga de franela para caballeros** En algodón o algodón/poliéster. S,M,L,XL. ORIG. 6.99 3⁹⁹
Ahorre 49%-60% en variedad de sweaters de moda para caballeros Muchos estilos, colores y tejidos. S,M,L,XL. ORIG. 24.99-32.99 9⁹⁹ A 16⁵⁹	**Ahorre 40% en camisas deportivas manga larga para caballeros** Muchos estilos. Algodón/poliéster. S,M,L,XL. ORIG. 7.99 4⁷⁹
Ahorre 40% en jeans de mezclilla para caballeros y jóvenes Mezclilla de algodón. Tallas 32-42 y 29-38. ORIG. 19.99 11⁹⁹	**Ahorre 40% en camisas manga larga para jóvenes** Algodó/poliéster y otros tejidos. S,M,L, XL. REG. 16.99 10¹⁹
Ahorre 30% en jeans de mezclilla o corduroy para jovencitos Mezclilla de algodón. Corduroy algodón/poliéster. REG. 12.99 8⁹⁹	**Ahorre 37% en camisas deportivas para caballeros, a cuadros y otros diseños.** Mangas largas. Algodón/poliéster. S,M,L,XL. ORIG. 7.99-11.99 5⁰⁰ A 7⁴⁹
Ahorre 40% en pantalones de vestir para caballeros y jóvenes En poliéster y otros tejidos. 32-42: 29-38. REG. 16.99-19.99 10¹⁹ A 11⁹⁹	**Ahorre 33%-36% en camisas CPO de franela y corduroy para caballeros** Franela de algodón o corduroy. CPO's acrílicos. REG. 10.99-14.99 6⁹⁹ A 9⁹⁹

LECCIÓN 5: REDACCIÓN DE MENSAJES DE VENTA: DIRECTRICES DE LA FASE CREATIVA

5.1 REPERTORIO DE EXPRESIONES

A continuación ofrecemos expresiones equivalentes a las procedentes del libro *Comunicación*, pp. 95-151

5.1.1 Variedades de la expresión

Cuando los mensajes se cursan por medio de canales abiertos al público mediante el pago de una tarifa conocida, los mensajes se redactan de escasa longitud . . .— Cuando los mensajes se envían a través de los servicios públicos donde se paga a tanto por palabra, los mensajes se componen deliberadamente cortos . . .

Las instituciones sociales se hallan ritualizadas para significar.— Las instituciones sociales están regidas por preceptos para que se entiendan sin dar lugar a torcidas interpretaciones.

En efecto, el membrete y la fecha nos imponen del lugar y momento de esta situación.— Efectivamente, el nombre, dirección y distintivo de la empresa, y la fecha, nos enteran del lugar y momento de esta situación.

La carta, en último análisis, es una forma especializada del lenguaje.— La carta, a fin de cuentas, es una forma particular de expresarse del idioma.

Siempre hay una correlación inconsciente entre el abigarramiento y la mente desordenada.— Se suele estimar que hay una correspondencia entre la colocación sin tino de las cosas y la mente irrazonable.

Asimismo, la estandarización de las prácticas en la redacción de las cartas beneficiará su correspondencia internacional.— De la misma manera, la uniformidad de los usos en la redacción de cartas le comunicará mejor con sus corresponsales extranjeros.

Por ello se suprimen las circunvalaciones del pensamiento.— Por dicha causa se eliminan las cadenas de oraciones dependientes de la principal.

A todos los efectos legales esto (acuñar una firma legible) representa una ventaja en casos de reconocimiento pericial.— Respecto a cualquier litigio, esto resultará más conveniente si un experto calígrafo dictamina sobre la autenticidad de la firma.

En esta postura hay un continuo cuestionamiento.— Dentro de esta actitud se pregunta sin cesar sobre la efectividad de cuanto se dice.

Cuanto más frecuente es una palabra, tanto menos informativa es.— A mayor empleo en la expresión diaria, menos precisa resulta una palabra.

Un solo perito en la redacción puede preparar las copias maestras.— Un solo redactor experimentado puede preparar la carta básica.

Dado el tremendo auge cobrado por este tipo de mensaje. . .— A causa de la extraordinaria difusión de este tipo de mensaje . . .

De paso, podemos sugerir que este archivo funcione en conjunción con un banco de elementos pertenecientes a una carta comercial.— A propósito, podemos sugerir que este archivo se use conjuntamente con una colección de componentes de la carta comercial.

El redactor retorna a la génesis de las estructuras de una sociedad.— El redactor vuelve al origen de las organizaciones resultado de la convivencia.

Como se desprende de esta denominación, estas comunicaciones escritas se redactan con miras a transmitirse por los vehículos masivos . . .— Como se colige por su nombre, estos mensajes escritos se redactan para difundirse a través de los medios comunicativos de masas.

Otro de los antídotos del error consiste en obtener un número apreciable de instancias.— Otra manera de impedir una equivocación estriba en conseguir bastantes ejemplos.

Ha cundido la práctica de identificar a cada modelo con un color determinado.— Se ha propagado el empleo de modelos de un color según el fin.

Pese a ello, existen numerosos modelos de notas a llenar, a modo de formularios.— No obstante, hay muchos modelos de notas redactados como formularios con instrucciones para llenar los espacios en blanco.

Pero que no lo haga a mano, que aprenda a tipear.— Pero que no lo escriba a mano, sino que lo haga a máquina.

5.1.2 Ejercicios de sustitución

Reemplaza las partes en cursivas con expresiones procedentes de la sección anterior o con expresiones tuyas. Puedes consultar el *"Vocabulario"*.

1. *Otra manera* de *impedir una equivocación estriba* en *conseguir bastantes ejemplos.*

2. *Efectivamente, el nombre, dirección y distintivo de la empresa* y la fecha nos *enteran* del lugar y momento de esta situación.

3. Por *dicha causa, se eliminan las cadenas de oraciones dependientes de la principal.*

4. *A propósito,* podemos sugerir que este archivo *se use conjuntamente* con *una colección de componentes de la carta comercial.*

5. Cuando los mensajes se *envían a través* de los *servicios* públicos *donde se paga a tanto por palabra,* los mensajes se *componen deliberadamente cortos.*

6. *No obstante, hay muchos* modelos de notas *redactados como formularios con instrucciones para llenar los espacios en blanco.*

7. *A causa de la extraordinaria difusión* de este tipo de mensaje debemos estudiarlo.

8. *Dentro de esta actitud se pregunta sin cesar sobre la efectividad de cuanto se dice.*

9. *Se suele estimar que* hay una *correspondencia* entre *la colocación sin tino de las cosas* y la mente *irrazonable.*

10. *Respecto a cualquier litigio,* esto *resultará más conveniente si un experto calígrafo dictamina sobre la autenticidad de la firma.*

11. La carta, *al fin de cuentas*, es una forma *particular de expresarse* del *idioma*.
12. Pero que no lo *escriba*, a mano, sino que *lo haga a máquina*.
13. El redactor *vuelve al origen* de las *organizaciones resultado de la con-vivencia*.
14. *De la misma manera*, la *uniformidad* de *los usos* en la redacción *le co-munican mejor con sus corresponsales*.
15. Las instituciones sociales *están regidas por preceptos* para *que se entien-dan sin dar lugar a torcidas interpretaciones*.
16. Un solo *redactor experimentado* puede preparar *la carta original básica*.
17. *Se ha propagado el empleo de modelos de* un color *según el fin*.
18. *A mayor empleo en la expresión diaria*, menos *precisa resulta* la palabra.
19. Como se *colige por su nombre, estos mensajes escritos* se redactan *para difundirse a través de los medios comunicativos de masas*.

5.2 CUESTIONARIO Y TEMARIO PARA DESARROLLAR

5.2.1 Sobre "Comentarios sobre la gramática: adverbios, pronombres y numerales"

1. Desarrolla el tema de la división del discurso y de las partes de la ora-ción con sus respectivos significados.
2. ¿Qué son pronombres y qué funciones desempeñan?
3. ¿Por qué los numerales deben considerarse como una clase homogénea de palabras?
4. ¿En qué aspectos se asemejan los numerales a los nombres y pronom-bres?
5. ¿Por qué nos conviene estudiar al mismo tiempo a adverbios, pronom-bres y numerales?
6. Explica la morfología y sintaxis de adverbios y pronombres.
7. ¿Por qué los pronombres son los comodines de la comunicación por medio del lenguaje?
8. ¿Qué ilustran *esto* y *que* relativo y cuáles son las funciones ya anotadas en la gramática griega respecto a los pronombres?

5.2.2 Sobre "Los adverbios"

1. ¿Qué son adverbios conceptuales y adverbios pronominales?
2. Desarrolla el esquema de los adverbios conceptuales que afectan de mo-do total al significado de la oración o totales. Da ejemplos.
3. Desarrolla el esquema de los adverbios conceptuales que afectan un solo aspecto de la oración o de sus circunstancias. Cita ejemplos.
4. ¿Cómo se subdividen los adverbios pronominales y qué ejemplos pue-des ofrecer?
5. ¿Qué distinción hay entre adverbios del sistema de la lengua y adver-bios del discurso?
6. Citando ejemplos, comenta sobre el cuadro de observaciones respecto al empleo de los adverbios. Sigue este orden:

    a) La adición de *mente* a los adjetivos.
    b) Las terminaciones valorativas.

c) Adverbios del latín, adjetivos inmovilizados, formas idénticas de adjetivo y adverbio.
d) Funciones relacionantes.
e) Posposición de adverbios.
f) Oficios de otras partes de la oración.
g) Formación de locuciones adverbiales.
h) Modificación de la significación de las partes de la oración.
i) Colocación de adverbios con nombre sustantivo, adjetivo, con adverbios de cantidad y con verbos, sea en construcción de uno solo
   o de varios y con otros adverbios a los cuales modifica.

7. ¿Qué necesidad queda bien clara luego de haberse tratado lo anterior?

5.2.3 Sobre "Los pronombres"

1. ¿Cuál es la cualidad común a ese conjunto heterogéneo de formas lingüísticas llamadas pronombres?
2. ¿Cuál es el criterio de viejo arraigo usado para clasificarlos?
3. ¿Qué significan los pronombres,

   a) personales,
   b) posesivos,
   c) demostrativos,
   d) relativos,
   e) interrogativos-exclamativos y
   f) indefinidos y cuantitativos?

4. De todo lo dicho anteriormente, ¿cuál es la otra división que se puede
   hacer entre los pronombres?
5. Explica los esquemas de los pronombres personales, posesivos y demostrativos. Apunta las funciones que asumen en la oración citando ejemplos.
6. Desarrolla los esquemas de los pronombres relativos e interrogativos-
   exclamativos. Señala las funciones que asumen en la oración citando
   ejemplos.
7. ¿Por qué los indefinidos y cuantitativos producen gran cantidad de derivados y compuestos?
8. ¿Cuál es la diferencia esencial entre la clase de indefinidos que llamamos cuantitativos y los numerales?
9. Gracias a su capacidad de gradación cuantitativa, ¿cómo pueden funcionar algunos cuantitativos en su forma neutra?
10. Comenta las observaciones respecto al empleo de los pronombres inde-
    finidos y cuantitativos siguientes a la vez que ofreces ejemplos:

    a) *uno* y sus compuestos
    b) el sistema de oposiciones de indefinidos y cuantitativos
    c) *cualquiera*
    d) *todo*
    e) *más* y *menos* y *mucho* y *poco* como cuantitativos
    f) *otro* y *demás*
    g) *bastante, demasiado* y las formas plurales de *varios*
    h) *cada* y *sendos-as*

11. ¿Cuál es la distinción funcional entre anáfora y catáfora?

5.2.4 Sobre "Los numerales"

1. ¿En qué consiste la diferencia entre contar con números cardinales y hacerlo con ordinales?
2. ¿Qué tipos de orden pueden mostrar o señalar los ordinales?
3. Brindando ejemplos comenta las observaciones sobre los usos relacionados con los ordinales. Sigue este orden:

   a) los primeros diez ordinales y la segunda decena desde el 11o. al 20o.
   b) las formas correspondientes a las decenas de la 20a. a la 90a. y lo que ocurre con las formas 100a., 1000a., 10,000a., 1,000,000a; y los consejos para emplear ordinales
   c) los usos provenientes de su categoría nominal
   d) los adjetivos empleados como ordinales
   e) la morfología de *primero, tercero* y *postrero*
   f) los ordinales que admiten *lo* antepuesto
   g) algunas peculiaridades de *primero*
   h) la colocación respecto a los sustantivos que acompañan.

4. ¿A qué sirven de base los cardinales o absolutos?
5. Brindando ejemplos, comenta sobre los usos de los numerales. Sigue el orden siguiente:

   a) el género según sean nombres o adjetivos
   b) el punto y la coma como signos empleados para enteros y fraccionarios
   c) la forma de escribir las decenas, juntas o separadas y la conjunción *y*
   d) *ciento* en forma adjetiva
   e) la construcción de 21, 31, y restantes de la serie en forma lingüística
   f) la concordancia de las centenas desde 200; y el caso de *1* en el interior de un cardinal complejo
   g) los cardinales que tienen forma plural
   h) la sintaxis de la serie millón
   i) el significado de poner juntos dos cardinales simples, componentes de uno compuesto, cuando el primero es mayor y el segundo menor y viceversa
   j) la conjunción *y* en los grupos aditivos
   k) el modo de funcionar los grupos unidos por adición en cardinales complejos.

6. ¿Qué expresan los fraccionarios o partitivos? Explica dando ejemplos.
7. Comenta los puntos de interés respecto a los fraccionarios. Sigue el orden siguiente:

   a) el modo de enunciarse lingüísticamente los quebrados y ordinales usados
   b) las denominaciones de los fraccionarios redondos (terminados en cero)
   c) las formas lingüísticas de los restantes fraccionarios
   d) los fraccionarios usados como adjetivos y la palabra *parte*
   e) la forma de leer en voz alta el entero y fraccionarios
   f) los diversos usos de *medio, mitad* y *ambos-as.*

8. Comenta la significación de los múltiples, su terminación, denominación y costumbre de emplearlos.

9. Explica el empleo de los numerales con significación de colectivos y cuantitativos. Brinda ejemplos.
10. ¿Cuál es la función dual de los distributivos?
11. Desarrolla el tema del empleo claro de *uno*. Trae ejemplos.

5.2.5 Sobre "Tráfico: la formación de palabras por afijación y por sintagmación"

1. ¿Para qué se hacen nuevas palabras?
2. Desarrolla el tema de la afijación. Ofrece ejemplos.
3. Explica el proceso de la sintagmación. Brinda ejemplos.
4. Explica el proceso de la parasíntesis en las voces siguientes:

   a) endulzar
   b) descarrilar
   c) adecentar
   d) repatriar
   e) sonrojar

5. Explica los procesos de formación de las siguientes voces:

   a) ensimismar
   b) pormenorizar

6. Explica el proceso de la sintagmación en las voces siguientes:

   a) maestrescuela
   b) barbilampiño
   c) alicortar
   d) salvoconducto
   e) claroscuro
   f) pisapapeles
   g) cuasicontrato
   h) malcriado
   i) menospreciar

7. Las siguientes voces muestran en su composición la unión de elementos que se emplean en el lenguaje diario. Explica el proceso de formación.

   a) duermevela
   b) anteayer
   c) detrás
   d) vanagloriarse
   e) siguemepollo
   f) tentepié
   g) catalejo
   h) aunque
   i) contraseña
   j) antepenúltimo
   k) adelante
   l) porque
   m) sobrellevar
   n) mandamás

8. ¿Por qué empleamos un guión entre dos palabras?
9. Señala el prefijo de los siguientes sustantivos y adjetivos y explica el significado:

A

anormal
absolución
abstemio
adjunto
anemógrafo
anfibio
antesala
anticoagulante
antropófago
anualidad
archipiélago
auditorium
autoservicio

B

benefactor
bisel
bizcocho
bibliófilo
bioquímica
braquisílabo

C

cardioscopía
cefalópodo
cineasta
circunvalación
condiscípulo
cosmonauta

D

demérito
descolorido
demografía
difunto

disparo
diámetro
dinamita

E

edicto
embotellado
encausado
entremezclado
epitafio
equilibrio
exorcismo
extraditado

F

filántropo
fonógrafo

G

grafema

H

hematíes
hemicilindro
heterodoxia
hidrófobo
hipertenso
hipoteca

I

ilícito
impuesto
infraestructura
inocuo
intercesión
intramuros

K

kiliárea

L

localidad

M

macrocéfalo
megáfono
metáfora
metrónomo
microbio
miligramo
mononucleosis
morfema
multígrado

N

necrocomio
neorromántico

O

oleomargarina
oligopolista
ómnibus
onomasiología
ortopédico

P

panteísta
paramédico
pedicultura
penúltimo
perseguido
período
polígono
póstumo

previsto
prorrata
protoneurona
psiquiatra

Q

quiromancia

R

reencuentro
retrovisor

S

semántico
sinergia
sobretodo
superpuesto
soterrado
subgraduado

T

taxidermia
tecnológico
telepatía
termoterapia
transporte
traspaso

U

unilateral

V

vicepresidente

Z

zoófago

10. Brinda nombres sustantivos con los siguientes grupos de sufijos y explica el significado, en especial de los sufijos con varios sentidos.

    a) dad, tad, ancia, encia, anza, ez, eza, ia, ie, ía, monia, tud, umbre, ura

    b) ada, ata, ela, ido-a, io, mento, miento, umbre

    c) ión, ción, tión, sión, men, or, dura, tura, sura, a, e, o

    d) tor, dor, sor, tora, dora, sora triz, iz

    e) ante, ente, iente, ario

    f) ero, io, orio, bulo, blo, uría, culo, iza

    g) ía, ada, aje, al, ar, edo-a, men, ena, ario

h) ero-a
i) ería
j) ada
k) ada, azo
l) aje
m) ón
n) atario
o) ado, ato, azgo, ía, ío, io, ero-a, ista
p) ería, ada
q) ismo
r) monio
s) ez, iz, oz, es
t) ía, ica, ura
u) ina, ato, uro
v) itis
w) osis
x) oma

11. Subraya el sufijo y explica el significado en los siguientes nombres
    sustantivos:
    sabiduría, estada, artillería, dulcería, galletada, inocentada, Optometría.

12. Forma nombres adjetivos derivados de los siguientes nombres, con sig-
    nificación de nacionales o habitantes:
    Austria, Alemania, México, Galicia, Grecia, Nazaret, París, Israel, Puer-
    to Rico, La Habana, Inglaterra, Mallorca, Tierra del Fuego, Irán, Ca-
    narias.

13. Forma adjetivos con los siguientes nombres y lexemas al juntarse con
    los sufijos ofrecidos. Realiza los acomodos que sean necesarios y ex-
    plica el significado del sufijo según el caso.

Nombres y lexemas

a) salud
b) sebo, rosa
c) muerte, lana, tiempo, corte, palacio, tierra,
   foro, hierro, padre, campo, cielo, tribuno,
   mujer, mar, riego, frontera, vaca, Quijote
d) viol-, sabor, unto
e) tacto, agua
f) nueve, diez, tres, doce
g) nutr-, uso
h) rub-, antojo
i) gradu-, horror
j) correg-
k) vers-, mord-, colect-, borr-, imprim-, actu-,
   motor
l) medit-
m) defin-
   moj-, gener-, contr-, nov-, soñ-, propici-, and-,
   presid-, mol-, sal-, ven-, not-, mob-, mov-,
   vol-, fle-, deb-, ign-, minus-, bailar, afrodita,
   publ-

Sufijos

ubre
áceo, ado
al, ar, áneo, ano, iego, eno, ense, eo, erno, estre,
este, icio, il, ino, ío, izo, uno, esco
olento, oso, uoso
átil, tico
eno, ésimo, ero, avo
icio, il
cundo, dizo
ando, endo
ivo
átil, az, tor, dor, sor, triz, iz
bundo
orio
ado, al, ario, el, iento, icio, ante, ente, iente, ido,
ero, able, eble, ible, uble, sic, il, íneo, culo, ín,
aco, ico

14. ¿Cuáles son los sufijos empleados en los siguientes verbos derivados de otras voces, correspondientes a la primera conjugación *-ar*:
capitanear, ramajear, martirizar, lidiar, aguzar, fluctuar, debilitar, patalear, motejar, ramificar, pellizcar y fustigar?

15. Explica el proceso de la parasíntesis en los siguientes verbos de la segunda conjugación *er*:
adormecer, embellecer y reblandecer.

16. Explica los acomodos fonéticos que se han hecho o que serán más aceptables para las siguientes voces del inglés: *knock-out, check-out, to hit, to bat, to goal, to pitch, high-fidelity, long-play, jet y test?*

17. Explica la formación por afijos de los siguientes tecnicismos:
hipodérmica, suburbio, autobús, estetoscopio y oleoducto. Señala también la existencia de voces equivalentes en lenguaje corriente.

18. En el ejercicio 9 abundan los tecnicismos por agrupación de lexemas cultos. Explica el significado del afijo o del lexema final de cada uno. En diversos casos forman el prefijo o afijo inicial para formar otras voces. Brinda ejemplos de esta posibilidad.

19. En los siguientes transplantes al español de voces procedentes mayormente del inglés, puedes señalar si existen otras versiones en tu dialecto:
autopilotaje, aire acondicionado, carga útil, astronave, lugar de lanzamiento, propulsante, control automático, cerebro electrónico, suspenso, cinemascopio, aeromoza, ambulatorio, tiquet, chut, jol, estándar, automatización, esnobismo, cárter, barman, stock, trust, flash, alto nivel, supermercado, subdesarrollo, presupuestar, doblaje, descalificar, telón de hierro, autodeterminación, autocar, autopista, hobby, lunch, shorts, boom, chance, convertible, sportsman, aspiradora, vialidad, picnic, refrigerador, bolígrafo, ponerse en contacto, planta eléctrica, estado crítico, discriminación racial, inoperante, perfil del estudiante.

5.3 REDACCIÓN. MENSAJES DE VENTA: EL ANUNCIO Y LA CARTA DE PROMOCIÓN. DIRECTRICES DE LA FASE CREATIVA

El título de la presente lección apunta el carácter orientador de las diversas cuestiones tratadas. En efecto, luego de haberse recogido en las lecciones anteriores diversos aspectos de la fase investigativa, le corresponde al mercadista la tarea de decidir, de plasmar en actos concretos y en documentos comunicativos, su interpretación de los datos aportados en la fase preparatoria de investigación. Las decisiones consisten en la colocación del producto y en el señalamiento de sus objetivos comunicativos. El documento comunicativo concreto consiste en la redacción de una plataforma, la base sobre la cual descansarán, y desde la cual emanarán, cuantos mensajes se redacten y se transmitan por los medios o canales disponibles.

Trazando un paralelo con la estructura de los informes, los análisis sobre consumidor, producto y mercado constituyen los resultados, mientras que las decisiones y la plataforma representan las conclusiones y recomendaciones. La información reduce la incertidumbre en el proceso decisorio y la formulación clara de una base común para la redacción de los mensajes, impartirá coherencia y unidad a la campaña comunicativa de mercadeo posterior. Esta coordinación efectiva producirá la necesaria sinergia, la contribución creadora de todos los elementos, humanos y naturales, en el mensaje de venta.

Las decisiones y la plataforma vienen enmarcadas, precedidas, por una serie de consideraciones alrededor de la libertad del consumidor, las teorías vigentes sobre la persuasión, las premisas actuales de las técnicas de redacción de los mensajes de venta y la selección de estrategias persuasivas. En un enfoque que parte de la comunicación, en una actitud mercadista que gira alrededor de la satisfacción de las necesidades del destinatario, el consumidor, por fuerza, debe considerar y recordar que las labores de redacción se subordinan a la libertad inalienable del ser humano. Debido a que el ser humano disfruta de la libertad de escoger el mensaje y el producto o servicio, según sus intereses, las normas de la persuasión deben conocerse, deben servir de guía en todo el trabajo comunicativo.

En el cuadro adjunto se puede contemplar, de un vistazo, la secuencia mencionada. La misma formulación de principios rectores, el desdoblamiento de un aspecto en otra formulación subsiguiente, demuestra la intención pedagógica de reducir en principios fundamentales cada una de las materias presentadas. Es preferible incurrir en riesgos de simplificación exagerada que en presentar de modo abigarrado, caótico, el proceso de redacción. Ninguna disciplina, por otra parte, podrá ostentar tal nombre, a menos de que pueda reducirse a una tabla de principios básicos. El mensaje de venta, mensaje persuasivo, por último, procura el mayor bien para el mayor número. De ahí que, el estudio de su fase creativa, debe arrancar desde la libertad.

**5.3 REDACCIÓN.
MENSAJES DE
VENTA:
EL ANUNCIO
Y LA
CARTA DE
PROMOCIÓN.
DIRECTRICES
DE LA
FASE
CREATIVA**

5.3.1 La libertad del consumidor

5.3.2 La persuasión como parte integral de toda comunicación

- 5.3.2.1 La teoría del procesamiento de la información
- 5.3.2.2 La teoría del equilibrio
- 5.3.2.3 La teoría de la percepción
- 5.3.2.4 La teoría de la unidad del yo

5.3.3 Premisas actuales de las técnicas de redacción de los mensajes de venta

- 5.3.3.1 El mensaje se redactará conforme al lenguaje del consumidor
- 5.3.3.2 El mensaje se transmitirá por los canales comunicativos en uso
- 5.3.3.3 El mensaje puede incluir cualquier técnica persuasiva
- 5.3.3.4 El mensaje debe ser creativo
- 5.3.3.5 El mensaje puede incluir elementos lingüísticos y extralingüísticos
- 5.3.3.6 El análisis de los componentes facilita la redacción
- 5.3.3.7 El mensaje se unifica alrededor del beneficio al consumidor
- 5.3.3.8 El producto o servicio representan medios de alcanzar el beneficio
- 5.3.3.9 El primer paso en la redacción es hallar el beneficio
- 5.3.3.10 Los criterios de evaluación se dan antes de redactar

5.3.4 La selección de estrategias persuasivas

- 5.3.4.1 Apelar a la razón o al sentimiento
- 5.3.4.2 Despertar una necesidad o satisfacer una necesidad percibida
- 5.3.4.3 Suscitar miedo
- 5.3.4.4 Expresarse con una actitud positiva o con una actitud negativa
- 5.3.4.5 Tratar el asunto con un tono serio o con un tono jocoso
- 5.3.4.6 Aludir a la competencia de modo genérico o mencionar marcas competidoras
- 5.3.4.7 Presentar el mensaje con una figura conocida, desconocida o con un perito
- 5.3.4.8 Cerrar con un lema o dejar el final abierto

5.3.5 Las decisiones del mercadista con vista a la labor investigativa

- 5.3.5.1 La colocación del producto
- 5.3.5.2 El señalamiento de los objetivos comunicativos del producto

5.3.6 La plataforma del texto del mensaje de venta

- 5.3.6.1 Sugerencias para redactar la plataforma
- 5.3.6.2 Los componentes de la plataforma

5.3.1 La libertad del consumidor

Los mensajes de venta entrañan la última etapa de una serie de investigaciones, planes estratégicos, decisiones tácticas y tareas persuasivas que se integran en el proceso total del mercadeo. Así y todo, representan el aspecto más incierto de toda la actividad mercadista. Dichos mensajes, a pesar de todos los preparativos mencionados, lo mismo pueden resultar en un clamoroso éxito que en un desconsolador fracaso. Todo lo cual procede de la libertad que disfruta el ser humano en un régimen de mercado: el consumidor está en libertad de decidir sobre la credibilidad del mensaje incluso de prestarle atención, lo mismo que adquirir el producto o contratar el servicio objeto de los mensajes. La libertad se refracta según el aspecto que atraviese. En el nivel económico hay tres preguntas básicas derivadas del concepto de libertad que tienen sus correspondientes en el aspecto comunicativo mercadista.

<table>
<tr><td>Preguntas del nivel económico</td><td>Preguntas del nivel comunicativo mercadista</td></tr>
<tr><td>¿Qué se ha de producir
¿A quién se distribuirá lo producido?
¿Cómo se realizará el trabajo según la sociedad en donde se haga?</td><td>¿Qué se ha de anunciar o promocionar?
¿A quién se dirigirán los mensajes redactados?
¿Cómo se redactarán los mensajes según el segmento por donde circulen?</td></tr>
</table>

Las respuestas dadas a estas cuestiones económicas y comunicativas, dentro del marco de la libertad humana, chocarán con el sistema tradicional y con el sistema autoritario. En el primero, se siguen modelos del pasado de carácter inalterable con la consiguiente petrificación de las actividades sociales. En el segundo, un grupo controla las actividades sociales al extremo que nada puede hacerse sin su consentimiento. Cuando se fusionan los modelos autoritarios con los tradicionales, resultan los llamados sistemas totalitarios que se estacionan en el tiempo y en el espacio.

En el sistema de libertad individual, del cual se deriva la economía de mercado, se ofrecen al juego de la oferta y de la demanda, del emisor y del destinatario, tanto bienes como ideas. El principio de la comunicación mercadista se asienta en la libertad humana de escoger lo que le conviene. El consumidor, por tanto, asume el papel preponderante en una economía de mercado abierto, dirige la producción: el productor que ofrece productos que satisfacen las cambiantes necesidades e infinitos deseos del consumidor, recibe el premio de sus esfuerzos en carrera con sus competidores. El servicio público es el principio rector de toda la actividad comercial. La función mercadista, por ello, girará en torno a la satisfacción del consumidor; los productos y servicios se interpretan según la utilidad o beneficio rendido al público consumidor. Las funciones comunicativas del mercadeo se encaminan a persuadir, a enseñar, a educar, a informar, debido a la libertad inalienable del consumidor.

La creciente complejidad de las sociedades contemporáneas dificulta el intercambio directo de información. Los mensajes de venta responden a la necesidad social de adquirir y enviar información sobre producto, marcas y servicios. Sin ellos, más todavía, las ideas no se pudieran circular y causar impacto, como corresponde a una sociedad abierta y dinámica. Pero el hecho de que el público pueda ser persuadido y el que las técnicas consiguientes puedan aprenderse, no invalida nuestra consideración inicial de la libertad a todo trance del consumidor. En efecto, en tal sociedad la opinión pública no puede manejarse cuando el mensaje repugna sus intereses. La función social de los mensajes de venta proviene, además, del hecho de que la comunicación permite la división de labores entre los hombres. Como que hay más especialización en la época actual, se ha de esperar un aumento en el caudal de comunicaciones mercadistas. La libertad del consumidor se convierte en el fundamento último del mensaje de venta. Donde haya más libertad para comunicarse, habrá mayor bienestar.

5.3.2 La persuasión como parte integral de toda comunicación

En cualquier intento de comunicación se halla el criterio de que el destinatario sacará más provecho de la información suministrada, que de otra información o de cualquier otra actividad. Hay que conseguir, por tanto, que el destinatario entienda que nuestra información le será provechosa. La información no puede compartirse voluntariamente sin persuasión: es la única alternativa a la coacción impuesta por el modelo del pasado o por el modelo impuesto por el grupo autoritario en el presente.

Si la historia ha demostrado que por ser la comunicación el proceso capital de una sociedad, su verdadera génesis a fin de cuentas, cualquier progreso de monta en dicho proceso — la escritura y la imprenta, a vía de ejemplos — conlleva un cambio social apreciable, podemos concluir que la humanidad supera todos los obstáculos al ejercicio de la libertad de comunicarse que le han presentado quienes se oponen a los cambios, al progreso. Las armas del mercadista son los mensajes persuasivos. Por ello debemos atender a algunas consideraciones teóricas sobre la persuasión, las cuales serán también de innegable valor para el político, para el educador, para cualquiera cuyo oficio tenga que ver con lo que cree el público y con su comportamiento. Concurren, en la actualidad, cuatro teorías sobre la persuasión, que serán dadas como modelos en abstracto de las técnicas de la redacción de los mensajes de venta. Todas parten del hecho de impartirse un determinado tipo de información para influir en la conducta.

5.3.2.1 La teoría del procesamiento de información

Se funda en el análisis de los factores participantes en el acto comunicativo. Se estima que como el destinatario está regido por su propio interés, busca su beneficio; si puede percibir dicha conveniencia en la información, se podrá influir en su conducta. Al analizarse los factores concurrentes en el acto comunicativo se hallan dos tipos de variables o factores, unos de carácter independiente y otros de carácter dependiente.

Los factores independientes no son, ni más ni menos, que los aspectos del proceso de la comunicación misma: "quién dice qué a quién, por medio de qué canal y con qué propósito", que hemos visto en el libro *Comunicación*. Todo acto comunicativo, pues, entraña la presencia de cinco clases de variables, que por ser de carácter general e indispensable se lla-

man independientes, a saber: *fuente, mensaje, receptor, canal* y *propósito.*
El análisis ha de considerar, por consiguiente:

a) La fuente de emisión percibida.
b) El estilo, contenido y organización del mensaje.
c) Los rasgos y capacidades de su receptor.
d) Las características del canal por el cual se transmite el mensaje.
e) La conducta específica del destinatario desplegada después de recibir el mensaje, conforme al propósito de su expedición.

Los factores dependientes, en cambio, se refieren a las etapas por las que atraviesa el destinatario, con los cambios experimentados como consecuencia de haber estado expuesto a un mensaje persuasivo. Esto es, se refieren a los pasos que debe seguir una persona para realizar una acción o adoptar una actitud sugerida en el mensaje:

a) La presentación

El destinatario ha de darse cuenta de que se le ha dirigido un mensaje, cobrar conciencia de que está frente a un mensaje.

b) La atención

Luego de serle presentado el mensaje, el destinatario debe resistir las demás solicitaciones, de orden tanto interno como externo, que tratan de controlar su conciencia. La voluntad debe enfocarse conscientemente hacia el mensaje: sin atención, el mensaje resbala, no se capta.

c) La comprensión

Tan fundamental como el paso anterior, el destinatario deberá captar las razones alegadas de conveniencia; si bien no hará tanta falta que capte totalmente la exposición, como que relacione el beneficio en que está centrado el mensaje o las conclusiones del mismo.

d) La aceptación

Aunque nada más sea al nivel verbal, el destinatario se rendirá a la nueva actitud propuesta, a la evidencia presentada.

e) La retención

Para que se supere una simple adopción transitoria, cuando interesen efectos duraderos, convendrá que el destinatario conserve la nueva posición adquirida, hasta que sobrevenga la ocasión de mostrarla con efectos visibles, por medio de actos constatables. En tanto, habrá que recordarle, volverle a estimular para mantener fresca la actitud.

f) La acción

Si queremos rebasar una etapa estrictamente verbal o de simple ingreso al nivel mental, debemos obtener la ejecución de algún acto de parte del destinatario. La persuasión se demuestra por un hacer o por un dejar de hacer algo, sea comprar nuestro producto y dejar de comprar el producto competidor, inscribirse, afiliarse, votar por algún candidato que hayamos recomendado, realizar un ejercicio gramatical o comunicativo de aplicación, etc.

Ambos tipos de variables, en conjunto, integran la llamada *matriz de la comunicación* que está presente en los estudios actuales sobre la redacción de mensajes persuasivos. Las variables independientes se evalúan con vista a su eficacia en producir cada una de las variables dependientes. Se introducen cambios en los factores independientes con ánimo de obtener resultados, efectos en la conducta del presunto destinatario. Así, serán eficaces uno por uno los factores independientes si producen las variables que componen el proceso mismo de la persuasión en el sujeto elegido. De esta suerte, la persuasión resulta tanto un problema de transmisión de información como de superación de la resistencia a realizar la acción querida por el emisor del mensaje.

Ya en este *Cuaderno*, al tiempo de presentar las técnicas del pensar inquisitivo, aludimos al comienzo, a las diferentes etapas de adiestramiento educativo — concientización, motivación, comprensión, práctica, habilidad y empleo del aspecto enseñado. Con ello comprobamos la semejanza del proceso de redacción de mensajes de venta con el proceso de impartir enseñanza: ambas actividades, la actividad comercial y la actividad educativa, están regidas por el aspecto persuasivo de la comunicación.

5.3.2.2 La teoría del equilibrio

Se mira ahora al receptor del mensaje como a un hábil compromisario que procura un punto óptimo de transacción entre distintos mensajes. Dado que el sujeto se halla bajo el influjo de distintas presiones — que incluso pueden estar en pugna — se trata de que gravite hacia una situación de acuerdo, de compromiso. De esta suerte, el receptor mantiene su coherencia interna y externa: el equilibrio de su actitud y de su conducta, de su pasado y de su presente, ante sí y ante todos.

Otros aspectos de este enfoque resaltan al contrastarlo con el anterior. Si antes se concedió prioridad al cambio de actitud — fruto del ordenamiento lógico de la información — sobre la ejecución de los actos, sobre cualquier manifestación externa — el enfoque actual puede sostener justamente lo contrario. En efecto, la acción puede preceder a la actitud por una decisión voluntaria del sujeto que se aparta de la consecución natural de obtenerse información, generalmente desde afuera, para cambiar la actitud, en los adentros, más tarde. No hay contradicción en que, en unas ocasiones, partamos de la lógica, de la razón y, en otras, de una suposición. Recordemos, al respecto, las recomendaciones obrantes en las diversas técnicas de pensar creador sobre la suspensión del juicio o dictamen, una vez que se hayan dado ideas al parecer descabelladas, hasta tanto observar los resultados. El pensar creativo, por tanto, descansa en la prioridad concedida a la imaginación cuyas creaciones luego son sometidas a un examen crítico.

Actuar con fe — otra variedad de la imaginación — para creer, es lo que hicieron San Pablo, Pascal y Wesley. Actuaron con fe para creer y no actuaron con fe porque creían. A un nivel secular observamos la realiza-

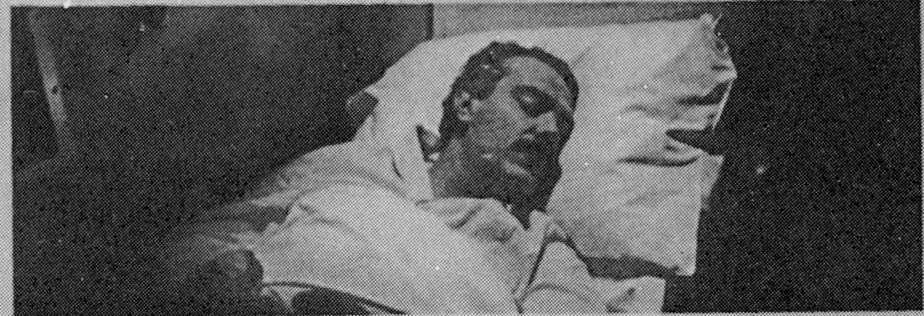

La ilustración señala la teoría del equilibrio, la conciliación de opiniones.

ción de actos de buena voluntad como otra versión de actuar con anterioridad a tener determinada actitud. Esperamos que nuestras acciones, regidas por sentimientos positivos, nos hagan cambiar la actitud, tal vez antes desfavorable respecto a alguna persona. De ahí también el refrán: "Haz bien y no mires a quién", para anteponer la ejecución de una acción positiva a cualquier actitud. Llevada a sus últimos extremos, se ha intentado la compulsión a actuar, hasta en contradicción con opiniones sustentadas, con la esperanza de inducir al cambio de actitud. Del hecho de realizar actividades escolares, por ejemplo, se espera que el sujeto modifique su actitud. De ahí la asistencia obligatoria a las escuelas.

Cuando regalamos muestras para que el consumidor prospectivo pruebe otra marca, cuando ofrecemos un automóvil o cualquier máquina a prueba, cuando pedimos el desempeño de roles, estamos incidiendo en la teoría del equilibrio. Luego de haberse identificado con el producto o servicio nuestro o compartido los rasgos y acciones de un personaje tal vez antipático al consumidor, y encontrado un beneficio o una personalidad agradable, el sujeto realiza una transacción, llega a un punto de equilibrio entre su postura pasada y el convencimiento presente. Un estado receptivo, o sea, un sentimiento, un acto imaginativo de suspensión de la razón y del juicio, una experiencia, pueden producir un convencimiento posterior. Hay otros caminos, pues, para llegar a la persuasión. De ahí también la racionalización posterior que hacemos de actos inducidos por nuestras inclinaciones o por nuestros instintos. Así mantenemos nuestra cordura, nuestro equilibrio.

5.3.2.3 La teoría de la percepción

Si anteriormente, en el enfoque del equilibrio, vimos que se postula una congruencia interna y externa, se procura adquirir ahora una congruencia, un equilibrio de significados. El hombre no puede vivir sin significados. Siempre ha de tener una imagen, una idea del mundo, de la vida, del destino, de las cosas, de las personas. Como el hombre necesita darles significados a su entorno, a su experiencia, a cuantos estímulos entren a su cerebro, necesita dotarlos de organización. De ahí que toda persona distribuya sus percepciones en distintas categorías perceptivas cuyo conjunto se llama concepción del mundo, una imagen de las ideas de su época, una idea global que lo oriente en su vida. A esto responde la enseñanza de las humanidades. La visión completa del campo de sus actividades, por otra parte, es prenda particular del ejecutivo.

Las imágenes tienden a configurar patrones mentales. ¿Cómo modificarlos? ¿Cómo persuadimos a nuestros semejantes según esta teoría? Pues de la misma manera que el individuo realiza transacciones entre los aspectos antes examinados, le presentaremos una información que le haga reorganizar la imagen tenida con antelación. No puede dejar de hacerlo, so pena de vivir en desequilibrio con el mundo que lo rodea, con el conocimiento objetivo, el compartido con los demás. El hombre no puede quedarse en una isla de significados. Así, cuando una persona recibe la información de que sus amigos, o personas a quienes concede prestigio, de modo unánime y con gran interés en su parecer, sostienen una opinión diferente, mucho más elevada sobre alguna cuestión, el sujeto tiende entonces a elevar el concepto inicial contrario: ha cambiado su percepción de la cuestión,

La ilustración señala la teoría de la percepción, el testimonio autorizado.

ha realizado un compromiso con las fuerzas operantes en su entorno. Hemos visto el influjo de los grupos en la decisión de compra. A lo largo de estas lecciones, asimismo, hemos visto la importancia de la imagen del producto o servicio a los ojos del consumidor, de cómo lo categoriza en un grupo.

El modo en que satisface una necesidad dicho producto o servicio, será el determinante en la percepción, en la imagen adquirida. Si el producto demuestra el rendimiento de otro beneficio, antes pasado por alto y recién hallado, es posible que el sujeto se decida a cambiar su previa imagen. La colocación del producto, como veremos pronto, determina en gran medida, la imagen del producto a los ojos del consumidor. El consumidor sitúa a los productos dentro de diversas categorías según vea los beneficios que impartan. La información sobre el emisor del mensaje, asimismo, puede hacerle cambiar la opinión sobre el producto al consumidor. Si antes carecía de crédito la fuente, o por haberse restablecido su crédito o esclarecido un hecho que oscurecía su fama, el producto aparece con nueva luz, se podrá persuadir al consumidor a su adquisición. La reputación de una empresa, de una marca, de un producto, es materia de especial cuidado en las actividades comerciales. Una imagen favorable determina el éxito en los mensajes de venta: se debe ser tanto honrado como parecerlo.

No son sólo los sentimientos de compenetración y de solidaridad con un grupo y el crédito de una entidad, como emisora del mensaje, las únicas causantes del desplazamiento de una imagen por otra; también entran aquí la imitación a la conducta de personas admiradas y de ahí los testimonios y la entrega de mensajes persuasivos por personajes o celebridades; como asimismo, la ocurrencia del mensaje en otros entornos, por vehículos o canales prestigiosos, o con el incentivo de estímulos estimados importantes a juicio del consumidor. En suma, el hombre necesita vivir en congruencia con sus circunstancias, con toda la gama de fuerzas presentes en su entorno vital y social. Se recalca, pues, la función ideacional del hombre, la actividad sin tregua de atribuirles significados a los hechos de su experiencia. El hombre cambiará la imagen almacenada si no está concorde con las nuevas circunstancias, con su nuevo conocimiento, con lo que se considere válido en su época y en su lugar particular.

Si bien las expectaciones anteriores condicionan nuestra imagen o atribución de significados a los estímulos recibidos, y por inercia mental dejamos que sigan interpretándose según los patrones formados primeramente, el mensaje persuasivo tratará de rearreglar, de redistribuir nuestro sistema de significados o concepción global. En el proceso educativo oímos, "ya que usted me lo ha explicado de esta otra manera, ahora lo veo, lo comprendo", o "desde su punto de vista comprendo sus razones", como ejemplos de la existencia en la vida diaria de los cambios de percepciones, de la adquisición de nuevos significados expuestos por las personas entendidas en una materia. Habrá que luchar con la tendencia innata hacia el menor esfuerzo. La llamada profecía de autocumplimiento o de cumplimiento necesario, en repetidas ocasiones, no es más que otra versión del cumplirse las expectativas. Ver cualidades artísticas en una obra de arte alabada por un crítico reputado, dentro de una corriente establecida, representa, mayormente, seguir en el mismo cauce perceptivo. De ahí que el comienzo de una forma distinta de percepción, de una teoría que rompe con las normas acostumbradas, ofrezca más dificultades de aceptación, requiere la presencia de grandes comunicantes. Ésta es la cualidad de los llamados grandes hombres en la historia.

Si alguien ha percibido cualidades masculinas en un cigarrillo, al asociarlo con seres que tipifican rasgos tenidos de viriles, el mensaje que corrobore su percepción no tendrá mayores dificultades en reforzar el patrón mental correspondiente. Los cambios de percepción, dada la conformación mental humana, no pueden darse ni de modo súbito ni de modo total. El hombre se aterra ante un paisaje mental poco familiar, carente de significados, ante patrones de conducta desconocidos. Los mensajes persuasivos, en fin, no aspiran a rupturas violentas; son concordes con su tiempo, con su ambiente.

5.3.2.4 La teoría de la unidad del yo

Si la teoría recién vista aduce que el hombre necesita vivir en consonancia con su ambiente social y natural, la teoría que ahora nos toca examinar propugna la integridad psicológica del individuo. Todo individuo posee una imagen de sí mismo, una identidad psicológica que procura preservar. De cierta manera esta teoría pudiera llamarse la de la defensa del yo. Los mensajes persuasivos no atentarán contra la integridad íntima de una persona. El ser humano, en mecanismo defensivo, repudiará cualquier intento que agreda su estilo de vivir — reflejo de sus ideas u opiniones, acciones habituales, actitudes e intereses. El individuo tiende a polarizar la recepción de información que se halla ligada a sus convicciones más sentidas. Si el mensaje pone en peligro sus creencias, sus valores, su modo de vivir y sus medios de sustento, tenderá a ignorarlo. Cualquier fuente o cualquier producto que a juicio del destinatario agreda sus intereses, se verá de modo negativo. Esta polarización negativa se contrapesa con la polarización positiva: toda información captada como contribuyente a su permanencia, como favorecedora de la personalidad que exhibe en la sociedad, encuentra el camino allanado, recibe una reacción aprobatoria.

¿En qué consiste la personalidad? ¿Cómo se averiguan los elementos constitutivos de la mente humana? Las dificultades de este examen interno aconsejan la observación detenida de los actos humanos. Sólo por la conducta podremos llegar a la interioridad. La gran boga de los estudios psicográficos apunta el interés en encontrar los resortes ocultos de la acción. Hemos visto el conjunto de necesidades experimentadas — vitales, sociales y personales — que, por fuerza, tienen su contraparte en la estructura psicológica. Podemos comenzar por el estudio de dichas necesidades para conocer la realidad última de cada persona. Todo ser humano debe vivir consigo mismo, pero, en especial, con las diversas necesidades que lo impulsan a cada momento, que se mueven en distinta escala jerárquica según el momento, la situación, el estado de ánimo.

Adquirir conciencia de nuestros valores, de nuestros prejuicios, de los elementos constitutivos de nuestra estructura mental y del funcionamiento de la mente humana, ha sido tarea en que han aunado sus esfuerzos las ciencias y las humanidades, la educación y la comunicación mercadista. Es, tal vez, la nueva versión del viejo adagio socrático, "Conócete a ti mismo". Cuando el destinatario haya encontrado las fuerzas operantes en su mente

Cortesía de la Revista Cambio 16, Madrid, España.

La ilustración indica el predominio de la teoría de la unidad del yo, la necesidad de vencer los prejuicios en primer lugar.

o se le hayan hecho notar por estudios y explicaciones, podrá saber las causas de que los mensajes no hayan sido persuasivos. El mensaje persuasivo, pues, se ve ahora como una explicación de los ingredientes de la personalidad, del estilo de vivir, que son consonantes con la concepción personal que de sí tienen los hombres.

En esta dirección, cuando una persona se muestra reacia a recibir información, se le expone las causas de tal impedimento. Así, en una sociedad que ha infiltrado en sus miembros la aversión al trabajo manual, cuando se envían mensajes relacionados con el beneficio de tales habilidades, en el texto se habrá de insertar el origen de la aversión, la explicación de las actitudes que entorpecen la recepción del mensaje. Desde este ángulo explicativo, el mensaje persuasivo se convierte en educativo, enseña dónde está el problema que es el comienzo de la cura del mal. Las formas de resolverlo vienen con posterioridad a este conocimiento.

Las cuatro teorías, en último análisis, no son antagónicas, sino complementarias. Recogen la diversidad de propensiones psicológicas de los individuos como corresponde a la comunicación. No sólo hay tipos diferentes por el predominio de alguna facultad mental, sea la razón, la intuición, la sensación o el sentimiento, sino que, además, unos individuos conceden mayor valor a los hechos de su realidad externa, los llamados extrovertidos, mientras que otros le conceden mayor validez a la interna, los llamados introvertidos. El redactor de mensajes de venta ha de estar al tanto de esta diversidad de inclinaciones psicológicas de sus destinatarios. Por otro lado, cada persona procesa los mensajes según su cambiante disposición, conforme predominen sus ángeles o sus diablillos. La incertidumbre, pues, nunca cesa. Con ánimo pedagógico simplificaremos las cuatro teorías en torno a las siguientes preguntas:

La teoría del procesamiento de la información pregunta: ¿cómo dispondré los elementos de la comunicación en el mensaje?

La teoría del equilibrio pregunta: ¿cuáles son los antecedentes informativos que posee el destinatario cuyo conocimiento podrá darme una transacción de lo que ya él sabe con lo que yo le informe?

La teoría de la percepción pregunta: ¿qué nuevos significados deseo compartir con el destinatario que puedan suministrarle una nueva imagen del mundo y de la sociedad en armonía con su entorno físico y social?

La teoría de la unidad del yo pregunta: ¿qué rasgos psicológicos conforman la actitud del destinatario que pudieran impedir la recepción?

Estas explicaciones psicológicas de la persuasión pueden orientar al redactor. Habrá casos en que el predominio de decisiones lógicas, paso por paso, requiera el empleo de medios persuasivos racionales. Se sabe también que nuestra realidad está constituida más por lo que creemos, por nuestra subjetividad, que por la compartida, la objetiva. Adquirimos la imagen de un producto, de un servicio. El ser humano, en definitiva, ha de vivir en armonía cósmica, natural, social y psicológica, con su pasado y con su presente. La persuasión, el futuro, es resultado de la convergencia de estos aspectos dentro de la propensión mental de cada persona.

5.3.3 Premisas actuales de las técnicas de redacción de los mensajes de venta

Dentro del marco de la libertad del consumidor y de la consiguiente necesidad de emplear la persuasión, cuyas posiciones teóricas acabamos de examinar, se levantan una serie de premisas, supuestos, desde los cuales partir para guiar al redactor, al mercadista, al ejecutivo, a toda persona relacionada con la expedición de los mensajes más frecuentes en una sociedad regida por la competencia de ideas y bienes, entablada para alcanzar el favor del consumidor. Integran un decálogo de sugerencias.

5.3.3.1 El mensaje se redactará conforme al lenguaje del consumidor

Todos los componentes, lingüísticos y extralingüísticos, se incluirán teniendo presente la capacidad de captación del destinatario. Las normas de la comunicación rigen, por tanto, al mensaje comunicativo por excelencia: el mensaje de venta. El mercadista se asegurará de que el mensaje se entienda.

5.3.3.2 El mensaje se transmitirá por los canales comunicativos en uso

Dado que en un régimen de libertad se trata de conseguir el acceso a las ideas y a los bienes para la mayor parte de las personas, se debe tratar de hacerles llegar el mensaje por cualquiera de los medios disponibles. El mensaje de venta ocupa hoy el lugar más destacado en la sociedad actual. Mientras que en la antigüedad el orador se dirigía a un auditorio congregado para escucharle, el mercadista se dirige a un número de destinatarios que no pueden estar presentes. El intercambio de información de modo directo es prácticamente imposible hoy, dada la dispersión de los destinatarios y por la división de labores. La mayor accesibilidad a los frutos del trabajo debe ir aparejada con la misma accesibilidad para conocer su existencia. El mercadista escogerá el canal o los canales, de modo consecutivo o la vez, que le permitan establecer contacto con el consumidor.

5.3.3.3 El mensaje puede incluir cualquier técnica persuasiva

El mensaje de venta pertenece al género, usa un código, de común conocimiento de parte del emisor y del destinatario. Se sabe que pertenece al género de las estructuras comunicativas. El redactor no crea anuncios ni cartas de promoción de la nada, *ex nihilo*, sino que parte de los precedentes y de cualquier otra estructura comunicativa, verbal o extraverbal, animada por el propósito de la persuasión. El estudio de los instrumentos persuasivos, dentro y fuera de la actividad comercial, es un imperativo en la actualidad. Su continuo perfeccionamiento requiere ponerse al día en su conocimiento.

5.3.3.4 El mensaje debe ser creativo

Crear significa combinar ideas preexistentes de una forma novedosa. El mismo respeto al destinatario obliga a dirigirle un mensaje dotado de elementos estudiados con esmero, que se integren de un modo original. La sección de este *Cuaderno* dedicada al pensar abierto, a las técnicas de pensar creador, está animada, entre otros propósitos informativos, del deseo de despertar las capacidades creativas latentes en todos los seres humanos. Un examen a las técnicas de la creatividad, recogidas aquí o en otras fuentes, debe preceder a la elaboración de los mensajes de venta.

5.3.3.5 El mensaje puede incluir elementos lingüísticos y extralingüísticos

De la misma manera que la comunicación humana se vale de cuantos recursos se allegue, para alcanzar el propósito de compartir significados, el mensaje de venta no será remiso a emplear cuantos medios se hallen a su alcance para sus fines particulares, dentro de las normas de la sociedad. De ahí la profusa utilización de elementos visuales, auditivos, dramáticos, etc., que caracterizan a los mensajes de venta. El lenguaje se subordina al fin comunicativo. Vimos en el libro *Comunicación* cómo los entornos informativos encauzan y muchas veces determinan la participación en significados. La comunicación, pues, es el todo, el lenguaje es una parte.

5.3.3.6 El análisis de los componentes facilita la redacción

Si bien el fin del mensaje de venta es la persuasión, ésta no se puede enseñar. El efecto de un mensaje es subjetivo, intransferible, inefable, tal como ocurre con el efecto estético de una obra literaria. Lo que sí se puede enseñar, comunicar, son las convenciones utilizadas en el género comunicativo titulado mensaje de venta. De ahí la necesidad de analizar sus componentes, de ver cómo se relacionan entre sí, de ofrecer esquemas que faciliten la comprensión de sus elementos constitutivos. El análisis de dichos componentes se convertirá, pues, en el fundamento de presentación de las técnicas de redacción.

5.3.3.7 El mensaje se unifica alrededor del beneficio al consumidor

De la misma manera que el consumidor se pregunta, "¿para qué me sirve este producto o servicio?", también se habrá preguntado antes, "¿de qué se trata este mensaje de venta?" La respuesta a esta última pregunta constituye el beneficio. Todos nos preguntamos cuál es el tema de la película, de la conferencia, y demás. Pues bien, el beneficio es el tema, el punto central del mensaje que aglutina a todos sus componentes. Cualquier componente que no se relacione con este beneficio, rompe la unidad del mensaje, destruye su efecto persuasivo al distraer al destinatario.

5.3.3.8 El producto o servicio representan medios de alcanzar el beneficio

El beneficio siempre es una idea, un ente que necesita concretarse, materializarse por medio de algo tangible. Ésta es la función del producto o servicio: portar la satisfacción al consumidor de forma bien perceptible. Por ello, deberá dejársele al producto o servicio el lugar de honor. El redactor debe esconder su personalidad, guardarse de mostrar demasiado su ingenio con expresiones idiosincráticas, no comunicables, y de exaltaciones imaginativas y afectivas, tanto en el lenguaje como en ilustraciones, efectos musicales o de cualquier otro elemento extraverbal. La belleza, salud, mayor productividad — beneficios dados en abstracto — se identifican mejor con el producto o servicio, cuando el redactor se esconde en el mensaje. El personaje central, con el cual se identifica el espectador de una obra, será aquí el producto o servicio.

5.3.3.9 El primer paso en la redacción es hallar el beneficio

Como la capacidad esencial del redactor estriba en mirar a través de los ojos del consumidor, su destinatario, para colmar sus deseos y necesidades, el método de inmersión solamente en los estudios investigativos, en muchas ocasiones, no es suficiente. Habrá que mirar los frutos de la investigación con una pupila también creativa. La idea central ayuda a ilustrar, destacar y explicar, asimismo, el atributo descollante del producto o servicio. En otros estudios el beneficio es la proposición única o singular del mensaje.

Cuando resulte arduo relacionar dicho atributo con el beneficio y hasta encontrar con nitidez el beneficio al consumidor, convendrá acudir a los estudios sobre el pensar, tanto el lógico como el creativo. Ambos contribuirán a dar el primer paso, el decisivo, que es la presentación del beneficio que aporta el producto o servicio. De muchas sesiones, por otra parte, han procedido hallazgos de beneficios o de productos que produzcan beneficios en el juego libre de la imaginación, más tarde examinados por el juicio crítico.

5.3.3.10 Los criterios de evaluación se dan antes de redactar

Como toda labor desempeñada en una empresa, bien sea pública o privada, la redacción está sujeta a la función ejecutiva de control. Tanto las sugerencias anteriores de este cuaderno como las demás directrices ofrecidas a lo largo de esta lección, se hallarán presentes en la tabla de valoración. Podemos descomponer a grandes rasgos dicha valoración con base a este cuestionario:

a) ¿Recoge el mensaje la colocación indicada del producto?
b) ¿Cumple con los objetivos comunicativos del producto señalado?
c) ¿Reviste el mensaje veracidad y propiedad según las normas sociales vigentes?
d) Si el mensaje entraña una modalidad desconocida, ¿qué se sabe de su efectividad en pruebas realizadas al efecto?
e) ¿No se ha escatimado ningún esfuerzo para la redacción?
f) ¿Participa en su confección el personal más calificado según las posibilidades de la empresa?
g) ¿Han procedido los redactores de acuerdo con las instrucciones impartidas en la plataforma del texto del mensaje?

5.3.4 La selección de estrategias persuasivas

Mientras que las premisas recién examinadas se hallan usualmente presentes y comportan, por consiguiente, el carácter de obligatoriedad en la mayor parte de los casos, ahora trataremos una serie de directrices de carácter opcional que por eso reciben el nombre de estrategias. Se utilizan según convengan. Como figuran entre las consideraciones previas a la elaboración del mensaje de mayor preocupación entre los mercadistas, traemos una lista de las opciones y consideraciones más divulgadas.

5.3.4.1 Apelar a la razón o al sentimiento

No habiendo una manera clara de discernir dónde termina una y dónde comienza el otro, como en la mente humana concurren entremezclados, deberemos utilizar el criterio de clasificación de las necesidades del consumidor para obviar la dificultad. Así, cuando la necesidad a satisfacer sea vital, utilitaria, apelaremos con preferencia a la razón, al juicio. En cambio, cuando las necesidades a satisfacer sean de carácter social o individual, se podrá apelar principalmente a los sentimientos, a la imaginación.

Sabemos, por otra parte, que un mismo producto puede satisfacer las tres necesidades — el reloj de pulsera, por ejemplo, que sirve para marcar la hora, conmemorar una ocasión y adornar la muñeca. El mercadista, por ello, escogerá el tipo de incitación según sea el segmento, el beneficio que señale. Debemos agregar que el redactor no puede constituirse en juez dictaminador del orden o jerarquía de las necesidades humanas. No debe hacerlo para no incurrir en una violación de la libertad humana, de la prerrogativa del consumidor, por muy justas que sean sus intenciones protectoras. La libertad de expresión debe mantenerse aunque haya ocasiones de hacerse apelaciones desorbitadas o inapropiadas por parte de mercadistas inescrupulosos. Pero la excepción no debe convertirse en el fundamento de una norma.

5.3.4.2 Despertar una necesidad o satisfacer una necesidad percibida

Parece que estamos delante de otro dilema moral. Pero esta disyuntiva no entraña tampoco ningún problema de conciencia. En efecto, las necesidades humanas están latentes aunque no se hayan hecho conscientes en el individuo. Los diferentes medios de satisfacerlas corren a cargo de las diversas culturas. No podemos situarnos en el plano de vedar el conocimiento del modo de satisfacción de las distintas necesidades humanas a los miembros de nuestra cultura. De hecho, cuando se despierta una necesidad lo que se hace es aleccionar al consumidor acerca de un problema potencial. Para ello se le informa y se le ofrece la solución del problema. Si bien circula el adagio que reza así, "ojos que no ven, corazón que no siente", no podemos permanecer en la ignorancia sobre una cuestión de posible ocurrencia; la prevención vale más. En la sección de traducción se aporta un anuncio que propugna la igualdad de colocación de hombres y mujeres. Ignorar esta igualdad de capacidades en las sociedades contemporáneas no desvirtuará su realidad. La presencia del anuncio estimula, empero, el surgimiento a la conciencia de un problema que pudiera no confrontarse en algunas zonas de la sociedad. En otra traducción se estimula el cuidado de los dientes desde la niñez. En la ilustración adjunta se plantea un problema, se ofrece el producto como solución y se demuestra su eficacia. Esta forma de presentación ha probado su efectividad en los mensajes de venta.

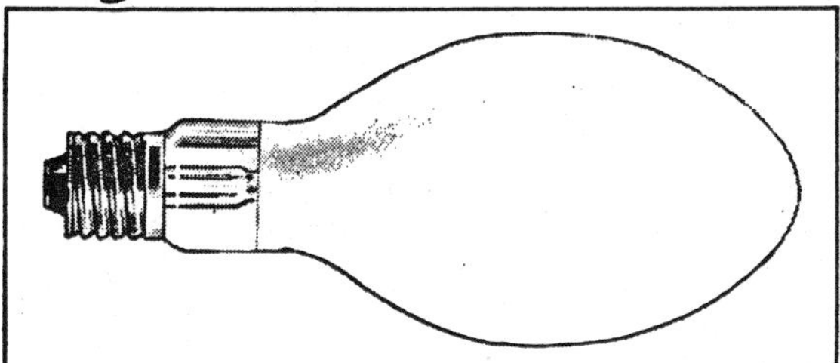

El problema exigía una iluminación que garantizara la máxima seguridad con el mínimo consumo de energía. La solución la creó Philips.

Lámparas Philips de vapor de sodio de alta presión SON. La iluminación más adecuada para garantizar todos los requerimientos exigidos.

Las lámparas SON proporcionan una elevada eficiencia luminosa: más de 120 lúmenes por vatio, su luz dorada aumenta los contrastes y están construidas tan sólidamente que aseguran una vida útil de 16.000 horas.

Además, ofrecen corto tiempo de encendido, rápida reignición y lo más importante: brindan mayor economía de consumo que cualquier otra lámpara de la misma potencia.

Lámparas Philips SON. Especialmente útiles para fábricas, alumbrado deportivo, grandes áreas, playas de maniobras, diques, frentes de edificios, monumentos, aeropuertos y, por supuesto, alumbrado público, prestación que la Municipalidad de la Ciudad de Buenos Aires ya detectó y comprobó adoptando estas lámparas en los planes de iluminación de las principales avenidas.

Lámparas Philips SON. La luz justa para el problema planteado.

Un concepto para el tiempo en que vivimos donde ahorro y eficiencia son condiciones indispensables.

Solicite, sin cargo, los servicios especializados de nuestra Asesoría de Luminotecnia al 70-7741/47 (Buenos Aires), o en la agencia Philips más cercana.

PHILIPS

Cortesía de Philips.

La ilustración señala la solución de un problema por medio del producto anunciado.

5.3.4.3 Suscitar miedo

El miedo es un tipo de sentimiento cuya apelación en un mensaje merece consideración aparte. Cuando se apela al sentimiento de temor en el destinatario se procura provocar un estado de ansiedad que en muchas ocasiones no produce resultados. Las campañas tendientes a suprimir hábitos perjudiciales a la salud, encaminados a evitar accidentes o a solicitar la contribución del público, arrojan frutos cuando el destinatario no tiene que romper con una actitud enraizada, con un hábito que se halla entronizado en la conducta. Así, una campaña gubernamental que procura el pago de los impuestos, tiene más posibilidades de éxito si el pago se hace de una vez, que cuando el tributario ha de hacerlo continuadamente. Dejar de fumar, por ello, que supone una ruptura violenta con un hábito, representa un objetivo comunicativo difícil de cumplir. Siempre tendrá más éxito, además, cuando se ofrecen los medios, productos o servicios, que contribuyen a la erradicación de hábitos nocivos. En la lucha contra el alcoholismo o contra la obesidad, la existencia de organizaciones de ayuda incrementa las posibilidades de que el destinatario deje de beber o de comer en exceso.

5.3.4.4 Expresarse con una actitud positiva o con una actitud negativa

Muchos mercadistas se oponen al empleo de oraciones y actitudes negativas en los mensajes de venta. En realidad, esto dependerá del producto, de la situación y de la competencia. En un anuncio aparecido en la sección de traducción se utiliza un enfoque negativo: los productos Del Monte no aceptan vegetales de pobre calidad para enlatar. En ocasiones, pues, el mercadista podrá estimar que el mensaje se destacará con una expresión negativa para salirse del montón.

5.3.4.5 Tratar el asunto con un tono serio o con un tono jocoso

El modo como el redactor del mensaje mira el asunto es su actitud. Esta se traduce en el estilo de presentación. Cuando se consigue un tono festivo, se estimula a que el consumidor contemple el mensaje con ánimo recreativo, para pasar un buen rato. El mensaje humorístico permite destacar el mensaje de entre el cúmulo de solicitaciones que recibe el consumidor todos los días. Como ocurre con todos los procedimientos de contribución, la cuestión estriba en no cargar demasiado la mano y atraer más por el humor, que por la promesa de satisfacción de la necesidad. Tiende a aburrir, por otro lado, cuando se repite. Los efectos se disipan y la reacción puede ser contraproducente.

En general, la jocosidad deberá ser tanto pertinente al producto como relacionada con el beneficio prometido al consumidor; pero las necesidades percibidas como serias, como los seguros o las medicinas, cuya consideración frívola acarrearía irreparables consecuencias, nunca se tratarán con ánimo festivo.

5.3.4.6 Aludir a la competencia de modo genérico o mencionar marcas competidoras

Varias corrientes de pensamiento han existido en torno a esta cuestión, que dimana de la colocación del producto específicamente. Por un lado, muchos mercadistas se niegan rotundamente a mencionar a los competidores por su nombre. En muchos lugares está terminantemente prohibido hacer alusiones a las marcas de productos semejantes y realizar menciones laudatorias de supremacía sobre ellas, aunque se ciñan a la verdad. Se dejarán a los consumidores decidir cuál producto es el mejor.

Por otro lado, hay una corriente de aceptación hacia los mensajes que contienen información fehaciente de pruebas realizadas entre distintos productos. Muchos productos se cuelgan del nombre establecido o del predominio de toda una línea genérica y, al hacer la mención, se presentan como una alternativa. Por ejemplo, el refresco 7-Up *(Seven-up)*, inició una campaña comunicativa a base de ser un refresco sin cola. Esta distinción saca aparte a dicho producto y promete un beneficio que pudiera haberles pasado inadvertido a los consumidores.

Para nombrar explícitamente a los competidores el mercadista tiene en cuenta el marco de referencia de los consumidores. Nombrar competidores acreditados sirve para asociar el producto propio con una disposición previa favorable dentro de la mente del consumidor. Conviene usar, pues, esta estrategia cuando:

a) la estatura del competidor supera al producto propio;

b) hay un contingente considerable de consumidores indecisos y con escasa lealtad a las marcas y

c) el producto propio posee una ventaja única.

5.3.4.7 Presentar el mensaje con una figura conocida, desconocida o con un perito

La cuestión pertenece a la actitud hacia la fuente del mensaje. Aunque en última instancia el emisor del mensaje de venta es el mercadista, disfruta de gran favor la práctica de utilizar a una celebridad, a un perito en el ramo o a un consumidor desconocido para presentar el producto. También se relaciona con el problema de la evidencia: se aportan testimonios de la bondad del producto. En todo caso, el mensaje sale de la fuente originaria con el apoyo de una parte ajena, como muestra de imparcialidad.

Respecto a la celebridad, no es tanto que sepa con autoridad sobre el producto como que el consumidor le preste atención dada su nombradía. Como un experto en el campo, el presentador se convierte en testigo, ofrece también un testimonio de valor. Con la presentación por un consumidor anónimo, se trata de apoyar las proclamaciones sobre el producto con alguna persona que pertenece al mismo grupo del consumidor. El empleo constante de un vocero, sea una persona real o un personaje imaginario, unifica la campaña comunicativa, identifica a dicha persona o personaje con el producto — dotándolo así de una imagen favorable — y establece la continuidad en la presentación.

La ilustración señala la presentación de un producto con peritos en el ramo.

5.3.4.8 Cerrar con un lema o dejar el final abierto

Contribuye también a la unidad y continuidad de la campaña comunicativa, sobre todo cuando hay distintos mensajes sobre el mismo producto, el cierre con una expresión identificadora de la empresa: "Orbay y Cerrato, del fabricante al consumidor". Los lemas se usan a menudo con el logotipo o emblema de la empresa, el nombre de la empresa, la marca registrada, con función, por consiguiente, de identificación. Conviene que el lema apunte hacia el beneficio central de alguna manera y de que los elementos identificadores no perjudiquen la captación del punto central por su carácter llamativo.

El mensaje carente del cierre provisto por un lema o *slogan*, se relaciona con el carácter abierto de las asociaciones mentales, según la experiencia. Así, un mensaje que sugiere distintas posibilidades, servirá para que el consumidor las enlace libremente, con connotaciones particulares. De ahí el carácter simbólico de muchos mensajes relacionados con la satisfacción de necesidades sociales y personales por sus variadísimas posibilidades. No conviene, por ello, cerrar la imaginación del consumidor a la cadena asociativa sugerida por el mensaje, cuando la incitación no apele principalmente a la razón, a la satisfacción de una necesidad de carácter utilitario.

Otras estrategias saldrán a relucir en la lección siguiente que serán privativas de la naturaleza del medio o vehículo comunicativo y no son de carácter general como las arriba expuestas.

5.3.5 Las decisiones del mercadista con vista a la labor investigativa

El planteamiento sobre la libertad del consumidor nos condujo a un somero estudio sobre la persuasión. Dicho estudio, a su vez, nos llevó a presentar las premisas actuales de las técnicas de redacción de los mensajes de venta. De tales premisas generales partimos, nuevamente, para abordar el tratamiento de la selección de estrategias persuasivas. Hay, pues, una marcha lógica desde lo general a lo particular. Se convierten las secciones anteriores en un marco, nos dotan de los antecedentes teóricos que fundamentan la redacción de estos mensajes persuasivos.

Con la misma concatenación lógica, luego de haberse realizado en las lecciones anteriores el estudio sobre la fase investigativa — con análisis sobre el consumidor, producto y mercado — corresponde emprender una labor de carácter transicional, como antesala de la construcción de los mensajes de venta. Las decisiones son actos concretos de selección de cursos a seguir respecto a la colocación del producto y al señalamiento de sus objetivos comunicativos específicos. A su vez, servirán para fundamentar toda la campaña comunicativa posterior. Las decisiones responden a la necesidad ejecutiva de interpretar los datos recogidos en los estudios previos: se eslabonan armoniosamente todas estas labores hasta desembocar finalmente en el mensaje que le llegará al consumidor.

5.3.5.1 La colocación del producto

Representa la decisión de escoger el segmento del mercado o la necesidad que debe satisfacer el producto, dado sus atributos. En la colocación figura, además, el modo de competir del producto al mostrarse sus ventajas. Como todo aspecto del mercadeo, ha de ser dinámica: a medida que cambien los gustos del consumidor y la composición del mercado, así lo hará el producto. Se reajustará la posición dentro del campo de su competencia. Vuelve a imponerse la necesidad de tener en cuenta la etapa vital del producto.

En páginas anteriores, asimismo, vimos que el producto se definía con arreglo a todos sus atributos, los físicos como la presentación y la envoltura, y los intangibles como el servicio posventa. El mercadista debe evaluar los atributos, primero, con base a su capacidad para satisfacer necesidades; y, segundo, con base a su superioridad y diferencia con otros productos competidores. La promesa del segmento y la ventaja competitiva, por otra parte, son factores determinantes, dada la libertad para colocar que le permite al mercadista seleccionar el segmento de mayor promesa de aumento futuro. Los componentes de la decisión suelen ser:

a) Especificación del mercado o segmento, blanco del esfuerzo de venta. El segmento se define con arreglo a la necesidad común del grupo consumidor.
b) Especificación del atributo o atributos que satisfacen la necesidad.
c) Descripción del modo en que la posición del producto en el mercado ha de relacionarse con las posiciones sostenidas por los competidores.

Para hacer más asequible esta explicación, brindaremos a continuación tres ejemplos. El primero se refiere al *Yogurt Dannon*, un producto de consumo directo; el segundo se refiere a la *Compañía Canteen*, un servicio de contratación a otras empresas, y, por último, el tercero se refiere a la cadena de restaurantes *Kentucky Fried Chicken*, un servicio rendido al consumidor.

Primero: el caso del Yogurt Dannon

Al igual que los demás yogures, se había colocado, al principio, en el renglón de los alimentos dietéticos o como merienda ligera, de gran valor nutritivo y, sin embargo, muy bajo en calorías. La investigación de mercado reveló que la barrera presentada a la expansión de las ventas residía en su extremo sabor agrio. Se añadió, por ello, la variedad de sabores de frutas y se anunció esta diferencia para atraer a nuevos consumidores. Con este sabor más agradable y el auge de los hábitos de dieta, la campaña constituyó un gran éxito de ventas.

A medida de que el mercado iba entrando en la etapa de la madurez, otras marcas hacían entrada para disputarle a *Dannon* su primacía. Los competidores imitaron tanto la colocación de *Dannon* como alimento dietético, como sus numerosos sabores de frutas. Más aún, comenzaron a ofrecer el producto a precios inferiores, para adquirir una ventaja competitiva sobre *Dannon*. Todo lo cual convenció al departamento de mercadeo de *Dannon* que tenía que encontrar otro atributo que restaurara la ventaja inicial competitiva en el mercado. La solución provino del análisis de los factores ambientales. En efecto, dicho análisis arrojó como resultado el interés despertado en la ecología y de ahí el interés en los alimentos naturales — esto es, alimentos carentes de aditivos o ingredientes químicos. Se condujo un análisis del *Yogurt Dannon* que descubrió lo siguiente: de todas las marcas anunciadas, *Dannon* era el único yogurt que no tenía sustancias artificiales en su composición. ¡Aquí estaba la diferencia competitiva!

La nueva colocación del producto que emergió de este reexamen, se podrá apreciar en la sección de traducción más adelante, con anuncios de tipo impreso, radial y televisado. Los tres arrancan de la misma postura: *Dannon* ofrece un alimento de escaso contenido graso y calórico a los consumidores que buscan una solución agradable a sus problemas dietéticos, pero con una ventaja decisiva sobre los competidores: todos sus ingredientes son naturales.

Segundo: el caso de la Compañía Canteen

Ahora se trata de un servicio industrial. Pasado el período de la Segunda Guerra Mundial, esta empresa dedicada al abastecimiento de las máquinas vendedoras de alimentos situadas en los comedores y cafeterías de las empresas, se encontró que la competencia estaba basada en el precio. El concepto dominante era el costo inferior del abastecimiento. Por ello, el esfuerzo mercadístico de los competidores se enfilaba a los gerentes de personal, quienes estaban encargados del servicio de comidas. Subrayaban en sus mensajes el bajo costo de sus servicios a estos destinatarios.

La empresa *Canteen* decidió situarse aparte de la contienda de precios. Dirigió entonces sus mensajes a la plana mayor de las empresas. Lo que ofrecería ahora *Canteen* no sería un precio más barato, sino un servicio de comidas mejores: un medio de levantar la moral del empleado para aumentar la productividad. La solución a su problema competitivo, pues, residió en satisfacer la necesidad de sentirse el empleado identificado con su empresa. El segmento del mercado ahora consistía en el grupo de dirigentes interesados en mantener y robustecer la eficiencia en su cuerpo de colaboradores y subordinados. En relación con la competencia, aparece clara la diferencia: se separa de ella al decir que ofrece la solución a un problema distinto. En la sección de traducción se podrá apreciar un anuncio de dicha empresa, con la colocación que la sacó de una lucha perniciosa.

Tercero: el caso de Kentucky Fried Chicken

La mundialmente conocida cadena de restaurantes de servicio rápido, tuvo que emprender otro cambio en la colocación del producto, también a causa de problemas competitivos. Si bien estuvo a la cabeza del giro en un principio, con la entrada de los competidores descendió, tanto de su puesto delantero como en el ritmo de crecimiento con sus competidores principales como *McDonald's* y *Burger King*. Era hora de cambiar la ventaja competitiva, ahora compartida con los demás, de que era un lugar placentero para comer con prontitud. Era ya uno de tantos.

La investigación realizada demostró que los clientes de las cadenas de restaurantes estimaban que los alimentos ofrecidos no eran tan nutritivos como los confeccionados en la casa. Aquí surgió la ventaja competitiva. Dado que el producto principal de la empresa es el pollo, cuya percepción de capacidad nutritiva era superior a la de la hamburguesa y a la de la pizza, el departamento de mercadeo situó de nuevo el servicio en el mercado. Ahora se colocaba a *Kentucky Fried Chicken* entre los restaurantes para la familia porque el alimento ofrecido, el pollo, tenía un valor nutricio integral. De ahí partió la campaña comunicativa, uno de cuyos anuncios también aparece en la sección de traducción.

Los ejemplos anteriores han ilustrado la especificación de los atributos de los productos, el mercado o segmento que confronta una necesidad y la posición competitiva. Más allá de estas especificaciones surgen unas consideraciones de carácter general que, de alguna manera, ya han aparecido en nuestros comentarios. Estas consideraciones que aparecen en la decisión de colocación son particularmente apropiadas para el esfuerzo mercadista dentro de los países hispanoamericanos. Se refieren a las estrategias de venta según se contemple el mercado por los objetivos de la empresa, en primer lugar, y a las estrategias de venta según el carácter genérico o particular de la demanda que se fomente, en segundo.

a) Las estrategias de venta al mercado según los objetivos de la empresa

Las tres estrategias básicas de mercadeo son *la agregación, la diferenciación por segmentos* y *la concentración únicamente en un segmento*. Por la primera habrá una sola fórmula de mercadeo para todo el mercado; por la segunda se modificará la fórmula de acuerdo con el segmento y, dado que interesa atraer a varios segmentos, habrá tantas fórmulas como segmentos; por la última, en contraste con las anteriores, se procurará la satisfacción de un solo segmento, por lo que la fórmula de mercadeo será compuesta según y conforme este único segmento.

Como se desprende de lo anterior, el aspecto comunicativo, uno de los ingredientes de la fórmula de mercadeo, se atemperará a estos objetivos. Igualmente, mientras que en unos países el mercadista aplica una estrategia, nada se opone a que aplique otras estrategias en otros países según sean las circunstancias. Las dos primeras son afines a una política de máximo volumen de ventas, mientras que la última procura la máxima penetración y rendimiento de utilidades por unidad de capital empleada. En ciertos casos, dada la pequeñez del segmento o país, una sola fórmula de mercadeo, un solo tipo de mensaje, será la única estrategia posible; pero permitirá el prorrateo de gastos entre varios segmentos pequeños.

b) Las estrategias de venta según el carácter genérico o particular de la demanda

Mientras que en unos casos se fomenta *la demanda primaria*, en otros se fomenta una *demanda selectiva*. Por la primera, se procuran aumentar todas las ventas de los productos pertenecientes a la misma categoría. De ahí que se destaquen los atributos de toda la línea. Por la segunda se procura aumentar las ventas de una marca particular. Salvo en casos de monopolio, los mercadistas prefieren el mensaje de venta selectivo para no compartir los resultados con quienes no contribuyeron a la campaña. Los organismos públicos encargados de proteger renglones esenciales de la economía utilizan, por ello, el fomento de la demanda primaria, para beneficio general del país o de los integrantes de un sector básico.

La ilustración señala la estrategia de fomentar la demanda primaria.

5.3.5.2 El señalamiento de los objetivos comunicativos del producto

Inseparable de la colocación, esta otra decisión entraña la declaración escueta y precisa de lo que el mercadista proyecta alcanzar para resolver los problemas y aprovechar las oportunidades que se le presentan al producto. Indica, pues, lo que debe alcanzarse previamente para asignarle al producto una posición dentro de la competencia. Ambas decisiones concurren en la orientación de la campaña comunicativa de venta que se desarrollará en el programa comunicativo. En dicho programa obran decisiones referentes al presupuesto a invertir, los vehículos comunicativos a escoger y el tipo de mensaje a crear. Dadas las limitaciones de nuestro enfoque, únicamente tocaremos el trabajo de redacción.

Pese a estas semejanzas orientadoras, conviene establecer el carácter temporal, más específico y reducido en sus alcances de esta decisión, como se desprenderá de los incisos que se abren a continuación:

a) Su naturaleza

Los objetivos quieren decir los fines próximos que confía alcanzar el mercadista, por medio de los mensajes de venta, para vencer los obstáculos y realizar las oportunidades, incluso la colocación propuesta del producto. Así, un análisis de mercado reveló que las ventas de un producto industrial habían descendido en cierto territorio x, al parecer, por insuficiente exposición de parte de los clientes prospectivos a los mensajes. Los mensajes aparecieron en revistas mercantiles del ramo y se enviaron también cartas de promoción. Dicha situación puede originar la siguiente declaración de objetivos inmediatos:

La exposición a nuestros mensajes de venta, en forma de anuncio y de carta de promoción, por cliente prospectivo en el territorio de ventas x, deberá aumentarse hasta que se iguale al promedio de exposición de los clientes prospectivos de las demás zonas.

b) Son sólo relativos a problemas y oportunidades

Con el ejemplo anterior vemos que se ataca el problema del modo que se estima más conveniente: por medio de una campaña comunicativa pareja para todos los territorios. La información de desniveles de exposición provino del estudio anterior.

c) Señala el qué, no el cómo

Como se observa, asimismo, con el ejemplo citado, se declara lo que debe hacerse: poner en paridad la exposición, sin determinarse los medios de realizarla, sean los distintos vehículos de comunicación de carácter masivo o las campañas por correspondencia, o ambos.

d) Las disposiciones se dan de modo preciso

Dado el carácter administrativo, interno, del señalamiento de objetivos comunicativos del producto, las directrices se redactan en forma clara para evitar torcidas interpretaciones por parte de quienes implanten la decisión. El lenguaje que se utiliza responde a la capacidad de los que pondrán en práctica la decisión.

e) De forma que puedan medirse

Los objetivos podrán darse en forma mensurable para que puedan evaluarse con facilidad al final del período que cubre el planeamiento. De esta suerte, las recomendaciones no sólo servirán de pautas para el desarrollo del programa comunicativo, sino que también sentarán las normas para evaluar su efectividad. Observemos que en el ejemplo dado en *a)*, como se aconsejó la igualdad de exposición a los mensajes de venta de la zona de ventas *x* con respecto al promedio de las demás zonas, se podrá hallar la distribución geográfica de las exposiciones a los medios anunciativos, con vista a los datos de circulación o por los estudios realizados en investigaciones de las empresas propietarias de los medios masivos de comunicación. Con esta información se podrá apreciar si los consumidores prospectivos de dicha zona *x* podrán tener este mismo objetivo en igualdad de condiciones con las restantes zonas.

f) El procedimiento de definir los objetivos comunicativos

Conviene confeccionar una lista de los problemas y oportunidades que confronta el producto tal como arrojan los análisis del consumidor, producto y mercado. A continuación se examinan y se decide lo que se debe alcanzar para resolver cada problema y aprovechar cada oportunidad. La colocación del producto, de paso, debe examinarse para determinarse las tareas específicas que deben llevarse a cabo para ponerla en efecto. Los objetivos deben establecerse en el plan comunicativo junto con las pruebas o el razonamiento sobre los cuales se apoyan.

Como hicimos con la decisión de colocación del producto, presentaremos algunos ejemplos ilustrativos de esta decisión de señalamiento de los objetivos comunicativos del producto. En cada ejemplo se mencionan el tipo de producto, la fuente de procedencia de la información, el problema o la oportunidad y el objetivo recomendado.

Producto: automóvil A
Fuente: análisis del consumidor
Problema: los consumidores temen que los cambios en el modelo envejecen el producto al poco tiempo de comprado
Objetivo: comunicar la nueva política de eliminación de cambios anuales.

Producto: refresco B
Fuente: análisis del producto
Problema: a pesar de nuestra campaña comunicativa la mitad de los consumidores asocian todavía nuestro producto con una marca de nuestro competidor mayor
Objetivo: lograr más grabación en la mente de los consumidores de nuestra marca y mayor asociación de la marca nuestra con los anuncios.

Producto: lavadora de ropa **C**

Fuente: análisis del consumidor

Problema: la empresa no les está vendiendo a los dueños de lavanderías automáticas, un grupo de usuarios frecuentes, la parte correspondiente en las ventas

Objetivo: dirigir la atención de modo creativo y con mayor empleo de los medios comunicativos a los dueños de dichas lavanderías en los mensajes.

Producto: casa de modas masculinas **D**

Fuente: análisis del producto

Oportunidad: esta casa se percibe como la líder en la comunidad de los estilos de ropa masculina

Objetivo: utilizar dicha reputación para reforzar el convencimiento de los consumidores de que dicha tienda ofrece mejores consejos a la hora de seleccionar el guardarropa.

Producto: maquinaria de fabricación **E**

Fuente: análisis del producto

Oportunidad: a diferencia de sus competidores más poderosos, esta maquinaria de insumo es un producto nacional de idéntica calidad pero con centros de distribución de piezas de repuesto y servicio posventa situadas por todo el territorio nacional

Objetivo: respaldar las afirmaciones de confiabilidad y eficiencia mediante menciones de su manufactura nacional y cercanía de los centros de distribución de piezas y servicio posventa en cualquier parte donde esté el consumidor.

Producto: tienda por departamentos **F**

Fuente: análisis del mercado

Oportunidad: la zona de mayor crecimiento se halla en los barrios situados al norte de la ciudad

Objetivo: recalcar la existencia y ubicación de una sucursal en los centros comerciales que sirven dichos barrios.

Producto: condominio **G**

Fuente: análisis del mercado

Oportunidad: hay una creciente tendencia a evitar las preocupaciones inherentes al mantenimiento de una casa propia

Objetivo: participar a los consumidores de la cláusula de mantenimiento completo en el contrato de venta.

Cuando el objetivo comunicativo queda nítidamente delimitado, el mensaje se concibe como un medio para la consecución de su fin, y no un fin en sí mismo. Todos sus elementos se subordinan al objetivo. Entre los objetivos comunicativos específicos más corrientes, a guisa de indicación general, hallamos los siguientes:

1) Enterar de la existencia del producto o de una marca.
2) Formar una idea, una imagen del producto particular o una disposición favorable hacia los mismos.
3) Informar sobre los beneficios y atributos superiores de una marca.
4) Combatir o contrapesar argumentos de competidores.
5) Corregir errores o desvirtuar impresiones, enmendar falsa información y otros obstáculos a la venta de los productos.
6) Familiarizar al consumidor con el envase o la marca para que los reconozca fácilmente a la hora de seleccionar.
7) Levantar una reputación y una actitud favorables hacia la empresa.
8) Establecer una base prestigiosa para lanzar nuevas marcas y productos.
9) Inculcar una cualidad singular de venta en la mente del consumidor.
10) Facilitarle la entrada al vendedor.

Una reflexión sobre este último objetivo ofrece una división muy divulgada entre mercadistas sobre la clase de actividades de venta: mientras que muchos mensajes procuran prevender, por así decirlo, inducir a la selección de un producto, en otros casos servirán para llevar al consumidor hasta la presencia del vendedor. En una situación de oferta de bienes y servicios que procura por sí mismo el consumidor, como son los supermercados, los restaurantes de autoservicio y las máquinas dispensadoras de bebidas, el mensaje necesita halar al consumidor. En la situación de amplio intercambio entre vendedor y cliente para concertar la operación de venta, el vendedor mueve, conduce personalmente al consumidor. Muchos anuncios, por otro lado, preparan el terreno para el posterior envío de las cartas de promoción, dentro de una campaña coordinada de mercadeo.

Cualquier mensaje entraña una contribución al símbolo total: la imagen del producto. Mantener su nombre en la mente de los consumidores por medio del mensaje quiere decir que el mensaje es una persuasión redactada. De ahí el martillear constante de muchos anuncios respecto a un producto prácticamente indistinguible de sus competidores. Aun aquí los redactores deben tener flexibilidad. Mientras que en unos casos se redactan textos de mensajes con estructuración de todos los puntos de venta, en otros se redactan con carácter sugerente. No se explicitan todos los puntos para dejarle margen a la imaginación del consumidor; así suplirá, sentirá y vinculará el mensaje dentro de su marco de referencia, dentro de sus experiencias y con vista a sus particulares motivaciones.

La colocación del producto, en suma, determinará los resultados del mensaje: éxito o fracaso. Los consumidores tienden a situar el producto dentro del grupo de productos que ya conocen. Si de un lado notan algunas diferencias, por otro perciben el producto como semejante a otros o con la posibilidad de satisfacer la misma necesidad. Lo esencial de la campaña comunicativa estribará en decidir el modo en que se desea que los consumidores inserten el producto, para crearse entonces el mensaje de venta que establezca y acentúe tal posición. La colocación no será inmutable. A modo de analogía con el radar: los competidores se registran en la pantalla y se sortean, se esquivan, con auxilio de las ventajas competitivas, tal como se maniobra una nave según los escollos hallados en su curso. Los objetivos comunicativos, igualmente, se cambian a tenor de las circunstancias, durante las periódicas revisiones que exige el mercadeo.

5.3.6 La plataforma del texto del mensaje de venta

Hemos arribado a la última de las directrices de la presente lección, constituida por la declaración, en lenguaje accesible al consumidor, de las proclamaciones, evidencia e información que la campaña comunicativa habrá de llevar a cabo. Se titula plataforma porque desde esta comunicación mercadista, de carácter interno, procederán cuantos mensajes se redacten durante la campaña comunicativa. Se convierte, por consiguiente, en el modelo, en la fuente orientadora de la redacción de los mensajes de venta. Veremos seguidamente algunas sugerencias para la redacción de la plataforma y un análisis de sus componentes.

5.3.6.1 Sugerencias para redactar la plataforma

En los círculos mercadistas se acostumbra a ofrecer una serie de consideraciones preliminares:

a) El beneficio del producto. Se traduce el atributo del producto con mira a la satisfacción de las necesidades del consumidor: hay un llamado incitador, un punto de atracción que debe sintetizar a todos los mensajes.

b) La captación de la atención. El beneficio del producto necesita de la presentación atrayente que detenga la corriente mental del consumidor prospectivo. En muchas ocasiones se pierde el mensaje al no encontrar a su verdadero destinatario, quien constituye el blanco del esfuerzo comunicativo.

c) La información dotada de pruebas. Si la atención del consumidor se detiene en el mensaje y si halla que el beneficio clave del producto satisface sus necesidades, procurará hallar pruebas de su efectividad, de la validez del mensaje. El destinatario no es un ser pasivo, ingenuo, que caerá por cualquier declaración. Las palabras necesitan la corroboración de hechos, de pruebas, de demostraciones.

d) El procedimiento para adquirir el producto o servicio. Luego de haberse convencido, el paso subsiguiente consistirá en la ejecución del acto de compra o de contratación del servicio. Ha de dársele al consumidor prospectivo, por consiguiente, la información de cómo y dónde hacerlo. En otras ocasiones el mensaje deberá explicar los términos de pago, garantías, forma de devolución en caso de insatisfacción, y otros detalles.

e) Las seguridades dadas. Todavía puede necesitarse una declaración de reafirmación en el consumo del producto o servicio. El consumidor de artículos de alto costo, en especial, debe confirmarse en el acierto de haber adquirido algo que gravita sobre su presupuesto de forma apreciable. Otras seguridades giran alrededor del prestigio de la empresa fabricante o dispensadora del servicio, en el descubrimiento de otros usos, en el aumento de servicios posventa y demás.

5.3.6.2 Los componentes de la plataforma

La plataforma unifica todo el esfuerzo mercadista en relación con el mensaje de venta. Con ella a la vista no hay modo de incurrir en contra-

dicciones, en desajustes entre los distintos medios de comunicación empleados, para la coordinación sinérgica de la campaña comunicativa de los productos. Este borrador de todos los mensajes constituye la cristalización del
trabajo anterior. Daremos como bosquejo, de modo genérico, los posibles
componentes de la plataforma, ya que, en unos casos, los mensajes utilizan
una fracción de toda la información disponible, y, en otros, habrá que
ampliarla considerablemente. Ilustraremos, como hicimos con las decisiones, con un ejemplo, la presentación de estos componentes.

a) Destinatario. Indicación del blanco del mensaje. En la colocación
ya consta cuál es el segmento.

b) Producto. Ofrecimiento del producto como solución del problema
o como satisfacción de la necesidad experimentada.

c) Evidencia. Aporte de las pruebas en apoyo de los beneficios prometidos. El consumidor espera que esta solución supere a otras alternativas. Necesita, por ello, saber cómo esta alternativa difiere de
las demás.

d) Explicación. Información para evaluar el producto como tal alternativa, así como para facilitar la manera de obtenerlo cuando haga
falta. La información incluye, además, el nombre del producto, dónde hallarlo, su precio, color, tamaño, estilo, y, en numerosas ocasiones, el método de elaboración, ingredientes, rendimiento, economía y aspectos particulares en un lenguaje técnico al alcance del
destinatario especializado.

e) Incentivo. Estímulos para superar constricciones para realizar el acto de adquisición. Si el mercadista procura acción inmediata, en
lugar de un cambio de actitud, el texto podrá mencionar incentivos tales como descuentos, rebajas, facilidades de pago, asistencia
para comprar y demás.

f) Confirmación. Recordatorio a los clientes anteriores de la conveniencia de su decisión de compra, o bien el anuncio de nuevas ventajas, nuevos usos, establecimiento de nuevas sucursales más próximas al destinatario. Cabe aquí también la mención al prestigio
de la empresa.

EJEMPLO: TEXTO DE LA PLATAFORMA DE LA COCOA HERSHEY

Destinatario:	Amas de casa que hornean los dulces de chocolate con tabletas.
Ventaja básica del producto:	La masa de los dulces horneados de chocolate que han empleado la Cocoa Hershey tiene una textura más suave, mucho más rica y con más sabor a cho-colate que las que han usado el chocolate sólido en forma derretida.
Evidencia:	En una prueba realizada con el concurso de 108 amas de casa, siete de cada diez mostraron prefe-rencia por los cakes (bizcochos) preparados con la Cocoa Hershey, sobre los que utilizaron choco-late derretido.

Información adicional:	La Cocoa Hershey no necesita el derretimiento de chocolate que ensucia tanto; tampoco hay el peligro de que sepa a quemado la masa horneada.
	La Cocoa Hershey resulta un fácil sustituto del chocolate sólido como se ve de la siguiente fórmula: tres cucharaditas de medir de cocoa junto con una de aceite o manteca, equivalen a una onza de chocolate en tableta.
	La Cocoa Hershey sirve también para confeccionar galletitas, fudge y todo tipo de golosinas a base de chocolate.
	La Cocoa Hershey rinde más que el chocolate sólido con la consiguiente economía
Confirmación:	El nombre de Hershey es sello de garantía de la más alta calidad y buen sabor en cualquier producto hecho con chocolate.

Esta plataforma es el resultado de las investigaciones sobre el consumidor, el producto y el mercado, de las decisiones de colocación del producto y del señalamiento de sus objetivos comunicativos, todos regidos por los principios de la persuasión. Así, la Cocoa Hershey es un polvo de pura cocoa que puede emplearse para hacer bebidas frías o calientes o para hacer dulces de chocolate en el horno. La campaña se ciñe a este último uso. La colocación dirige el producto hacia las personas que utilizan el chocolate sólido como parte del hábito de hacer los dulces con ingredientes preparados: las amas de casa reposteras. La intención es que sustituyan las tabletas de chocolate por el polvo de cocoa; el producto es más fácil de usar, más económico y da mejores resultados pues sabe más a chocolate. Nota que, a pesar de que la plataforma está redactada conforme al lenguaje de sus destinatarios, desde su punto de vista, también contiene la colocación y los objetivos comunicativos del producto.

La plataforma, asimismo, proporciona información del modo de usar el producto, al exponer cómo convertir una receta tradicional de chocolate en barra a la cocoa. Se tomó empeño en mostrar que los resultados son mejores. Esta reafirmación es importante dado que las amas de casa, según los estudios, tienen en alta estima a la repostera que utiliza todos los ingredientes preparados en la cocina de su casa. Esta habilidad de repostería forma parte de los valores personales y del nombre de anfitriona, ante familiares, amigos e invitados. En la sección de traducción traemos una serie de anuncios desarrollados con vista a esta plataforma.

5.3.7 Ejercicios de redacción

Aplica ahora los conocimientos adquiridos en toda la sección 5.3. Dada la riquísima variedad de nombres de productos y marcas en el mundo hispánico, algunos desconocidos en ciertas regiones o bajo otra denominación, preferimos ofrecer la función del producto sin dar su nombre. El profesor o el alumno escogerá alguno conocido de la localidad. Traemos algunas reproducciones de mensajes en esta sección para realizar algún tipo de estudio. El profesor o el alumno, igualmente, pueden escoger otro mensaje que puede proceder del mismo texto o de alguna otra publicación. Los recortes de las publicaciones periódicas de la localidad son excelentes ilustraciones para una clase. Toda la sección del presente *Cuaderno* dedicada al estudio del pensar con sus variadas técnicas constituye un valioso auxiliar para emprender esta labor. Recomendamos su inclusión en estos ejercicios.

1. La colocación, una de las decisiones del mercadista terminada la fase investigativa, incorpora la selección del atributo o de los atributos del producto o servicio. Estos atributos pueden ser físicos o simbólicos y se les presentarán a los consumidores anteriormente escogidos. En cuanto a los siguientes productos explica los atributos presentados:

    a) un analgésico, una bebida alcohólica, un dentífrico y un champú cuyas marcas escogerás.

    b) en el anuncio de Mexicana, línea aérea de México, cuya ilustración se acompaña.

Cortesía de Mexicana de Aviación.

c) los dos anuncios de productos de chocolate Nestlé cuyas ilustraciones se acompañan.

2. Otro elemento en la decisión de colocación radica en la selección del segmento de consumidores, el mercado, al cual se le dirigirá el mensaje. En cuanto a los siguientes productos y servicios trata de hallar el segmento de consumidores con base a la necesidad experimentada:

a) una marca de cigarrillos, un refresco, una comida o sopa enlatada cuyas marcas escogerás.

b) los anuncios de las revistas *Vanidades* e *Ideas,* cuyas ilustraciones se acompañan.

Cultive su creatividad...
¡GRATIS!
INSERTO CON FLORES DE FIELTRO A PARTIR DE OCTUBRE IDEAS CATORCENAL
IDEAS
para su hogar
SORPRESA... ¡DEL JAPON!
MACETEROS. TRES VERSIONES GENIALES
EL MENU IDEAL PARA LA REUNION FORMAL
UN HOROSCOPO GENIAL PARA SUS NIÑOS
¡CONVIERTA SU TERRAZA EN UN JARDIN!
La magnífica revista IDEAS PARA SU HOGAR dedica su número de julio a los jardines y plantas, y le ofrece muchas sugerencias originales y diferentes proyectos, fáciles de hacer, para que cultive su creatividad.
• 3 tipos de maceteros distintos
• Cultive rosas, camelias, lirios, jacintos
• Haga un mini-estanque en el patio
otro nuevo INSERTO con más labores: FLORES
Empieza en este número COMO HACER UNA JAPONESITA DE FIELTRO
También:
CHALECOS PARA NIÑOS CON MOTIVOS DE ANIMALES
EL HOROSCOPO DE IDEAS . . . DE FIELTRO
EL LADRILLO EN LA DECORACION DE CAMINOS Y PATIOS
Adquiera hoy mismo en su puesto de revistas favorito
IDEAS
para su hogar
DE JULIO
La revista que no es revista... ! es ideas!

c) la tarjeta de crédito Visa cuya ilustración se acompaña.

3. Explica la ventaja competitiva de los siguientes productos y servicios:

a) un rollo de papel de baño y otro de cocina, una cadena de tiendas o de almacenes de tu localidad que escogerás.

b) el Betamax de la Sony cuya ilustración se acompaña.

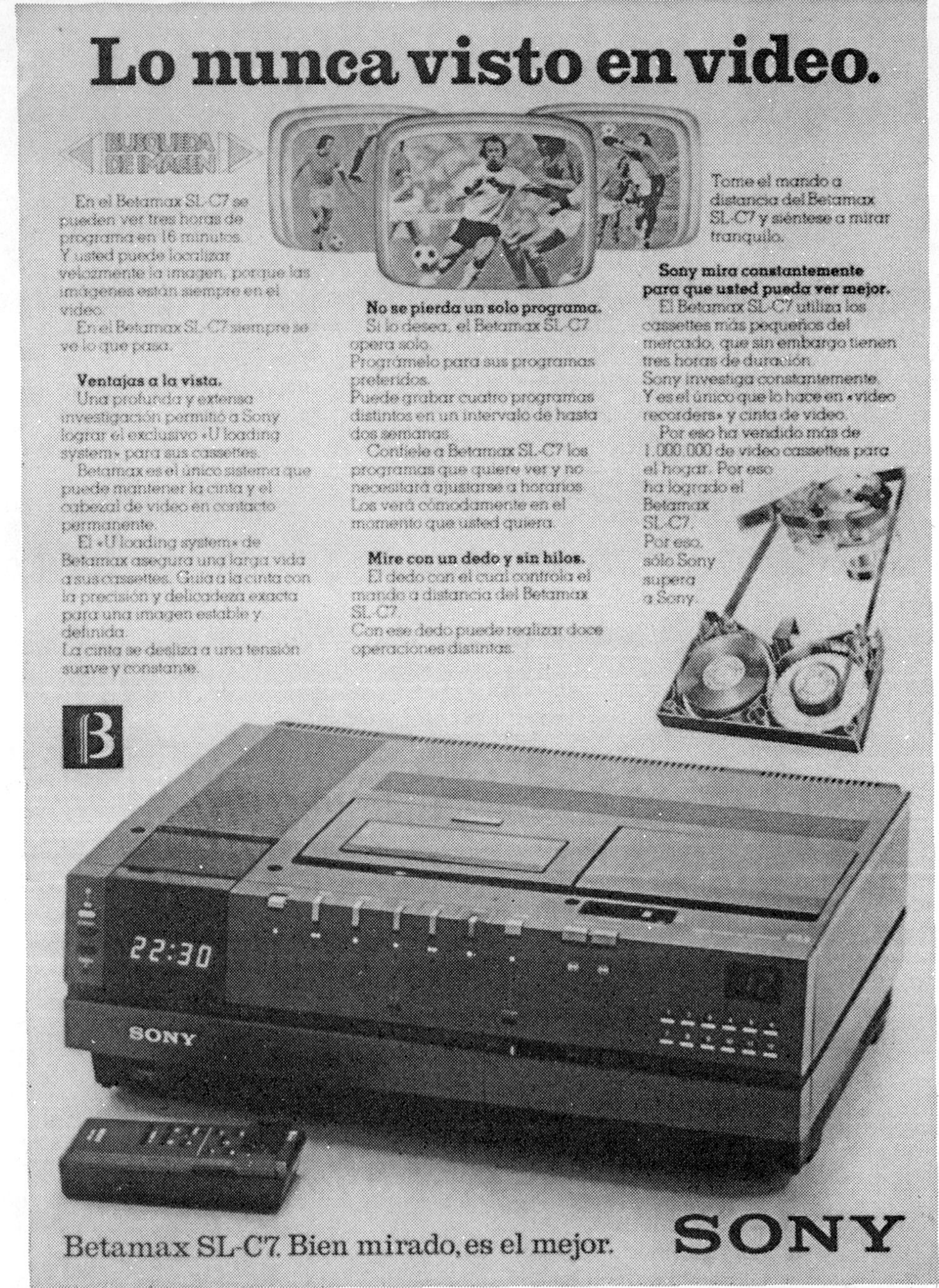

4. Halla y explica la colocación inferida de la campaña comunicativa de los siguientes productos:

a) los automóviles Renault, Seat-Ritmo Diésel, BMW-Delorean-VW-Honda, y el transporte Pegaso cuyas ilustraciones se acompañan.

Seat acaba de lanzar el primer Diesel del segmento medio en España: el Ritmo Diesel. Un coche rápido, silencioso y familiar. Un coche que hará cambiar todo lo que usted pensaba sobre los Diesel. Este nuevo modelo viene a sumarse a los últimos lanzamientos de Seat. Coches que responden a un nuevo concepto y que logran un bajo consumo, como exigen las condiciones económicas de los años 80.

Un motor a la medida.

El motor del Ritmo Diesel, de 1.714 cc., ha sido diseñado y construido específicamente para éste coche. A su vez, el Ritmo fue concebido pensando que un día llevaría también motor Diesel. El motor es de aleación ligera e incorpora los más modernos adelantos de la tecnología Diesel. El resultado es un motor potente, silencioso, de poco consumo y de una gran solidez.

Al alcance de su bolsillo.

Todo se ha pensado en el Ritmo Diesel con el mayor cuidado. Incluso el precio, que rompe con la imagen de coche caro que siempre han tenido los Diesel. Porque este Diesel, el único que existe en el segmento medio, tiene un precio ajustado, sin renunciar a un alto nivel de confort ni a un completo acabado interior. Todo ello hace del Ritmo Diesel el coche familiar que los tiempos que vivimos demandan.

Un gasto mínimo.

Hablemos de números. Un Ritmo Diesel consume 5,6 litros de gas-oil cada 100 kilómetros*, es decir, 1,68 ptas. por kilómetro. Menos que cualquier Diesel. Y es que este coche abre el camino a una nueva generación de Diesel.

*Consumo medio según normas A-70.

Un Diesel con quinta velocidad.

El Ritmo Diesel incorpora una quinta velocidad de serie. Para que usted gaste menos. Y el coche vaya más descansado. En quinta, el Ritmo Diesel alcanza cómodamente la velocidad de 140 km/h. Y tiene un reprise que le permite ir de 0 a 100 km/h. en sólo 19,1 segundos.

Con toda la solidez de un Diesel.

La dureza y la resistencia del motor es lo único que el Ritmo tiene en común con otros Diesel. En pruebas realizadas en países del Mercado Común, este motor no presentó señales de desgaste después de recorrer 100.000 Km., demostrando la robustez de su mecánica.

En BMW South conocemos muy bien a los individuos que se sienten atraídos por un BMW. Son individuos que compran su automóvil no sólo porque es práctico, cómodo y divertido, sino también porque es una inversión. Personas que lo tienen todo y pueden darse el lujo de escoger un automóvil superlativamente diseñado, en el cual puedan confiar, tanto en su vida profesional como en su vida personal. Y que cuando lo deseen reemplazar les devuelva el máximo de su inversión.

Por eso, rodeado de una generación de autos que deprecian rápidamente, el BMW 320i se destaca como una rareza automovilística.

Y, por eso también, las compañeras de estos individuos tan especiales que aprecian las mismas cualidades en un auto, se apoderan de los BMW 320i, o acaban por comprarse uno ellas. Pues tanto ellas como ellos tienen gustos bien definidos. Demandan mucho de un automóvil. Excelencia en el servicio para sus autos. En BMW South le ofrecemos esto y más. Gran selección de piezas. Especialistas en exportación, si es necesario. Financiamiento bancario o programa de arrendamiento.

En BMW South sabemos que los podemos complacer. Después de 25 años brindándole servicio a la comunidad, sabemos que a las personas excepcionales se les trata en todo sentido como lo que son.

Lo invitamos a que nos llame o escriba, o a que visite nuestra agencia.

BMW–DeLorean–VW–Honda
16165 So. Dixie Highway
Miami, Florida 33157
Telephone: (305) 238-0900

Cortesía de South BMW-DeLorean-VW-Honda, Miami, Florida.

Pegaso.Un Mito Lógico.

Un mito ganado a fuerza de hacer kilómetros con más fuerza. En hielo o en desiertos. En autopistas o donde no hay ni pistas del camino. Con caballos que no se cansan. Que llegan muy lejos. Y que comen muy poco.

¿Cómo no convertirse en mito con cabinas que parecen salones? Con una visibilidad que uno parece ir suspendido en el aire. Y con toda clase de frenos para no moverse ni un milímetro cuando uno quiera estarse quieto.

De un mito (Pegaso) hemos creado otro: los Pegaso.

Un mito cargado de razones para serlo.

Pegaso. Un Mito. Lógico.

b) el viaje a México cuya ilustración se acompaña.

Cortesía de la Revista Cambio 16, Madrid, España.

5. Explica la estrategia, sea de fomento de demanda primaria o selectiva en este mensaje de la Polaroid. El titular para anunciar el nuevo cine instantáneo reza: "Polaroid introduce la segunda revolución en la fotografía: el cine instantáneo". Más adelante el mensaje explica el funcionamiento de este sistema.

6. El concepto de colocación no rige únicamente para la mercadización de productos; también se aplica para cualquier tipo de actividad humana. Halla la colocación de las siguientes personas, entidades y eventos, dando razones:

    a) Tú mismo, al solicitar empleo, al escoger profesión o matricularte.
    b) Tu universidad o empresa.
    c) Un candidato político a cualquier magistratura.
    d) Una obra artística, un concierto, una conferencia, una feria, un juego, una exhibición.
    e) El presente texto y sus antecesores *Comunicación* y *Gramática de la comunicación*, o cualquier otro texto escolar o de consulta, según el Prefacio.
    f) La celebración de los quince años o el baile de debutantes.
    g) La llegada a la pubertad, a la mayoría de edad, a la edad de retiro.
    h) El bautizo, el casamiento, el divorcio, la viudez.
    i) El ingreso a una sociedad, asociación o empresa o grupo religioso, político, económico, social, deportivo, artístico, filantrópico, etc.

7. Realiza la evaluación del objetivo comunicativo según los criterios ofrecidos en la lectura de la lección:

    Producto: acondicionador de cabello para mujeres.

    Problema: la investigación sobre la efectividad de la campaña comunicativa indica que las consumidoras no pueden recordar, a menos de contar con ayuda, la proclamación del atributo central del producto, consistente en que tiene un nuevo ingrediente secreto que de verdad penetra las puntas del cabello, produciendo tal cambio en su estructura molecular que le confiere una vida mucho más larga.

    Objetivo: el atributo del producto debe explicarse con mayor claridad mediante el empleo de diagramas y fotografías con corte seccional microscópico del cabello, antes y después del tratamiento.

8. Con vista a los siguientes problemas confrontados por cada uno de los siguientes productos, redacta un objetivo comunicativo apropiado:

    a) *Producto:* loción infantil.
       Problema: la investigación realizada apunta que los adquirentes actuales del producto son muy fieles, pero hay un gran número que no repitió la compra según las cifras de venta de la primera vez.
    b) *Producto:* zapatos atléticos de hombre.
       Oportunidad: la marca acaba de ser seleccionada para el uso exclusivo del equipo olímpico masculino de campo y pista.

9. Las teorías o enfoques sobre la persuasión referentes al procesamiento de información, al equilibrio y a la percepción, figuran de continuo en la redacción de los mensajes de venta. La teoría o enfoque de la unidad del yo más bien aparece en mensajes educativos o de proselitización política, religiosa y cívica, que emiten organismos docentes, partidos, organismos gubernamentales e instituciones protectoras y de beneficencia pública.

Aunque todas estas cuatro teorías o actitudes persuasivas se hallan entremezcladas, siempre es posible señalar una predominante en un mensaje. En este mismo *Cuaderno* la explicación sobre el pensar creador en contraste con el lógico, constituye un mensaje educativo basado en dicha teoría sobre la unidad del yo, al explicar nuestra resistencia a cambiar patrones de pensar. Halla ahora y explica la utilización de dicho enfoque en diferentes tipos de obras: religiosas, políticas, cívicas, en discursos y alocuciones, dentro y fuera de tu escuela o empresa. En las explicaciones sobre el ausentismo, la improductividad y cualquier deficiencia hallarás esta teoría.

10. Al final de la década del 70, la empresa S.C. Johnson Company, conocida por sus productos de limpieza de pisos, insecticidas y otros artículos para el hogar, introdujo con gran éxito un producto del aseo personal — la *Crema de enjuague Agree*, un acondicionador del cabello para aplicar después de lavado. Debido a que el producto carecía de grasa se formuló el benificio: "para que su cabello no luzca grasiento". Con gran barrage publicitario, el producto se conquistó un puesto en el mercado en sólo un año.

    Al mismo tiempo, la empresa se afanó en producir un champú nuevo pero no estuvo listo hasta que el enjuague se había afianzado en el mercado. El nuevo champú, también con el nombre Agree, se había elaborado para mantener el cabello limpio por más tiempo, de modo que no habría necesidad de lavárselo tan a menudo. En las pruebas realizadas los consumidores habían puesto al champú Agree por encima de los competidores mayores — Herbal Essence, Earth Born, Flex, Breck, Prell, Head and Shoulders y el Champú de bebé de Johnson.

    A causa del éxito de la Crema de enjuague Agree, los mercadistas de S.C. Johnson creen que el champú tendrá una aceptación excelente en el mercado. Tienen sus reservas, sin embargo, de que el champú y el enjuague con sus respectivos beneficios, se confundan en la mente de los consumidores.

    Te toca ahora redactar:
    a) El modo de colocar el champú Agree.
    b) La especificación de los problemas que confrontará este nuevo producto.
    c) El grupo de objetivos comunicativos que contribuirán a superar los problemas susodichos.
    d) La declaración de los beneficios del producto.

11. La empresa Canada Dry, conocida en el mundo entero como mercadista de líquidos para ligar con bebidas alcohólicas, deseó reubicar una de sus marcas más populares, Canada Dry Ginger Ale, en el mercado de los refrescos, para incrementar sus ventas. Ya no se consideraba al mercado de líquidos para ligar, como una categoría con posibilidades de crecimiento, ni tampoco era un segmento tan grande como el de los refrescos. Esto representaba un cambio apreciable en la colocación del producto, que estaba históricamente afianzado en la mente de los consumidores y detallistas como ingrediente para ligarse con una bebida alcohólica. La esperanza de conseguir la nueva ubicación estaba cifrada en una campaña comunicativa, sin perderse la categoría asociada a la ingestión de productos alcohólicos.

Se apeló, para ello, al empleo de anuncios televisados dotados de actitud festiva: los mensajes traían a personajes conocidos, celebridades, que cantaban un nuevo *jingle* o tonada de venta. La frase fundamental rezaba así: "es el refresco seco que no le parecerá tan dulce", para recoger el juego de palabras de la contradicción de un líquido/seco y el hecho de que las bebidas en botellas de color verde son de menor densidad y menos dulces que los tradicionales refrescos a base de cola.

Te toca ahora explicar:

a) Los elementos para la nueva colocación del Ginger Ale (jenjibre), y
b) Después de juntar estos elementos, explica cómo tú defines la posición de este producto y la Canada Dry.
c) Otra estrategia que hubieras empleado de haber sido tú el mercadista.

12. La empresa Aerosol Products Company ha inventado un líquido contra asaltantes, que viene en una latica de espray. Es tan pequeña que cabe en un bolso. Cuando el líquido baña al asaltante le hace perder la visión por un rato, así como toser y sufrir náuseas. Las sustancias obran casi al instante y sus efectos duran alrededor de media hora. Aunque su tamaño permite esconderla en la mano, ofrece más de 100 rociadas como promedio. Se han hecho pruebas que han demostrado su efectividad.

Los estudios sobre el consumidor han indicado que a pesar de que muchas personas están preocupadas con su seguridad personal, en especial las personas que tienen que trabajar de noche, gran porcentaje de este grupo se muestra reacio a portar armas de fuego. La estrategia mercadista consiste en apelar a este segmento preocupado con su seguridad, opuesto al uso de armas de fuego pero necesitadas de protección con un instrumento que no sea mortífero. El mercado principal está constituido por mujeres que trabajan de enfermeras, camareras y telefonistas por la noche. Se ha redactado una plataforma en la siguiente forma:

Nombre del producto: el *Guardián de la mujer*.

Beneficio: *se sentirá* más segura, *estará* más segura con su *Guardián*. Pruebas: la forma absolutamente segura de defensa propia; incapacita al instante a cualquier asaltante sin causarle daños permanentes. Una rociada detiene a los asaltantes al producirles escozor en los ojos, tos y náuseas. Las pruebas hechas en el laboratorio atestiguan su eficacia. Información adicional: a la venta en boticas, droguerías y tiendas y almacenes de descuento. No se necesita ninguna licencia para llevar su *Guardián*. Sólo cuesta $2.95 la lata, tamaño de bolso para 100 rociadas.

Tarea para el estudiante:

a) Piensa en tres o cuatro ideas centrales que se pudieran usar en los mensajes de venta del *Guardián de la mujer*. Describe brevemente los elementos principales de cada idea básica. Las ideas son beneficios al consumidor.
b) Explica cuál o cuáles de las teorías sobre la persuasión serán más efectivas según el segmento blanco de la campaña comunicativa.
c) Explica cómo te guiarás por las premisas actuales de las técnicas de la redacción de los mensajes de venta que sean pertinentes aquí.

d) Discierne sobre las estrategias persuasivas más apropiadas a este caso.

13. En la exposición sobre la plataforma del texto se presentaron seis posibles componentes del mismo. En cada una de las siguientes declaraciones explica la clase de información suministrada.

    a) Le convendrá más comprar durante este mes a estos precios reducidos. ¡Vea a su distribuidor hoy mismo!

    b) Aquí está el mensaje para todos los que siempre anhelaron poseer un carro deportivo.

    c) Haga su pedido hoy y no tendrá que realizar su primer pago hasta dentro de tres meses, con treinta y seis meses más para pagar.

    d) En una encuesta hecha a mil técnicos en reparaciones, se confirmó que esta marca tuvo la tasa menor de roturas de todas las lavadoras.

    e) Al fin, un producto que proporciona alivio de las molestias del resfriado, todo el día y toda la noche, en una sola dosis.

14. Clasifica y explica las apelaciones de los siguientes mensajes de venta en torno a automóviles en el sentido de dirigirse a la razón o al sentimiento.

    a) Lo que lo hace diferente es cómo luce, cómo se maneja y cómo lo hace sentir a usted.

    b) Garantía por 12 meses o 12,000 millas, cualquiera que suceda primero.

    c) Es como el clásico coche de turismo europeo.

    d) El coche hecho para las personas poseedoras del sentido artístico del diseño.

    e) Peso por peso no hay ningún carro que le dé más por su dinero.

15. Muchas de las apelaciones de venta pueden hacerse tanto de modo positivo como negativo. En los siguientes lemas comerciales, halla el tipo de apelación. Después redáctalos en la forma opuesta. Finalmente, compara ambas formas de cada lema y explica tu preferencia por una de ellas.

    a) Si es Westinghouse puede estar seguro.

    b) Los Camel con filtro no son para todo el mundo.

    c) Si en el mundo nada más que hubiera un solo sonido, nosotros sólo fabricaríamos una sola clase de cinta de grabar. (Cinta magnetofónica de la marca Scotch.)

    d) En lugar de su coche, ¿no tendría mejor un Buick?

16. Cuando Josefina Ramírez estudiaba Ciencias Comerciales en los Estados Unidos se ayudaba a costear sus estudios trabajando por horas en un restaurante estilo cafetería. Para interesarla en el negocio, la gerencia le ofreció un por ciento de la nueva clientela que se atrajese a la cafetería. Josefina pensó en atraer la clientela constituida por los estudiantes de su Universidad. La cafetería estaba situada a una sola cuadra de los terrenos universitarios o campus. La Universidad era privada, con la mayoría de los alumnos residentes en los edificios universitarios en número de 5,000 y representaba la fuente de ingresos mayor de aquella pequeña comunidad californiana en donde se hallaba enclavada.

    El énfasis de la cafetería estaba en la confección de platos caseros. De ahí que se llamaba *Home Style Cafetería* y era el único restaurante estilo cafetería en aquel pueblo. Estaba abierto desde las siete de la mañana hasta las nueve de la noche los 365 días del año, sirviendo desayuno, almuerzo y comida. El menú ofrecía una amplia variedad — por lo común seis o siete platos de carne, diversos vegetales, ensaladas, varios tipos de pan, bebidas y postres. No se expendían bebidas alcohólicas. Gracias al servicio propio de cafetería era posible mantener los precios relativamente bajos. Así, un desayuno con huevos costaba 85¢, el almuerzo $1.35 y la comida unos $2.00, todo referido al dólar. Como que la clientela se servía a sí misma, no había necesidad de dar propina. En los tres años que tenía de abierta la cafetería había obtenido su clientela del grupo de la clase media, con inclusión de parejas jóvenes con niños, así como matrimonios ya mayores. De cuando en cuando iban algunos estudiantes por la cafetería, especialmente los fines de semana, pero su número no era apreciable.

Por medio de interrogatorios hechos a los estudiantes, Josefina precisó que la mayoría comía regularmente en la cafetería universitaria. Aunque los estudiantes podían comprar comidas individuales, la mayor parte ya estaban abonados, por todo el semestre con derecho a tres comidas al día por toda la duración del semestre. Había dos razones para abonarse. Primera, costaba menos el precio de cada comida por semestre que el precio de una comida individual, con el consiguiente ahorro. Segunda, tal vez más importante, había interés por parte de los padres de que sus hijos se alimentasen con una dieta balanceada y evitar la posibilidad de que comiesen en lugares y horas poco recomendables. Los estudiantes, sin embargo, se quejaban con vehemencia de la comida de la cafetería universitaria. Les parecía insípida, neutral y carente de la variedad a que estaban acostumbrados en sus casas. Más aún: se sentían compelidos a escaparse del campus para comer algo de su gusto. De hecho, los estudiantes a menudo dejaban de usar el abono y se iban a comer al pueblo sólo por sentirse libres.

Josefina estaba interesada en lograr una porción mayor del mercado de los estudiantes. La cafetería tenía una capacidad mayor de operación y el costo adicional para servir a más público era mínimo. Su idea para atraer estudiantes era ofrecer un abono que satisficiera el deseo de los padres respecto a comidas regulares y balanceadas y el interés de los estudiantes en disfrutar tanto de mayor variedad como de libertad para comer fuera de la Universidad. Su plan consistió en ofrecer abonos semestrales con opción de tres clases: abono diario con tres comidas, abono de almuerzo y comida y abono de comida nada más. El abono de tres comidas, semejante al sistema universitario, costaría un 10% más que éste. No había abono parecido a las dos opciones últimas en la Universidad y había que ofrecer el precio de estas dos opciones a una escala correspondiente al número menor de comidas ofrecidas. Cada abono especificaba la comida a que tenía derecho el estudiante, pero tenía plena libertad para escoger del menú. Josefina estaba dispuesta a pasarles la cuenta a los padres de los estudiantes que mostrasen el carnet de identificación de la escuela.

Josefina comprendía que para que su plan tuviera éxito, ella tendría que lograr la compra de los abonos al tiempo o poco antes de que los estudiantes se matriculasen. El período de matrícula era de tres días durante los cuales los estudiantes decidían sobre la compra del abono semestral. Después de hecha la compra el estudiante no tenía derecho a arrepentirse. Josefina creía que una vez que su plan se probara, su conveniencia se propagaría de boca en boca por toda la comunidad universitaria. Con todo, era necesario emprender una labor comunicativa efectiva para poner en marcha su programa de venta de abonos. Estaba dispuesta a invertir hasta el 10% de las ventas iniciales de abonos en algún tipo de campaña, aunque de modo temporal, pues de lo contrario no habría utilidad ninguna para ella.

Tarea del estudiante: diseñar un programa comunicativo de ventas que contribuya a la introducción del abono estudiantil en la *Home Style Cafeteria*. Explica los siguientes aspectos:

a) Los objetivos comunicativos de la campaña.

b) Los beneficios básicos de la campaña; las personas a las cuales se les dirigirá.

c) Los tipos de medios comunicativos a emplear; las personas a quienes se les dirigirán los tipos de mensajes seleccionados; los procedimientos para conseguir sus nombres y direcciones, lugar para darlos a conocer, etc.

d) La redacción de una plataforma de los textos de los mensajes.

e) Los enfoques o teorías sobre la persuasión más apropiados a este caso.

f) La selección de las estrategias persuasivas enmarcadas en las premisas actuales de las técnicas de redacción de los mensajes de venta.

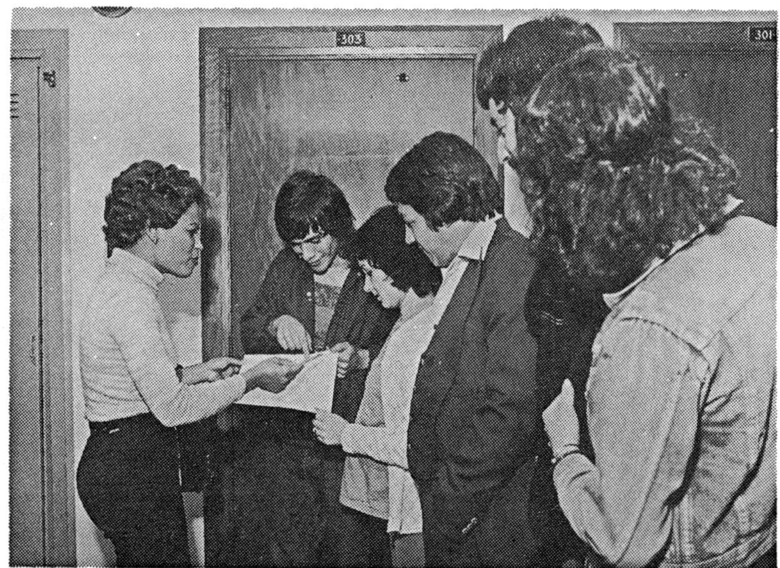

17. A continuación viene un anuncio de la IBM de España y tres de la empresa arrendadora de automóviles Avis. Cabe la posibilidad de que procedan de una plataforma común. Trata de hallar los elementos y confecciona una plataforma común a los dos casos mencionados, de ser esto último posible.

El lenguaje de IBM España

EMPLEO INVERSION EXPORTACION

El desarrollo de IBM en España se ha basado más en hechos que en palabras.

Las palabras, pocas, han llegado después de los hechos.

Hechos son la fábrica de Puebla de Vallbona (Valencia) y los productos acabados que en ella se fabrican.

Hechos, los 14.500 millones de pesetas alcanzados exportando a países de cinco continentes.

Hechos, el nivel tecnológico alcanzado por técnicos, operarios y proveedores españoles.

Hechos, el despegue de la propia fábrica en sus seis años de vida, que ha significado triplicar las exportaciones en los últimos tres años.

Hechos, los 31.329 millones invertidos de 1974 a 1979.

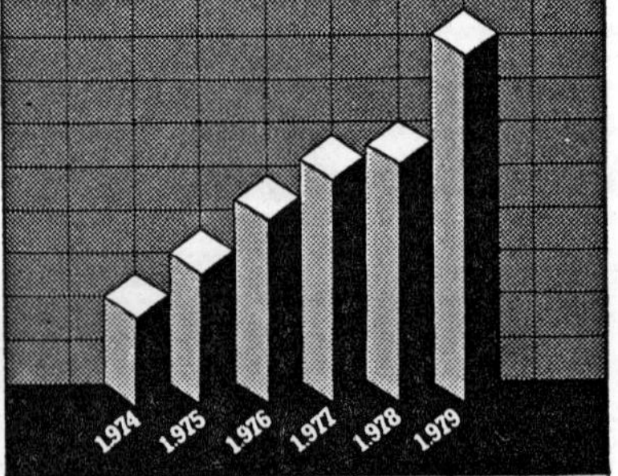

Hechos. De hombres que hablan todos el mismo lenguaje: el de IBM España.

Con Juventud
Retiramos nuestros
coches en plena juventud. Porque
a usted le gustan los coches nuevos.
Y a nosotros también.
Así le damos lo mejor. En lo que se
basa nuestra fuerza.
En lo que se demuestra un
primera clase: en la plena juventud
de sus coches.
AVIS
Alquilamos coches.
Alquilamos SEAT y otras marcas.

Volando

Rapidamente. Tan pronto
como aterriza su avión, un coche
Avis le está esperando.
El modelo que a usted le gusta.
Porque Avis tiene la más extensa
flota de automóviles en aeropuertos.
Como corresponde a un
primera clase.
Como usted y su
tiempo exigen. Volando.

AVIS
Alquilamos coches.
Alquilamos SEAT y otras marcas.

18. Redacta tus consideraciones, para el ejercicio anterior, de las estrategias de venta — agregación, diferenciación por segmentos y concentración — que las empresas multinacionales citadas IBM y Avis, emplearían en los países hispanoamericanos, en especial en el tuyo.

5.4 EJERCICIOS DE CONCIENTIZACIÓN GRAMATICAL

Examina los aspectos gramaticales examinados en la Lección 5 del libro *Gramática*. Puedes usar de modelo la sección "Vamos a razonar contigo: los adverbios, pronombres y numerales" y las explicaciones y ejemplos de la sección "Tráfico: la formación de palabras por afijación y por sintagmación". Tu estudio puede versar sobre el texto de este *Cuaderno*, sección 5.3, sobre tus propios trabajos de redacción del 5.3.7, sobre las ilustraciones acompañadas o sobre cualquier otro texto o ilustraciones que estimes pertinentes. La conciencia del empleo de las cuestiones gramaticales citadas se incrementa con el dominio de la sección 5.2, "Cuestionario y temario para desarrollar", también de este *Cuaderno*.

Los puntos de tu análisis gramatical pueden seguir el orden sugerido por el "Contenido", pp. xi y xii del libro *Gramática*. Los esquemas y cuadros sinópticos son otros medios auxiliares para realizar un análisis ordenado. Todos estos ejercicios de concientización gramatical pueden hacerse con la participación de un grupo o de una clase y servir de base para una discusión provechosa.

5.5 EJERCICIOS DE TRADUCCIÓN

Ofrece la versión española de los siguientes modelos en inglés.

Cortesía de Kentucky Fried Chicken National Advertising Co-op and Young & Rubicam, New York.

Which chocolate cake was baked with Hershey's Cocoa?

Surprise! It's the cake on the right.

We asked 108 women to bake up their favorite chocolate cake recipe twice…once using baking chocolate as called for, then the identical recipe using Hershey's Cocoa instead.

Were they surprised! The cakes made with Hershey's Cocoa were richer, moister, more chocolatey. You can even see the difference. No wonder 7 out of 10 of these women preferred Hershey's Cocoa cakes!

And with Hershey's Cocoa, there's no messy melting, no scorched chocolate, no double boilers to scrub.

Is there a can of Hershey's Cocoa in your pantry? Try it in your next cake—in cookies, fudge and frosting, too. Just use the handy formula below.

For richer, moister, better chocolate desserts—bake 'em with Hershey's Cocoa!

Hershey's Prize Chocolate Cake

1/4 cup butter
1/4 cup shortening
2 cups sugar
1 teaspoon vanilla
2 eggs
3/4 teaspoon baking soda
3/4 cup Hershey's Cocoa
1-3/4 cups unsifted all-purpose flour
3/4 teaspoon baking powder
1/8 teaspoon salt
1-3/4 cups milk

Generously grease and flour two 9-inch round cake pans. Cream butter, shortening, sugar and vanilla until light and fluffy; blend in eggs.

Combine baking soda, cocoa, flour, baking powder and salt in bowl; add alternately with milk to batter. Blend well. Pour into prepared pans; bake at 350° for 30 to 35 minutes or until cake tester inserted in center comes out clean. Cool 10 minutes; remove from pans.

And use cocoa in your favorite frosting recipe, too!

How to Bake with Cocoa

3 tablespoons of cocoa

1 tablespoon of shortening or oil

HERSHEY'S COCOA

1 square (1 oz.) of baking chocolate

Use this handy formula in all your chocolate recipes: cakes, frosting, fudge, and cookies.

If you think this cake is moist, rich and chocolatey...
you should have tried this one. Hershey's Cocoa made it better.
Hershey's Disappearing Cake
¼ cup butter
¼ cup shortening
2 cups sugar
1 teaspoon vanilla
2 eggs
¾ cup Hershey's Cocoa
1¾ cups unsifted all-purpose flour
¾ teaspoon baking powder
¾ teaspoon baking soda
⅛ teaspoon salt
1¾ cups milk
Generously grease and flour two 9-inch round cake pans. Cream butter, shortening, sugar and vanilla until fluffy; blend in eggs.
Combine cocoa, flour, baking powder, baking soda and salt in bowl; add alternately with milk to batter. Blend well. Pour into pans; bake at 350° for 30 to 35 minutes or until cake tester inserted in center comes out clean. Cool 10 minutes; remove from pans.
And use cocoa in your favorite frosting recipe, too!
The "cake that got away" was made with Hershey's Cocoa instead of baking chocolate. It was richer, moister, more chocolatey.
In a test of 108 women, 7 out of every 10 preferred cakes baked with Hershey's Cocoa over cakes baked with baking chocolate.
So, see for yourself how much more chocolatey a Hershey's Cocoa cake really is—bake one today. There's no messy melting, no scorched chocolate. Use the handy formula below.
But look fast, before they gobble it all up.
3 tablespoons of cocoa + 1 tablespoon of shortening or oil = 1 square (1 oz.) of baking chocolate
HERSHEY'S COCOA

Only one thing goes into Dannon that Nature doesn't make. Your spoon.

How can you be sure you're getting real natural yogurt? Easy. Read the package. Dannon lists only pure, natural ingredients. No artificial anything. And 98 to 99% fat-free.

Packages of Dannon cherry, red raspberry and other fruit yogurts also say: stir thoroughly (the fruit is on bottom).

What the container doesn't say is this: Dannon knows more about yogurt than anyone else, because we've made more of it—longer—than anyone else.

We do everything we can to bring you the finest yogurt. Here's one thing you can do: ask for Dannon, and if your store doesn't carry it, write us.

While you're at it, write for our free booklet, "Yogurt and You." Dannon, 22-11 38th Avenue, Long Island City, New York 11101.

Dannon
The natural one.
No artificial anything.

Dannon, 22-11 38 Avenue, Long Island City, N.Y. 11101.

V.O.: What's inside the yogurt you buy?

Dannon says read the outside. Front and back.

Some brands have natural flavor.

They may also have artificial color.

Some are all natural. They may also have starch and other additives.

And some yogurts have no active yogurt cultures.

Dannon says

natural yogurt, with active cultures.

And that's exactly, what you get.

Cortesía de Dannon Yogurt (Marsteller Advertising).

DANNON MILK	1/6/78	
CLIENT	DATED	**RADIO COPY**
Yogurt		
PRODUCT	STATION	
DL-7584 NATURAL		**MARSTELLER INC.**
COMM'L NO.	LENGTH	

866 THIRD AVE., NEW YORK, N.Y. 10022 · (212) 752-8500

ANNCR: When is a natural food not natural? This is the Yogurt Report from Dannon. Some brands say "natural flavor." Sure, the flavor is natural. But the yogurt itself may contain a number of artificial things never found in a Dannon cup. Then there are yogurts that claim "all natural." But check the package closely and you might notice things that some people would rather avoid--like stabilizers, coloring agents . . . <u>and</u> an additive like modified food starch. To find all this out, read the small print. But to make sure of getting a yogurt that's natural all the way, just look for the big print, "Dannon." Dannon makes only one kind of yogurt--the kind that's natural all the way. We just won't allow artificial ingredients around <u>our</u> yogurt. Dannon . . . the natural, lowfat yogurt with no starch added.

Cortesía de Dannon Yogurt (Marsteller Advertising).

Cortesía de Canteen Corporation.

Cortesía de UN We Believe.

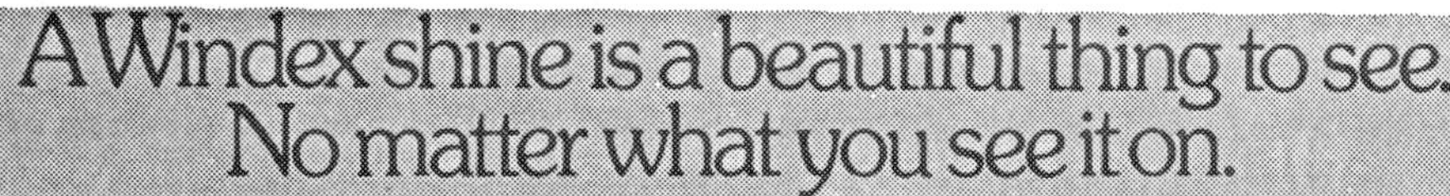

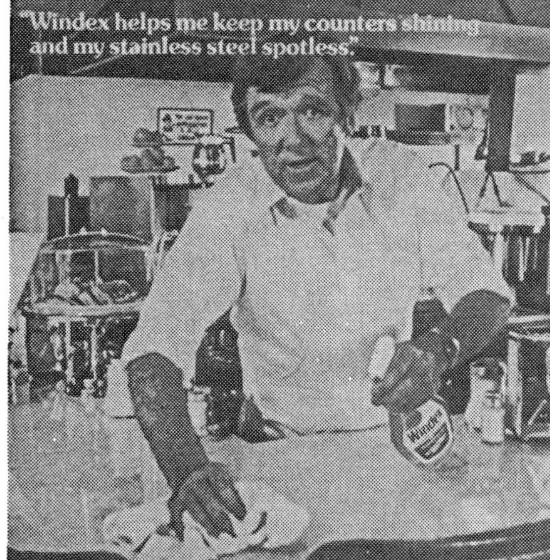

Cortesía de The Drackett Company.

ALL — Todo, todo(s)(a)(as), todo el(los)(la)(las), todo el mundo.

ALL THE WAY — Hasta el final, hasta lo último, en su totalidad, por completo.

ANYTHING — Algo, cualquier cosa, alguna cosa; todo cuanto.

AS... AS — tan... como; tanto(os)(a)(as)... como.

(TO) ASK — Pedir, rogar, solicitar, invitar; exigir.

(TO) BAKE — Hornear, cocer al horno; calcinar.

BECAUSE — Porque, por, a causa de.

(TO) BELITTLE — Empequeñecer, despreciar, menospreciar, apocar, dar poca importancia a.

BESIDES — Además (de), también.

(TO) BLEND — Mezclar, fusionar; armonizar, graduar; fundir.

(TO) BOOST — Hacer subir, empujar hacia arriba, alzar, ayudar, cobrar auge.

BUT — Pero, mas, sino, menos, excepto, sólo, solamente, no... más que; sin embargo.

BY ALL MEANS — Sí, por cierto, ciertamente, sin falta, no hace falta decirlo, por supuesto; de todos modos; a toda costa.

(TO) CHECK — Inspeccionar, verificar, comprobar, chequear; marcar, facturar; frenar, detener.

CONTAINER — Envase, caja; recipiente; continente.

CROWDED — Atestado, repleto, apiñado, apretado; concurrido, lleno de gente.

EASY — Cómodo, tranquilo, manejable, holgado; fácil; moderado, lento, pausado, despacio.

ELSE — Otro; más, además; de otro modo, de otra manera; si no.

(TO) ENTHRALL — Cautivar, encantar; esclavizar, sojuzgar.

EVERY — Cada, todo, todos(as) los(as).

(TO) FACE — Encararse con, arrostrar, enfrentarse a, con, hacer frente a; mirar hacia, volver la cara hacia; revestir, forrar.

FOR — Por, para; como.

FROSTING — Cubierta de pastel, garapiña, confitura; escarcha.

(TO) GET — Conseguir, recibir, obtener, tomar, alcanzar, adquirir, captar, lograr, ganar, coger, atrapar; buscar, hacer, encontrar, hallar; resolver, llegar; traer; hacerse, ponerse, volverse.

GROWN — Crecido, desarrollado; persona mayor, hombre hecho, adulto.

HARD — Duro, tieso; difícil, arduo; de gran contenido alcohólico; crudo.

(TO) HIRE — Alquilar, arrendar; ajustar, contratar, emplear, dar empleo.

JOB — Trabajo, quehacer, tarea, faena; empleo, ocupación, oficio; robo.

(TO) KEEP — Guardar, retener, conservar, preservar, mantener; observar.

(TO) LOOK FOR — Buscar, procurar, andar a la caza de.

(TO) LOOSE — Perder, quedar vencido; extraviar, no lograr algo.

MAYBE — Tal vez, quizá(s), acaso, a lo mejor, puede ser.

MISSHAPPEN — Deforme, contrahecho.

MOIST — Húmedo, mojado; lluvioso; lacrimoso.

NAH — No, qué va.

NEXT — Próximo, siguiente, entrante, venidero; contiguo, de al lado; luego, después; la próxima vez.

NOPE — No, nada de eso, cerito.

(TO) NOTICE — Notar, observar, hacer caso, prestar atención, reparar en, mencionar; notificar, avisar, dar aviso, llamar.

NO WONDER — No es extraño, raro que, no es mucho que.

OVER — Encima, sobre, por encima de; superior; excesivo, adicional; otra vez; al otro lado, a la otra orilla; al revés, patas arriba; a la vuelta; acá; acabado, concluido.

(TO) POUR — Vaciar, verter, derramar, echar, servir.

PREMIUM — Premio; prima de seguro; tasa de interés; calidad óptima.

PROSPECT — Perspectiva, vista, esperanza, expectativa; cliente, probabilidad de éxito; prospecto.

(TO) REMOVE — Remover, suprimir, quitar, eliminar, extirpar, sacar, extraer; deponer, apartar, alejar; ejecutar.

RICH — Rico, costoso, suntuoso, opulento, adinerado, acaudalado; sabroso, condimentado, azucarado, generoso; vivo.

RIGHT — Derecho, normal, correcto, justo, recto, propio, señalado; verdadero, exacto, conveniente, favorable; sano.

SOON AFTER — Al poco tiempo, poco después (de).

SURE — Cierto, con certeza, seguro, sin duda, indudable, claro, no faltaba más; estable.

(TO) TAKE INTO ACCOUNT — Tener en cuenta, presente; recordar; tomar nota, notar; considerar.

(TO) TELL — Decir, contar, narrar, expresar, explicar; adivinar; determinar; conocer, distinguir.

TOO — También, asimismo; demasiado.

TOUGH — Fuerte, firme; duro, arduo, difícil; tenaz, terco, empedernido, malvado, guapetón, malo; mala suerte.

TRICK — Treta, artimaña, suerte, truco, ardid, trampa; burla, chasco; baza, embuste.

TURNOVER — Cambio de personal, movimiento de obreros, cambio frecuente de empleados; vuelvo; ciclo de compras y ventas; número de transacciones.

WELFARE — Bienestar, bien, felicidad, prosperidad; asistencia; beneficio.

WHICH — Cuál, cuáles; que; el(la) cual, los(las) cuales; el(la) que, los(las) que; qué.

WORD GETS AROUND — Se divulga la noticia, la especie; se difunde por todas partes la voz; se corre, se riega; suena por ahí.

WRONG — Equivocado, erróneo, errado, impropio, incorrecto; malo, injusto; mal hecho; inoportuno, inconveniente.

YA — Tú, usted(es), vosotros(as).

YEAH — Sí, claro.

LECCIÓN 6: REDACCIÓN DE MENSAJES DE VENTA: CONCLUSIÓN DE LA FASE CREATIVA Y EJERCICIOS

6.1 REPERTORIO DE EXPRESIONES

A continuación ofrecemos expresiones equivalentes a las procedentes del libro *Comunicación*, pp. 159-194.

6.1.1 Variedades de la expresión

Cuando decimos que tenemos conciencia de algo, damos a entender que reconocemos sus atributos esenciales. — Cuando alegamos que nos damos cuenta de algo, indicamos que distinguimos sus características principales.

... hay que aprender a pasar por alto los errores gramaticales para buscar la almendra de la expresión. — ... debemos ignorar las faltas de construcción con el fin de procurar el pensamiento central del hablante.

Concede el beneficio de la duda sobre el interés que te despertará, y quedarás gratamente sorprendido. — No estimes de antemano que te aburrirás y te verás con sorpresa interesado.

En una *performance* convincente se aúnan presencia y sonidos. — En una actuación ante el público que de sensación de verdad se conciertan el aspecto y la voz del hablante.

¿Deseo estimular apetencias e influir en las actitudes, redoblar la fuerza de una convicción o elicitar una respuesta congruente? — ¿Quiero hacer brotar deseos y modificar actitudes, intensificar una creencia o despertar una reacción apropiada?

Dirigirá a los participantes hacia la propuesta de un curso de acción o hacia un acuerdo con el consenso general. — Encaminará a los asistentes para que propongan llevar algo a la práctica o para que adopten acuerdos con el asentimiento de la mayoría.

Puedes servirte de la siguiente clasificación de tipos habituales hallada en los estudios de la dinámica de los grupos. — Puedes comenzar usando los tipos psicológicos hallados de ordinario en los estudios sobre el conjunto de fuerzas — atracción, repulsión, tensión, compulsión, etc. — que determinan el comportamiento de las personas que actúan dentro de un grupo.

Así se contrarresta la timidez o se viabiliza la comunicación de quienes sienten la imposición numérica de la multitud. — De este modo se ayuda a las personas que no son agresivas o se les facilita la transmisión de un mensaje por hallarse abrumadas debido a la aglomeración de gente.

Sin perjuicio de aplicar a los informes orales las técnicas de los otros mensajes. — Sin que impida en lo más mínimo la aplicación de los procedimientos de las otras comunicaciones a los reportes dados de palabra.

Pero se enajena la buena voluntad con su conducta. — Aunque se malquista con los oyentes por su proceder.

Para ello, se apela a todos los recursos de la imaginación y de la sensibilidad. — Con tal finalidad, se recurren a cuantas imágenes y expresiones alusivas a las sensaciones surtan efecto en los oyentes.

Por ello, en el discurso concurren elementos científicos de la dialéctica y elementos patéticos de otras artes orales. — En el discurso, por dicha causa, participan procedimientos de la Lógica, como los silogismos, y elementos que apuntan a los sentimientos, usados en otras disciplinas afines, como en la Declamación.

El auditorio no es una masa anónima que no pueda conocerse por el orador, antes bien, es para él un grupo diferenciado, pues ha estudiado su composición con antelación. — El público oyente no es una colección de bultos humanos de imposible conocimiento para el orador, sino que, al contrario, para este es un grupo con características propias, ya que con anterioridad lo ha estudiado.

Sin rayar en el extremo laconismo, no intentes explanar las alusiones leídas. — Sin que incurras en una extremada brevedad, no pretendas explicar las insinuaciones o referencias incidentales durante el discurso.

6.1.2 Ejercicios de sustitución

Reemplaza las partes en cursivas con expresiones procedentes de la sección anterior o con las tuyas propias. Puedes consultar el *"Vocabulario"*.

1. El moderador del panel llevará a los participantes a proponer un acuerdo con *el asentimiento de la mayoría*.

2. Estudiamos las técnicas de los mensajes orales *sin que impida en lo más mínimo la aplicación* a éstos de procedimientos de los mensajes escritos.

3. Cuando *alegamos que nos damos cuenta de algo,* damos a entender que reconocemos sus atributos esenciales.

4. Si el ejecutivo no tiene experiencia en reuniones, puede servirse de la clasificación *de los tipos psicológicos hallados de ordinario en los estudios sobre el conjunto de fuerzas que determinan el comportamiento de las personas dentro de un grupo.*

5. En muchos casos *debemos ignorar las faltas de construcción gramatical* al escuchar *con el fin de procurar el pensamiento central* del hablante.

6. *¿Quiere* usted *hacerle brotar deseos, modificarle actitudes, intensificarle una opinión o creencia,* o *despertarle una reacción apropiada* a su escucha?

7. No *pretendas explicarle* a tus oyentes *todas las insinuaciones* pero sin *incurrir en una extrema brevedad.*

8. El vozarrón se puede oír perfectamente en todo el salón de conferencias *aunque se malquista con los oyentes* porque les rompe el tímpano.

9. *No estimes de antemano que el* orador *es soporífero* y *te verás con gran sorpresa de tu parte que estás interesado en el discurso.*

10. El orador debe persuadir a los oyentes. *Con tal finalidad, recurrirá a cuantas imágenes y expresiones alusivas a las sensaciones surtan efecto en ellos.* En los grupos de interacción todos manifiestan su parecer. *De este modo se ayuda a las personas que no son agresivas o se les facilita la transmisión de un mensaje a quienes les abruma la aglomeración de gente.*

11. En una *actuación* convincente se *conciertan el aspecto y la voz* del hablante. Por ello, en el discurso entran *procedimientos demostrativos de la Lógica y elementos dirigidos a impresionar los sentimientos, oriundos de disciplinas afines.*

12. El auditorio no es una *colección de bultos humanos de imposible conocimiento* para el orador, *sino que, al contrario,* para este es un grupo *dotado de características particulares estudiadas con anterioridad.*

6.2 CUESTIONARIO Y TEMARIO PARA DESARROLLAR

6.2.1 Sobre "Comentarios sobre la gramática: los relacionantes y la oración compuesta"

1. ¿Por qué se puede concluir que en gran medida el acierto de nuestro pensamiento radica en saber seleccionar la relación más pertinente en un momento dado?
2. ¿Cuáles son las categorías lógicas más cercanas al sustantivo, al adjetivo, al adverbio, y al verbo?
3. ¿Qué es relación y cuáles son las partes de la oración habilitadas para desempeñar el oficio de relacionantes?
4. ¿Cuáles son los tres aspectos fundamentales de la relación?
5. Explica las tres dimensiones significativas de los signos lingüísticos y las sugerencias para comunicarse con mayor efectividad por medio de preposiciones y conjunciones.
6. ¿Qué es oración compuesta y cuáles son los factores principales para expresar su unidad?
7. ¿Qué es unión asindética y qué oraciones reciben el nombre de yuxtapuestas?
8. Desarrolla el tema de las oraciones yuxtapuestas. Ilustra con ejemplos.
9. ¿Cómo se llaman las oraciones cuyos miembros están enlazados por medio de relacionantes y en qué se diferencian?
10. ¿Cómo puede comprobarse en la situación oral la existencia de una oración principal cualquiera que sea la oración compuesta?
11. A continuación te ofrecemos tres grupos de oraciones. Halla el tipo de oración compuesta que predomina en cada grupo, si hay un sentido general semejante, los matices de significado a causa de los relacionantes y explica la preferencia de su empleo en una situación oral y en otra escrita.

   A. Se ha suscitado una delicada situación en la empresa. Se han hecho graves acusaciones de sustracción de fondos en el Departamento de Producción.

   Esta rama de la empresa es muy importante. Dichas acusaciones deben investigarse sin la menor dilación. Habrá culpables, habrá inocentes. Los culpables merecen castigarse. La reputación de los inocentes quedará limpia de toda sospecha. La empresa recuperará su tranquilidad. Los empleados inocentes trabajarán otra vez sin sombras en su conducta.

B. Como se han hecho graves acusaciones de sustracción de fondos en el Departamento de Producción, se ha suscitado una delicada situación en la empresa.

Dichas acusaciones deben investigarse sin la menor dilación porque esta rama de la empresa es muy importante. Los culpables que se hallen merecerán castigarse al tiempo que la reputación de los inocentes quedará limpia de toda sospecha. De este modo la empresa recuperará su tranquilidad ya que los empleados inocentes trabajarán otra vez sin sombras en su conducta.

C. Se ha suscitado una delicada situación en la empresa, esto es, se han hecho graves acusaciones de sustracción de fondos en el Departamento de Producción.

Esta rama de la empresa es muy importante y dichas acusaciones deben investigarse sin la menor dilación. Habrá culpables o inocentes. La reputación de los inocentes quedará limpia de toda sospecha pero los culpables merecen castigarse. Sin embargo, la empresa recuperará su tranquilidad y los empleados inocentes trabajarán otra vez sin sombras en su conducta.

12. Ofrece el esquema de las preposiciones simples y de las oraciones compuestas, yuxtapuestas, coordinadas y subordinadas.

6.2.2 Sobre "La preposición"

1. ¿Cómo se puede definir provisionalmente la preposición?

2. Desarrolla el tema de la preposición: elemento inicial y elemento terminal, acento, construcción, empleo de varias preposiciones, combinación con otras palabras, preposiciones caídas en desuso, valores significativos y predominio del aspecto sintagmático.

3. Las preposiciones que pueden preceder a otra son: *de, desde, hasta, para* y *por*. A su vez, cada una puede preceder a las siguientes:
De a *entre, hacia, por* y *sobre*; *desde* a *por*; *hasta* a *con, de, en, para, por, sin* y *sobre*; *para* a *con, de, desde, para, por, sin* y *sobre* y *por* a *ante, bajo, de* y *entre*.
Redacta ahora ejemplos tuyos donde aparezcan seguidas las preposiciones y explica el significado múltiple resultado de la convergencia de varias preposiciones.

4. Otro medio de comunicar relaciones complejas estriba en la constitución de locuciones prepositivas. Es difícil establecer distinciones precisas en el habla entre las locuciones prepositivas y las locuciones adverbiales. Los adverbios, incluso, pueden funcionar como preposiciones y conjunciones y servir de enlaces extraoracionales.

La locución prepositiva, como la preposición, forma una unidad sintáctica y fonética con su término. Dicha locución, por tanto, integra dos o más palabras unitariamente, para vincular a un término de valor nominal. Pero hay gran número de expresiones en proceso de transformación, que debemos recoger, para manejar los instrumentos de la relación con efectividad. A continuación ofrecemos una lista que no agota el caudal de locuciones prepositivas, con inclusión de adverbios y locuciones adverbiales que se usan como relacionantes. Observa que todas las locuciones terminan en preposición y que agrupamos estos instrumentos lingüísticos bajo la preposición cuyo sentido de alguna manera comparten. Pero no hay exclusión con el sentido de otras pre-posiciones. La lista aspira sólo a estructurar este número cuantioso de relacionantes.

Redacta ahora ejemplos tuyos donde figuren estos relacionantes y explica el significado complejo resultante. Añade a la lista las locuciones prepositivas particulares de tu región lingüística.

A

a distancia de
a fines de
a la altura de
a la derecha (izquierda) de
a la hora de
al centro de
al comienzo de
al final de
a mediados (mitad) de
a principios de
a punto de
a razón de
a tanto por
en el acto de
en el instante de
en el momento de

ANTE

a la cabeza de
a la luz de
a las puertas de
a la vista de
al frente de
antes de
a (en) presencia de
de cara a
delante de
enfrente a (de)
frente a (de)
más acá de
previo a
por delante de
por frente de

BAJO

abajo de
a (la) merced de
al fondo de
a menos de
debajo de
menos de
por debajo de

CON

a base de
además de

a la par de
al compás de
al lado de
a tono con
en consonancia con
junto a

CONTRA

a despecho de
a diferencia de
a distinción de
a la inversa de
al contrario de
al revés de
de contrario de
de espaldas a
en contra de
en contradicción con
en desacuerdo con
en oposición a (con)
pese a
versus (vs.)

DE

acerca de
a condición de
a guisa de
a manera (modo) de
a semejanza con (de)
a vía de
de parte de
de regreso de
de retorno de
de vuelta de
en caso de
en prueba de
en respuesta de
en son de
en trance de
de manos de
oriundo (originario) de
procedente de

DESDE

a partir de
comenzando (empezando) por

EN

al alcance de
al corriente (tanto) de
alrededor de
a (en) manos de
cerca de
dentro de
de paso por
durante
en derredor de
en el curso de
en tiempos de
en torno a (de)
fuera de
lejos de
por dentro de
por fuera de

ENTRE

a media distancia (medio camino) de
con la ayuda de
con la colaboración de
con la contribución de
en colaboración con
en (el) medio de

HACIA

con rumbo a
en dirección (derechura) a
en ruta hacia (a)

HASTA

acabando (terminando) en (por)
aun
hasta el punto de
inclusive
incluso (con la inclusión de)

PARA

a (en) beneficio de
a disposición de
a fin de
a la orden de
al servicio de
a propósito de
con ánimo de

con destino a
con el fin de
con el propósito de
con miras a
con objeto de
con tal de
en disposición de
en honor de
en obsequio de
en vías de
para servir a

POR

a cambio de
a causa (consecuencia) de
a cargo de
a costa de
a cuenta de
a expensas de
a fuer de
a fuerza de
a eso de
a impulsos de
a juzgar por
a la salud de
a lo largo de
a nombre de
a pedido(s) de
a petición de
a (de) resultas de
a ruegos de
con cargo a
con motivo de
con ocasión de
con vista a
debido a
durante
en aras de
en atención a
en consideración a (de)
en lugar de
en nombre de

en representación de
en vez de
en virtud de
en vista de
gracias a
mediante
merced a
por amor de
por conducto de
por cuenta de
por culpa de
por deferencia a
por disposición de
por encargo de
por (inter)medio de
por motivo de
por obra de
por razón de
por respeto a

PRO

a (en) favor de
en pro de

SEGÚN

a juicio de
a (la) medida de
a satisfacción (gusto) de
a tenor de
con arreglo a
con base a
conforme a
de acuerdo a (con)
de conformidad con
en opinión de
por acuerdo de

SIN

a falta de
aparte de

carente de
con (la) excepción (exclusión) de
excepto
menos
salvo

SOBRE

a más de
a ras de
arriba de
concerniente a
encima de
en cuanto a
en cuestión (materia) de
en lo referente (relativo) a
en referencia a
en relación con
más de
por (en) lo que respecta a
respecto (tocante) a

TRAS

a continuación de
al acecho de
a la espera de
al cabo de
a la caza de
a la vuelta de
a poco (raíz) de
después de
detrás de
en busca (procura) de
en espera de
en persecución de
en pos de
en procura de
en seguimiento de
luego de
más allá de
más tarde de
tras de

---

5. En la lista del ejercicio precedente, halla y explica las oposiciones de significado entre las locuciones. Por ejemplo, *cerca de/lejos de*, entrañan una oposición de distancia, tanto en el tiempo como en el espacio.

6.2.3 Sobre "Significación de las preposiciones, usos más frecuentes"

1. Explica el significado básico o del sistema de cada una de las preposiciones simples.
2. Explica el significado particular o del discurso de la preposición *a* en los siguientes ejemplos:
   Niños, vengan a comer... ¡A comer!
   Juan aspira a senador a ruegos del Presidente
   escucho a Juan al acercarme a la tribuna

le mandaron la cuenta a Juan a escondidas de su mujer
voy a Guadalajara poco a poco
camino a seguir
sentado a la mesa para escribir a máquina
sale a la noche a verte
el alcohol está a dos pesos el litro
de aquí a dos semanas subirá a tres
embarcan a granel a veces
lo mataron a tiros a pocas cuadras de aquí cuando venía a pie
a no haber llegado a tiempo perdía el turno
vino a sabiendas de que yo no estaba, al llegar me lo dijeron
el viaje salió a cinco pesos por cabeza, ¿a que no lo sabías?

3. Explica el significado particular o del discurso de la preposición *ante*:
   ante mí, notario de esta ciudad
   ante todo, estudia comunicación

4. Explica el significado particular o del discurso de la preposición *bajo*:
   bajo la línea de flotación
   ¿bajo palabra de honor? — bajo ningún concepto
   bajo el naranjo

5. Explica el significado particular o del discurso de la preposición *con*:
   sale con Juan
   se pinta con pincel
   trabajar con tesón
   con llegar temprano te atenderán
   con llegar temprano no te atenderán
   amable con cualquiera
   en contradicción con el contrato

6. Explica el significado particular o del discurso de la preposición *contra*:
   está contra el jefe
   pastilla contra el reumatismo
   recostado contra la pared

7. Explica el significado particular o del discurso de la preposición *de*:
   la casa de Pedro
   las sillas de la oficina
   la madre de Juan
   el presidente de la república
   una jarra de agua
   ser de Venezuela
   silla de cuero
   nacer de cabeza
   salir de una vez
   de mañana a pasado
   el edificio de la esquina
   servir de provecho
   es de unos cincuenta años
   acompañado de su amigo de años
   dame de ese tequila
   trabaja de mal humor
   ¡infortunado de mí!
   de otra manera, de otro modo

de ser así me alegro de tu decisión
el estudioso de Pedro
de esto se sigue...
va mucho de Juan a Pedro
llegar de madrugada
tiene menos de cincuenta
dar de bofetadas
salir de la casa
morirse de hambre
cubierto de polvo
la ciudad de México
hombre de mar
una belleza de chica, de lo más bonita
moneda de a real
molino de café
el edificio es de cinco pisos
vestido de gris
levantarse del asiento
colgado de un árbol
tomar de la mano
es mayor de lo que pensabas
entró de repente
se halla lleno de paja
momento de reflexionar
de año en año viene a vernos
dista dos millas de aquí
fruta buena de comer
me siento de lo cansado que estoy
está marchita de pura vieja
temblar de miedo
hablar de gramática
suerte, especie de locura
la asignatura más importante del curso
dos de ellos vinieron
traducir del inglés
trabaja de médico en la Clínica del Estudiante
llegan de dos en dos
despedirse de todos
despierto de las cinco a las seis

8. Explica el significado particular o del discurso de la preposición *desde*:
desde el mes pasado
desde hace diez años
camina desde la plaza
listo desde las cuatro
desde mañana no fumo
desde este punto a aquel otro

9. Explica el significado particular o del discurso de la preposición *en*:
entrar en materia
estar en clase
ir de puerta en puerta de cuando en cuando

dar tal cantidad en fondo
vendrá en invierno
lo hará enseguida, en cuanto pueda
ocuparse en escribir
en estos términos no hay contrato
transformarse en vapor
montar en cólera
el libro se encuentra en la mesa
el lápiz está en la gaveta
entendido en física
caminar en silencio
creo en fantasmas
viene en ayuda
estoy en cueros
viajamos en tren
en memoria de los desaparecidos
en resumen, te vendo el coche en cien mil pesos
¿no confías en mí?
hablar en francés
¡pienso en ti!
llegó en un santiamén
en el fondo, hay buena voluntad

10. Explica el significado particular o del discurso de la preposición *entre*:
entre tú y yo levantaremos la empresa
salimos entre dos luces
andamos entre espinas
es un día entre semana
vino entre las dos y las tres
entre los dos asientos
entre tanto, estudia las preposiciones más
me dije entre mí: esta cuestión está seria
es el mejor trabajo entre todos
entre el ruido y el calor me he quedado zonzo

11. Explica el significado particular o del discurso de la preposición *hacia*:
llegaremos hacia las doce
se dirigió hacia el mar
vino hacia nosotros

12. Explica el significado particular o del discurso de la preposición *hasta*:
hasta mañana, hasta luego, hasta entonces, hasta más tarde
no hará el trabajo hasta la noche
el terreno llega desde aquí hasta allí
hasta los niños lo saben
viaja hasta con los utensilios de cocina
te querré hasta morir

13. Explica el significado particular o del discurso de la preposición *para*:
para mañana, estudien las preguntas hasta la número trece
tenemos para rato
nos abandonó para siempre
vino para pasarse seis meses
partiremos para Monterrey

estudias para ingeniero
me pagan para trabajar
para mí que no sabe nada
lo hago para aprender
el tren está para salir
para principiante no lo hace mal
la mesa para escribir
la carta es para ti
la comida está como para chuparse los dedos

14. Explica el significado particular o del discurso de la preposición *por*:
por decirlo así, la lección no tiene precio
te lo vendo por cien pesos
saldremos por la tarde
paseamos por la avenida
viajaremos por todo el país
trabajé por diez horas seguidas
trabajé por Juan
trabajaré por diez pesos la hora
lo haré por tu bien
te tienen por honrado
la llamaré por teléfono
el informe fue redactado por Juan
te daré mi terreno por el tuyo
votaré por Pedro
perdiste el turno por no estar presente
estoy por perder la paciencia
ven por las buenas
por fin, ¿me quieres o no me quieres?
hazlo por mí
no viene por ahora
no te querré por más que me lo pidas
pasaré por Mérida
refresca por la noche
estuvo por diez años
no cabe por la puerta
lucha por conseguir el puesto
queda mucho por hacer
por favor, conduce por la derecha

15. Explica el significado particular o del discurso de la preposición *pro*:
sociedad pro arte musical

16. Explica el significado particular o del discurso de la preposición *según*:
según la gramática, hay un significado general de la preposición y uno
particular según el contexto oracional
eso es cierto, según he leído en estudios recientes
el velero navega según sopla el viento

17. Explica el significado particular o del discurso de la preposición *sin*:
se fue sin terminar la tarea
hazlo sin apuro
no puedo vivir sin ti; sin embargo, yo sí

salió sin maletín
sin desdorar los presentes...

18. Explica el significado particular o del discurso de la preposición *sobre*:
sobre salir sin terminar, me dejó todo en desorden
los documentos están extendidos sobre la mesa
se trata de un estudio sobre la preposición
el avión vuela sobre la Cordillera de los Andes
sobre todo, no escribas a mano
hablemos sobre el problema
la casa se halla sobre el río
la temperatura subirá sobre los quince grados
vendré sobre las cuatro
los médicos están inclinados sobre el paciente

19. Explica el significado particular o del discurso de la preposición *tras*:
está aguardando tras la ventana
tras de haber dicho eso se sentó tan campante
no vayamos tras una ilusión

20. Redacta ahora ejemplos tuyos con las preposiciones. Aporta un número suficiente para mostrar la diversidad de significados recién estudiada. Explica el significado de cada preposición dentro del enunciado aportado.
Para facilitarte esta labor te daremos las siguientes sugerencias:

Primera

En el "Vocabulario" hallarás multitud de vocablos acompañados de preposiciones. En *abandonado*, por ejemplo, verás *abandonado por la suerte*.

Segunda

Hay una manera de resumir los tipos de relación de las preposiciones. A la representación mental pueden corresponder tres tipos generales de relación, a saber: espacial, temporal y nocional. Esta última incluye todas las revelaciones posibles excepto la espacial y temporal. Así, la preposición *de* entraña una relación espacial en *vengo de Puebla*, una temporal en *trabajo de noche* y nocional causal en *morirse de sed* y condicional en *de haber llegado antes habrías terminado ya*.

Tercera

Otra manera de organizar la labor consiste en observar las oposiciones de significado de las preposiciones. Mientras que hay oposiciones en el sistema tales como *pro/contra, ante/tras, desde/hasta, bajo/sobre, con/sin*, hay otras que no son tan evidentes. Son oposiciones que se consiguen al nivel del discurso o habla. Así, las preposiciones *a* y *de* en *voy a casa / vengo de casa*; las preposiciones *por* y *para* en *camino por el parque / camino para el parque*; las preposiciones *con* y *contra* en *estoy con Juan / estoy contra Juan*; las preposiciones *según* y *contra* en *lo hago según la gramática / lo hago contra la gramática* y así sucesivamente.

6.2.4 Sobre "Las oraciones yuxtapuestas"

1. ¿Por qué en el ejemplo citado podemos decir que las oraciones del párrafo son yuxtapuestas?

2. ¿Cómo debemos encauzar la corriente de la conciencia para redactar párrafos de oraciones yuxtapuestas?

3. Aplica las sugerencias de esta sección y redacta un párrafo de oraciones yuxtapuestas, con estilo deductivo o con estilo inductivo. Explica entonces el sentido principal, la idea predominante y otros aspectos que confieran el carácter de yuxtapuestas a tus oraciones.

6.2.5 Sobre "Las oraciones coordinadas y conjunciones correspondientes"

1. ¿Cuál es el segundo paso en la expresión de oraciones vinculadas por la intención del hablante?

2. Explica el significado de la coordinación y de sus diferentes clases.

3. Desarrolla el tema de las coordinadas copulativas con vista al análisis de los siguientes ejemplos:
   español e inglés; vinagre e hiel;
   no nos opongamos ni por rutina ni por desagrado;
   profesores y estudiantes, ejecutivos y empleados, necesitan comunicarse;
   y, el primer paso para hacerlo es prestar atención;
   he vivido muchos más años y sé más que tú;
   piensa mal y acertarás;
   lo busco y no lo hallo;
   reclamo mi sueldo, que no regalos;
   despidió la clase y ni pincha, ni corta en la escuela;
   hay muchos profesores que no saben pronunciar discursos y son magníficos para enseñar;
   el profesor vino con los alumnos a la asamblea;
   entre el profesor y los alumnos harán los ejercicios;
   Pedro y Juan hablarán de la preposición y de la conjunción.

4. Desarrolla el tema de las coordinadas distributivas con vista al análisis de los siguientes ejemplos:
   muchas veces no comprendemos lo que oímos sea porque creamos nosotros mismos las distracciones, sea porque no hacemos lo suficiente para ajustarnos a su presencia;
   sea hablar o escuchar, debemos reflexionar.

5. Desarrolla el tema de las coordinadas disyuntivas con vista al análisis de los siguientes ejemplos:
   o lo hace Juan o lo hace Pedro;
   nombrarán jefe a Juan o a Pedro;
   siete u ocho;
   le impulsaban la necesidad o la avaricia;
   se ha de redactar un plan de la conferencia, o sea, una agenda;
   conferenciar entraña deliberar, consultar, entre un número reducido de personas.

6. Desarrolla el tema de las coordinadas adversativas y sus clases con vista al análisis de los siguientes ejemplos:

voy más veces a tu casa que tú (vienes) a la mía;
Juan mecanografió ayer más páginas que (mecanografió) hoy;
habla más que diez (personas hablan juntas);
tenía menos dinero del que necesitaba;
tanto más compadecemos al solitario, cuanto más apreciamos la comunicación.

17. Desarrolla el tema de las oraciones circunstanciales finales, su significación, su construcción y el significado de los nexos con vista a los siguientes ejemplos:
vino a que lo viese el médico;
para que los alumnos entiendan mejor explicamos con detalle la lección.

18. Desarrolla el tema de las oraciones circunstanciales causales, su significación, su construcción y el significado de los nexos con vista a los siguientes ejemplos:
la voluntad dinamiza la atención porque reconoce el fin perseguido;
¡me meteré bajo el portal, que me estoy mojando!;
como las facultades mentales se sirven unas a otras, la voluntad permitirá el pleno funcionamiento de las demás;
¡apresúrate ya que es tarde!;
vine tarde pues el ómnibus se atrasó.

19. Desarrolla el tema de las oraciones circunstanciales consecutivas, su significado, su construcción y el significado de los nexos con vista a los siguientes ejemplos:
estaba trabajando anoche hasta tarde, estará haciendo pues el balance;
trabajan con tal aplicación que les subiremos el sueldo;
Juan mira el reloj a cada minuto, será maravilla que trabaje bien;
la imagen de la profesión y de la empresa se proyecta en el dominio de la palabra del ejecutivo: saber hablar es saber dirigir;
nos queda un día de trabajo, ¡con que echen el resto!;
pues, como decíamos ayer;
Por ello, las notas evocan básicamente hechos mentales personales;
Convengamos, por tanto, en que no se puede perder más tiempo, señores;
¡Pues no faltaba más!;
¿Te ascendieron? ¡Conque esas tenemos!;
son las cuatro y media, de modo que no te demores.

20. Desarrolla el tema de las oraciones circunstanciales condicionales, su significado, su construcción y el significado de los nexos con vista a los siguientes ejemplos:
si llama Juan, díselo al jefe;
si tuviera bastante dinero, te lo compraría;
te compraré la mercancía si me la rebajas;
cuando les faltasen las fuerzas, les bastaría el entusiasmo;
tienen valor y entusiasmo cuando no buena voluntad;
habrá coraje, donde no fe;
prestándote Juan el dinero, podrás realizar el negocio;
mañana, comenzando temprano, podremos terminarlo;
de haber vacante, te llamaré enseguida;
a no haber venido, hubiera perdido el puesto;
avísame enseguida caso de que me llamen para el puesto;

con sólo que te arrepientas te lo perdonaremos;

¡si dije que lo hicieran!;

la ganancia que se saque, se repartirá entre todos, y la pérdida sólo la sufrirá la empresa.

21. Desarrolla el tema de las oraciones circunstanciales concesivas, su significado, su construcción y el significado de los nexos con vista a los siguientes ejemplos:

aunque llueva, saldré;

aunque llueve ahora a cántaros, voy a salir;

aún cuando el discurso agrade y conmueva, deberá parecerle útil al auditorio;

si bien hay mucha diferencia en el uso del gerundio en inglés y en español, respecto a las acciones duraderas los usos son prácticamente equivalentes;

no paso por allí, así me coronen;

por muy expedita y amena que sea tu conferencia, se hace enfadosa si incurres en el yerro de decirlo y explicarlo todo;

digan lo que digan, la Universal es la primera;

sea la ocasión que sea, a todos nos encanta hablar sobre nuestro trabajo;

fuere como fuere, sea como fuere;

hiciera lo que hiciese no podía controlar los nervios;

dígase lo que se quiera, la Universal es la primera.

22. ¿Cómo se diferencian las oraciones concesivas de las distributivas con verbos en subjuntivo?

23. Comenta sobre las últimas recomendaciones: la multiplicidad de significados de algunos signos lingüísticos, las conjunciones, preposiciones y partículas con más significados, la vigilancia, la comunicación oral.

24. Discute sobre la concientización lingüística, el empleo de las formas lingüísticas que aseguren la comunicación; la vertebración de habla, norma, sistema, lenguaje en la comunicación.

25. Redacta ahora oraciones circunstanciales locativas, temporales, modales, comparativas, finales, causales, consecutivas, condicionales y concesivas. Para darle variedad a la expresión consulta el cuadro de los relacionantes más usados para la subordinación circunstancial. Para completar este trabajo puedes auxiliarte del cuadro de la construcción condicional, p. 24, y de los esquemas de la preposición pp. 157-61 del libro *Gramática*. Muchas conjunciones y locuciones conjuntivas se forman mediante la adición de *que* a las preposiciones y locuciones adverbiales y prepositivas. En el ejercicio 4 del 6.2.2 de la presente obra puedes recoger un número apreciable que toman la forma *que* para funcionar como vínculos conjuntivos.

26. Escoge párrafos de este manual o de otro texto y cambia los relacionantes según los estudios realizados en esta lección. Previamente has de asegurarte del sentido de los períodos dentro del párrafo. Luego, con el repertorio de relacionantes a la vista, sustituye los relacionantes de los modelos. Recuerda que algunos relacionantes tienen varios significados, sobre todo los más comunes como *que, pues*, etc.

27. Ejercicios de llenar los espacios en blanco. Toma cualquier párrafo del presente manual o de otro texto. Suprímele los relacionantes y en su lugar deja un espacio en blanco. Debajo de la raya escribe la relación significada. Dales estos párrafos a tus compañeros para que llenen los

espacios en blanco. En algunas ocasiones se pueden emplear otras locuciones prepositivas y conjuntivas en vez de las preposiciones y conjunciones y viceversa. No tiene, pues, que ser idéntica la forma escrita en el espacio en blanco a lo que hallaste en el párrafo original. Te daremos un modelo tomado de la primera página de la lectura de esta lección (c = conjunción; p = preposición).

.... invertimos mucho mayor tiem-
　　　　　　(locución concesiva)

po .... escuchar ....
　　　(p. participación)　　　　　　(c. comparativa) (p. participación)

hablar, leer .... escribir .... la vida social,
　　　(c. copulativa)　　　　　　　　　(p. lugar)

no se adiestra .... ordinario, ...
　　　　　　(p. modo)　　　　　　　　(c. copulativa)　(p. de lugar)

la casa .... la escuela
　　　(c. copulativa)　　　　　　　　(p. de lugar)

.... usar .... efectividad, dicho
　　(p. movimiento)　　　　　　(p. de compañía)

componente .... la comunicación humana.
　　　　　(p. de pertenencia)

Es preferible, para reducir al comienzo el grado de dificultad, realizar este ejercicio inmediatamente después de haber leído el párrafo. El presente trozo se lee así en el original "A pesar de que invertimos mucho mayor tiempo en escuchar que en hablar, leer y escribir en la vida social, no se adiestra de ordinario, ni en la casa ni en la escuela a usar con efectividad, dicho componente de la comunicación humana".

6.2.7 Sobre "Tráfico: desde la atmósfera a la comunicación. Aire, fonema, sílaba, palabra, grupo fónico, oración, período, discurso, comunicación oral"

1. ¿En qué transformación consiste el maravilloso proceso de la comunicación oral?
2. ¿Cómo convierte el hombre la materia prima del aire en valor cultural?
3. ¿Con qué objeto veremos a grandes rasgos este proceso?
4. ¿Cuáles son las etapas fisiológicas de la creación de sonidos simbólicos?
5. Explica la etapa de la inhalación con la armonía de espiración y habla.
6. Explica la etapa de la fonación, el origen de los sonidos sonoros y sordos, el origen de la voz humana, el sonido alto y el sonido bajo.
7. Explica la etapa de la resonación, los sonidos orales y nasales, el sonido vocálico nasalizado; la amplitud y el tono; el timbre y su control.
8. Explica la etapa de la modificación; las cavidades resonantes, su contribución; el sonido fundamental y sus armónicos, los timbres de las vocales; los órganos activos y los órganos pasivos; los cambios en la cavidad bucal, el volumen, la educación del timbre; el trabajo aunado de todos los órganos en la formación de los sonidos.
9. Explica la articulación de los sonidos; la clasificación por su función silábica y por la forma de salida del aire: vocales y consonantes; las consonantes sordas y sonoras; la articulación efectiva sugerida.

10. ¿En qué consisten la fonética y la fonología?
11. ¿Cómo establece la fonética el repertorio de sonidos de una lengua?
12. En cambio, ¿cómo los organiza la fonología?
13. ¿Qué son fonemas y cuántos existen en español?
14. ¿Cuántos fonemas vocálicos y consonánticos tiene nuestra lengua?
15. ¿Por qué recurrimos al alfabeto fonético?
16. ¿Qué son alófonos?
17. Discute sobre las advertencias relativas a la pronunciación de las siguientes consonantes?

    a) la *b* y la *v*
    b) la *c* y la *z*
    c) la *c*, la *q* y la *k*
    d) la *g* y la *j*
    e) la *x*
    f) la *r*
    g) la *y* y la *ll*

18. ¿Qué se desprende del hecho de carecer la *h* de valor fónico?
19. ¿Qué son vocales tónicas, átonas y relajadas?
20. Redacta el cuadro de los fonemas del español con sus alófonos; ilustra con ejemplos tu descripción. Este ejercicio tiene dos variantes. La primera consiste en reconocer los símbolos fonéticos, o sea, dar su descripción. La segunda consiste en determinar la clase de alófono de que se trata con vista a ejemplos.
21. ¿Qué cuestiones se plantean al combinarse los sonidos vocálicos entre sí y los vocálicos con los consonánticos?
22. Aporta una oración que sea a la vez un grupo fónico. Con base a ella explica la división en sílabas y ofrece la transcripción fonética, la sinalefa, el enlace de consonantes y vocales, la unidad de sentido; comenta finalmente sobre las leyes ambientales influyentes.
23. Con vista a ejemplos, redacta el cuadro de los diptongos y triptongos, tanto dentro de las palabras como en los límites entre ellas. Explica los fenómenos fonéticos de unión y desunión de vocales contiguas. Para mejor comprensión de este problema conviene decir en voz alta una lista de palabras que ilustren estas cuestiones.
24. Con vista a ejemplos, describe las leyes fonológicas para formar sílabas. La recitación de listas de palabras y de fragmentos del habla contribuirá a una mejor comprensión de estas cuestiones.
25. Con vista a ejemplos, clasifica las palabras según la posición del acento fónico; explica la importancia del acento, el modo de marcarlo y las normas ortográficas para hacerlo.
26. ¿Por qué se evidencia la interpenetración de fonética y sintaxis respecto a las palabras acentuadas y las palabras átonas?
27. Con vista a ejemplos, presenta el cuadro de las palabras acentuadas y átonas.
28. ¿Qué norma general puede darse para la acentuación de la palabra en el habla?
29. ¿Cuáles son las únicas palabras dotadas de dos acentos?
30. Comenta sobre la recapitulación; la síntesis final en la comunicación oral: los distintos planos, fónico, semántico y sintáctico; la oración compuesta; el habla; el plano de la expresión y el plano de la comu-

nicación; el fin social de la comunicación; el sistema y las normas lingüísticas; el fin del ciclo de conversión del aire.

31. Discute sobre las últimas sugerencias para la situación oral comunicativa con vista a la práctica de las expresiones ofrecidas.

32. Ejercicios fonéticos.

1. Seguidilla. Silabea y vocaliza con propiedad. Nota la sinalefa y el enlace de sonidos consonánticos y vocálicos más allá de las palabras. No relajes el sonido final de grupo como práctica para tu comunicación oral.

Menelao hurtó esa huerta a Oscar.
Oscar robó su helado a Napoleón.
Napoleón mató el tomeguín de Natividad.
Natividad atropelló a la hija de Román.
Román dejó sin Dalila a Sansón.
Sansón golpeó a Otón.
Otón hurtó herramientas a Ochoa.
Ochoa odiaba a Eulalia.
Eulalia idolatraba a Estanislao.
Estanislao irritó a Emilia.
Emilia aseó a David.
David adivinó el deseo de Damián.
Damián manifestó ira a Elías.
Elías se zambulló en la piscina de Eduviges.
Eduviges educó a Diógenes.
Diógenes salió sin Anastasio.
Anastasio escribió a Abrahán.
Abrahán amaba a Adela.
Adela adoraba a Aurelio.
Aurelio enseñaba a Eugenia.
Eugenia instruía e interrogaba a Eudosia.
Eudosia humillaba o ultrajaba a Eustaquio.
Eustaquio o Vinicio heredará a Úrsula.
Úrsula escribe a Sergio sobre la herencia.
La herencia escapa el impuesto del fisco.
El fisco se chasqueará por esa insolvencia.

2. Fragmentos de diálogos para practicar los alófonos de /d/.

—Señor Pared, tenga la bondad, dónde ¿dónde queda su ciudad?

—Pues verá usted. Como no esté cansado después de haber caminado hasta este poblado, siga derechito dos leguas más y llegará a Condado.

—Señor Abad, ¿qué hizo usted en su juventud?

—Pues le diré la verdad. Ni un solo día dejé de practicar la virtud.

Diálogo entre los estudiantes Nabucodonosor y Hermelinda. Controla las vocales para que no queden relajadas. Conserva los sonidos de la letra *x* y de la letra *s*.

—Nabucodonosor, ¿estudiaste todos los días del mes para el examen final?

—Hermelinda, cuando hay un profesor tan exigente como el señor Dioscórides Diosdado hay que estudiar todos los días del año.

—Pero, Nabucodonosor, ¿no estarás exagerando? El profesor Diosdado explica con claridad. Su experiencia en exponer su asignatura es extraordinaria.

—Tal vez Hermelinda yo no pueda extraer lo suficiente y me extenúo en exceso.

—Exactamente, Nabucodonosor. Para tener éxito, debes experimentar con otro sistema que no sea tan exorbitante, para que no te quedes tan exhausto.

—Eres excepcional Hermelinda. Ya estoy exasperado de tanto estudiar. ¿Tienes un sistema expedito?

—Sí, Nabucodonosor. He experimentado con un sistema que me explicó una alumna extranjera. Es el hacerte la idea de que entiendes la exposición. Nunca creerte extraviada hasta en las explicaciones más extrañas.

—Lo que me has expresado Hermelinda me parece que debe explorarse. La próxima vez adoptaré esa estrategia. Miraré extasiado al profesor Dioscórides Diosdado que se quedará extrañado por seguirle toda la explicación.

—Pero recuerda no hacerlo en exceso. No vayas de extremo a extremo. Exhibe una cara excitada poco a poco. La actitud positiva comienza en el interior y se refleja en el exterior de la persona porque la ha experimentado adentro.

—Gracias, Hermelinda. Desde ahora mi existencia quedará exenta de tantas preocupaciones exageradas. Y para comenzar, ¿quieres ir a un baile exuberante con este ex-preocupado para celebrar el seguro éxito del examen?

—¡Cómo no, Nabucodonosor! Con tu léxico tan exquisito no puede haber excusa. Pasaremos una noche eximia y nos expansionaremos después del examen final.

> Y colorín colorado,
> esta labor se ha acabado,
> y tu respuesta no ha empezado.

> **Fin**

6.3 REDACCIÓN. TÉCNICAS DE LOS ANUNCIOS Y DE LAS CARTAS DE PROMOCIÓN. CONCLUSIÓN DE LA FASE CREATIVA: ESTRUCTURA INTERNA, SITUACIÓN COMUNICATIVA Y ESTRUCTURA EXTERNA

Ya con la plataforma a la vista, el redactor sentado ante su máquina de escribir en cuyo rodillo ha insertado un papel en blanco — o ante la computadora cuya pantalla despejada constituye un pliego electrónico — tiene a su disposición el *qué* decir. La siguiente y última fase de la fase creativa es el *cómo* decirlo: las técnicas de redacción. Ocurre a menudo, empero, que dadas las limitaciones presupuestales de la empresa, sólo dispondrá de unos escasos datos elementales para confeccionar el mensaje de venta. La etapa investigativa anterior, como se ha comprobado, entraña una inversión considerable de toda clase de recursos.

Mediante la definición de la labor presente concretaremos los pasos: a) ha de crearse, b) con elementos lingüísticos y extralingüísticos, c) un mensaje persuasivo de venta, d) destinado a transmitirse por diversos canales, e) a unos consumidores potenciales distantes. La tarea, así desglosada, se cumple en las etapas siguientes:

Primera

Mediante la *consulta* de los textos relacionados con la creatividad y con el manejo del lenguaje para la comunicación efectiva. Respecto a los primeros, hemos incluido para comodidad del lector, una condensación de los estudios actuales sobre las técnicas del pensar creador en la Primera Parte. Respecto a los segundos, el "Vocabulario", obrante como Apéndice, constituye un diccionario ideo-constructivo de utilidad para cualquier tipo de redacción. Como se trata de elementos lingüísticos y extralingüísticos, la consulta a los textos *Gramática* y *Comunicación* ayudará al redactor para comunicarse con el lenguaje actual; en la lectura de la lección anterior se examinaron las principales teorías sobre la persuasión que orientarán en la redacción de los mensajes persuasivos por antonomasia: los de venta.

Segunda

Mediante el *análisis* de los componentes de estos mensajes. El análisis se desdoblará, para seguir las corrientes actuales de estos estudios, en la explicación de la estructura interna, el significado, o mejor, el conjunto de significados, y la estructura externa, o sea, las clases y distribución de los componentes formales. En relación con el primer análisis, también en la "Introducción", nos auxiliará el resumen de los estudios sobre la Semántica. En relación con el segundo, la descripción de las partes integrantes de los anuncios y de las cartas de promoción de hoy será motivo de estudio en la presente lectura.

Tercera

Mediante la *consideración* de la situación comunicativa. Es tal el influjo de este aspecto de los entornos informativos, que ha de examinarse antes de la forma externa, con sus dos tipos: ya sea con los participantes en concurrencia, frente a frente, ya sea con un canal interpuesto entre sí. Ciertamente, la redacción se origina del hecho que los participantes en el acto comunicativo no pueden compartir el mismo lugar y el mismo momento para la efectuación del acto. El empleo de canales exige la redacción. A su vez, los mensajes de venta principales se desdoblan en anuncios y cartas promocionales a causa del tipo de canales empleados para su transmisión.

Como el estudio sobre la creatividad y el "Vocabulario" ya obran en el presente texto, hemos de examinar ahora la estructura interna, la situación comunicativa y la estructura externa de los anuncios y de las cartas de promoción. En la tabla adjunta se puede apreciar la distribución de materias de la presente lectura. El lector interesado únicamente en la descripción de los elementos formales, en la forma actual de los mensajes de venta más importantes hoy, podrá pasar directamente a dicho estudio. Sólo queremos presentar el estado actual de los estudios sobre los anuncios y las cartas promocionales de la manera más completa posible para lograr su mayor efectividad.

6.3.1 La estructura interna de los mensajes de venta

Como redactar consiste en poner por escrito ordenadamente lo que tenemos en la mente, esto es, componer con palabras nuestras representaciones mentales, el proceso requiere la contribución de los estudios semánticos relacionados con las categorías del significado. El proceso de producir significados radica en la mente: la estructura interna es, pues, psicológica. Repasando estas nociones de la "Introducción", sabemos que la categoría existencial procura una equivalencia entre las palabras y la realidad — es el *qué* se significa; la categoría estructural afirma que el significado de las palabras reside en sus relaciones de oposición y asociación en el léxico de una lengua dada — es el *cómo* se significa; la categoría intencional dota de significados a las palabras por el empleo de ellas, por la finalidad que se las usa, en determinados activos comunicativos — es el *para qué* se significa.

Si reflexionamos sobre estos tres conceptos, hallaremos que la categoría existencial coincide con el nivel de significado de las palabras según la *norma lingüística* de la comunidad en un momento dado; la categoría estructural coincide con el nivel de significado de las palabras conforme al *sistema de la lengua*, al nivel más abstracto; y por último, la categoría intencional hará corresponder el significado al nivel del *habla*, donde se actualizan los significados potenciales de las palabras al emplearse en un acto real. Para producir y compartir significados conforme a la norma lingüística el redactor se vale de los diccionarios. Aquí hemos incluido un "Vocabulario" para este propósito. En cuanto al sistema de la lengua, los estudios estructurales, en especial el estructuralismo, constituyen valiosos auxiliares. Y para hacerlo al nivel del habla, los estudios de la polisemia alertan al redactor sobre las posibilidades significativas de tipo intencional, cuando colocamos el mensaje en ciertos planos o contextos.

6.3 REDACCIÓN. MENSAJES DE VENTA: CONCLUSIÓN DE LA FASE CREATIVA	**6.3.1** La estructura interna de los mensajes de venta	**6.3.1.1** El estructuralismo en la redacción **6.3.1.2** Los contextos del significado en la redacción
	6.3.2 La situación comunicativa del mensaje: En concurrencia o con canal interpuesto	**6.3.2.1** El uso de canales como condicionante de la redacción **6.3.2.2** Esquema de los canales de una campaña comunicativa **6.3.2.3** Los periódicos y las revistas **6.3.2.4** El radio y la televisión **6.3.2.5** Las cartas de promoción
	6.3.3 La estructura externa de los mensajes de venta	**6.3.3.1** Técnicas y componentes de los anuncios impresos **6.3.3.2** Técnicas y componentes de los comerciales **6.3.3.3** Técnicas y componentes de las cartas de promoción

6.3.1.1 El estructuralismo en la redacción

El proceso constante de oposiciones es decisivo a la hora de transmitirse significados con las palabras. El significado, el valor de la palabra en el decir estructuralista, no reside, no le es inherente al vocablo; surge más bien de relaciones de oposición y asociación con los demás miembros del léxico de un idioma. Como vimos en la exposición sobre los fonemas en *Gramática*, en donde la sonoridad excluye la sordez, la vocal a la consonante y otras oposiciones binarias, así como el singular se opone al plural, los tiempos de la cercanía a los de la lejanía y otras oposiciones dicotómicas, el análisis estructural procura hallar los rasgos mínimos finales por los cuales se diferencian los elementos contrastados. Al transponerse este enfoque contrastivo a las demás esferas culturales, el estructuralismo cree haber encontrado el secreto de cuantas creaciones realice el hombre.

La actividad estructuralista siempre ha estado con nosotros, pero es con los estudios saussurianos y freudianos que adquieren nombradía como método investigativo y como sistema de pensamiento. La preocupación fundamental del estructuralismo ha sido la búsqueda de las formas, y, entre ellas, la estructura más interna de los fenómenos culturales de los cuales forman parte los mensajes de venta. Sobrepasando la noción freudiana de que el inconsciente se halla poblado de imágenes sexuales reprimidas y la postura jungiana de que existe un inconsciente colectivo constituido por formas primordiales o arquetipos de imágenes desvinculados, el estructuralismo afirma que dicho estrato mental, común a todos los hombres, es meramente un órgano de clasificación: realiza simbolizaciones en forma de oposiciones extremas, como polaridades. Esta bilateralidad se imprime a cuantos aspectos se hayan originado en otras zonas mentales — impulsos, recuerdos, sentimientos — y como los significados también participan de esta condición mental, resultan organizados en polaridades.

Los estudios realizados sobre los mensajes de venta, dentro de un enfoque estructuralista puro, siguen el postulado de que son pocos los pares primordiales de opuestos. Aplicando los estudios de la Antropología Cultural de Lévi-Strauss a la actividad publicitaria, han hallado las siguientes polaridades rectoras: endogamia/exogamia, tiempo eterno/tiempo profano, felicidad/infortunio, conocimiento/ignorancia y naturaleza/cultura. Mediante el empleo de interesantes, pero complejas transformaciones, explican el significado de cualquier mensaje de venta como una reducción a uno de estos pares fundamentales.

Dadas nuestras necesidades analíticas, nos conviene considerar al estructuralismo como una contribución más y así incluir las conquistas anteriores realizadas en los estudios semánticos. Nos conviene, asimismo, ampliar el número de los pares fundamentales hasta incluir opuestos ya no tan primordiales con objeto de que las reducciones no sean tan complejas. Otra modificación, a nuestros fines pedagógicos, consistirá en dar la lista con el criterio de la percepción como fundamento del proceso de adquisición y transmisión de significados. Sin ánimo de agotar las formas contrastivas ideadas por el hombre para orientarse, seguidamente damos nuestra lista:

a) Pares originados en el funcionamiento de los cinco sentidos tradicionales, empleados por el hombre para la *percepción externa fundamental*: claridad/oscuridad, sonido/silencio, contacto/separación, aroma/putridez, sabor/insipidez.

b) Pares originados en la *percepción interna del organismo humano*:
placer/dolor, bienestar/necesidad, salud/enfermedad, fortaleza/debilidad, termicidad/frialdad, sueño/vigilia, movimiento/reposo, cambio/permanencia, verticalidad/horizontalidad, acuidad/embotamiento, aceleración/depresión, oscilación/equilibrio, ligereza/gravedad, vibración/atonía, presión/soltura, tensión/relajamiento, plenitud/vacuidad, oclusión/apertura, emisión/recepción.

c) Pares originados en la *percepción de los sentimientos*:
soledad/compañía, amistad/hostilidad, interés/indiferencia, deseo/hastío, alegría/tristeza, felicidad/sufrimiento, hilaridad/seriedad, memoria/olvido, voluntad/abulia, posesión/rendimiento, egoísmo/altruismo, pasión/serenidad.

d) Pares originados en la *percepción de la vida en sociedad*:
inclusión/exclusión, seguridad/peligro, individualidad/colectividad, identidad/diferenciación, privacidad/publicidad, unión/disensión, armonía/agresión, concierto/confusión, costumbre/rareza, abundancia/carestía, mandamiento/obediencia, premio/castigo, éxito/fracaso.

e) Pares originados en la *percepción de valores*:
verdad/falsedad, bondad/maldad, calidad/cantidad, equidad/arbitrariedad, belleza/fealdad, realidad/imaginación, espíritu/materia, racionalidad/demencia, humanidad/divinidad, eternidad/fugacidad, provecho/derroche, apreciación/depreciación, utilidad/superfluidad, sabiduría/ignorancia, experiencia/inocencia, civilización/barbarie, futuro/pasado, complejidad/simplicidad, causación/derivación, arte/utilitarismo, naturalidad/artificiosidad, libertad/esclavitud, superioridad/inferioridad.

f) Pares originados en la *percepción biológica*:
criatura/cosa, vida/muerte, hombre/animal, hombre/mujer, niño/anciano, macho/hembra, casado/soltero, virgen/promiscuo, esterilidad/fecundidad, nacido/gestado, ascendiente/descendiente, matrilinear/patrilinear, nuclear/patriarcal, doméstico/salvaje, activo/pasivo.

g) Pares originados en la *percepción geográfica y astronómica*:
día/noche, cielo/tierra, nebulosidad/despejamiento, sol/luna, tormenta/bonanza, tierra/agua, bosque/desierto, planicie/montaña, fuego/hielo, isla/continente, caverna/superficie, río/lago, ciudad/campo, camino/laberinto, aire/tierra.

h) Pares originados en la *percepción del espacio y del tiempo*:
cercanía/lejanía, prioridad/ulteridad, altitud/hondura, grandeza/pequeñez, magnitud/minuciosidad, delgadez/grosor, longitud/cortedad, anterioridad/posterioridad, interioridad/exterioridad, extensión/discontinuidad, principio/fin, densidad/transparencia, orden/caos, simetría/irregularidad, duración/instantaneidad, ritmo/cacofonía, anchura/estrechez, fricción/deslizamiento, progresión/regresión, unidad/multiplicidad, unicidad/repetición, totalidad/partición, infinitud/limitación, circularidad/rectangularidad, puntualidad/linearidad, transversalidad/rodeamiento, centrismo/excentricidad, adición/substracción, multiplicación/división.

Cuando apliquemos estos estudios para tanto la interpretación de los mensajes de venta, como para la redacción de los nuestros, con ánimo de tocar estos pares polares que facilitan el entendimiento, no debemos estimar que únicamente se aluda a una ecuación o de que aparezca con claridad. Se puede aludir a varios pares y en ocasiones el destinatario no puede saber por qué tal mensaje le ha calado tan hondo al quedar velado, adrede, el miembro positivo de la polaridad. Aquí reside el secreto de muchos mensajes que han cautivado en todas las épocas. La llamada intuición esconde un laborioso proceso de redacción, de selección de entre la diversidad.

A lo largo de nuestro *Cuaderno* han aparecido varios mensajes que ahora podemos comentar con vista no sólo al estructuralismo, sino también con inclusión de los demás estudios estructurales en la rama de la Semántica.

1) En la lección 2 aparecen unas muestras de solicitud de empleo, un mensaje persuasivo de ofrecimiento de servicios propios, en las que el común denominador estriba en la polaridad *unidad/multiplicidad* de la sección h). No deja de haber una alusión al par *totalidad/partición* puesto que estos pares son afines. La versatilidad, el polilingüismo, la aptitud para todo tipo de trabajo y la variedad de estudios de dichas muestras indican los temas fundamentales.

2) En la lección 4 aparece en la parte de las traducciones un modelo sobre las diferentes barras de chocolate y en la lección 5 un anuncio del aceite de oliva, que aluden directamente al carácter natural de ambos productos. Aquí tenemos una alusión clara al par *naturaleza/artificiosidad,* donde el primero se destaca.

3) En la lección 5 el anuncio de la *Renault* es una exposición del miembro positivo en la ecuación *seguridad/peligro* de la sección d).

4) En la misma lección 5, el anuncio de *Chequetrén* apunta hacia la superación de la contradicción *sueño/coche* mediante el *tren* que funciona como término superordinado. De una relación contrastiva se pasa a la componencial.

6.3.1.2 Los contextos del significado en la redacción

A medida que los mensajes de venta adquieren complejidad, longitud, aspectos artísticos, o se transmiten por conducto de medios masivos temporales, como el cine y la televisión, con su facilidad para presentar historietas con un principio, un medio y un fin en su exposición, el proceso de producción de significados puede alcanzar varios contextos, cuyo conocimiento sensibilizará al redactor creativo. Su habilidad para contemplar la redacción desde varios contextos, le permitirá expedir mensajes de venta más efectivos.

En la "Introducción" observamos que la polisemia puede surgir cuando existen distintos significados relacionados entre sí respecto a un solo vocablo. El ejemplo ofrecido, "campo", adquiere significado principal según la experiencia de la persona, según el campo de actividad que utilice dicho término, *campo de batalla* para un militar, *campo de recreación* para un paseante y varias acepciones más, basadas todas en el concepto original de extensión de terreno sin edificar. Tales acepciones pertenecen a un contexto real, donde el valor de la palabra para el destinatario proviene de su empleo en la realidad para realizar un acto vital. Pero hay otros contextos semánticos debido al carácter de intermediario, de mediador entre distintos aspectos de la realidad que realiza el mensaje de venta. La multiplicidad de significados, pues, puede provenir de los siguientes contextos:

a) Contexto real

Se refiere al caso comentado arriba. El significado principal gira alrededor del tipo de experiencia del destinatario. En este contexto el mensaje de venta ostensiblemente procura vincular a los dos polos de la transacción comunicativa — que son en este caso el mercadista y el consumidor prospectivo. El significado parece operar principalmente en el estrato de la *conciencia personal* de los comunicantes. Los mensajes de venta se ajustan a una simple descripción de pura equivalencia entre lo ofrecido tanto en el lenguaje como en su ilustración, y la realidad extralingüística. Caben aquí los mensajes esquematizados, las simples menciones comerciales, las ofertas de venta de poca duración, los anuncios clasificados y las cartas recordatorias de propaganda comercial — procuran todos un contacto.

b) Contexto social

Ahora el mensaje de venta realiza una transacción entre los valores de la sociedad en la cual se emite y la conducta del consumidor prospectivo. El significado se desenvuelve en un estrato general de la *conciencia social*. En efecto, todo mensaje porta las normas de conducta, sea de la mayoría o de un grupo, un estilo de vivir en suma, para servirle de modelo, de ejemplo, a quienes se hallen o se consideren dentro del conglomerado social o de un grupo particular. Por ello, los efectos giran alrededor de la noción de prestigio: de pertenencia al grupo mayoritario, para consumir lo que todos consumen, o de la separación del destinatario del consumidor corriente para que pertenezca a un grupo selecto. El significado, por consiguiente, tiene un carácter de ejemplaridad, de imitación de conducta. El lenguaje, también modélico, será comprensible para todos.

c) Contexto privado

El mensaje aspira en este caso a vincular la imagen del producto o servicio con el sistema de aspiraciones, creencias, actitudes y deseos del consumidor potencial. Son transacciones de carácter abstracto pues el mensaje deja un margen amplísimo de simbolizaciones a cargo del destinatario. Hay toda una gama de sugerencias, diferentes según el individuo, por la misma razón que hay diferencias en las connotaciones de las palabras de acuerdo con las experiencias personales de cada ser humano. El significado se efectúa, principalmente, en el estrato del *inconciente personal*, privado, propio, de cada destinatario: tiene carácter particular.

No deja de haber hasta el presente un paralelo entre los tres contextos apuntados y la jerarquía de necesidades vitales, sociales y personales, vistas con anterioridad. Es lógico que lo haya por cuanto estamos examinando una misma cuestión, pero desde el ángulo semántico para la redacción. Habrá que señalar, no obstante, otros contextos por los cuales el mensaje se vincule a los demás mensajes de venta y, finalmente, se relacione con la comunicación humana.

d) Contexto genérico

Hasta el presente el mensaje vincula personas, cosas y aspiraciones conscientes e inconscientes, esto es, la mediación se realiza entre esferas lingüísticas y extralingüísticas. En el contexto actual el mensaje se vincula con los demás mensajes de venta como un miembro más de un sistema. La vinculación se realiza al nivel de la creación: se redacta un espécimen del *género de comunicación lingüística* llamado mensaje de venta. El significado se efectúa al nivel más profundo de la estructura mental de todos los seres humanos, que, en la postura estructuralista, se compone de pares primordiales en oposiciones polares. Podemos decir que se efectúa en el estrato del *inconsciente colectivo* de la humanidad toda.

Como el contexto del mensaje es genérico, cuantas convenciones, procedimientos, temas, etc., se hayan empleado en otros mensajes de venta, son de uso común. Los mensajes de venta nacen de sus precedentes y se originan nuevas clases con la permutación de aspectos. El redactor creativo podrá combinar aspectos antes nunca reunidos para ofrecer mensajes originales. El mensaje se comunica también con cuantos mensajes existan y existirán, que apunten hacia las aspiraciones, deseos, sueños y creencias de la humanidad toda porque la imagen del producto o servicio toca o colma estos temas fundamentales de la vida, la belleza, la salud y demás. Todo lo cual confiere carácter de disciplina a estos estudios: por los temas recurrentes se unifica la experiencia de los mensajes de venta, se relacionan los mensajes. De suerte que, podremos preguntarnos: "¿de qué se trata este mensaje de venta?, ¿qué necesidad aspira a colmar el producto o servicio propuesto?" El tema y la necesidad se funden para servirnos de respuesta a ambas preguntas. El producto o el servicio son su expresión concreta como sabemos.

Podremos espigar, asimismo, sin la menor reserva, los detalles de los demás mensajes de venta que nos convengan, sea en la lengua en que estén expresados o cualquiera que sea el tiempo y el lugar de su expedición; siempre habrá una manera distinta de tocar las imágenes primordiales, resultado de las experiencias repetidas del devenir humano que se han expresado por conducto del lenguaje, de todas las lenguas del orbe. Es, pues, el intercambio lingüístico efectuado mediante el género de los mensajes de venta. Así superamos las limitaciones que impone cualquier idioma a la experiencia, a los campos de percepción humana por las palabras.

e) Contexto comunicativo global

Si en el contexto anterior se vincula el mensaje a los demás de su mismo género *mensaje de venta*, las relaciones engendradas ahora son de un orden superior. Se traspasa la esfera lingüística, para colocarse el mensaje dentro del orden global de la comunicación humana. En este contexto no hay limitaciones lingüísticas ni extralingüísticas, pues el mensaje es un acto comunicativo. La comunicación ahora es todo intercambio humano: es la civilización. No hay barreras para la confección de un mensaje de venta. De cualquiera de las formas humanas de intercambio, de la civilización, pueden provenirle sus componentes. Se borran las separaciones entre las disciplinas humanas de estudio, entre las distintas actividades humanas, entre los símbolos lingüísticos y extralingüísticos, porque la comunicación los engloba a todos. De ahí que los mensajes de venta puedan utilizar cuantos recursos se hayan empleado en las demás actividades comunicativas y cualquier mensaje de venta sea un microcosmos de la comunicación humana.

Parafraseando a Terencio: nada comunicativo le es ajeno al mensaje de venta. La libertad de la comunicación es condición humana.

En efecto, las actividades de intercambio humano tienen su centro hoy en los mensajes de venta. El *locus* comunicativo contemporáneo radica en esta forma comunicativa. Si los intercambios fundamentales, recogidos en los estudios de Antropología Cultural, apuntan al lenguaje, a la pareja y al comercio, el intercambio de símbolos de mayor monta hoy día, corre a cargo de los mensajes de venta como expresión de la civilización contemporánea. La sociedad humana que propugna el disfrute de los frutos del trabajo entre todos los hombres mediante el intercambio de beneficios. Aquí, precisamente, es donde opera el significado, en *el superestrato de la conciencia humana universal*. El mensaje de venta procura comunicar beneficios, la transacción es de beneficios. De esta suerte, estamos en disposición de resumir en una tabla o esquema los contextos del significado para ayudarnos en el análisis y en la redacción.

TABLA DE LOS SIGNIFICADOS DE LOS MENSAJES DE VENTA SEGÚN EL CRITERIO DE LOS CONTEXTOS				
Contextos	**Mediación**	**Relaciones significadas**	**Lugar de ocurrencia**	**Efectos en redacción**
Real	entre mercadista y consumidor prospectivo	entre símbolos del mensaje y realidad extralingüística	conciencia de los comunicantes	aspecto principal de mensajes breves; lenguaje denotativo puro
Social	entre valores sociales y la conducta del consumidor potencial	entre la conducta dada de ejemplo y el consumo del producto por el destinatario	conciencia general de la sociedad en donde se transmite el mensaje	lenguaje accesible a los destinatarios e igualmente ejemplar en la comunidad
Privado	entre imágenes del producto y servicio y las imágenes personales del consumidor prospectivo	entre el consumo del producto y la persona que se expresa a sí misma al consumirlo	inconsciente personal de destinatarios	lenguaje lleno de sugerencias de libre interpretación para cada destinatario
Genérico	entre el mensaje de venta y los demás pertenecientes a esta clase de todo el mundo y de todas las épocas	entre el tema primordial del mensaje y una imagen primordial positiva de la humanidad	inconsciente colectivo de todos los seres humanos	como forma comunicativa lingüística, usa todos los recursos del lenguaje y combina los aspectos de sus congéneres
Global comunicativo	entre el mensaje de venta y cuantos instrumentos emplee la humanidad para comunicarse	entre los beneficios que recibe mutuamente cada comunicante	superestrato de la conciencia universal	como instancia comunicativa humana, puede emplear cuantos recursos comunicativos existan

6.3.2 La situación comunicativa del mensaje: en concurrencia o con canal interpuesto

Hemos señalado antes la importancia de los entornos informativos para suplir y enderezar el significado de los mensajes. En cuanto al fondo, su aspecto general, los textos *Comunicación* y *Gramática* han ilustrado esta cuestión decisiva. Y, bien miradas, las investigaciones sobre el consumidor y el mercado, constituyen aspectos informativos de orden general, también para orientar la comunicación. El segundo aspecto, la situación o aspecto particular de los entornos, el "aquí" y el "ahora", requiere nuestra atención para discernir sus características. De sus condiciones dependerá la manera de redactar los mensajes de venta en gran medida.

Como otra muestra del influjo de contraste bilateral auspiciado por el estructuralismo, ofrecemos a continuación un esquema con un desglose de la situación comunicativa de los mensajes de venta:

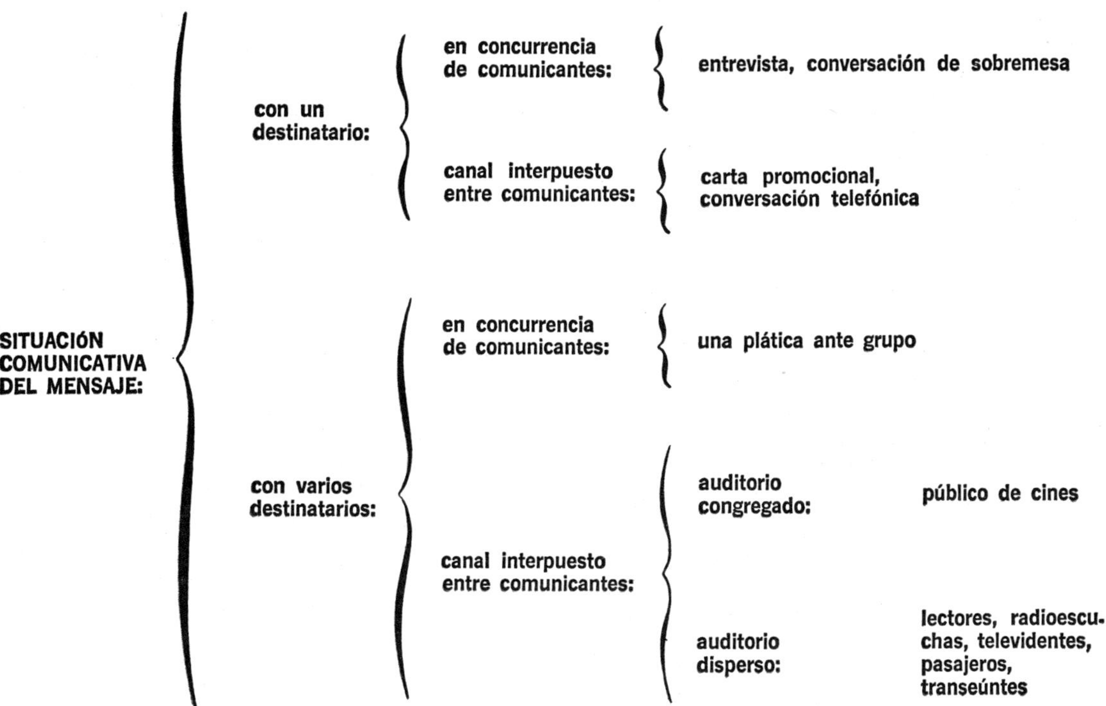

Conviene señalar, además, la interposición de los canales comunicativos de orden masivo, a través de los cuales se transmiten los mensajes de venta para difundirse en las sociedades contemporáneas. Entendemos aquí por medio masivo de comunicación el canal que emplea equipos para reproducir y distribuir los signos comunicativos, gobernados por una entidad dedicada a este giro, la cual, por lo común, no es el emisor del mensaje de venta, o sea, mercadista y empresa telecomunicadora constituyen entidades distintas. Idealmente, las mayores probabilidades de compartirse significados se ofrecen en la situación comunicativa con un solo destinatario y con un solo emisor, colocados frente a frente, compartiendo una parcela de espacio y de tiempo simultáneamente. Pero las exigencias del mundo contemporáneo determinan el uso de canales, esos medios inventados para hacer contacto, si bien se tratará siempre de asemejar el mensaje y sus circunstancias a dicha situación ideal en presencia. Una entrevista del vendedor con el cliente prospectivo, por ejemplo, sería la mejor oportunidad para el intercambio de significados y de beneficios: sin canales intermedios.

6.3.2.1 El uso de canales como condicionante de la redacción

Esta afirmación fundamental se podrá apreciar mejor al confrontarse la situación en concurrencia con la del canal interpuesto. A continuación ofrecemos un análisis de sus aspectos, para resaltar las ventajas y desventajas respectivas, con vista a ocho criterios comunicativos:

CRITERIOS	EN CONCURRENCIA	CON CANAL INTERPUESTO
1. INFORMACIÓN	Mayor *cantidad*: a) toda la persona se expresa; b) más sentidos son estimulados.	Más *calidad*: a) la redacción mejora el mensaje; b) se selecciona el canal apropiado al tipo de mensaje.
2. RETROINFORMACIÓN	Reacción inmediata: a) intercambio de información en dos direcciones; b) constatación del efecto de los signos; c) ampliación, explicación y corrección de cuestiones en el acto.	Reacción demorada: a) menos reacciones intercambiadas; b) mayor distancia e impersonalidad; c) más oportunidades para redactar y escoger los canales apropiados.
3. CONTROL DEL RITMO	Por parte de *ambos* comunicantes: recíprocamente se pregunta y se responde, se acelera o se retarda el intercambio.	El *destinatario* disfruta de la libertad para imponer su ritmo sin la presencia inhibidora de un interlocutor.
4. CÓDIGO DEL MENSAJE	Además del lenguaje *la persona* muestra su actitud con posturas, énfasis, ademanes, miradas, etc., que, como forma parte de la situación no se codifican.	La preparación permite la prueba del mensaje; la inclusión de símbolos, colores, efectos sonoros, etc., que son códigos *extralingüísticos* para significar mejor.
5. LA REPRODUCIBILIDAD	Hay un límite físico a la capacidad humana de repetir el mensaje interpersonal en dos direcciones.	Se multiplican las situaciones comunicativas en el espacio y en el tiempo al reproducirse el mensaje, aunque en una dirección sola.
6. LA CONSERVACIÓN	Apenas se han intercambiado significados con palabras y actitudes, cuando ya se han olvidado.	El canal es una prolongación de las capacidades humanas que mantiene el mensaje a disposición del destinatario o se lo vuelve a recordar.
7. LA SINCRONIZACIÓN ENTRE EMISIÓN Y RECEPCIÓN	Sólo en ciertos momentos y lugares se realizan los intercambios según la mutua conveniencia de los comunicantes y con la dificultad de no poderse mandar a callar al interlocutor por cortesía.	Si de una parte el emisor escoge el canal y el vehículo más apropiados, de otra, el destinatario los escoge cuando le conviene y deja de atenderlos cuando quiere; y todo esto en el lugar y en el momento más convenientes para él.
8. LA ACCESIBILIDAD SOCIALMENTE CONSIDERADA	Por definición pocas personas o entidades pueden colmar sus necesidades informativas frente a frente en una sociedad desarrollada.	El mensaje se hace accesible a mayor número de gente, entidades y reuniones, tanto en una sociedad como en el extranjero, hasta de modo instantáneo en algunos casos en sociedades avanzadas.

Huelga señalar que ambos tipos de comunicación son complementarios y que su análisis responde a nuestras necesidades de comprenderlos mejor. La comunicación con canal interpuesto disfruta en la actualidad de una extraordinaria variedad de vehículos, no siempre al alcance del mercadista en una localidad dada. El siguiente paso a dar corresponderá a una presentación somera de dichos instrumentos comunicativos para observar las relaciones que guardan entre sí como en un campo estructural. Así tendremos la oportunidad de aprovechar el instrumento más apropiado en el cual colocaremos nuestro mensaje de venta para hacer contacto con el consumidor.

6.3.2.2 Esquema de los canales de una campaña comunicativa mercadista

El mercadista necesitado de conocer las técnicas de redacción de los mensajes de venta de mayor empleo en la actualidad, los anuncios y las cartas de promoción, puede carecer de los medios investigativos o puede hallarse en el caso de no estar interesado en las cuestiones previas tratadas a lo largo de las lecciones tres, cuatro y cinco de este *Cuaderno*. De ahí que puede comenzar con las nociones de esta sección directamente.

Haremos un análisis de los canales mercadistas con vista a los siguientes criterios:

a) presencia de un texto lingüístico
b) control de la distribución por el mercadista
c) presentación renovada del mensaje
d) selectividad de destinatarios por el mercadista y
e) movilidad del mensaje hacia el destinatario.

Utilizaremos los signos aritméticos de $(+)$ y $(-)$ para apuntar la presencia o la ausencia de dichos criterios en los diversos canales comunicativos que aparecen en el siguiente esquema:

CRITERIOS DE ANALISIS					
Canales	**Presencia de texto lingüístico**	**Distribución controlada por mercadista**	**Presentación renovada**	**Destinatarios seleccionados por mercadista**	**Mensaje va hacia destinatarios**
Periódicos y revistas	+	−	+	−	+
Radio, cine, televisión, carros altoparlantes comerciales	+	−	+	−	+
Cartas, folletos, tarjetas, avisos, sobres, circulares	+	+	+	+	+
Volantes; hojas en mano, en domicilio, en automóvil, en pedidos, en cartuchos de compra	+	+	+	−	+

Carteles, carteleras, pasquines, afiches	−	+	−	−	−
Vallas anunciadoras, columnas, pinturas en paredes	−	+	−	−	−
Anuncios lumínicos, animados, juegos mecánicos	−	+	−	−	−
Altoparlantes inmóviles	+	+	+	−	−
Letreros de establecimientos; letreros dentro de vehículos, en la vía pública	−	+	−	−	−
Pinturas o letreros pintados en el exterior de vehículos comerciales y de transporte público	−	−	−	−	+
Exhibiciones en tiendas y lugares públicos	−	+	+	−	−
Obsequios de artículos decorativos y útiles	−	+	−	+	+
Directorios, guías	−	−	−	−	−
Envolturas, envases	+	+	−	−	−

Valgan algunas aclaraciones sobre los criterios empleados en el cuadro precedente:

Presencia de un texto lingüístico

Nos referimos a la presencia de un cuerpo de lenguaje redactado sin el cual el mensaje no se cursa o está incompleto. Esto es, la redacción de un trozo de lenguaje lo caracteriza.

Control de la distribución del mercadista

Queremos decir que el mensaje se emite enteramente bajo la autoridad del mercadista, sea la longitud, la oportunidad de hacerlo, las veces que se repite y demás. Huelga señalar que cuando el canal le pertenece al mercadista el criterio no funciona totalmente, pero estamos tratando los casos comunes.

Presentación renovada del mensaje

Aquí no solamente cabe el hecho de repetirse el mensaje, sino, asimismo, el hecho de presentarse con distinto formato, con presentadores distintos y demás.

Selectividad de destinatarios por el mercadista

Es el hecho de escogerse específicamente a los destinatarios como consumidores potenciales y no por el azar. Hablamos por esquemas, porque tampoco el mercadista desconoce cuál es el televidente más probable a determinada hora ni qué tipo de transeúnte pasa frente a su establecimiento. Nos referimos a los mensajes enviados a los lugares donde se halla el destinatario con su dirección exacta; el vehículo utilizado puede ser el correo, una empresa dedicada a la entrega a domicilio de mensajes o un emisario personal.

Movilidad del mensaje hacia el destinatario

Deseamos hacer resaltar el hecho de que unos canales son activos y otros son inmóviles. Mientras que un periódico busca a su lector, el público transita por los lugares donde se hallan situados otros canales comunicativos, como los carteles.

Estos criterios, por otra parte, no son exhaustivos. Simplemente son los más notorios en el análisis de esta comunicación. Hay otros que pueden servir para ayudar a la selección; así, según el costo por unidad, la presencia de la voz humana, el carácter de impresos y otros más. En cuanto al costo por unidad, mientras que los anuncios lumínicos con movimientos espectaculares representan una cuantiosa inversión, los volantes callejeros le salen a un precio relativamente módico por unidad al pequeño detallista. La voz humana, por otro lado, ofrece la oportunidad de infundirle un tono personal al mensaje. Y los mensajes impresos permiten explicaciones que el destinatario podrá consultar cuando le plazca.

El cuadro con los criterios, pues, puede ampliarse con los criterios que interesen y constituir un campo morfológico para realizar combinaciones creativas de canales. Con la sección del pensar morfológico de este *Cuaderno* y con auxilio de sesiones creativas se incrementa la capacidad comunicativa de los canales.

Con vista al esquema de los canales de una campaña comunicativa mercadista podemos sacar las siguientes conclusiones o consecuencias:

Primera

Cuando el mensaje de venta se coloca en los medios masivos de comunicación recibe el nombre de anuncio. Cuando el mercadista utiliza el servicio de correos, de una entidad repartidora o un emisario personal, entonces el mensaje de venta recibe el nombre de carta de promoción.

Segunda

Los demás canales que necesitan la presencia de un texto lingüístico para transmitir el mensaje podrán derivarse de los recién mentados; los altoparlantes inmóviles pueden transmitir sus mensajes basados en textos uti-

lizados en el radio y los folletos y envolturas ofrecen mensajes de venta
basados en las cartas promocionales, de por sí más extensas. De cualquier
manera, si se ha partido de una plataforma para la redacción, se mantiene
la coherencia de la campaña mercadista.

Tercera

Los canales son complementarios. El objetivo del mercadista es alcanzar
a sus destinatarios: los canales son simples medios de cumplir con este objetivo. Cuanto dejen de alcanzar unos canales tendrán que realizarlo otros,
para asegurarse de que el consumidor se haya expuesto al mensaje.

Desde nuestro enfoque comunicativo que gira alrededor del destinatario, aquí el consumidor potencial, se recurrirá a la carta promocional cuando el número de consumidores potenciales sea reducido, cuando el monto
del consumo en relación con el mercado total amerite esta individualiza-
ción del mensaje, cuando importe personalizar el mensaje para satisfacer
necesidades particulares o cuando no haya otros canales a la disposición del
mercadista.

Hay una distinción esencial entre los canales masivos y las cartas, que
aconseja también su estudio por separado: mientras que los primeros existen con independencia del mercadista, las segundas sólo existen a voluntad
de este emisor. La carta, pues, es el canal mismo. Los canales, como condicionantes de la redacción de los mensajes de venta, ofrecen ciertas cualidades que requieren nuestra atención para su selección y para la redacción
de los mensajes de venta emitidos por su conducto. A este fin, comparare-
mos primeramente los periódicos con las revistas y luego el radio con la
televisión que incluye el cine. Los primeros canales se realizan en el *espacio*,
constituyen elementos físicos palpables, son de orden visual en cuanto a la
captación del mensaje. Los últimos se realizan en el *tiempo* y se acompañan
de la voz humana y de otros elementos sonoros, requiriendo el auxilio indispensable de un aparato en el momento de recepción. Examinaremos, por
último, las cartas de promoción como canales comunicativos, usados para
dirigirse a un consumidor con su nombre y apellido y dirección exacta para
asemejarse a la situación comunicativa de persona a persona.

6.3.2.3 Los periódicos y las revistas

Ambos canales se basan en la comunicación impresa y están limitados,
en su eficacia, por la capacidad comunicativa de la lectura de los presuntos
consumidores. Si bien el costo de algunas revistas es apreciable, al pasar de
mano en mano y con las suscripciones de instituciones, se aumenta considerablemente el número de sus lectores. En ambos canales la lectoría no
objeta, en general, la inserción de anuncios. Abundan los casos de adquisición de periódicos y revistas para buscar con avidez los anuncios de productos y servicios. Los llamados clasificados sirven a la comunidad para el
ofrecimiento y la procuración de los servicios personales y de objetos en
pequeña cantidad o de una unidad.

La clasificación y consideración de las características de estos canales
de comunicación masiva mostrará que no pueden intercambiarse libremente
de uno a otro. Hay, además, un valor de comercialización: distribuidores e

intermediarios son también destinatarios atentos a la divulgación que promueve el tráfico de los artículos en los establecimientos del ramo.

	PERIÓDICOS	REVISTAS
Clasificación por extensión de la tirada	nacionales metropolitanos urbanos residenciales	una edición para todo el territorio; algunas revistas preparan ediciones por zonas
Clasificación por la frecuencia de la tirada	diarios semanarios	semanales por meses: mensuales, bimestrales, etc. anuales
Clasificación por el asunto de editoriales y artículos	vario o general concentrados en deportes economía propaganda comercial asuntos étnicos	vario o general concentradas en religión intereses profesionales y clasistas cualquier especialización: más que los periódicos
Selectividad de lectoría	casi ninguna	muy selectiva, sobre todo en el caso de las revistas especializadas
Selectividad territorial	muy selectivos excepto los nacionales	poco selectivas
Alcance de exposiciones	alcance simultáneo a casi toda la población lectora: apropiado para noticias de novedades y ofertas de pronta acción	alcance gradual: se aumenta con empleo de varias revistas durante el mismo lapso de tiempo
Frecuencia de exposiciones	casi la misma frecuencia por número de ediciones; se repiten anuncios en diversas secciones del periódico	poca frecuencia: se aumenta el número de exposiciones al insertarse anuncios en revistas de lectoría parecida o igual
Costo de inserción de anuncios	bajo costo: accesible al pequeño detallista	a mayor la circulación de la revista, mayor el costo
Tiempo de preparación técnica	a veces en 24 horas se compone el anuncio en el periódico	menos flexible dada la calidad artística: a veces se demora varios meses
Calidad del impreso	las ilustraciones y recursos tipográficos no son tan nítidos por la calidad del papel; esto se obvia con la inserción de hojas o secciones de mejor calidad	la mejor calidad del papel, por lo general, permite el empleo de colores y la reproducción de ilustraciones con nitidez; cualidad de gran utilidad para productos que atraen por la forma y color
Conservación y hábitos de su lectura	se desecha diariamente luego de leerse en una sentada pero se recortan los anuncios de interés	se conservan varios días mientras se leen con intermitencia; algunas revistas se guardan en estantes de modo permanente y hasta se encuadernan en algunos casos
La lucha por la atención del lector	se procura captar la atención con titulares sugestivos y con aumento del tamaño hasta de dos planas contiguas; se colocan anuncios en secciones según perfil del consumidor	además de los anteriores procedimientos hay anuncios extendidos hasta el filo de la página, en forma de acordeones, ilustraciones y recursos tipográficos creativos; colocación en tapas y dorsos

	PERIÓDICOS	**REVISTAS**
Anexos e incentivos para el lector	se añaden a la edición cupones para redimir y hasta muestras en ocasiones	son frecuentes las recetas de cocina, las tarjetas de respuesta, los cupones y a veces se envían muestras adjuntas; entradas a concursos
Imagen del vehículo particular	según la imagen percibida de cada periódico: noticioso, orientador objetivo, ideológico, lugareño, cosmopolita, etc., dicha imagen repercute en anuncios; dado el carácter vario del contenido hay diversidad de anuncios y anunciantes	cuando la revista se especializa en un ramo los anuncios gozan de una aureola de prestigio, de experiencia y de confianza; se infunde de solidaridad a los anuncios en portavoces ideológicos y clasistas; se guardan para referencias futuras; los textos pueden ser detallados; se dan explicaciones e informaciones de carácter técnico

Para aprovechar el sistema de distribución de un periódico se añaden suplementos en las ediciones dominicales, tanto en forma de secciones como de revistas. En este último caso pueden ofrecerse selectivamente por zonas y ofrecer las demás cualidades de estos canales más intermitentes, si bien, dada su gratuidad, no disfruta de la misma atención morosa de las revistas normales.

6.3.2.4 El radio y la televisión

Distingue a ambos canales la ubicuidad e intangibilidad de sus mensajes: como no ocupan espacio pueden estar en todas partes. Como no necesita el destinatario dominar la capacidad comunicativa de la lectura, por la ley del menor esfuerzo, la captación de los mensajes se realiza con más facilidad. Hay ciertas cualidades semejantes en ambos canales que merecen recalcarse. Dado que el mensaje no puede examinarse con morosidad ni conservarse para una lectura ulterior, el ritmo de presentación, oral o visual o ambas, debe coincidir con la capacidad media del auditorio. El martilleo característico de los mensajes radiales y televisados obedece a la necesidad de suministrar un mensaje ceñido estrictamente a una proposición única, a un beneficio, que se machaca con insistencia para conservar en la memoria lo que no puede conservarse en el papel.

Estos mensajes que viajan por el éter están constreñidos por la presencia de un aparato receptor como intermediario pero, precisamente por su consumo masivo, se han ido abaratando extraordinariamente en nuestra época y los adelantos en su fabricación han aumentado la acuidad en la recepción y la portabilidad, al extremo, de que el acceso a estos medios masivos en calidad de destinatario es una realidad hoy para las grandes mayorías, sea el radio solo, conjuntamente con la televisión o ésta en blanco y negro. La televisión a colores está entrando ya en el renglón de los electrodomésticos obligados en los hogares más solventes. El número de aparatos receptores de radio y televisión no sólo aumenta en relación con el número de gente, sino que además hay varios aparatos por persona y por domicilio. La llegada de los transistores, añadidos a las pilas o baterías, la presencia de los aparatos en lugares y transportes públicos y privados, ha determinado la difusión de los mensajes transmitidos por estos medios masivos y la aparición de cierto lenguaje consecuente con estos canales.

Como vimos en los periódicos y revistas, la presencia de elementos extralingüísticos, aquí efectos visuales y sonoros, reproducción de los movimientos de la vida misma, multiplicación de las impresiones recibidas y demás, atestigua la necesidad de incorporar a la comunicación, vía la situación, cuantos elementos contribuyan a la coparticipación en significados. No es que la palabra se haya agotado, porque siempre admitió los auxilios de los elementos extralingüísticos para comunicarse entre sí los seres humanos. La redacción contemporánea debe estar al tanto de este hecho subrayado en la transmisión radial y televisada en su afán persuasivo.

Otra cualidad semejante en ambos canales, la presencia de la voz humana sin que la persona que enuncia el mensaje esté presente, ha originado la recepción de un mensaje mientras se realiza otra actividad al no faltarse a los deberes elementales de la cortesía. Si bien esto ocurre completamente con el radio, la voz no deja de tener un papel preponderante en la televisión, y, dada la necesidad de desperezarse, la audiencia se permite abandonar a ratos el lugar donde se halla el televisor. En efecto, se escucha el radio mientras se maneja, mientras se estudia; en las consultas profesionales, en el taller, en las oficinas, las estaciones de frecuencia modulada contribuyen al ambiente mientras que las otras siguen informando del mundo externo; en los establecimientos mientras se compra, se transmite el evento apasionante: en resumen: la impresión auditiva del radio constituye un fondo de la vida actual. En cuanto a la televisión, se ha ido convirtiendo en la diversión familiar, en el centro de las horas de esparcimiento y descanso. La entrada a nuestra vida y a nuestra casa de los presentadores requiere no sólo una presencia agradable sino también una enunciación del lenguaje que lo haga accesible a una audiencia tan variada.

¿Qué consecuencias tienen estas afirmaciones respecto a la redacción? Pues bien, jamás antes hubo tal presión para manejar los elementos lingüísticos y extralingüísticos a cabalidad: para competir hoy día con los demás anuncios y programación de las emisoras, para captar y mantener la atención del auditorio: la sincronización de los elementos lingüísticos con los extralingüísticos se hace una necesidad inescapable, la creatividad se impone como requisito de la redacción. Las artes de la comunicación oral, por consiguiente, han de cultivarse tanto como las artes de la comunicación escrita. El conocimiento de la Fonética y de la Fonología es tan importante como el de las demás ramas lingüísticas.

Al igual que los periódicos y revistas, el radio y la televisión promueven el interés de distribuidores e intermediarios que se ocuparán de poner a disposición del consumidor los productos y servicios anunciados. El innegable prestigio que representa el patrocinio de programas favorecidos por la audiencia se comunica a los productos, como un reflejo de la buena voluntad del mercadista anunciador. Se acentúa esta convicción en los distribuidores y demás intermediarios ante el costo de la transmisión, en especial, de programas elaborados con gran maestría y esmero o de programas deportivos y musicales de gran popularidad, mayormente por televisión.

Este medio, debido a incorporar el proceso de filmación de anuncios, incluye al cine hoy día, por lo que no necesitamos tratar aparte este medio masivo para anunciar. Aunque la televisión incorpora la voz y los efectos sonoros del radio, surgen diversos aspectos específicos de cada canal comunicativo que aconsejan su comparación. De la misma manera que redactar para leerse el mensaje en una revista, difiere de la redacción hecha para un periódico, hemos de examinar las peculiaridades de estos canales con el mismo propósito de conseguir la efectividad del mensaje. Por último, así como los periódicos y las revistas se adaptan a los gustos e intereses de sus lectores — mediante la inserción de secciones acordes, cuando no la especialización — por ser medios efectuados en el espacio únicamente, en el caso del radio y de la televisión, por efectuarse en el tiempo, *el estilo de vida del auditorio* determinará las horas de su recepción. Los mensajes se emitirán, por consiguiente, según las horas del día y de la noche, según sean días de trabajo o días festivos o al fin de la semana, cuando determinado tipo de auditorio sea el predominante. Todo lo cual corrobora la importancia capital de la situación comunicativa.

ESTACIONES DE

	RADIO	TELEVISIÓN
Clasificación por la extensión del área de recepción	local nacional sola o en cadena internacional con estaciones de gran potencia	regional sola o con cable nacional sola o en cadena internacional con satélites
Clasificación por las horas de transmisión	medio día diurna diurna y nocturna excepto horas de madrugada 24 horas días laborables sólo ciertas horas sola y ciertas horas en cadena	horario semejante, pero el criterio depende del grado de desarrollo del medio y del número de telerreceptores
Clasificación por el asunto de programas	vario o general concentradas en música noticias, charlas, dramas, concursos, eventos deportivos, etc., a su vez la música caracteriza: clásica, semiclásica, popular, típica, *rock*, tradicional, étnica	además de incluir todo tipo de asuntos, hay películas del cine y especialidades para la televisión; la transmisión de programas originados en el extranjero aumenta la diversidad de asuntos, como los educativos, científicos, etc., de los documentales
Clasificación del auditorio por las horas y días de transmisión	personas aptas para el trabajo: días laborables de 6 a 10 de la mañana y de 3 a 7 de la tarde o en algunos lugares en horas anteriores y posteriores al trabajo; amas de casa, niños prekindergarten y retirados predominan en horas de trabajo; estudiantes y demás personas no lectoras o sin televisor a horas nocturnas tempranas; el radio se usa como fondo los días festivos y no laborables en cualquier actividad	en horas de días laborables predominan las amas de casa, niños pequeños y retirados; todo tipo de adultos en horas nocturnas hasta las 12; adultos masculinos por las tardes de los días de descanso; los niños y jovencitos después de la escuela y los días sin clases por las mañanas; en general la familia se reúne frente al televisor por las noches

ESTACIONES DE

	RADIO	**TELEVISIÓN**

Clasificación del auditorio por el asunto de los programas	en cuanto al componente musical:
	  clásica: élites educadas
	  semiclásica: profesionales
	  popular: todas las clases
	  típica: campesinos, clases populares
	  rock: jóvenes
	  tradicional: mayores de 30 años
	  étnica: el grupo particular
	  dramas: auditorio femenino, retirados
	  charlas y concursos: mayores de 30 años de ambos sexos
	  noticias: adultos
	  deportes: hombres, jóvenes
		noticias, charlas, documentales: adultos
		deportes: teleaudiencia masculina, jóvenes
		dramas y concursos: teleaudiencia femenina
		cartones y programas de animales: niños
		música contemporánea: jóvenes
		películas: adultos jóvenes
		paneles sobre problemas: mayores de 30 años
		comedias y episodios: todos
		artísticos: personas educadas

Selectividad geográfica y demográfica	gran selectividad en el caso de emisoras locales; el radio fracciona su audiencia tanto por zonas como por estrato social; tiene la selectividad geográfica del periódico y la demográfica de la revista especializada para competir con la televisión	como hasta la emisora local cubre más territorio que una ciudad, su uso representa un malgasto para el pequeño anunciante; compensa la falta de selectividad demográfica con la programación pero no hay teleemisoras de sólo noticias, música y demás como en el radio
Colocación del anuncio	prácticamente no hay distinciones entre patrocinio de programas y menciones entre ellos; los anuncios se ofrecen entre números musicales y en las pausas de noticias y demás transmisiones; no abundan los programas en el radio	distinción entre anuncios de un patrocinador de programa y una mención entre los distintos programas; menciones de carácter nacional y de carácter regional; se beneficia la mención contigua a un programa popular; hay telemisoras oficiales sin anuncios
Alcance y frecuencia de exposiciones de auditorio a los anuncios	con el abundante número de estaciones se fragmenta aún más la radioaudiencia; aumenta poco el alcance al transmitirse el anuncio por otras radioemisoras por aficionarse el oyente a una o dos; esto no ocurre en el caso de estaciones de gran potencia o en cadena; la frecuencia en la recepción de un grupo particular favorece la campaña intensiva a ciertos grupos de radioyentes habituales	el alcance de este canal es colosal dentro del segmento propietario o con acceso a un televisor dado que se ve por todos los miembros de la familia; la frecuencia se consigue por la lealtad de los televidentes a sus programas; los grandes anunciantes utilizan programas y menciones en la región y en la nación y por todos los canales disponibles para fomentar la frecuencia durante varios días que así aumenta gradualmente
Costo, preparación técnica y tiempo	cuando no hay efectos sonoros complicados o música de fondo el costo es bajo y la preparación sencilla; un libreto o *script* para el locutor que transmite en vivo o una grabación para todos los emisores y emisiones, se preparan en dos días; los efectos musicales y la intervención de artistas encarece el anuncio y atrasa la preparación; si bien el costo es reducido en general en la estación	la ley de a más auditorio más caro el anuncio se cumple en este caso; la preparación a cargo del mercadista, sea la de un film o película o de una cinta de videograbadora *(videotape)* representa una inversión cuantiosa; el reemplazo frecuente no está al alcance del pequeño anunciante; el libreto para el presentador mucho más barato; el tiempo se extiende a semanas y meses en el primer

ESTACIONES DE

	RADIO	**TELEVISIÓN**
	local, la tarifa aumenta en la cadena nacional	caso, mientras que el libreto toma pocos días; la realización en lugar real o en el estudio exige un conocimiento y experiencia de alto costo
Posibilidades creativas	el radio es el medio que se basa en la imaginación del radioescucha despertada por un solo sentido: el oído; se emplean sonidos peculiares, declaraciones sorprendentes e ingeniosas, entonaciones sugerentes, efectos sonoros y música, representaciones dramáticas; se aprovecha hasta el máximo la voz humana, con matices persuasivos de personajes y locutores favoritos; el locutor de programas de discos se identifica con el lenguaje de su auditorio; las improvisaciones o salidas fuera del libreto imprimen de espontaneidad; por asimilarse menos cantidad por el oído se esquematizan los anuncios; la actitud conversacional no de lectura para asemejarse al trato diario; no se dan listas ni explicaciones prolijas	por ser el medio más completo con vista y oído, requiere la coordinación del libreto con la representación visual, con los efectos sonoros, con la música: se redactan palabras junto con el marco visual y sonoro en mente; por incluir movimiento es el medio de la demostración: muestra y demuestra lo estático y lo cambiante, antes y después del empleo del artículo; se crea una situación o *sketch* como una historieta; las explicaciones del presentador completan el marco visual: no pueden ser verbosas; la personalidad conocida y el presentador popular se asocian con el producto: han de concordar aunque los programas no se relacionen con los productos en sí; el lenguaje se adapta a la mención, al comentario, a la explicación, a la representación, al carácter del presentador; uso de recursos audiovisuales
La lucha por la atención de la audiencia	la compenetración del radioyente con el locutor compensa el amontonamiento de anuncios; hay estaciones que limitan los anuncios al comienzo y al final de un programa musical	es una audiencia cautiva que sabe que ha de pagar la diversión con la atención a los anuncios: necesidad de creatividad lingüística y extralingüística; atención ganada con calidad

6.3.2.5 Las cartas de promoción

Miradas desde el punto de vista de la situación comunicativa, constituyen los canales mercadistas directos que portan el mensaje de venta a destinatarios ciertos. Como los periódicos y las revistas, las cartas emplean únicamente materiales impresos, si bien disfrutan de mayor latitud en su creación, dado que no están subordinadas a las exigencias de los medios masivos de comunicación. La distribución se lleva a cabo hoy mediante la utilización de los servicios postales, de los servicios de las empresas repartidoras o el envío de emisarios propios del mercadista. Resulta un instrumento híbrido originado en el cruce de la carta con el anuncio: de cierta manera es un anuncio postal individualizado.

La carta promocional, por otro lado, puede incluirse dentro del grupo de instrumentos mercadistas gráficos, como los carteles, los letreros y demás, pero mientras que éstos se efectúan en lugares públicos, la carta entra en el lugar donde está asentada la persona o la empresa. Surge la necesidad de confeccionar una lista con sus nombres y direcciones: para sacar del anonimato a personas y entidades señaladas en el análisis de mercado y para complementar con eficacia el esfuerzo mercadista realizado por los otros canales. Las listas pueden clasificarse, como ocurrió con las revistas, mediante una escala desde una simple residencia en cierto territorio hasta una completa especialización por el giro o actividad, el volumen de las operaciones, la edad, el estado social, el nivel de ingreso, el empleo de ciertas materias primas y cualquier otro criterio restrictivo. Como consecuencia, a mayor la selectividad de la lista, mayor será el número de cartas, dada la importancia de cada cliente. Una lista de médicos dermatólogos que puedan recomendar una crema para la piel, por fuerza, será más selectiva que la lista relacionada con libros de enseñanza y seguros de vida, de consumo más extendido. Precisamente, la selectividad de la lista constituye la principal utilidad de la carta promocional.

De esta selectividad se derivan las siguientes ventajas del canal:

1. Puede dirigirse a individuos o a mercados específicos con mayor control que el ejercido sobre los otros canales.
2. Puede revestir carácter confidencial, a salvo del conocimiento de los competidores, la estrategia mercadista propia.
3. No compite por la atención de otros anuncios en el mismo canal.
4. Carece de las limitaciones de espacio, formato y plazos que constriñen los anuncios de los medios masivos.
5. Proporciona flexibilidad tanto en el empleo de materiales como en el proceso creativo y en el envío de anexos como muestras.
6. Facilita la introducción de novedades e información de nuevos usos.
7. Se ajusta a las necesidades inmediatas y cambiantes del plan mercadista.
8. Contribuye a la investigación: llega a grupos pequeños, prueba de ideas y productos, medida de reacciones a llamados o beneficios y demás.
9. Se despachan con oportunidad, y, en ciertas ocasiones, dentro de un período de tiempo sujeto a un horario preciso, tanto en la expedición como en la recepción del mensaje.
10. Permite el empleo del trato personal más cercano a la situación comunicativa en presencia, en especial el nombre y apellido del destinatario.
11. Permite la formulación de ofertas y términos de venta diseñados específicamente para los destinatarios según sus posibilidades y necesidades particulares, que no puede realizarse en los medios masivos.
12. Permite la redacción de mensajes complejos y detallados propios del giro de que se trate.
13. Reduce costos cuando el empleo de otros canales implicaría un malgasto de circulación al rebasar los límites de un mercado.
14. Allana la entrada del vendedor lo mismo que ofrece la oportunidad de realizar el destinatario un pedido directamente al mercadista.
15. Contribuye, en general, a otras tareas mercadistas:
    a) Suscitar el intercambio con posibles clientes.
    b) Llamar la atención a lugares de exhibición y vidrieras.
    c) Mostrar la capacidad de la empresa para resolver problemas propios del destinatario.
    d) Identificar o entresacar al mercadista de entre el montón de anunciantes.

e) Influir en grupos determinados para inducirlos a alguna actividad tal como solicitar crédito, pedir el producto o usar el servicio a prueba sin costo y demás.

f) Entablar relaciones con consumidores potenciales dentro de un marco de buena voluntad.

g) Confeccionar listas de consumidores potenciales.

h) Informar a distribuidores y demás intermediarios de la existencia de una campaña mercadista para fomentar el tráfico en establecimientos con el consiguiente valor de comercialización.

Aún cuando se envíen cartas a los residentes de cierta demarcación, que es el caso de la mayor indeterminación mercadista, este canal constituye el más selectivo de todos los medios, puesto que en este caso ofrece la ventaja de procurar la atención de quienes se hallan en la zona de distribución o donde se halle disponible el producto. De cierta forma este caso extremo se toca con la selectividad geográfica de los periódicos locales y residenciales y de las estaciones de radio de corto alcance — lo cual entraña una ventaja notable para el pequeño detallista y el comerciante en pequeña escala.

Las desventajas principales provienen del mismo éxito: en vez de redactarse cada carta de acuerdo con las particularidades del destinatario, se expiden cartas a granel desprovistas del sello personal. Así se recibe un cúmulo abrumador por las tres vías citadas — correo, repartición y propio — por donde compiten las cartas por la atención del destinatario. Suele ocurrir que muchas cartas van al cesto sin abrir. Con la llegada de los nuevos equipos electrónicos es posible reemplazar párrafos enteros de las cartas y superar la impersonalidad de una carta circular o modelo cuando el volumen de correspondencia a redactar haga imposible el toque personal desde la salutación hasta la despedida.

Ha de tenerse en cuenta, asimismo, que de ordinario la carta llega sin haber mediado ninguna solicitud por parte del destinatario. Puede compensarse tal actitud de desinterés con la aportación de información oportuna, con los señalamientos de ventajas ignoradas antes, pero, sobre todo, con la creatividad en el empleo de los elementos lingüísticos y extralingüísticos. Es aquí donde la labor del redactor creativo reviste la mayor importancia y donde los textos *Comunicación* y *Gramática* y los demás componentes de este *Cuaderno* se convierten en verdaderos auxiliares del redactor. Hay que superar, pues, la imagen proyectada por un bulto atado de correspondencia con la imagen propia, sobresaliente, de utilidad en la información y creatividad en el despliegue de los recursos visuales y de los expresivos del idioma. En todo caso, lograremos que se conserve al menos la carta nuestra de promoción como referencia futura, y, en último extremo que se registren el nombre y la dirección nuestros antes de desaparecer la carta en el cesto de basura.

Los aspectos del alcance y de la frecuencia de exposiciones se relacionan con la confección de una lista y con el sistema de envío.

La confección de la lista

Idealmente las cartas se han de dirigir a un grupo de personas o entidades que se han predeterminado en un análisis de mercado como consumidores potenciales. En general hay dos procedimientos para obtenerla: por la compilación propia del mercadista o por adquisición de empresas dedicadas a esta actividad. La lista propia se hace con vista a los antiguos clientes, con la lista de suscriptores de una publicación especializada, del registro de solicitudes de información, de los reportes de los vendedores y agentes, de los directorios telefónicos y comerciales, de las listas de contribuyentes o causantes, de la membrecía de instituciones, de los registros públicos y de cuantas fuentes existan relacionadas con el tipo de persona o entidad que nos interesa.

Más frutos rinden las listas preparadas por empresas dedicadas al giro o las permutadas con otras empresas. Puede contratarse el uso mediante el pago por cierta cantidad, como un millar, de un corredor o empresa; puede comprarse la lista de la empresa especializada o encargarla de su confección ajustada a nuestras necesidades comunicativas. Hay empresas dotadas de equipos electrónicos que suministran hojas impresas en continua renovación de nombres y direcciones útiles y hasta se encargan de toda la preparación y envío de los materiales para mayor comodidad del mercadista.

La compilación propia es tarea laboriosa: continuamente hay que descartar nombres y direcciones improductivos así como añadir nuevos renglones de clientes potenciales para cumplir con el objetivo de la selectividad del canal. Como la lista es el alcance, el disparo ha de ser certero.

Los sistemas de envío

Como por lo común la carta promocional forma parte de un programa comunicativo mercadista, la frecuencia de exposiciones de los destinatarios al mensaje de venta ha de planearse de modo sistemático. Cuando se emplean para completar el esfuerzo mercadista realizado por otros canales, en especial cuando se trata de clientes de gran consumo, se entresacan sus nombres y direcciones, para someterlos al número de exposiciones aconsejadas en el programa. Otro procedimiento consiste en rotar dichos nombres y direcciones con menos frecuencia de exposiciones. En el primer caso, por ejemplo, por un período de medio año se envían cada mes los mensajes a todos los miembros de la lista con el resultado de seis exposiciones por miembro. En el segundo caso, se distribuyen en grupos iguales y cada mes un grupo distinto recibe un solo mensaje con una exposición, únicamente, por miembro de la lista. Si bien el número de exposiciones es menor dada la menor importancia de su consumo, al menos existe la certeza de haber establecido contacto con un cliente potencial de modo personal.

Dado el carácter sistemático del programa mercadista, el envío de las cartas de promoción obedece a su vez a un plan de consecución o seguimiento. Suelen efectuarse los siguientes tipos de plan:

a) *La campaña.* Se prepara, de una vez, toda la correspondencia que habrá de enviarse dentro del período planeado. Se envían una a una las cartas a intervalos que suelen ser de una semana, quince días o de un mes. Han resultado provechosas las campañas de envío de 6 y de hasta 10 cartas que gradualmente captaron la atención, mantuvieron el interés e instaron finalmente a la acción.

b) *El desgaste.* Cada carta constituye ahora un mensaje completo por sí y se siguen enviando cartas mientras no se agote el presupuesto o hasta tanto se consiga una respuesta. En este caso, claro, se entablará más tarde la correspondencia apropiada. Puede redactarse un mismo mensaje por cada envío, o mejor, redactarse un mensaje diferente cada vez. Mientras que la campaña se usa más para proponer artículos o servicios costosos, el desgaste es propio del mercadeo de menor cuantía. Asimismo, la lista de la campaña suele ser más reducida y la exposición más frecuente que la del desgaste.

c) *El continuo.* Ahora no hay plazo de envíos, período de duración ni agotamiento de presupuesto o de nombres improductivos. Se envían cartas promocionales, como cuestión de rutina, junto con listas de precios, cuentas, y demás mensajes. La frecuencia es indeterminada cuando se trata de personas o entidades esporádicamente relacionadas con el mercadista. Pero en el caso de clientes establecidos la frecuencia está en función de la correspondencia habitual: estos clientes no necesitan una lista aparte.

Como se desprende de lo expuesto, el costo va en orden decreciente: de la campaña, al desgaste hasta el continuo que aprovecha el sobre y el franqueo de las otras piezas de correspondencia. Por otra parte, hay que considerar en este aspecto del costo, la preparación de la lista o de su adquisición, la redacción y preparación de los materiales impresos con inclusión de los anexos, los sobres y el franqueo o costo de las otras vías de entrega, sea una empresa de reparto o un emisario personal. Hay oscilaciones de costo notables: desde la impresión de cartas mimeografiadas hasta la confección de catálogos especializados policromados. Mientras que la mayoría de las cartas se envían acogidas a la franquicia postal de tercera clase, a tanto el millar o el peso, muchos mercadistas emplean la primera clase cuando el mensaje de verdad se ha personalizado. Lo cual, justamente, es una de las características de este canal. Sus limitaciones, asimismo, se originan en los reglamentos postales o en la ausencia de empresas repartidoras en la localidad, no de las características propias que responden, como pocos canales, a la libertad de la comunicación.

6.3.3 La estructura externa de los mensajes de venta

Culminamos con este análisis el estudio de las técnicas de mayor empleo y efectividad en el mundo comercial contemporáneo. La clasificación de esta presentación en estructura interna, situación comunicativa y estructura externa es una necesidad pedagógica. Hemos creado un modelo de estudio pero la realidad comunicativa muestra estos tres aspectos unidos indisolublemente. La estructura externa, pues, es la expresión tangible del significado y de la situación. Si bien la voz *técnicas* entraña procedimientos, métodos, usos, en la actualidad reviste también la noción de traducción del estudio, del conocimiento, en aplicaciones prácticas. Como conocimiento aplicado, su estudio ha de fundarse en los hechos de la comunicación lingüística. Partimos de hechos para procurar efectos reales. De ahí la necesidad del análisis.

La unidad lógica viene dada por el tema del mensaje — el beneficio del destinatario, aquí el consumidor potencial. Cuantos elementos existan refractan esta idea central. Su diversidad proviene, básicamente, del hecho de que el mensaje de venta es un instrumento comunicativo y, como tal, se halla sujeto a los factores partícipes en el proceso de la comunicación: emisor, referencia, texto mismo, contacto, código y receptor. Las funciones lingüísticas se originan de dichos factores: expresiva, denotativa, artística, fática, metalingüística y apelativa respectivamente. No nos debe causar extrañeza que los mensajes de venta ofrezcan variaciones a tenor del predominio de alguna de estas funciones.

Sería muy sencillo, en un intento muy bien inspirado de exagerada simplificación, presumir que la función apelativa o conativa, por la cual aspiramos a la ejecución de un acto por parte del receptor — en este caso la adquisición de un producto o la utilización de un servicio — constituye un único objetivo del mensaje de venta. Mayormente se trataría de los anuncios y cartas que apremian al consumidor, muy corriente en las ofertas del comercio al detalle o al menudeo por su propio carácter temporal y con las consabidas apelaciones en formas verbales imperativas: "cómprelo hoy mismo, no lo deje para mañana, la oferta termina el domingo". En el mundo mercadista actual los objetivos son tan diversos como las funciones lingüísticas. No puede dejar de ser así porque la labor mercadista es eminentemente comunicativa y el lenguaje es el principal medio creado por el hombre para comunicarse.

Hay mensajes, por ejemplo, centrados en la creación de una imagen favorable del emisor; responden, en primer término, a un predominio de la función expresiva. En otros, cuyas explicaciones de las ventajas del producto incluyen cifras y datos técnicos especializados, impera la función referencial, simbólica o denotativa. Los martilleantes mensajes, a base de simples menciones, repetidas a cortos intervalos por las estaciones de radio y televisión, son en última instancia, esfuerzos del mercadista por mantener abiertos los canales comunicativos con recordatorios. Esta intención entraña el predominio de la función fática o de contacto.

En cuanto al código, el lenguaje mismo, sabemos que incluye tanto elementos lingüísticos como extralingüísticos en la realidad del acto comunicativo. De ahí que las ilustraciones en los anuncios impresos, los efectos sonoros en los radiales y los visuales, auditivos y kinéticos de los televisados respondan a las mismas necesidades comunicativas; no son básicamente decorativos. Habrá casos, claro está, en que el objetivo es agradar, causar efectos estéticos, por donde resalte la función artística, literaria; pero sabemos que a menudo la explicación verbal por sí sola es insuficiente. Tal como sucede en la vida misma, en el intercambio de significados del acto comunicativo frente a frente, cuando usamos ademanes, muecas y otros recursos no verbales, en los mensajes de venta será necesario recurrir a una explicación gráfica, sonora o dinámica.

El mensaje de venta ha de alcanzar a sus destinatarios por conducto de canales físicos porque el complejo mundo contemporáneo nos impide tratar siempre frente a frente a nuestros interlocutores. Los canales se verifican en dos dimensiones: espacio y tiempo. Los principales canales espaciales son los periódicos y las revistas, que sirven de medios de comunicación a las masas, y las cartas de promoción, medios individualizados. Las estaciones de radio y televisión constituyen los canales más importantes que se verifican en el tiempo y tienen carácter masivo como los primeros. Dadas estas características distintivas de espacialidad, temporalidad, masividad e individualidad, nos convendrá examinar a los medios masivos en primer término, que se desglosan en espaciales y temporales, y, por último veremos el canal espacial individual. El orden lógico de presentación, pues, será: primero, periódicos y revistas; segundo, radio y televisión y tercero, cartas promocionales. La necesidad de alcanzar a los destinatarios, principio comunicativo por excelencia, determina el empleo de canales, los cuales a su vez, condicionan la redacción del mensaje de venta enviado por su medio.

Prescindiendo de los mensajes esquematizados en una línea, oración o frase, podemos señalar cuatro componentes de los mensajes de venta que se adaptan a las condiciones de los canales: a) una llamada de atención, b) unos elementos extralingüísticos, c) un texto lingüístico y d) unas señas identificativas del emisor, si bien el orden de presentación varía apreciablemente de acuerdo con las necesidades comunicativas. En el siguiente esquema aparecen a grandes rasgos las diferencias cualitativas de cada componente por el influjo del canal por donde se transmite el mensaje.

| | ANUNCIOS | | CARTAS DE PROMOCIÓN |
	Impresos	Radiales y televisados	
LLAMADA DE ATENCIÓN	titular	apertura	nombre y dirección del destinatario
ELEMENTOS EXTRALINGÜÍSTICOS	ilustración, tipografía, formato, anexos, etc.	música, efectos sonoros, etc., dramatización, efectos visuales, etc.	ilustración, tipografía, formato, anexos, etc.
TEXTO	redactado para leerse: puede alargarse pero está sujeto a las normas del canal	redactado para oírse: más bien corto, sincronizado con el video	redactado para leerse: puede extenderse cuanto sea necesario por redactor
SEÑAS IDENTIFICATIVAS	nombre del producto o servicio, logotipo (nombre y emblema), marcas, inscripciones de todo tipo, lema, etc.	nombre del producto, servicio, marca, lema, logotipo	membrete de la empresa que puede ser el logo y las demás señas como los anuncios impresos

a) La llamada de atención

Constituye una apelación al destinatario para que se detenga a considerar el mensaje. En las cartas comerciales — libro *Comunicación*, lección 5 — atribuimos al nombre y dirección una función apelativa. Si bien parece claramente discernible también en los titulares de los anuncios impresos, la apertura en los mensajes radiales y televisados reviste algunas particularidades. En efecto, el recurso básico, en nuestra opinión, consiste en introducir un cambio cualquiera, sea diferente voz, cambio de su tono, otro presentador, nuevos efectos o música, un fondo diferente y demás. Ello obedece al carácter mismo de estos canales: la percepción de su emisión es de continuidad, de mantenimiento de un flujo auditivo o visual o de ambos en el caso de la televisión. La prueba está en que notamos enseguida cuando se interrumpe la transmisión por una pausa prolongada ajena a la voluntad del canal. Decimos entonces que "se quedó sin voz el radio" o que "se le fue la imagen y el audio al televisor". Para que se note, pues, el comienzo de un mensaje por estos canales, su apertura debe entrañar un cambio cualquiera, hasta el mismo cambio de tema.

b) Los elementos extralingüísticos

En principio, su inclusión obedece al desempeño de múltiples funciones comunicativas. En ocasiones, una ilustración o un ruido inusitado nos llaman la atención, esto es, constituyen elementos regidos por la función apelativa. En otras, la intención es sugerente, cautivante, encaminada a producir agrado: parece evidente la función estética o artística. Todavía en otras, la ilustración o la imagen en el video representan al producto, como para que tengamos una idea de su apariencia, para suplir o completar a la palabra, con lo que tenemos una función referencial. Y, al mismo tiempo, nos identifican el producto con el logotipo para indicarnos su procedencia, por donde coexiste con la función expresiva, por identificar al emisor y con la apelativa porque esta mención representa otro incentivo para comprar el producto o utilizar el servicio.

c) El texto

En el caso de los textos extensos, podremos emplear varios párrafos regidos cada uno por una función comunicativa particular, hasta incluir todas las funciones, con el ánimo de tocar cuantas cuerdas sensibles tenga el destinatario y refractar el tema central tanto en los componentes del mensaje como en los componentes del más extenso de todos: este texto lingüístico. Un texto corto, por fuerza, deberá ajustarse al tema central como todos los demás componentes y portar una sola función. Esto ocurre con mayor frecuencia en los mensajes redactados para oírse únicamente. Así, un mensaje destinado a dar a conocer la ubicación de los establecimientos distribuidores de un artículo, dado el predominio de la función referencial, deberá ceñirse a ofrecer con exactitud esta información. Los textos redactados para leerse pueden incluir vocablos más especializados, menos corrientes, al paso que los redactados para oírse están más dominados por las tendencias fónicas del idioma, responden al habla familiar. Como este mismo código de lenguaje familiar, admite las repeticiones y las intromisiones de los sentimientos con mayor facilidad.

d) Las señas identificativas

Por definición, un mensaje de venta identifica a su patrocinador, pero el concepto se ha ampliado considerablemente en nuestros días. Cuando decimos el nombre del patrocinador apuntamos como a su rúbrica, su firma, que puede ser la del fabricante o la del mercadista; aparece también el nombre del producto, la marca, para distinguirlo de los demás de su género. Cuando el nombre del producto o de la empresa aparecen con un emblema o seña especial decimos que es un logotipo o logo en la terminología publicitaria. Otras señas también son los lemas y cuantas inscripciones oficiales, premios o concursos, certificados, cuños de aprobación, y demás aspectos referentes al producto o al mercadista. Parecen apuntar a un predominio de la función expresiva, pero en el caso de los compradores industriales estas señas identificativas tienen un valor apelativo para ellos: buscan la garantía del fabricante. Y cuando se aportan como datos que muestran superioridad sobre los contrincantes, la función también es referencial.

Hemos visto en abstracto estos componentes como una orientación general y con su explicación con vista a un criterio comunicativo. A continuación veremos las técnicas y componentes de cada tipo de mensaje según las particularidades del canal empleado.

6.3.3.1 Técnicas y componentes de los anuncios impresos

En la mayor parte de los anuncios gráficos, el titular y la ilustración comportan el mayor interés para el lector de hoy abrumado por la ingente cantidad de informaciones. Cuando no existe la ilustración, la carga mayor para atraer la atención recae en el titular: para que el lector prosiga leyendo el texto y demás componentes del anuncio. Los anuncios impresos contemporáneos, con excepción de los clasificados, de rareza se ofrecen sin uno de los dos componentes aludidos y, en gran cantidad de casos aparecen ambos. Cuando se destaca la ilustración, entonces el titular funge de mera nota explicativa, como la leyenda de una figura. De cualquier suerte, ilustración, titular y texto son elementos vinculados, se hallan unificados mediante el tema central de beneficio al consumidor, al cual, como se ha dicho, refractan según sus posibilidades.

a) Titular

Se considera generalmente como la parte del anuncio que se ha redactado para destacarse por su tamaño, por su tipografía especial diferente del resto de los componentes, por la prominencia de su ubicación o por el espacio vacío, en blanco, que lo circunda. No es posible afirmar que sea más importante que la ilustración o viceversa, que uno esté subordinado a la otra o lo contrario. ¿Cuál es el secreto de un titular atrayente? Al parecer, la vinculación del tema central al beneficio particular del presunto consumidor: se relaciona con su vida, como el título de una obra escrita, debe reflejar en lo posible el tema central que cohesiona los diversos componentes — la clave de su éxito reside en destacar el interés personal del destinatario.

Así, sus funciones particulares son:

1) condensar la idea central;
2) relacionarse con la ilustración, explicándola verbalmente o ampliando la idea central representada en aquélla;
3) presentar o sugerir la solución o beneficio ofrecido por el producto, siendo con frecuencia el beneficio y la idea una misma y sola cosa;
4) captar la atención del lector, y
5) identificar el producto o servicio.

Como el titular normalmente es la primera parte del texto, debe resumir el problema o la solución ofrecida de modo breve y terminante. Esto le permitirá al lector juzgar sobre la pertinencia de la información y decidir seguir leyendo el anuncio o pasar a otra parte del periódico o la revista.

Por regla general, tres cuartas partes de la lectoría no pasa de los titulares de cualquier material de lectura: es hábito de nuestra época. De ahí que se proceda, básicamente, de modo deductivo o de modo inductivo. Por el primer estilo, el titular expone la idea central y el texto sirve para desarrollarla. Por el segundo, el titular constituye la conclusión a que se llegó en el planteamiento de la cuestión en el texto. Esto es, unas veces tiene prioridad en la redacción el titular y otras la tiene el texto. Otra práctica: al tiempo que ofrece el beneficio del producto, a menudo se suele identificar el nombre del producto anunciado. Varía esta práctica, ya que depende tanto de la claridad o nitidez con que la ilustración muestre el producto, como de que dicha función la porten las señas identificativas. Los ofrecimientos de servicios, difíciles de ilustrar visualmente, son por ello identificados en el titular con suma frecuencia. Por el hecho pues, de ser el titular un componente similar a los actos de la vida real en que proferimos un grito, utilizamos un vocativo para llamar a alguien o mencionamos su nombre, o cuando utilizamos el teléfono para ponernos al habla, o sea con función apelativa, y con la posibilidad de desempeñar otras funciones comunicativas como se ha venido explicando, podremos ofrecer la siguiente clasificación para orientar en su redacción:

1) Imperativos

Usados mayormente en las ventas al detalle, durante una oferta limitada; instan a la acción inmediata por medio de verbos de mandato.

2) Informativos

Redactados al estilo de los titulares de los canales comunicativos en que aparecen: "Cómo comprar un auto pequeño".

3) Asociativos

Muestran el lema de la empresa o del producto para identificarse: "El banco del empresario de hoy".

4) Explicativos

Ofrecen razones sobre la economía, el rendimiento, y otras ventajas de interés para el destinatario: "Dedique más tiempo a su familia con una lavavajilla marca tal".

5) Sugerentes

Se despierta la curiosidad, se suscitan evocaciones, se da alimento a la imaginación; propios de los anuncios relacionados con las necesidades de orden personal.

6) Sentimentales

Procuran provocar solidaridad de sentimientos o afectos, sean de carácter colectivo o patriótico, humanitarios como la compasión, de temor y demás, como con respecto a este último caso se pregunta: "¿Quién se encargará de llevar los frijoles a casa cuando usted falte?"

7) Sensoriales

Aluden a cualquiera de las sensaciones experimentadas por el ser humano, tanto interna como externamente, y que se dieron en secciones anteriores: "El relajamiento en los reclinatorios tal no tiene igual".

8) Ingeniosos

Apelan a un tipo de destinatario interesado en el goce intelectual, en el aspecto lúdico o de juego de la vida y de las cosas, a la recreación producida por los juegos de palabras, a la fruición o disfrute derivada de la exploración y de la interpretación estimulantes. Con todo, arriesgan la comprensión si la dificultad sobrepasa el interés del momento.

Unos, pues, se dirigen a la razón, otros a la imaginación, otros al juicio, otros al sentimiento y otros básicamente a la intuición.

En el plano gramatical, sabemos que se puede clasificar la oración simple por el criterio de la actitud psicológica del emisor, de ti mismo ahora, en: aseverativas que a su vez se dividen en afirmativas y negativas; dubitativas, desiderativas, exhortativas, imperativas, de posibilidad, interrogativas y exclamativas, todas las cuales se vieron en la lección 2 de *Gramática*, a la cual te remitimos, para esclarecer los distintos significados que pretenderás compartir. Deseamos recalcar que la presencia o no de signos de puntuación, esas señales del tráfico de significados, como ocurre con los de exclamación, no hace a las oraciones exclamativas, ni los de interrogación constituyen necesariamente preguntas.

Conviene repasar, asimismo, las demás clasificaciones halladas en el texto aludido, referentes al criterio de la significación verbal, básicamente la división entre atributivas y predicativas, un criterio semántico, con toda su gama de subdivisiones, halladas en la lección 3 del mismo texto, para sensibilizarte en este renglón de capital importancia. De paso, te mencionaremos la sección 3.3 que trata sobre las transformaciones de una oración modelo, porque está redactada con esta característica particular de brevedad del titular en mente, si bien es aplicable a cualquier tipo de redacción.

b) La ilustración

El primer requisito de la ilustración debe ser la congruencia con el tema central que informa todo el anuncio, en su concepto original de ilustrar gráficamente la idea. Abundan los casos en que este componente usurpa, por su tamaño, por su calidad artística, por su aptitud de encarnar el tema central, por su colocación cimera y demás, la función apelativa de captar la atención del lector. No sin olvidarnos de que desempeña a la vez las funciones de referencia y de expresividad. Ello obedece no sólo al carácter representativo de una ilustración, mucho más acabado en ocasiones que las palabras, símbolos éstas de la realidad que se intenta compartir, sino que, por la ley del menor esfuerzo, el ser humano se inclina a captar directamente el significado sin la mediación simbólica del lenguaje.

Los símbolos extralingüísticos ofrecen menos resistencia, se aceptan con mayor facilidad. De ahí que circulen dichos alusivos por todos los idiomas: "ver para creer, vista hace fe, una figura vale por mil palabras"; si bien la capacidad para creer, según la postura persuasiva del equilibrio — lección 5 — afirma que también podemos ver porque ya creemos con anterioridad, en acto de buena fe. Y, con esto, damos con otra función más, la artística, que puede ofrecernos una ilustración: la capacidad para sugerir, la libre asociación de carácter personal, y, por ende, intransferible a causa de la distinta experiencia de cada persona.

La prioridad en la labor de redacción, como vimos anteriormente, vendrá dada caso por caso. Así, en uno la ilustración dará pie al titular, convertido en nota explicativa y el texto se convierte en una explicación pormenorizada y hasta las señas identificativas resultarán absorbidas cuando se haya representado el producto. En otro, se comienza por el titular, al concederse mayor capacidad de atracción a la palabra y hasta la ilustración se fracciona en distintas unidades esparcidas por todo el anuncio para servir de apoyo a las afirmaciones expuestas. El orden de presentación, como se desprende, seguirá las necesidades comunicativas: no puede constituirse en camisa de fuerza del redactor. El despliegue de recursos procedentes de todas las artes visuales, sean pictóricas, fotográficas, de dibujo y de delineación como de otras menos corrientes, facilitado por la calidad en la reproducción actual, en especial en revistas, representa una técnica de considerable cultivo en el anuncio impreso de hoy.

En el complejo simbólico total de un anuncio, la ilustración contribuye con diversas funciones particulares:

1) Muestra el producto en su ambiente habitual; en uso; expuesto en su envase, con la etiqueta a la vista.
2) Enseña las necesidades que satisface el producto y las ventajas que brinda su adquisición o utilización.
3) Destaca los rasgos o cualidades del producto y su funcionamiento.
4) Actualiza el beneficio que confiere el producto, como su utilidad, conveniencia, sensaciones placenteras, gratificación al yo, aceptación social.
5) Crea un problema, la situación a evitar; la situación antes y después del empleo del producto o servicio — que resuelve el problema.
6) Presenta a los usuarios, la clase de gente que emplea el producto o servicio, para que el destinatario se reconozca en ellos.
7) Configura la imagen de una marca; al dotarla de valores subjetivos, le conferirá un valor distintivo: es la colocación del producto de modo perceptible separado de sus contrincantes.
8) Crea la imagen del fabricante, la tienda o la institución que brinda el producto o servicio; realza la imagen de la empresa o del mercadista.
9) Armoniza el tono de la figura con la necesidad o el deseo que procura satisfacer y con las actitudes de los destinatarios hacia el tipo de producto o servicio.
10) Suscita una asociación automática del beneficio — de un valor conceptual — con la imagen visual del producto: cada vez que el destinatario perciba el beneficio lo asociará al producto de una manera tangible.

Esta lista de funciones se convierte en una guía del proceso de selección: según impere una función particular así se escogerá el tipo de ilustración que mejor se avenga con ella. El canal aconsejará cuál procedimiento convendrá emplear. Si se anuncia en un periódico, se recurre con preferencia al llamado arte de dibujo recortado de un libro o se utiliza un arte original, mientras que las revistas emplean fotografías con preferencia.

Hay casas dedicadas al giro de edición de libros de ilustraciones, ya clasificados por categorías. Son, por lo general, dibujos lineales sin sombreados. Este arte de recorte es muy fácil de usar: se recorta de la hoja y se adhiere al anuncio. Muchos periódicos mantienen un archivo pero hay casas, que envían por correo sus libros o sus agentes ofrecen sus muestrarios tanto a las casas editoriales como a los mercadistas. Los fabricantes o distribuidores, asimismo, pueden proporcionarle al detallista la ilustración ya preparada. Así, los distribuidores de películas les envían a los administradores de salas, hojas de anuncios de brillo en varias dimensiones para promocionar los filmes venideros. Los anunciantes únicamente tienen que seleccionar los anuncios que desean poner en el periódico e insertar el nombre de su local y las horas de proyección en el espacio en blanco.

Hay varios procedimientos de arte original. Suele consistir la mayoría en bocetos o dibujos en tinta, trazados a pluma. Como el arte de recorte, son muy fáciles de reproducir. Las ilustraciones sombreadas, llamadas mediotonos, representan un trabajo artístico más complejo. Se hacen de una imagen fotografiada a través de una pantalla o filtro, de modo que los detalles de la imagen aparezcan en puntos diminutos. Habrá que asegurarse de que el artista conozca el objetivo o la función encomendada a la ilustración, el fondo contra el cual aparecerá, la colocación en el anuncio. El mediotono se produce al doble del tamaño de la ilustración final, para que aparezcan los detalles, y luego se va reduciendo al tamaño necesitado. Cuando se carezca de arte original en la localidad, se podrá recurrir a las empresas dedicadas al giro con servicio de correo que seguirán las especificaciones consignadas por el mercadista. Con el avance de las técnicas de impresión de los periódicos, hay otra forma de ilustración que está cayendo en desuso: la matriz de un anuncio o de una parte solamente. Ya viene con ilustración, texto y señas identificativas, sólo se deja en blanco el espacio para el precio y el representante local. Esta práctica ha sido muy empleada por fabricantes y distribuidores y todavía existen empresas dedicadas a este giro.

Las fotografías son más empleadas por las revistas provistas de equipo de reproducción apropiado; se suelen obtener tanto de los fabricantes y distribuidores, como hacerse por fotógrafos profesionales y las propias necesitarán retoques para su inserción en el anuncio.

c) El texto

Constituye una parte central, bien diferente de los demás componentes cuando se trata de un anuncio extenso: es el componente verbal de mayor longitud que explica, amplía y apoya con pruebas el beneficio rendido por el producto en clara integración con los demás componentes. Si la extensión y el tipo de explicación lo permiten, pueden redactarse con la forma de las obras literarias e instructivas, como cuentos, parábolas, fábulas y demás, lo mismo que usarse recursos procedentes de cuantas formas comunicativas existan, sean de discursos forenses, demostraciones científicas, informes, etc. Incluso, hay toda una gama de gráficos — columnas, pasteles, diagramas de flujo, entre los más frecuentes — que cohonestan las afirmaciones sustentadas en la exposición. Son, en este caso, como ilustraciones particulares del texto.

La misma clasificación ofrecida de los titulares es enteramente aplicable a los textos. Después de todo, el titular adelanta el asunto del texto que éste desarrolla en el estilo deductivo, o entraña la conclusión a que llegó el texto según el estilo inductivo. La cuestión es que el tono, la actitud de ambos, sea congruente. Se intercambian las formas: hay textos abreviados telegráficamente que se asemejan a los titulares, en especial en los periódicos, así como titulares extensos de dimensiones parecidas a un párrafo de un texto. Aquí habrá que remitirte al estudio de la oración compuesta con sus formas capitales: yuxtaposición, coordinación y subordinación, obrante en la lección 6 del libro *Gramática*. A medida de que se añaden párrafos, surge la necesidad de emplear más relacionantes — los cuales se estudian en la misma lección.

El aspecto gramatical de repaso incluye también el empleo acertado de los verbos. En las formas de texto narrativas, predominan los tiempos de la lejanía, mientras que los textos relacionados con la situación actual del destinatario recurrirán a los tiempos de la cercanía. En las exposiciones científicas, en las cuales se acude al empleo de hipótesis de distinto carácter, los textos recurren a las formas condicionales de la oración. Todo lo cual es materia de estudio en la lección 1 de *Gramática*.

¿Qué características reviste un texto convincente? Además de los rasgos de la redacción efectiva, consignados en la lección 4 del libro *Comunicación* — unidad, coherencia, énfasis, exactitud, claridad, concisión y cortesía — hemos de agregar la práctica de terminar un texto con una apelación para que actúe el destinatario, cuando se trata de anuncios de acción inmediata, como una recomendación salida de los hechos planteados. Sea cualquiera la forma del texto, su longitud, sus funciones comunicativas, es aconsejable la lectura en voz alta — preferiblemente ante personas de igual condición que la de los presuntos destinatarios para cerciorarse uno de su idoneidad, antes de procederse a su publicación.

Hay una variedad del anuncio local que aparece en los periódicos, los anuncios clasificados, donde se enuncian una serie de requisitos en unos pocos renglones, aunque hay algunos con varios párrafos de extensión. Mientras que los más breves aparecen bajo un titular genérico, los mayores disfrutan de una llamada especial de atención, con su titular particular. Los clasificados aspiran a llenar una necesidad por parte de una sola persona o entidad y de ahí que compartan a veces el carácter personal de las cartas de promoción. Hay varias fórmulas, "se desea, se alquila" y otras, empleadas tanto en los titulares genéricos como en el comienzo de cada clasificado que facilitan grandemente su redacción y lectura. Con el mismo propósito, se suele confinar la sección de clasificados a la parte posterior de los periódicos, al paso que los demás anuncios suelen aparecer en cualquiera de las páginas, excepto en la primera plana y las páginas de editoriales.

Si bien la redacción de los anuncios clasificados breves entraña una simple esquematización de datos, en los mayores se incide a menudo en el carácter de circular o aviso, por lo que se insertan en secciones o páginas del mundo de los negocios. En uno y otro caso te remitimos a la lección de *Comunicación*.

Otra cuestión particular es la inclusión del precio en el anuncio. Mayormente el señalamiento del precio pertenece a la venta al detalle. El mercadista reflexionará sobre el objetivo u objetivos del mensaje. Si se apela a una acción de compra inmediata, convendrá incluir el precio porque posiblemente constituye el incentivo mayor de la oferta. Habrá que vigilar las disposiciones oficiales relativas al producto o servicio en cuestión. En algunos países ciertos renglones no pueden anunciar el precio y en otros los artículos de primera necesidad y algunas medicinas y electrodomésticos se hallan estrictamente controlados. Cuando el precio constituye una ventaja para el consumidor, no solamente aparece al comienzo del texto, sino que se coloca como titular junto al nombre del producto o servicio en clara función apelativa.

Para el mercadista que adolece de la falta de plataforma orientadora sobre la redacción, expondremos a continuación algunas prácticas reflexivas, ya tocadas a lo largo de este *Cuaderno*.

En cuanto a los objetivos del mensaje:

1. ¿Enterar de la existencia del producto o de la marca?
2. ¿Crear una imagen de la marca o una disposición anímica favorable hacia ella? ¿Qué clase de imagen?
3. ¿Dispensar información respecto a los beneficios y cualidades superiores de la marca? ¿Qué información, qué cualidades?
4. ¿Desvirtuar o contrapesar alegatos de los contrincantes? ¿Qué alegatos?
5. ¿Corregir falsas impresiones, errores de información y otros obstáculos presentados a las ventas? ¿Cuáles?
6. ¿Acostumbrar el paquete, el producto, la marca, ante los ojos del lector para que los reconozca con facilidad?
7. ¿Hacer que el lector perciba la empresa con una actitud más favorable mediante la creación de otra imagen? ¿Qué actitud, qué imagen?
8. ¿Revestir de prestigio, crear una sólida reputación, para amparar el lanzamiento de nuevas marcas o nuevas líneas de producto? ¿Qué prestigio?
9. ¿Imprimir en la mente de los consumidores un punto de venta singular del producto? ¿En qué consiste tal punto de la propuesta?
10. ¿Adelantarle la tarea al vendedor, contribuir a la campaña de comunicación mercadista realizada por otros canales? ¿Quién venderá? ¿Cuáles canales?

A poco que se medite sobre este breve cuestionario, se encontrará que las cuatro posturas principales sobre la persuasión — procesamiento de la información, equilibrio, percepción y unidad del yo — tienen que ver con los objetivos del mensaje persuasivo de venta, tal como se trató en la lección anterior del *Cuaderno*.

En cuanto a los datos necesarios para la redacción del anuncio, vuelven a auxiliar otras secciones del texto, ahora del pensar inquisitivo obrante en la "Introducción":

1. ¿Qué producto propongo? ¿O son varios? ¿Están relacionados? Si no

lo están respecto al tema, ¿no habrá un común denominador: precio, número, etc.? *¿QUÉ OFREZCO?*

2. ¿Tengo suficientes datos respecto a cada producto para redactar expresiones con la necesaria fuerza persuasiva: tamaño, color, materia, construcción, funciones desempeñadas por los productos, nombre de la marca, etc.? ¿Cómo se usan los productos? ¿Cómo funcionan? *¿QUÉ CUALIDADES?*

3. ¿Es el precio corriente, especial, de rebaja cíclica o de liquidación? ¿Hay combinaciones de artículos con un precio especial? ¿Cuáles son los precios de los competidores? *¿A CUÁNTO?*

4. ¿Cuándo, cómo y dónde se podrán adquirir los productos? ¿Cuántas unidades por artículo hay disponibles: ¿Hay cantidades limitadas en la oferta por tamaño, color, estilo? Si se anuncian artículos pendientes de entrega, ¿cuándo llegarán? *¿CUÁNDO, CÓMO, DÓNDE HALLARLOS, CUÁNTOS?*

5. ¿Cuál es el beneficio del producto o servicio que provocará al consumidor? ¿Son varios los beneficios? ¿Destacaré uno solo o varios? ¿En qué orden presentaré varios beneficios? ¿Se subordinan todos los elementos al tema central de beneficio mayor? *¿POR QUÉ ATRAERÁ?*

6. ¿Por cuáles canales me comunicaré mejor con el presunto consumidor? ¿Hay canales disponibles en la localidad según su estilo de vivir y mi presupuesto? *¿QUIÉN ES MI CONSUMIDOR, CÓMO COMUNICARME CON ÉL?*

7. ¿Cuáles componentes podré emplear en los mensajes de venta según el tipo de canal seleccionado? *¿CÓMO ESTARÁ COMPUESTO EL MENSAJE?*

8. ¿Tiene conocimiento el consumidor de mi producto, de mi marca, de mi empresa? ¿Es nuevo el producto, el anuncio o la empresa? ¿Mereceré crédito? *¿QUIÉN EMITE EL MENSAJE?*

Estas ponderaciones, aplicables a cualquier tipo de mensaje de venta, giran alrededor de los factores partícipes en el proceso comunicativo — emisor, referencia, mensaje, contacto, código y receptor — aunque no en el mismo orden y se relacionan también con las clásicas preguntas sobre las circunstancias.

De cualquier suerte, sea que se parta de una plataforma para redactar un texto o de la investigación limitada recién sugerida en su defecto, la tarea de este componente es de informar a los consumidores potenciales. Su lenguaje, por consiguiente, se adaptará a su capacidad lingüística y versará sobre cuestiones de su interés. La efectividad del lenguaje persuasivo, hemos de recordar, no estriba tanto en la corrección y en la originalidad como en su contribución a lograr los fines para los cuales se utilizó. Escóndase el redactor, pues, tras el producto; que sea éste el protagonista con cuya personalidad se compenetrará el consumidor.

d) Las señas identificativas

Desde tiempo inmemorial se marcaban las mercaderías con las señas de su vendedor. Estas contraseñas han ido adquiriendo diversas funciones como se ha adelantado en secciones anteriores. Entre las más corrientes tenemos la ilustración del producto con sus múltiple funciones comunicativas mentadas; el nombre de la empresa con un logo o emblema, al cual se le asocia a menudo un lema. Esta muletilla procura asociar el producto, función fática, con una expresión dotada de rotundidad, eufonía o de algún valor que indica el beneficio central de la empresa a la sociedad: transportar personas, educar a la juventud, y demás.

El nombre del producto, la marca, merece un comentario mayor. De la misma forma que una persona aparece con nombres y apellidos, progenitores, lugar y fecha de nacimiento, testigos y otros datos, en los registros oficiales de nacimiento, el producto ha de inscribirse para gozar de la protección legal correspondiente. Pues bien, en ocasiones la persona es conocida por el nombre legal y en otras por motes, diminutivos cariñosos, abreviaciones del nombre y demás. En el primer caso tendremos la marca registrada, en el segundo tendremos la marca a secas. En la actualidad el producto ha de distinguirse de sus contrincantes en su lucha por conquistar el favor del consumidor en un régimen de mercado. Este fundamento de libertad comercial permite la identificación de productos y patrocinadores que persiguen un beneficio mutuo en el intercambio de bienes y servicios.

Las señas identificativas permiten vincular los diversos mensajes transmitidos por conducto de diferentes canales en todo el orbe y en distintos idiomas. En una campaña mercadista contribuyen también a vincular mensajes dotados de textos distintos y hasta de temas diversos según el tipo de destinatario que utiliza un canal y las circunstancias de su uso.

La colocación de las señas, por consiguiente, será variable. Mientras que el nombre de la empresa y el logo, la marca y hasta el lema disfrutan de gran libertad de ubicación, las notaciones de inscripción suelen estar en la parte final del anuncio. Otros datos como el lugar de fabricación; los nombres de las sucursales de la empresa, su dirección, los teléfonos, las claves del télex, telegrafía y cable, horas laborables; los premios alcanzados en concursos y ferias y cuantas informaciones puedan resultar pertinentes según el caso, figuran también al final. Debe señalarse que cualquier identificación del patrocinador debe ostentar una tipografía legible — por apuntar a la fuente del mensaje. Dejando aparte las señas menos frecuentes, trataremos el nombre de la empresa, la marca y el título comercial registrado. Siguiendo la analogía con la inscripción de nacimiento de una persona, el nombre de la empresa alude a los progenitores, la marca alude al nombre con el cual se conoce la persona, que coincide a menudo con el título o marca registrada y esta última que incluye todos los datos del caso, tal como se consignan en una certificación oficial de nacimiento.

1) El nombre de la empresa

Como se ha mencionado anteriormente, en multitud de casos el nombre orienta a los compradores industriales, a los mayoristas, a clientes conocedores de la experiencia en el ramo. Cuando llegamos a los grandes conglomerados internacionales, ya la distancia entre el negocio original y los actuales hace inoperante la conexión, tal como sucede con los distintos productos de la compañía Procter and Gamble, salvo por el prestigio industrial. En el mundo comercial hispanoamericano el nombre de los propietarios comunica a la empresa y a sus productos el prestigio gozado y de ahí la costumbre de distinguir los productos con el nombre de la familia propietaria de la fábrica o del establecimiento.

Los detallistas han comprendido, desde el principio, el valor de la imagen de una empresa prestigiosa. Cuando tienen una clientela permanente, por ello, tratan de acentuar la asociación favorable con la fuente. Se está dando el caso de que la empresa Sears, que anteriormente recalcaba las distintas marcas propias, Kenmore, Silvertone, Craftsman, ahora acentúa el patrocinio del nombre de la empresa. En el comercio internacional de hoy, dada la diversidad de lugares de producción, bajo el nombre de la empresa distribuidora se acogen los fabricantes menores. Sea como sea, las marcas resultan realzadas, por implicación, cuando se consigue una imagen positiva del nombre de la empresa que las origina.

2) La marca del producto o servicio

Más y más se está recurriendo a este procedimiento para su identificación, ante la proliferación de artículos y servicios en la compleja sociedad actual. Es el nombre propio que puede coincidir con el nombre legal: se escribe con mayúsculas este identificador, "Zapatos Ingelmo". El objetivo de la marca básicamente es anclarse en el marco de referencias del consumidor: así sabrá cómo pedir el producto y estar seguro de que el producto anunciado y el adquirido son los mismos.

Además de las marcas que ostentan los nombres de los propietarios de la entidad añadidos al nombre genérico, los mercadistas procuran marcas alusivas a las funciones del producto o simplemente recurren a la invención.

MARCAS FUNCIONALES:

Promesa de resultados: **Lavasol**
Descripción del uso: **Cocina al minuto**
Patrón de calidad: **Medalla de oro**
Mención de ingredientes: **Coca-cola**

MARCAS INVENTADAS:

Asociaciones positivas: **Suave**
Asociaciones distinguidas: **La Madonna de Dalí**
Distinción fonética: **Kodak**
Siglas memorizables: **B.V.D.**
Números, letras, tecnicismos: **1001, Preparación H, Betamax SL-C7**

3) El título comercial registrado

Aunque también se le llama la marca registrada, en la actualidad puede incluir no ya el nombre de la marca sino además cualquier palabra, número, letra, sigla, símbolo, diseño, lema u otro distintivo, siempre que se inscriban en los registros oficiales correspondientes. Asume la misma función identificadora de la anterior si bien el concepto es más amplio. En el ejemplo anterior, los Zapatos Ingelmo han acuñado el lema, "una obra maestra en cada par", que se enuncia o se coloca en cualquiera de los componentes del anuncio. Asimismo, el emblema de una empresa, elemento extralingüístico, puede figurar en cualquier lugar y de hecho se coloca cada vez que aparece el nombre de la empresa, como en este mismo texto aparece el logo de su casa editora. Como muestra de su largo abolengo, podemos citar la cruz, la estrella de David, la media luna y demás signos de religiones. Los logotipos constituyen la heráldica moderna: como símbolos visuales y verbales comunican con mayor eficacia.

El peligro mayor que corre una marca registrada es su conversión en nombre genérico, tal como aconteció con celofán, aspirina y en algunos lugares con frigidaire, para llamar a los refrigeradores o neveras. Este problema ocurre con mayor frecuencia cuando se trata de productos nuevos, con lo que vuelve a suscitarse la necesidad de añadirles el nombre de la empresa fabricante para distinguirlos de los competidores, recién llegados al mercado en la segunda etapa de vida del producto. Pueden añadirse otras notaciones de inscripciones como la patente, la propiedad intelectual y el cuño de certificación de calidad expedida por entidades oficiales o autónomas. Estas notaciones desempeñan las mismas múltiples funciones de las señas identificativas anteriores.

e) El formato del anuncio impreso

El arreglo o disposición de los elementos componentes, el formato, constituye un aspecto capital en el estudio de la estructura externa, dado que los estímulos visuales participan en el proceso comunicativo realizado por estos canales espaciales. Al diseñarse el formato se tienen en cuenta el tamaño de los componentes y las relaciones de espacio surgidas entre sí. Si la dimensión mayor de un componente por fuerza estimula la vista, el espacio también tiene importancia, de la misma forma que es importante en el lenguaje oral. Con los adelantos técnicos actuales se necesita el concurso de una persona especializada en estos menesteres artísticos; sin embargo, el redactor debe estar al tanto de los objetivos del formato. Un formato efectivo debe procurar unidad, guiar la secuencia de lectura, impartir una imagen favorable del producto y del patrocinador y aislar el anuncio del fondo que lo enmarca.

1) Procurar unidad

Si el tema central vincula internamente a los componentes, el formato debe hacerlo al nivel de la estructura externa, como una función del tema central al cual se le subordina. Hemos de recordar que también se incorporan como componentes, diversos tipos de anexos, tales como cupones, recetas, instrucciones, formularios para llenar y demás que, por lo general, no aparecen al principio del anuncio a menos de que el mensaje, la idea central, se centre en ellos. Un pensamiento claro, lógico y coherente se plasma en el papel, de modo gráfico, con un formato unitario.

La simplicidad en la presentación es el factor más importante en la unidad del formato. A más elementos, a mayor abigarramiento, habrá más competencia por la atención del lector. La utilización de la misma tipografía contribuye, asimismo, a mantener la unidad del formato. El color, que llama la atención en el titular, se empleará en la ilustración cuando sirva para interpretar más verídicamente las cualidades satisfactorias del producto, tal como ocurre con los alimentos y con la ropa, y no con fines decorativos solamente.

2) Guiar la secuencia de la lectura

Por la prelación y el relieve dados a los elementos se puede conducir el orden de lectura del lector. Hay una tendencia natural a entrar por la parte superior izquierda de una página y proceder de izquierda a derecha y de arriba a abajo por los hábitos occidentales de lectura. De ahí que se coloca el componente de mayor interés en dicha posición. Después de esta dirección inicial, hay que notar la costumbre de seguir la mirada, el frente hacia el cual miran los seres ilustrados, las indicaciones de flechas. En cuanto al relieve, según sea la mayor dimensión del componente, mayor será la atención que se le preste. Generalmente la ilustración y el titular desempeñan esta labor de captar la atención y por ello se destacan por su tamaño.

3) Impartir una imagen favorable del producto y de la empresa

El formato es al anuncio como la presentación es a la persona: hay que ganarse la buena voluntad del destinatario. Podemos tanto procurar un equilibrio como procurar un contraste respecto al tamaño, color, forma y densidad de los componentes. Podemos procurar también la reversión: la imagen se define por la tinta, por la sombra que la rodea. Las áreas que suelen ser oscuras se hacen blancas, sobre todo si el material adyacente utiliza el blanco como fondo. Podemos procurar la proporción, o sea, la relación de los objetos respecto a su entorno y la de ellos entre sí, para romper la monotonía. O podemos prescindir por completo del entorno y realizar en una ilustración una toma de cerca *(close-up)* que brinde los detalles anatómicos con mayor fidelidad. En general, el mayor detallismo del producto conseguirá una impresión de mayor veracidad. La colocación de un objeto centrado en el anuncio comunica una impresión de equilibrio, de serenidad y de importancia. El eje central óptico se halla ligeramente por encima del eje matemático del anuncio o de la página. Los objetos grandes colocados a la izquierda pueden contrapesarse con objetos más pequeños colocados a alguna distancia del eje central. En un anuncio de media página en un periódico, una colocación central asegura su visibilidad, cualquiera que sea la forma en que se doble.

4) Aislar el anuncio del fondo que lo enmarca

De entre todos los estímulos visuales el anuncio nuestro debe resaltar. Hay tantos otros anuncios como material de lectura de carácter noticioso. Aquí entra a jugar un papel decisivo el empleo juicioso del espacio en blanco. El espacio en blanco separa a los componentes internos de un anuncio, pero debe propiciar la pausa visual entre el anuncio y los materiales ajenos adyacentes. Demasiado pegado parece como un empujón para hacernos leer, lo que nos causa desagrado. Hay márgenes anchos que permiten la inserción simétrica de los componentes en los anuncios extensos. En los pequeños puede haber un borde especial o algún tipo particular de imprenta que lo aisle del fondo. La lucha por destacarse, de este pequeño anuncio, estimula a la búsqueda de una proposición singular de venta para destacarlo sobre los anuncios de media y de una página. Cuando terminemos de redactar un anuncio, habrá que considerar el espacio que ocupará cada componente, así como el espacio a ocupar en el canal seleccionado. Es una reformulación de los entornos informativos en los canales masivos de periódicos y revistas. La ubicación del anuncio impreso, por ello, es un factor extrínseco de la mayor importancia para comunicar el mensaje de venta con efectividad.

A vía de comprobación de esta efectividad, podemos confrontar nuestro anuncio con vista a la siguiente lista de criterios en forma de preguntas:

¿Sobrevive nuestro anuncio de entre el cúmulo de estímulos competidores? ¿Se nota el titular o se ahoga en la multitud?

¿Es la ilustración principal lo bastante grande para causar interés? ¿Responde su dimensión al asunto del anuncio? ¿Se destaca el logotipo? ¿Identifica con prontitud a la empresa y establece su imagen de modo favorable?

¿Hay algún elemento dominante? Muchos anuncios carecen de un punto focal al cual convergen los elementos restantes. ¿Hay párrafos por un lado, cifras por otro y unas ilustraciones tan pequeñitas que se hacen indescifrables? ¿Carece el anuncio de un elemento dominante que detenga la mirada? ¿Aparece el producto ilustrado con suficientes detalles?

En los anuncios provistos de precios, ¿se destacan con algún tipo especial de imprenta? ¿Aparecen junto a los artículos marcados? ¿Muestran los precios una comparación con los anteriores, con los de los competidores? ¿Enseñan cuánto se va a ahorrar el consumidor, en qué consiste la rebaja? ¿Hay suficiente espacio en blanco en derredor de los precios?

¿Imparte una imagen de elegancia la sobriedad de elementos? ¿Imparte una imagen de liquidación de artículos la abundancia de elementos?

Todas estas consideraciones acreditan la necesidad de sensibilizarse respecto a este importante elemento extralingüístico de los anuncios impresos, considerado como un aspecto más, en un enfoque comunicativo del lenguaje.

6.3.3.2 Técnicas y componentes de los comerciales

Muchas de las cuestiones tratadas respecto a los anuncios impresos son enteramente aplicables a los llamados comerciales o anuncios transmitidos por radio y televisión, con las necesarias salvedades surgidas de la diferente dimensión que utilizan. Mientras que los impresos ocupan espacio, los comerciales ocupan tiempo. Si bien la redacción gira también alrededor del tempa central, la estructura se atempera al hecho de que existe un flujo constante de transmisiones por los canales. Mientras que en los canales impresos el anuncio ya está terminado cuando llega a su destinatario, en los comerciales se va entregando, desgranando, en elementos lingüísticos y extralingüísticos.

La composición de un comercial tiene en cuenta esta continuidad de la transmisión: sus elementos integrantes deben unificarse en el tiempo. De ahí el carácter repetitivo, como el motivo musical que recurre una y otra vez y articula toda la pieza, dado que también es otra forma comunicativa que transcurre en el tiempo. La voz en ambos canales, radio y televisión, y la intervención de la persona toda en el video de esta última, rescatan estos elementos asociados a la situación comunicativa en presencia. No podemos saber si estos factores de los canales propiciaron el auge de los establecimientos de autoservicio o si estos últimos incrementaron el desarrollo de los comerciales.

En efecto, la labor de prevender, de halar a los consumidores hacia los lugares de distribución y de seleccionar el producto anunciado, ha sido llevada a cabo, en gran medida, por los comerciales. Ante la falta de la voz y de la presencia del vendedor o del dependiente para influir en persona la conducta consumidora, el comercial constituye la voz y la presencia por los canales masivos por antonomasia hoy. El pregonero de antaño y la conversación orientadora con amigos y familiares, antes de proceder a la adquisición de bienes y servicios, resultan actualmente sustituidos por la voz estridente de un anunciador radial y por la charla amigable del locutor y presentador del comercial.

El comercial no lucha con sus congéneres, como le ocurre al anuncio impreso, por captar la atención del auditorio. Durante los segundos de su duración sólo puede transmitirse un asunto a la vez, mientras que en los canales impresos todo el material está a mano y el destinatario seleccionará lo que mejor le parezca. La selección del asunto ya está hecha de antemano por la estación durante sus horas de transmisión. Pero si antes la eficacia del mensaje radicaba básicamente en su redacción, ahora depende además de la capacidad del locutor, de la presencia del anunciante. Una lectura defectuosa, una entonación desajustada, una discrepancia de la personalidad del presentador con el producto o con la empresa anunciados destruye todo el efecto persuasivo de una redacción esmerada.

En los libros *Comunicación* y *Gramática*, las lecciones 6 respectivas tratan sobre los mensajes orales y sobre la comunicación oral, a las cuales te remitimos para integrarlas al estudio de estos mensajes de venta. En otras secciones del segundo texto mentado, aparecen explicaciones referentes al tráfico oral, como en la lección 2 específicamente, y a lo largo de todo el libro se aportan explicaciones procedentes del habla, con ejemplos de la comunicación oral.

A causa de la diferencia cualitativa impuesta por la adición del video al audio, en el caso de la televisión, nos convendrá examinar las técnicas y componentes de los comerciales radiales y televisados por separado.

1) Los comerciales radiales

Hay menciones radiales de escasos segundos de duración que obran a modo de titulares. Son fogonazos auditivos encaminados a mantener el nombre del producto o de la empresa en el marco de referencias del oyente. Reducidos a esta función fática, su redacción no presenta mayores dificultades que la de fijar un lema; si bien un *slogan* puede necesitar semanas de arduo trabajo investigativo. La duración habitual de los comerciales radiales, empero, oscila entre los 20 y los 60 segundos y sus componentes normales son a) una apertura, b) elementos extralingüísticos, c) un texto hablado, casi siempre acompañado con referencias al precio, d) la apelación al destinatario para adquirir el producto o contratar el servicio y e) las señas identificativas. Dado que el comercial radial tiene un carácter eminentemente circular, repetitivo, su efecto es cumulativo. No es tanto que una sola emisión produzca el efecto persuasivo apetecido, sino que el conjunto de comerciales calará el marco de referencias del oyente.

De ahí que se preparen comerciales con distinta longitud que llenan a su vez los distintos espacios entre programas, dentro de éstos y en las pausas de la emisora. Esta diversa longitud, para encajar dentro de la programación de la emisora, aconseja la redacción de un mismo mensaje con diferente longitud. Como se pueden pronunciar normalmente 150 palabras durante 60 segundos, se puede disminuir el número de palabras dentro del texto hablado. Será el de 60 segundos, el más detallado, el que explique con más pormenores el producto y demás. Ha de apuntarse que cuando convenga fijar algún aspecto, se pueden decir hasta cuatro veces las mismas afirmaciones con diferentes palabras en un comercial de 60 segundos. El redactor deberá poseer un repertorio abundante del léxico del idioma. Podrás acudir, por ello, al "Vocabulario" de esta obra para colmar esta necesidad, así como consultar diccionarios de mayor extensión.

Dada la competencia por la atención del consumidor de tantos canales, el radio ha tenido que especializarse en determinados segmentos y emplear las siguientes técnicas:

1. Apertura con llamadas de atención al oyente y a su propio interés.
2. Lenguaje hablado, como de persona a persona: se visualiza a este rereceptor promedio identificado, al cual se le habla como si fuera por teléfono.
3. Ritmo de conversación tal como el amigo o familiar emplearía para ofrecer su parecer o dar un consejo sobre una compra.
4. Mantenimiento a todo trance de un solo tema central para evitar la dispersión de la atención y la consiguiente incomprensión.
5. Aprovechamiento de las cualidades técnicas del medio radial — oportunidades para diálogos, entrevistas, testimonios, efectos sonoros, tonadillas o *jingles*, piezas musicales, y, sobre todo, subida y bajada del tono de la voz del locutor, aceleramiento y retardamiento de la velocidad de enunciación según el asunto presentado, o sea conocimiento cabal de los recursos fónicos del habla, del tipo de lenguaje del destinatario.

El radio ofrece la voz humana, el más persuasivo de los medios al alcance del hombre. Esta voz se puede constituir en nuestro acompañante, entrar a formar parte de nuestro diario vivir, rodearnos como una atmósfera propia. La falta de ilustraciones nos obliga a configurar imágenes mentales únicamente con la materia prima de las percepciones auditivas, a encauzar la atención con recursos acústicos. De ahí la amplia gama de tonadillas y demás recursos auditivos para lograr la asociación mental, la identificación equivalente al logo de un anuncio impreso. Se ha afirmado, por ello, que el radio es el medio por excelencia de la imaginación.

La clasificación básica de los comerciales radiales se origina en el carácter temporal del medio: hay comerciales grabados con antelación a la emisión y comerciales en vivo que se escuchan al mismo tiempo que se están produciendo. Los primeros permiten la inclusión de los efectos sonoros, tonadillas, música, diálogos, breves obras dramáticas, historietas inventadas, testimonios, entrevistas, presentación de un problema y su solución, la recreación de un caso real y demás. Los segundos, si bien carecen de la perfección formal que proporcionan la práctica y preparación previas, pueden dejar la impresión de mayor sinceridad, en especial los comerciales que parecen charlas improvisadas de los locutores a cargo de programas de discos. En uno y otro caso, siempre hay una redacción del mensaje. Lo que ocurre es que dada la singularidad de cada acto comunicativo, el mensaje coexistente con el momento de recepción, recoge la cualidad personal de la situación comunicativa en presencia. En numerosas ocasiones el locutor parte de una lista de datos, como una especie de plataforma, facilitada por el mercadista y libremente la recrea en su emisión.

2) Los comerciales televisados

Las limitaciones impuestas al redactor de los comerciales radiales, estructurados a base de la capacidad auditiva de cada oyente, siempre menor que la capacidad visual, no se presentan en los comerciales televisados. En éstos se vuelve a restablecer la inclusividad de las señales informativas de movimiento, de percepción visual, con toda su complejidad, de la situación comunicativa en presencia. Sin embargo, el mayor peligro reside en trasladar a este medio la especificación en palabras de los detalles informativos que requieren tanto los anuncios impresos como los comerciales radiales. La redacción, por ello, ha de ser más parca, menos dependiente de la palabra en la comunicación del mensaje, como sucede con los entornos informativos que suplen y encauzan la comunicación cuando están presentes ambos interlocutores. Los sobreentendidos de la conversación en persona pesan también en el mensaje televisado: la redacción no puede prescindir de la representación, de la capacidad escénica del presentador, de la calidad representativa del elenco dramático. Es por ello que la redacción de estos mensajes televisados se haya convertido en una especialidad que rebasa el conocimiento genérico de la redacción comercial. No obstante, el redactor, el ejecutivo, el consumidor, debe sensibilizarse respecto a algunas de sus particularidades, dado el influjo extraordinario de este comercial en la vida contemporánea y a todos los niveles de la actividad humana, política, religiosa, artística y demás.

Por la presentación de una obra en relación con el público, tenemos palabras escritas para un lector — anuncios impresos, cartas — o dichas ante un micrófono — comerciales radiados y palabras expresadas dentro de una actuación. Pues bien, el arte del redactor de comerciales televisivos abarca todos estos tipos de presentación; todas las partes de la *Gramática* colaboran en su tarea, todas las artes espaciales y temporales participan para comunicar. Las técnicas de este canal son, por ello de gran latitud:

1. Los elementos visuales incluyen un fondo o *set*, sea simulado en un estudio o en un lugar real: incorporan la utilería del teatro y del cine.
2. Hay integración de la labor de técnicos para tomar las escenas y de actores experimentados que dominan no sólo los elementos lingüísticos sino también los extralingüísticos de gestos, ademanes, movimientos y demás.
3. La cámara sirve de ojo al televidente: siguiendo las instrucciones del redactor, los camarógrafos enfocan lo que sea pertinente al mensaje, utilizando la variedad de tomas también señaladas — de cerca, de cuerpo entero, etc.
4. Una de las técnicas requeridas consiste en sincronizar un *script* o libreto con una secuencia de escenas *(storyboard)* que muestra los cambios — se visualizan estos cambios con unos bocetos o dibujos que anticipan la secuencia de escenas. En este libreto se recogen las instrucciones a actores y técnicos, todo cuanto se diga, se cante y demás. El

redactor, por consiguiente, ha de poseer la capacidad de coordinar palabras e imágenes dinámicas — en la lección anterior, sección de traducción, se aportó un ejemplo.

5. Esta posibilidad de dramatización le ha granjeado a la televisión el calificativo de medio demostrativo por excelencia: se pueden ofrecer tanto demostraciones visuales como representaciones breves, en las cuales el lenguaje sirve de apoyo, de corroboración, tal como sucede en la vida misma.

El dominio del arte escénico, como se desprende de las técnicas expuestas, representa una preparación adicional para el redactor de estos comerciales, en los cuales la demostración constituye tal vez su cualidad más descollante: el arte escénico se subordina a los fines persuasivos del mensaje. He aquí un desglose de esta demostración, tal como los comerciales actuales la realizan:

A. El tema central — lo que se va a demostrar de un producto
1. El concepto de un producto nuevo
2. El nuevo modelo
3. El nuevo rasgo o característica
4. Novedad en la forma, tamaño y envase o envoltura
5. Ingredientes
6. Proceso de fabricación
7. Imagen de la empresa
8. Lugar de fabricación
9. Usuarios importantes
10. Versatilidad
11. Utilidad
12. Calidad
13. Economía
14. Creación de un problema
15. Resultados de su carencia
16. Resultados de su empleo, tanto los tangibles como los intangibles
17. Estilo de vivir de los usuarios
18. Fidelidad y continuidad de sus usuarios
19. Satisfacción de los usuarios
20. Número de usuarios.

B. Actitud hacia el asunto
1. Objetiva
2. Cómica
3. Exagerada.

C. Técnica de la demostración
1. El producto en acción: tanto en su ambiente natural o en aislamiento donde toda la atención se concentra en él.
2. La explicación del vocero. Suele acompañar a la demostración del producto en acción una explicación de alguien fuera de la cámara para puntualizar lo que ocurre en la pantalla. El vocero, no obstante, puede aparecer en la pantalla: puede ser un presentador conocido, un perito en la materia, un vocero asociado a la empresa o al producto, una celebridad o personaje, una persona del montón, un símbolo o muñeco animado que identifica a la empresa y así sucesivamente.

3. La situación antes y después de usarse el producto.
4. La prueba de resistencia o de tortura.
5. El mosaico de situaciones: en vez de presentarse el problema de una sola persona, se presentan cuadros de múltiples casos, aparecen personas entregadas a distintas actividades.
6. La comparación de varios productos, unos frente a otros.
7. Un momento en la vida real: es la situación dramatizada en la cual el producto le resuelve un problema a una persona. Puede provenir del consejo de otra persona, de un vocero asociado al producto o a la empresa, de un perito en la materia, etc.
8. El testimonio: constituye una variante de la explicación del vocero puesto que éste entrevista a un consumidor complacido quien así se convierte en el verdadero vocero. El testimonio puede ser espontáneo, como a la salida de un espectáculo o preparado.
9. El documental: inclusión de esta forma cinematográfica con presentación de pruebas, investigación, exposición de datos y demás.
10. Simbolismo: cuadros sugerentes cuando el beneficio del producto es intangible y sobre todo que satisface una necesidad personal.
11. Fantasía: se deja libre a la imaginación, con personajes inventados, animales que hablan, lugares fabulosos y demás. En un mundo inventado cualquier cosa puede ocurrir.
12. Analogía: cuando no se puede demostrar el efecto de algo de modo visual se recurre a la semejanza.

D. Ejecución de la demostración
1. Actuación de personas
2. Animación de muñecos, objetos, seres estilizados
3. Movimiento detenido
4. Combinaciones de los anteriores
5. Efectos especiales.

Esta cualidad demostrativa del canal, realizada a través de la actuación de un grupo de personas, ha hecho decir a muchos estudiosos que el comercial televisivo consta de una introducción, un desarrollo y una conclusión — al estilo de las obras dramáticas. Pero debemos incluir los mensajes entregados por un presentador, quien ha venido a sustituir al vendedor que no se puede multiplicar con un auditorio tan extenso. La clasificación en filmados o grabados en cinta de video (*videotape*) y en vivo, sigue la anterior vista en los comerciales radiales. Ahora bien, el costo de producción se agiganta al aprovecharse las ventajas del medio, con tantas posibilidades de reproducir la vida misma, tal como se había hecho en el cine, incluso con el empleo del color. Un cuidadoso ensayo se hace inevitable.

Habrá que considerar, para la longitud de un comercial de televisión, el carácter de patrocinador de un programa, de próximo o junto a un programa popular o de ser un mensaje emitido durante las pausas de la telemisora. Así, oscilan las simples menciones desde los 10 a los 20 segundos, hasta los 60 segundos de los comerciales de más duración — siendo de esta longitud, de ordinario, los mensajes de los mercadistas que patrocinan los programas. Los componentes y las funciones comunicativas desempeñadas no difieren, en sustancia, de los que hemos visto en los comerciales radiales y en los anuncios impresos respectivamente, aunque muchos carecen de apelación y precio.

6.3.3.3 Técnicas y componentes de las cartas de promoción

Al igual que nos sucedió con la sección anterior, podemos aprovechar también muchas de las explicaciones vertidas en relación con asuntos similares. En efecto, cuando el número de destinatarios es pequeño, la carta de promoción toma la estructura y adopta los estilos de las cartas comerciales. Cuando el número de destinatarios es mayor, entonces la carta de promoción toma la estructura y adopta los estilos de las cartas modelo. Ambos tipos de mensajes escritos se trataron por extenso en el libro *Comunicación*, lección 5.

Debemos apuntar, no obstante, que los estilos tratados de las cartas comerciales — bloque, simplificado, estándar, mixto y oficial — pueden adjudicarse también a las cartas modelo para conferirles a éstas variedad de formato. El estilo simplificado, por ejemplo, recomendado por la Asociación de Gerentes de los Estados Unidos, ofrece el asunto de la carta en el lugar de la salutación, en letras mayúsculas. Observamos que equivale al titular de un anuncio impreso, y, como tal, desempeña diversas funciones comunicativas, pero no deja de resaltar la función metalingüística, por la cual se explica, se condensa, se ayuda a comprender el lenguaje del texto. Los componentes de una carta de promoción, asimismo, se ofrecieron de modo abstracto al tiempo que se expusieron las cartas comerciales. Conviene estudiar juntos estos aspectos, para mejor aprovechamiento de la materia.

Al redactor carente de la plataforma le daremos algunas reflexiones — como un plan preliminar — pues, sin planeamiento, no hay labor ejecutiva:

1. *¿Qué* tenemos para vender? Se debe reflexionar sobre los materiales constitutivos del producto, el tipo de construcción, ventajas y usos y demás.

2. *¿Quién* adquirirá el producto o servicio? Se estudiará el tipo de receptor, lugar de residencia, hábitos de compra, sus rasgos sociológicos, lo mismo que sus rasgos psicológicos. ¿Es un antiguo cliente o un consumidor potencial? ¿Es que este mensaje le contestará alguna pregunta formulada antes por él o queremos estimular su interés, despertar curiosidad o enterarlo de algo específico?

3. *¿Qué* tipo de actividad deseamos inducir? ¿Visitar nuestro establecimiento u oficinas, hacer una reservación, colocar un pedido, llenar una tarjeta, darle una cita a nuestro vendedor?

4. *¿Cuál* será su interés en nuestro producto o servicio? Se debe determinar el grado de su interés: *¿cuánto* sabrá de nuestro producto o servicio? Con esta información podrás guiarte en tu decisión sobre qué decir para estimular su interés al punto que desee tu producto o servicio y los rasgos de éstos que deberás recalcar.

5. *¿Por qué* hemos de enviarle una carta de promoción? Los resultados deben justificar la labor y costo de envío. Esta cuestión puede esclarecerse con vista a los récores obrantes y a la experiencia en el pasado. Es probable que si una labor anterior produjo resultados con consumidores potenciales semejantes, en circunstancias parecidas, esta redacción también tendrá éxito.

6. *¿Cuál* es el tema central de beneficio? Aquí reside el meollo de la cues-

tión. El tema central de venta y el beneficio del producto deben marchar de acuerdo, concordar, para que cristalice la transacción de venta: el rasgo destacado del producto debe ser lo que desea el receptor.

7. *¿Qué* hechos respaldarán las afirmaciones? Reúne toda la evidencia a tu alcance y escoge los elementos que atraerán con más fuerza al receptor.

8. *¿Cómo* organizaremos los elementos de la evidencia que hemos escogido? Se comienza desde la situación en que está el receptor, luego se muestra cómo se puede proporcionar lo que desea y finalmente se cierra la carta con un incentivo apreciable para ponerlo en movimiento.

Las técnicas de las cartas promocionales se pueden agrupar con el clásico anagrama AIDA: Atención, Interés, Deseo y Acción.

1) ATENCIÓN

Cuando se utiliza el estilo simplificado, con un titular para encabezar el texto, podemos valernos de todas las explicaciones relativas al titular de los anuncios impresos. Cuando se acompañan ilustraciones también podremos guiarnos por las explicaciones respectivas de estos elementos extralingüísticos en el anuncio impreso. Al llegar al texto de la carta, si bien nos servirán las mismas explicaciones dadas del anuncio impreso, te daremos ahora algunas de las técnicas empleadas al comienzo de este componente central de la carta de promoción. Se ha dicho que las primeras líneas dictarán el destino de tu mensaje: la respuesta interesada o el cesto de los papeles. Han dado resultado las siguientes expresiones al comienzo del texto:

A. Pinta un cuadro animado

Comienza a mitad de la acción, *in media res*: "...un tironcito a la muñeca hacia adelante... el cordel salió disparado hacia el agua, el carrete giró con alegría... ¡ya picó un pez grande!" (mensaje para promocionar avíos de pesca).

B. Refiérete a sucesos del día

"Aeroméxico acaba de reducir el precio de los boletos a Acapulco a la mitad de su precio normal por el verano".

C. Describe una situación

"Mientras volaba sobre el desierto ardiente al mediodía del verano, miraba los automóviles varados mientras refrescaban los motores, antes de proseguir su viaje por las carreteras calcinadas" (posibles promociones: auto sin radiador, motor diésel, aire acondicionado en el vehículo, la aerolínea en la que se vuela).

D. Muestra conceptos contrapuestos, temas primordiales opuestos

"Estirarse en el reclinatorio Universal, después de luchar con el tráfico infernal de la ciudad, es la recompensa que usted merece al regresar al paraíso de su casa".

E. Ofrece un minitestimonio

"Mi microondas Universal me ahorra tiempo, energía y dinero" — afirmó la autora de tantas recetas criollas María Rosa Corominas.

F. Formula una pregunta

"¿Cuánto tiempo le lleva a su secretaria mecanografiar una sola página?"

G. Comprime una narración

"De vendedor a domicilio hasta presidente de la empresa, me ha dado la experiencia para resolver su problema de mercadización de electrodomésticos".

H. Lanza una imagen, una comparación, una metáfora, una expresión poética

"El champú Universal hará que tenga compañía para cantar en la ducha porque su espuma la hará vibrar de alegría".

I. Estimula los sentidos

¿Suspira usted por un rinconcito para sus vacaciones, empapado por los rayos solares tropicales, donde la paz y el silencio sólo sean interrumpidos por el vaivén de las olas al romper sobre una arena blanca y mullida?" (promoción de un Ministerio de Turismo, agencia de viajes, líneas navieras y aéreas).

J. Cita a algún personaje

"Nada grande", afirmó Emerson, "jamás se alcanzó sin entusiasmo".

K. Esgrime un dato contundente

"Nuestro aire acondicionado central Universal, con la eficiencia energética certificada del 14 le ahorrará hasta el 30% de su cuenta mensual de electricidad".

L. Sugiere algo útil

"La inversión en anualidades diferibles a largo plazo, le ahorrará el pago del impuesto sobre los ingresos brutos".

M. Asombra con una revelación

Ha habido técnicas relacionadas con el formato, con la alteración de las formas habituales, de gran efecto llamativo. De paso, conviene repasar las técnicas del pensar creador para recoger ideas novedosas. Con los 20 componentes aproximados de una carta y los cinco estilos, por ejemplo, puedes realizar combinaciones que pones a prueba previamente para notar sus efectos. De estos intercambios entre estilos y componentes, provienen estas técnicas:

A. Cambios en la dirección interior y salutación

> 22 de junio de 1981
> De pronto
> usted saborea
> una quietud incomparable
> excepto por...
> el crujir de las hojas...
> el barboteo de los arroyuelos...
> el concierto de los pajarillos...
> ESTA SERENIDAD ESTA A SU ALCANCE EN
> NUESTRO HOTEL DE TEOCOPILLA

B. Porción del texto antes de la dirección interna — como un titular

> Su crédito es excelente en la Universal, Sr. Romero
> Sr. José Luis Romero Pérez
> Nicolás San Juan 1640-A
> Colonia del Valle
> México 12, D.F.

C. Intercambios con otros tipos de mensajes escritos

MEMORANDO

> Para: un cliente predilecto   De: José Fernández Valdés,
> Asunto: oferta especial   Jefe de Ventas
>   Fecha: 23/6/81
>
> Distinguido cliente:
> Como prueba de nuestra consideración, cordialmente lo invitamos para que...

D. El lema de la empresa, del producto o de una venta, como encabezamiento

> 24 de junio, 1981
> Solidez
>   Duración
>   Confiabilidad
> Todo esto, y muchos detalles más, serán cualidades de su equipo de bombeo...

E. Anexos, como la ilustración, relacionados con el estilo de la carta

> En la sección de traducción aparece una carta cuyo texto está calcado sobre el mapa del estado de Michigan en los Estados Unidos. Lo importante

es relacionar el tema central del mensaje a cualquiera de estos efectos artísticos. En este ejemplo, el lector viaja a través de los renglones como anticipo del viaje real propuesto en el mensaje. Además de los cinco estilos de las cartas, el redactor creativo se permite realizar variaciones que realcen el tema central, como este intercambio entre la ilustración y el texto para asemejarse y fortalecer la idea central.

Para que el llamado de atención no decaiga, en el mundo ocupado de hoy se va directamente al grano de distintas maneras:

A. Vincula la apertura con el meollo del mensaje

Desvinculado

¿Se ha figurado usted alguna vez cómo podrá rememorar sus momentos felices?

Vinculado

La cámara Universal le conservará sus momentos inolvidables con el color, el movimiento y el sonido con que quiere recordarlos.

B. Detalla en lugar de generalizar

General

Nos agradaría darle a conocer algunas de las características de nuestro producto.

Detallado

Descubra un techo suspendido que no lo parece y unos paneles que querrán tocar sus amigos creyendo que son de madera.

C. Deja el encabezamiento trillado

Trillado

¿Desearía oír buenas noticias?

Novedoso

¿No necesita ahorrarse parte del impuesto sobre el ingreso en bruto — en la forma de anualidad?

D. Ayuda con consejos útiles, primero, cuando el asunto sea desagradable

Primero lo desagradable

Miles de personas perecieron en el mundo entero en distintos incendios, a causa de su irresponsabilidad e ignorancia de las medidas para comportarse en caso de siniestro.

Primero los consejos útiles

Para tener mayores probabilidades de salvarse en un incendio:
1. Apréndase de memoria el lugar de escape, como la escalerilla.
2. Llame a los bomberos o a la policía.
3. Conserve la calma.
4. Humedezca un pañuelo o trapo y póngaselo sobre la nariz y la boca.
5. Camine a gatas cuando el humo sea denso: a ras del suelo hay más oxígeno, etc., etc.

2) INTERÉS Y DESEO

Estas etapas psicológicas son prácticamente indemarcables, la transición de una a otra es tan insensible, que conviene tratarlas conjuntamente. En el tratamiento de la estructura externa de las cartas promocionales, estas etapas se traducen en la exposición de detalles pertinentes relacionados con las necesidades de los destinatarios: de tal forma, que visualicen el producto o servicio como soluciones a sus problemas, y, por ende, causas de su beneficio. Con explicaciones de tipo descriptivo, fortificas su interés hasta transformarlo en deseo. Este léxico descriptivo bien puede guiarse por los pares primordiales tratados en la sección 6.3.1.1 y enriquecerse con la consulta al "Vocabulario".

A. Descripciones de los objetos

La descripción física señala detalles constatables: longitud, anchura, altura, tamaño, forma, color, olor, sonido, textura y demás pertinentes.

B. Descripciones psicológicas

Las sensaciones, satisfacciones o complacencias que granjeará el producto se representan por medio de atractivos psicológicos. El producto traduce sus rasgos físicos en un lenguaje de valores personales: lo utilitario pasa a la escala individual. Así, si bien un órgano electrónico, objetivamente descrito, posee una unidad de ritmo autónoma, toca melodías con voces tan diversas como un arreglo previo de piano, de mandolina, clavicordio, guitarra y demás, psicológicamente descrito, el mismo órgano musical, por su diseño, se incorpora al mobiliario del propietario que ya está interesado en la música y en la serenidad.

C. Descripciones de la evidencia

De ésta hay una gran variedad:

a) hechos y cifras
b) explicaciones de diseño y construcción
c) pruebas a que ha sido sometido el producto, por el fabricante, por otro cliente, por alguna entidad independiente, por algún instituto estatal
d) récores del producto en uso activo
e) testimonios de su eficiencia
f) demostraciones gratis, producto dado a prueba, muestras, otros medios.

Por ejemplo, un ejecutivo acostumbrado al razonamiento metódico, pudiera interesarse por las máquinas de escribir automáticas, a causa de la reducción en el costo de labor o el incremento de la productividad. Al presentar y reforzar tal evidencia, llevas al ejecutivo a un punto próximo al cierre de la operación de compra.

¿Cómo se compara la *Mochila Universal del Deportista* con las demás mochilas? El señor Pedro Díaz-Flores, presidente de la Asociación Nacional de Exploradores, nos ofrece esta evaluación: "Por su soporte en herradura de aluminio anodizado, por sus correas acolchadas para los hombros y por el cinturón de polipropileno ajustable, la Mochila Universal es, en mi opinión, la mejor que se puede encontrar hoy".

La información del anexo procede de una entrevista otorgada por el presidente de la Asociación Nacional de Exploradores, el distinguido deportista señor Pedro Díaz-Flores, a la famosa *Revista del Aire Libre*. Lea lo que una autoridad en la materia opina sobre nuestra *Mochila Universal del Deportista* para llevar su carga a mayor distancia y con mayor comodidad.

Otra técnica empleada para intensificar el deseo, consiste en ofrecer la prueba del producto por el destinatario, sin compromiso alguno:

El material adjunto tiene toda la textura y la suavidad de una piel fina de primera calidad, pero sin requerir los cuidados habituales en su uso. No necesita betún, cepillo ni lustre especial. Cuando quiera limpiar este material, simplemente frótelo con un paño húmedo que le devolverá su esplendor original. Note cómo resiste los arañazos y saltados cuando lo restriegue contra una superficie áspera: compruébelo por usted misma.

La confianza en un producto o servicio se fortalece con pruebas de su funcionamiento y con el ofrecimiento de garantía:

Las exigentes pruebas a que el Instituto Nacional del Consumidor sometió al reloj electrónico Universal han demostrado que es la pieza cronométrica de mayor confianza vendida en los establecimientos de joyería fina. Es por ello que el reloj electrónico Universal ofrece una garantía de 5 años. Esta garantía cubre la maquinaria de precisión, famosa por su artesanía, y los materiales de primera calidad, proverbiales de nuestra marca.

Las ofertas de uso gratuito con frecuencia dan el empujón final:

Vea por usted mismo cómo estos pantalones de vestir, hechos con 100% poliéster, le harán lucir bien sin que deje de sentirse cómodo por todo el tiempo de su largo uso. Sin compromiso de su parte, úselos por 30 días; sólo llene, firme y devuélvanos la tarjeta acompañada.

El ofrecimiento de una demostración en la oficina, fábrica o residencia, indica confianza en el producto; precisamente, en el ambiente de su empleo:

Nos complacerá demostrarle el modo de manejar y la eficiencia de la aspiradora Universal en el sitio de su preferencia. Para esta demostración, llámenos al teléfono (905) 524-8949 o complete la tarjeta adjunta ya franqueada y póngala en correo.

3) ACCIÓN

Una vez que el interés desembocó en deseo y éste se halle en su apogeo, se promueve a la acción del cierre: al acto de adquisición. La acción de cierre, bien redactada, sobrepasa cualquier asomo de dilación e insta a una pronta decisión. Las técnicas de estímulo a la acción por parte del destinatario consisten en una inducción con ofrecimientos irrehusables, en una facilitación del acto y en un espoleo a responder con prontitud. Se dan fechas, datos numéricos y demás en forma terminante y exacta.

A. Indúcelo con ofrecimientos irrehusables

a) Examine durante tantos días antes de darnos su aprobación.

b) No envíe ahora su pago: no hace falta pagar por adelantado.

c) Pague antes de tal fecha y obtendrá tal descuento o tal precio especial.

d) Emplee nuestro sistema de pagos diferidos.

e) Si no está completamente satisfecho se le reintegrará el importe de su pago en el acto.

f) La garantía que le hemos dado le confirmará nuestra seguridad de que quedará satisfecho.

g) Esta oferta expira en tal fecha, no lo deje para cuando sea tarde.

h) Después de tal fecha el producto tendrá tal precio superior: aproveche ahora esta oportunidad.

i) Apresúrese: las exigencias son limitadas.

B. Facilítale la acción

a) Adjunta una orden o pedido en blanco. Prepara un formulario sencillo: sólo marcar dentro de una casilla, llenar un espacio, encerrar en un círculo una letra o palabra o subrayar una expresión.

b) Adjunta una tarjeta o sobre con la franquicia pagada y con indicación del remitente ya mecanografiada o con la etiqueta hecha por un impreso de computadora. La tarjeta puede despegarse o arrancarse por una línea de puntos. Recuerda que el franqueo se hace efectivo únicamente si se echa al correo la carta o la tarjeta.

c) Ofrece con exactitud los métodos de pago, preferiblemente varios: efectivo, cheque, giro, a cuenta, tarjetas de crédito, letra, carta bancaria, cheque certificado o cualquier otro arreglo. Así por ejemplo: "Sírvase enviarnos un cheque o giro postal junto con su pedido".

C. Espoléalo a actuar con prontitud

a) Emplea las diversas formas del mandato en español — tal como se presentan en la lección 1 — que portan la función apelativa. Escoge la forma apropiada a la región lingüística y en general ajústate a los entornos informativos.

b) Sugiérele el cumplimiento de una condición mínima: "Si le interesa recibir un ejemplar, firme la tarjeta adjunta y póngala en correo".

c) Añade a las anteriores técnicas, alusiones de buena voluntad: "Como cortesía del señor José L. Romero, nuestro representante, se le enviará a su dirección un ejemplar para que lo examine y se quede con él. Por favor, llene la tarjeta adjunta y échela al correo ahora mismo. Denos unas dos semanas para hacerle llegar su ejemplar. Le agradecemos esta oportunidad de servirle.

Si bien hemos agrupado las principales técnicas de las cartas de promoción conforme a las siglas AIDA que recalca el objetivo de la apelación para adquirir un producto o servicio, hay una multitud de objetivos señalados en la sección 6.3.2.5 que pueden agruparse bajo el rubro de la acción demorada o indirecta. Cuando predominen estos objetivos se tratará de que sus componentes se subordinen a un tema central con las funciones comunicativas del caso, expresiva, referencial, etc., para conseguir los siete rasgos de la redacción efectiva — unidad, coherencia, énfasis, exactitud, claridad, concisión y cortesía — vistos en la lección 4 de *Comunicación*.

La libertad en la redacción de las cartas promocionales comporta una mayor fluidez entre sus diversos componentes que los medios masivos de comunicación no disfrutan. Así, el llamado de atención sigue manifestándose, además del nombre y dirección del destinatario, en el comienzo del texto, como acabamos de ver, lo mismo que con recursos tipográficos que son elementos extralingüísticos. La calidad, el tamaño, la forma y el color de los pliegos y sobres, al paso que implican una función artística, también apuntan hacia una función expresiva, sirven de señas identificativas. Este componente se observa mejor en el membrete, aunque no hay nada en contra para redondear las señas identificativas en otras áreas del mensaje. A la oportunidad de aprovechar las ventajas de los recursos visuales del anuncio impreso, se le suma la posibilidad de adjuntar los anexos estimados necesarios y de darle la longitud al mensaje que sea menester.

El formato, dado el control del canal por el mercadista, permite una enorme latitud en el manejo de los siguientes aspectos: en la longitud de las formas lingüísticas, en los recursos tipográficos y en la adición de una posdata.

A.   Longitud de las formas lingüísticas

Una oración sola en un párrafo aislado hace destacar el tema central. El estilo del párrafo corto, compuesto de oraciones independientes, sueltas, por responder a una función referencial, puede sufrir modificaciones a tenor del influjo de otras funciones comunicativas. Sin dejar de ser visualmente pequeños, los párrafos pueden ofrecer oraciones yuxtapuestas, coordinadas y subordinadas en amena variedad. El número de renglones de cada párrafo puede vigilarse para que sea igual, o para que haya párrafos de cuatro y de ocho renglones, con el carácter de múltiplos para suscitar una impresión de armonía mental y visual. Puede reducirse el número paulatinamente hasta terminar el último párrafo en una línea donde una oración apelativa concrete el objetivo del mensaje, con la forma de una pirámide invertida.

B.   Los recursos tipográficos

A las señales de tráfico de la comunicación escrita, vistas en el "Apéndice" de *Comunicación*, manejadas con destreza para que cumplan sus funciones encomendadas de parada, de pronunciación y de información externa, hemos de agregar el empleo de mayúsculas a lo largo del renglón, encerrar los elementos en círculos, las flechas, las marcas en los márgenes, las oraciones manuscritas o en cursiva, tanto en el texto como en los márgenes y los colores en ciertas palabras u oraciones, los cuales tienen una función apelativa de llamar la atención.

Las explicaciones, con su función comunicativa referencial, se comprenden mejor con el auxilio de recursos tipográficos que manejan el espacio en beneficio del lector:

a) espacios en blanco inesperados; pueden aislar definiciones,

b) columnas paralelas para contrastar hechos, lado a lado; pueden ofrecer comparaciones,

c) distinto sangramiento de los párrafos, con distinto espaciamiento interno; pueden ofrecer clasificaciones y divisiones precedidas de letras y números para ayudar a su comprensión.

Para suscitar una impresión de agrado en el lector, para hacerlo participar activamente en la lectura en sí misma, hay recursos animados de la función artística como la separación de los elementos finales de una expresión por medio de un guión. Otra técnica reside en la separación de todo un párrafo a mitad de una oración: se enseña la ruptura con un guión y se comienza el siguiente párrafo con el resto de la oración precedida por otro guión. Los recursos tipográficos, hemos de recordar, pueden servir también a distintas funciones comunicativas.

C.   La posdata

En una carta de promoción — que como tal siempre ha de redactarse — la adición de una posdata obedece a un propósito deliberado, no ocurre por la repentina aparición de un dato o el recuerdo tardío de una cuestión. Ahora la posdata se nos puede convertir en un recordatorio, con una función fática, y, más a menudo, obedece a un propósito enfático, de repetir una apelación. Hasta cuando parece seguir una función referencial de señalamiento de un dato, función original, implica una apelación: "Le costará un diez por ciento menos este producto si lo pide antes del 30 de junio".

Las técnicas y componentes de los mensajes de venta tratados, anuncios impresos, comerciales y cartas promocionales, tienen su origen, nacen a tenor de las necesidades comunicativas del mercadista. Los restantes canales de posible utilización en una campaña mercadista, consignados en un gráfico obrante en la sección 6.3.2.2, podrán servirse, asimismo, de estos estudios sobre los mensajes de venta de mayor cuantía empleados en el mundo comercial contemporáneo.

Si bien nos hemos concretado a exponer las cuestiones más estrechamente vinculadas con la redacción, dentro de un enfoque comunicativo, el lector interesado podrá observar la ubicación de las materias componentes de las lecturas de las lecciones 3-6 de este *Cuaderno*, dentro de un plan comunicativo total. En el esquema siguiente aparecen con una marca (✓) los aspectos aparecidos en nuestro estudio sobre la comunicación comercial exponente de nuestra época y de nuestro sistema de libertad económica: el mensaje de venta.

PLAN COMUNICATIVO MERCADISTA

✓ I. Análisis para definir problemas y oportunidades

A. Análisis del consumidor.

1. Definición de las necesidades y motivos del consumidor.

    2. Determinación de las características del consumidor.
B. Análisis del producto.
    1. Determinación de las características del producto.
    2. Análisis de la historia mercadista del producto.
C. Análisis del mercado.
    1. Análisis de las ventas.
    2. Análisis de las ventas de los competidores.
    3. Análisis de la influencia del ambiente.

II. Colocación del producto y señalamiento de los objetivos comunicativos

A. Colocación del producto.
B. Objetivos comunicativos.

III. Programas para alcanzar los objetivos

A. Programa del presupuesto — fijación del presupuesto comunicativo.
B. Programa de los medios masivos de comunicación — selección de los canales.
C. Programa creativo — determinación del mensaje.
D. Otros programas — promoción de ventas, comunicación directa, etc.

IV. Control y evaluación del programa comunicativo mercadista

A. Evaluación de la efectividad comunicativa.
B. Evaluación de la observancia de las normas legales y sociales.

Las cuestiones relacionadas con el programa del presupuesto, así como la última sección sobre el control y evaluación del programa comunicativo mercadista, no pudieron tratarse a cabalidad dado el gran contenido numérico de su exposición, que hubiera desviado demasiado al lector del objetivo principal: redactar mensajes de venta efectivos. No obstante, se ofrecieron nociones sobre dichas cuestiones a lo largo de las lecturas como una orientación general. En otras obras de esta casa editorial, enfocadas únicamente desde la vertiente comercial, podrás aumentar tus conocimientos más estrictamente numéricos con mayor provecho. Este plan comunicativo mercadista, sugerido por el profesor David W. Nylen en su obra *Advertising-Planning, Implementation & Control*, demuestra la íntima conexión de los estudios de las humanidades aplicadas con las actividades funcionales del comercio. La actividad mercadista comunicativa es resultado de esta fusión. Lenguaje, Comunicación y Mercadeo se han integrado en una nueva disciplina, *la comunicación mercadista*, que este *Cuaderno* ha intentado exponer en español.

6.3.4 Ejercicios de redacción

Aplica ahora los conocimientos adquiridos en toda la sección 6.3 y en las correspondientes de todo el *Cuaderno*:

    1. Análisis de la estructura interna de los mensajes de venta. Con vista a los ejemplos de los mensajes traídos a este *Cuaderno* o a los recogidos por ti, realiza los siguientes tipos de análisis y explica tu labor:

    a) Primero, identifica el tema principal del beneficio del mensaje. Segundo, vincula dicho tema con alguno o varios de los pares primordiales aparecidos en la lista de la sección 6.3.1.1; en ocasiones el tema del mensaje y el par primordial coinciden perfectamente. Puede suceder también que haya varios pares primordiales vinculados al tema principal de beneficio de modo general. Incluye todas las vinculaciones notadas.

b) Analiza los mensajes empleando los criterios de los contextos del significado de la sección 6.3.1.2; la tabla que resume este estudio te facilitará esta tarea. No todos los mensajes pueden proyectarse en los cinco contextos y con los cuatro aspectos señalados. Para facilitarte más este trabajo puedes utilizar la fórmula *sí/no* para cada contexto y para cada aspecto. Luego de hallar si un mensaje tiene o no los contextos y los aspectos, explica por qué.

2. En el renglón farmacéutico los suplementos polivitamínicos se han hecho de un mercado bien establecido, sumamente extenso y con gran diversidad de marcas y de fabricantes. Pese a que los productos son bastante semejantes, el mercado ofrece cinco métodos mercadistas de venta:

a) *Ventas por correo* — vitaminas ofrecidas por medio de catálogos enviados por correo directamente a consumidores potenciales. El precio es reducido.

b) *Ventas de la marca* — vitaminas vendidas por conducto de droguerías, farmacias, supermercados, vidrieras, tiendas al detalle, almacenes de descuento y gimnasios. Los fabricantes se comunican por medio de los canales masivos con los consumidores que piden o seleccionan los productos en dichos establecimientos. El precio marcado al detalle es elevado.

c) *Ventas por receta o por consejo de farmacéuticos* — vitaminas vendidas en las farmacias y droguerías por prescripción facultativa o por recomendación de médicos o de boticarios. El precio al detalle es alto.

d) *Ventas a domicilio* — vitaminas vendidas directamente a los consumidores por vendedores del fabricante que van de casa en casa. El precio es alto.

e) *Ventas bajo etiqueta del establecimiento* — vitaminas vendidas a las droguerías y farmacias para ser puestas a la venta en frascos o envases que ostentan la marca del establecimiento particular que las expende. El precio es reducido.

Aún cuando presumamos la semejanza y hasta la identidad de los productos, los mensajes de venta variarán según el tipo de destinatario y la situación comunicativa, ya sea en concurrencia (interpersonal) o con canal interpuesto. Las diferencias de precio parecen explicarse, básicamente, por la cuantía de la venta: tanto por correo como para revender con etiqueta de su establecimiento, el adquirente realiza compras al por mayor directamente de la empresa.

a) Con vista a la sección 6.3.2.1, explica las ventajas y desventajas de las dos situaciones capitales, en concurrencia y con canal interpuesto. Los vendedores del fabricante y los visitadores médicos y farmacéuticos exponen su mensaje frente a frente y los restantes métodos mercadistas requieren un canal interpuesto.

b) Con vista al esquema de la sección 6.3.2.2, explica las características de cada canal que mejor sirvan a esta tarea comunicativa.

c) Con vista a la sección 6.3.2.3, compara los canales de periódicos con los de las revistas para hallar razones para usar ambos, o alguno con preferencia sobre el otro, o uno de ellos solamente; explica tu trabajo.

d) Con vista a la sección 6.3.2.5, halla las ventajas particulares ofrecidas por las cartas de promoción y el sistema o los sistemas de envío que mejor corresponden a esta labor; explica tu trabajo.

e) Prepara una plataforma para tu campaña comunicativa. En la lección anterior, secciones 5.3.6.1 y 5.3.6.2 hallarás la orientación necesaria. Si prefieres la vía de las reflexiones o preguntas, puedes recurrir a las sugeridas al final de la sección 6.3.3.1 cuando se carece de plataforma. Los datos ofrecidos en el encabezamiento de este ejercicio son bastante completos para redactar las instrucciones a seguir por los redactores de los mensajes de venta.

f) Con vista a la plataforma o las instrucciones, redacta mensajes apropiados a los canales siguientes: periódicos, revistas, estaciones de radio y televisión y cartas de promoción. El tema central de tu campaña gira alrededor del lema "salud, fuerza y alegría en todas las actividades del día". La dosis es una tableta del polivitamínico en el desayuno para suplementar cualquier deficiencia en la dieta de la persona activa. Tienes libertad para escoger el nombre, aunque puedes recurrir a la información dada en la parte de las marcas de la misma sección 6.3.3.1. El vendedor y el visitador no necesitan un mensaje particular: la plataforma o las instrucciones se recrean en el transcurso de su acto comunicativo.

g) Con vista a la sección 6.3.3.1, explica las técnicas y componentes de tus anuncios impresos. Puedes utilizar dibujos y fotografías de anuncios reales y adoptar el logotipo de alguna entidad conocida en caso de que te sea difícil la confección de estos elementos extralingüísticos.

h) Con vista a la sección 6.3.3.1, explica las técnicas y componentes de tus comerciales radiales y televisados. En la confección de la secuencia de escenas del comercial televisivo te puedes guiar por los pasos de alguno existente o simplemente describir y narrar en palabras lo que ocurre en 12 marcos de esta secuencia, junto con las palabras dichas, cantadas o entonadas. Conviene realizar esta explicación de modo oral, frente a un grupo o clase, para demostrar las cualidades auditivas y dinámicas de tus comerciales. Puedes crear tus comerciales con tres tipos de duración: 10, 30 y 60 segundos y ofrecer su grabación en público.

i) Con vista a la sección 6.3.3.1 de este *Cuaderno* y de las lecciones 4 y 5 del libro *Comunicación*, explica las técnicas y componentes de tus cartas de promoción. Trata de emplear algunas de las sugerencias aparecidas en el anagrama *AIDA* y en el formato referente a la longitud de las formas lingüísticas, los recursos tipográficos y la posdata.

3. No hace mucho, la Compañía Azucarera Dominó, filial de Amstar, se hallaba preparando una campaña comunicativa mercadista para introdu-

cir un producto nuevo: azúcar morena o prieta en forma líquida. Se había escogido en aquel entonces el nombre de *Azúcar Licuada Dominó — para repostería*, lo cual constituía una innovación extraordinaria, dado que en el mercado azucarero los productos se venden de modo indiferenciado, con la denominación genérica de azúcar y el nombre de la empresa fabricante para mercadearla. Se había descubierto un proceso secreto durante las investigaciones del director de la sección de nuevos productos de la empresa. Se había logrado licuar azúcar morena en forma concentrada, con lo que se economizaba el 50% de la cantidad usada de azúcar morena granulada.

El objetivo era colocar el nuevo producto en el segmento del mercado de las amas de casa, para usarse como ingrediente de los dulces caseros. Debido a su homogeneidad, el líquido no formaba grumos, lo cual facilitaba su mezcla con los demás ingredientes de una receta. Pero, con todas estas ventajas, todavía los mercadistas de la empresa Dominó no se sentían seguros de que el producto tuviera una acogida favorable de parte de las amas de casa, apegadas a la costumbre de emplear azúcar en grano. Existían también otros temores. Por un lado, el nuevo producto iba a competir directamente con el ya establecido de la propia empresa *Azúcar Morena Dominó*, cuyas ventas podrían mermar. Por otro, de triunfar en el mercado, los competidores se aprestarían a imitar el producto líquido. Con todos estos antecedentes se dirigieron al jefe de comunicaciones mercadistas para que redactase el mensaje de venta para alcanzar el segmento identificado y confeccionase el programa de selección de canales de comunicación masiva.

Imagínate que tú hubieras sido el jefe a quien le encomendaron esta tarea: prepara, pues, ambos trabajos, con los materiales de esta lección. a) La redacción del mensaje puede hacerse con vista a las secciones 6.3.3.1 y 6.3.3.2 más específicamente. Pero antes debes considerar b). b) El proceso de selección de canales masivos puede ajustarse al siguiente esquema que va reduciendo paulatinamente el proceso de selección:

I. Definición de las posibilidades de los canales masivos

Se vinculan a la colocación del producto y de sus objetivos comunicativos: establecen lo que el programa debe alcanzar para satisfacerlos.

    A. Dirigidos a los consumidores potenciales señalados (descripción del grupo).

    B. Exposiciones a los mensajes: tanto el alcance en extensión, como la frecuencia de recibirlos — atención a los consumidores frecuentes.

    C. Posibilidades creativas de redacción de los canales: elementos lingüísticos y extralingüísticos, ilustraciones, color, demostración, longitud, menciones, exposiciones extensas, anexos, formato y demás.

    D. Restricciones presupuestales: con base al costo de entrada o mínimo de tarifas, número de mensajes, horario, duración, espacio — el costo por millar de miembros en la audiencia o lectoría, según los cálculos y medidas (*ratings* de emisoras y circulación de periódicos y revistas).

    E. Producción de los materiales: tiempo y costo de materiales creativos, del proceso de redacción, del proceso comunicativo todo por los canales — mensajes distintos con frecuencia o un mismo mensaje de diferente longitud requieren diferente tipo de esfuerzo y de tiempo de redacción.

F. Valor de comercialización: imagen del canal ante los ojos de agentes, distribuidores, propietarios de establecimientos, canales locales, nacionales, internacionales — horas o programas del hogar, gastronómicos, secciones de revistas y periódicos, revistas especializadas en el hogar, la mujer, la vida moderna, las técnicas para el hogar de hoy, un estilo de vivir.

II. Selección del canal o canales

Básicamente consiste en casar un canal o canales combinados, con las posibilidades señaladas en el paso anterior I.

A. Clases de auditorio o lectoría alcanzado por canal o canales.
B. Alcance y frecuencia de exposiciones de dichos auditorio y lectoría.
C. Características creativas permitidas por canal o canales.
D. El costo mínimo de utilización de canal o canales.
E. Requisitos de producción de mensajes del canal o canales.
F. Valor de comercialización del canal o canales.

III. Selección de los vehículos dentro de los canales

Vehículos aquí serán los periódicos, revistas y emisoras individualizados dentro del medio correspondiente. Consiste en el mismo proceso de reducción de las posibilidades, ahora a un periódico, una revista y una emisora, visto en A-F de los pasos anteriores. Valgan unas prácticas:

a) Por lo común se emplean dos o más vehículos dentro de cada medio para evitar la saturación en uno, así como, si lo permite el presupuesto, se combinan vehículos de distintos medios para cubrir el segmento.

b) Se usan múltiples vehículos por su efecto en la distribución de exposiciones en el curso del horario marcado en la campaña; unas veces conviene aumentar la frecuencia, otras conviene emparejar la exposición de todo el segmento de acuerdo con sus hábitos de lectura o de audición.

IV. Determinación de las dimensiones del mensaje

Este paso corresponde a la duración o tamaño en la estructura externa y sus consecuencias:

a) La duración en los comerciales y el tamaño en los impresos se suele decidir al tiempo que se hace la selección de los vehículos debido a que hay que acomodar las dimensiones a las características del vehículo. Suponiendo que el presupuesto imponga restricciones, se puede escoger entre dimensiones pequeñas, con mayor número de mensajes y dimensiones mayores, con menor número. Si bien la dimensión mayor muestra más efectividad, no hay una proporción perfecta: un anuncio de media página no es el doble en efectividad que uno de un cuarto.

b) Deben prepararse distintas alternativas que enseñen el efecto de las diferentes dimensiones de los mensajes. A falta de datos exactos, que es lo normal, se harán siguiendo los dictados de la experiencia y las recomendaciones de los entendidos.

c) Hay una indudable relación entre la dimensión del mensaje y su contenido; es más, la necesidad comunicativa, siempre atemperada al presupuesto, determinará la duración y extensión. En este caso, como se trata de un nuevo producto con necesidad de exponer distintos detalles, la dimensión no puede ser pequeña.

d) Otras consideraciones que entran a desempeñar un papel importante son los aspectos extralingüísticos. La inclusión de dichos elementos y hasta las cuestiones más directamente relacionadas con el formato pesan en la consideración de la longitud o tamaño del mensaje. El empleo de las técnicas particulares del vehículo, asimismo, habrá de considerarse.

V. Programación de la campaña comunicativa

Se refiere a tanto la fijación del inicio y cese, como a la distribución de mensajes a lo largo de la campaña:

a) En las empresas contemporáneas debe determinarse con exactitud el principio y final de todas sus actividades. Como aquí se trata de un producto de consumo continuo, no hay necesidad de adelantarse al período de consumo intenso o de terminar la campaña. En ocasiones el horario se rige por el año fiscal de la empresa y en otras se deja a la discreción del jefe de mercadeo o de publicidad.

b) La distribución de mensajes durante el período cubierto por la campaña se refiere al número de veces que se inserte o se transmita: su horario de presentación. Los mensajes pueden esparcirse parejamente durante la campaña o pueden ser lanzados en oleadas, con períodos intensos seguidos de poco o ningún esfuerzo comunicativo. En este caso no conviene acelerar la campaña aunque algunos mercadistas argumentan que debe hacerse en ocasiones para destacar el mensaje de sus competidores en su lucha por conquistar la atención del consumidor.

En conclusión, tu plan, por motivos de claridad, ofrecerá el tipo de compra realizada, de espacio o de tiempo, en cada canal y en cada vehículo, la dimensión de cada mensaje, las fechas de inicio y de terminación de la campaña, las fechas de inserción o de transmisión, el número de veces que lo harán los vehículos seleccionados por ti y todo ello con el costo anticipado. Dado que carecemos del presupuesto adjudicado en aquella época por Dominó, podemos señalar la cantidad (dólares) $100,000 para la campaña. Por último, aunque no tocamos este aspecto, se suele utilizar este plan como punto de comparación durante la labor ejecutiva de control. Se contrastará este plan con la efectividad lograda en el mercado.

4. Redacción de un plan comunicativo mercadista. El ejercicio anterior tocó la selección de los canales, perteneciente al programa de los medios masivos de comunicación. Este punto aparece en el Plan Comunicativo Mercadista, situado al final de esta lectura, bajo el renglón III, Programas para alcanzar los objetivos. Dejando de lado los aspectos marcadamente cuantitativos de dicho plan, correspondiente al Programa del presupuesto y el renglón IV, Control y evaluación del programa comunicativo merca-

dista, estás en aptitud ahora de redactar un informe siguiendo el ordenamiento sugerido en dicho Plan. Esta labor entraña la integración de las lecturas de las lecciones 3-6 de este *Cuaderno*. Si bien estás en libertad para escoger el producto o servicio que te interese, te recomendamos la selección de alguno ya estudiado o de alguna manera relacionado contigo, para mayor comodidad y efectividad de tu tarea. Esta redacción puede constituir, asimismo, el trabajo final de tu labor con posibilidad de una presentación oral resumida ante tus compañeros de trabajo o de clase. Como última sugerencia, si se integra el ejercicio 3 al Plan comunicativo mercadista, se tendrá realizada de antemano gran parte de la labor.

5. Empleando un anuncio procedente de algún periódico o revista de tu elección, realiza las siguientes tareas:

a) Analiza las funciones comunicativas de los componentes hallados y muestra el tema central que los integra.

b) Explica las ventajas del producto o servicio, las necesidades vitales o utilitarias, sociales y personales que procura satisfacer y las razones que has tenido para ofrecer esta explicación.

c) Ofrece una versión tuya del anuncio y explica las razones para modificarlo.

d) Con los mismos datos del anuncio redacta ahora una carta de promoción:

Primero. Emplea cualquiera de las técnicas sugeridas desde *A* hasta *M*, en la sección 6.3.3.3 respecto al anagrama *AIDA* para llamar la atención al comienzo del texto.

Segundo. Explica por qué este comienzo llamativo se relaciona con la ventaja o ventajas principales del producto o servicio.

Tercero. Emplea cualquiera de las técnicas sugeridas desde *A* hasta *C*, en la sección 6.3.3.3 respecto al anagrama *AIDA* para despertar interés y deseo, en dos o tres párrafos del texto.

Cuarto. Explica por qué estos párrafos comportan una exposición de detalles mejor relacionados con las necesidades de los destinatarios.

Quinto. Emplea cualquiera de las técnicas sugeridas desde *A* hasta *C*, en la sección 6.3.3.3 respecto al anagrama *AIDA* para promover a la acción a los destinatarios en el párrafo final o cierre de la carta.

Sexto. Explica por qué este párrafo o cierre procura superar cualquier titubeo o demora en la respuesta esperada de acción.

Séptimo. Emplea cualquiera de las técnicas sugeridas desde *A* hasta *C*, en la sección 6.3.3.3 respecto a tres aspectos del formato.

Octavo. Explica por qué la técnica empleada está subordinada al tema central o contribuye con funciones comunicativas pertinentes a los objetivos del mensaje.

6. Partiéndose de un mismo anuncio para todo un grupo o clase, se redacta una carta de promoción. Se le asigna a cada miembro una sola de las sugerencias de intercambios entre los componentes de una carta, desde *A* hasta *E* y para mantener la atención, desde *A* hasta *D*, que se hallan entre las subdivisiones 1) *atención* y 2) *interés y deseo* del anagrama *AIDA* en la sección 6.3.3.3. Se copian o se tiran en el mimeógrafo las cartas redactadas para comentarse oralmente en el grupo o clase. Hay opciones para

señalar este trabajo, como asignar dos sugerencias, una del intercambio de componentes y otra para mantener la atención.

7. Cuando se disponga del libro *Comunicación*, puede darse la redacción de una carta con uno de los cinco estilos de presentación — bloque, simplificado, estándar, mixto y oficial — y con intercambio de los 20 componentes que aproximadamente tiene una carta. Dado el carácter eminentemente creativo de este ejercicio, se deberá celebrar una sesión para juzgar la efectividad de la carta redactada con vista a estos intercambios. Hay, como mínimo, 100 posibilidades de intercambio: 5 estilos $\times$ 20 componentes. Cuando se intercambian más de uno de los componentes, entonces las posibilidades creativas aumentan considerablemente.

8. Recopilación y evaluación. Con vista a cinco ejemplos de los mensajes estudiados, un anuncio de periódico y otro de revista, un comercial de radio y otro de televisión y una carta de promoción que hayas recibido, realiza la evaluación de las técnicas y componentes. Una variante de este ejercicio: encontrar varios mensajes del mismo producto cursados por canales distintos y observar los cambios ocasionados por la diferencia del medio. Otra variante: notar las variaciones en diferentes vehículos del mismo medio y las variaciones dentro del mismo vehículo experimentadas por el mismo mensaje.

9. Visita algún lugar donde haya máquinas electrónicas procesadoras de palabras. Prepara un informe oral y escrito sobre las operaciones observadas. Te puedes documentar no sólo con la inspección realizada, sino también con entrevistas con el personal a cargo del manejo, con estudio de las instrucciones para operar las procesadoras y con todo el material de información suministrado por las empresas fabricantes o arrendadoras. El punto principal del informe girará alrededor de la facilidad para redactar cartas de promoción en la forma de carta modelo. Este tema se toca en *Comunicación*, lección 5. Una variante: si no encuentras estas procesadoras, realiza las mismas actividades en el departamento correspondiente de una empresa o institución que realice la promoción de sus productos o servicios por medio del correo. En cualquier caso, obtén muestras de estas cartas para adjuntarlas en las pruebas de tu informe.

10. Repaso general de los mensajes de venta. Redacta un informe escrito u oral sobre los siguientes puntos:

<table>
<tr><td>I
N
V
E
S
T
I
G
A
C
I
Ó
N</td><td>

Lección 3: La comunicación en el mercadeo
El programa comunicativo de mercadeo en la redacción
Las necesidades del consumidor, los productos que las satisfacen y los mensajes para vincularlos
El análisis del consumidor
El análisis del producto

Lección 4: La segmentación
Las ventas

</td></tr>
</table>

<table>
<tr><td rowspan="9">C
R
E
A
C
I
Ó
N</td><td>Lección 5: La libertad del consumidor</td></tr>
<tr><td>La persuasión como parte integral de toda comunicación</td></tr>
<tr><td>Premisas actuales de las técnicas de redacción de los mensajes de venta</td></tr>
<tr><td>La selección de estrategias persuasivas</td></tr>
<tr><td>Las decisiones del mercadista con vista a la labor investigativa</td></tr>
<tr><td>La plataforma del texto del mensaje de venta</td></tr>
<tr><td>Lección 6: La estructura interna de los mensajes de venta</td></tr>
<tr><td>La situación comunicativa del mensaje: en concurrencia o con canal interpuesto</td></tr>
<tr><td>La estructura externa de los mensajes de venta</td></tr>
</table>

Para mayor provecho de este repaso, sigue los cuadros sinópticos que aparecen al comienzo de cada una de estas lecciones. Con las subdivisiones de cada tema principal, tendrás una guía para realizar tu presentación.

6.4 EJERCICIOS DE CONCIENTIZACIÓN GRAMATICAL

Analiza los aspectos gramaticales examinados en la lección 6 del libro *Gramática* con vista al texto de este *Cuaderno*, sección 6.3, a tus propios ejercicios de redacción en 6.3.4 o a cualquier otro texto que estimes pertinente. Como se omitió la acostumbrada sección titulada "Vamos a razonar contigo...", en la lección 6 de *Gramática*, puedes emplear de modelo de análisis a las secciones 6.1-6.6 por estar redactadas con ejemplos del libro *Comunicación*. Como de costumbre, la conciencia del empleo de los relacionantes y la oración compuesta, componentes de la exposición gramatical de dicha lección 6 de *Gramática*, se incrementa con el dominio de la sección 6.2, "Cuestionario y temario para desarrollar", también de este *Cuaderno*.

Los puntos de tu análisis gramatical pueden seguir el orden sugerido por el "Contenido", pp. xii y xiii del libro *Gramática*. Los esquemas y cuadros sinópticos son otros medios auxiliares para realizar un análisis ordenado. Todos estos ejercicios de concientización gramatical pueden hacerse con la participación de un grupo o de una clase y servir de base para una discusión provechosa.

6.5 EJERCICIOS DE TRADUCCIÓN

Ofrece la versión española de los siguientes problemas en inglés:

PROBLEMA 1*

Cambridge Shaver Imports is preparing to introduce the Eltron electric shaver line into the U.S. market. The razor, produced by Braun AG, a German subsidiary of Gillette, is a technologically superior product. Priced at $70-$80, the product is to be positioned as the Mercedes-Benz of shavers. The advertising manager is about to direct the preparation of a media plan for introduction of the shaver beginning with a listing of media requirements.

From the analysis of problems and opportunities, the advertising manager has uncovered a number of facts that have a bearing on the media program. First, although almost all males over the age of 18 have use for a shaver, only a little over half of them own an electric shaver and only about half of these use the electric shaver that they own. It is evident that many owners of shavers are dissatisfied with the resulting shave that the product gives.

The major competitive product to electric shavers is the wet shaving method using blades and shaving cream. Users of the wet shaving method tend to be older than the users of electrics and are highly loyal to their shaving method. Electric shavers appeal more to younger, better educated, middle — to upper — income men. It is presumed that many electric shavers are given as gifts since peak sales occur before Father's Day, graduation, and Christmas.

From discussion with advertising agency personnel, the advertising manager is aware that they intend to take a "prestige" creative approach to support the positioning of the product. The product story which they wish to communicate is lengthy although not technically complex. The media budget for the first year's effort is tentatively set at a million dollars.

Based on the available information, prepare a list of media requirements for the new shaver.

PROBLEMA 2*

An old, established manufacturer of marine hardware is attempting to expand its distribution by adding to the number of dealers carrying the line. The company has established a special budget of $8,500 for this effort, in addition to the company's regular advertising which is generally directed to end consumers.

The company's product line contains over 800 items, including products such as blocks, cleats, ventilators, and turnbuckles. The products have application on pleasure craft and on small commercial vessels such a fishing boats. The products are sold directly to boatbuilders and to consumers through marine supply stores, marinas, and boat yards. It was among these consumer outlets that the company wished to recruit new dealers. Dealers were desired throughout the United States although, of course, most of them would be concentrated in coastal boating areas.

The media requirements for this effort specified that the prospects to be reached were marine supply retailers, marina operators, and boat yards. The creative requirements for the media were modest — small space print ads were anticipated in black and white with a small reply coupon included for those wishing further information. Inquiring dealers would be visited personally by a company salesperson. Production costs of $500 were anticipated. This expense would come out of the $8,500 budget. A final media requirement was to stress reach rather than frequency to attempt to cover as many different prospective dealers as possible.

1. Using a copy of Standard Rate and Data Service's **Business Publications Rates and Data,** make a list of possible publications which might be used for this media program.
2. Refine the list by examining circulation information for each publica-

tion, eliminating those whose audience does not fit the prospect definition.

3. Compute a cost per thousand prospects for each of the publications on the list in question 2.

4. Prepare a recommended publication list and schedule of insertions for the company's dealer recruitment objective.

PROBLEMA 3*

Assume that you are a media buyer for a midwestern advertising agency. One of your clients is a marketer of an iron and vitamin tonic called Tonex. You have been asked to recommend for the coming year a Tonex media schedule for Detroit, one of the product's strongest market areas.

As your first step, you consult the advertising plan and find the following media requirements specified for the product:

1. The target prospect for Tonex is lower-middle to lower income families. Two out of three consumers are women and average usage is higher in black families. Most users are over 25 years of age.

2. The media program should emphasize frequency of exposure for Tonex to serve as a reminder to buy and use the product.

3. The media schedule should permit the use of taped endorsements by satisfied users. Commercial length should be 60 seconds.

4. There is no discernible seasonal purchasing pattern for the product. Media exposure should be constant throughout the year.

5. The budget constraint for Detroit is $100,000 for 12 months, including production costs.

The plan specifies that radio is to be the only medium used in Detroit. Stations, time periods, and schedule have not yet been specified.

1. Using a copy of Standard Rate and Data Service's **Spot Radio Rates and Data** list the AM radio stations available in Detroit. Based on the descriptive information available in SRDS, evaluate how well each station would reach the Tonex target prospect group.

2. Decide which station or stations you would recommend for the schedule.

3. What time period and days of the week would you recommend?

4. Construct a schedule showing the schedule by week and by station with both weekly and total costs.

PROBLEMA 4*

The advertising manager for National Business Schools is preparing a direct mail advertising program for a new product to be introduced by the company. National Business Schools offers correspondence courses in a variety of business subjects including secretarial skills, bookkeeping, and office management. Recently the company developed a new course designed to reach a somewhat more advanced group. The course attempts to teach skills in analyzing and solving business problems. The course could be used either as an introduction to the subject or as a refresher to those who have been out of school for a number of years.

Consumer research conducted for the new course indicates that the prime prospects for the course will be business people who feel a need for self-improvement. They would use such a course to enhance their job knowledge and their chances for advancement. These prospects, according to the research, are predominantly younger, junior executives in medium to large business firms.

The advertising manager has set aside an allocation of $7,500 for purchase of the necessary mailing lists for the first year's advertising program. The market area will include the total United States, but no foreign markets.

1. Using a copy of Standard Rates and Data Service's **Direct Mail List Rates and Data**, locate a classification of lists appropriate to the new course and select five lists in the classification that appear most promising for the course.
2. Evaluate each of the five direct mail lists in terms of (a) the appropriateness of the names of the list, (b) the cost efficiency of the list, and (c) the quality of the list.
3. Select the list or combination of lists that you would recommend if you were the advertising manager.

Vocabulario inglés-español

ACCORDING TO — Según, de acuerdo con, conforme a.

ACROSS — A(l) través (de), al otro lado de, por, por en medio de, de través.

(TO) AFFORD — Poder darse el lujo de, poder permitirse, tener medios o recursos para algo, hacer frente, soportar o afrontar un gasto; poder; suplir, abastecer, proporcionar, abastecer.

(TO) ALLOCATE — Asignar, distribuir, repartir.

ALTHOUGH — Si bien, aunque, bien que.

(TO) APPEAL — Interesar, despertar interés, atraer, ser atrayente, llamar la atención; recurrir, acudir, poner por testigo, clamar, apelar.

AS — Como, mientras, a medida que, según, en el momento, en que, ya que, que.

ASIDE — Aparte; a un lado, al lado.

(TO) ASSUME — Presumir, dar por sentado, suponer, dar por supuesto; arrogarse, apropiarse, tomar posesión, asumir un cargo.

AVAILABLE — Disponible, aprovechable, obtenible; en activo, a mano, en existencia.

AWARE — Enterado, percatado, al tanto, consciente, sobre aviso, sabedor.

BEARING ON — Relacionado con, referido a.

BREATHTAKING — Conmovedor, imponente, emocionante.

(TO) CHILL — Enfriar, templar al frío; resfriarse, calofriarse.

COST EFFICIENCY — Ventaja por costo menor; producción a menor costo.

DEALER — Negociante, comerciante, tratante, traficante, concesionario, agente; repartidor de cartas.

(TO) DRENCH — Mojar, empapar.

(TO) DRIZZLE — Lloviznar.

*Fuente: David W. Nylen, "*Advertising Planning, Implementation and Control*". South-Western Pub. Co., 1980. pp. 270-71; 303-04; 336; 361-62.

EDGE — Orilla, borde, filo, ribete, corte, canto; ventaja.

(TO) ENHANCE — Realzar, engrandecer, encarecer.

EVER — Siempre, alguna vez, por ventura, jamás.

(TO) HEAD — Dirigirse o encaminarse; venir primero en una lista o grupo.

HOWEVER — Sin embargo, no obstante, con todo, empero, por muy... que, por mucho... que.

IN ADDITION TO — Además de, en adición a, asimismo, igualmente (que).

INCLUDING — Incluso, inclusive.

LATE — Tardío, tardo, atrasado, reciente, último, recién llegado, rezagado, de última hora, que termina tarde; de fines de; anterior; difunto.

LINE — Línea, renglón, hilera, raya; ramo, giro, especialidad, género, surtido; cuerda, cordel, sedal; cañería, tubería; cola; arruga.

LOCK — Cerradura, candado, llave; esclusa; guedeja, bucle, rizo.

MARKET — Mercado, plaza, feria, plaza del mercado; precio (corriente), estado de la plaza.

MOTTO — Divisa, lema, eslogan.

OF COURSE — Claro, por supuesto, naturalmente.

(TO) OWN — Poseer, tener; admitir, reconocer, confesar.

(TO) PARK — Estacionar, aparcar, parquear.

(TO) PUSH — Empujar, hacer a un lado, apartar, abrirse paso, avanzar, impulsar; fomentar, promover; apresurar, forzar.

(TO) REPLY — Replicar, responder, contestar.

(TO) RETURN — Devolver, regresar, retornar, volver, replicar; redituar, producir; corresponder, dar (en cambio).

(TO) SEEK — Buscar, procurar, pedir, solicitar; tratar de, esforzarse por; andar o recorrer buscando.

SELF-IMPROVEMENT — (Auto)mejoramiento, (auto)perfeccionamiento, por sí mismo, propio; mejora, progreso, adelanto propio.

SEVERAL — Varios, diversos, distintos, diferentes, algunos.

SOMEWHAT — Algo, un poco, un tanto; especie, suerte de.

(TO) SPEND — Gastar, consumir, usar, agotar; pasar un tiempo.

(TO) SUPPORT — Sostener, apoyar, mantener; sustentar; amparar.

(TO) SWITCH — Cambiarse, moverse, desviarse; conmutar; azotar, fustigar.

(TO) TAPE — Grabar en cinta (magnetofónica); medir con una cinta; envolver con una cinta adhesiva.

TARGET PROSPECT — Presunto o posible cliente ya señalado; blanco, destinatario u objetivo de una campaña.

TENTATIVE — Provisional, tentativo, en tanteo.

(TO) THRILL — Emocionar, conmover, sobrexcitarse, impresionar con viveza.

THROUGH — Mediante, por, a través de, de un lado a otro, de parte a parte, completamente, por medio de, a causa de, todo lo largo de, por mediación de; acabado, terminado; directo, sin paradas.

WHAT IF? — ¿Y si...?, ¿qué le parece si...?, ¿qué tal si...?

APÉNDICE

VOCABULARIO

A

ABANDONADO — Desatendido, solo, desamparado, descuidado, abúlico, negligente, dejado, perezoso, indefenso, inerme, desvalido, rechazado, repudiado, desaseado, desastrado, sucio, desaliñado, apático, huérfano. *Abandonado a la suerte, en manos de la suerte. Abandonado en la calle, por los demás, por los extraños, de los suyos. Abandonar, abandono.*

ABARATAR — Rebajar, malvender, despreciar, menospreciar, desapreciar, desencarecer, baratear, desestimar, desvalorar. *Abaratar al máximo. Abaratamiento.*

ABARROTAR — Atestar, colmar, cargar, sobrecargar, superabundar, sobreabundar, aglomerar, amazacotar, apretar con barrotes. *Abarrotar de mercancías, de víveres. Abarrote, abarrotado.*

ABASTECER — Suministrar, surtir, aprovisionar, abastar, dotar, equipar, avituallar, proveer. *Abastecer de mercancías, de géneros, etc. Abastecimiento.*

ABATIDO — Desanimado, decaído, postrado, agotado, desalentado, derrumbado, extenuado, aplanado. *Abatido por los reveses. Abatido de espíritu. Abatirse al suelo, con dificultad. Abatimiento.*

ABERTURA — Hendidura, abrimiento, grieta, resquicio, ranura, raja, rendija, mirilla, agujero, taladro, franqueza, fisura, hueco, boquete. *Abertura en el techo. Abierto con todo el mundo. Apertura.*

ABIGARRADO — Confuso, enredado, mezclado, heterogéneo, enmarañado, pintarrajeado, entremezclado, coloreado en demasía. *Dibujo abigarrado. Abigarramiento.*

ABOGADO — Defensor, letrado, jurisconsulto, jurista, leguleyo, asesor, picapleitos, mediador, consejero. *Abogar por, ante, contra. Aboga por alguien. Abogado de la defensa.*

ABOLENGO — Linaje, alcurnia, prosapia, casta, estirpe, cepa, ascendencia, genealogía, progenie, antecesores, tronco, antepasados, origen, cuna, mayores, parentela. *Vino de abolengo.*

ABOLIR — Anular, derogar, rescindir, invalidar, dejar sin efecto, revocar, abrogar, cancelar. *Abolir las viejas reglas. Abolición.*

ABOMINABLE — Vituperable, execrable, detestable, odioso, antipático, repugnante, atroz, reprobable, repulsivo. *Abominable por su proceder. Abominar. Abominación.*

ABONAR(SE) — Fertilizar, aviciar, estercolar, nitratar, alegamar, aprobar, mejorar, confirmar, ratificar, pagar, satisfacer, responder por uno, acreditar, afianzar, respaldar, certificar, inscribir, suscribir, asentar. *Abonarse al teatro. Abono para la agricultura, de nitrógeno.*

ABORDAR(SE) — Atracar, emprender, aportar, afrontar, interpelar, acometer, plantear. *Abordar una nave a, con otra. Abordar(se) un problema. Abordo.*

ABREVIAR — Resumir, reducir, sintetizar, extractar, condensar, compendiar, acotar, trasuntar, sustanciar. *Abreviar en pocas palabras. Abreviatura.*

ABRIGO — Sobretodo, gabán, ropa, guardapolvo, capote, manta, manto, cobertor, edredón, cobija, amparo, cobijo, auxilio, protección, defensa, ayuda, patrocinio, custodia, puerto, bahía, resguardo, seguridad. *Abrigado de los vientos. Abrigo para el navegante. Abrigado con ropa, del aguacero, bajo techo o techado, en el portal. Abrigar(se).*

ABRIR(SE) — Descubrir, destapar, desobstruir, desenvolver, desenrollar, desempaquetar, desatar, romper, fresar, rasgar, hender, horadar, cuartear, cascar, inaugurar, comenzar, despejar, aclarar, grabar, esculpir, encabezar. *Abrir (una lámina) a buril, de arriba a abajo, en canal. Abridor de latas. Abrirse la sesión.*

ABRUMAR — Cargar, acongojar, mortificar, agobiar, oprimir, enojar, marear, martirizar, irritar, incomodar, enchilar, acosar, perseguir, hostigar, freír, jorobar, embromar, jeringar, acosar. *Abrumar a la gente. Abrumado por, de problemas.*

ABSORBER — Chupar, aspirar, sorber, embeber, enjugar, empapar, gastar, consumir, captar, cautivar, reclamar, atraer a sí. *Absorto en ella. Absorber en dos segundos.*

ABSTENERSE — Inhibirse, privarse de alguna cosa, dejar de, contenerse, retraerse, desentenderse, despreocuparse, descartarse, refrenarse, omitir, renunciar, prescindir, desistir. *Abstenerse de beber. Abstención. Abstemio.*

ABSTRAER(SE) — Aislar, separar mentalmente cualidades de algo, ensimismarse, enajenarse de los objetos sensibles, embelesarse, extasiarse, embebecerse, reconcentrarse, enfrascarse, quedar fuera de sí, estar ajeno a sí. *Abstraerse en sí mismo. Abstracción, abstracto.*

ABUNDANCIA — Riqueza, profusión, copia, caudal, fertilidad, frondosidad, exuberancia, demasía, exceso, prodigalidad, hartura, abundamiento, montón, acopio, saciedad, fecundidad. *Abundancia de motivos, en dones. Abundante, abundar.*

ABURRIDO — Harto, hastiado, desganado, malhumorado, mareado, molesto, fastidiado, cansado, disgustado, mortificado. *Aburrido de, con, por todo. Aburrido en la oficina. Aburrimiento, aburrir(se).*

ABUSO — Exceso, extralimitación, arbitrariedad, atropello, exigencia, importunación. *Abuso de confianza. Abusar(se).*

ACABADO — Concluido, finalizado, terminado, perfecto, pulido, esmerado, agotado, consumido, gastado, viejo, completado, cumplido, extinguido. *Acabado en su género, con prisa, a las dos. Acabar con la quinta y con los mangos, de venir, en bien, por entenderse, en punta.*

ACAMPAR — Estacionarse, instalarse, alojar, acuartelar, abarracar, asentar los reales, acantonar, vivaquear. *Acampar en el parque.*

ACATAMIENTO — Sumisión, respeto, obediencia, observancia, rendimiento, acato, deferencia, cortesía, mesura, respetuosidad, culto, veneración. *Acatamiento a la autoridad. Acatar(se).*

ACCEDER(SE) — Consentir, ceder, aceptar, permitir, aprobar, transigir, autorizar, conformarse, doblegarse, plegarse, someterse, condescender, asentir, convenir. *Acceder a la petición. Accederse a todo.*

ACCESIBLE — Asequible, alcanzable, inteligible, comprensible, avenible, flexible, dúctil, deferente, complaciente, franco, sencillo, próximo. *Accesible a los empleados. Tienda accesible. Acceso.*

ACCESORIO — Anexo, ajeno, apéndice, zarandajas, adición, complemento, complementario, adjunto, supletorio, secundario, auxiliar. *Accesorio en su trabajo, de automóvil. Accesoriedad.*

ACCIDENTAL — Casual, contingente, extrínseco, eventual, adjetivo, incidental, fortuito, externo, impensado. *Accidental para los negocios.*

ACCIDENTE — Circunstancia, incidencia, episodio contratiempo, desmayo, vahído, vértigo, percance, indisposición, peripecia, cambio estructural, ondulación de terreno, signo musical. *Accidente en el, de trabajo. Accidentarse.*

ACCIÓN — Diligencia, operación, actividad, ejecución, poder, hecho, medida, obra, decisión, resolución, paso, disposición, procedimiento, intervención, práctica, uso, fuerza, energía, ademán, declaración, ejercicio, ardor, celo, agilidad, postura, entusiasmo, tarea, combate, batalla, actuación, determinación, orden. *Ser grande en la acción. Llegar el momento de la acción. Acto.*

ACERCAR(SE) — Juntar, pegar, yuxtaponer, arrimar, aproximar, pegar, unir, allegar, atracar, adosar. *Acercar la candela. Acercarse al fuego. Acercamiento, acerca de.*

ACERTADO — Adecuado, apropiado, atinado, certero, oportuno. *Acertado en sus predicciones.*

ACERTAR — Adivinar, dar en el clavo, dar con el quid de la cuestión, atinar, encontrar, hallar. *Acertar de, por chiripa. Acertar a pasar. Acertar en el número, en el blanco, en decir algo. Acierto.*

ACLARACIÓN — Esclarecimiento, clarificación, explicación, dilucidación, elucidación, explanación, exégesis. *Aclaración del artículo.*

ACOGIDA — Recibimiento, recepción, hospitalidad, amparo, refugio, bienvenida, aceptación de personas. *Acoger en casa. Acogerse a, bajo sagrado. Acogida favorable. Acogimiento.*

ACOPLAR(SE) — Engastar, engranar, empalmar, articular, enlazar, ensamblar, ajustar, enchufar, encuadrar, conectar, compenetrar. *Acoplar una cosa a otra. Acoplarse los partidos. Acoplamiento.*

ACORDAR — Concordar, determinar de común acuerdo, resolver, convenir, quedar, pactar, ponerse de acuerdo, precisar, fijar, especificar, conciliar, componer. *Acordar con los delegados. Acuerdo.*

ACORDARSE — Recordar, traer a la memoria, revivir, volver en su acuerdo, caer en la cuenta, despertar, rememorarse. *Acordarse de estudiar.*

ACOSTUMBRADO — Habitual, cotidiano, ordinario, habituado, ordinario, corriente, normal, usual, rutinario, sólito, frecuente, inveterado, familiarizado, cursado, avezado, tradicional. *Acostumbrado a los trabajos. Acostumbrarse al nuevo empleo.*

ACREDITADO — Garantizado, abonado, reputado, de crédito, estimado, famoso, bienquisto, renombrado, conocido, celebrado, popular. *Acre-*

ditado en la plaza, para su empleo. Acreditarse con, para, con alguien de perito. Acreditar.

ACTA — Reseña escrita, relato, relación notarial, narración, crónica, anales, certificación, apunte, recontamiento, referencia, versión. *Dejar constancia en acta. Levantar acta.*

ACTITUD — Posición, colocación, disposición, postura, gesto, porte, situación, semblante, aspecto, ademán, continente, talante, opinión, contextura, aire. *Actitud de conciliación.*

ACTIVO — Rápido, diligente, pronto, práctico, expeditivo, solícito, ligero, presuroso, resuelto, enérgico, afanoso, trabajador, laborioso; total poseído en el comercio. *Hombre activo. Activo de la compañía. Actividad.*

ACTO — Cumplimiento, hecho, operación, realización, diligencia, esfuerzo, práctica, sucedido, suceso, trance, jornada, período, episodio, parte, cópula, medida, fórmula, intervención, ejercitación, consumación. *En acto, en el acto, acto seguido. Acto de decir.*

ACTUACIÓN — Conducta, *perfomance*, trabajo, intervención, obra, actividad, procedimiento, autos. *Actuación en los negocios.*

ACTUAL — Presente, reciente, contemporáneo, coetáneo, efectivo, de ahora, real, lo que se lleva, de moda, de momento, práctico, sustantivo, objetivo, corriente, usual, que ocurre al tiempo que se habla, moderno, en boga. *Momento actual. La actualidad. Actualizar algo.*

ACTUAR — Realizar, hacer, poner en acción, efectuar, ejecutar, verificar, operar, trabajar, implantar, obrar, cumplir, practicar, llevar a cabo, dirigir, formar autos, proceder judicialmente, promover, desplegar. *Actuar en público, con otro, en la causa.*

ACUSAR — Culpar, echar la culpa, imputar, reprochar, achacar, incriminar, denunciar, reprender, tachar, tildar, notar, censurar. *Acusar a alguien, ante el juez, de haber robado.*

ADECUADO — Apropiado, ajustado, congruente, congruo, conveniente, lógico, acomodado, acondicionado, exacto, puntual, pintiparado, proporcionado. *Adecuado al asunto. Adecuar, adecuación.*

ADELANTAR(SE) — Progresar, mejorar, llevar hacia adelante, apresurar, acelerar, aventajar, anticipar, llevar delante, ganar la delantera, aumentar. *Adelantar en los estudios. Adelantarse a los demás.*

ADEMÁS — También a mayor abundamiento, asimismo, igualmente, así, otrosí, al mismo tiempo, no sólo, no ya, aparte de, amén, fuera de, a más de esto.

ADMINISTRACIÓN — Gerencia, dirección, gobierno, regencia, jefatura, gestión, economía, custodia, tutela, empleo, agencia. *Administración de empresas. Administrar, administrador.*

ADMITIR — Dar entrada, recibir, aceptar, tomar, acoger, incluir, absorber, adoptar, obtener, tolerar, conceder, suponer, permitir. *Admitir en principio, a alguien. Admisión.*

ADQUIRIR — Obtener, ganar, conseguir, alcanzar, heredar, conquistar, lograr, comprar, contraer, coger, adueñarse, tomar. *Adquirir con esfuerzo y trabajo un ascenso. Adquisición.*

ADREDE — De intento, intencionalmente, de propósito, con deliberación, con deliberada intención, a sabiendas, expresamente, a tiro hecho, voluntariamente.

ADUCIR — Alegar, invocar, citar, argüir, traer, presentar. *Aducir razones.*

ADVERSO — Enemigo, desfavorable, contrario, opuesto, hostil, encontrado, funesto, lamentable, impróspero, encontrado. *Adverso a trabajar. Tiempo adverso. Adversidad, adversario.*

ADVERTENCIA — Aviso, nota, observación, notificación, amonestación, noticia, confidencia, prevención, orientación, información, mensaje, atención, indicación. *Advertencia a los empleados. Advertir.*

AFIRMACIÓN — Aserción, aserto, aseveración, protesta, testimonio, tesis, garantía, prueba, declaración. *Afirmación de una doctrina. Afirmarse en lo dicho. Afirmar.*

AGENCIA — Gestión, cargo, empleo, oficina del agente, despacho, administración, delegación, sucursal, filial, diligencia, decisión, empeño, solicitud. *Agencia de empleos. Agenciarse.*

AGENTE — Representante, comisionista, encargado, corredor, delegado, viajante, intermediario, mandadero. *Agente de bienes raíces, de policía.*

AGRADABLE — Ameno, placentero, grato, apacible, deleitoso, afable, afectuoso, confortable, cómodo, atrayente, encantador, sabroso, deseable, apetitoso, fascinador, seductor, coquetón. *Agradable al gusto, para, con todos. Agradable de facciones.*

AGRADAR(SE) — Gustar, complacer, contentar, deleitar, hechizar, congraciar, lisonjear, regalar, cautivar, caer bien, sentar bien, regocijar, interesar, amenizar. *Agradar a la clientela. Agradarse con, de la novedad. Agrado.*

AGRADECER — Dar gracias, sentir gratitud, expresar gratitud, responder, reconocer, corresponder, estar a la recíproca, compensar. *Agradecer a los acompañantes del sepelio, por los favores recibidos. Agradecido con sus clientes, para sus benefactores. Agradecimiento.*

AGUA — Elemento, lluvia, rocío, nieve, granizo, hielo, escarcha, nube, niebla, neblina, onda, ola, tromba, turbión, manantial, fontana, fuente, arroyo, río, lago, laguna, torrente, cascada, salto, catarata, embalse, estanque, canal, pantano, charca, charco, playa, mar, océano, acuario, piscina, pileta, albufera, géiser, cristal, clara, linfa, dulce, salobre, gorda, mineral, termal, delgada, aljibe, pozo, noria, aceña, llovizna, chaparrón, chubasco, cellisca, diluvio, temporal. *Agua de mar, aguacero de verano. Aguada, aguado, aguafiestas, aguafuerte, aguamanil.*

AHORA — Actualmente, hoy día, hoy en día, por el presente, al presente, ahorita, el día de hoy, hoy por hoy, en este momento, en el tiempo presente, en la época actual.

AISLAMIENTO — Apartamiento, soledad, incomunicación, retraimiento, confinamiento, destierro, misantropía, encierro, reclusión, clausura, recogimiento, retiro, extrañamiento. *Aislamiento en el campo, de los alambres. Aislarse del trato de los demás. Aislante para la construcción.*

ALCANZAR — Conseguir, lograr, llegar a juntarse con alguien, a coger, a poseer, a percibir, tener poder, saber, comprender, entender, merecer, obtener, emparejar, atajar, ganar, adquirir, arribar, igualarse, tocar, averiguar, bastar, aterrizar, descubrir. *Alcanzar del jefe, con porfía, a una persona, para todos, hasta el final. Persona, cañón de corto(s) alcance(s).*

ALUSION — Cita, relación, referencia, mención, indicación, informe, indirecta. *Alusión a los estatutos. Aludir.*

AMBIGUO — Indeterminado, equívoco, incierto, dudoso, anfibológico, turbio, confuso. *Estatuto ambiguo. Ambigüedad en la expresión.*

AMORTIZAR(SE) — Redimir, extinguir, pasar los bienes a manos muertas, suprimir plazas o empleos, liquidar, compensar, recuperar. *Amortizar en un veinte por ciento la deuda, la maquinaria. Amortizarse el empleo.*

AMPLIAMENTE — Grandemente, considerablemente, generosamente, con creces, a montones, en abundancia, sin límites, sin restricciones.

AMPLIO — Dilatado, extenso, espacioso, vasto, holgado, generoso, abundante, abierto, ancho. *Amplio en sus objetivos, de criterio. Ampliar, amplitud.*

ANALIZAR — Descomponer, examinar, averiguar, desmenuzar, ventilar, considerar, inquirir, aquilatar, hacer análisis, estudiar, distinguir, separar, discutir, investigar, criticar. *Analizar la sangre, la obra.*

ANÁLOGO — Parecido, semejante, similar, afín, sinónimo, aproximado, equivalente, parejo, correspondiente, conforme, referente. *Análogo al anterior. Analogía.*

ANDAR(SE) — Caminar, trasladarse sin rumbo, recorrer, ir de un lugar a otro, errar, vagar, vagabundear, viajar, marchar, funcionar, manejar, estar, haber. *Andar a gatas, con el tiempo, de capa, en pleitos, entre mala gente, por conseguir algo, sobre un volcán, tras un negocio, por la calle, a ciegas, con cuidado, de capa caída, en boca de los demás, sobre aviso, sin recursos, escribiendo, acertado, perdido. Andarse por las ramas. No andarse con chiquitas. Andador, andarín.*

ANÓNIMO — Desconocido, sin nombre, secreto, incógnito, ignoto, oculto, firma, misterioso. *Recibir un anónimo. Sociedad anónima. Donante anónimo. Anonimato.*

ANOTAR — Asentar, apuntar, notar, marginar, poner notas, registrar, alistar, glosar, comentar, matricular, inscribir, acotar, señalar, escribir minuta, borrador, guión, observación o acta. *Anotar en el registro de la propiedad. Anotación.*

ANTERIOR — Precedente, antecedente, predecesor, primero, pasado, susodicho, mencionado, sobredicho, pretérito, lejano, remoto, antiguo, antepuesto, delantero. *Anterior a la fecha. Anterioridad, ante, antes.*

ANTICIPO — Adelanto, avance, anticipación, anterioridad, antelación, delantera, precocidad. *Anticipo de sueldo. Anticiparse a otro. Anticipación.*

ANTÍTESIS — Contradicción, oposición, contrariedad, antinomia, contraste, antagonismo, disconformidad, incompatibilidad. *La antítesis del trabajo. Antitético.*

ANUNCIAR(SE) — Publicar, divulgar, participar, notificar, dar noticia o aviso, promulgar, comunicar, avisar, editar, informar, descubrir, revelar, propagar, esparcir, hacer público, declarar, formular. *Anunciar en, por la televisión. Anunciarse mucho.*

ANUNCIO — Noticia, reclamo, aviso, propaganda, difusión, manifiesto, proclama, cartel, rótulo, prospecto, pronóstico, presagio, profecía, pregón, bando, cédula, edicto, mención, información. *Anuncio clasificado.*

AÑADIR(SE) — Agregar, incorporar, sumar, adicionar, poner junto a, aumentar, acompañar, acrecentar, anexionar, unir, ampliar. *Añadir a lo expuesto, sobre lo dicho. Añadirse al final. Añadido, añadidura.*

APARATO — Instrumento, herramienta, máquina, artificio, mecanismo, artefacto, armazón, reunión, prevención, pompa, apresto, ostentación, fausto, exageración, solemnidad, señal, apósito, circunstancia, vendaje. *Venir con gran aparato. Aparato de medir. Aparatoso. Aparatosidad.*

APARECER(SE) — Mostrarse, presentarse, manifestarse, descubrirse, surgir, brotar, asomar, salir, apuntar, saltar a la cara, venir, encontrarse, hallarse. *Aparecer en la lista, en público. Aparecerse a alguien, en la oficina, entre sueños, por entre la gente. Aparición.*

APARENTAR — Fingir, simular, dar a entender lo que no es o no hay, afectar, mentir, disfrazar, pretextar, representar, hacer la comedia, enmascarar. *Aparentar tranquilidad, riqueza. Aparente, aparencial.*

APARIENCIA — Aspecto, presencia, físico, actitud, parecer exterior, porte, catadura, pelaje, traza, forma, superficie, estampa, exterioridad. *Apariencia de verdad.*

APARTAR(SE) — Alejar, retirar, separar, dividir, desunir, relegar, aislar, arrinconar, evitar, desviar, ahuyentar, desechar, expulsar, rehuir. *Apartar de sí. Apartarse a un lado, de la ocasión. Apartamiento, apartamento, apartado.*

APARTE — En otro lugar, separadamente, a distancia, desde lejos, con reserva, sigilosamente, lo que se dice para sí. *Párrafo aparte. Aparte de venir tarde.*

APENAS — Con trabajo, escasamente, penosamente, con dificultad, al punto que, casi no, luego que, tan pronto como.

APETITO — Apetencia, hambre, impulso instintivo, gana de comer, avidez, voracidad, gula, necesidad, deseo, concupiscencia. *Apetito por todo.*

APLAUDIR — Elogiar, palmear, exaltar, palmotear, aclamar, encomiar, enaltecer, vitorear, animar, felicitar, estimular, animar, encarecer, congratular, lisonjear, loar, alabar, aceptar. *Aplaudir al actor. Aplauso.*

APLAZAR(SE) — Diferir, retardar, demorar, posponer, retrasar, dilatar. *Aplazar hasta agosto. Aplazarse la convocatoria.*

APLICACIÓN — Asiduidad, esmero, afición, cuidado, tesón, estudio, diligencia, superposición, ornamentación. *Aplicación a su obra. Aplicado en sus estudios. Aplicarse a las letras, a estudiar. Aplicar(se).*

APOYAR(SE) — Fundar, descansar, basar, asentar, favorecer, ayudar, patrocinar, sostener, gravitar, confirmar, estribar, reclinar. *Apoyar con citas. Apoyarse sobre la mesa, en autoridades. Apoyo, apoyatura.*

APRECIAR(SE) — Valorar, estimar, preciar, poner precio, poner tasa, calificar, tasar, medir, valuar, evaluar, considerar, reputar, distinguir, justipreciar, graduar, mirar con buenos ojos. *Apreciar por sus dotes, en mucho. Aprecio por los colegas. Apreciarse el trabajo.*

APRENDER(SE) — Adquirir conocimiento, percibir, fijar algo nuevo en la memoria, estudiar, practicar, formarse, cursar, instruirse, educarse, cultivar. *Aprender con, de alguien. Aprenderse por sí mismo. Aprendizaje.*

APRETAR(SE) — Estrechar contra el pecho, prensar, ceñir, apretujar, oprimir, constreñir, agarrotar, asir, aplastar, condensar, exprimir, pisar. *Apretar con las manos, entre los brazos. Apretar por todas partes, el escrito. Apretarse a correr. Apretarle a uno el zapato. Aprieto.*

APROBACIÓN — Beneplácito, asentimiento, visto bueno, aceptación, popularidad, boga, fama, aplauso, alabanza, sanción, conformidad, voto de confianza, acogimiento. *Aprobación del jefe. Aprobado por mayoría.*

APROPIARSE — Adueñarse, adjudicarse, atribuirse, arrogarse, apoderarse, incautarse, alzarse, tomar algo para sí. *Apropiarse para sí. Apropiación.*

APROVECHAR(SE) — Beneficiar, utilizar, usar, lograr, disfrutar, gozar, producir, fructificar, servir de provecho, valer, interesar, agradecer. *Aprovechar en el estudio. Aprovecharse de la ocasión. Aprovechamiento.*

APTITUD — Capacidad, habilidad, idoneidad, disposicón, competencia, genio, talento, calificación. *Aptitud para los negocios. Apto para el empleo.*

ARCHIVO — Registro, mueble para guardar documentos, sitio donde se guardan, conjunto de documentos, protocolo. *Archivar por orden alfabético. Archivo nacional.*

ARGUMENTO — Razonamiento, asunto, sumario, trama, alegato, impugnación, refutación, demostración, materia, silogismo. *Argumento de la película. Argumentar, argumentación.*

ÁRIDO — Seco, enjuto, cansado, aburrido, estéril, yermo, fastidioso. *Tierra árida. Aridez.*

ARRANCAR(SE) — Desarraigar, sacar de raíz, erradicar, extraer, extirpar, arrebatar, quitar con violencia, partir o salir a alguna parte, originarse, traer origen, provenir. *Arrancar de raíz, con furia. Arrancarse de cuajo. Arranque.*

ARREGLAR(SE) — Ordenar, conformar, componer, regular, reducir o sujetar a regla, ajustar, modificar, aviar, compaginar, reorganizar, reformar, desenredar, adecuar, ajustar. *Arreglado a las leyes. Arreglarse con el contrario. Arreglar la habitación. Arreglo.*

ARRENDAMIENTO — Alquiler, arriendo, renta, inquilinato, colonato, canon, flete, corretaje. *Dar en arrendamiento. Arrendamiento vencido. Arriendo, arrendador, arrendatario.*

ARROJAR(SE) — Lanzar, tirar, echar, impeler con violencia, precipitar, despeñar, expulsar, botar, emitir, irradiar, disparar, vomitar, despedir, verter, devolver, provocar, salpicar, desembarazar. *Arrojado de carácter. Arrojar a la basura. Arrojarse al mar, en la piscina. Arrojo.*

ARRUINAR — Destruir, desbaratar, asolar, desmantelar, demoler, arrasar, derribar, aniquilar, gastar, consumir. *Arruinar una empresa.*

ARRUINARSE — Empobrecerse, deshacerse, venirse abajo, destruirse. *Arruinarse en el juego.*

ARTE — Habilidad, disposición, virtud, industria, normas, preceptos, disciplina, facultad, destreza, maestría, maña, traza. *Arte de vivir. Artístico. Artista.*

ARTICULAR(SE) — Unir, enlazar, juntar, modular, pronunciar con claridad, acoplar. *Punto de articulación. Articular(se) el discurso.*

ASESOR — Consejero, consultor, mentor, letrado. *Asesor en la empresa. Asesorarse con, de letrados. Asesoría.*

ASÍ — De esta suerte, de esta forma, de esta manera, de este modo, también, de suerte que, al punto que, en consecuencia, precisamente, igualmente.

ASIENTO — Silla, localidad, butaca, escaño, cordura, sensatez, juicio, estabilidad, contrato, anotación, sede, residencia, domicilio. *Asiento con respaldo. Asentar, asentamiento.*

ASISTENCIA — Concurrencia, presentación, ayuda, auxilio, socorro, cooperación, empleo, cargo, cuidado, apoyo, contribución, servicio. *Asistencia a clase, por las mañanas. Asistir de oyente, a los necesitados.*

ASOCIACIÓN — Institución, sociedad, compañía, corporación, entidad, colectividad, consorcio, coalición, alianza, liga, reunión, confederación, grupo. *Asociación de comerciantes. Entrar en asociación.*

ASOCIAR(SE) — Unir, juntar, incorporar, afiliar, agremiar, dar o tomar a alguien de compañero, sindicar, mancomunar, relacionar, interesar. *Asociar una cosa con, a otra. Asociarse con, a alguien.*

ASPIRANTE — Solicitante, candidato, pretendiente, postulante. *Aspirante al puesto. Aspirar, aspiración.*

ASUMIR — Tomar, emprender, avocar. *Asumir una obligación, un cargo.*

ASUNTO — Tema, objeto, materia, negocio, trama, base de discusión. *Asunto para el discurso. Ocupado en sus asuntos.*

ATENDER(SE) — Prestar atención, estar a la mira, estar en todo, escuchar, cuidar, vigilar, mirar por alguien, acoger con interés, satisfacer un deseo, tener en cuenta, aplicar el entendimiento, reparar, aguardar, esperar. *Atender a la conversación. Atenderse a los huéspedes. Atención.*

ATRAER(SE) Ganar la voluntad, agradar, interesar, arrebatar, traer hacia sí, absorber, llevar los ojos, hechizar, seducir, captar, inclinar, tirar, llamar, causar, provocar. *Atraer con promesas, a su bando. Atracción de la mujer. Atractivo en su persona. Atraerse al cliente.*

ATRASO — Demora, dilación, retardación, atrasamiento, incultura, ignorancia, alcance, tardanza. *Atraso de cinco minutos. Atrasado en los estudios. Pagar los atrasos (deudas, rentas, etc. vencidas). Atrasar.*

AUDITORIO — Público, espectadores, concurrencia, asistentes, concurso de oyentes o escuchas, *auditorium. Encantar al auditorio.*

AUMENTAR(SE) — Acrecer, acrecentar, añadir, extender, agrandar, desarrollar, ampliar, ensanchar, amplificar, engrosar, sumar, multiplicar, adicionar, alzar, alargar, nutrir. *Aumentar en gracia, de peso. Aumentar a mil pesos el sueldo. Aumentarse el sueldo. Aumento.*

AUSENCIA — Falta, carencia, vacío, privación, alejamiento, huida. *Ausencia del trabajo. Ausentarse del país. Ausente, absentismo.*

AUTARQUÍA — Independencia económica, gobierno independiente, poder para gobernarse a sí mismo, autosuficiencia. *Autarquía de las naciones. Autárquico.*

AUTÉNTICO — Cierto, indudable, real, genuino, legítimo, fidedigno, autorizado, evidente, acreditado, positivo, inconcuso, incuestionable, indubitable, efectivo, legalizado. *Documento auténtico. Autenticidad. Autenticar.*

AUTÓMATA — Quien obra sin reflexión, maquinalmente, inconsciente, irreflexivo, instintivo, monigote, pelele, maniquí, juguete, *robot. Autómata en sus movimientos, actuación. Actúa como un autómata. Dispositivo automático. Obrar de modo automático o mecánico. Automatizar.*

AUTOMÓVIL — Auto, coche, máquina, vehículo, diligencia, carro. *Automóvil de alquiler. Servicio para los automovilistas, automovilístico. Diccionario de automovilismo.*

AUTORIDAD — Facultad, potestad, mando, jefatura, poderío, soberanía, arbitrio, jurisdicción, capacidad, atribución, competencia, señorío, poderes, prerrogativa, prepotencia, ascendiente. *Autoridad en la materia. Autoridad del presidente. Autoritario, autoritarismo.*

AUTORIZAR(SE) — Otorgar, facultar permitir, delegar, comisionar, apoderar, acreditar, encomendar, encargar, legalizar, aprobar, consentir, acceder. *Autorizar con su firma, para algún acto, a alguien. Autorizarse algo.*

AVERÍA — Desperfecto, percance, daño, deterioro, accidente, perjuicio, estropeo, rotura, detrimento. *Avería en el motor, de consideración. Averiar(se).*

AVERIGUAR(SE) — Buscar o inquirir la verdad, descubrir, indagar, investigar, sondear, desentrañar, advertir, explorar. *Averiguar con alguien. Averiguarse la verdad. Averiguación.*

AVEZAR(SE) — Habituar, acostumbrar, aclimatar, foguear, experimentar, curtir, familiarizar. *Avezar al estudio. Avezado en el dibujo. Avezarse a escribir.*

AVÍOS — Bártulos, efectos, féferes, utensilios, trastos, recado, trebejos. *Avíos de pesca. Estar bien aviado (recto o figurado).*

AVISAR(SE) — Advertir informar, prevenir, notificar, instruir, enterar, participar, anunciar, comunicar, amonestar, requerir, aconsejar, asesorar, apercibir, dictaminar, citar, convocar, reclamar, indicar. *Avisar a alguien, con tal fecha, por una falta, de un error, hombre avisado. Estar sobre aviso. Avisarse por los altavoces. Aviso.*

AYUDAR(SE) — Secundar, apoyar, subvenir, cooperar, auxiliar, socorrer, beneficiar, asistir, favorecer, contribuir, amparar, acompañar, defender, proteger, donar. *Ayudar a alguien, en un apuro, a trabajar. Ayuda de cámara. Profesor ayudante de cátedra. Ayudarse a caminar. Ayuda, ayudante.*

AZUL — Añil, cerúleo, garzo, zarco, índico, índigo, cobalto, prusia, marino, turquí, azur, zafiro, celeste, turquesa. *Cielo azul. Azulejo.*

B

BAGATELA — Fruslería, futilidad, inanidad, frivolidad, trivialidad, nonada, tontería, baratija, menudencia, minucia, bicoca. *Vender en una bagatela.*

BARATO — Reducido, regalado, módico, de bajo precio, asequible. *Traje barato. Baratillo, baratura.*

BASTANTE — Suficiente, ni mucho ni poco, sin sobra ni falta.

BASTAR(SE) — Alcanzar, ser suficiente. *Bastar con esto, con venir, para prueba. Bastarse a sí mismo.*

BIEN — Beneficio, utilidad, ganancia, favor, gracia, fruto, provecho, sí. *Para el bien de todos.*

BIENES — Capital, caudal, hacienda, tesoro, fondos, patrimonio, artículos, peculio, recursos, intereses, haber, fortuna, medios. *Bienes de fortuna, de consumo.*

BLANCO — Albo, nevado, argentino, cano, pálido, níveo, espacio, objetivo, lunar de pelo. *Blanco de huevo, de las críticas. Tirar al, dar en el blanco. Blancura, blancor, blanquear, blancuzco.*

BLANDO — Suave, leve, tierno, mullido, fofo, muelle, maleable, templado, afable. *Blando al tacto, de carácter. Blandura.*

BOCETO — Apunte, esbozo, diseño, croquis, proyecto, maqueta, borrador, bosquejo, tanteo, ensayo, esquema. *Boceto para la estatua.*

BONDADOSO — Bueno, benévolo, benigno, amable, bonachón, servicial, clemente, misericordioso, caritativo, generoso, compasivo, magnánimo, humano, virtuoso, humanitario, sensible, manso. *Bondadoso con los pobres de condición. Bondad.*

BONITO — Hermoso, lindo, fino, precioso, primoroso, proporcionado, perfecto, agraciado, mono, bien parecido, guapo. *Bonito de aspecto.*

BORDE — Canto, orilla, margen, filo, arista, borda, marco, perfil, filete, límite, labio, orla, ribete. *Tomar por el borde. Al borde del abismo.*

BREVE — Sucinto, conciso, corto, pasajero, momentáneo, instantáneo, transitorio, temporal, fugaz, lacónico, limitado. *Breve de contar en la exposición. Viene en breve. Brevedad, brevemente, brevidrio.*

BRILLANTE — Flamante, luminoso, radiante, resplandeciente, fulgurante, reluciente, rutilante, luciente, fúlgido, centelleante, charolado. *Brillante en su discurso, de palabra. Brillar, brillo, brillantez.*

BRINDAR(SE) — Convidar, invitar, escanciar, chocar, beber, ofrecer. *Brindar a la salud de alguien, por alguien. Brindarse para ayudar.*

BROMA — Chacota, chanza, burla, jarana, chiste, guasa. *Broma de mal gusto. Bromista.*

BUENO — Bondadoso, benévolo, indulgente, virtuoso, útil, provechoso, a propósito para algo sabroso, sano. *Bueno para comer, de condición. Estar de buenas. De buenas a primeras. Por las buenas.*

BUSCAR(SE) — Hacer diligencia, registrar, explorar, rastraer, catar, escudriñar, auscultar, pretender, inquirir, indagar, mirar. *Buscar por donde salir. Buscarle las cosquillas a alguien, la lengua, el flanco al enemigo. Buscarse la comida. Búsqueda, busca, buscavidas, buscador.*

C

CABAL — Preciso, verdadero, cierto, perfecto, completo, ajustado, justo, exacto, acabado, íntegro, cumplido, intachable, correcto, textual, recto, impecable, proporcionado, puntual, estricto, entero. *No estar en sus cabales. Hombre a carta cabal. Hacer un estudio cabal. A cabalidad.*

CABECERA — Asiento principal, principio, sitio principal, sitio de honor, capital, cabeza de familia, presidencia, origen, extremo. *Cabecera de una provincia, de un río. Cabeza, cabezal, cabezazo.*

CABER — Tener capacidad, tener lugar, tocarle a uno algo, contener, alcanzar, entrar, coger, hacer, ser posible, admitir. *Cabe en la mano. Te cabe el derecho. Caber de lado. Cabida.*

CAER(SE) — Perder el equilibrio, venir algo desde arriba hacia abajo, descender, bajar, declinar, desplomarse, resbalar, abatirse, desprenderse, tumbar, derrocar, despeñar, precipitar, sucumbir, sentar, tocar, incurrir, destruir, venir sobre. *Cae a, hacia, con otro, de lo alto, por pascua, sobre los enemigos, en desgracia, de cabeza, en la cuenta, a tiempo. Caerse a pedazos, de sueño, de viejo, en el parque. Caída, caído.*

CALCAR — Copiar, reproducir, sacar una copia, imitar, remedar, plagiar. *Calcar el mapa. Calco pobre.*

CALCULAR — Computar, echar cuentas, hacer cálculos, conjeturar, reflexionar, suponer, creer, deducir, meditar. *Calcular al centavo.*

CALIDAD — Modo de ser, índole, condición, cualidad, naturaleza, categoría, forma, importancia, circunstancias personales, nobleza. *Asunto de calidad. En calidad de perito. Calidad a toda prueba. Cualitativo.*

CALIFICAR(SE) — Adjetivar, apreciar, clasificar, determinar, conceptuar, aprobar, acreditar, graduar, particularizar considerar, *Calificar de sabio. Calificado ante el tribunal. Calificarse el examen.*

CAMBIAR(SE) — Variar, dar o tomar una cosa por otra, trocar, mudar, modificar, alterar, tronar, deformar, tergiversar, innovar, transformar, reemplazar, enmendar, renovar, convertir, trastrocar. *Cambiar con, por otra, de traje. Cambiar dólares en pesos, al cambio de hoy. Cambiarse en un periquete. Cambiante, cambio, cambiador, cambalache, cambista.*

CAMINO — Carretera, vía, senda, viaje, ruta, itinerario, sendero, pista, trayecto, trocha, carril, recorrido, paso, derrota, atajo, vericueto, pista, acceso, jornada, procedimiento, arbitrio, manera. *Ir de camino a San Juan, estar en camino. Caminar, caminata, caminero, caminante.*

CANTIDAD — Cuantía, medida, cupo, porción, suficiencia, cuota, número, toma, proporción, abundancia, dosis, tanto, millonada, muy, mucho, más, cuanto, sumamente, caudal, tan, harto, bastante. *Cantidad de personas. Cuantitativamente.*

CAOS — Desorden, enredo, embrollo, barahúnda, confusión, desconcierto. *Caos del escritorio. País en caos. Caótico.*

CAPAZ — Hábil, idóneo, competente, calificado, digno de, práctico, elegible, avezado, conocedor, diestro, habilitado, apto, perito, competente, inteligente, dispuesto, conveniente. *Capaz de, para este empleo. Capacidad.*

CAPITAL — Cabeza de la nación, sede del gobierno; principal, esencial, hacienda, dinero, suma, fondos, tesoro. *La capital de Venezuela. El capital de la empresa. Lo capital de nuestro estudio. Capitalismo.*

CARACTERÍSTICA — Rasgo, índole, nota, atributo, cualidad, condición. *Característica esencial.*

CARACTERIZAR(SE) — Distinguir, determinar, señalar, personalizar. *Caracterizar a alguien de docto. Caracterizarse por su honradez.*

CARESTÍA — Escasez, carencia, falta, pobreza, penuria, privación, merma. *Carestía de la vida.*

CARGO — Dignidad, empleo, puesto, destino, plaza, mando, dirección, deber, gobierno, obligación, imputación, falta, acusación, custodia. *Asu-*

mir el cargo de presidente. Hacerse cargo de algo. Dejar alguien a cargo.

CARO — Costoso, subido de precio, dificultoso, gravoso, querido, dilecto, estimado, adorado, amado. *Caro a sus ambiciones. Artículo caro.*

CARRERA — Profesión, estado, curso, corrida, pugna de velocidad, persecución, regata, deporte, calle antes camino, concurso hípico, sitio para correr. *Carrera de abogado. Carrera de caballos. Venir a la carrera.*

CARTA — Mensaje por correo, epístola, misiva, correspondencia, despacho, certificado, provisión, circular, pastoral, invitación, billete, esquela, besalamano, mapa, tarjeta, naipe, baraja. *Carta de fletamento. Carteo, cartearse, cartero, cartapacio.*

CARTEL — Rótulo, inscripción, cartelón, anuncio, letrero, pasquín; combinación o agrupación de productores para regular precio y producción de un artículo. *Cartel de protesta. Cartel petrolero. Cartelón.*

CARTERA — Bolso, bolsa, billetero, estuche, monedero, cartapacio, portapapeles, cubierta, empleo de ministro, ejercicio de dicho cargo. *Cartera de documentos. Ministro sin cartera. Carterista.*

CASA — Residencia, domicilio, piso, apartamento, morada, mansión, vivienda, palacio, cubil, choza, bohío, cabaña, rancho, villa, chalet, alquería, guarida, habitación, barraca, quinta, hogar, familia, solar, linaje, raza. *Casa de vecindad, de socorro, de la moneda, echar la casa por la ventana. Casucha. Caserón. Casita.*

CASI — Apenas, cerca de, poco más o menos, de aproximadamente, al pie de, por poco, con poca diferencia.

CASO — Hecho, paso, lance, episodio, suceso, acontecimiento, evento, anécdota, oportunidad, coyuntura, trance, jornada, circunstancia, eventualidad, proporción. *En todo caso. Caso de consideración. Dado el caso. Venir al caso. Poner por caso, vamos al caso. Hacer caso (omiso). En el mejor de los casos.*

CASUAL — Inopinado, fortuito, aleatorio, incidental, contingente, imprevisto, ocasional, accidental, circunstancial, de chiripa, coincidencia. *Encuentro casual, por casualidad. Casualmente.*

CATÁSTROFE — Cataclismo, desastre, siniestro, bancarrota, desenlace funesto, final infausto. *Catástrofe de Canarias. Catastrófico.*

CATEGORÍA — Clase, clasificación, parámetro, grado, esfera, condición social, estado. *Categoría gramatical.*

CATEGÓRICO — Concluyente, decisivo, inapelable, terminante, definitivo, absoluto, perentorio, imperioso. *Categórica en sus pronunciamientos.*

CAUSA — Motivo, móvil, por qué, pretexto, título, razón, moción, agente, autor, factor, doctrina, partido, interés, empresa, fundamento, germen, origen, génesis, principal, cimiento, base, litigio, proceso criminal. *Tener causa pendiente. A causa de la lluvia. Causar. Causante. Causalidad.*

CENSURAR(SE) — Tildar, reprender, desaprobar, criticar, notar, tachar, reconvenir, reprochar, condenar, reprobar. *Censurar a, en alguien. Censurarse todo. Censura.*

CERCA — Empalizada, cercado, estacada, alambrado, vallado; próximo, al alcance, al pie, junto. *Cerca de alambre. Cerca de aquí.*

CERRAR(SE) — Echar el pestillo, la llave o el cerrojo, pasar la tranca, sellar, incomunicar, dar por terminado algo, abotonar, abrochar, arremeter, acometer, embestir, tapar, cegar, curar, cicatrizar, clausurar. Cerrar la cuenta. Cerrar en falso una herida. *Cerrar con cemento un agujero. Cerrar con, contra el enemigo. Cerrado de mente. Cerrarse a las esis. Cerrado, cerrador, cerradura, cerrazón.*

CESIÓN — Traspaso, transferencia, transmisión, enajenación, endoso, donación, entrega. *Cesión de los derechos. Cesionista.*

CIERTO — Verdadero, evidente, patente, manifiesto, incuestionable, irrefutable, indudable. *De cierto, por cierto. Conocimiento cierto.*

CIRCULAR — Ir y venir, moverse en derredor, andar, transitar, propagarse una cosa, deambular, partir órdenes de un centro, pasar por las manos de muchos, perteneciente al círculo, aviso, carta, notificación. *Circular por las calles. Emblema circular. Circular para los clientes. Circulación, circuito, circulante, círculo.*

CITA — Lugar y hora para verse, señalamiento de día, hora y lugar, llamamiento, convocatoria, encuentro, reunión, entrevista, testimonio, ilustración, prueba, ejemplo, alegación, mención a autoridad, verificación. *Cita con un cliente. Citar a las fuentes. Citar a las partes. Tener una citación. Citado, citarse.*

CLARAMENTE — Manifiestamente, palmariamente, visiblemente, abiertamente, notoriamente, con claridad, en puridad. *Claramente se desprende. Claro como el agua. Es claro. Claro es que. Claro está. Clarear(se), clarificación, claridad, clarificar(se).*

CLICHÉ — Lugar común, expresión formularia, cliché de imprenta, imagen fotográfica. *Hablar con clichés. Traer el cliché.*

COBRO — Percepción de cantidad adeudada, recaudación, exacción, cobranza, colectación. *Cobro de la deuda. Cobrar en dinero contante y sonante. Cobrar(se), cobrador, cobranza.*

COGER(SE) — Agarrar, tomar, asir, aprehender, atrapar, apresar, captar, pescar, pillar, sujetar, empuñar, abrazar, estrechar, ocupar, hallar, sorprender. *Coger por la cintura. Coger con las manos en la masa. Coger de la mano, de buenas. Cogerle a uno la noche. Coger una estación, demasiado sitio. Cogerse el dedo con la puerta. Cogida, cogedura.*

COLOCACIÓN — Empleo, puesto, situación, destino, orden, orientación, cargo, acomodo, actitud. *Agencia de colocaciones. Estar colocado en, de.*

COLOCAR(SE) — Poner, situar, instalar, aplicar, adaptar, echar, estacionar, consignar, plantar, depositar, emplear, destinar, ocupar, encasillar, asentar, sujetar, afianzar. *Colocar en, por orden, entre dos cosas. Colocar a alguien de secretario. Colocarse en una empresa.*

COMENTAR(SE) — Declarar el contenido de un escrito, explanar, glosar, marginar, apostillar, poner en claro, dar a entender, descifrar, interpretar, aclarar, esclarecer. *Comentar sobre la situación. Sobrar comentarios. Comentarse el caso. Comentador, comentarista.*

COMENZAR(SE) — Empezar, iniciar, principiar, abrir, emprender, encabezar, inaugurar. *Comenzar por sentarse, a hablar. Comenzarse la zafra. Comienzo.*

COMERCIANTE — Tratante, mercader, negociante, importador, exportador, mayorista, minorista, detallista, comisionista, viajante, corresponsal, negociador, proveedor. *Comerciante de, en vinos, al detalle, al detal.*

COMERCIAR — Negociar, traficar, comprar, vender, especular, permutar, contratar, exportar, importar, tratar. *Comerciar al por mayor, en granos. Comercio, comercial.*

COMO — De qué modo o manera, en virtud de que, según, de igual modo o manera que, así, tal, tanto, así que, a manera, de modo que, de modo o manera semejante.

COMPARAR(SE) — Cotejar, parangonar, paragonar, relacionar, confrontar, pintiparar, carear, equiparar, parear. *Comparar un objeto a, con otro. Compararse a alguien. Comparación.*

COMPARECER — Presentarse, llegar, acudir, venir, mostrarse, dar la cara. *Comparecer ante el tribunal.*

COMPENSACIÓN — Resarcimiento, indemnización, restitución, reparación, recompensa, remuneración. *Compensar una cosa con otra, por los trabajos sufridos, en la venta, con servicios. Compensarse de las pérdidas. Compensación adecuada.*

COMPETIR — Contender, emular, rivalizar, desafiar, entrar en competencia o en lucha. *Competir con alguien, en resistencia, por derribarle. Competencia, competición.*

COMPLACENCIA — Alegría, placer, delicia, felicidad, satisfacción, contentamiento, agrado, delectación, deleitamiento, gozo, gusto. *Complacencia con los éxitos. Complacer a los clientes. Complacerse en servir. Complacerse en la lectura, de los triunfos.*

COMPLEJO — Complicado, compuesto, múltiple, difícil, intrincado, espinoso, enredado, fenómenos mentales en el inconsciente que influyen en la conducta de modo determinante, exagerado temor o sensibilidad respecto a algo, conjunto de edificaciones, conjunto de establecimientos fabriles que funcionan bajo una misma dirección. *Problema complejo de Edipo. Complejo industrial. Complejo de apartamentos. Complejidad.*

COMPLETO — Acabado, íntegro, entero, perfecto, cabal, pleno, consumado, cumplido, bien hecho, total. *Hombre, trabajo completo. Tiempo completo. Completar(se).*

COMPONER(SE) — Integrar, formar, hacer, formar de varias cosas una, fabricar, elaborar, inventar, plasmar, realizar, ejecutar, confeccionar, crear, constituir, combinar, engendrar, montar, organizar, armar, ajustar, acoplar, acomodar, remendar, adornar, acicalar, ataviar, aderezar, asear. *Componer con, sin, materiales apropiados. Componerse con los acreedores. Componerse de esto y de lo otro. Componérselas solo. Compuesto para salir. Composición.*

COMPRENDER(SE) — Abarcar, ceñir, contener, incluir en sí, abrazar, rodear, por todas partes, conocer, entender, penetrar, percibir, concebir, aprender, alcanzar, descifrar, discernir, calar, intuir, entrever, averiguar, dar en el quid, resolver, acertar. *Comprender a toda la empleomanía, en poco tiempo, las intenciones. Comprensible al entendimiento, para todos. Comprenderse los hablantes. Comprensión.*

COMPROBAR(SE) — Cotejar, verificar, probar, acrisolar, evidenciar, documentar, cerciorarse, confirmar, demostrar, justificar. *Comprobar* con *fechas, por, de seguro. Caso comprobado. Fácil de comprobar. Comprobarse el error. Comprobación.*

COMPROMISO — Delegación, arbitrio, mediación, deber, obligación, empeño, ofrecimiento, pacto, convenio, conflicto, dificultad, embarazo, ahogo, apuro, aprieto. *Poner en un compromiso. Asunto comprometido. Estar comprometido a, para hacer algo, con alguien. Respetar el compromiso adquirido. Comprometerse a firmar, en alguna empresa.*

COMUNICAR(SE) — Hacer común algo, compartir pensamientos, descubrir, transmitir, propagar, divulgar, informar, anunciar, advertir, avisar, hacer saber, pegar, contaminar, contagiar, revelar, dar parte, conversar, platicar, consultar, charlar. *Comunicar con esta fecha, por teléfono. Comunicar una enfermedad. Comunicarse con los clientes. Comunicarse dos ciudades, con ultratumba, entre sí. Comunicación, comunicado.*

COMÚNMENTE — Usualmente, ordinariamente, de uso o costumbre común, vulgarmente, generalmente, por lo común, frecuentemente, habitualmente.

CONCEPTO — Noción, pensamiento, idea, sentencia, dicho ingenioso, agudeza, opinión, crédito, juicio. *Tener buen concepto de alguien. Conceptuado de inteligente. El concepto actual sobre la comunicación. Conceptuar.*

CONCERNIENTE — Relativo, pertinente, perteneciente, atinente, atañadero, tocante, relacionado, respectivo, conexo. *Concerniente al trabajo. Concernir.*

CONCIERTO — Disposición, ajuste, buen orden, convenio, pacto, trato, concordia, armonía, inteligencia, composición de música, función musical. *Concierto entre las partes, de la sinfónica. Concertar una cosa con otra, en, por tal precio, en género y número. Concertación.*

CONCISO — Breve, concreto, preciso, corto, lacónico, sucinto, parco, sumario, escueto, exacto, sintético, compendioso, sobrio. *Concisión en, de los mensajes. Conciso sin faltar nada.*

CONCLUSIÓN — Fin, término, terminación, solución, resolución, decisión, acabamiento, cima, corona, coronamiento, remate, colofón, colmo, éxito, perfección, deducción, consecuencia, proposición, aserto. *Conclusiones del informe. Concluir con, en, por las mismas letras, concluir con, en el escrito.*

CONCLUYENTE — Terminante, decisivo, definitivo, indiscutible, irrebatible, perentorio, aplastante. *Concluyente en su demostración.*

CONCORDANCIA — Conformidad, unión, reciprocidad, avenencia, convenio, correlación, inteligencia, armonía, concordia, acuerdo, asenso, paz, consenso, asentimiento. *Concordancia del sujeto con el verbo. Concordar la copia con el original. Elementos concordantes.*

CONCURRIR — Juntarse en un mismo lugar, confluir, convenir, acudir, afluir, asistir, frecuentar, coincidir, reunirse, converger, tomar parte en un concurso, ponerse de acuerdo. *Concurrir con otros en un dictamen. Concurrir a, para este fin. Agradecer a los concurrentes. Concurrencia.*

CONCURSO — Público, gentío, concurrencia, muchedumbre, ayuda, intervención, auxilio, asistencia, oposición, certamen. *Prestar su concurso. Entrar en el concurso. Premiar a los concursantes.*

CONDENSAR(SE) — Reducir a menor extensión, volumen o tamaño, sintetizar, comprimir, concentrar, compendiar. *Condensar en pocas líneas. Condensación.*

CONDESCENDER — Transigir, contemporizar, acceder, consentir, avenirse, acomodarse, pactar, deferir. *Condescender a los ruegos, con la instancia, en marcharse. Condescendiente con los amigos. Condescendencia.*

CONDOLERSE — Sentir lástima, compadecerse, compartir los sentimientos. *Condolerse de, por sus desgracias. Condolencia.*

CONDUCIR — Guiar, manejar un vehículo, llevar, transportar, trasladar, transbordar, pasar, escoltar, convoyar, traspasar, ir por, traer, enviar, encauzar, encarrilar, educar, regir, virar, gobernar, administrar, dirigir, orientar, encaminar. *Conducir al triunfo, por el aire, de un sitio a otro, mercancías en tren. No conduce a nada. Conductor de trenes. Conducción, conducente, conducto.*

CONDUCIRSE — Portarse, comportarse, proceder, actuar, manejarse, transformarse, gobernarse, amoldarse. *Conducirse bien. Conducta irreprochable. Certificado de buena conducta.*

CONFERENCIA — Discurso, junta, sesión, razonamiento, consulta, entrevista, discusión, comentarios, interlocución, charla, plática, lección, coloquio, conversación, explicación, diálogo, perorata, reunión. *Conferencia para tratar el problema, de tres. Conferenciar en el despacho con los colegas. Dar una conferencia. Ser conferencista, conferenciante. Conferencista.*

CONFERIR(SE) — Asignar, adjudicar, hacer merced, otorgar, conceder, agraciar. *Conferir el grado académico. Conferirse en junio.*

CONFIAR(SE) — Poner al cuidado, descansar, contar con, librar, entregarse en manos de, esperar, fiar. *Confiar el asunto a alguien, en el resultado. Confidente, confiable, confidencia.*

CONFIRMAR(SE) — Ratificar, certificar, reafirmar, corroborar, revalidar, sancionar, apoyar, fortalecer, asegurar, cerciorar, abonar, acreditar, comprobar. *Confirmar a alguien de, por entendido, en sus creencias, en lo expuesto. Vuelo confirmado. Confirmación.*

CONFLICTO — Oposición, choque, combate, angustia, apuro, aprieto, antagonismo, crisis, dificultad, trance. *Conflicto de intereses, entre naciones. Persona conflictiva.*

CONFORME — Proporcionado, igual, correspondiente, concordante, acorde, conveniente, pertinente, conducente, propio, congruente, adecuado, apropiado. *Conforme a, con lo dicho. Conformarse al, con el tiempo. De conformidad, en conformidad con la voluntad del testador. Conformismo. Según y conforme.*

CONGELAR(SE) — Helar, transformar líquido en sólido o endurecer por el frío, inmovilizar cuentas, precios o sueldos. *Congelar alimentos, salarios. Congelarse el agua. Congelación.*

CONGRESO — Reunión, asociación, agrupación, mitin, concilio, parlamento, sociedad, cónclave, asamblea, convención. *Congreso de economistas. Resultar electo al congreso. Congresista.*

CONJETURA — Suposición, hipótesis, presunción, sospecha, indicio, predicción, vislumbre, asomo, cálculo. *Conjetura, conjeturar por los indicios.*

CONJUNTO — Grupo, reunión, conglomerado, montón, partida, banda, rebaño, juego de ropa, unido, mezclado, aliado, vinculado, ligado, junto, contiguo, incorporado. *Conjunto de personas, en conjunto. Conjunto veraniego de señora.*

CONMOVER — Alterar, perturbar, agitar, emocionar, enternecer, afectar, impresionar, excitar, inquietar, apasionar, mover. *Conmover con palabras. Conmovido por la desgracia. Conmovedor, conmoción.*

CONSCIENTE — Quien posee conocimiento cabal de sus actos, reflexivo, previsor, serio, escrupuloso, sabedor. *Consciente de su vocación. Conciencia.*

CONSERVAR(SE) — Mantener, guardar, cuidar, almacenar, guarecer, archivar, depositar, retener, quedarse con, preservar, embalar, envasar, ahorrar. *Conservar en buen estado, la belleza. Conservarse con, en salud. Alimentos en conserva. Conservación de recursos naturales. Conservador. Conservatorio.*

CONSIDERAR — Reflexionar, meditar, cavilar, discurrir, deliberar, premeditar, reparar, mirar, examinar, ponderar, observar, estimar, reputar, imaginar, conceptuar. *Considerar una cuestión por, desde, bajo, en todos los aspectos. Considerar sobre los demás. Tomar en consideración. Aspirante considerado. Cliente considerado. Trabajo considerable.*

CONSIGNA — Orden dada a seguidores, *slogan*, local para guardar artículos de viajeros, lema. *Consigna de lucha. Bultos en la consigna.*

CONSIGNAR — Asentar, depositar, dejar constancia por escrito. *Consignar por, en acto. Consignación ante juez competente.*

CONSIGUIENTE — Resultante, lógico, deducido, consecuente, efecto de otra cosa, inferido, supeditado. *Por consiguiente. El resultado consiguiente.*

CONSISTENCIA — Solidez, firmeza, resistencia, duración, estabilidad, densidad, coherencia, trabazón. *Consistencia del hierro, en sus actos.*

CONSISTIR — Estribar, residir, descansar, reposar, gravitar, apoyarse, fundarse, asentarse. *Consistir en comunicarse.*

CONSTANTE — Persistente, tesonero, tenaz, inmutable, firme, férreo, continuo, asiduo, invariable, igual, consecuente, inmóvil. *Constante en su estudio, para sus obras. Constancia.*

CONSTAR — Incluir, componerse, contener en sí, constituirse, formarse, testimoniar, saber seguro. *Constar de tres actos. Constar en acta. Constarle a uno el pago.*

CONSTITUIR(SE) — Integrar, organizar, formar, componer, plasmar, establecer, crear. *Constituir un todo, una sociedad anónima, un insulto. Constituirse en nación, en el lugar de los hechos. Organismo constituido por. Constitución.*

CONSTREÑIR(SE) — Compeler, imponer, obligar, coartar, forzar, exigir, hacer que, apremiar, impeler, violentar. *Constreñir a los contribuyentes. Constricciones de la economía. Constreñirse en su actuación.*

CONSTRUIR — Fabricar, edificar, erigir, levantar, alzar, elevar, obrar, hacer, fundar. *Construir con ladrillos, en la ciudad, sobre roca. Construcción.*

CONSUMIR(SE) — Usar, emplear, utilizar, gastar, desperdiciar, malgastar, destruir, extinguir, disipar, acabar, comerse, comulgar, disminuir. *Consumir cinco toneladas por día, en una hora. Consumir a fuego lento. Consumirse por la enfermedad. Productos consumidos. Consumido de pena. Sociedad de consumo. Consumidor, consumición.*

CONTAR — Computar, calcular, numerar, narrar, relatar, referir, incluir, confiar. *Contar los estudiantes en clase, con los dedos. Contar la historia a alguien. Contar con los amigos. Contar de diez en diez. Contar entre los clientes a alguien. Contado, contador, contable, contaduría.*

CONTENER(SE) — Encerrar, incluir, llevar dentro, abarcar, comprender, englobar, circunscribir, caber, abrazar, entrañar, implicar, refrenar, reprimir, sujetar, detener, coercer, cohibir, coartar, poseer. *Contener cinco onzas. La declaración contiene. De ello se contiene. Contener la hemorragia. Contener la furia. Contenerse en sus dedos, dentro de los límites. Contenido, continente, contención.*

CONTENTO — Satisfecho, jubiloso, gozoso, complacido, regocijado, alegre, feliz, radiante, alegría, esparcimiento, agrado, exultación, fiesta, placer, agrado. *Estar contento con su suerte. El contento de todos. Contentarse con su respuesta, de su parecer. El contento por hablarles.*

CONTESTACIÓN — Respuesta, réplica, recado, debate, disputa, discusión, controversia, querella. *En contestación a su carta. La contestación de la parte declarante. Contestar en pocas palabras, a las preguntas, con otras preguntas. Contestar la pelota en el juego. Contestarse pronto.*

CONTRA — Frente a, enfrente, hacia, en oposición a, junta a, a pesar de, no obstante, a despecho de, oposición, concepto opuesto, contrariedad, dificultad, obstáculo, inconveniente. *Contra la pared. Contra todo. Los pros y los contras. Estar en contra de la moción.*

CONTRABANDO — Introducción de mercancías sin pagar derechos, comercio ilegal, burla a los aranceles, mercancías así vendidas, artículos entrados sin pasar por la aduana. *Géneros de contrabando. Entrar de contrabando. Contrabandear, contrabandista.*

CONTRAER(SE) — Disminuir, encoger, estrechar, limitar, restringir, achicar, condensar, reducir, acortar, adquirir. *Contraer el escrito a un punto. Contraer matrimonio, amistad, una obligación con alguien. Contraer una enfermedad. Contraerse en cinco pulgadas, a lo existente.*

CONTRARIO — Adverso, opuesto, enemigo, contradictorio, rival, incompatible, antagónico, hostil, desfavorable, nocivo, antípoda, contrapuesto, refractario, embarazo, impedimento, contradicción. *Contrario a, de muchos, en ideas. Viento contrario. Lo contrario, al contrario del anterior. Contrariar a uno la vocación. En contrario, en contrariedad a lo dicho.*

CONTROLAR — Verificar, contejar, confrontar cuentas y documentos, administrar, dirigir, vigilar, fiscalizar, llevar cuenta, revisar, intervenir, regir, influir, decidir, restingir, manejar, contener, reprimir, dominar, guiar, gobernar. *La función directiva de controlar. El control de los documentos. El contralor de una empresa.*

CONVENIO — Acuerdo, ajuste, concierto, negociación, pacto, convención, estipulación, contrato, trato, compromiso, arreglo, avenencia, protocolo. *Convenio de las partes. Convenir al cliente, en ello, con las señales, con los demás. Convenirse en las estipulaciones.*

CONVOCAR — Llamar, citar, congregar, emplazar, reunir. *Convocar a junta. Convocatoria, convocación.*

COPIA — Reproducción, transcripción, imitación, réplica, ampliación, prueba, ejemplar, abundancia, profusión. *Copia de la carta. Comida copiosa. Copiar, copiador, copiadora.*

CORDIAL — Afectuoso, afable, amable, efusivo. *Cordial con sus inferiores, en su trato. Cordialidad para con los estudiantes.*

CORPORACIÓN — Institución, comunidad, organismo, entidad, compañía, asociación, sociedad, gremio (todos de carácter público). *Corporación ejidal.*

CORREGIR(SE) — Reformar, rectificar, enmendar, enderezar, modificar, rehacer, perfeccionar, repasar, pulir, revisar, castigar, subsanar, reprender. *Corregir la tarea, el problema. Corregirse de las faltas. Corrección.*

CORREO — Comunicaciones, posta, correos, estafeta, correspondencia. *Enviar por correo. Leer el correo. Ir, esperar al correo.*

CORRER — Ir de prisa, caminar con velocidad, salir pitando, dispararse, huir, escapar, corretear, desalar, soplar, tener validez, estar a cargo. *Correr en el hipódromo, a caballo, en busca de alguien, por la calle. Correr con los gastos, con la finca. Correr brisa. Corredor, corretaje, corrido, correría.*

CORRERSE — Propagarse, difundirse, divulgarse, excederse en la confianza, abochornarse, avergonzarse, apartarse a un lado, desplazarse algo, extenderse fuera de lugar, deteriorarse los colores. *Correrse de boca en boca. Por entre las matas. Correrse a la derecha. Correrse la media, un punto de la media. Correrse por la falta.*

CORRIENTE — Ordinario, habitual, común, cotidiano, acostumbrado, normal, acción de las cosas, curso, marcha, movimiento. *Artículo corriente. Estar al corriente. Ir contra la corriente.*

CORTAR — Dividir, tajar, sajar, trozar, separar, rebanar, trinchar, aserrar, pelar, rapar, afeitar, cercenar, truncar, mochar, desmochar, amputar, mutilar, interrumpir, detener, atajar. *Cortar la tela, por lo sano, de raíz, la conversación, en seco, el dedo. Corto de palabras, de mente. Corte. Cortedad.*

CORTARSE — Herirse, turbarse, aturdirse, confundirse. *Cortarse la cara, en público.*

CORTÉS — Fino, deferente, atento, tratable, obsequioso, educado. *Cortés con todos. Cortesía.*

COSTAR — Valer, adquirir por cierta cantidad, importar, ascender a, salir a, ser, estimarse en, producir, ocasionar, causar preocupación. *Costar diez pesos, mil cuidados, una fortuna. Reducir costos, el coste.*

CRÉDITO — Situación económica favorable, solvencia, garantía, prestigio, fama, reputación, cuenta. *Abrir un crédito. Tener crédito. Dar a crédito. Comprar a crédito. Creer, credibilidad, credo, creencia, creíble, crédulo.*

CRITICAR(SE) — Apreciar, juzgar, enjuiciar, considerar, censurar, opinar, reprochar. *Criticar la obra, a espaldas del autor. Criticarse algo. Criterio, crítico, crítica.*

CUBRIR(SE) — Tapar, revestir, ocultar, abrigar, pagar. *Cubrir con arena. Cubrir gastos. Cubrirse la cabeza. Cubierto de flores. Cubierta, cobertura.*

CUENTA — Importe, balance, montante, crédito, depósito bancario, cálculo, incumbencia, cargo. *Dar (la) cuenta. Poner a cuenta. Cuenta corriente. Sacar cuenta. Por su cuenta, darse cuenta de lo que se dice. Tener en cuenta algo. Llevar la cuenta. En resumidas cuentas, a fin de cuentas. Borrón y cuenta nueva. Pedir cuentas.*

CUMPLIR(SE) — Efectuar, ejecutar, realizar, terminar, caducar, desempeñar, satisfacer, llevar a cabo. *Cumplir la obligación, con alguien, por quedar bien. Cumplir la condena, años. Cumplirse la fecha, en uno la predicción. Años cumplidos. Cumplidor, cumplimiento.*

CUOTA — Parte o porción proporcional, porcentaje, cupo, asignación, contribución, ración, lote, prorrateo, escote. *Cuota azucarera, cuota de entrada.*

CURRICULUM VITAE — Sumario personal, esbozo biográfico, *résumé*, resumen personal para pretender empleo, datos personales, vita. *Mandar el curriculum vitae. Enviar la vita. Curriculum escolar (plan o programa de estudios). Preparar el curriculum de la facultad.*

CURSO — Carrera, año escolar, dirección, recorrido, continuación, circulación, difusión, serie o conjunto de estudios. *Primer curso. Curso de geografía. Tomar un curso. Darle curso a la petición. Curso por correspondencia. Cursar una materia. Persona cursada en una disciplina.*

CH

CHAPA — Lámina, plancha, hoja, placa, tabla, mancha roja. *Chapa de acero. Chapa del auto.*

CHAPEAR — Segar, aplastar, laminar, blindar, planchar, cortar la hierba, rasar, dejar al raso. *Chapear el potrero. Campo, chapeado. Chapar una caja. Chapistear.*

CHAPUCERO — Chambón, torpe, inhábil, desmañado, tosco. *Hombre chapucero. Hacer chapucerías.*

CHAPURREAR — Chapurrar, pronunciar con dificultad, farfullar, hablar un poco otro idioma. *Chapurrear el francés.*

CHARLATÁN — Hablador, parlanchín, gárrulo, lengüilargo, lenguaraz, embustero, farsante, embaucador, impostor, palabrero, parlero, chacharón. *Charlatán incorregible. Charlatanería.*

CHASCO — Decepción, desengaño, desilusión, burla, sorpresa, desencanto. *Llevarse, tener un chasco con la venta. Chasquear a alguien.*

CHEQUE — Documento de crédito, libranza, instrumento negociable, resguardo, recibo. *Cheque al portador. Creques de viajero, de viaje.*

CHEQUEAR — Cotejar, verificar, examinar, inspeccionar, vigilar, marcar, señalar, confrontar, llevar la cuenta. *Chequear los recibos. Chequeo médico. Tener a alguien chequeado. Hacerse un chequeo.*

CHILLAR — Vociferar, alborotar, escandalizar, gritar, dar colores subidos, hacer ruido o bulla, emitir sonidos agudos. *Chillar en el teatro. Chillidos insoportables. Colores chillones.*

CHISMOSO — Cuentista, maldiciente, murmurador, enredador, intrigante, cizañero, correveidile, cotorrero, comadrero. *El chismoso de la oficina. Andar con chismes. Irse de chismerías.*

CHISPA — Destello, centella, pavesa, partícula, pizca, gracia, agudeza, viveza, penetración, ingenio. *Chispa de la piedra. Despedir chispas. Tener chispa. Chispazo, chispear, chispeante.*

CHISTOSO — Cómico, entretenido, divertido, festivo, zumbón, chancero, chacotero, ocurrente, gracioso, jacarandoso, ingenioso, chispeante, saleroso, agudo, bromista. *Cuento chistoso. Chiste.*

CHOCANTE — Sorprendente, raro, alarmante, extraño, extraordinario, absurdo. *Conducta chocante. Chocante en sus maneras. Chocar a los oyentes, por sus ideas, chocar con el jefe. Chocarle a uno algo.*

CHOQUE — Colisión, tropezón, topetazo, encontronazo, riña, pelea, lucha, disputa, postración, conmoción, depresión. *Choque entre automóviles. Estado de choque (shock). Choque de grandes proporciones. Chocar.*

CHORRO — Surtidor, fuente, vena líquida, ducha, irrigación, surtidero, goteo profuso, emisión potente de líquido o gas. *Chorro de agua. Salirse a chorros. Avión (de propulsión) a chorro (jet). Chorrear el techo. Haber una chorrera.*

CHOZA — Rancho, bajareque, bohío, cabaña, chabola, buchinche, jacal, garita, barraca, casucha, covacha. *Vivir en una choza.*

CHUPAR(SE) — Aspirar, sorber, libar, mamar, absorber, consumir, desmedrar. *Chupar la fruta. Estar chupado. Chuparse por una enfermedad.*

D

DAÑO — Perjuicio, contagio, mal, menoscabo, detrimento, corrupción, desgracia, malogro, percance, contagio, nocividad, estropicio, rotura, veneno, lesión, avería, herida, injuria, agravio. *Daños y perjuicios. Hacer daño a una persona. Dañar en los intereses, en la honra. Motor dañado. Dañoso para la salud. Hacerse daño con la cuchilla. Dañarse con el abuso. Alimento dañino. Dañarse del estómago.*

DAR — Entregar, proporcionar, adjudicar, conceder, conferir, donar, posesionar, prestar, rendir, deparar, impartir, alargar, ofrecer, prodigar, transmitir, propinar, someter, estar situada una cosa, pagar, repartir, surtir, suministrar, proveer. *Dar algo a alguien. Dar clase. Dar a la calle. Dar en arriendo. Dar con alguien, la mano, la razón, de alta, de baja. Dar en ello, por terminado. Dar en matrimonio. Dar pie para algo. Dar de qué hablar. Dar de lado. Dar a entender. Dar qué hacer. Dar (de) bofetadas. Dar en manías. Hablar solo. (No) dar de sí. Darle a uno deseos.*

DARSE — Entregarse, recibir, chocar, obtener. *Darse a algo. Darse a conocer. Dársele a uno poco o mucho algo, dársele a uno algo. Darse de cochetes. Darse un golpe. Darse por vencido. Darse una vuelta, una ducha.*

DEBAJO — Abajo, en lugar inferior, con dependencia, con sumisión. *Debajo de. Por debajo de.*

DEBER — Obligación, cometido, imposición, compromiso, contacto, necesidad, coacción, cargo, deuda, incumbencia, vínculo, cuenta, estar en deuda, obligado a algo, tener obligación, sentirse obligado, adeudar, haber de, tener que incumbir, estar a, salir a, tocar, pertenecer, permanecer. *Deber moral. Deber cierta cantidad. Deber de venir. Deber a alguien. Debido a las circunstancias. Deber de todos. Como es debido. Como se debe. Debidamente hecho. Esto se debe a que.*

DÉBIL — Flojo, de poca fuerza o vigor, endeble, tenue, flaco, blando, frágil, enclenque, lánguido, canijo, delicado, cobarde, imbécil, desmadejado, desmayado, alicaído, exangüe, vacilante, inseguro, asténico, apático, desalentado, agotado, laxo, debilitado, desfallecido, descaecido, aplanado, desmejorado, marchito, extenuado, amortiguado, impotente, exhausto, rendido, sutil, grácil, blandengue, lento, remiso, enervado. *Sonido débil. Débil de carácter. Débil por la enfermedad. Tener una debilidad por algo o por alguien. Debilitar las fuerzas. Debilitarse por el esfuerzo. La debilitación de los metales. Color débil. Débilmente defendido.*

DECADENCIA — Decaimiento, declinación, desmejora, menoscabo, descenso, disminución, ocaso, mengua, menguante, agotamiento, deterioro, vejez, desfallecimiento, desmedro, baja, bajón, venida a menos, empeoramiento. *La decadencia de la empresa. Actitud decadente. Decaer de ánimo, en la salud. Decaer con los años.*

DECIDIDO — Resuelto, determinado, acometedor, emprendedor, osado, atrevido, intrépido, audaz, valiente, de armas tomar, denodado, terminante, irrevocable, definitivo, contundente, escogido. *Hombre decidido. Tema decidido. Hablar en todo decidido, con actitud decidida.*

DECIDIR(SE) — Resolver, establecer, disponer, acordar, concluir, adoptar, determinar, formar juicio definitivo, declarar, fallar, dar por, proveer, pronunciar, despachar, deliberar, decretar. *Decidir la cuestión a favor de alguien. Decidirse por algo, a trabajar, en este problema, sobre la discusión. Adoptar una decisión. Tener decisión en las cosas. Apelar su decisión. Tomar una decisión. Decisión negativa, favorable. Decisorio. Decisivo.*

DECIR(SE) — Expresar, manifestar con palabras, hablar, enunciar, emitir palabras, proferir, prorrumpir, contar, dictar, declamar, proclamar, confesar, enumerar, sugerir, insinuar, dar a entender, asegurar sostener, exclamar, notificar, redactar, escribir, consignar, pronunciar, murmurar. *Decir su parecer, de memoria, una historia, la verdad, en conciencia, bien algo, para sí mismo, poco a poco. Decirle algo a alguien. Por así decirlo. Dimes y diretes. ¡No me digas! El dicho. Decirse pronto. Decidor.*

DECLIVE — Pendiente, cuesta, rampa, desnivel, repecho, ribazo, vertiente bajada, explanada, escarpe, inclinación, grada, caída. *Declive de la colina, Carretera en declive. Terreno sin declive. Declividad. Declinar, declinación, declinable.*

DECORACIÓN — Adorno, ornato, ornamentación, arreglo, disposición, aparato, pompa, escenografía, embellecimiento. *Estudios de decoración. Decoración por la casa tal. Decorador, decorar, decorado.*

DECRETO — Ley, edicto, ordenanza, precepto, resolución, carta, disposición, cédula, regla, estatuto, pragmática, bando, mandato, orden, decisión. *Decreto presidencial. Decretar la ley marcial. Por decreto. Decretal, decretalista.*

DEDICAR(SE) — Consagrar, aplicar, asignar, destinar, ofrecer, poner bajo la advocación, obligarse, ofrendar. *Dedicar tiempo al estudio. De-*

dicarle la canción a alguien. Dedicarse al trabajo. Dedicación, dedicatoria.

DEDUCCIÓN — Inferencia, consecuencia, conclusión, razonamiento, secuela, derivación, consiguiente, rebaja, descuento, resta, sustracción, merma. *La deducción del problema, por los impuestos. Deducir la tara. Deducirse de lo anterior.*

DEFECTO — Falta, carencia, tacha, deficiencia, imperfección, vicio, descuido, falla, lunar, desperfecto, daño, deterioro, deformidad. *Defecto de fábrica, de nacimiento. En defecto de. Por defecto. Defectuoso en el* andar. Defectuosamente, defectivo.

DEFINIR(SE) — Precisar la naturaleza de algo, limitar, dar con claridad el significado, puntualizar, fijar, deslindar. *Definir el concepto. Asunto sin definir. Hora de definirse. Definición, definido, definidor, definitivo.*

DEJARSE(SE) — Confiar algo, quedar algo al salir, entregar, dar, abandonar, soltar, renunciar, dimitir, desistir, olvidar, omitir, rentar, producir, consentir, permitir, legar, interrumpir. *Dejar en manos de alguien. Dejar algo con alguien. Dejar el libro. Dejar el empleo, una fortuna a los herederos, mucho una inversión. Dejar de fumar, con la boca abierta, para mañana. Dejar salir temprano a alguien. Dejarse de boberías, de rodeos. Ser un dejado. Tener un dejo en el hablar. Hacer dejación del cargo. Dejadez, dejamiento.*

DELANTE — Enfrente, lugar anterior en el espacio, emplazamiento anterior, con prioridad, a la vista, en presencia, antes, anteriormente, de antemano, primero, o en la cabeza. *Delante de. Adelantar, adelantarse. ¡Adelante! Delantera. Adelanto. Más adelante, desde ahora en adelante. Por delante. Seguir adelante. Estar por delante. Delantal.*

DELEGAR — Comisionar, apoderar, encomendar, acreditar, confiar, hacer representar, mandar, autorizar. *Delegar sus poderes en alguien. Delegado, delegación del gobierno. Delegado a la asamblea nacional. Delegado por tal lugar. Delegante, delegable.*

DELIBERAR — Discutir, consultar, considerar, premeditar, examinar, reflexionar, cuestionar, debatir. *Deliberar en consejo, en junta, entre directivos, sobre una materia. Asunto en deliberación. Actuar con deliberación.*

DEMÁS — Otras personas o cosas. *Además. Por demás. Lo, los, las demás. Y demás. Demás de esto. Además de.*

DEMASIADO — Excesivo, extremado, inmoderado, exorbitante, sobrado, desaforado, desmesurado, excesivamente, en demasía, en exceso, de sobra. Demasiarse.

DEMOSTRACIÓN — Prueba de una cosa, muestra, comprobación experimental, ilustración, ejemplificación, exhibición, manifestación, ostentación, expresión, presentación. *Demostración del funcionamineto de algo. Demostración de cariño. En demostración, para la demostración. Demostrar(se) sorpresa. Detalle demostrativo de algo.*

DENOTAR — Significar, indicar, apuntar, simbolizar, expresar, decir, querer decir, remitir. *Denotar una cosa. La denotación de las palabras.*

DENTRO — Interiormente. *Adentro. Dentro de. En, entre, por dentro.*

DEPENDENCIA — Subordinación, sujeción, obediencia, sumisión, inferioridad, supeditación, filiación, encargo, comisión, accesorio, sucursal, agencia, filial, delegación, sección, negociado, oficina, despacho, comisaría. *Dependencia del estado. Depender de otro. Dependiente de una tienda.*

DEPÓSITO — Entrega, conservación, garantía, custodia, consignación, fideicomiso, resguardo, almacenaje, recipiente, estanque. *Depósito en un banco. Depósito municipal. Depósito de la basura, de agua. Depositar la confianza en alguien. Dar en depósito. Depositante, depositario de algo. Quedar en calidad de depósito. Depositador, depositaria.*

DEPRECIAR(SE) — Disminuir, desvalorar, rebajar, liquidar, desestimar, abaratar, empequeñecer. *Depreciar la moneda. La depreciación de la mercancía. Artículos depreciados. Depreciarse con el tiempo.*

DERRAMAR(SE) — Verter, volcar, desparramar, rebosar, desbordar, desaguar, esparcir, propalar, extender, divulgar, publicar, distribuir. *Derramar al, por, en el suelo. Derramarse el café. Derramamiento de sangre, de la represa. Estar derramado. Derrame, derramadura.*

DERRETIR(SE) — Disolver, desleír, fundir, disipar, consumir, liquidar, deshacerse, deshelarse, enamorarse, encariñarse. *Derretir la manteca, derretirse el hielo. Derretirse por el calor. Derretirse en atenciones. Estar derretido ante alguien.*

DERROCHAR — Despilfarrar, dilapidar, malbaratar, malgastar, tirar, desperdiciar, desaprovechar, prodigar, perder. *Derrochar a manos llenas. Derroche de luces, de energías. Derrochador.*

DESABRIDO — Insípido, insulso, soso, brusco, seco, bronco, esquivo, hosco, insociable, huraño, arisco, displicente, descortés. *Sopa desabrida. Desabrido con la gente. Desaborido.*

DESACUERDO — Discrepancia, divergencia, discordia, disconformidad, disensión, disenso, discordancia, disconformidad.*Desacuerdo entre los jefes. Desacordar(se), desacorde.*

DESAFÍO — Reto, incitación, provocación, duelo, lance de honor, prueba, competencia, encuentro. *Desafío a, contra los atrevidos. Desafiar(se), desafiante, desafiador.*

DESAHOGO — Descanso, esparcimiento, alivio, dilatación, ensanche, diversión, expansión, libertad. *Vivir con desahogo. Cuarto de desahogo. Desahogarse con otro, de su pena, en insultos. Lugar desahogado.*

DESAHUCIADO — Incurable, insanable, desesperanzado, despedido, puesto en la calle, expulsado. *Desahuciado por los médicos. Demanda de desahucio. Desahuciar.*

DESARROLLAR(SE) — Fomentar, impulsar, mejorar, acrecentar, aumentar, ampliar, progresar, adelantar, perfeccionar, surgir, brotar, contarse, madurar, formarse, registrarse, aparecer, manifestarse, deshacer un rollo, desenrollar, desenvolver, extender lo que está arrollado. *Desarrollar la economía, Desarrollarse una enfermedad. Desarrollar un tema, una sesión. País desarrollado. Desarrollo prematuro.*

DESCENDER — Bajar, apearse, venir para abajo, descolgarse, caer, chorrear, correr, fluir, originarse, provenir, declinar, rebajarse, suceder. *Descender en paracaídas, al valle, por etapas. Descender de tal tronco, a una indignidad. Descenso acelerado de los precios. Descendencia, descendiente.*

DESCRIBIR — Explicar, señalar, pormenorizar, reseñar, trazar, representar, retratar, dibujar, copiar, pintar, delinear, figurar. *Describir* con palabras, en forma clara. *Descripción de la finca. Descriptivo, descripto.*

DESEAR — Querer, aspirar, ansiar, anhelar, apetecer, ambicionar, envidiar, codiciar, demandar, acariciar, pretender, antojarse, encapricharse, soñar. *Desear venir, una cosa. Desearle el bien a alguien. Deseo de riquezas. Deseoso de algo. Tener o no tener deseos de comer. Deseable, deseador.*

DESHACER(SE) — Descomponer, destruir, desordenar, disolver, dispersar, desbaratar, quitar figura o forma, suprimir, desmoronarse, desvanecerse, extenuarse. *Deshacer un trato, al enemigo. Deshecho en llanto. Deshacerse en lágrimas, de algo.*

DESIGNAR — Nombrar, mostrar, indicar, marcar, señalar, elegir, seleccionar, fijar, destinar, formar designio o intención. *Designar las cosas por su nombre. Designar a alguien para un cargo. La honrosa designación. Designio del destino.*

DESOCUPADO — Desempleado, ocioso, sin ocupación, sin trabajo o empleo, vago, vacío, despoblado, deshabitado, expedito, vacante, inactivo, libre, disponible. *Desocupado por la estación. Terreno desocupado. Asiento desocupado. El problema de la desocupación. Desocupar(se).*

DESPACIO — Con lentitud, paulatinamente, poco a poco, lentamente, paso a paso, gradualmente, pausadamente, palmo a palmo, a paso de tortuga, sin apuro. Despacioso.

DESPACHO — Local para negocios, estudio, oficina, bufete, escritorio, comunicación, telegrama, telefonema, resolución, carta, correspondencia, expediente, acción de despachar. *Despacho del jefe. Despacho del estado mayor. Despacho recibido. Despachar la correspondencia, a un cliente. Despacharse a sus anchas. Despachar con alguien. Despachar algo por correo.*

DESPEDIR(SE) — Soltar, licenciar, arrojar, lanzar, echar, alejar, apartar, expulsar, emitir, ausentarse, marcharse, separarse. *Despedir a un empleado. Despedir calor. Despedirse de los amigos, en la puerta, al salir. Expediente de despido. Despedida de novia.*

DESPUÉS — Luego, más tarde, posteriormente, no bien, en cuanto, apenas, ulteriormente, así que, a continuación, no bien que, inmediatamente, seguidamente, acto seguido, en seguida. *Después de.*

DESTREZA — Capacidad, pericia, habilidad, práctica, disposición, arte, maña, técnica, tino, tacto, soltura. *Destreza en los deportes. Destreza para todo. Diestro con el arpón.*

DETENER(SE) — Parar, coger, suspender, inmovilizar, paralizar, frenar, contener, interceptar, estancar, arrestar, encarcelar, aprehender. *Detener el auto, al delincuente, la corriente. Detenerse a hablar, con los obstáculos, para conversar, en un segundo. Estar detenido. Sala de detención. Detenimiento.*

DETERMINAR(SE) — Precisar, especificar, delimitar, fijar, definir, concretar, establecer, caracterizar. *Determinar la capacidad del recipiente. Determinar el significado de la palabra. Determinarse a salir, por, en favor de alguien. Tomar una determinación. Determinado, determinante.*

DEUDA — Obligación, débito, adeudo, debe, compromiso. *Deuda de ho-*

nor. Estar con deudas, lleno de deudas. Deudor al fisco, en, por tanto dinero.

DEVOLVER — Reintegrar, reembolsar, retornar, volver, tornar, restituir, vomitar. *Devolver a su dueño algo, la comida. Devolución, devolutivo.*

DIFERENTE — Diverso, distinto, disímil, desemejante, otro, disparejo, diferencial, incomparable, desigual, disconforme, heterogéneo, extremo. *Problema diferente. Diferente de otro. Diferencia entre este y aquel, de uno a otro. Diferenciarse entre sí, uno de otro, en algo. Diferenciación.*

DIFÍCIL — Arduo, intrincado, complejo, peliagudo, trabajoso, laborioso, espinoso, laberíntico, escabroso, enredado, dificultoso, incomprensible, imposible, grave, penoso, inaccesible, peligroso, duro, inextricable. *Difícil de explicar, para digerir, en un aspecto.*

DIFICULTAD — Obstáculo, impedimento, reparo, conflicto, objeción, oposición, tropiezo, embrollo, escollo, trance, problema, inconveniente, estorbo, contra, complejidad, atolladero, callejón sin salida, contrariedad, nudo, aprieto, trabazón, embarazo. *Con, sin dificultad. Dificultad en hablar, de la cuestión. Dificultar la cosa. Dificultarse el problema. Asunto dificultoso.*

DILIGENCIA — Actividad, agilidad, prisa, prontitud, atención, cuidado, celo, aplicación, esmero, rapidez, afán, empeño, solicitud, puntualidad, desvelo, fervor, ahinco, vehículo para viajar, actuación, gestión, acta. *Diligencia en el trabajo, para vender. Diligencia abarrotada. Diligencia del secretario judicial. Hacer la diligencia. Secretaria diligente. Diligenciar.*

DIMENSIÓN — Tamaño, magnitud, extensión, superficie, longitud, anchura, ancho, largo, grosor, medida, proporción, calibre, cantidad, capacidad, volumen, profundidad, altura, duración, gradación, número. *Dimensión aproximada. De grandes dimensiones. La dimensión temporal.*

DINERO — Numerario, suma, moneda corriente, peculio, pecunia, haber amonedado, capital, cantidad, haciendo, metálico, plata, oro, billete. *Poner dinero en una empresa. Dar dinero a crédito. Dinero contante y sonante. Los dineros del estado. Tener un dineral. Dinerada, dinerillo(s).*

DIQUE — Presa, espigón, rompeolas, represa, muelle, malecón, escollera, obstáculo, freno. *Dique de hormigón armado. Ponerle diche a sus ambiciones.*

DIRECCION — Derrotero, ruta, sentido, marcha, curso, sesgo, trazado, trayectoria, rumbo, camino, itinerario, orientación, giro, tendencia, manejo, administración, jefatura, gobierno, gestión, domicilio, señas, guía de vehículos. *Ir en dirección de un lugar. Dirección de una fuerza. Trabajar en la dirección. Carta sin dirección. Tirar la dirección hacia la derecha. La dirección de una empresa.*

DIRIGIR(SE) — Guiar, conducir, llevar rectamente, encaminar, enderezar, enviar, orientar, encauzar, encarrillar, gobernar, mandar, administrar, presidir, regir. *Dirigir a, hasta, hacia, un lugar, en una empresa, para un fin. Dirigir a un cliente, por tal camino. Dirigir una carta. Dirigir por control remoto. Dirigirse a alguien, con cautela. Di-*

rector de una institución. Omnibus directo. Dirigente sindical.

DISGUSTO — Descontento, enfado, desagrado, despecho, queja, desabrimiento, grima, refunfuño, incomodidad, ira, resquemor, pique, desazón, molestia, fastidio, enemistad. *Tener un disgusto con alguien. Disgustar algo. Disgustarse por tonterías, con alguien, de algo. Estar disgustado con alguien o con algo.*

DISTINGUIR(SE) — Discriminar, determinar, caracterizar, seleccionar, reconocer, discernir, diferenciar, analizar, descollar, despuntar, divisar, marcar, resaltar, honrar, preferir. *Distinguir una cosa, de otra, con, por medio de algo. Distinguir(se) por sus méritos a alguien entre los demás. Persona distinguida. Tener distinción. Ser distinto de otros por algo. Distintivo, distingo. Persona distinguida. Tener distinción. Ser distinto de otros por algo.*

DISTRAER(SE) — Entretener, recrear, divertir, desviar, descuidar, separar, apartar, malversar. *Distraer a alguien, con, por la conversación. Distraer los fondos de la compañía. Distraerse con, por el ruido. Estar distraído. Sufrir una distracción.*

DISTRIBUIR(SE) — Repartir, asignar, adjudicar, prorratear, dividir, compartir, disponer, tocar, racionar, impartir. *Distribuir los trabajos. Distribución demográfica. Distribuidora nacional. Distribuir algo entre varias personas.*

DIVERSIÓN — Esparcimiento, recreación, pasatiempo, distracción, expansión, recreo, solaz, buen rato, desahogo, fiesta, entretenimiento, desviación. *Gustarle la diversión. Parque de diversiones. Divertir al público. Divertir la atención con algo. Divertirse con los chistes. Diversión de fuerzas enemigas. Divertirse en una cosa o actividad. Divertirse del objetivo. Persona divertida.*

DIVIDIR — Separar, segmentar, partir, fraccionar, parcelar, descuartizar, distribuir, repartir, despedazar, descomponer, bifurcar, cortar, rajar, hender, enemistar, desavenir, desunir, malquistar, indisponer. *Dividir por mitad, por partes iguales. Dividir con los otros la herencia, entre muchos, en partes. Dividir al bando contrario. La división existente. Dividido, diviso, divisorio, divisional.*

DOBLAR(SE) — Torcer, plegar, retorcer, tocar campanas, encorvar, curvar, jorobar, virar, doblegar, redoblar, arquear, *Doblar a la derecha. Doblar por un difunto. Doblarse de dolor. Doblar el pliego, las sábanas. Doblado, dobladillo, doblador, doblez, doblamiento.*

DOLOROSO — Lastimoso, deplorable, sensible, impresionante, angustioso, penoso. *Caso doloroso. Tener un dolor de algo. Dolerse de los problemas de otros, con alguien. Llorar de dolor. Consolar al doliente.*

DOMICILIO — Casa, morada, residencia, vivienda, habitación, apartamento, piso, hogar, sede social, señas, paradero, dirección. *Sin domicilio conocido. Con domicilio en tal lugar. Domiciliado en. Servicio a domicilio. Domiciliar(se).*

DORMIR(SE) — Reposar, descansar, sosegar, dormitar, adormecerse, amodorrarse, bostezar, cabecear, caer dormido, privarse de sueño, pernoctar, roncar, hipnotizar, adormilarse. *Dormir de un tirón tantas horas, a pierna suelta, como un tronco, leño, un bendito. Dormirse en clase, sobre los laureles. Dormir la mona, la borrachera. Andar dormido. Coche dormitorio. Dormitivo, dormilón.*

DOTAR(SE) — Constituir bienes para el casamiento, asignar haber o sueldo, abastecer, suministrar, proveer, equipar, proporcionar, avituallar, surtir, adornar. *Dotar en tanto dinero a una hija con bienes raíces. Dotarse de tanto un cargo. Dotar una casa de algo. La dotación de un barco (tripulación). Casar sin dote. Persona dotada de inteligencia. No tener dotes.*

DUDAR — Vacilar, titubear, ofrecer reparos, hacer conjeturas, preguntar, recelar, poner en cuarentena, sospechar, estar por ver, mostrar escepticismo, mostrar incredulidad, estar inseguro, dificultar, hesitar, estar con perplejidad, tener irresolución, ver algo problemático, hipotético, oscuro, no ver claro, suspender el juicio, tener escrúpulos. *Dudar de alguna cosa, en salir, entre varias cosas o personas. Abrigar dudas. Negocio dudoso. Sin duda. Por las dudas.*

DURAR — Persistir, perservar, permanecer, subsistir, seguir, continuar, extenderse, eternizar, tardar, ir para largo, vivir, datar, llegar, tirar. *Durar cierto lapso de tiempo, en tal estado, por mucho tiempo. Bienes duraderos. La duración de la carrera.*

DURO — Sólido, resistente, consistente, compacto, concreto, recio, rígido, yerto, fuerte, tieso, inflexible, irrompible, inquebrantable, crudo, áspero, inclemente, despiadado, ofensivo, insufrible, severo, penoso, difícil. *Material duro. Duro de corazón, para el trabajo, a las privaciones. Duro de cabeza, de pelar. De trato muy duro. Problema duro de resolver. La cosa está dura. Dale, trabaja duro. Duro como piedra, como el diamante. Actuar con dureza. La dureza de algunos minerales.*

E

EBRIO — Borracho, beodo, bebido, embriagado, ahumado, ajumado, achispado, alcoholizado, curda. *Ebrio consuetudinario. Ebrio de amor, de ira. Ebriedad.*

EBULLICIóN — Hervor, cocción, fermentación, hervidero, borbollón, efervescencia. *El punto de ebullición.*

ECONóMICO — Ahorrativo, poco costoso, ahorrador, barato, tacaño, miserable, mezquino, monetario, financiero. *Plan económico, tener problemas económicos. La situación económica del país. Hacer economías. Cocina económica. Economizar(se) energía. Economía, economista.*

ECUáNIME — Sereno, inalterable, equilibrado, objetivo, igual, impávido, imparcial, entero, paciente. *Mantenerse ecuánime. Conservar la ecuanimidad.*

ECHAR — Lanzar, arrojar, expeler, emitir, despedir, rechazar, desechar, desalojar, tirar, excluir, retirar, limpiar, dar el pasaporte, comenzar, botar, estropear, eliminar. *Echar algo a, en, por tierra. Echar de algún lugar, sobre sí, sobre la espalda. Echar en cara. Echar en saco roto. Echar un trago, un pie. Echar a correr. Echar el resto, la pelea. Echar de menos. Echar a perder. Echar abajo. Echar mano a, de alguno. Echador, echamiento.*

ECHARSE — Tumbarse, tenderse, acostarse, reclinarse, precipitarse, abalanzarse, extenderse, yacer, agazaparse, revolcarse, iniciarse algo, ponerse a. *Echarse a dormir, a pensar, a perder algo, Echarse sobre la hierba. Echarse novia. Echárselas de guapo.*

EDUCATIVO — Aleccionador, pedagógico, didáctico, instructivo, formativo, magisterial. *Labor educativa. Ministerio de educación. Educar(se) en algo. Educador, educado, educando.*

EFECTIVO — Verdadero, práctico, positivo, seguro, fuerzas militares, moneda, dinero, metálico, numerario. *Programa efectivo. Pagar en efectivo. Derrotado por falta de efectivos. Hacer efectivo algo. Efectividad.*

EFECTO — Resultado, consecuencia, corolario, producto, derivación, deducción, secuela, fruto, éxito, sorpresa, sensación, impresión, consecución, conclusión, artículo comercial, mercaduría, mercancía. *La causa y el efecto. Producir efecto. Dejar sin efecto. En efecto, efectivamente. Por efecto de. Golpe de efecto, efectista, efectismo. Efectos de la tienda. Vender efectos eléctricos. Causar efecto. Efecto de luces.*

EFECTAR(SE) — Realizar, obrar, hacer efectivo, llevar a efecto, consumar, ejecutar, perpetrar, proceder, cumplir, actuar, practicar, llevar a cabo o a término. *Efectuar un contrato. Efectuarse el acto. Trabajo efectuado.*

EFICACIA — Poder, facultad, aptitud, fuerza, energía, duración, vigencia, efectividad, validez, virtud, firmeza. *Obrar con eficacia. Calmante eficaz. Eficaz para el dolor de cabeza. Medidas eficaces.*

EFICIENTE — Competente, productivo, cumplidor, diestro, realizador, capacitado. *Trabajador eficiente. Maquinaria eficiente. Eficiente en el cargo. Eficiencia para todo.*

EGOÍSTA — Interesado, ególatra, codicioso, personalista, ingrato, cómodo, indiferente, deseoso, metalizado, que mira nada más para sí. *Egoísta de primera, hasta lo último, para con los demás. Egoísmo de hormiga. Ególatra.*

EJECUTAR — Poner por obra, verificar, llevar a efecto, obrar, verificar, hacer efectivo, hacer, consumar, ejercitar, entregarse a, practicar, desempeñar, matar. *Ejecutar la sentencia, ejecutar al piano una obra. Ejecutar a los condenados. Brillante ejecución, ejecutoria. Ejecutante, ejecutor.*

EJEMPLAR — Libro, copia, impreso, espécimen, norma, dechado, modelo, prototipo, molde, regla, medida, muestra, paradigma, tipo, arquetipo, ideal, espejo, minuta, módulo, edificante, magistral, perfecto, edificativo, arquetípico, clásico, original, ilustrador, nuevo, único. *Imprimir mil ejemplares. Estudio ejemplar. La ejemplaridad del caso. Dar un buen ejemplo, poner por ejemplo. Ejemplarizar, ejemplificar.*

EJERCITAR(SE) — Instruir, adiestrar, entrenar, amaestrar, aplicar, verificar, ejecutar, ejercer, cultivar, practicar, ocupar, trabajar, dedicarse, consagrarse, ponerse. *Ejercitar los músculos. Ejercitarse en un deporte, arte. Ejercitar a alguien. Ejercicios de respiración, de clase. El ejercicio del comercio, de una profesión. Ejercicios de grado. Ejército.*

ELEGIR — Seleccionar, escoger, optar, preferir, nombrar, designar, separar, sacar, votar, sortear, adoptar, escrutar, destinar. *Elegir a alguien, entre varios candidatos. No tener elección. Elector, Electorado. Electoral. Electivo, electo.*

ELEMENTAL — Básico, primordial, fundamental, primario, dudimentario, superficial, fácil, somero, evidente, palpable. obvio, llano, fácil, patente, visible, averiguado. *Curso elemental. Conclusión elemental. Elementaridad.*

ELEMENTOS — Principios, nociones, rudimentos, fundamentos, medios, recursos, piezas de estructura, componentes de agrupaciones, fuerzas naturales. *Elementos de álgebra. Carecer de elementos de vida. Elementos ligeros, subversivos. ¡Qué, menudo elemento! Luchar contra los elementos.*

ELEVACIÓN — Altura, eminencia, encumbramiento, subida, loma, cerro, colina, collado, altozano, alcor, montaña, monte, altivez, enaltecimiento, soberbia, engreimiento, orgullo, alza, puja, cúspide, pináculo, cima, cumbre. *Tantos metros de elevación. Elevación a tantos pies. Elevación de los precios. Elevación de miras. Elevación de la hostia. Subir a una elevación. No soportar la elevación de alguien.*

ELEVAR(SE) — Alzar, subir, levantar, ascender, izar, encumbrar, superponer, realzar, engrandecer, ennoblecer, promover, encaramar, magnificar, exaltar, transportarse, enajenarse, encaramarse, remontarse, envanecerse, engreírse. *Elevar la vista hacia alguien, arriba, el cielo. Elevar al puesto de jefe a alguien. Elevar por los aires. Elevarse del suelo, en éxtasis. Cargo elevado. Montarse en elevador. Elevar una queja, hasta el techo algo. Elevarse sobre los demás. Elevarse el avión. Mostrarse elevado.*

ELIMINAR(SE) — Anular, quitar, suprimir, desarraigar, borrar, omitir, excluir, expulsar, dar de baja, prescindir, expulsar, quitar del medio, descartar, matar, elidir, separar. *Eliminar de la competencia a un oponente. Eliminarse de cuajo. Eliminaciones finales. Enemigo eliminado.*

ELUDIR — Esquivar, evitar, sortear, rehuir, soslayar, hurtarse, evadir, escurrir el bulto, sustraerse, escapar. *Eludir la cuestión, los golpes. Elusión.*

EMANAR — Provenir, proceder de, originarse, nacer, derivar, desprenderse, fluir, destacarse, exhalarse. *Emanar del presidente. Emanaciones sulfurosas.*

EMBARCAR(SE) — Ingresar en una nave o vehículo, poner en barco, subir a un barco, despachar, mandar, enviar carga, meter a uno en un negocio, marchar, zarpar, navegar, lanzarse, aventurarse. *Embarcar a tantos pasajeros. Embarcar la mercancía por vía aérea. Embarcar a alguien en un negocio desventajoso. Embarcarse en un vapor para determinado punto. Embarcarse de marinero, de pasajero. Realizar un embarque. Partir la embarcación, desde cierto embarcadero. Embarcarse en una empresa descabellada, ser embarcador.*

EMBARGAR — Poner mano sobre algo, secuestrar, paralizar, suspender, retener bienes judicialmente, obstaculizar, impedir, incautar, requisar, trabar, decomisar. *Embargar la mercancía. Embargo de bienes, Embargo por deudas. Estar embargado. Sin embargo. Embargable, embargador.*

EMITIR — Echar hacia fuera, expulsar, lanzar, arrojar, despedir, lanzar, poner en circulación documentos de crédito, papel moneda, etc. expresar por escrito o de viva voz, difundir, manifestar, prorrumpir, producir. *Emitir una descarga, gritos. Emitir billetes, bonos. La emisión de gases. El emisor de un mensaje. Emisario.*

EMOLICIÓN — Pasión, actividad, efusión, conmoción, sentimiento subido, impresión, agitación, turbación, arranque, exaltación, inquietud. *Actuar sin emoción. Problema emotivo, emocional. Emocionar al público con su actuación. Emocionarse en público ante la noticia, por el suceso. Emocionante.*

EMPLEO — Oficio, cargo, colocación, ocupación, puesto, acomodo, vacante, plaza, trabajo, pega, uso. *Solicitar el empleo. Estar sin empleo. Empleo del vocabulario. Emplear una palabra adecuada. Emplearse en una empresa, con una persona. Emplear a alguien.*

EMPRENDER — Intentar, acometer, tratar de, esforzarse, arriesgarse, promover, afanarse, luchar, abordar, aplicarse, gestionar, entablar, comenzar, principiar, dar inicio. *Emprender una obra por sí mismo, por su propia cuenta, con otro, con cuanto se presenta. Emprender con una tarea, a tiros. Emprendedor.*

EMPRESA — Entidad mercantil, industrial o de prestación de servicios, compañía, sociedad, negocio, obra, agencia, campaña, cruzada, plan, proyecto, propuesta, tentativa, designio, tarea, acción ardua, intento, lema, mote, símbolo. *Gerente de la empresa. Empresa arriesgada. Luchar a brazo partido en la empresa. Empresa sobre el escudo. Estudios sobre la empresa. Empresario teatral. Ciencias empresariales.*

ENCANTAR(SE) — Fascinar, embelesar, cautivar, embrujar, hechizar, sugestionar, captar, enajenar, maravillar, hipnotizar, embobar, arrebatar, seducir, agradar. *Encantar al auditorio por su arte. Tener encanto con alguien. Enseñar sus encantos. Estar encantado. Encantador, encantamiento. Encantarse con algo.*

ENCENDER(SE) — Prender, dar corriente eléctrica o darle curso, incendiar, iluminar, dar luz, irritar, arder, enardecer. *Encender la luz, el cigarrillo, con un fósforo. Encender los ánimos. Estar encendido. Encenderse con, por alguien. Encenderse el bosque por todos lados. Dejar la luz encendida. Encendedor, encendimiento.*

ENCERRAR(SE) — Recluir, contener, aprisionar, guardar, meter, internar, embotellar, enclaustrar, enjaular, sitiar, comprender, limitar. *Encerrar a alguien en un lugar. Encerrarse para escribir en su gabinete. No salir de su encierro. Encerramiento, encerrador, encerrona.*

ENCLAVADO — Comprendido, incluido, implícito, encajado, encuadrado, incrustado, colocado, engastado, incluso. *Enclavado en el barrio tal. Enclase, enclavar.*

ENCONTRAR(SE) — Hallar, inventar, descubrir, acertar, dar con ideas, reunirse, topar, tropezar, solucionar, oponerse, enemistarse, concurrir, chocar, ver, aparecer. *Encontrar la solución, al niño perdido. Encontrarse con un obstáculo, enfermo. Ideas, vientos, encontrados. Encontrarse a, con alguien en un lugar. Encuentro a diez asaltos. Encuentro de la tercera clase. Encontrón, encontradizo.*

ENEMIGO — Contrario, opuesto, rival, hostil, enemistado, desamigado, adversario, refractario, reñido. *Enemigo a muerte. Enemigo de las peleas. Enemistad entre compañeros. Enemistar a uno con otro. Enemistades en la casa. Luchar con, contra el enemigo. Vivir sin, no tener enemigos.*

ENERGÍA — Fuerza, actividad, capacidad para el movimiento, fibra, vigor, intensidad. *Energía solar. Las fuentes de energía. Persona enérgica. Poción energética. Energizar la actuación, una población.*

ENFERMEDAD — Dolencia, afección, padecimiento, achaque, desmejoramiento, mal, indisposición, malestar, descomposición. *Enfermedad del corazón. Enfermo de gravedad. Enfermar con calentura. Enfermarse del estómago. Enfermedad crónica. Enfermo de cuidado. Enfermedad incurable.*

ENGAÑO — Mentira, fraude, falsedad, fullería, decepción, superchería, burla, treta, farsa, estafa, desimulo, afectación, ocultación, encubrimiento, añagaza, timo, trampa. *No llamarse a engaño. Engañar con, por las apariencias. Engañar a alguien en el peso, en la cuenta. Engañoso a la vista. Engañarse.*

ENMUDECER — Callar, cerrar la boca, no chistar, silenciarse, hacer silencio, omitir, quedarse mudo o sin habla, no decir esta boca es mía, ver-oir-y-callar, sellar los labios. *Enmudecer de miedo.*

ENORME — Excesivo, desmesurado, descomunal, monumental, grandioso, fenomenal, tremendo, exorbitante, inmenso, ingente, gigantesco, colosal, titánico, desmedido, formidable, macanudo, bestial, bárbaro, ciclópeo, cuatioso. *Enorme por su tamaño, en sus dimensiones. Pagar una enormidad por algo.*

ENSAYAR(SE) — Probar, intentar, tentar, tantear, pulsar, poner a prueba, tratar, tomar a prueba, examinar, comprobar, experimentar, tratar, analizar, adiestrar, amaestrar, reconocer. *Ensayar una pieza musical, con un instrumento. Ensayarse a hablar, en la obra, para representar. Escribir un ensayo sobre, de economía. Ir al ensayo de la obra.*

ENTENDER(SE) — Comprender, percibir, aprehender, penetrar, caer en la cuenta, alcanzar, calar, descifrar, intuir, descubrir, inferir, deducir, compenetrarse, llevarse bien, comprenderse. *Entender el problema, de algo. Entenderse con alguien, por, con, señas, entre sí. Entendido en su ramo. Entendimiento entre naciones. Claro entendimiento.*

ENTERAR(SE) — Imponer, participar, informar, instruir, prevenir, notificar, revelar, orientar, iniciar, comunicar, noticiar. *Enterar a la gente del problema. Enterarse de un aviso. No darse por enterado.*

ENTRADA — Ingreso, acceso, abertura, admisión, recepción, puerta, acción de entrar, billete, boleto, principio. *Entrada a la casa. Entrada a tanto. No dar entrada a nadie. Pagar en la entrada.*

ENTRAR(SE) — Penetrar, introducirse, meterse, caber, colarse, ingresar, invadir, comenzar, abrirse paso, seguir. *Entrar en la oficina, por derecho, con buen pie, con mala pata, por el aro, en razones, por el ojo. Entrar de pasante. Entrar a saco, con todo. Entrarle por los ojos. Entrar por la puerta grande. Entrarse en discusiones.*

ENVIAR — Expedir, mandar, dirigir, remitir, remesar, consignar, exportar, despachar, pasar. *Enviar a alguien de apoderado, por alguna cosa, con un paquete. Enviar una carta. Recibir el envío. Enviado es-*

pecial ante tal gobierno.

ÉPOCA — Era, tiempo, temporada, etapa, plazo, estación del año, espacio de tiempo, período, siembra, venta anual, rebajas anuales, liquidación, Navidad, vacaciones, Semana Santa, Pascua Florida, primavera, verano, otoño, invierno, de lluvias, de seca, siega, cosecha, vendimia, zafra, tiempo muerto, matanza, poda, molienda, balance, inventario. *Hacer época algo. Entrar fuera de la época. Época de inflación.*

EQUIVALER — Valer por, ser igual o lo mismo, ser idéntico, balancear, empatar, identificar, uniformar, estandarizar, emparejar, igualar, rasar, equiparar. *Equivaler al peso de otra cosa. Equivaler en eficacia a otro producto. Equivalencia en el sistema métrico decimal.*

EQUIVOCACIÓN — Error, falta, yerro, inexactitud, desliz, defecto, desacierto, gazapo, metedura de pata, confusión, fallo, falla. *Equivocación en el mensaje. Equivocar una cosa con otra. Equivocarse con, en algo. Haber equívoco. Equivocarse de número. Número equivocado.*

ESCASEZ — Falta, insuficiencia, carestía, penura, carencia, inopia, pobreza, mesquindad, parvedad, disminución, pequeñez, migaja, brizna, ápice, migaja, tacañería, apuro, nimiedad, pellizco, miseria. *Vivir con escasez. Escasez de dinero. Escasear alguna mercancía. El problema de la escasez. Escaso de medios, de mente.*

ESCONDER — Cubrir, tapar, ocultar, soterrar, encubrir, recatar, entapujar, callar, fingir, disimular, omitir, enterrar, enclaustrar, internar, velar. *Esconder la falta. Esconderse de algo o alguien, en alguna parte, entre, detrás de alguna cosa. Puerto escondido. Tener un escondite o escondrijo.*

ESCRIBIR — Consignar, extender, copiar, mecanografiar, tipear, componer, redactar, transcribir, apuntar, anotar, minutar, poner en el papel. *Escribir con pluma, a máquina, sobre la mesa, desde un lugar, a a alguien, en tal idioma, de cierto asunto, sobre algún tema, para una editorial. Escribir de corrido. Poner por escrito. Terminar el escrito. Escritor original. Trabajar en el escritorio. Poner algo sobre el escritorio. Escriba, escribano, escribanía, escribiente.*

ESCUCHAR — Prestar atención, atender, aplicar el oído, percibir, auscultar, estar pendiente de lo que se dice, ser todo oídos. *Escuchar a alguien con, en silencio, sin entender nada. Agradar a los escuchas.*

ESCUELA — Colegio, plantel, instituto, academia, facultad, universidad, seminario, liceo, taller, doctrina, laboratorio, politécnica, tecnológica. *Escuela de comercio. Escuela rural. Escuela de la vida. Tener escuela. No haber escuela hoy. Trabajo escolar.*

ESENCIAL — Principal, sustancial, inherente, propio, necesario, indispensable, obligatorio, intrínseco, inmanente, innato, congénito. *Esencial al, en, para el negocio. La esencia del problema.*

ESPECIAL — Peculiar, particular, respectivo, específico, propio, privativo, único, exclusivo, singular, característico, taxativo. *Venta especial. Especial para caballeros. Nada especial. La especialidad de la casa. Especialista de los ojos, en legislación mercantil. En especial, especialmente.*

ESPECIFICAR — Distinguir, determinar, aislar, singularizar, precisar, individualizar, explicar, detallar, enumerar, declarar. *Especificar el motivo, trato sin especificar. Especificar la noticia, los nombres.*

ESPECULAR — Jugar, traficar, comerciar, negociar, teorizar, meditar, reflexionar. *Especular en la bolsa. Especular sobre las posibilidades. Dar pábulo a especulaciones. Especulador en la bolsa negra, con algo, en algo.*

ESPERA — Expectación, expectativa, acecho, aguardo, esperanza, plantón, dilación, permanencia, término, plazo, aplazamiento. *Sala de espera. Esperar el año nuevo, a alguien. Esperanza de la recuperación.*

ESPOSO — Cónyuge, consorte, marido, persona casada, compañero, pareja, media naranja. *Tener por esposo. Cambiar de esposo. Esposar a alguien. Ponerle las esposas. Celebrar los esponsales.*

ESQUINA — Recodo, ángulo, recoveco, rincón, punta, canto, guardacantón, arista, chaflán. *Dejar en la esquina. Dar el esquinazo.*

ESTABILIDAD — Permanencia en estado, duración, durabilidad, firmeza, fijeza, consistencia, seguridad, equilibrio, inmovilidad, raigambre, indeleble, irreducible, constancia, asentamiento, inalterabilidad. *Estabilidad de los precios. Estable dentro de la gravedad, en sus propósitos. Estabilizarse la situación.*

ESTABLECER(SE) — Instituir, fundamentar, constituir, organizar, estatuir, formar, crear, erigir, edificar, levantar, construir, plantar, asentar, comenzar, empezar, abrir, instalar, implantar, fijar, aclimatar, avecindarse, radicarse. *Establecer el orden, un gobierno. Establecerse en el giro tal, en tal ciudad. Establecimiento al detal (detalle). Establo.*

ESTADÍSTICA — Estado, recensión, catastro, lista, padrón, matrícula, esquema, diagrama, descripción, censo, natalidad, demografía, mortalidad, criminalidad, impuestos, comercio, aduanas. *Estadística de las ventas.*

ESTADO — Situación, clase, orden, calidad, jerarquía, status quo, estación, constitución, aspecto, curso, etapa, fase, circunstancia, suerte, condición, puesto, talante, temple, humor, carácter, modo, término, punto, país, cuerpo político, régimen, dominio, temperamento, complexión, resumen, balance, lista. *Estado de coma, de putrefacción. Estado civil, nacional. Estado de cosas. Estatización de la empresa tal. Estatizar algo.*

ESTALLAR — Explotar, deflagrar, volar, retumbar, detonar, dar un estampido, romperse algo de golpe, hacer explosión. *Estallar una caldera. Producirse un estallido.*

ESTÁNDAR — Modelo, tipo, patrón, nivel. *Estándar de vida. Estandarizar el producto. La estandarización en, del consumo.*

ESTAR(SE) — Encontrarse, hallarse, sentirse, vivir, verse, andar, ir, quedar, sentar o caer bien, residir, creer, permanecer, tocar, atañer, detenerse, tardarse. *Estar a, bajo las órdenes de alguien. Estar con, de ánimo, de vuelta, en algún lugar. Estar contra alguno, para salir, por zarpar, sin tranquilidad. Estar por las nubes. Estar de acuerdo. Estar (listo) algo. Estar parado. Estar que corta. Estarse quieto. Estar de guardia. Estar hacia allá. Estar a tantos en el año. Estarse en casa quieta.*

ESTIMA — Aprecio, apreciación, peritaje, evaluación, apreciación, consideración, valía, valor, importancia, tasación, estimado, merecimiento, honra, cariño, amor. *Tener en estima a alguien o algo. Estimar(se) en más una cosa que otra. Estimación, estimado.*

ESTIMULAR(SE) — Instigar, inducir, aguijonear, acicatear, provocar, apremiar, punzar, empujar, impeler, picar, animar, invitar, soliviantar, convidar, excitar, retar, instar, desafiar, aprestar, acuciar. *Estimular al trabajo con ascensos. Estímulo para la lucha.*

ESTIPENDIO — Remuneración, honorarios, paga, retribución, salario, sueldo, comisión. *No cobrar estipendio alguno.*

ESTRUCTURA — Organización, orden, forma, constitución, formación, distribución, composición, índole, naturaleza. *Obra sin estructura. Defectos estructurales. La estructuración del mensaje.*

ESTUDIO — Aplicación, esfuerzo, trabajo, labor, tesis, monografía, disertación, tratado, colaboración, artículo, escrito, dibujo, tateo, pieza donde se enseña o se dibuja, local de fotógrafos, despacho de abogado, locales de filmación, dependencias de compañías cinematográficas y de televisión. *Dedicado al estudio. Estudio sobre el drenaje. Trabajar en el estudio tal. Abogado con estudio en tal lugar. Filmada en los estudios. Ser estudioso. Estudiar un papel, para médico, con alguien, de memoria. Estudiante, estudiantil.*

ESTUPEFACTO —Pasmado, asombrado, sorprendido, embobado, atónito, turulato, petrificado, en una pieza, suspendido, patidifuso, extático, patitieso. *Quedarse estupefacto. Producir estupefacción. Vender estupefacientes. No salir de su estupor.*

EVALUACIÓN — Estimación, valuación, valoración, aprecio, apreciación, cálculo. *La evaluación de los empleados. Los modelos de evaluación. Evaluar con criterios objetivos.*

EVENTUAL — Contingente, aleatorio, posible, viable, dable, accidental casual, inseguro, fortuito, incierto, acaecedero. *Trabajo eventual. Trabajadores eventuales. En la eventualidad, en el evento, eventualmente.*

EVIDENCIA — Certeza, convicción, seguridad, convencimiento, certidumbre, axioma. *Sin ninguna evidencia. Caso evidente. Resultar evidente.*

EVITAR — Precaver, prevenir, prever, soslayar, evadir, salvar, librarse, huir, escaparse, conjurar, excusar, eludir, esquivar. *Evitar una caída. Contestar con evasivas. Evitación.*

EXACTO — Cabal, preciso, fiel, justo, puntual, minucioso, verdadero, estricto, diligente, apurado, escrupuloso, matemático, debido, correcto, conforme. *Exacto en sus cálculos. Exactitud en las medidas.*

EXCEDER(SE) — Superar, sobrepasar, rebasar, aventajar, sobrepujar, abundar, pasar de, sobrar, extralimitarse, pasarse, propagarse, correrse. *Exceder en tanto. Excederse en las atribuciones. Pecar por exceso. Exceso de velocidad. Carga excesiva.*

EXCEPTO — Menos, salvo, aparte, sino, sin perjuicio, fuera de, sólo, solamente, por lo demás, descontando, excluyendo, con exclusión, exclusivamente, a excepción de, con la salvedad de.

EXCITACIÓN — Alteración, exaltación, irritación, exasperación, inflamación, agitación, acaloramiento, pasión, paroxismo, animación, acceso, rapto, inquietud, frenesí, entusiasmo, fogosidad, ardor, ansia. *Excitar los nervios, la multitud, con una arenga.*

EXCUSA — Disculpa, justificación, defensa, exención, paliación, coartada, pretexto, descargo, salvedad, vindicación, exculpación, exoneración, evasiva, sobreseimiento, absolución. *Ofrecer una excusa plausible.*

No tener algo excusa. Excusar a alguien de un cargo, trabajo. Excusarse con alguno de asistir a alguna parte.

EXHAUSTO — Agotado, carente, consumido, acabado, desprovisto, falto, vacío, vaciado, vacuo, seco. *Exhausto de fuerzas. Estar exhausto.*

EXHIBIR(SE) —Presentar, mostrar, exponer, enseñar, descubrir, manifestar, ostentar, exteriorizar, ofrecer. evidenciar. *Exhibir(se) ante la concurrencia, en una vitrina. La exhibición de automóviles. Estar en exhibisión.*

EXIGIR(SE) — Pedir, requerir, reclamar, demandar, reivindicar, mandar, compeler, conminar. *Exigir prontitud. Exigente, con, en, para todo.*

EXITOSO — Productivo, triunfante, fructuoso, afortunado, airoso, próspero, de buen éxito, triunfal, victorioso, coronado por el éxito. *Prueba exitosa. Tener éxito en la empresa.*

EXPECTACIÓN — Ansiedad, excitación, interés, tensión, curiosidad, afán, suspensión. *Reinar gran expectación por el resultado de algo. Quedar la concurrencia en expectación. Quedar a la expectativa (a la espera). Las expectativas (previsiones, esperanzas) del caso.*

EXPEDITO — Exento, libre, desembarazado, pronto, preparado, despejado, dispuesto. *Salida expedita. Expedito para hablar, de lengua. Expedición, expedir.*

EXPERIENCIA — Práctica, hábito, costumbre, prueba, ensayo, tentativa, mundología, pericia, ejercicio, conocimiento, habilidad, avezamiento. *Experiencia en el campo tal. Experimentando con, en, para los negocios. Experimento de química. Clase experimental. Experimentar con, en los conejillos. Experto en caligrafía. Experimentación.*

EXPLÍCITO — Manifiesto, expreso, claro, terminante, patente, declarativo, preciso, formal. *Caso explícito. Dar pruebas explícitas.*

EXPLOTAR — Aprovechar, sacar utilidad, extraer, percibir beneficio, beneficiarse, abusar, estallar. *Explotar una concesión, mina. Explotar una situación. Explotar a los subordinados. Explotar una bomba. Carga explosiva. Explosión, explotación.*

EXPROPIAR — Incautarse, confiscar, desposeer, privar de algo. *Expropiar un terreno. La expropiación de los bienes de alguno.*

EXTEMPORÁNEO — Tardío, fuera de tiempo, inoportuno, prematuro, improvisado, impromptu, sin previo estudio. *Alegación extemporánea. Discurso extemporáneo.*

EXTENDER(SE) — Alargar, aumentar, dilatar, ampliar, desenvolver, ensanchar, prolongar, difundir, propagar, dispersar, desplegar, esparcir, derramar, divulgar, desdoblar, estirar. *Extender el plazo. Extenderse la barriada, una noticia, por ambos lados. Extenderse en consideraciones. Extender una sábana. La extensión del alambre. La extensión de un país. Epidemia extendida. Territorio extenso.*

EXTERIORIDAD — Aspecto, superficie, fachada, cara, corteza, por la exterioridad, semblante, porte, traza, apariencia, superficie. *Dañado en el exterior. Ministerio de relaciones exteriores. Comercio exterior. Causa externa. Exteriorizar(se).*

EXTRANJERO — Foráneo, nuevo, sin ciudadanía nacional, nacido en otro país, otras naciones, fuera del territorio nacional. *Hablar con un extranjero. Estudiar en el extranjero. Legión extranjera.*

EXTRAÑAR(SE) — Echar de menos, notar la falta, sentir la novedad de algo, oír con sorpresa, ver admirado, expulsar, desterrar, confinar, apartar, exiliar. *Extrañar a la familia, al pueblo natal. Extrañar de la nación. Extrañarse de una ocurrencia. Mirar con extrañeza.*

EXTRAÑO — Llamativo, extraordinario, inaudito, insólito, chocante, peregrino, singular, inusitado, raro, original, estrafalario, estrambótico, ajeno, impropio, excepcional, forastero. *Extraño al problema. Persona extraña. No hablar con extraños. Lo extraño de un asunto.*

EXTRAVAGANTE — Excéntrico, estrafalario, extraordinario, desusado, paradójico, raro, fantástico, ridículo, irrisorio, grotesco, fuera del orden o común obrar, absurdo, irrazonable, exagerado. *Conducta extravagante. Extravagante en, por sus costumbres. Conocido por sus extravaganzas.*

EXTRAVIAR(SE) — Desviar, descaminar, despistar, descarriar, perderse, desorientarse. *Extraviar a un viajero de su ruta. Extraviarse en sus opiniones. Extraviarse un paquete. Lamentar el extravío. Poner fin a sus extravíos.*

EXTREMO — Fin, punta, remate, cabo, término, final, cola, raíz, terminal, límite, extremidad, principio, excesivo, sumo, exagerado, extremado, distante. *El extremo meridional. De un extremo a otro del país. Extremos perjudiciales. Asunto extremo. Al extremo. Sin extremos. Extremado, extremidad.*

EXUBERANTE — Copioso, pletórico, profuso, abundante, pródigo, caudaloso, prolijo, fértil. *Jardín, escrito exuberante. Exuberancia tropical.*

F

FABRICAR — Manufacturar, producir, elaborar, hacer algo con maquinaria o por medios mecánicos, confeccionar, industrializar, levantar, imaginar, forjar. *Fabricar radios en serie, por unidades, al por mayor. Fabricar con, de, ladrillos un edificio. Fabricar su propia desgracia. Fábrica de sombreros, de embustes. Marca de fábrica. Establecimiento fabril. Fabricar en el extranjero. Fabricantes nacionales. Erigir una fabricación.*

FÁCIL — Sencillo, cómodo, hacedero, cómodo, posible, obvio, llano, claro, realizable, elemental, ordinario, corriente, vulgar, accesible, franco, libre, dócil, llevadero, manejable, tratable, comprensible, manual, factible, ejecutable. *Fácil de hacer, de conducir. Fácil con, para alguno. Facilitar la operación.*

FACILIDAD — Habilidad, hábito, aptitud, desenvoltura, aptitud, práctica, disposición, comodidad, simplicidad, posibilidad, expedición, libertad, experiencia, expedición, ligereza, oportunidad, ventaja, ayuda, ganga, permisión, condescendencia. *Facilidad para aprender. Facilidades de pago.*

FALSO — Simulado, incierto, engañoso, infundado, inexacto, aparente, ficticio, ilusorio, postizo, erróneo, apócrifo, equivocado, desleal, espurio, mentido, inverosímil, infiel, fabuloso, traidor. *Documento falso.*

Falso amigo. Pisar en falso. Falsear los datos. Falsificar la firma. Ser falso, un falsario. Delito de falsedad. Falsedad en la declaración. Hacer falso al vestido. Falsificación.

FALTAR — Consumirse, no acudir, incumplir, no tener, necesitar algo, omitir, ofender, agraviar, claudicar, quebrantar, violar, no tener palabra, no corresponder, quedar, fallar, restar. *Faltar arroz, a la palabra, de alguna parte, cinco días. Faltar al trabajo. Venir sin falta. Falto de sentido. Faltarle a uno fuerzas, un tornillo. ¡No faltaba más!*

FAMILIA — Parentela, los parientes, los míos, los tuyos, descendencia, los allegados, los deudos, prole, prosapia, dinastía, sucesión, rama, consanguinidad. *Escribir a la familia. Casa de familia. Hombre familiar. Cara familiar. Consultar con, en la familia. Quedar en la familia. Labor familiar. Familiarizarse con el manejo de algo. Familiaridad en el trato.*

FAVOR — Servicio, atención, asistencia, ayuda, beneficio, cortesía, halago, limosna, altruísmo, caridad, donación, privanza, influencia. *Pedir un favor a alguien. Hablar en favor de alguno. Estar a favor de alguna cosa. Viento favorable a la navegación. Favorable para todos. Favorecer la suerte a una persona. Resultar favorecido con un premio, de la suerte. Cine, actor favorito. Favorito del presidente. La favorita del sultán.*

FECHA — Plazo, término, señalamiento, vencimiento, día, semana, mes, año, bienio, período, época, tiempo, temporada, era, siglo, milenio, ciclo, aniversario, efemérides, cumpleaños, santo, bi-, tri- centenario, festividad, edad, data, oportunidad, jubileo, cronología. *Fecha gloriosa. La fecha de hoy. Fecha del matrimonio. Fechar una carta. Sin noticias hasta la fecha. Carta fechada tal día. Señalar la fecha de algo.*

FELICIDAD — Bienestar, dicha, placer, complacencia, bonanza, prosperidad, alegría, buena estrella, triunfo, éxito, fortuna, suerte, gusto, posesión de un bien, satisfacción, ventura, comodidad, gloria, contento, luna de miel, lecho de rosas, vivir como Carmelina, oasis, jauja. *Nacer con toda felicidad. Diez años de felicidad matrimonial. En busca de su propia felicidad. Felicitar a alguien por el cumpleaños, de palabra, por teléfono, con una tarjeta. Hombre feliz. Frase feliz. Feliz por la victoria, en el matrimonio. Enviar felicitaciones por navidad, por pascua, por año nuevo. Recibir una felicitación del jefe por la venta. Felicitar(se).*

FEO — Mal parecido, antiestético, horrible, horroroso, disforme, deforme, repulsivo, innoble, inelegante, repugnante, espantoso, monstruoso, atroz, cursi, mamarracho; desaire, desprecio, grosería, insulto, riesgoso. *Feo con fuerza, con ganas. Traje feo. La cosa se pone fea. Hacerle a uno el feo. Fealdad repugnante.*

FERIA — Descanso, días entresemana, suspensión del trabajo, plaza, plaza de abasto, mercado, bazar, lonja, baratillo, bolsa, exhibición de productos, concurrencia de negociantes señalada cada año, lugar de diversiones, juegos y espectáculos. *Feria de la caridad. Feria ganadera. Exhibir en la feria. Día de feria, feriado. Feriar en el mercado algo.*

FÉRTIL — Feraz, productivo, fructífero, fecundo, copioso, abundante, ubérrimo, pingüe, generoso, prolífico, fructuoso, opimo, exuberante, copioso. *Terreno fértil, Fertilizar con abonos. La fertilidad de la tierra. Fertilizante.*

FIANZA — Garantía, satisfacción, obligación, carga, aval, gravamen, prenda, depósito, resguardo, seguridad. *En libertad bajo fianza. Compañía de seguros y fianzas.*

FIAR(SE) — Vender a crédito, garantizar, avalar, responder, consignar asegurar, abonar, dar en confianza, confiar. *Fiarle al cliente. Fiarse de alguno. Vender al fiado.*

FIESTA — Celebración, convite, banquete, ágape, asueto, diversión, agasajo, máscaras, guateque, ceremonia, espectáculo, baile, festejos, función, sarao, solemnidad, verbena, kermesse, danzas, obsequio, velada, certamen, conmemoración. *Fiesta del mar. Venir a la fiesta. Ser el alma de la fiesta. Ser fiestero. Festejar con música el acontecimiento. Día festivo. Salida festiva. Venir por la festividad. Festival musical.*

FIGURA — Aspecto, contorno, cara, rostro, esfigie, forma, imagen, silueta, ilustración, hechura. *Genio y figura hasta la sepultura. Tener buena figura. Poner figuras en el libro. Figura decorativa.*

FIGURAR(SE) — Formar, moldear, configurar, plasmar, disponer, delinear, aparecer, aparentar, representar, pertenecer, imaginar, inventar, imaginarse, pensar, creer. *Figurar entre las provincias. Figurarse una cosa. Figurar la curva de las ventas.*

FIJAR(SE) — Asegurar, sujetar, clavar, inmovilizar, pegar, asir, retener, incrustar, empotrar, atar, apresar, introducir, designar, precisar, determinar, afirmar, apuntar, establecerse, resolverse, determinarse, reparar, notar, atender, advertir, examinar. *Fijar las condiciones del contrato. Fijar en la pared, los ojos en alguien. Fijarse en lo que se habla. Fijeza en sus propósitos. Trabajador fijo. Los precios fijos.*

FILA — Hilera, ringlera, ringlero, sarta, cadena, ristra, línea, ringla, serie, orden, sartal, desfile, hila, continuación. *Ponerse en fila, en primera fila. Hacer filas. Filamento.*

FILM — Filme, película, cinta, película cinematográfica, celuloide, arte de la pantalla, cine, documental, cortometraje, asuntos cortos. *Un film(e) cómico. Filmar (rodar) en el estudio. Terminar la filmación Guardar en la filmoteca.*

FILTRACIÓN — Colada, salida, destilación, transvasación, ósmosis, absorción, coladura, exudación. *Filtración de dinero. Filtrar el agua. Filtro de gasolina.*

FIN — Cesación, vencimiento, remate, consumación, terminación, término, remate, desenlace, conclusión, extinción, cabo, punta, extremidad, colofón, propósito, meta, motivo, objeto, móvil, razón, causa, por qué. *Fin de la jornada. Los fines de la empresa. La finalidad de su actuación. Finalizar la tarea. Al fin, en fin, por fin. A fin de cuentas. Al fin y al cabo. Un sin fin (sinfín) de cosas. Correa sin fin (sinfín). Fin de semana, de fiesta. A fines (finales) de mes, de año. Ir a los finales. Ser finalista. La casa del finado. Finiquitar el problema. Dar fin a algo.*

FINANCIAR — Costear, sufragar gastos, invertir, allegar fondos, subvenir gastos, proveer fondos, pagar, crear o fomentar empresas con aportación de capital. *Financiar el alcantarillado. El costo de financiación. Genio financiero. El estado general de las finanzas.*

FINO — De buena calidad, selecto, delicado, suave, exquisito, primoroso, amable, gracioso, atractivo, pulido, pulcro, elegante, atento, cortés, lindo, hermoso. *Licor fino. Fino en el trato. Finura de modales.*

FIRMA —Rúbrica, trazado del nombre, marca, señas, contraseña, razón social, casa comercial, empresa. *Firma por duplicado. Carta sin firma. Estar a la firma. Firmar en blanco. Presidente de la firma tal.*

FLAMANTE — Resplandeciente, rutilante, reluciente, brillante, nuevo, fresco, moderno, recién estrenado, acabado de hacer, de paquete. *Auto flamante.*

FLETE — Precio del alquiler de nave o transporte, carga de barco u otro vehículo público, caballo brioso, costo de embarque, documento de factura. *Pagar el flete al recibo. Contrato de fletamento. Fletar un ómnibus.*

FLEXIBLE — Elástico, extensible, doblegable, cimbreante, plegable, maleable, contemporizador, acomodaticio. *Movimientos flexibles. Horas flexibles de trabajo. Tener flexibilidad al dirigir. Flexión de palabras. Flexionar las piernas.*

FLOJO — Débil, endeble, fláccido, blando, decaído, negligente, descuidado, perezoso, indolente, con poca tensión, suelto, cobarde. *Flojo para trabajar, de piernas. Atado flojo. Tener flojera. Flojo ante el peligro, en la lucha. Flojedad.*

FLOR — Superficie, pureza, piropo, requiebro, nata del vino, juventud, lustre, parte superior y mejor, dicho agudo, polvo blanco, novedad, frescura, parte de la reproducción de un vegetal. *Flor de la harina. Flor de mayo. A flor de agua. Estar en flor. Flor de la vida. Flor y nata de un lugar. Soltar flores al paso, por la boca. Flora y fauna. Florecer los árboles. Campo florido. El florecimiento de la empresa. Etapa floreciente. Florilegio de poemas. Florero, florón, florista, florería. Florear algo.*

FLOTAR — Sostenerse en un líquido, boyar, sobreaguar, emerger, nadar. *Flotar en el agua. Línea de flotación. Flota mercante. Flotilla de auxilio. El flotante del depósito. Costilla flotante.*

FLUIR — Manar, correr, rezumar, destilar, licuar, chorrear, filtrarse. *Fluir sin interrupción. Fluido eléctrico. Flujo de la marea. Flujo de sangre. Hablar con fluidez.*

FOBIA — Ojeriza, aversión, animadversión, antipatía, aborrecimiento, miedo, temor. *Fobia a los libros. Fobia a las alturas.*

FOCO — Centro de actividad o reunión, punto de emisión de rayos, ajuste, campo útil. *Foco de atención. Foco de la cámara, del televisor.*

FONDO — Hondura, parte opuesta a la entrada, superficie sólida del mar, parte posterior, parte baja, profundidad, base, campo, sustancia, meollo, natural, carácter, genio, condición, capital, dinero. *Fondo de la habitación. Fondo del mar, de la cuestión. Estudiar a fondo el problema. Ser un barril sin fondo. Fondear un buque. Llegar al fondeadero. Los fondillos del pantalón. Dar dinero en fondo para alquilar algo. Reunir fondos. Ser bueno en el fondo. Pintar sobre un fondo azul.*

FORMA — Determinación exterior de algo, modo, manera, estilo, dimensión, proporción, molde, ritual, línea, dibujo, estructura. *Forma de la casa. Estar en forma. Guardar la forma. Hablar en debida forma. Darle forma a algo. Formar en escuadras, por compañías. Formar a los estudiantes. Formarse con, en tal colegio. Formarse su composición de lugar. La formación de la juventud. Navegar, volar en formación. Formal en sus compromisos. Orden formal de presentarse. Actuar con formalidad. Llenar las formalidades.*

FÓRMULA — Norma, criterio, regla, pauta, método, técnica, sistema, arte, etiqueta, requisito, pacto, avenencia, convenio, transacción, representación simbólica, modelo, modo de expresión, receta. *Fórmula para el triunfo. Hablar sin fórmulas. Encontrar la fórmula satisfactoria para todos. Fórmula de la farmacia. Formular una petición. La formulación de la queja por escrito. Llenar el formulario.*

FOTOGRAFÍA — Arte de fijar y reproducir imágenes, taller, estampa, placa. *Sacar una fotografía, una foto. Fotogénico. Fotocopia. Fotograbado.*

FRACTURA — Rotura, ruptura, quebradura, destrozo, añicos, cisura, quebranto, estropicio, desgarrón, desgajadura, tronchamiento. *Fractura múltiple.*

FRANQUEAR(SE) — Dispensar, exonerar, eximir, abrir paso, libertar, acceder, conceder inmunidad o prerrogativa, librar, permitir, desembarazar, redimir. *Franquear la puerta. Franquearse con alguien. Franquicia de la correspondencia. Franco de porte. Pagar el franqueo.*

FRENTE — Cara, parte superior de la cara, delantera, anverso, fachada, semblante, punto de contacto de ejércitos enemigos, frontispicio. *Frente amplia. Frente al parque. Sentarse de frente a alguien. Enfrentarse a algo o a alguien. La casa de enfrente. Frente de batalla. El frente del edificio. Frente a frente.*

FRÍO —Frígido, congelado, glacial, helado, gélido, yerto, aterido, impasible, indiferente, imperturbable, impávido, sin gracia, frigidez, frescor, frialdad, hielo, enfriamiento, resfriado, escalofrío. *Estar frío. Ambiente frío. Quedarse frío. Haber frío.*

FRONTERA — Límite, lindero, confín, raya, aledaños, borde, coto, orilla. *La frontera entre dos países. Pueblo fronterizo.*

FRUSLERÍA —Baratija, hojarasca, pamplina, chuchería, futilidad, friolera, bagatela, insignificancia, puerilidad, pequeñez, bicoca, minucia, inanidad, niñería, insustancialidad, menudencia, tontería, bobería, cosa de poco valor. *Valer una fruslería.*

FRUSTRAR(SE) — Malograr, privar de algo esperado, desperdiciar, desaprovechar, fracasar, estropear, desgraciar, burlar, defraudar, chasquear, abortar, irse abajo, errar el golpe, fracasar. *Frustrar la oportunidad. Dejar a alguno frustrado. Tener frustraciones. Frustrarse tras los fracasos.*

FRUTO — Producto de una fecundación, resultado, rendimiento, interés, utilidad, beneficio, lucro, ganancia, primicia, producción, recompensa, invención. *Sacar fruto de su trabajo. Labor fructuosa, fructífera. Fructificar a su debido tiempo. Dar fruto. Frutos pendientes, civiles. Fruta, frutal, frutero, fruticultura.*

FUEGO — Combustión, ignición, lumbre, incandescencia, brasa, conflagración, candela, incendio, hoguera, orden para disparar, calor y luz de la combustión, siniestro, ardor pasional, ímpetu, vivacidad, vehemencia, llama, alarma. *A fuego lento. Atizar el fuego, jugar con fuego. Darle fuego a un edificio. Echar algo al fuego. Estar hecho un fuego. ¡Fuego! Fogata, fogón, fogoso, fogosidad, fogaje, fogonazo, foguear, fogueo.*

FUENTE — Surtidor, pila, manantial, hontanar, origen, germen, principio, fundamento, antecedente. *La fuente luminosa del paseo. Fuente de todos los males. Fontana.*

FUERTE — Fornido, hercúleo, robusto, recio, forzudo, pujante, corpulento, de pelo en pecho, resistente, sólido, duro, fortaleza, fortificación, bastión, baluarte. *Fuerte para sufrir, para trabajar, en el trabajo. Defenderse desde el fuerte. Fortalecer las defensas. Fortalecerse con vitaminas, contra la epidemia. Fortificar en tal punto las defensas. Fortificarse con ejercicios.*

FUERZA — Robustez, vigor, potencia, violencia, poderío, reciedumbre, lozanía, brío, nervio, vitalidad, vida, aliento, ánimo, espíritu, impulso, impetuosidad, poder, solidez, energía, eficacia, capacidad, virtud. *La fuerza del huracán. Fuerza para mover algo. La fuerza de la gravedad. Forzar a alguien a hacer una cosa. Forzar la puerta. Ausencia forzosa. A fuerza de repetir. Por fuerza. Tirar con fuerza.*

FUGAZ — Transitorio fugitivo, de corta duración, huidizo, pasajero, corto, instantáneo, rápido, momentáneo, breve. *Estrella fugaz. Placer fugaz. La fuga del preso. Fugarse con alguien. La fugacidad de la vida.*

FUNCIONAR — Actuar, andar, moverse, marchar, cultivar, ejercitar, ejecutar, verificar. *Funcionar a las mil maravillas, a la perfección, sin problemas. La función mental. Función nocturna. El funcionamiento de un órgano, de una maquinaria. Tener una función. Funcionario público.*

FUNDA — Estuche, cubierta, envoltura, bolsa, vaina, resguardo, tapa, tapadura, cobertura, forro, retobo. *La funda del revólver. Meter en la funda.*

FUNDAMENTAL — Principal, primordial, cardinal, básico, esencial, elemental. *Fundamental para aprender. Curso fundamental. Fundamento de una teoría. Noticias sin fundamento. No tener fundamento una persona.*

FUNDIR — Derretir, vaciar, deshelar, desleír, disolver, licuificar, moldear, dar forma, descoagular, licuar, reshacer, reducir, amoldar, liquidar. *Fundir una barra de oro. Fundir los fusibles. La fundición tal. Estar fundido.*

FÚNEBRE — Luctuoso, lúgubre, tétrico, desgraciado, sombrío, aciago, lóbrego, patético, triste, deplorable, lacrimoso, lagrimoso, funerario, necrológico, mortuorio. *Honras fúnebres. Ir a los funerales, a la funeraria. Funesto a, para la nación.*

FURIA — Ira, rabia, coraje, fiereza, indignación, enfado, enojo, frenesí, soberbia, saña, vesania, violencia, rencor, rencilla, cólera, bravura. *Hecho una furia. La furia dela tormenta. Furioso al saberlo, con la noticia, por un contratiempo. Furibundo contra alguien.*

FURTIVO — Escondido, subrepticio, oculto, sigiloso, encubierto, clandestino, sinuoso, misterioso. *Entrar de modo furtivo. Mirada furtiva.*

FUSIÓN — Mezcla, unión, licuefacción, licuación, derretimiento, vaciado, unificación, fundición, refundición, liquidación. *Fusión de un metal. Fusionar unas empresas. Temperatura de fusión.*

FÚTIL —Insignificante, nútil, baladí, anodino, baldío, huero, insustancial, frívolo, vano, pueril, infundado, veleidoso, trivial, pequeño, pobre, ligero, despreciable, para nada. *Trabajo fútil. Futilidad del esfuerzo.*

FUTURO —Venidero, eventual, pendiente, ulterior, en cierne, en germen, por hacer, expectante, porvenir, posteridad, mañana, predicción, destino, perspectiva, espera, la otra vida, el otro mundo, el más allá, novio, prometido. *Esperanza futura. Tiempo futuro. Problema del, en, para el futuro. Vida futura. No tiene futuro en la empresa. Predecir el futuro. Presentar el futuro a la familia. Afiliado al futurismo. Edificio futurista.*

GABELA — Tibuto, contribución, impuesto, gravamen, carga, obligación, servidumbre. *Estar sujeto a tal gabela.*

GABINETE — Alcoba, salita, aposento, tocador, recibidor, camerino, mueble, colección, museo, cartera gubernamental, ministerio, conjunto de ministros. *Recibir a los íntimos en el gabinete. Mover el gabinete de pieza. Enseñar a los estudiantes en el gabinete de historia natural. Remoción de miembros del gabinete. Crisis del gabinete.*

GAFAS — Espejuelos, anteojos, lentes impertinentes, quevedos, enganches de anteojos, tenazas. *Gafas de sol, oscuras. Gafas para manejar de noche.*

GALA — Traje o vestido de ceremonia, ropa formal, traje de etiqueta, esmoquin, frac, chaqué, levita, vestido largo, vestido de baile, fausto, fiesta, boato, bizarría, alarde, ostentación, garbo, gracia, lo más selecto o granado, función. *Ir de gala. Ponerse todas las galas. Hacer gala de algo. Ropa de gala. Función de gala. Uniforme de gala.*

GALERÍA — Corredor, pasillo, pasaje, tránsito, soportal, pórtico, exposición, pinacoteca, túnel anfiteatro, general, gallinero, paraíso. *Caminar por la galería. Ver la película desde la galería.*

GALLETA — Bizcocho, barquillo, oblea, bofetada, palmotazo. *Saborear una galleta, una galletica, una galletita, de María. Dar a alguien una galleta por portarse bien, por portarse mal. Quedar el auto hecho una galleta.*

GANADERÍA — Rebaño, hacienda, manada, lote, hato, cría de reses, grey, tropa, hembraje, machada, vacada, torada, vaquería, ordeño, torería, boyada, carnerada, borregada, recua, mulada, caballada, caballería, yeguada, piara. *Ganadería de raza. Ser ganadero. Vender el ganado.*

GANANCIA — Provecho, utilidad, producto, beneficio, logro, rendimiento, lucro, negocio, ingresos, interés, fruto, redada, ventaja, recompensa, comisión, dividendo, remuneración, adquisición, gajes, gratificación, emolumento, estipendio, propina, esquilmo, granjería. *Tal cantidad de ganancia. No arrendarse la ganancia. Resultar ganancioso en un negocio.*

GANAR(SE) — Alcanzar, obtener, recibir, adquirir caudal, conseguir, cobrar, devengar, sacar partido, cosechar, granjear, hacer su agosto, bandearse, beneficiarse, enriquecerse, aventajar, sobrepujar, exceder, llegar, dominar, triunfar, vencer, tomar, conquistar, captarse, granjearse. *Ganar, al fútbol, con gran ventaja, de posición, en categoría, por la mano. No ganar lo suficiente, para sustos. Ganador de, en, la primera carrera.*

GANCHO — Pieza encorvada para colgar o agarrar, garfio, garabato, corchete, broche, grapa, garra, arpón, gavilán, arete, abotonador, uña, corvo, gracia, atractivo, embeleso, sedución, ángel, ganga. *Colgar la gorra en el gancho. Poner algo muy barato a la venta de gancho. Gancho para el pelo.*

GANDUL — Vago, holgazán, haragán, perezoso, negligente, apático, zángano, vaqueta, desidioso, remolón, apoltronado. *Gandul en la labor. Gandulear en el trabajo. Gandulería.*

GANGA — Ganancia de poco esfuerzo, compra por debajo del precio, provecho, ventaja, materia inútil en minería. *Comprar en una ganga. La ganga del año.*

GÁNGSTER — Pandillero, hampón, pistolero, facineroso, malhechor, matón, extorsionador, salteador, asaltante, tunante, pillo, bribón, granuja, bellaco, expoliador, rufián. *Gángster de película. Ley contra el gansterismo.*

GARAJE — Garage, cochera, depósito, encierro o exposición de automóviles, servicentro, gasolinera, estación de servicio, taller, planta, reparación de automóviles, estacionamiento, sitio, piquera, estación, terreno de aparcamiento, parqueo, lugar para guardar automóviles. *Garaje de la casa. Guardar el coche en el garaje. Llegar al garaje de los autobuses. Edificio con garaje. Garajista, garagista.*

GAS — Vapor, vaho, emanación, exhalación, espíritu, hálito, efluvio, aire, ambiente, viento, flatulencia, pedo. *Cocina de gas. Gaseoso, gasificación, gasificar.*

GASOLINA — Bencina, carburante, esencia, nafta, combustible. *Gasolina especial. Gasolinera.*

GASTADO — Usado, rozado, desgastado, roído, lamido, deshecho, chafado, deslucido, descolorido, despintado, desdibujado, borracho, liquidado, consumido, inutilizado, acabado, asolado, cansado, extenuado, alicaído, triste. *Traje gastado por el tiempo, por el uso. Parte gastada por, con el roce. Hombre gastado con, en, por los trabajos.*

GASTO — Desembolso, consumo, dispendio, expendio, merma, consumición, derroche, coste, costa, cuota, sangría, presupuesto, imprevistos, expensas, renglón, costas, dietario, diario. *Cuenta de gastos. Gastos de la casa. Gastar el dinero en viajes. Gastarse todo. Ser gastador.*

GEMIDO — Queja lastimera, plañido, gruñido, aullido, ay de dolor, protesta sentida, murmurio, alarido, sollozo, lloro, lloriqueo, gimoteo, lloradera, aflicción, lamento, lamentación, suspiro, pena, pujo, gimiqueo. *Gemido del paciente, en, sobre, la camilla. Gemido por una desgracia, sobre el féretro, ante el cuadro desolador. Gemir el hierro bajo el martillo.*

GENERAL — Universal, enciclopédico, total, complejo, absoluto, íntegro, ecuménico, corriente, común, ordinario, usual; jerarquía militar o eclesiástica, superior. *Problema general. Estudio general. General en jefe. Cuartel general. En general. Por lo general. Generalizar la conclusión del caso. Hacer una generalización.*

GÉNERO — Especie, clase, manera, modo, variedad, orden, mercancía, mercadería, tela, morfema o accidente gramatical. *Género de vida. Sin dudas de ningún género. Poner el género en el mostrador. Transportar los géneros. Género masculino, femenino, neutro de las palabras.*

GENEROSO — Desprendido, dadivoso, pródigo munificente, magnánimo, caritativo, espléndido, filántropo, desinteresado, liberal, maniabierto,

abierto, clase de vino. *Generoso con, para, para con los necesitados, en sus actos. Generosidad a toda prueba. Producir vinos generosos.*

GENIO — Humor, condición, temperamento, aptitud, talento grande, ingenio, facultad creadora, persona dotada para la creación o invención, aptitud, tendencia, índole, inclinación, carácter, idiosincrasia, lumbrera, deidad. *Andar de mal genio. Tener genio de investigador. El genio de Pasteur. Ocurrencia genial. Genialidad.*

GENTE — Muchedumbre, turba, multitud, concurrencia, masa, público, vulgo, nación, pueblo, parentela, familia, conjunto de personas. *Salón lleno de gente. Gente del bronce. Mensaje para todas las gentes del mundo. Gentío.*

GENUINO — Legítimo, verdadero, acendrado, puro, neto, propio, nítido, natural, auténtico, positivo, real, afectivo, cierto, fidedigno, probado. *Piel genuina de cerdo.*

GERENTE — Director, directivo, jefe, administrador, gestor, empresario, regente, persona que dirige negocios, apoderado, asesor. *Gerente general de ventas. Gerencia.*

GESTO — Ademán, expresión, mímica, visaje, mueca, mohín, respingo, guiño, señal, gesticulación, desgaire, actitud, porte, cara, semblante, rostro. *Poner gesto de agrado. Gesto de persona generosa. En gesto de agradecimiento. Gestión, gestor.*

GIRAR — Dar vueltas, circular, moverse en círculos, voltear, virar, rotar, rolar, tornear, expedir instrumentos fiduciarios. *Girar a la izquierda, por la calle, en torno. Girar a cargo de mi cuenta, contra tal crédito, sobre una casa comercial. Enviar un giro por correo. Girador.*

GOLPEAR(SE) Asestar, propinar, atizar, pegar, aporrear, fustigar, azotar, vapulear, pisotear, patear, batir, percutir, herir, lesionar, tundir, zurrar, sobar, chocar, *Golpear a alguien con los puños. Propinar una golpeadura, una golpiza. Golpear la lluvia contra la ventana. Moler a alguien a golpes. Golpe de estado. Golpearse en la cabeza.*

GRACIA — Don, atractivo, encanto, agudeza, gracejo, sal, salero, sandunga, jovialidad, humor, chispa, comicidad, finura, agrado, simpatía, favor, perdón, indulto, nombre. *Persona dotada de muchas gracias. Caer en gracia. Preguntar por la gracia de alguien. No verle la gracia al chiste. Aspecto gracioso de algo.*

GRADACIÓN — Escala, serie, progresión, sucesión, jerarquía, escalafón, matiz, gama, aumento, disminución. *Gradación de mayor a menor, en gradación ascendente. Sentarse en las gradas, en las graderías. Haber tantos grados de temperatura. Hacer algo de grado. Conferir un grado. Subir de modo gradual, gradualmente.*

GRADUAR(SE) — Regular, dar a una cosa un grado o calidad, escalonar, matizar, aumentar, disminuir, medir, apreciar, señalar los grados, tomar la borla, licenciarse, conceder grados, dar el grado y título en una Facultad, doctorarse. *Graduar la cantidad de medicina. Graduarse de médico. Ponerse la toga y el birrete los graduados. Graduado por tal universidad. Oficial de alta graduación.*

GRÁFICO — Dibujo, diagrama, boceto, representación, descriptivo, ilustración, plástico, figura, figurativo, perteneciente a la escritura, esquema, mapa, cuadro, plan, claro, manifiesto, expresivo. *Representación gráfica de la materia. Poner gráficos en el informe. Explicación gráfica. Hablar de modo gráfico, gráficamente. Trazar una grafía.*

GRANDE — Considerable, que excede a lo común, magno, vasto, espacioso, amplio, extenso, regio, monumental, mayúsculo, elevado, profundo, alto, ancho, largo, crecido, colosal, descomunal, garrafal, exorbitante, sobresaliente, exagerado, holgado, ingente, tremendo, eminente, portentoso, fabuloso, importante, capital, sumo, potente; noble, prócer, magnate, jerarquía. *Grande de talla, por sus acciones. Gran estudio en tal cosa. Grande de tal país. Grandemente, grandeza, grandioso, grandiosidad, grandilocuencia.*

GRANEL(A) — Sin envase, sin medida, sin orden, sin empaquetar, en montón, en abundancia. *Embarque de azúcar a granel.*

GRANERO — Sitio donde se recoge el grano, panera, silo, troje, barbacoa, bodega, pósito. *Depositar en el granero.*

GRANIZO — Piedra, pedrisco, cascarrina. *Caer granizo. Granizar, granizada.*

GRANJA — Hacienda, alquería, cortijo, hato, estancia, quinta, rancho, lechería, fundo, finca. *Trabajar en una granja. Ser un granjero. Granjería, granjear(se).*

GRANO — Gránulo, semilla, granizo, bola, porción, pizca, migaja, ápice, brizna, poco, parte, tumor, pústula, lobanillo, ántrax, furúnculo, espinilla. *Grano de arroz. Grano infectado. Poner su grano de arena (ayuda). Granitos en la cara. Granular, granuloso, granujoso, gránulo.*

GRASA — Manteca adiposidad, grosura, grasura, tocino, pringue, sebo, lardo, oleína, crema, mantequilla, unto, gordura, pella, vaselina, estearina, aceite, cera, pomada, esperma, parafina, margarina. *Cuidarse de la grasa en las comidas. Evitar los alimentos grasos. Tener la cara grasienta.*

GRATIS(DE) — Gratuitamente, graciosamente, de balde, de gracia, de guagua, por su bella cara; gratuito, libre, honorario, honorífico, inmotivado. *Entrada gratis. Hablar mal de gratis. Gratificar, gratificación.*

GRATITUD — Agradecimiento, reconocimiento, obligación, correspondencia, lealtad, recompensa, acción de gracias, ofrenda, remuneración. *Gratitud a, con para con los favorecedores del establecimiento.*

GRAVA — Cascajo, balasto, guijo, casquijo, recobo, rocalla. *Camino de grava.*

GRAVAMEN — Carga, obligación, hipoteca, censo, servidumbre, canon, impuesto, imposición. *Gravamen de una finca. Gravar con impuestos.*

GRAVE — Importante, imponente, trascendental, capital, serio, espinoso, comprometido, peligroso, molesto, terrible, recio, riguroso, embarazoso, enfadoso, mortal, noble, arduo, reservado, circunspecto, duro, atroz, decoroso, hueco, bajo, pesado, inerte, oneroso. *Asunto grave. Situación grave. Sonido grave. Hombre grave. Estado de gravidez. Mujer grávida. Persona gravosa a los suyos. Gravitar el peso sobre un lado. La fuerza de la gravedad. Mejoría dentro de la gravedad. Caer por gravitación.*

GREMIO — Sindicato, agrupación, junta, corporación, hermandad, asociación, cuerpo, cofradía, reunión. *Gremio de escogedores. Entrar en el gremio.*

GRIFO — Llave, espita, válvula, pila; enmarañado, ensortijado, crespo, acaracolado, rufo. *Abrir el grifo. Tener el pelo grifo.*

GRIMA — Asco, desazón, enojo, horror, aversión, disgusto, repugnancia, molestia. *Dar grima algo por el estado.*

GRITAR — Vocear, vociferar, chillar, ulular, bramar, desgañitarse, abuchear, protestar, silbar, pitar, clamar, clamorear. *Gritar a voz en cuello. Hablar a gritos. Grita en la asamblea. Reducir el griterío, la gritería. Dejar en un grito, a alguien.*

GROSERÍA — Desatención, descortesía, descaro, inurbanidad, incorrección, indecencia, incivilidad, malacrianza, ordinariez, ramplonería, impertinencia, vulgaridad, tosquedad, rudeza, insolencia, rustiquez. *Decir groserías. Grosero con todos, en el trato.*

GROSOR — Espesor, volumen, dimensión, bulto, tomo, corpulencia, solidez, promontorio, mole, balumba, obesidad, pesadez, adiposidad, carnaza, turgidez. *Grosor de tantos centímetros.*

GROTESCO — Chocante, risible, caricaturesco, burlesco, ridículo, raro, extraño, extravagante, bufón, estrambótico, estrafalario, chocarrero, charro, irrisorio, deforme. *Traje grotesco.*

GRUESO — Obeso, gordo, regordete, rollizo, rechoncho, cipote, gordinflón, carnoso, entrado en carnes, corpulento, voluminoso, orondo, espeso, inflado, pesado. *Persona gruesa. El grueso de la pared.*

GRUPO — Conjunto, apiñamiento, corro, corrillo, conglomerado, colección, masa, montón, hato, rueda, reunión, peña, cuadrilla. *Hablar ante un grupo.*

GUAPO — Galán, atractivo, gallardo, lucido, presumido, ostentoso, intrépido, valiente, animoso, resuelto, valentón, bravucón, fanfarrón, perdonavidas. *Parecer guapo con traje de gala. Guapo ante el peligro. El guapo de la cantina. Guapear, guapetón, guapeza, guapamente. ¡Hola, guapa!*

GUARDAR(SE) — Tener, archivar, cuidar, custodiar, tener cuidado, velar, asegurar, guarecer, recoger, apañar, retener, ahorrar, almacenar, atesorar, recaudar, embalar, envasar, entrojar, embodegar, depositar, conservar, convoyar, reservar, detener, atender, vigilar, defender, observar, acatar, cumplir, respetar, prevenirse, recelarse, reservarse. *Guardar bajo, con llave, en lugar seguro, entre papeles, para la próxima vez. Guardar las fiestas, la ley. Guardarse de los timadores, de tropezar con alguien. Guarda, guardador, guardacantón, guardamano, guardameta, guardapiés, guardapolvo, guardarropa, guardarropía, guardabarro, guardafango. Guardería.*

GUARDIA — Policía, retén, piquete, escolta, patrulla, pareja, vigía, centinela, vela, atalayero, imaginiaria, relevo, ronda, rondín, custodia, acecho. *Guardia rural, civil, de asalto. Montar la, estar en guardia. Guardián.*

GUARECER(SE) Acoger a uno, ponerle a salvo, asilar, albergar, cobijar, proteger, recibir, refugiar, socorrer, recogerse, defenderse, ponerse a cubierto, ocultarse, guardarse. *Guarecer la mercancía bajo la lona. Guarecerse de la lluvia dentro de, en una cabaña. Guarida.*

GUARISMO — Cifra, número, símbolo, expresión, alguarismo. *Escribir con guarismos una cantidad.*

GUBERNAMENTAL — Oficial, gubernativo, municipal, provincial, estatal, federal, regional. *Disposición gubernamental. Gobierno, gobernativo, gobernación,*

GUERRA —Pleito, beligerancia, pugna, hostilidad, discordia, oposición, disidencia, conflicto, diferencia, lucha, batalla, campaña, combate, operaciones, torneo, escaramuza, comando, encuentro, cruzada, refriega, acción, lid, golpe de mano, estratagema, estrategia, ofensiva, avance, repliegue, ocupación, retirada, sitio, derrota, victoria, saqueo, pillaje, represalias, invasión, estrago, hecho de armas, desavenencia, rompimiento. *Guerra de nervios, sin cuartel. Guerra fría. Dar guerra. Declaración de guerra. Guerrear, guerrero, guerreador, guerrera, guerrilla, guerrillero.*

GUÍA — Conductor, director, piloto, timonel, cicerone, orientador, práctico, rumbero, rumbeador, faro, norte, indicador, pauta, mira, jalón, meta, hito, blanco, mentor, maestro, consejero, dirigente, preceptor, tallo principal, palanca, delantera, guarda, veta pequeña, itinerario, manual, prontuario, cabeza. *Servir de guía. Seguir a la guía. Guía de teléfonos, de trenes. Guiar el ómnibus. Guiarse por un práctico. Guiador.*

GUILLARSE — Chiflarse, chalarse, perder la cabeza, enloquecer, hacerse el desentendido. *Guillarse de alguien. Estar guillado. Hacerse el guillado. sufrir una guilladura. Guillote, guillotina, guillo.*

GUINDAR(SE) — Colgar, levantar, subir, ahorcar, lograr, obtener, conseguir, sacar. *Guindar la ristra. Guindarse de una viga. Guindar la comida. Guindaleta, guindajo.*

GUIÑAPO — Andrajo, trapo, harapo, estropajo, pingajo, colgajo, jirón, piltrafa, arrapo. *Dejar a alguien hecho un gniñapo.*

GUIÓN — Estandarte, pendón, enseña, argumento, sinopsis, libreto, signo ortográfico para separar. *Mostrar el guión. El guión de la película. Poner un guión entre las sílabas. Guionaje.*

GUISA — Manera, modo, forma, modalidad, suerte, tenor, género, procedimiento, antojo, gusto, voluntad. *Hacer algo de esta guisa. A guisa de,*

GUISAR — Cocinar, cocer, adobar, dorar, aliñar, sazonar, escalfar, freír, estofar, fiambrar, mechar, lardear, rebozar, estovar, esturar, sofreír, espumar, hornear, fritar, hervir, asar, sobreasar, emparrillar. *Guisar en la cocina, con utensilios como la cazuela, la olla. Guisador, guisado, guisote.*

GUISO — Manjar, plato, vianda, condumio, comida, condimento, morterada, estofado, potaje, olla, puchero, aderezo, alimento, cocido, pote, bodrio. *Guiso de arroz con pollo.*

GULA — Glotonería, sibaritismo, tragonería, gastronomía, voracidad, insaciabilidad, desenfreno, avidez, apetito, intemperancia, comilonería. *Comer más por gula. Ser guloso (goloso). Golosina, gulosinear (golosinear).*

GUSANO — Lombriz, verme, oruga, gusarapo, tenia, larva, cogollero, sanguijuela, triquina, miñosa. *Fruta con gusano. Matar, curar los gusanos de, en un ser vivo. Gusanera, gusanoso.*

GUSTAR — Saborear, probar, paladear, relamerse, catar, degustar, sentir, percibir, libar, ensayar, beber, placer, agradar, complacer, satisfacer, contentar, regalar, deleitar, experimentar, parecer bien, apetecer, desear, ambicionar, codiciar, apasionarse, querer. *Gustar de salir, Gustarle a uno alguien o algo. Gusto, gustación, gustoso.*

H

HABER(SE) — Caudal, hacienda, bienes, rentas, sueldo, paga, honorarios, emolumentos, pensión, mensualidad, quincena, semana, intereses, jornal, dinero, crédito, data, poseer, cobrar, ganar, tener, acaecer, acontecer, suceder, sobrevenir, afectuarse, portarse bien o mal, reñir, disputar, remuneración de servicios, monedado, moneda, cualidades, méritos. *Escribir el haber. Pagar los haberes. Haber algo o alguien (hay). Haber de morir. Haber (hay) que trabajar. Habérselas con alguno.*

HABITANTE — Vecino, inquilino, domiciliado, avecindado, ciudadano, morador, residente, arrendatario, colono, inmigrante, refugiado, natural, aborigen, nativo, autóctono, oriundo, coterráneo, conterráneo, conciudadano, paisano. *Habitante de tal lugar. Tantos millones de habitantes. Habitar, habitador, habitación.*

HÁBITO — Uso, estilo, práctica, costumbre, querencia, rutina, regla, maña, manía, conducta, usanza, método, rito, vezo, tradición, modo, facilidad, traje, vestido. *Hábito de madrugar, de una orden religiosa. Habituado, habitual, habituar(se).*

HABLA — Lenguaje real, facultad de hablar, lenguaje, idioma, lengua, dialecto, palabra, locución, parla, parloteo, charla, cuchicheo, susurro, frase, oración, arenga, discurso, monólogo, conversación, exclamación, frase, razonamiento. *Habla de una región. Perder, recuperar el habla. Ponerse al habla. Hablar, hablador, habladuría, hablilla, hablista, hablante.*

HACER(SE) — Causar, producir, fabricar, forjar, elaborar, formar, ejecutar, efectuar, realizar, practicar, obrar, crear, criar, engendrar, construir, confeccionar, componer, blasonar, inventar, imaginar, acabar, concluir, cumplir, cometer, perpetrar, aderezar, habituar, acostumbrar, constreñir, aparentar, imitar, simular, afectar, actuar, fingir, corresponder, concordar, convenir, arreglar, proceder, urdir, contener, caber, ganar, amasar, combinar, trabajar, plasmar, establecer, fundar, reparar, mejorar, perfeccionar, juntar, disponer, convocar, usar, obligar, emplear, dar, suponer, representar, habituarse, convertirse, transformarse. *Hacerle algo a alguno. Hacer una cosa, con poco trabajo, desde hace tiempo, en tal lugar, entre horas, hacia adelante, hasta después, para alguien. Estar para, por, sin hacer una cosa. Venir tras hacer algo. Hacer de conserje. Hacerse a la mar, de rogar, con, de unos libros. Hacerse algo en debida forma. Hacerse la mota, la barba, una casa. Hacerse el bobo, médico, un hombre. Hacedor, hacedero.*

HACIENDA — Finca agrícola, propiedad, heredad, granja, estancia, ganadería, fisco, erario, tesoro, patrimonio, labor, faena, fortuna, capital, fondos, crematística. *Producir cereales y criar ovejas en la hacienda. Curso de hacienda pública. Hacendado, hacendoso, hacendista.*

HALAGAR(SE) — Adular, regalar, obsequiar, mimar, festejar, agasajar, lisonjear, encomiar, acariciar, engatusar, agradar, gustar, deleitar, complacer, tratar bien, dar muestras de afecto, dar motivo de satisfacción, dar coba, pasar la mano, hacer *rendevouz* (rendibú), mostrarse zalamero o empalagoso, hacer carantoñas, cortejar, galantear. *Halagar con sonrisas y cumplidos. Halagarse de esar en un lugar. Halago, halagador, halagüeño.*

HAMPA — Canalla, chusma, chusmería, maleantes, morralla, hez, mundo criminal, bribonería, golfería. *Figura del hampa internacional. Hampón, hamponesco.*

HARTAR(SE) — Saciar, saturar, ahitar, satisfacer, repletar, atestar, atracarse, atarugarse, empalagarse, empacharse, hastiar, molestar, fastidiar, aburrir, atiborrar, llenar, cansar, repugnar, satisfacerse, colmar el apetito. *Hartarse con, de pasteles. Hartarle a uno la misma cosa. hartera, hartura, hartazgo, harto.*

HAZAÑA — Proeza, hecho, gesta, heroicidad, heroísmo, bravura, arrojo, denuedo, guapeza, valentía, acción, empresa, rasgo, osadía, faena casera. *Hazaña famosa, de héroe, para la posteridad. Hazañoso.*

HECHO — Acción, suceso, obra, caso, hazaña, acontecimiento, acto, asunto, lance, materia, maduro, perfecto, convertido, acabado, constituido, consumado, pasado, dispuesto, formado, proporcionado, conforme, aceptado, adulto, acostumbrado, familiarizado, habituado, avezado, parecido a, semejante a, convertido en, vuelto. *Hecho luctuoso, de sangre. Trabajo hecho. Persona hecha a las desgracias. Hombre hecho y derecho. De hecho (efectivamente).*

HECHURA — Obra, producción, fruto, parto, criatura, hijo, producto, figura, forma, imagen, simulacro, organización, composición, contextura, complexión, formación. *Hechura del presidente. La hechura del traje. Cobrar por la hechura.*

HEDIONDO —Maloliente, apestoso, fétido, pestilente, carroñoso, nauseabundo, pestífero, cargante, insoportable, insufrible, enfadoso, enojoso, repugnante, torpe, obsceno, asqueroso, sucio, tener tufo, oler a podrido. *Trabajar con un líquido hediondo. Vivir en un lugar hediondo. Heder, hedentina, hedor, hediondez.*

HELADO — Congelado, frío, yerto, tieso, gélido, glacial, álgido, acarambanado, carambanado, garapiñado, cuagulado cuajado, enfriado, consolidado, solidificado, atónito, turulato, estupefacto, aturdido, pasmado, sobrecogido, suspendido, suspenso, hecho un hielo, esquivo, desdeñoso, impávido, sorbete, mantecado, chocolate, etc., napolitano, barquillo, copete, agua de nieve, granizado, hielo, arlequín, nata, canuto. *Río helado. Helado de frío. Quedarse frío con la cesantía. Saborear el helado de vainilla. Heladería, helada, helar(se), helero, heladera.*

HERENCIA — Sucesión, transmisión, beneficio, derecho de heredar, bienes y derechos que se heredan, cesión, adquisición, usufructo, patrimonio, legado, mejora, legítima, cuarta, troncalidad, representación, manda, colación, propensión, temperamento, inclinación, sangre, atavismo, carácter, costumbres. *Renunciar a la herencia. Derechos de herencia. Herencia de un pueblo. Heredar, heredero, heredad, hereditario.*

HERIDA — Lesión, traumatismo, excoriación, contusión, corte, desgarrón, desgarradura, llaga, vulneración, grieta, daño, arañazo, golpe, daño, pinchazo, machacadura, rozadura, quemadura, fractura, mordedura, mordida, cuchillada, puñalada, dentellada, punzadura, navajazo, lastimadura, machucada. *Herida de arma de fuego, de arma blanca, en la espalda. Herir(se) herido, herimiento, heridor, hiriente.*

HERAMIENTA(S) — Utensilio, útil de trabajo, instrumento de artesano o mecánico, trebejo, chirimbolo, máquina, aperos, enseres, aparejos, avíos. *Herramienta de carpintero. Caja de herramientas. Trabajar sin las herramientas apropiadas para algo.*

HERVIR — Bullir, burbujear, cocer, borbollar, borboritar, borbotar, escaldar, fermentar. *Hervir sobre la hornilla. Poner algo a hervir. Hervidero, hirviente, herviente, hervor, hervoroso.*

HEZ(CES) — Escoria, desperdicio, desecho, poso, sedimento, precipitación, precipitado, zurrapa, inmundicia, excremento. *La hez de la delincuencia, del hampa. Beber hasta las heces.*

HÍBRIDO — Resultado de la unión de dos especies distintas, heterogéneo, cruzado, atravesado, mestizo, mixto, mezclado. *Maíz híbrido. Hibridismo.*

HIDRÁULICA — Hidrostática, hidrodinámica, hidrotecnia. *Bomba hidráulica. Recursos hidráulicos, (hidrante, hidroavión, hidroplano, hidrofobia).*

HIELO — Carámbano, *iceberg*, glaciar, helero, escarcha, nieve, granizo, canelón, garapiña, frialdad, indiferencia, desabrimiento. *Cubitos de hielo. Hacerse hielo. Hecho un hielo.*

HIERBA — Yerba, yerbajo, yuyo, paja, musgo, moho, helecho, hongo, arista, césped, verde, área verde, tepe, tapín, grama, gramal, henar, maleza, prado, pasto, partizal, forraje, roza, potrero. *Cubierto de hierba. Herbaza, hierbal, hierbabuena, herbívoro, herbóreo, herbario, herbolario.*

HIERRO(S) — Metal dúctil, fierro, barra, alambre, plancha, lámina, lingote, tocho, palastro, herrete, estigma, marca, acero, arma, cadenas, grillos, prisiones, dispositivos extras del auto. *Hierro incandescente, colado. Camino de hierro (ferrocarril). Ponerle a alguien los hierros. Automóvil con todos los hierros. Hierra, hierre, herrada, herrador, herradura, herrero, herraje, herrar, herrería (ferretería), herrumbre, herrumbroso.*

HIGIENE — Aseo, limpieza, pulcritud, esmero, profilaxis, eugenesia, dietética, preservación, desinfección, desinfectación, desinsectización. *Higiene corporal. Dispensario de higiene infantil. Camión higiénico. Higienización, higienizar(se).*

HIJO — Vástago, retoño, natural, descendiente, nativo, originario, niño, póstumo, entenado, yerno, nuera, unigénito, primogénito, mayorazgo, segundón, benjamín, delfín, heredero, adoptivo, nacido, oriundo, producto, obra, fruto, consecuencia. *Hijo de familia, de religión, de tal persona. Hijastro, hijuela.*

HILARIDAD — Risa, humorismo, jocosidad, risibilidad, algazara, regocijamiento, alegría, jucundidad. *Obra llena de hilaridad. Hilarante.*

HILERA — Serie, formación, orden, columna, escala, gradación, sarta, sartal, ristra, riestra, ramo, cadena, rosario, recua, línea, procesión, ringla, ringlero, lista, restahíla, fila, hilada, tirada, cola, rueda, curso, sucesión, cáfila, desfile. *Hilera de sillas. Hilo, hilada, hilaza, hilar.*

HINCAPIÉ — Reafirmación, reiteración, refuerzo, confirmación. *Hacer hincapié en algo.*

HINCHADO — Abultado, prominente, túrgido, tumefacto, tumescente, hidrópico, mórbido, morboso, abotagado, túmido, reventón, tuberoso, henchido, inflamado, levantado, inflado, soplado, ahuecado, exagerado, hiperbólico, recargado, ampuloso, redundante, pomposo, presumido, vanidoso, pretencioso, ensoberbecido, orgulloso, envanecido, engreído, infatuado. *Pie hinchado de caminar mucho. Hinchado con, por las alabanzas. Hinchar(se), hinchazón.*

HIPNOTIZAR(SE) — Sugestionar, adormecer, dormir, magnetizar, insensibilizar, dar un pase, narcotizar, aletargar, modorrar, amodorrar, producir hipnosis. *Hipnotizar al paciente. Hipnotizarse con la televisión. Hipnótico, hipnotización, hipnotista, hipnotizador.*

HIPOCRESÍA — Fingimiento, falsedad, simulación, doblez, disimulo, engaño, afectación, comedia, engaño, camandulería, ficción, astucia, estratagema, bambolla, impostura, farsa. *Hipocresía de carácter. Hipócrita.*

HIPOTÉTICO — Incierto, infundado, gratuito, dudoso, supuesto, teórico, problemático, conjeturado, conjetural, figurado, probable, posible, presunto, indeciso, disputable, cuestionable, condicional, dubitable. *Caso hipotético. Hipótesis.*

HISTERISMO — Turbación, excitación, nerviosismo, nervosismo, neurosis, perturbación nerviosa, estado de descontrol emocional. *Histerismo del paciente. Histérico.*

HISTORIA — Relato, crónica, relación, narración, anales, fastos, memorias, descripción, epopeya, leyenda, comentarios, tradición, gesta, folklore, genealogía, suceso, incidente, episodio, testimonio, monumento, documento, biografía, autobiografía, efemérides, actas, semblanza, diario, hagiografía, diales, dietario, fábula, patraña, cuento, ficción, hablilla, chisme, enredo, anécdota, epigrama, jácara. *Historia de la Segunda Guerra Mundial. Historiar, histórico, historiador. Dejarse de historias.*

HOGAR — Casa, domicilio, morada, vivienda, familia, techo, horno, brasero, fragua, fogón, chimenea, fuego, hoguera, lar, llar, cocina, campana, forja, fogarín, fogaril, combustión, trampilla, trashoguero. *Artículos para el hogar. Hogar del retirado. Escuela del hogar. Calentarse cerca del hogar. Hogarista, hogareño.*

HOJA — Página, folio, plana, carilla, escrito, gaceta, impreso, diario, lámina, disco, plancha, cuchilla, capa, parte de puerta o ventana, fronda, excrecencia vegetal, cogollo, pétalo, pámpano, repollo, broza, coscoja, frondosidad, espada, puñal, sable. *Hoja del libro, del árbol, de metal. Hoja afilada. Hoja de servicios. Hoja en blanco. Hojear, hojarasca, hojuela, hojalata.*

HOLGAR(SE) Descansar, reposar, aquietarse, abstenerse, holgazanear, haraganear, gandulear, vagabundear, vacar, vagar, feriar, pasear, ociar, vegetar, pajarear, vaguear, descuidarse, alegrarse, divertirse, gozarse, entretenerse, recrearse, regocijarse, matar el tiempo, cruzarse de brazos, papar moscas, hacer novillos, hacer rabona, tumbarse a la bartola, no tener oficio ni beneficio, mirar a las musarañas, pasar el rato, majasear. *Holgar de lo lindo en la oficina. Holgarse con, de la buena noticia. Holgado, holgazán, holgorio (jolgorio), holgura, huelga.*

HOLOCAUSTO — Sacrificio, hecatombe, inmolación, matanza, genocidio, mortandad, carnicería, degollina, ofrenda, dedicación, abnegación, renunciamiento. *Víctimas del holocausto nuclear. En holocausto: (en aras de:).*

HOLLAR — Pisar, pisotear, atropellar, derribar, conculcar, destrozar, patalear, apisonar, humillar, abatir, menospreciar, escarnecer, ajar, manchar, mancillar, mascullar, despreciar, menospreciar, quebrantar, maltratar, degradar, oprimir, sojuzgar, vencer, anonadar, achicar. *Hollar la honra. Huella.*

HOLLEJO — Gollejo, cáscara, cascarilla, pellejo, bagazo. *Quitar el hollejo de la fruta.*

HOLLÍN — Tizne, suciedad, contaminación, polvillo, ceniza, fuminoso. *Filtro del hollín para la chimenea. Cielo sucio del hollín de las fábricas.*

HOMBRE — Individuo, semejante, prójimo, criatura, persona, señor, joven, adulto, anciano, antropoide, miembro del sexo feo, ser racional, varón, macho, *pithecanthropus erectus. Hombre de palabra, de pelo en pecho, de letras, de negocios, de armas tomar, de estado, de mundo, de mar, de pocos recursos, de genio, de bien, de provecho, de corazón. Hombre al agua. Derechos del hombre. ¡Hombre! Hombría, hombradía, hombrear, hombrecillo, hombrón, hombruna, hombracho, hombrecito.*

HOMBROS(S) — Parte superior situada a ambos lados del cuello, espacio lateral de carreteras para estacionamientos de emergencia. *Ser ancho de hombros. Echarse al hombro algo. Encogerse de hombros. Arrimar el hombro. Mirar por encima del hombro. Salir a hombros de la multitud.*

HOMICIDIO — Crimen, asesinato, atentado, muerte, ejecución, parricidio, fraticidio, uxoricidio (conyugicidio). *Homicidio sin atenuantes, con premeditación y alevosía, en cuadrilla, por accidente. Homicida.*

HOMOSEXUAL — Amanerado, persona inclinada a su propio sexo, travestí, invertido, afeminado. *Cliente homosexual. Trabajar con un homosexual. Homosexualidad.*

HONDURA — Barranco, profundidad, sima, pozo, bajo, bajío, bajura, hoyada, concavidad, precipicio, abismo, depresión, granda, caverna, subterráneo, sótano, torca, torcal. *La hondura de la perforación, del problema. Meterse en honduras. Hondo, hondonada, hondón.*

HONOR — Honra, fama, estima, pundonor, renombre, buena reputación, respeto, consideración, vergüenza, decoro, dignidad, caballerosidad, honradez, conciencia, celebridad, fama, aplauso, cargo, empleo, título, distinción, decencia, nobleza, honestidad, amor propio, honrilla, gloria. *El honor de una persona. Por mi honor. Rendir honores a alguien. Honorable, honorabilidad, honorífico, honorar.*

HONRADO — Probo, justo, honesto, íntegro, puro, pulcro, incorruptible, sano, virtuoso, correcto, leal, decente, honorable, enaltecido, realzado, premiado, condecorado, ennoblecido, favorecido, encumbrado, venerado, respetado, apreciado, estimado, urbano, cortés, bien mirado. *Honrado de todos, en su país, con su amistad. Honradez, honrar(se), honra, honras, honroso, honrilla.*

HORA(S) — Vigésima cuarta división del día, tiempo, momento, instante, mediodía, medianoche, meridiano, media, cuarto, minuto, segundo, oraciones, muerte, exactitud, decurso, terminación. *Hora de verano.*

Preguntar por la hora. Horas de consulta, En buena hora. Fuera de horas. Dar la hora. Llegar la hora. Poner el reloj en hora. Hora de llegar, de comer, de cenar. Hora y media, y cuarto, y tantos minutos y segundos. Libro de horas. Venir a última hora. Hacer algo durante una hora. ¡Ya era hora! ¿Qué hora es, será? Horario. Hora punta. Hora nona. Hora de la verdad.

HORIZONTALMENTE — Boca arriba, boca abajo, a nivel, de bruces de modo yacente, plano, supino o tendido, ras con ras. *Horizonte, horizontal, horizontalidad.*

HORRIBLE — Horroroso, siniestro, monstruoso, pavoroso, repulsivo, repugnante, torvo, fiero, espeluznante, aterrador, espantoso, tremebundo, execrable, imponente, apocalíptico, estremecedor, horrendo, atroz, abominable, truculento, terrible, terrorífico, terrífico. *Horrible en, por, a causa de la fealdad. Horripilar, horripilante.*

HOSPEDAJE — Alojamiento, albergue, acogimiento, refugio, hotel, hostal, hostería, aposentamiento, posada, parador, fonda, cotarro, pensión, casa de huéspedes, asilo. *Hospedaje por noche. Hospedería, hospedar(se), hospedador, hospedadero, hospital, hospitalario, hospitalidad, hospicio.*

HOY — Actulamente, ahora, al presente, en este momento, en esta hora, en este día, en la actualidad, a la sazón, por ahora.

HUELGA — Paro, cesación del trabajo, decisión conjunta de inactividad, suspensión voluntaria del trabajo, táctica laboral, paralización de actividades. *Huelga general, huelga de brazos caídos. Estar en huelga. Huelguista.*

HUELLA — Impresión, marca, traza, estela, paso, pisada, pista, señal, surco, carril, rodada, estampa, signo, vestigio, rastro, pedrada, cardenal, morado, herida, cicatriz, golpe, ramalazo, reliquia, residuo, estigma, costurón, tatuaje, quemadura, uñada, picazo, verdugón, contusión, ralladura, arañazo, memoria, recuerdo, evocación, indicación, carácter. *Huella del delito, del choque, de los años. Huella de las reses.*

HUERTA — Vega, vergel, granja, siembra, estancia, conuco, sembrado, cercado, cigarral, pomar, tierra de regadío, ribera, labranza, barbecho, sementera, sembradura. *Huerta de Valencia. Huertano, huerto, huertezuela, hortelano, hortal, hortaliza, horticultura.*

HUÉSPED — Alojado, pasante, pupilo, convidado, pensionista, comensal, invitado, pegado, gorrón, parásito. *Huésped de alguien en casa.*

HUÍDA — Fuga, escapada, escape, escapatoria, ausencia, evasión, deserción, éxodo, estampida, escabullimiento, escabullida, pira, evasión, liberación, desaparición. *Huída por la puerta falsa, de un lugar. Huída del presidio, con cómplices, a cierto lugar. Huir, huidor, huidizo.*

HUMANIDAD — Género humano, todos los hombres, naturaleza humana, generación, linaje humano, condición humana, carne, carnalidad, flaqueza, sensualidad, fragilidad, sensibilidad, misericordia, piedad, compasión, caridad, bondad, filantropía, afabilidad, benignidad, amabilidad, mansedumbre, corpulencia, gordura, mole, obesidad. *Socorrer a los heridos por humanidad. Benefactor de la humanidad. Reposar su humanidad. Humano, humanamente, humanar(se), humanizar(se), humanización, humanidades, humanista, humanismo.*

HUMEDECER(SE) — Mojar, bañar, rociar, chapotear, impregnar, calar, empapar, sumergir, regar, ensopar, salpicar, rezumarse, infiltrarse, embeberse, estar hecho una sopa. *Humedecer con, en un líquido. Humedad, húmedo, humectar, humectación, humectante, humidificador, humidificar, húmido.*

HUMILDAD — Recato, reserva, modestia, timidez, vergüenza, encogimiento, sumisión, rendimiento, acatamiento, docilidad, modestia, pobreza, bajeza. *Humildad de su origen, en su expresión. Humilde, humillante, humillar(se), humillante.*

HUMO — Vapor, gas, fumarola, exhalación, tufo, fumada, bocanada, fulígine, fumarada, hollín, fumosidad, tizne, suciedad, *smog*, contaminación, ceniza, nubosidad. *Salir humo de un lugar. Bajar los humos a uno. Subírsele los humos a alguien, a la cabeza. Humareda, humazo, humarada, humillo, humarazo, humoso, humeante.*

HUMOR — Secreción, flema, linfa, serosidad, flujo, mucosidad, sangre, pus, destilación, fluxión, edema, saliva, sudor, aguanosidad, aguaza, babilla, cerumen, corrimiento, transpiración, supuración, expectoración, bilis, grasa, emunción, carácter, genio, índole, condición, talante, gracejo, agudeza, gracia, jovialidad, chiste. *Tener humor en las heridas. Estar de humor, buen, mal humor. Humorista, humorada, humorismo, humorístico.*

HUNDIMIENTO — Naufragio, desplome, desplomamiento, caída, ruina, cataclismo, catástrofe, depresión, derrumbe, derrumbamiento, inmersión, sumersión, enterramiento, entierro, postración, debilitación, descaecimiento. *El hundimiento de un barco, de una empresa, de una persona. Hundir a alguien, en un líquido (o en sentido figurado). Hundirse en el cieno, lodo, fango. Hundido.*

HURACÁN — Ciclón, tifón, tornado, manga de viento, rabo de nube, vendaval, galerna, perturbación, borrasca, torbellino, tromba. *Huracán de octubre. Huracanado.*

HURGAR(SE) — Revolver, menear, tocar, tentar, sobar, tantalear, sobajar, tambalear, mover, remover, manosear, palpar, incitar, conmover, excitar, azuzar, atizar, enzarzar, pinchar. *Hurgar en la bolsa. Hurgarse los bolsillos. Hurgar en la multitud los odios. Hurgón, hurgonear, hurgoneador.*

HURTO — Robo, malversación, fraude, latrocinio, pillaje, rapiña, timo, plagio, ratería, cleptomanía, ladrocinio, sisa, piratería, explotación, sustracción, estafa, desfalco, despojo, atraco, depredación, saqueo. *Hurto en la venta. Hurtar en el precio. Hurtarse de los demás (ocultarse). A hurtadillas (a escondidas).*

HUSMEADOR — Fisgón, fisgador, oledor, oliscador, curioso, entremetido, entrometido, indiscreto, indagador, inquisidor, inquiridor, escudriñador, investigador, averiguador, explorador, pesquisador, detective, ventor, escarbador, candiletero, metido, rastreador, olfateador, sondeador, barruntador. *Husmeador de oficio. Husmear, husmeo, husmo.*

I

IBÍDEM — En el mismo lugar, allí mismo.

ICONOCLASTA — Bárbaro, vándalo, vandálico, hereje, destructor, destrozador de imágenes, revolucionario, opositor al viejo orden. *Ser iconoclasta. Iconoclastia. (Iconografía, icono).*

IDA — Partida, marcha, viaje, traslación, trasladación, mudanza, transporte, tránsito, traslado, impulso, arranque, prontitud, ímpetu, ataque. *La ida para Europa. Dejar algo en la ida. Estar una persona ida.*

IDEA — Representación, imagen, arquetipo, tipo, modelo, paradigma, noción, concepto, impresión, intuición, pensamiento, rudimento, vislumbre, fantasía, sospecha, tema, conjetura, conocimiento, comprensión, imaginación, obsesión, quimera, juicio, opinión, intención, propósito, inventiva, reflexión, capricho, diseño, esbozo, disposición, proyecto, plan, croquis, bosquejo. *Idea del problema. Persona de idea(s). Tener idea de hacer algo. Ideas afines. Idear, ideario, ideal, idealmente, idealista, idealizar, ideología.*

IDÉNTICO — Mismo, propio, uno, equivalente, intercambiable, análogo, similar, parecido, semejante, uniforme, homogéneo, congénere, exacto, igual, monótono. *Idéntico a algo, en la forma. Identidad de dos objetos.*

IDENTIFICACIÓN — Señas personales, filiación, ficha, dactiloscopia, cédula, carnet, carné, tarjeta, distintivo, membrete, brazalete, letrero, unificación, fusión, determinación, unión. *Llevar la identificación arriba. Señalar con una identificación a algo o a alguien. La identificación de un problema, de una persona con otra.*

IDENTIFICAR(SE) — Determinar, hallar, uniformar, hermanar, coincidir, unificar, homogeneizar, confundirse, reconocer, distinguir, unirse, ser todo uno, ser del mismo paño, compenetrarse. *Identificar entre varios. Identificarse con los empleados. Identificar un estudio con otro.*

IDILIO — Amorío, *flirt*, noviazgo, enamoramiento, coloquio amoroso, galanteo, coqueteo, requiebro, amartelamiento, composición poética. *Mantener un idilio con alguien. Idílico.*

IDIOMA — Lengua, lenguaje, habla, palabra, dialecto, argot, jerga, caló, jerigonza. *Idioma nacional. Hablar en otro idioma. Idiomático.*

IGNORADO — Desconocido, secreto, oculto, anónimo, incógnito, incierto, inexplorado, ignoto, escondido. *Ignorado de los suyos.*

IGNORANTE — Lego, analfabeto, iletrado, iliterato, indocto, indocumentado, inculto, atrasado de noticias, necio, insulso, ineducado, zafio, alcornoque, asno, burro, simple, mentecato, obtuso, bestia, monigote, idiota. *Ignorante de su situación, en su profesión. Ignorancia.*

IGNORAR — Desconocer, no saber, no comprender, no entender, no tener la menor idea, estar en pañales, no saber ni jota, no saber de la misa la mitad; estar en blanco, en albis; andar al tuntún, a oscuras, en ayunas, carecer de conocimiento o de noticias de algo, no saber lo que se trae entre manos, no saber donde tiene la mano, los ojos. *Ignorar la fecha de algo.*

IGUAL — Par, parigual, parejo, sinónimo, conforme, equivalente, equipolente, gemelo, homófono, homónimo, paralelo, consonante, constante, invariable, regular, liso, llano, raso, uniforme. homogéneo, relacionado, proporcionado; signo matemático. *Igual a otro, en tal aspecto. Seguir el terreno igual que antes. Pago igual por labor igual. Tratar como su igual. Comunicarse con sus iguales. 3 + 1 = 4 (tres más uno igual a* *cuatro). Dar igual. Igualación, iguala. Igualatoria, igualada, igualdad. Igualamiento. Igualador.*

IGUALAR(SE) — Equiparar, empatar, aparejar, aparear, rasar, nivelar, uniformar, equilibrar, identificar, promediar, contrapesar, balancear, equivalerse, correr parejo, aplanar, allanar, explanar, convenirse, ajustarse, pactarse, transaccionar. *Igualar(se) a, con otro en alguna cosa.*

IGUALMENTE — Indistintamente, de modo semejante, semejantemente, similarmente, de modo similar, con este tenor, de este tenor, en este tenor, lo mismo, así, asimismo, también, por parejo, parejamente, mitad y mitad, mano a mano, brazo a brazo, tal para cual, ras con ras, ídem, ídem de ídem, tanto, a la par. *Por igual. Al igual. A la iguala.*

ILEGAL — Ilícito, prohibido, clandestino, inmoral, malo, no permitido, subrepticio, atentatorio, indebido, injusto, inconstitucional, desaguisado, desordenado, espurio, falso, mentido, de mala ley, ilegítimo, bastardo, postizo, incierto. *Entrada ilegal. Ilegal en, para el comercio.*

ILEGIBLE — Indescifrable, ininteligible, incomprensible, ser chino para mí. *Manuscrito ilegible.*

ILESO — Indemne, intacto, incólume, invulnerable, libre, inexpugnable, salvo, sano, incorrupto, saludable, exento, puro, inatacable. *Resultar ileso de la contienda, en el choque.*

ILÓGICO — Desatinado, absurdo, infundado, irrazonable, descabellado, inverosímil, contradictorio, sofístico, paradójico, disparatado, inconsecuente, contra la naturaleza, antinatural, improbable. *Argumento ilógico.*

ILUMINACIÓN — Alumbrado, luz, alumbramiento, luminaria, luminosidad, resplandor, irradiación, fulgor, fulgencia, refulgencia, luminiscencia, lustre, brillo, brillantez, fluorescencia, claridad, fulguración, centelleo, encandilación, encandilamiento, destello, relampagueo, fosforescencia, radiosidad. *Iluminación con lámparas de mercurio. Iluminar(se), iluminador, iluminadamente, iluminaria.*

ILUSIONAR(SE) — Fiar, alimentar, confiar, acariciar, ensoñar, afanar, anhelar, esperar, desear, forjarse ilusiones, engañarse, alucinarse, fantasear, figurarse, quimerizar, soñar despierto, ver visiones, delirar, mirar un espejismo, soñar con utopías, ver todo de color de rosa, llenarse la cabeza de humo, levantar castillos en el aire. *Ilusionar a la gente. Ilusionarse con promesas. Ilusión, ilusionista, iluso, ilusorio, ilusivo.*

ILUSTRAR(SE) — Iluminar, educar, instruir, imponer, iniciar, adoctrinar, enseñar, formar, documentar, civilizar, inculcar, explicar, explanar, aclarar, dilucidar, esclarecer, glorificar, engrandecer, ennoblecer, alabar, realzar, afamar. *Ilustrar con un informe acabado. Ilustrarse en algo. Ilustración, ilustre, ilustrado.*

IMAGEN — Idea, representación, simulacro, figuración, representación, especie, semejanza, ficción, reflejo, efigie, estatua, figura, estampa, grabado, retrato, pintura, lámina, dibujo, modelo, imitación, copia, parecido, reproducción, símbolo, emblema, tropo, metáfora, descripción, icono, ídolo. *Hecho a su imagen. Imagen de alguien. Imaginable, imaginación, imaginar(se), imaginario, imaginativo.*

IMBRICAR — Superponer, solapar, asolapar, traslapar, montar, encaballar, rebasar, cubrir, pisar. *Imbricar el tejido. Imbricación.*

IMBUIR — Inculcar, infundir, infiltrar, inspirar, sugerir, inclinar, comunicar, persuadir. *Imbuir a alguno de, en consejos provechosos.*

IMITACIÓN — Trasunto, emulación, remedo, falsificación, plagio, contrahechura, contrahacimiento, eco, facsímile, parodia, caricatura, repetición, mimetismo, calco, onomatopeya, rutina, reminiscencia, fingimiento, artificio, oropel, afectación, copia. *Imitación de un Picasso. Avance por imitación. Imitar, imitador.*

IMPACIENCIA — Desasosiego, intranquilidad, excitación, urgencia, inquietud, desesperación. *Impaciencia por la tardanza. Impacientar(se), impaciente.*

IMPACTO — Choque, golpe material, balazo, bombazo, penetración, sacudida, pegada, colisión, consecuencia, efecto, repercusión, reflejo. *Caer bajo el impacto de los puños. Impacto sobre, en la economía de algo. Muela impactada. Impacción.*

IMPALPABLE — Sutil, intangible, etéreo, imperceptible, tenue, incorpóreo, inmaterial, invisible, microscópico, aéreo, menudo, minúsculo. *Elemento impalpable.*

IMPARCIAL — Neutral, equitativo, recto, íntegro, justo, justiciero, honesto, insobornable, incorruptible, sereno, ecuánime, honrado, desapasionado. *Imparcial en sus juicios, con las partes litigantes. Imparcialidad.*

IMPEDIDO —Tullido, paralítico, inválido, baldado, imposibilitado, entumecido, inútil, incapacitado, inhabilitado, anquilosado. *Persona impedida.*

IMPEDIMENTA — Bagaje, bártulos, equipaje, bultos, maletas, paquetes, sacos, mochilas, macutos. *Librarse de la impedimenta.*

IMPEDIMENTO — Obstáculo, estorbo, inconveniente, veto, traba, dificultad, óbice, resistencia, embargo, fuerza mayor, barrera, valladar, tope, tropiezo, embarazo, escollo, empacho, engorro, atascadero, freno, atolladero, rémora. *Impedimento para trabajar. Impedir, impeditivo, impediente.*

IMPELER — impulsar, empujar, propulsar, lanzar, mover, arrastrar, estimular, achuchar, arrojar, aventar, aguijonear, incitar, animar, instigar, pinchar. *Impeler a viajar por el anuncio.*

IMPENSADAMENTE — De repente, de improviso, de sopetón, inadvertidamente, imprevistamente, de modo imprevisto, espontáneamente, ingenuamente, improvisadamente. *Sin pensarlo. Impensado.*

IMPERATIVO — Categórico, coactivo, preceptivo, perentorio, conminatorio, prescriptivo, exigente, dominante, autoritario, avasallador, mandatorio, imperioso; modo verbal. *Imperativo en sus disposiciones. Imperar, imperante.*

IMPLICAR(SE) —Envolver, contener, enredar, traer consigo, conllevar, suponer, significar, resultar, inferir, proyectar, repercutir. *Implicar a alguien en un crimen. Implicar(se) de ciertos hechos. Implicación.*

IMPLÍCITO — Incluido, tácito, expreso, virtual, contenido, sobrentendido, comprendido, dado por descontado. *Implícito en la pregunta.*

IMPLORAR — Rogar, impetrar, instar, clamar, exhortar, suplicar, invocar, pedir, solicitar, apelar, orar, echarse a los pies. *Implorar de alguien un favor. Imploración.*

IMPORTANCIA — Monta, precio, valor, cuantía, magnitud, trascendencia, calidad, alcance, consideración, peso, autoridad, sustancia, meollo, gravedad, significación, entidad, fundamento, médula, entrañas, espíritu, esencia, categoría, fuste, crédito, influencia, enjundia, estimación, grandeza, poder, excelencia, vanidad, presunción, fatuidad, suficiencia. *Importancia de aprender. Tener importancia por tal causa. Importancia vital. Darse importancia.*

IMPORTAR — Convenir, significar, interesar, tener que ver, montar, ascender, valer, elevarse, introducir, traer, llevar consigo, merecer la pena, venir a cuento, hacer el caso, figurar, pintar, ser el todo. *Importar una cuestión en tal momento, para todos, por su valor. Importar de otra nación. Importar tanto la cuenta. Importarle un bledo, un pepino, a alguien. Importe. Importación. Importante.*

IMPRESO — De molde, modelo, formulario, planilla, patrón, hoja, esquema, ejemplar, edición, libro, folleto, cuaderno; editado, tirado, publicado, estampado. *Entregar, llenar el impreso. Libro impreso en tal fecha. Imprimir, imprimido, impresor, imprenta, impresión, impresionar(se), impresionable.*

INCIDENTE — Caso, ocurrencia, eventualidad, circunstancia, acontecimiento, suceso, ocasión, evento, acaecimiento, casualidad, emergencia, litigio, riña, cuestión, discusión, inconveniente. *Salir sin incidente. Incidencia, incidir, incidentalmente.*

INCLINACIÓN — Reclinación, declinación, sesgo, sesgadura, oblicuidad, desnivel, derrame, escora, declive, rampa, talud, tendencia, desviación, proclividad, afecto, apego, propensión, afición, querencia, vocación, índole, disposición, inspiración, saludo, reverencia. *Inclinación al estudio. Inclinación del barco. Despedirse con una inclinación. Inclinar(se), inclinado.*

INCLUIR(SE) — Englobar, encerrar, contener, adjuntar, abrazar, refundir, abarcar, insertar, entretejer, ingerir, introducir, circunscribir, encuadrar, enclavar, importar, entrañar, suponer, embeber, implicar, consistir en, caer dentro de, llevar consigo. *Incluir en el pedido. Incluirse los gastos. Incluirse entre los honrados. Incluido, inclusive, incluso, inclusivo, inclusivamente.*

INCONDICIONAL — Absoluto, sin restricciones, ilimitado, total, sin requisitos, categórico, omnímodo, formal, secuaz, adepto, prosélito, partidario. *Incondicional en su servicio. Rendición incondicional. Seguidor incondicional.*

INCONSCIENTE — Instintivo, irreflexivo, involuntario, automático, maquinal, reflejo, indeliberado, aturdido, atolondrado, precipitado, alocado, caprichoso, atropellado, inconsulto, subjetivo, subconsciente, autómata. *Inconsciente en el peligro. Inconsciente de su mal. Contenidos del inconsciente. Inconsciencia.*

INCONSTANTE — Infiel, inestable, volátil, informal, voluble, inconsecuente, vario, variable, mudable, mudadizo, movedizo, alocado, novelero, frívolo, desigual, ligero, liviano, flaco, tornadizo, frágil, errátil, veleidoso, inseguro. *Inconstante en el trabajo, para el estudio. Inconstancia.*

INCONTINENCIA — Liviandad, lujuria, lubricidad, lascivia, sensualidad, concupiscencia, desenfreno, libertinaje, carnalidad, vicio. *Incontinencia reprochable. Incontinencia urinaria. Incontinente.*

INCONTINENTI — Pronto, en seguida, inmediatamente, al punto, sin demora, sin tardanza, luego, al instante, al momento, sin dilación.

INCORPORAR(SE) — Afiliar, agremiar, admitir, recibir, colegiarse, unir, reunir, agregar, añadir, entrar, ingresar, ser de, pertenecer a, alzarse, alistarse, sumarse, asociarse, adjuntar, aunar, fusionar, anejar, agavillar, juntar, inscribirse, formarse, escribirse, mezclar, concentrar. levantarse. *Incorporar una cosa a, con, en otra. Incorporarse a las fuerzas armadas, con tiempo, sin impedimento, en la cama. Incorporación.*

INCUMBENCIA — Cargo, atribución, competencia, obligación, jurisdicción, provincia. *Ser de su incumbencia.*

INCUMBIR — Concernir, competer, corresponder, tocar, pertenecer, interesar, atañer, importar, atribuir. *Incumbir una cosa a uno.*

INDELIBERADAMENTE — Irreflexivamente, intuitivamente, maquinalmente, por instinto, a troche y moche, a ciegas, de carretilla, exabrupto, de pronto, al buen tuntún, de golpe y porrazo, sin más ni más, a lo que salga.

INDEMNIZAR(SE) — Compensar, resarcir, reparar, subsanar, desagraviar, enmendar, recompensar, recobrar, corresponder, contrapesar, quedar en paz. *Indemnizar en metálico, por las pérdidas sufridas. Indemnizarse los daños. Indemnización.*

INDICACIÓN — Señal, denotación, asomo, advertencia, instrucción, manifestación, barrunto, predicción, conjetura, aviso, marca, sello, signo, contraste, pinta, lunar, muesca, tatuaje, tarja, símbolo, rótulo, insignia, llamada, referencia, remisión, registro, inscripción, reclamo, asterisco, obelisco, ojo, nota, bis, pique, cruz, alarma, sirena, toque, faro, bandera, disco, jalón, mojón, hito, guía, poste, pilar. *Indicación de terminar. Indicar, indicador, indicio, indicante, indicativo.*

ÍNDICE — Catálogo, repertorio, tabla, lista, sílabo, indicio, muestra, señal, enumeración, sumario, puntero, manecilla. *Índice de un libro, de inflación. Indiciador.*

INDUMENTARIA — Vestimenta, ropaje, vestido, vestidura, paños, trapos, ajuar, guardarropa, galas, terno, jaez, prenda, ropa. *Indumentaria de, para caballeros.*

INFANCIA — Puericia, niñez, menor edad, primer estado de algo, conjunto de niños, lactancia, dentición, pañales, albor de la vida, primera edad, pequeñez, baba, edad de gatear, edad de la inocencia o pureza. *Infancia feliz. Jardín de la infancia. Infantil, infante, infanta, infantería.*

INFECCIÓN — Contagio, contaminación, epidemia, inoculación, propagación, plaga, ataque, miasma, bacteria, microbio, virus, germen, caso, corrupción, perversión. *Infección al, del, en el hígado. Recluido por la infección. Infectar(se), infecto, infestación, inficcionar, infestar(se).*

INFERIOR —Subalterno, subordinado, secundario, dependiente, sujeto, mediano, accesorio, insignificante, ínfimo, menor, mínimo, desventajado, bajo, peor, imperfecto, malo, doméstico, criado, siervo, servidor. *Inferior a otro, en talento. Inferioridad.*

INFLACIÓN — Desvalorización, baja, mengua, depreciación, infatuación, hinchazón, ensorbecimiento, envanecimiento, engreimiento. *Disminuir el poder adquisitivo por la inflación. No soportar la inflación de alguien. Inflar(se), inflacionario.*

INFLUENCIA — Ascendiente, prestigio, poder, privanza, efecto, dominio, potestad, preponderancia, valimiento, crédito, vara alta, valía, amistad, peso, camarilla. *Influencia con el jefe, Infliur(se), influjo, influyente.*

INFORMACIÓN — Conocimiento útil, exposición, indagación, investigación, comunicación, testimonio, revelación, declaración, encuesta, aviso, pesquisa, despacho, nota, dictamen, referencia, confidencia, especie, gacetilla, notificación, noticia, reportaje, novedad, advertencia, aviso. *Información del extranjero, sobre finanzas, por cable. Informar(se), informativo, informe.*

INMINENTE — Inmediato, inaplazable, cercano, próximo, pronto, imperioso, perentorio, apremiante, amenazador. *Lluvia inminente. Inminencia.*

INSCRIPCIÓN — Etiqueta, marbete, rótulo, leyenda, cartel, letrero, lápida, matrícula, padrón, emblema, epitafio, epigrama, epígrafe, apuntación, piedra, dedicación, registro, consignación, anotación, grabación, trazo, asiento, alta, abonamiento, apuntamiento, enganche, suscripción, trazado, afiliación, fecha. *Inscripción en el partido, para la rifa. Inscribir(se), inscrito, inscripto.*

INSENSIBILIZAR(SE) — Anestesiar, narcotizar, embotar, atontar, cloroformizar, adormecer, endrogar, entorpecer, parecer roca, ser peña, quedar sin sentido, perder el conocimiento, desmayarse. *Insensibilizar la encía. Insensibilizarse por tanto dolor. Insensible, insensibilidad.*

INSIDIA — Maquinación, trampa, emboscada, celada, encerrona, lazo, engaño, zancadilla, asechanza, acecho, asechamiento, intriga, estratagema, perfidia, traición. *Atento a la insidia. Avisado de la insidia. Insidioso, insidiador.*

INSIGNIA — Distintivo, emblema, divisa, lema, marca, pendón, estandarte, banderín, pendón, bandera, enseña, trofeo, signo, señal, pabellón, gallardete. *Ponerse la insignia en la solapa. Tremolar la insignia en el asta, del barco.*

INSINUACIÓN — Alusión, sugerencia, sugerimiento, reticencia, sugestión, instigación, eufemismo, rodeo, ambigüedad, medias palabras, indicación, indirecta. *Dejar caer la insinuación a media voz, con un susurro, sinuosidad. Insinuar(se), insinuante.*

INSTRUIR(SE) Educar(se), ilustrar(se), aleccionar(se) adiestrar(se), adoctrinar(se) doctrinar(se) iniciar(se), enseñar, cultivar, informar(se), enterar(se), advertir. *Instruir a alguien, de, en sobre alguna cosa, con el ejemplo. Instruirse de la situación. Instruido, instructor, instructivo.*

INSTRUMENTO — Utensilio, artefacto, aparato, apero, arma, medio, maquinaria, útil, herramienta, máquina, ingenio, mecanismo, dispositivo. *Instrumento para pulir. Instrumentar, instrumental, instrumentación.*

INSURRECCIÓN — Insubordinación, alzamiento, levantamiento, pronunciamiento, motín, amotinamiento, revuelta, cuartelada, cuartelazo, revolución, rebelión, sublevación, sedición, asonada, tumulto. *Dominar la insurrección. Formar parte de la insurrección. Insurrecto, insurgente, insurreccionar(se).*

INTELECTUAL — Sabio, erudito, docto, estudioso; mental, especulativo, teórico, teorético, espiritual, intelectivo. *Reunión de intelectuales. Aspecto intelectual. Intelecto, intelectualmente.*

INTERÉS — Provecho, utilidad, rédito, lucro, ganancia, ventaja, logro, producto, rendimiento, atractivo, atracción, curiosidad, inclinación, importancia, atención, afecto. *Interés por avanzar, en la profesión. Mostrar interés en el candidato. Interés en la inversión. Interesar(se), interesante, interesado.*

INTERESES — Fortuna, caudal, bienes, hacienda, ganancias, propiedades, participación. *Proteger los intereses. Intereses en la empresa.*

INTERFERIR — Interponer algo, situar algo en el camino, entorpecer, impedir. *Interferir la onda. Interferencia.*

INTERINO — Pasajero, provisional, temporal, transitorio, momentáneo, precario, fugaz, breve, periódico; transeúnte, sustituto, suplente, provisorio. *Secretario interino. Interinidad, interín.*

INTERIORIDAD — Intimidad, seno, fuero interno, centro, corazón, alma, entrañas, núcleo, médula, conciencia, fondo, ánimo, hueco, vacío, profundidad, concavidad. *En la interioridad de una persona. Interno, interior, internar(se).*

INTERIORMENTE — Intrínsecamente, por dentro, adentro, dentro, secretamente, profundamente, subjetivamente.

INTERMITENTE — Discontinuo, esporádico, interrumpido, aislado, irregular, entrecortado, suspensivo; señal, indicador. *Luz intermitente. Intermitente del automóvil.*

INTERPRETACIÓN — Explicación, atribuir, sentido a algo, exégesis, comentario, sentido, inteligencia, significación, traducción, hermenéutica, justificación, glosa, paráfrasis, analogía, lección, exposición, análisis, recital, concierto, arreglo musical. *Interpretación del mensaje. Interpretar(se), intérprete, interpretante.*

INUTILIZAR(SE) — Invalidar, incapacitar, anular, abolir, desautorizar, inhabilitar, perderse, malograrse, arrinconar(se), desechar(se), pasarse, abrogar, sobrar, estar de más, hablar por hablar, gastar saliva, gastar pólvora en salvas, no echarse nada en el bolsillo, perder el tiempo. *Inutilizarse en un accidente. Inutilizar la herramienta con el golpe. Inútil, inutilidad.*

INVERTIR — Colocar, ocupar, emplear, destinar dinero, volcar, subvertir, trocar, tumbar, voltear, contraponer, alterar, cambiar, trastornar, trastrocar, entornar. *Invertir en bienes raíces. Inversión, inverso, invertido, inversionista, inversor.*

IR(SE) — Marchar, asistir, acudir, conducir, seguir, correr, recorrer, echar por, guiar, cambiar, viajar, visitar, transportar, caminar, andar, llegar, pasar, obrar, proceder, deslizarse, gastarse, consumirse, perderse, morirse, moverse, dirigirse, trasladarse, encaminarse, trasplantarse, extraviarse, ahuecar el ala, largarse, espantar el mulo, levantar el campamento. *Ir(se) a, hacia tal lugar, bajo custodia, con alguien, contra alguno, de una parte a otra, en avión, entre maletas, hasta tal punto. Ir para viejo, por tal camino, por comida, tras un delincuente. Irse en paz, por su propia voluntad, hacia el otro mundo. Irse de entre las manos. Ir con, contra la corriente. Irle a la contra(ria) a alguien. Irse un hilo de la media. Irse a las manos. Irse con la música a otra parte. Irse por el camino viejo.*

ITINERARIO — Recorrido, ruta, guía, dirección, camino, pasaje, trayecto. *Itinerario de trenes. Itinerante.*

IZQUIERDO — Siniestro, torcido, zurdo. *Brazo izquierdo. Doblar a la izquierda. Izquierdista.*

J

JABONADURA — Mano de jabón, fregado, enjabonado, enjabonadura, saponificación, lavado. *Producir espuma y burbujas en jabonadura. Jabón, jabonera, jabonar(se), jabonería, jabonero, jabonoso, jabonador, jaboncillo.*

JACTARSE — Alabarse, glorificarse, ufanarse, enorgullecerse, pavonearse, preciarse, farolear, blasonar, darse tono, presumir, cacarear, hacer gala, pagarse, alardear, envanecerse, darse pisto, hacer el paripé. *Jactarse de listo. Jactancioso, jactancia.*

JADEANTE — Sofocado, sin poder respirar, fatigoso, acezante, cansado, anhelante, echando los bofes. *Jadeante de tanto correr. Jadear.*

JALEO — Alboroto, bulla, jarana, riña, parranda, fiesta, francachela, juerga, diversión, farra, jolgorio, fandango, bullicio, estrépito, batahola, barahunda, bullanga. *Jaleo en la población, por la feria.*

JAMÁS — Nunca, ninguna vez, en la vida, en ningún tiempo. *(En) jamás de los jamases.*

JEFE — Superior, director, patrono, líder, cacique, paladín, autoridad. rector, señor, cabeza, principal, gerente, encargado, preboste, presidente, regente, gobernador, caudillo, adalid, cabecilla, guía, regente, mandamás. *Jefe de, en una conferencia. Jefatura.*

JERARQUÍA — Grado, graduación, rango, orden, clase, categoría, cargo, escala, dignidad. *Jerarquía en, por los méritos. Jerárquico.*

JERGA — Jerigonza, argot, caló, germanía, galimatías, cantinflismo, jacarandana, chino. *Jerga estudiantil.*

JET — Avión a reacción, a chorro, de retropropulsión, avión de reacción, reactor. *Viajar en jet.*

JORNADA — Trayecto, viaje, ruta, camino, caminata, trecho, excursión, expedición, marcha, correría, viaje, tránsito, itinerario, horario, trabajo, diario, lance, ocasión, acto, día, caso, coyuntura, lance, circunstancia, obrada, oportunidad. *Jornada de trabajo. Jornal, jornalero.*

JUNTA — Asamblea, congreso, sociedad, grupo, conjunto, reunión, mitin, congregación, comité, consejo, asociación, sesión, cónclave, pandilla, peña, pléyade, corro, rueda, coro, tertulia, piña, conciliábulo, gobierno colectivo. *Estar en junta. Junta de educación. Junta militar. Juntamento.*

JUNTAMENTE — A la par, a la vez, al mismo tiempo, a una, al unísono, solidariamente, junto.

JUNTAR(SE) — Aunar, reunir, agrupar, amontonar, asociar, aparear, añadir, atar, ligar, concentrar, coordinar, casar, combinar, unificar, pegar, conectar, ensamblar, arracimar, acercarse, arrimarse, acompañarse, amancebarse. *Juntar una cosa a, con otra. Juntarse a tratar algo, con una persona, en tal lugar, por la tarde. Juntarse para dividir gastos.*

JUNTO — Contiguo, adyacente, cercano, próximo, unido, vecino, inmediato, adscrito, inherente, anexo, solidario, conexo, pegado, adjunto, allegado, al alcance, a mano, a la mano, a dos pasos, cerca, por ahí, a raíz, próximamente, al lado. *Apartamentos bien juntos. Salir juntos. Estar junto a, con, otro.*

JUZGAR — Calificar, enjuiciar, decidir, sentenciar, fallar, conceptuar, reputar, considerar, dictaminar, pronunciar, arbitrar, decretar, condenar, tener por, apreciar, creer, estimar, emitir, opinar, discernir, valorar, criticar, censurar. *Juzgar al reo, de tal delito, por las apariencias, entre partes, en tal materia. Juzgado, juzgador.*

K

KERMESSE — Tómbola, verbena, rifa, feria, fiesta, festival. *Vender boletos o papeletas para la kermesse.*

KILO — Kili, prefijo para indicar mil, forma breve de kilogramo, centavo. *Kiliárea, kilociclo, kilográmetro, kilogramo, kilolitro, kilómetro, kilómetro cuadrado, kilovatio (kilowatt).*

KILOMÉTRICO — Larguísimo, de larga duración, relativo al kilómetro, lo de nunca acabar. *Discurso kilométrico. Kilometraje.*

KIMONO — Quimono, túnica japonesa, bata, batín, salto de cama. *Salir en kimono.*

KIOSCO — Quiosco, garita, pabellón, templete, emparrado, glorieta, mirador, cenador, pérgola, puesto. *Kiosco de helados. Vender en el kiosco.*

L

LABERINTO — Enredo, maraña, caos, lío, complicación, confusión, dificultad, meandro, dédalo, enmarañamiento. *Meterse en un laberinto. Tortuoso como un labertinto. Laberíntico.*

LABIA — Verbosidad, facilidad, locuacidad, verborrea, pico de oro, oratoria, retórica, desparpajo, facundia, palique, parla, parola, palabrería, persuasión, gracia. *Labia para vender. Labio, labial, labializar, labiodental, labiado.*

LABOR — Trabajo, tarea, faena, obra, lucubración, quehacer, cultivo, oficio, obra de coser o bordar, ocupación, arte, reja, excavación, cava, adorno, afán, mano de obra, estudio. *Ir a la labor. Hacer una labor encomiástica. Laborioso, laborio, labrar, labrador, labrantía, laboreo, laborar, laborante, labradero, labrado, laboriosidad, laboratorio, labranza, labriego, laboral, laborable.*

LACÓNICO — Breve, sucinto, compendioso, sobrio, parco, sintético, abreviado, sumario, condensado, conciso, preciso, seco, sinóptico, restricto, corto. *Lacónico en su expresión. Laconismo.*

LACTANCIA — Crianza, amamantamiento, mamada, etapa infantil. *Época de la lactancia. Lactar, lactación, lácteo, lactario, laticíneo, láctico, lactescente, lactífero, lactante, lactosa, lactina.*

LÁMINA — Plancha, tabla, chapa, hoja, placa, disco, tajo, rodaja, tejo, lonja, loncha, fleje, plano, hojuela, pintura, figura, dibujo, efigie, estampa, litografía, grabado, cromo. *Lámina de aluminio. Lámina en el libro. Laminar, laminación, laminadora, laminador, laminable.*

LÁMPARA — Linterna, candil, quinqué, faro, farola, farolón, mechero, reverbero, mecha, velón, candelabro, candileja, candilejo, capuchina, bombilla, bombillo, reflector, válvula, mancha, luz fija. *Lámpara de mesa, de pie. Lamparilla, lamparín, lamparería, lamparón, lamparero, lampo.*

LANCHA — Bote, barca, barco, chalana, falúa, urca, embarcación, yate, chalupa, barcaza, batel, batelejo, laja, armadijo, esquife, canoa, piragua, junco, cárabo, yola, chinchorro, góndola, kayak, cachucha, gabarra. *Embarcarse en una lancha. Lanchón.*

LANZAR(SE) — Arrojar, abalanzar(se), alanzar, emanar, evacuar, expulsar, emitir, irradiar, proyectar, botar, descargar, echar, verter, vomitar, escupir, eyacular, disparar, tirar, batir, largar, pelotear, rociar, bolear, precipitar, dispersar, salpicar, derramar, sacudir, despeñar, fulminar, volar, propalar, extender, divulgar, difundir, soltar, exhalar, prorrumpir. *Lanzar la pelota a un bateador. Lanzarse en paracaídas. Lanzar un producto al mercado. Lanzar dicterios contra el oponente. Lanzar fardos por la borda, al, en el mar. Lanzarse el león sobre la presa. Lanzador, lanzamiento, lanza, lancero, lanzada, lanzadera.*

LECHO — Cama, camilla, catre, litera, camastro, petate, tálamo, hamaca, cuna, yacija, camarote, cauce, madre, álveo, estrato, capa, tongada. *Acostarse en el lecho. Salirse el río de su lecho. Lecho de rocas ígneas.*

LEGISLAR — Codificar, establecer leyes, estatuir, sancionar, proclamar, promulgar, poner en vigor, refrendar, legalizar, regular, disponer, firmar, aplicar, derogar, abrogar, fomalizar, dictar. *Legislar para el bien de la nación, con sabiduría, en el congreso. Legislador, legislación.*

LEJANÍA — Distancia, alejamiento, lontananza, separación, ausencia, destierro, pasado, tiempo, antigüedad, porvenir, apartamiento. *Borroso en la lejanía. Tiempos verbales de la lejanía. Lejos, lejano.*

LENTAMENTE — Despacio, despacito, poco a poco, paso a paso, a paso de tortuga, morosamente, vagarosamente, con cachaza, con flema, con pachorra, paulatinamente, gradualmente, pausado, palmo a palmo, adagio, pisando huevos. *Lento, lentitud.*

LENTE(S) — Cristal, objetivo, monóculo, binóculo, antiparras, impertinentes, anteojeras, anteojos, espejuelos, lupa, quevedos, gafas, menisco, luna, prismáticos, catalejo, telescopio, periscopio, microscopio, telémetro, helioscopio. *Lente de contacto. Llevar lentes. Ajustar el lente.*

LETARGO — Modorra, marasmo, torpor, torpeza, insensibilidad, sopor, parálisis, enajenamiento, desmayo, aturdimiento, abstracción. *Caer en un letargo. Letárgico.*

LÉXICO — Diciconario, caudal de voces, vocabulario, glosario, tesoro, catálogo del idioma. *Léxico abundante. Estudios en el léxico, Lexicón, lexicográfico, lexicología, lexical.*

LEY — Norma, regla, precepto, ordenanza, decreto, edicto, pragmática, constitución, cédula, mandato, carta, plebiscito, prescripción, bando, decálogo, facultad, código, fidelidad, lealtad, dilección, esencia, amistad, cariño, amor, clase, índole, estofa, calidad, pelaje, calaña, jaez, casta, raza. *Ley orgánica. Ley fundamental. Ley de fuga, de gravedad. Darle ley. Oro de ley. Bajo de ley. Respeto a la ley. De mala ley. Tablas de la ley. Ley del embudo. Con todas las de la ley. De buena ley.*

morir. *Liar un cigarrillo. Liarse a palos, a bofetadas, con el consistorio. Liarlas para siempre. Liar los bártulos. Lío.*

LIBACIÓN — Sorbo, trago, catadura, chupada, bebida, succión, degustación, pimple, aspiración, prueba. *Libación de vino. Perito en libaciones. Libar.*

LIBELO — Baldón, difamación, panfleto, folleto calumniador, sambenito. *Publicar mentiras en un libelo.*

LIBERAR(SE) — Soltar, desatar, escaparse, independizar, rescatar, licenciar, relevar, exculpar, exonerar, eximir, destrabar, excarcelar, cancelar, franquear, manumitir, dispensar, salvar, redimir, remediar, perdonar, zafarse, emancipar, evadir, huir, respirar, salir de las garras, sacudir el yugo, librar de las uñas, abrir la mano, poner en libertad. *Liberar al deudor. Liberarse del tirano. Libertad, liberación, liberado, liberador, liberalidad, libertar(se), libertario, libertinaje, libertino, liberto, librar(se), libre, librecambio, libre.*

LÍNEA — Trazo, raya, eje, radio, diámetro, tangente, secante, diagonal, generatriz, bisectriz, hipotenusa, coordenada, abcisa, horizontal, vertical, paralela, perpendicular, recta, curva, barra, lista, estría, veta, tilde, vírgula, surco, canilla, hilera, fila, ringlera, vía, camino, dirección, guión, zigzag, arista, ángulo, renglón, linaje, confín, límite, trinchera, longitud, término. *En línea recta. Línea de productos. Ponerse en línea. Perder la línea. Leer entre líneas. Tropa de línea. Línea de combate. Coche de línea. Línea equinoccial. En toda la línea. Lineamiento, lineal, linear, linaje.*

LIQUIDAR(SE) — Licuar, licuefecer, fuidificar, diluir, destilar, derretir, fundir, reducir, ajustar, hacer ajuste final, poner término a una cosa, amortizar, saldar, pagar, finiquitar, asustar, rematar, extinguir, terminar, concluir, ultimar. *Liquidar la mercancía. Liquidarse la cuenta. Líquido, liquidez, liquidación.*

LOZANO — Verde, fresco, frondoso, galano, ameno, lujuriante, gallardo, sano, robusto, fuerte, airoso. *Huerto lozano. Lozano en su juventud. Lozanía.*

LURICANTE — Resbaladero, resbaloso, deslizable, engrasador, deslizante, resbaladizo. *Lubricante del motor. Lubricar, lubrificar, lubricidad, lúbrico, lubricación.*

LUCIR(SE) — Iluminar, brillar, resplandecer, sobresalir, descollar, aventajar, sobrepujar, ostentar, mostrar, parecer, presumir, comunicar luz, adornarse. *Lucir sus mejores galas. Lucirse en la presentación. Lucera, lucimiento, lucidez, lúcido, luciérnaga, lucero, lucífero.*

LUEGO — En seguida, prontamente, pronto, seguidamente, sin dilación, sin tardanza, después de este momento o tiempo, con mucha prontitud, a toda prisa, al contado, de contado, sin demora, entonces. *Desde luego, luego que, luego luego.*

LUTO — Aflicción, pena, duelo, dolor. *Vestirse de luto, de medio luto. Quitarse el luto. Luctuoso.*

LUZ — Claridad, brillo, brillantez, fosforescencia, fluorescencia, fulgor, esplendor, resplandor, llama, fuego, refulgencia, emisión, irradiación, albor, lámpara, trasluz, contraluz, luminiscencia, reflexión, refracción, lustre, destello, rayo, lampo, centelleo, titilación, aureola, halo, nimbo, candela, vela, bujía, antorcha, guía, modelo. *Luz natural. Prender la luz. Luz del entendimiento. A todas luces. Entre dos luces. Luces de bengala. A primera luz. Sacar a la luz. Dar a luz. A la luz de. Cortar la luz. Luz de su pueblo.*

LLAMADOR — Aldaba, aldabón, avisador, timbre, botón, campanilla, pulsador, picaporte, toque, sonador, convocador, citador, apelativo, evocador. *Llamador de la puerta, de una sesión.*

LLAMAMIENTO — Cita, citación, aviso, nota, advertencia, convite, edicto, convocatoria, indicción, cédula, invocación, indicación, toque, rebato, reclamo, evocación, apelación, aldabonazo, aldabonada, grito, voz, invitaión, vocación. *Llamamiento al deber. Llamada. Llamar(se), llamativo.*

LLANURA — Planicie, explanada, plano, planada, rellano, plaza, terraza, espacio, raso, rasa, descampado, campo, campo raso, páramo, paramera, desierto, erial, mesa, meseta, pampa, sabana, estepa, sao, altiplanicie, prado, pradera, alcarria, valle, vega, campiña, puna. *Extasiarse ante la llanura. Llano, llanada, llaneza.*

LLAVE — Ganzúa, corchete, sobrellave, pescada, grifo, válvula, entrada, pala, pista, tranquilla, sierpa, tienta, resorte, clave, dato, información, vía, camino, cuña, herramienta, traspié, zancadilla, presa. *Llave de la puerta, de paso. Llave inglesa. Llave del triunfo. Llave en la lucha libre. Llave maestra. Estar bajo llave. Llavín, llavear, llavero.*

LLEGADA — Venida, arribo, arribada, acceso, advenimiento, bienvenida, presencia, aparición, alcance. *Cañonazos a su llegada, por su llegada. Gente en su llegada. La llegada de tal personaje.*

LLEGAR(SE) — Arribar, aterrizar, amarar, acuatizar, acercarse, advenir, aportar, atracar, venir, dar alcance, tomar puerto, rendir viaje, rebasar, sobrevenir, regresar, ir, tomar tierra, tocar, hacer escala, parar, amanecer, anochecer, hacer noche, hallarse, durar, venir por su orden, datar, extenderse, durar, ganar, satisfacer, dar abasto, alcanzar, ganar, conseguir, salir con, obtener, montar, salir, ascender, valer, allegar, acumular, acopiar, juntar, dirigirse, encaminarse, comparecer, presentarse, adherirse, unirse, pegarse. *Llegar al hotel, de un lugar. Llegarse hasta tal sitio, desde otro, con una persona. Llegar a ser algo, a dominar un oficio. Llegar a tal cantidad. Llegar a su hora, retrasado.*

LLENAR(SE) — Atestar, colmar, hechir, invadir, ocupar, inundar, poblar, saturar, embutir, hinchar, insuflar, inflar, repletar, meter, cegar, atochar, atiborrar, macizar, comprimir, empipar, apretar, cargar, enfundar, envasar, abocar, empaparse, saciarse, cuajarse, derramarse, rebosarse. *Llenar el saco, con, de arroz. Llenarse el ómnibus. Llenarse el vaso. Lleno, llenura.*

LLEVAR(SE) — Trasladar, transportar, remolcar, encaminar, dirigir, transferir, guiar, conducir, transbordar, enviar, portear, cargar, acarrear, escoltar, convoyar, embalar, traer, facturar, trajinar, acarrear, reportar, ir por, taspasar, soportar, sufrir, tolerar, aguantar, sobrellevar, obtener, conseguir, merecer, exigir, cobrar, percibir, tomar en cuenta, cortar, dar cima, incitar. *Llevar algo a la tienda, con paciencia, en peso, encima, hasta el final, sobre los hombros. Llevar un camino a, hasta, tal sitio. Llevar las de perder. Llevarse a alguien con uno. Llevarse bien, mal con una persona. Llevarse un chasco. Llevar a cabo. Llevar adelante, por delante. Llevar la mejor, la peor parte en un negocio. Llevar por título un escrito. Llevar de ventaja, en mente. Llevadero, llevado.*

LLOVER — Lloviznar, diluviar, rociar, gotear, cellisquear, descargar el cielo, una nube, el nublado, venirse el cielo abajo, abrirse las cataratas del cielo, descargar Júpiter pluvioso, correr las canales, chaparrear, chubasquear, caer agua, mojarse la tierra. *Llover sin parar. Llover sobre mojado. Llover a cántaros, a raudales. Llovedera.*

LLUVIA — Aguacero, aguas, nubada, nubarrada, chaparrón, chapetón, tromba, diluvio, temporal, garúa, llovizna, cuatro gotas, calabobos, matapolvo, goterón, mollina, orvalle, nube, tempestad, turbonada, cellisca, aguaviento, torva, borrasca, abundancia, copia, torbellino, raudal, profusión, plaga, afluencia, inundación, granizada, peste, río, precipitación, humedad. *Llegarse las lluvias. Tiempo de lluvias. Lluvia de rosas. Lluvias diseminadas por todo el territorio, continuas intermitentes. Régimen de lluvias. Lluvia de estrellas, de regalos. Lluvioso.*

M

MACADÁM — Pavimento, asfalto, capa superior del camino, apisonado, empedrado, firme. *Echar el macadám. Macadamizar.*

MACIZO — Sin huecos, lleno, sólido, relleno, compacto, repleto, gordo, grueso, pesado, fuerte, firme, prominencia rocosa, bloque, conjunto de construcciones. *Pedestal macizo. Macizo de montañas. Macizar.*

MACHACAR — Triturar, aplastar, deshacer, pulverizar, cascar, masticar, escachar, moler, macear, macerar, estrujar, machucar, majar, desmoronar, desmenuzar, magullar, mazar, muzar, aporrear, picar, partir, quebrantar, pistar, romper, insistir, repetir, porfiar, obstinarse, importunar, reiterar. *Machacar la cebolla en el mortero, con el mazo. Machacar sobre una cosa. Machaca, machacón, machacoso, machaquería, machacadura, machacamiento.*

MADERA — Tabla, tablón, viga, traviesa, puntal, palo, madero, leño, leña, tarugo, astilla, listón, zoquete, escotillón, toza, travesía, travesaño, tronco, traviesa, armadura, poste, frontal, vigueta, madre, machón, plancha, condición, índole, natural. *Madera dura. Madera de hilo. Madera de dirigente. Madero, maderero, maderería, maderamen, maderaje.*

MADRE — Señora, mamá, hembra parida, vientre, ama, anciana, religiosa, sor, superiora, hermana, lecho, cauce, origen, raíz, causa, madero, heces, patria, conducto principal. *Madre de familia. Madre superiora. Madre del río. Madre patria. Madre de alcantarillado. Las madres del vino. Sacar de madre a uno. Estar de madre algo. No tener madre alguien. Sin madre. Matrona, madrastra, madraza, madrina.*

MAMA — Pecho, teta, ubre, tetilla, pezón, auréola. *La mama de la puerca. Mamila, mamar, mamífero, mamario, mamona, mamón, mamoncillo.*

MANEJAR(SE) — Manipular, maniobrar, tratar, operar, usar, utilizar, esgrimir, traer, disponer, administrar, dirigir, conducir, gobernar, guiar, andar con, asir, tocar, manosear, emplear. *Manejar el auto, el negocio con habilidad. Manejarse bien con los socios, en la empresa. Manejable, manejo(s), manual.*

MANO — Garra, extremidad, palma, lado, costado, muñeca, carpo, metacarpo, dorso, puño, palmo, dedo, uñas, mazo, majadero, manera, medio, capa, baño, vuelta, vez, favor, piedad, asistencia, patrocinio, ayuda, auxilio, socorro, castigo, represión, habilidad, poder, destreza, mando. *Dar la mano. Mano de pintura. Dar una mano en el trabajo. Mano de obra. A mano derecha. Cargar la mano. Mano de hierro. Echar mano a algo. Tener mano para hacer algo. Irse a las manos. Tener entre manos. Llevar de la mano. Mano de plátanos. A la mano. A manos llenas. Con las manos en la masa. Ir por la mano. Manosear(se), manaza, manota, manopla, manoseo, manoseado, mansalva, manojo, manecilla, manija, manipular, manipulación, manirroto, manilla, manotazo, manotada, manual, manejar, manufacturar, manubrio, manejo, maña.*

MANTA — Frazada, colcha, cobertor, capa, edredón, cobija, pellica, cubrepiés, gualdrapa, tapas, centón, tapanca, frisa, pez. *Tapar con la manta. Pescar la manta. Mantear, mantel, mantelería, mantón, mantilla, mantellina, mantilleja, manto.*

MATIZAR — Colorear, tornasolar, avivar, teñir, graduar, escalonar, destacar, realzar, puntualizar, hacer ver, poner de manifiesto, variar, combinar, diversificar, sacar, irisar, jaspear, componer. *Matizar la figura, la expresión. Matiz, matización.*

MATRIMONIO — Casamiento, boda, enlace, nupcias, desposorio, casorio, coyunda, alianza, vínculo, sociedad de marido y mujer, cónyugo, unión, pareja, esposos, consortes, cónyuges. *Matrimonio por amor, por interés, por poder. Un matrimonio sin hijos. Matrimonio civil, canónico, morganático, in extremis. Matrimonial, matrimoniar (matriz, matrícula).*

MÁXIME — Principalmente, mayormente, especialmente, en primer lugar, sobre todo, ante todo. *Máxima, máximo, máximum, máximamente.*

MAYORÍA — Quórum, más de la mitad, generalidad, masa, común, todo el mundo, la mayor parte de la gente, totalidad, pluralidad, ventaja, representación, emancipación, edad. *Mayoría de edad. Aclamado por la mayoría presente. Diputado de la mayoría. Mayoría de votos. Mayor, mayores, mayormente, mayorazgo, mayordomo, mayoral, mayúscula, mayúsculo.*

MEADERO — Mingitorio, urinario, letrina, excusado, común, retrete, casilla, cuarto de damas/caballeros, inodoro, baño, servicio, *toilet*, garita, evacuatorio, quiosco, *water closet*, orinal, bacín, tibor. *Ir al meadero. Mear(se), meado(s).*

MECANÓGRAFO — Dactilógrafo, tipiador, el que escribe a máquina. *Mecanógrafo de cien palabras por minuto. Mecanografía.*

MENSAJE — Comunicación, recado, mandado, misión, carta, aviso, misiva, nota, memorando, comisión, embajada, memorias, billete, encargo, envío, respuesta, informe, información, comunicado. *Mensaje a los clientes, de agradecimiento, para informar sobre el nuevo producto. Mensajero.*

MERENDERO — Bodegón, glorieta, quiosco, parador, venta, ventorrillo, pulpería, cantina, café, buchinche, tasca, vinatería, chichería, taberna, *pub*, colmado, tasquera, bar, mesón, zona de descanso, figón, cenador. *Descansar en el merendero. Merendar(se), merienda.*

MESA — Tablón, bufete, mostrador, consola, velador, tocador, coqueta, banco, trabanca, dolmen, tablero, ménsula, credencia, ara, grupo, presidencia, descanso, descansillo, rellano, comida. *Mesa de trabajo. Mesa electoral. Miembros de la mesa. Subir hasta la mesa. Levantar la mesa. Venir a la mesa. Estar la mesa puesta. Mesa de noche, de altar. Mesa redonda. Meseta, mesada, mesar(se).*

MEZCLA — Miscelánea, amalgama, combinación, promiscuación, conjunto, compuesto, revoltillo, fárrago, pisto, amasijo, liga, aleación, pasta masa, emulsión, popurrí, unión. *Mezcla de agua con vino. Mezclar(se), mezcolanza, mixtura, mixto, mezclamiento, mezcladura.*

MINORÍA — Menor de edad, niñez, inferioridad, subordinación, menos de la mitad, pupilaje, orfandad, oposición. *Minoría de edad. Partido de la minoría. Estar en minoría. Minoridad, menoría, menor, minorar, mínimo, minúsculo.*

MINUTA — Extracto, apunte, apuntación, anotación, borrador, manuscrito, modelo, lista, cuenta, catálogo, nómina, nota. *Minuta de honorarios. Minutario, minuto, minutero.*

MIRAR(SE) — Atender, catar, observar, distinguir, percibir, contemplar, reparar, advertir, divisar, vigilar, avistar, columbrar, vislumbrar, atisbar, examinar, velar, apuntar, dirigirse, pensar, juzgar, avizorar, reflexionar, indagar, buscar, inquirir, reconocer, concernir, tocar, fijar la vista, clavar los ojos, no quitar los ojos de encima. *Mirar sobre el hombro, con buenos ojos, por alguno. Mirarse en el espejo. Mirar de arriba abajo. Mira, mirada, miramiento, mirado, mirador.*

MUCHACHO — Joven, chico, mozo, mancebo, mozuelo, mozalbete, adolescente, chaval, pollito, rapaz, pituso, pepillo, zagal, chiquillo, pimpollo, ayudante, gañán, ganapán, chacho, chicote, chaveo, crío. *Conocer de muchacho a alguien. El muchacho de la oficina, para los mandados. Muchachada, muchachería, muchachito, muchachón.*

MUCHEDUMBRE — Multitud, concurrencia, comitiva, plebe, caterva, hervidero de gente, gentío, tropel, tumulto, procesión, turbamulta, enjambre, concurso, masa, agolpamiento, caravana, colectividad, copia, infinidad, abundancia, sinnúmero, porción, legión, chusma, tralla, hormiguero de gente, tropa, séquito, cáfila, manada, turba, barullo, oleada, ola, remolino, horda, pelotón, afluencia de gente, público, auditorio, entrada. *Muchedumbre apiñada en las graderías, de fanáticos.*

MUCHO — Cantidad, cúmulo, montón, profusión, abundante, en extremo, en gran manera, de sobra, bastante, a saciedad, sumamente, en grado sumo, ampliamente, largamente, la mar de, de lo lindo, numeroso, exuberante, considerable, incontable, colmado, nutrido, rico, profuso, infinito, innúmero. *Trabajar mucho. Mucho estudio.*

MUCHOS — Diversos, varios, incontables, bastantes, más de la cuenta, sinnúmero, multitud, cientos, miles, millones. *Muchos discursos.*

MUDAR(SE) — Cambiar, modificar, variar, trastrocar, tergiversar, transformar, metamorfosear, transmutar, traducir, tornar, volver, alterar, desfigurar, disfrazar, voltear, transfigurar, innovar, volverse, resolverse, hacerse, virar, dar en, devenir, parar en, pasar a, ser otra persona, trasladar(se). *Mudar de criterio, mudar una cosa en otra. Mudarse de domicilio. Mudar las plumas, el semblante. Muda, mudanza, mudable, mutar(se), mutación.*

MUERTO — Occiso, finado, difunto, extinto, cadáver, víctima, sin vida, exánime, marchito, desvaído, fallecido, desesperado. *Muerto en la riña, por la patria. Hacerse el muerto. Muerto de hambre, de miedo. Muerte, mortecino.*

MUJER — Señora, esposa, hembra, adulta, joven, niña, doncella, señorita, anciana, querida, compañera, soltera, viuda, casada, divorciada, dama, monja, ama, matrona, novia, madre, abuela, hija, tía, suegra, cuñada, prima, sobrina, nuera, cuñada, marimacho, cónyuge, bello sexo, sexo débil, ciudadana, costilla, parienta. *Tener una mujer al frente, de jefa, en el gabinete. Mujer de un amigo, de la vida, para compañía, de socia, con ambiciones. Mujerona, mujercita, mujerzuela, mujeriego.*

MUSICAL — Armonioso, melodioso, melódico, armónico, sinfónico, concertado, polifónico, cromático, consonante, rítmico, moduloso, filarmónico. *Acompañariento musical. Música, musicólogo, musicalmente.*

MUTUO — Recíproco, solidario, correlativo, bilateral, sinalagmático, contrato foral, préstamo. *Respeto mutuo. Mutual, mutualismo, mutualidad.*

N

NACER — Venir al mundo, ver la luz, salir, brotar, germinar, aparecer, sobrevenir, empezar, comenzar, despuntar, tomar principio, principiar, proceder, derivarse, emanar, descender, criarse, inferirse, deducirse, originarse, provenir, seguirse. *Nacer en tal sitio, con buena estrella, para comerciante. Nacer esto de aquello. Nacer antes de tiempo, a tiempo. Nacido, natal, nativo, naciente, nacencia, nacimiento, natalicio, navidad, natividad.*

NECESIDAD — Escasez, penuria, hambre, indigencia, estrechez, carencia, miseria, pobreza, apuro, ahogo, aprieto, urgencia, menester, precisión, destino, fuerza mayor, coacción, suerte, involuntariedad, hado, fatalidad, indefectibilidad, impulso irresistible, causa forzosa. *Necesidad de aprender, para subir. Artículos de primera necesidad. Sin ninguna necesidad, por necesidad. Estar en necesidad. Necesario, necesariamente, necesitar(se), necesitado.*

NEGAR(SE) — Denegar, desechar, rechazar, excluir, refutar, rehusar, contradecir, desmentir, impugnar, renegar, anular, decir nones, prohibir, vedar, impedir, estorbar, retractarse, desdecirse, desdeñar, esquivar, repugnar, cerrarse a la banda, dar calabazas, desairar, encogerse de hombros, mover la cabeza. *Negar la petición. Negar a los suyos. Negarse a decir la verdad, a declarar. Negarse a sí mismo. Negativa, negación, negativo, negativamente.*

NEGRO — Oscuro, tostado, ahumado, bruno, atezado, oscurecido, denegrido, retinto, azabachado, quemado, endrino, como el betún, triste, melancólico, sombrío, aciago, infeliz, infausto, africano, persona de color, persona de la raza negra, luto, ébano, tizón, carbón, hollín, humo, moreno, prieto. *Traje negro. Negra suerte. Pasarlas negras. Negro del África. Salir el negro en la ruleta. Ponerse negro de tanto sol. Negrear(se), negrero, negrura, negritud, negrito, negrón.*

NO — De ningún modo, de ninguna manera, por nada, ni por asomo, por nada del mundo, en absoluto, ni mucho menos, ni por pienso, ni hablar, ¡quia!, ¡ca!, ¡qué va!, se acabó, únicamente muerto. *Nones.*

NOCIÓN — Idea, conocimiento, noticia. *Tener noción de una cosa. Nocional.*

NOCIONES — Elementos, principios, fundamentos, rudimentos, epítome, baño, barniz, tintura, abecé, erudición limitada. *Nociones de álgebra.*

NOCHE — Oscuridad, anochecer, crepúsculo, queda, caída de la tarde, sombra, tinieblas, tenebrosidad, tristeza, medianoche, las tantas, altas horas, vela, vigilia, parada, sueño, confusión. *Pasar la noche bien. Hacer noche en cierto lugar. Noche de las penas. De la noche a la mañana. ¡Buenas noches! Por la noche. De noche. Hacerse de noche. Noche cerrada. A prima noche. Nocherniego, noctámbulo, nocturno, nocturnal.*

NOMBRE — Denominación, patronímico, apelativo, pronombre, apellido, sobrenombre, título, apodo, mote, renombre, fama, membrete, firma, tratamiento, homonimia, sinonimia, anagrama, cifra, abreviatura, monograma, iniciales, santo y seña, contraseña, poder, facultad, autoridad, delegación. *Nombre de pila. En nombre de alguien, en mi nombre. Ponerle nombre a algo o a alguien. Respetar el nombre. Tener nombre entre tales personas, en tal sitio. Nombrar(se), nominar(se), nombramiento, nominativo, nominación, nómina, nominador, nominal, nomenclatura.*

NOVEDAD — Innovación, nueva, invención, creación, primicia, novelería, noticia, variación, alteración, cambio, mutación, trueque, mudanza, originalidad, golpe, extrañeza. *Sin novedad en el frente. Presentar las últimas novedades al público. Novedoso.*

NUEVO — Moderno, flamante, reciente, original, fresco, incipiente, inédito, desconocido, actual, principiante, inexperto, neófito, calentito, acabado de sacar del horno, inaudito, inesperado. *Ponerse el traje nuevo. Nuevo en la ciudad. Un nuevo problema. Empleado nuevo en la oficina. Año nuevo, nuevamente, de nuevo, novísimo, novicio, noviciado, novato, novatada, novillo, novel, novar, novación.*

NULIDAD — Invalidez, caducidad, prescripción, invalidación, rescisión, anulación, destitución, desautorización, derogación, abrogación, casación, abolición, cancelación, contraorden, letra muerta, impotencia, inutilidad, torpeza, ignorancia, inepcia. *Nulidad de una sentencia. La nulidad de un empleado. Nulo.*

NÚMERO — Cantidad, cómputo, signo, cifra, guarismo, clase, condición, categoría, publicación, acto, medida, morfema, accidente gramatical. *Número cincuenta. Número musical. Número de revista o periódico. Número complejo. Hacer números. Asistir para hacer número. Número singular. Número de teléfono. Numeración, numeral, numérico, numerario, numerosidad, numeroso, numerar(se).*

NUNCA — Jamás, (en) ningún tiempo, (en) ninguna vez, en la vida, en ningún caso.

Ñ

ÑOÑO — Quejumbroso, apocado, quejoso, remilgado, melindroso, dengoso, lamentoso, poquito, tímido, corto, pusilánime, aburrido, soso, in-

sustancial, chocho, achacoso, caduco. *Ñoño por lloriquear todo el tiempo.*
Ñoñería, ñoñez.

O

OBCECAR(SE) —Cegar(se), obnubilarse, ofuscarse, obstinarse, empeñarse, emperrarse, alucinarse, perturbarse, cerrar los oídos, aferrarse a una idea. *Obcecar a sus seguidores. Obcecarse con, por una ideología, en tal país. Obcecación, obcecado.*

OBEDECER — Ceder, cumplir, inclinarse, someterse, conformarse, bajar la cabeza, escuchar, respetar, seguir, asentir, acatar, observar, cerrar los ojos. *Obedecer las instrucciones, de buena gana, con agrado, en todo lo prescrito, en lo posible. Obedecer a alguien, sin titubeos. Obediente, obediencia.*

OBJETIVO — Desapasionado, impersonal, imparcial, neutral, blanco, meta, hito, centro, finalidad, intención, designio. *Cumplir con el objetivo de la campaña. Objeto, objetivar, objetivamente.*

OBRERO — Artesano, operario, trabajador, asalariado, empleado, peón, proletario, bracero, menestral. *Obrero de tal fábrica. Obrerismo, obra, obraje, obras públicas, maestro de obra, obrar.*

OBSERVAR(SE) — Atender, advertir, ver, contemplar, fijarse, examinar, reflexionar, vigilar, acechar, cumplir, guardar, aguzar los sentidos, no perderle pie ni pisada, no pestañear, estar en todo, tener puestos los cinco sentidos, prestar atención, abrir los ojos, no quitar los ojos, estar pendiente de, tomar en consideración. *Observar los movimientos del paciente. Observar las reglas del juego. Observarse un minuto de silencio. Observador, observación, observancia.*

OBSTANTE (NO) — Sin embargo, con todo, así y todo, empero, a pesar de, sin estorbar, sin perjudicar, sin ser óbice. *Obstáculo, obstar, obstaculizar.*

OBSTINADO — Terco, duro, renuente, porfiado, contumaz, pertinaz, cabezón, testarudo, tozudo, reacio, tenaz, recalcitrante, tieso, férreo, inapelable, rebelde, empecinado, negado, aferrado, encaprichado, no da su brazo a torcer, da coces contra el aguijón. *Obstinado a salir con el ciclón. Obstinación, obstinarse.*

ODIO — Saña, ojeriza, tirria, aborrecimiento, resentimiento, encono, antipatía, xenofobia, malevolencia, acrimonia, inquina, enemistad, oposición, adversión. *Odio a un trabajo, a una persona. Odiar, odioso, odiosidad.*

OFERTA — Propuesta, proposición, promesa, don, regalo, dádiva, compromiso, obligación, ofrecimiento, prometimiento, estipulación. *Aceptar la oferta de venta. Ley de la oferta y la demanda. Ofertante.*

OLVIDAR(SE) — Omitir, descuidar, preterir, relegar, arrinconar, enterrar, desconocer, dejar de lado, desmemoriarse, desatender, borrón y cuenta nueva, dejar en el tintero, borrar de la memoria, perder el hilo. *Olvidar las injurias. Olvidarse de una persona. Olvidado, olvidadizo, olvido.*

ONDEAR — Oscilar, fluctuar, flamear, flotar, serpentear, serpear, festonar, culebrear, mecerse, columpiarse, repiquetear. *Ondear la bandera en el asta. Onda, ondulación, ondular, ondulante, ondulado.*

OPCIÓN — Alternativa, elección, disyuntiva, selección, preferencia, iniciativa, adopción, escogimiento, libertad, compromiso, contrato, dilema, voto, sufragio, plebiscito, referendo, privilegio, derecho, facultad. *Opción de, para vender. Opcional, optar. Optativo.*

OPONER(SE) — Enfrentar, afrontar, contraponer, contrarrestar, carearse, ir contra, impugnar, rechazar, dificultar, resistir, objetar, obstar, pelear, salir al paso. *Oponer una fuerza con otra. Oponerse a la demanda. Oponible, oposición, opuesto.*

OPORTUNO — Conveniente, pertinente, correspondiente, puntual, preciso, congruente, apropiado, exacto, llovido del cielo, bajado del cielo; de perilla, al pelo, a propósito, de molde, ni pintado, a tiempo. *Oportuno para el proyecto. Oportunidad, oportunamente, oportunismo, oportunista.*

OPOSICIONES — Concurso, prueba, ejercicios, exámenes, justa, controversia, discusión, rivalidad. *Participar en las oposiciones para la cátedra tal. Opositor.*

ORDENAR(SE) — Arreglar, organizar, regularizar, ajustar, estructurar, compaginar, combinar, coordinar, metodizar, concertar, componer, concretar, adecuar, desenredar, desembrollar, reformar, decidir, dirigir, mandar, establecer, decretar, preceptuar, prescribir, enderezar, entrar en una orden. *Ordenar en fila. Ordenar la gaveta. Ordenar la venta de las acciones. Ordenarse de sacerdote. Orden, ordenación, ordenanza, ordenamiento, ordenado.*

ORFANATO — Asilo, casa de expósitos, inclusa, albergue, cuna, casa cuna, hospicio. *Enviar al niño al orfanato. Orfandad, huérfano.*

ORGANIZACIÓN — Empresa, entidad, persona jurídica, asociación, agrupación, sociedad, comunidad, unión, liga, compañía, disposición, arreglo, ordenación, fundación, establecimiento, institución, coordinación, unificación, funcionamiento, estructura, distribución, sistematización, compaginación, alineación. *Organización de las Naciones Unidas. Organización en los trabajos. Organizar(se), organismo, órgano, organizador.*

OSCILACIÓN — Vaivén, vibración, vacilación, balance, temblor, fluctuación, tumbo, zigzag, cabeceo, traqueteo, ritmo, variación, agitación, mecedura, alternación. *Oscilación de los precios. Oscilar, oscilante.*

OTRO — Diferente, distinto, nuevo, tercero, demás, ajeno.

OVACIÓN — Aprobación, aplauso, vítores, vivas, hurras, felicitación, triunfo, palmas, alabanza, griterío, murmullo. *Ovación por la victoria. Ovacionar.*

ÓXIDO — Herrumbre, orín, moho, verdete, chatarra, verdín, compuesto químico. *Plancha con óxido. Óxido de calcio. Oxidar(se), oxidación. Oxígeno, oxigenar.*

P

PACIENCIA — Espera, aguante, mansedumbre, correa, entereza, calma, pasividad, estoicismo, sufrimiento, conformidad, resignación, longanimidad, flema, tolerancia, lentitud, tardanza. *Paciencia en la tribulación, para hacer algo. Estar en el banco de, tentar, consumir, la paciencia. Paciente.*

PACIFICAR(SE) — Apaciguar, sosegar, serenar, aplacar, allanar, aquietar, hacer las paces entre contendientes, reconciliar, hacer amigos, meter paz, desarmar, mitigar, dulcificar, departir, no romper lanzas, no hacer mal a nadie, arreglar, componer. *Pacificar(se) el país, con pactos, por las armas. Pacifista, paz, pacífico, pacificación.*

PALABRA — Voz, vocablo, verbo, voquible, expresión, término, locución, tecnicismo, arcaísmo, neologismo, dicho, barbarismo, solecismo, vulgarismo, cultismo, anglicismo, galicismo, dialectalismo, sinónimo, antónimo, homónimo, parónimo, homófono, homógrafo, homólogo. *Palabra de honor. De (dar la) palabra. Mantener la palabra. No tener palabra. Palabrería, palabrero, paluchería, palabrota.*

PANEL — Listón, zócalo, compartimiento, tabla, tablón, tablero, artesón, plancha, jurado, lista o grupo de autoridades, miembros de grupo formado para discutir. *Panel con borde estilo gótico. Ser miembro de un panel. Panelero, panelista.*

PANORAMA — Vistas, paisaje, espectáculo, cosmorama, diorama, neorama, visión dilatada de un horizonte, vista total. *Panorama visto desde la cumbre. Panorámico.*

PANTALLA — Lienzo cinematográfico, superficie para proyectar películas, biombo, paraván, encubridor, cancel, quitasol, persiana, toldo, cubierta, tapadera. *Estrenar en la pantalla. Estrella de la pantalla. Pantalla de la lámpara. Servir de pantalla de alguien.*

PARADA — Detención, estada, estadía, estancamiento, compás, espera, formación, descanso, quietud, inacción, alto, estabilidad, estación, fin, término, apeadero, señal, plantón, plantada, inmovilidad, desocupación, inactividad, ociosidad. *Parada en una ciudad. Parada de ómnibus. Parada militar. Parada en una fábrica. Parar(se), parón, parado, paradero, parador, paro.*

PARALELO — Correspondiente, equidistante, semejante, comparable; símil, comparación, cotejo, analogía, semejanza, parangón, conformidad, equivalencia. *Trazar un paralelo entre dos estudios. No haber paralelo en la historia. Paralelas del ferrocarril. Vidas paralelas. Paralelismo, paralelar, paralelamente, paralelepídedo.*

PARALIZAR(SE) — Parar, inmovilizar, cortar, suspender, embargar, entorpecer, atajar, detener, estorbar, impedir, estancar, entumecerse, adormecerse acalambrarse, agarrotarse, pasmarse, aterirse, dormirse. *Paralizar las ventas del petróleo a un país. Paralizarse las negociaciones entre las partes, la circulación de la pierna. Parálisis, paralítico, paralización.*

PARCIALMENTE — En parte, por partes, en pedazos, hasta cierto punto, a pedazos, ilícitamente, injustamente, ilegalmente, inicuamente, torcidamente. *Parcial, parcela, parcialidad.*

PAREJA — Par, duplo, doble, dualidad, ambo, dúo, yunta, apareamiento, bipartición. *Venir en parejas. Pareja de novios. Estar sin pareja. Parejamente, parejero, parejo, paridad, parejura.*

PARTICIPACIÓN — Condominio, coposesión, consorcio, comunión, coparticipación, comunidad, implicación, medianería, intervención, solidaridad, asociación, porción, ayuda, aparcería, colaboración, complicidad, compadrazgo, copropiedad. *Participación en la empresa. Participar, parte, partícipe, partícula, partición, partir, participante.*

PARTICULARMENTE — Mayormente, específicamente, especialmente, individualmente, concretamente, privativamente, peculiarmente, propiamente, ad hoc, en particular, en especial. *Particular, particularidad, particularizar(se).*

PARTIDARIO — Adepto, guerrillero, faccionalista, bandolero, bandido, cuadrillero, afecto, afiliado, amigo, adicto, acólito, aficionado, allegado, secuaz, fanático, prosélito, consagrado, admirador, simpatizante, satélite, inclinado, seguidor, correligionario, apasionado, siervo, parcial. *Partidario de tal política. Rodeado de partidarios. Partido, partida.*

PASADO — Pretérito, ayer, anterioridad, tradición, antigüedad, ancianidad, retrospección, retroactividad, vida pasada, sucedido, anterior, lejano, remoto, antepasado, caducado, retrospectivo, vencido, antiguo, fiambre, ex. *Pasado oculto, Caso pasado. Pasar, pasadero, pasadizo, pasador, pasante, pasaporte, pasamano, pasadera, pasada, pasarela, pasatiempo, pasillo, paseo, paso, passim.*

PASE — Permiso, licencia, salvoconducto, aprobación, autorización, carta blanca, placet, exequátur. *Entrar con un pase.*

PENDIENTE — Aplazado, incompleto, diferido, irresuelto, suspenso, suspendido, colgante, inconcluso, por hacer(se), cuesta, empinación, subida, rampa, costana, inclinación, declive, repecho, arete, arracada, zarcillo. *Asunto pendiente. Ascender la pendiente. Ponerse los pendientes de brillantes. Pender, péndulo, pendón.*

PERFECTAMENTE — Cabalmente, intachablemente, acabadamente, inmejorablemente, irreprochablemente, divinamente, a conciencia, a la perfección, a las mil maravillas, de perlas, magistralmente, correctamente, impecablemente. *Perfección, perfecto, perfeccionar(se), perfeccionador, perfeccionista.*

PERIÓDICO — Gaceta, revista, semanario, boletín, hoja, suplemento, rotativo, diario, ilustración, noticiero, órgano, *magazine*, hebdomadario, monitor, número, papel; fijo, habitual, regular, normal, sistemático. *Anuncio del, en el periódico. Informe periódico. Período, periodista, periodismo.*

PERO — Aunque, empero, no obstante, con todo, así y todo, bien que, sin embargo, a reserva de, sino, sino que; defecto, tacha, mácula, dificultad, obstáculo. *No haber peros.*

PERSONALMENTE — En persona, por sí mismo, por uno mismo, por sí propio. *Persona, personal, personarse, personaje, personalidad, personificación.*

PICAR(SE) — Clavar, acribillar, punzar, pinchar, herir, estimular, espolear, incitar, mover, aguijonear, partir, trinchar, dividir, majar, moler, machacar, pulverizar, desmenuzar, cortar, morder, desazonar, enojar, inquietar, provocar, llegar, tocar, rayar, agraviarse, enfadarse, resentirse, ofenderse. *Picar con un cuchillo. Picarse con alguien, por una broma, en la oficina. Pica, picadura, pico, picacho, picada, picado, picajoso, picante, picotear, picapleitos, picotazo, picador, picudo, picúo, picazón, picapica.*

PÍLDORA — Tableta, comprimido, gragea, bolita, pastilla, pesadumbre, aflicción, embuste, patraña, enredo. *Píldora en el frasco. Dorar la píldora. Tragarse la píldora.*

PLAZO — Término, fecha, tiempo fijado, temporada, vencimiento, prescripción, moratoria, espera, respiro, llamamiento, emplazamiento, cita, citación, caducidad, prórroga, dilación, tregua, retardo, respiro, espera, intervalo, interrupción. *Plazo de pago. Ventas a plazos.*

POBLACIÓN — Localidad, capital, centro, cabeza, metrópoli, urbe, villa, municipio, lugar, aldea, villorio, arrabal, caserío, tapera, ranchería, vecinos, vecindario, habitantes. *Llegar a una población. Recibir a la población. La población total de un país. Poblado, pueblo, poblar(se).*

PODER — Dominio, imperio, facultad, potestad, mundo, jurisdicción, supremacía, jerarquía, preponderancia, señorío, superioridad, omnipotencia, arbitrio, prepotencia, posibilidad, fuerza, potencia, pujanza, eficacia, mando, vigor, privilegio, prerrogativa, salvoconducto, exención, ser factible, ser dable, ser posible, conseguir, lograr, obtener, ser capaz de, alcanzar a, asumir, reasumir, intervenir, tomar, valer. *El cuarto poder. Poder legislativo. Poder para vender. Poder escribir el informe. Poderoso, poderío, poderdante.*

PONER(SE) — Colocar, situar, ubicar, instalar, plantar, echar, escribir, consignar, aplicar, asentar, apostar, acomodar, depositar, sujetar, afianzar, disponer, preparar, prevenir, arreglar, determinar, contar, suponer, contribuir, concurrir, reducir, precisar, estrechar, constreñir, confiar, abandonar, exponer, arriesgar, producir, maltratar, comenzar, oponerse, ataviarse, vestirse, llenarse, ocultarse, trasladarse, ir, meterse. *Poner algo ante, bajo, con, contra, entre, tras, otra cosa. Poner alguna cosa en tal sitio. Ponerse a escribir, a mal con otro, de por medio, en defensa, de parte, de otro. Ponerse de rodillas, a suplicar, por delante. Poner a alguien como un trapo. Poner el reloj en hora. Ponerse el traje. Ponedero, ponedora, ponedor, ponente, poniente, puesta, puesto.*

POPULARIZAR(SE) — Afamar, acreditar, encaminar, glorificar, enaltecer, aplaudir, ponerse en boga, adquirir nombre o renombre, hacerse notorio, ser estimado. *Popularizar(se) una canción, un producto. Popularidad, populoso, populachero, popular, populista, populacho.*

POSIBLE — Factible, eventual, probable, dable, hacedero, contingente, aleatorio, realizable, potencial, verosímil, creíble, accesible, operable, cómodo. *Venta posible. Posibilidad, posibilitar, posiblemente.*

POSTERIORIDAD — Sucesión, resultado, efecto, continuación, seguimiento, tanda, turno, orden, serie, atraso, día siguiente, porvenir, retardación, posdata, posposición, zaga, trasera, culata, reverso, dorso, revés, envés, espalda, respaldo, popa, epílogo, colofón, cola, rabo, contrahaz. *Con posterioridad. Posterior, posteridad.*

POSTERIORMENTE — Subsiguientemente, ulteriormente, por último, a la postre, después, detrás, a su vez, de modo consecutivo, a continuación, ya.

POSTURA — Posición, colocación, actitud, porte, situación, orientación, dirección, horizontalidad, verticalidad, yacimiento, inclinación, yuxtaposición, superposición, contigüidad, instalación, reposición, apoyo, salida, bajada, atraso, inversión, interposición, adelantamiento, licitación, ajuste, convenio, trato, concierto, pacto, apuesta, huevo del ave. *Postura encorvada. Postura ante un problema. Realizar una postura en una subasta.*

PRECAVIDO — Previsor, prudente, cauto, cauteloso, discreto, sagaz, receloso, reservado, circunspecto, desconfiado, prevenido, escarmentado en cabeza ajena, sobre aviso, con los ojos abiertos, recatado. *Precavido contra una baja. Precaver(se), precaución, precaucionarse.*

PRECEDENCIA — Prioridad, anterioridad, antelación, anticipación, anteposición, preexistencia, antecedente, adelantamiento, predominio, superioridad, primacía, delantera, preeminencia, presidencia, preferencia. *La precedencia en el orden de presentación. Preceder, precedente.*

PRECISAR — Determinar, deslindar, concretar, especificar, señalar, delimitar, fijar, obligar, estrechar, reducir, constreñir, coaccionar, compeler, forzar, urgir, necesitar, requerir, hacer falta, ser menester, haber que, no poder menos, ser de rigor, ser necesario. *Precisar el pensamiento. Precisar a una persona para hacer algo. Precisar trabajar cuanto antes. Precisión, precisamente, preciso, ser preciso.*

PREDICCIÓN — Vaticinio, pronóstico, suposición, conjetura, especulación, presagio, agüero, horóscopo, oráculo, profecía, adivinación, prefiguración, indicación, anuncio, prenuncio, augurio, auspicio, promesa, buenaventura, presentimiento. *Predicción de prosperidad, en los negocios con el extranjero. Predicciones para el nuevo año. Predecir, prédica, predicador, predicar, predicado, predicativo.*

PREMEDITAR — Deliberar, preparar, reflexionar, madurar, rumiar, catar, recapacitar, meditar, tantear, proyectar. *Premeditar una acción. Premeditado.*

PRESENTE — Ahora, actual, del momento, reciente, contemporáneo, moderno; obsequio, regalo, ofrenda, fineza, asistente, concurrente, espectador, testigo, circunstante, interesado. *Al presente. Llevar los presentes al homenajeado. Preguntar a los presentes en la sala. Presentar(se), presentación, presentable, presenciar, presencial, presencia.*

PRIMERO — Inicial, principal, prístino, preliminar, iniciativo, inaugural, anterior, germinal, elemental, naciente, sobresaliente, superior, grande, excelente, originador. *Libro primero de lectura. El primero en llegar. El primero entre los empleados. Primer hombre. A primera vista. De buenas a primeras. Primero, segundo, etc. En primer lugar. Primavera, primate, primario, primo, primacía, primicia, primigenio, primitivo, primogénito, primordial, prioridad, prioritario, primado.*

PRINCIPAL — Central, primordial, esencial, inexcusable, fundamental, importante, vital, trascendental, sustancial, necesario, capital, cardinal, significativo, esclarecido, distinguido, ilustre; patrono, jefe, amo, gerente, director. *Estudio principal sobre la banca. Persona principal del pueblo. El principal de la tienda. Principalidad, principalmente, príncipe, principiante, principiar, principio.*

PROMOVER — Elevar, mejorar, ascender, impulsar, originar, suscitar, iniciar. *Promover un asunto, a una persona. Promotor, promoción, promocionar(se).*

PRONTO — Rápido, repentino, veloz, raudo, presuroso, apresurado, ligelo, ágil, activo, expedito, expeditivo, dispuesto, preparado; ahora, ya, en seguida, inmediatamente, en breve, luego, a poco, en un tris, al punto, en caliente, al instante, a paso de carga, dicho y hecho, a escape, aprisa, al vuelo, acto seguido, sin parar; arranque, arrebato. *Estar pronto para salir. Responder pronto a la pregunta. Tener un pronto desagradable. Prontamente, prontitud.*

PROPAGAR(SE) —Difundir, irradiar, esparcir, expandir, transmitir, comunicar, publicar, divulgar, propalar, vulgarizar, extender, contagiar, ramificar, circular, correr, cundir, volar, enseñar, dilatar, trascender, tener eco. *Propagar(se) en, por la zona, entre la gente el rumor. Propagación, propaganda, propagandista.*

PROPIO — Perteneciente, peculiar, privativo, característico, exclusivo, apropiado, conveniente oportuno, a propósito, apto, bueno para, conforme, adecuado, mismo, natural, real, legítimo, mensajero, recadero, mandadero, enviado. *Propio al, del, para el caso. Traer su propio libro. En su sentido propio. Actos propios de la edad. La propia persona. Enviar un propio. Propiedad, propietario.*

PROPONER(SE) — Formular, brindar, exponer, expresar, insinuar, prometer, propugnar, procurar, sugerir, plantear, presentar, intentar, entender, designar, aspirar a, pensar, querer, desear, dirigir, pretender, destinar, encaminar, llevar la mira, tratar de, premeditar, tener entre ceja y ceja, ofrecerse, decidirse. *Proponer una ley, al, ante el congreso. Proponerse a alguien, para una vacante, de novio. Proponerse cambiar de actitud. Proposición, propósito, propuesta, propuesto.*

PROPORCIONAR(SE) — Adecuar, distribuir, corresponder, prorratear, equilibrar, simetrizar, ajustar, compartir, escotar, facilitar, proveer, poner a (la) disposición, suministrar. *Proporcionar con, para alguna cosa. Proporcionar una cosa con otra. Proporcionar(se) comodidades a los visitantes. Proporción, proporcionado, proporcional.*

PROSPERIDAD — Bonanza, bienestar, bienandanza, adelanto, adelantamiento, auge, boga, florecimiento, ventura, felicidad, progreso, éxito, fortuna, suerte, buena estrella, dicha, mejora, mejoramiento, triunfo, enriquecimiento, *boom. Prosperidad en los negocios. Prosperar. Próspero.*

PROSTÍBULO — Burdel, lupanar, putaísmo, mancebía, ramería, serrallo, harén, casa de putas, casa pública, casa de lenocinio, casa de citas, casa de trato. *Prostíbulo en el barrio tal. Prostitución, prostituir(se), prostituta.*

PROYECTAR(SE) — Planear, trazar, concebir, fraguar, hilvanar, tramar, urdir, maquinar, esbozar, calcular, imaginar, acariciar, borronear, lanzar, disparar, arrojar, despedir, exhibir, formar imagen. *Proyectar un viaje. Proyectarse contra la pared un objeto. Proyectar una película, la sombra en la pantalla. Proyecto, proyectista, proyectante, proyección, proyecciones, proyectil.*

PUBLICAR(SE) — Divulgar, anunciar, imprimir, editar, generalizar, pregonar, vocear, vociferar, predicar, esparcir, sembrar, murmurar, cotillear, hacer público, descubrir, revelar, sacar a (la) luz, propalar, soltar la voz, poner de manifiesto, aparecer, echar a volar, mostrar, correr la voz, ser de dominio público, decirse que, susurrarse, andar de boca en boca, dar (de) que hablar, decir a los cuatro vientos. *Publicar(se) la noticia en el periódico, por todos los canales. Publicarse sus manejos en la plaza, para escarmiento. Público, publicación, publicista, publicidad, publicador.*

PUERTA — Entrada, salida, cancela, abertura, rastrillo, postigo, escotilla, escotillón, tranquera, mampara, gatera, torno, trampa. *Entrar por la puerta ancha. A las puertas de la muerte. A puerta cerrada. Echar la puerta abajo. Ponerle en la puerta, dar con la puerta en las narices. Cerrársele a uno todas las puertas. Poner puertas al campo. Portero, portería, portezuela, portón, pórtico, portillo, portela, portalón, portal.*

PUERTO — Fondeadero, desembarcadero, surgidero, muelle, escollera, escala, amarradero, apostadero, bahía, rada, dársena, dique, canal, estuario, ensenada, draga, andén, abra, garganta entre montañas, amparo, refugio, abrigo, asilo. *Anclado en puerto de mar. Precio en el puerto tal. Puerto Boniato. Llegar a puerto seguro. Portuario, portezuelo.*

PUES — Ya que, como que, dado que, en vista (de) que, por tanto, por consiguiente, así que, luego, ergo, puesto que, por consecuencia. *Pues bien. Pues, sí, pues no.*

PUNTO — Sitio, lugar, parte, paraje, localidad, extremo, número, marca, tanto, localidad, puesto, momento, instante, soplo, segundo, jugador, pasaje, fragmento, tema, asunto, cuestión, intento, fin, sazón. *Punto de partida, de vista. Hacer de punto en el dominó. Ver el punto de una cosa. Estar a, al punto. Punto por punto. Punto de honor, pundonor. A punto fijo. Hora en punto. Poner el punto sobre las íes. Punto en boca. Punto menos. Ganar la pelea por puntos.* Punta, puntada, puntal, puntuar, puntera, puntería, puntero, puntiagudo, puntilla, puntillo, puntilloso, punción, puzada, puntura, punzar, punzón, punzadura, puntuación.

PUÑO — Mano cerrada, pomo, mango, empuñadura, fuerza, valor, trompada, trompicón, tortazo. *Amenazar con el puño. Pelea a puño limpio. Agarrar el paraguas por el puño.* Puñado, puñetazo, puñete, puñada, a puñados, puñal, puñalada.

PURIFICAR(SE) — Depurar, limpiar, purgar, acrisolar, acendrar, deterger, clarificar, refinar, filtrar, cribar, lustrar, expiar, lavar, colar, quintaesenciar, sanear, desinfectar. *Purificar el aire. Purificarse con las penas.* Puro, puridad, pureza, purificador, puritano, purista, puramente.

Q

QUEBRADO — Abrupto, escabroso, fragoso, accidentado, tortuoso, desigual, fracturado, infranqueable, hendido, roto, astillado, rasgado, desgarrado, agrietado, arruinado, herniado, fraccionario. *Terreno quebrado. Vidrio quebrado por una pedrada. Establecimiento quebrado. Quebrado al levantar un peso. Estudiar los quebrados en la escuela.* Quebrar(se), quebradizo, quebradero (de cabeza), quebrada, quebradura, quebrajar, quebrajoso, quebrantar(se), quebrantamiento, quebranto.

QUEDAR(SE) — Sobrar, restar, faltar, permanecer, subsistir, durar, resultar, estar, detenerse, acabar, cesar, convenir, terminar. *Quedar a deber. Quedar diez días para cierta fecha o acción. Quedarse para contarlo. Quedarle bien a uno una prenda de vestir. Quedarse en casa, con lo ajeno, a servir, para vestir santos, sin un centavo. Quedarse atrás. Quedar en hacer algo con alguien. Quedar bien, por contestar una carta. Quedar(se) boquiabierto, tan fresco, muerto, yerto, limpio, corto, satisfecho.* Quedo, quedamente.

QUEJA — Lamento, lamentación, lloro, lloriqueo, llanto, gemido, sollozo, grito, suspiro, ayes, protesta, disgusto, descontento, cuita, enojo, disgusto, desazón, resentimiento, reclamación, demanda, querella, ñoñería. *Oír la queja del enfermo, del empleado, por el trato, por el despido. Elevar la queja al tribunal. Quejarse, quejido, quejicoso, quejoso, quejumbroso.*

QUEMAR(SE) — Arder, abrasar, incinerar, incendiar, consumir, combustionar, encender, chamuscar, calcinar, carbonizar, enfadar, irritar, reducirse a cenizas, destruir, malvender, malbaratar, vender al costo o con pérdida, alterarse, apasionarse. *Quemar la leña en el fogón. Quemarse de celos. Quemar la mercancía en venta (de) liquidación. Quemarse al sol, con un fósforo. Quemado, quemadura, quemador, quema, quemazón.*

QUERER(SE) — Amar, tener cariño, apreciar, estimar, adorar, desear, determinar, tener voluntad, ambicionar, codiciar, apetecer, sentir afecto, antojarse, pretender, procurar, pedir, exigir, requerir, servirse, dignarse, tener a bien, darle la gana, usar de su derecho. *Querer un aumento de sueldo. Querer alcanzar algo. Quererse bien dos personas. Querer es poder. Querida, querido, querencia.*

QUID — Meollo, razón, motivo, esencia, porqué, toque, busilis, causa. *El quid de la cuestión. Quid pro quo (equivocación, equívoco).*

QUIEBRA — Bancarrota, *crack*, apremio, ruina, embargo, concurso de acreedores, alzamiento, suspensión de pagos, rotura, ruptura, hendidura. *Declararse en quiebra. Juicio de quiebra. Quiebra del cristal, del hielo, en la tierra.*

QUINTAESENCIAR — Sutilizar, extractar, refinar, hacer un perfume, alambicar, apurar. *Quintaesenciar la fórmula. Quintaesencia. (Quinta, quintero, quintana, quintería).*

QUISQUILLOSO — Pamplinero, puntilloso, exigente, sensible, susceptible, reparón, repeloso, embrollón, irritable. *Sufrir a un jefe quisquilloso. Quisquilla, quisquillosidad.*

QUITAR(SE) — Remover, separar, sacar, obviar, retirar, deponer, apartar, desalojar, tomar, arrancar, raspar, borrar, cortar, recoger, privar, suspender, desnudar, despojar, destapar(se), despoblar, desposeer, birlar, sustraer, robar, hurtar, arrebatar, coger, suprimir, extirpar, eliminar, liberar, desembarazar, irse, marcharse. *Quitar una cosa de un lugar. Quitarse de la puerta. Quitarse la ropa. Quitarle la cartera a una persona. Quitar las faltas. Quitarse años de encima con el maquillaje. Quita (Quitasol, quito, quitamanchas, quitanieves).*

QUIZÁS — Quizá, tal vez, acaso, a lo mejor, a lo peor, posiblemente, probablemente, por ventura, ¡quién sabe!

R

RABIETA — Perreta, pataleo, berrinche, berrinchín, emberrenchinamiento, petera, refunfuño, crujida de dientes, tirada en el suelo, subida, derrame de bilis, trinada. *Rabieta de espanto. Rabia, rabiar, rabioso.*

RACIONAR(SE) — Limitar consumo, distribuir porciones, repartir, dotar, asignar cuotas, suministrar, proporcionar, tasar, proveer. *Racionar(se) el agua, por la sequía. Racionamiento, racionero.*

RADICAL — Extremado, excesivo, absoluto, inapelable, tajante, a fondo, soberano, fundamental, básico, sustancial, esencial. *Radical en sus ideas. Reforma radical del plan. Radicar(se), raigal, raíz, raíces, raicillas, radícula, raigambre.*

RADIO — Receptor, emisora, onda, distancia, línea, metal, mensaje, comunicación, transmisión, aparato. *Radio de bolsillo. Estación de radio. Oír la noticia por el, la radio. Recibir un radio urgente. Radio de acción de un avión. Un gramo de radio. Radiodifusión, radioemisora, radioescucha, radioyente, radiotelefonía, radiotelegrafía, radiograma, radiorreceptor, radiotransmisor, radiografía, radiología, radiografiar, radioscopía, radiólogo, radioactividad.*

RÁFAGA — Racha, golpe de viento, viento violento, torbellino, borrasca, ciclón, galerna, tromba, fugada, destello, jugada. *Ráfagas de cien kilómetros por hora.*

RALO — Escaso, espaciado, disperso, hueco, poroso, esponjoso, vaporoso, tenue, rarefacto. *Cabello ralo. Ralear.*

RALLAR — Desmenuzar, triturar, limar, frotar, restregar, fastidiar, molestar, incomodar. *Rallar el queso. Ralladura, rallador.*

RAMA — Gajo, acodo, mugrón, álabe, vara, brazo, vástago, tallo, sarmiento, bifurcación, sector, parte, sección, subordinación, subdivisión. *Cortar la rama del árbol. Ramas de las ciencias. Andarse por las ramas. Ramaje, ramal, ramada, ramazón, ramo, ramillete.*

RASO — Libre, llano, despejado, limpio, pelado, liso, plano, desnudo, calvo. *Tela de raso. Dormir al campo raso. Ras, rasar(se) rasero, rasante, rasa.*

RASTRA — Sarta, cuelga, narria, cajón de carro, arrastre, acarreo, tiro, camión, grada, escalón, escaño, gradilla. *Cargar la rastra. Montarse en la rastra. Salir a rastra.*

RASTRO — Vestigio, señal, traza, ida, pista, indicio, huella, rodada rodera, paso, estela, pisada, matadero, desolladero, mugrón, depósito, tienda de cosas usadas. *Seguir el rastro. Conocer por el rastro a alguien. Conducir al toro al rastro. Comprar una pieza en el rastro. Rastrear, rastrero, rastrillar, rastrillo, rastrojo, rastrojal.*

RASURAR(SE) — Afeitar, acicalar, tonsurar, hacer la barba, descañonar, desbarbar, rapar. *Rasurar(se) por las mañanas, con máquina eléctrica, con navaja. Rasurado, rasuración.*

RAZA — Casta, linaje, progenie, pueblo, ralea, horda, tribu, clan, familia, especie, género. *Raza amarilla. Caballo de raza. Racista.*

REACCIÓN — Oposición, contrataque, contracorriente, resaca, repliegue, repulsión, reflejo, contrarresto, resistencia, recobro, rebote, reposición, retroceso, reflujo, revulsión, recuperación, tradicionalismo. *Reacción de la vacuna. Reacción a la campaña. Reacción saludable. Reaccionar(se), reaccionario, reactor, reactivar, reactivo.*

REACIO — Renuente, remolón, reluctante, remiso, rebelde, porfiado, difícil, desobediente, indócil, terco, indisciplinado. *Reacio a los consejos.*

REALMENTE — Verdaderamente, de hecho, en verdad, en realidad, efectiva de facto, objetivamente, físicamente, positivamente. *Real, realidad, realismo, realizable, realizar(se), realista, realeza.*

REBASAR — Sobrepujar, traspasar, pasar, excederse, extralimitarse, propasarse, desbordarse, salirse, colmar, derramarse, rebosar, sobrepasar. *Rebasar la cuota de producción, la meta impuesta. Rebasamiento.*

RECAPITULACIÓN — Resumen, compendio, condensación, abreviación, recensión, revisión, síntesis, inventario, epílogo, extracto, epítome, trasunto. *Recapitulación del proceso descrito. Recapitular.*

RECELAR(SE) — Sospechar, maliciar, desconfiar, temer, olerse algo, escamarse, guardarse, no tenerlas todas consigo, darle a uno mala espina, no ser santo de su devoción, poner en cuarentena. *Recelar(se) de la competencia. Recelo, receloso.*

RECEPCIÓN — Acogida, acogimiento, festejo, celebración, recibo, recibimiento, aceptación, entrada, ingreso, admisión. *Sala de recepciones. Receptor, recipiente, receptáculo, receptador, receptar, receptivo.*

RECIBIMIENTO — Recepción, acogida, acogimiento, bienvenida, antesala, vestíbulo, *hall*, salón, pieza. *Recibimiento con voladores. Sala de recibimiento. Recibidor.*

RECIBO — Justificante, comprobante, documento, carta de pago, conocimiento, garantía, vale, resguardo, descargo, acuse, recepción, recibimiento, acogida, visita, acto social. *Entregar el recibo. Tener un recibo por la noche. (Recibir(se), acusar recibo, recibí.*

RECOBRAR(SE) — Recuperar(se), vindicar, reinvindicar, reconquistar desquitar(se), rescatar, restaurar, represar, redimir(se), amortizar, restablecerse, reintegrarse, aliviarse, reponerse, volver en sí. *Recobrar la salud. Recobrarse de las pérdidas.*

RECURSO(S) — Procedimiento, petición, escrito, memorial, medio, arbitrio, expediente, trámite, previsión, requerimiento, demanda, apelación, bienes, riquezas, talento, ingenio, astucia. *Elevar al tribunal supremo recurso de casación. Persona de muchos recursos. Recurrir.*

REDONDO — Rotundo, orondo, curvo, eférico, circular, torneado, oval, ovalada, cilíndrico, anular, combado, orbicular, elíptico, discoidal, abombado, claro, diáfano, fácil, comprensible. *Redondo de forma. Un no redondo. Redondear, redondeado, redonda, a la redonda, en redondo, redondel, redondez.*

REEMPLAZAR — Sustituir, cambiar, relevar, representar, suplir, subrogar, suplantar, suceder, reponer, renovar, hacer las veces, poner en el lugar. *Reemplazar a una persona en sus funciones, con otra. Reemplazo, reemplazante, reemplazable.*

REFERENCIA — Informe, noticia, recomendación, remisión, cita, detalle, relación, pormenor, relato, narración, crónica, anales, versión, cuento, historieta, anécdota, hablilla, murmuración. *Poner a una persona de referencia. Pedir referencias a un solicitante. Dar referencia del dato en el escrito. Referencia de lo tratado en el acta levantada. Referir(se), referente.*

RELACIONAR(SE) — Conectar, enlazar, encadenar, tratarse, visitarse, alternar, correr con, rezar con, hacer al caso, decir relación, recaer en, referirse a, mirar, concernir, atañer, tocar, pertenecer, respectar. *Relacionarse con los comerciantes de la plaza. Relacionar los distintos estudios. Relación, relaciones, relacionante, relativo.*

RENDIR(SE) — Vencer, sujetar, dominar, subyugar, cansar, fatigar, producir, rentar, redituar, acatar, parlamentar, ceder, flaquear, resignarse, someterse, doblegarse, supeditarse, avenirse. *Rendir al enemigo, por cansancio. Rendir utilidad una empresa. Rendir cuentas. Rendirse sin condiciones. Rendido, rendimiento, rendición.*

RENOVAR(SE) Reformar, regenerar, reconstruir, retoñar, reverdecer, modernizar, rehabilitar, revivir, remozar, rejuvenecer, reparar, reconstituir, modificar, reedificar, transformar, trocar. *Renovar el guardarropa. Renovarse para vivir. Renovación, renuevo, renovador.*

REPARAR — Arreglar, componer, recomponer, remendar, restaurar, enmendar, sanear, soldar, pegar, consolidar, remediar, subsanar, compensar, corregir, indemnizar, resarcir, advertir, notar, percatarse, contenerse, reportarse. *Reparar el auto en el taller. Reparar los daños causados. Repararse en una cosa. Reparando, reparación, reparable.*

REPETICIÓN — Reiteración, reproducción, duplicación, redundancia, imitación, iteración, vez, mano, vuelta, periodicidad, eco, reincidencia, cantilena, vicio, estribillo, matraca, ritornelo, muletilla, tautología, anáfora, repaso, vuelta a lo mismo, bis, redoble. *Repetición hasta el aburrimiento. Repetir(se), repetido, repetidor.*

RESIDUO — Remanente, resto, sobrante, sobras, retazo, retal, rastrojo, reliquia, ripio, recortes, raspa, raeduras, migajas, escoria, escombro, exceso, basura, serrín, virutas, chatarra, despojos, limaduras, piltrafas, desperdicio, bazofia, sedimento, barreduras, pellejo, cáscara, mondaduras, paja, desecho, deyección, heces, estiércol, detrito, evacuación, resta, diferencia. *Residuo de la mezcla, de la operación. Residual.*

RESUMIDAMENTE — Concisamente, abreviadamente, sucintamente, lacónicamente, sumariamente, en plata, en concreto, sin ambages ni rodeos, en pocas palabras, en sustancia, en suma. *En resumen, en resumidas cuentas, resumen, resumir, resumido.*

RETROCESO — Retirada, retorno, regreso, regresión, rebote, reculada, retrogradación, contramarcha, atraso, salto atrás, vuelta al pasado, retracción, rechazo. *Retroceso en la economía. Retroceder.*

ROJO — Carmesí, encarnado, bermejo, coral, escarlata, almagrado, sanguíneo, corinto, coralino, colorado, púrpura, granate, grana, rubí, aloque, amaranto, bermellón, encendido, ígneo. *Vestido rojo. Rojizo, rojez.*

ROMPER(SE) — Destrozar, quebrar, fracturar, rajar, rasgar, astillar, desgarrar, partir, hacerse pedazos, hacer(se) añicos, hacer tortilla(s), hacer trizas, trizar, trozar. *Romper(se) la soga por la parte más delgada. Romper el día, a llorar, el silencio, lanzas por alguno. De rompe y rasga (raja). Rompiente, rompeolas, rompecabezas, rompedor, rompimiento, rompedura, rotura, ruptura, roturar, roto.*

RUIDO — Estridencia, bullicio, bulla, chirrido, rechinamiento, hervidero, zumbido, chasquido, ronquido, traquido, triquitraque, estruendo, detonación, explosión, tiro, estampido, estrépito, bramido, fragor, tronada, estallido, algarabía, alboroto, rugido, griterío, barahúnda, batahola, escándalo, martilleo, repiqueteo, golpeteo, chapoteo, taconeo, portazo, zarabanda, tableteo, pataleo, aldabonazo, crujido, runrún, susurro, murmullo, pitada, rumor, retintín, sonido, tañido, silbido, retumbo, resonancia, tintineo. *Ruido del tráfico, en la calle. Ser más el ruido que las nueces. Ruidoso.*

SABER — Erudición, facultad, cultura, inteligencia, ilustración, conocimiento, conocer, entender, poseer, ser docto, tener habilidad, conciencia, comprender, observar, dominar, percatarse, enterarse, advertir, ponerse al cabo, estar al tanto, estar al corriente, estar fuerte en, tener sabor. *El saber no ocupa lugar. Saber de memoria, para sí, de buena tinta, saber nadar y guardar la ropa, al dedillo. A sabiendas. Saber a algo. Sabio, sabiduría, sabihondo, sabelotodo, sabido, sabidor, sabedor, sapiencia, sapiente.*

SABOTAJE — Daño intencional, táctica de lucha, deterioro voluntario de equipo, desperfecto para inutilizar instalaciones, obstrucción deliberada del funcionamiento de algo, perjuicio para estorbar la marcha de institución. *Sabotaje a la fábrica tal. Sabotear, saboteador.*

SACAR(SE) — Extraer, sustraer, arrancar, exprimir, sonsacar, entresacar, exhumar, descubrir, aprender, averiguar, lograr, resolver, solucionar, conseguir, obtener, colegir, hallar, elegir, sortear, votar, ganar, exceptuar, excluir, enseñar, revelar, manifestar, mostrar, inventar, crear, producir, mencionar, nombrar, citar, tildar, apodar, aplicar, atribuir. *Sacar de la gaveta, Sacar la solución. Sacar de apuros, a colación, en limpio, de la nada, a bailar, muchos votos. Sacarse la lotería. Saque, saca, sacador, saqueo, sacado. Sacacorchos, sacamuelas, sacabocados, sacadineros, sacapuros.*

SACO — Bolsa, bolso, morral, macuto, mochila, talego, talega, valija, costal, fardo, fardel, montón, hato, chaqueta, gabán. *Un saco de azúcar, de mentiras. Ir de saco a la fiesta. Quitarse el saco por el calor.*

SALIDA — Partida, despegue, viaje, ida, excursión, paseo, despedida, emigración, destierro, éxodo, huída, expulsión, fuga, escape, escapatoria, evasión, expatriación, boca, desembocadura, desemboque, agujero, derrame, paso, puerta, abertura, apertura, erupción, evacuación, borbollón, borbotón, borbor, subterfugio, pretexto, recurso, chiste, ingeniosidad, ocurrencia. *Salida a la avenida tal. Salida del avión, por la derecha. Salida de un lugar, de los presos. Salir(se), salidero, saliente.*

SALUDAR(SE) — Descubrirse, dar los buenos días, buenas tardes, o buenas noches, dar o estrechar la mano, dar la bienvenida, hacer la reverencia, mover la mano, presentar las armas, cumplir, cumplimentar, atender, congratular. *Saludarse con la cabeza. Saludar a los invitados. Saludo, salutación, salud, saludable, salubridad, salubre.*

SALVO — Excepto, exceptuado, menos, omitido; ileso, incólume, indemne, sano, inmune, seguro, firme, libre, libertado, invulnerable, inexpugnable. *Estar a salvo. Salvar(se), salvedad, salvoconducto, salvador, salvación, salvamento, salvaguardar.*

SEGURO — Cierto indudable, inequívoco, innegable, sólido, positivo, sereno, santuario, sagrado, protegido, garantizado, guardado, salvo, sano, inamovible; contrato, confianza. *Seguro de sí mismo. De seguro. Seguro de vida. Irse del seguro. Seguridad(es).*

SEMILLA — Simiente, grano, semen, germen, núcleo, embrión, pepita, cuesco, almendra, origen, causa. *Arrojar la semilla en el surco. Semilla de discordia. Semillero, seminario, semental, sembrar, sementera, sembradura, simiente.*

SENIL — Anciano, caduco, longevo, proyecto, viejo, decrépito, chocho, entrado en años, decano, acabado, matusalén, vetusto. *Edad senil, Senilidad, senectud, senilismo.*

SENTENCIA — Fallo, veredicto, laudo, arbitraje, resolución, dictamen, decisión, juicio, decreto, sanción, máxima, proverbio, refrán, dicho. *Sentencia de muerte. Escribir una sentencia. Sentenciar, sentencioso.*

SENTIDO — Vista, oído, paladar, gusto, tacto, olfato, acepción, significado, significación, facultad, aptitud, opinión, juicio, entendimiento, discernimiento, conocimiento, expresión, realce, finalidad; susceptible, adolorido, irritado. *Poner los cinco sentidos. Sentido de la palabra. Sentido de la vida. Estar sentido con una persona. Darle sentido al acto. Sentido común. Sentir(se), sentimiento, sentimental.*

SEPULTURA — Tumba, huesa, mausoleo, nicho, panteón, cripta, sarcófago, cenotafio, hoyo, fosa, hoya, yacija, catacumbas, última morada, urna, enterramiento, túmulo. *Conducir hasta la sepultura a las víctimas. Sepultar, sepultado, sepulturero, sepulcro.*

SERVICIO — Beneficio, favor, provecho, mérito, gracia, utilidad, organización, entidad, corporación, cubierto, culto, oficio, ceremonia, obsequio, asistencia, acompañamiento, personal, criados, baño, ejército. *Ser de servicio. Servicio público. Asistir a los servicios. Poner el servicio de una persona. Ir al servicio. Servicio militar. Prestar servicios. Servir(se), servidor, servible, servicial, servidumbre, servil, servilleta, sirviente, siervo.*

SIEMPRE — Constantemente, perpetuamente, invariablemente, eternamente, en todo caso, todas las veces, sin faltar nunca. *Siempre que, siempre y cuando.*

SIGNIFICAR — Denotar, connotar, representar, indicar, designar, representar, decir, expresar, figurar, querer decir, comunicar, declarar, hacer saber, dar a entender, notificar, exponer, simbolizar, manifestar, señalar. *Significar con gestos. Significado, significativo, significante, significación, signo, signar, signante.*

SILENCIOSO — Callado, mudo, sigiloso, taciturno, reservado, discreto, amordazado, afásico, afónico, tácito, calmado, sosegado, quedo; sin decir esta boca es mía, punto en boca, para su sayo, sin sentirlo nadie, pasito, sin chistar, para su capote, de callada. *Silencioso en el trabajo. Estar silencioso hoy. Silencio, silenciar, silente, silenciador.*

SIMPLE — Sencillo, elemental, neto, solo, estricto, mero, escueto, mondo y lirondo, puro, desnudo, cándido, ingenuo, inocente, incauto, soso, desabrido, insulso, insípido. *Obra, trabajo simple de hacer. Hombre simple. Simple estudiante. Simpleza, simplicidad, simplista, simplificar, simplificador, simplón.*

SIMULTÁNEAMENTE — A un tiempo, a la vez, a la par, en tanto que, interín, en esto, en medio de, entre tanto, durante, al paso, mientras, juntamente, junto, sincronizadamente, sincrónicamente, coetáneamente. *Simultanear(se), simultaneidad, simultáneo.*

SÍNCOPE — Desmayo, colapso, vértigo, aturdimiento, mareo, desvanecimiento, vahído, desfallecimiento, fatiga, deliquio, soponcio, rapto, asfixia, patatús, abreviatura. *Síncope por hambre, en la calle. Sincopar.*

SOBRE — Encima, superioridad, preeminencia, predominio, culminación, ventaja, perfección, preferencia, supremacía, acerca de, relativo, referente, además de, aproximadamente, poco más o menos, carpeta, envoltura de carta. *Escribir la dirección en el sobre. Sobre con membrete. Sobreabundante, sobrecama, sobrecarga, sobrecoger(se), sobredicho, sobrescrito, sobrellevar, sobre manera, sobremesa, sobrenatural, sobrenombre, sobrentendido, sobreponer(se), sobreprecio, sobrepujar, sobresaliente, sobresalir, sobresaltar(se) sobreseer, sobrestante, sobretodo, sobre todo, sobrevenir, sobreviviente, sobrevivir.*

SOCIO — Asociado, comanditario, participante, partícipe, mutualista, accionista, obligacionista, sindicado, agremiado, federado, beneficiario, compañero, coaligado, prójimo, sujeto, individuo. *Socio en comandita. Socio en la empresa, de tal entidad. ¡Hola socio! Sociedad, social, socializar, sociable, socialista, socialismo.*

SOFISTICAR(SE) — Falsear, adulterar, falsificar, retorcer, tergiversar, alambicar, paralogizar, pulirse, esmerarse, refinarse, estilizarse. *Sofisticar el argumento. Sofisticarse en la escuela, con lecturas. Sofista, sofisma, sofístico, sofisticación.*

SOLAMENTE — Sólo, únicamente, exclusivamente, meramente, no más que, uno.

SOLDADO — Recluta, enganchado, guerrero, militar, combatiente, alistado, unido, pegado, adherido. *Soldado raso, en el cuartel. Soldado con soplete. Soldada, soldadesco, soldador, soldar, soldadura, suelda.*

SOLUCIÓN — Terminación, fin, desenlace, término, explicación, respuesta, clave, averiguación, tramitación, medio, arreglo, medida, decisión. pago, satisfacción, emulsión, disolución, resolución, resultado. *Hallar la solución al, del problema, Solución satisfactoria para las partes. Mezclar en solución estéril. Solucionar(se), soluble, solvente, solventar, solvencia.*

SOMBRERO — Casco, quepis, gorra, gorro, copete, clac, chistera, hongo, panamá, jipijapa, boina, pamela, cofia, cordobés, fieltro, chapeo, tricornio, bombín, birrete, bonete, salacot, bicornio, castora, leopoldina, capillo, montera, toca, mitra, turbante. *Sombrero de copa, de alas anchas. Sombrero, sombrerería, sombra, sombrilla, sombrío, sombrear, sombrerazo.*

SONIDO — Sensación auditiva, nota musical, onda acústica, vibración, resonación, resonancia, asonancia, consonancia, eufonía, cacofonía, melodía, acento, monotonía, eco, retumbo, canto, cadencia, armonía, ruido. *Sonido ronco, áspero, seco, disonante, bajo, alto, grave, agudo, fuerte, hueco, profundo, sordo. Sonar(se), sonoro, sonador, sonante, sonoroso, son, sonecillo, sonsonete, sonoridad, sonado.*

SOPAPO — Bofetada, golpe, soplamocos, moquete, coscorrón, cachetada, puñazo, piñazo, gaznatón, gaznatazo, tortazo, mojicón, trompada, manotazo. *Dar un sopapo. Sopapear, sopetón, de sopetón, sopetear.*

SORPRENDER(SE) — Coger, atrapar, pillar, pescar, apresar, cazar, descubrir, prender, turbarse, pasmarse, conmover(se), desconcertar(se), maravillar(se), admirar(se), asombrar(se), suspender(se), chocar, sobrecoger(se), quedarse de una pieza, quedarse estupefacto, quedarse frío. *Sorprender al ladrón infraganti, con unas cosas, en el cuarto. Sorprenderse con la novedad. Sorprendente, sorprendido, sorpresa.*

SORTEAR — Eludir, evitar, rehuir, escabullirse, soslayar, rifar, jugar, distribuir por la suerte, imbursar, insacular, repartir al azar. *Sortear los escollos de la travesía. Sortear una sortija entre los empleados. Sortear en la lotería nacional. Sorteo, sorteamiento.*

SOSTENER(SE) — Mantener, aguantar, alimentar, sujetar, soportar, proteger, socorrer, alentar, animar, auxiliar, amparar, defender, ratificar, afirmar, asegurar, reafirmarse, perseverar, tolerar, sufrir, apoyar. *Sostener a la familia. Sostener sus puntos con buenas razones, en la asamblea. Sostenerse a pan y agua. Sostén, sostenedor, sostenido, sostenimiento, sustentáculo, sustentar(se), sustento.*

SUBIR(SE) — Trepar, ascender, escalar, remontar(se), alzar(se), encaramar(se), aupar, guindar, erguir(se), izar, levantar(se), elevar(se), enhestar, superponer, enarbolar, encumbrar, coronar, vencer, enaltecer(se). *Subir al coche. Subírsele la sangre a la cabeza. Subirse en el árbol. Subida, subido, subidero, subibaja.*

SUBORDINADO — Subalterno, inferior, dependiente, empleado, sumiso, sometido, sujeto. *Instruir al subordinado, en sus deberes. Oraciones subordinadas. Subordinar(se), subordinación.*

SUBRAYAR — Recalcar, hacer hincapié, marcar, acentuar, repetir, insistir, machacar. *Subrayar con lápiz rojo.*

SUBTERRÁNEO —Soterraño, subsuelo, sótano, túnel, socavón, cisterna, aljibe, mina, cripta, catacumbas, caverna, bodega, bóveda, excavación; profundo, hondo, simado, bajo tierra, soterrado, sepultado, enterrado. *Temperatura igual en el subterráneo. Pasadizo subterráneo.*

SUBURBIO — Arrabal, afueras, extramuros, aledaños, urbanización, barrio, cercanías, inmediaciones, ensanche, reparto, colonia, distrito, barriada. *Vivir en un suburbio de tal ciudad. Suburbano.*

SUCESO — Hecho, evento, circunstancia, accidente, aventura, andanza, novedad, ocurrencia, odisea, desgracia, peripecia, episodio, lance, paso, contingencia, coyuntura, casualidad, acontecimiento, acaecimiento, emergencia. *Grato, infausto suceso. Sucesos de actualidad. Suceder(se), sucesor, sucesivo, sucesión, sucedido, sucedáneo.*

SUCIEDAD — Mugre, polución, contaminación, cochinada, inmundicia, impureza, mancha, asquerosidad, infección, roña, sicote, cochambre, mierda, porquería, basura, polvo, costra, desaseo. *Suciedad en el piso. Sucio.*

SUCURSAL — Filial, agencia, rama, dependencia, hijuela, concesionaria, delegación, casa subsidiaria, casa aneja o anexa, comisaría, sección, negociado. *Sucursal de la casa tal. Sucursales en toda la nación.*

SUDAR — Transpirar, rezumar, desudar, destilar, trasudar. *Sudar la gota gorda. Sudor, sudoración, sudadero, sudario, sudoroso.*

SUELO — Piso, pavimento, terreno, superficie, tierra, solar, solera, tramo, huello, asiento, poso, fin, término, adoquinado, enladrillado, embaldosado, asfaltado, afirmado, tablado, linóleo, alfombra, estera, tarima. *Poner la carga sobre, en el suelo. Estar los precios por los suelos.*

SUEÑO — Siesta, dormida, dormitación, cabezada, pestañazo, duermevela, somnolencia, dormidera, pesadilla, ensueño, coma, sopor, narcosis, hipnosis, síncope. *Venir con sueño al trabajo. Tener un sueño agradable. Soñar, soñador, soñoliento, sonámbulo, sonambulismo.*

SUJECIÓN — Constreñimiento, esclavitud, obediencia, subordinación, dependencia, trabazón, precinto, unión, adherencia, atadura, presilla, alfiler, botón, broche, clavo, clavija, tornillo, remache, aro, anillo cincha, grapa, soldadura, pinzas, gancho, goma, cola, pegamento, cinta transparente. *Sujeción a las leyes. Darle sujeción al paquete. Sujetar(se), sujetador, sujeto.*

SUMANDO — Partida, importe, cantidad, ítem, monta, más. *Anotar los sumandos. Sumar(se), suma, sumador, sumamente, en suma, sumario.*

SUPERAR(SE) — Prevalecer, eclipsar, resaltar, pasar, rebasar, avanzar, aventajar, destacar(se), exceder, sobrepujar, vencer(se), derrotar, arrollar. *Superar a los competidores, por la calidad, en el mercado, superarse en la escuela. Superación. (Superabundancia, superávit, superchería, superficial, superfino, superfluo, superior, supermercado, supernumerario, superponer, supersónico, superstición, supérstite, supervisar, superviviente).*

SUSPENDER — Levantar, guindar, privar temporalmente, tender, colgar, parar, detener, diferir, cortar, interrumpir, admirar, enajenar, embelesar, embargar, descalificar, reprobar, desaprobar, dar calabazas. *Suspender por los pies. Suspender el juego por la lluvia. Suspender al estudiante. Suspenso, suspendido, suspensión.*

T

TABACO — Puro, habano, boliche, breva, panetela, veguero, pitillo, tagarnina, capero, señorita, cigarro, cigarrillo, picadura, rapé, opio, haxix, *hashish,* mariguana. *Tabaco negro, de hoja, de regalía, turco, de Virginia, rubio, de hebra. Regalar tabacos. Tabaquera, tabacalero, tabaquería, tabaquero.*

TABLA — Plancha, lámina, hoja, madero, anaquel, estante, listón viga, índice, catálogo, lista, cuadro, mostrador, mesa. *Tabla de planchar. Ponerle otra tabla a la mesa. Quedar tablas el juego. Tabla de logaritmos. Tablilla, tablón, tableta, tabloide, tablado, tablero, tablaje, tabular, tabulación.*

TACAÑO — Mezquino, avaro, ruin, sórdido, miserable, avariento, cicatero, agarrado, usurero, estreñido, duro, escaso, interesado, roñoso, codiduro, que tiene el puño cerrado. *Tacaño con sus hijos, de suyo, en su proceder, para con los necesitados. Tacañería.*

TALADRO — Perforador(a), perforación, trepanación, barrenamiento, horadamiento, agujero, abertura, berbiquí, fresa, escoplo, lezna, escofina, cincel, barrenillo, punzón, brócula, trépano, escariador, sacabocados, arquillo, broca, aguja, alfiler, sonda, barrena, atravesamiento, escalo, chicharra, lengüeta. *Barrenar con un taladro la calle. Taladro neumático. Hacer un taladro. Taladrar.*

TALLA — Estatura, medida, número, altura, entallo, entallamiento, efigie, escultura, cinceladura, estatua. *Talla mediana de camisa. Talla de madera. Tallar, talladura, talle.*

TALLER — Lugar para hacer reparaciones, centro de trabajo manual, salón de mecánica, estudio, laboratorio, oficina, centro de manufactura, obrador, tienda, fábrica pequeña. *Taller de mecánica.*

TAMBIÉN — Asimismo, además, igualmente, de la misma manera, del mismo modo, así, incluso, inclusive, hasta, aun.

TANDA — Tarea, trabajo, labor, serie, turno, obra, grupo, partida, capa, tonga, conjunto, cantidad, vez, vuelta, alternativa, rueda. *Tanda de la tarde. Tanda de cosas.*

TANQUE — Depósito, cuba, aljibe, recipiente metálico, receptáculo, carro blindado, carro artillado, persona de andar lento. *Tanque del acueducto. Tanque del ejército. Caminar como un tanque.*

TANTO(S) — Punto, unidad, ficha, baza, puntuación; mucho(s). *Llevar cinco tantos de ventaja. Jugar a los cien tantos. Escribir tanto. Deber tantas cuentas. Tanteo, por (lo) tanto, al tanto.*

TAPAR(SE) — Cubrir, cerrar, obturar, obstruir, atascar, atarugar, encorchar, sellar, calafatear, cegar, tabicar, tapiar, arropar, abrigar, envolver, encubrir, disimular, simular, pretextar, velar, arrebujarse, embozarse. *Tapar el estéreo con la cubierta plástica. Taparse con la sábana. Taparse con una jugada a tiempo. Taparle la boca a alguien. Tapa, tapita, tapadera, tapador, taperujo, tapón, tapaboca, tapaculo, tapada, tapadizo, taponar, tapujarse, taparrabo, tapete, tapujo.*

TAPICERÍA — Colgadura, cortinaje, entoldamiento, toldadura, guarnición, dosel, palio, palias, entoldado, empaliada, visillo, cortina, paño, alfombra, tienda de tapices. *Tapicería de una casa. Llevar algo a la tapicería. Tapiz, tapizar, tapicero.*

TAQUILLA — Casillero, ventanilla, compartimiento, apartado, gaveta, pagaduría, caja o depósito con llave. *Poner la carta en la taquilla. Dejar una obra teatral un dineral en las taquillas. Taquillero.*

TARDE — Parte del día entre las doce y la noche, crepúsculo, puesta del sol, caída del día, ocaso, siesta, anochecer; a última hora, a deshora, a las tantas, a las mil y quinientas, mañana será otro día, veremos, morosamente, con retraso, con demora, demorado. *A las cinco de la tarde. Tarde de verano. Tardíamente, tarder(se), tardanza, tardío, tardo.*

TARIFA — Arancel, catálogo, regulación o lista de precios, tabla de derechos, tasa, costo, coste, costa, precio de servicios. *Tarifa por palabra, por minuto, por kilómetro.*

TÉCNICO — Perito, experto, profesional, entendido, mecánico, erudito; concreto, científico, especial, específico, metódico, sistemático, normativo, industrial, vocacional. *Técnico de televisión. Instituto técnico. Tecnología, tecnológico, tecnicismo, técnica, tecnocracia.*

TEJIDO — Textura, malla, red, bordado, urdimbre, rejilla, trama, trenza, ristra, enrame, alfombra, tapicería, paño, tela, entretejedura, crochet, punto, ganchillo, tegumento, membrana, tela, estructura. *Fábrica de tejidos. Tejido adiposo. Tejer, tejedor, tejedura, tejemaneje, tejera, textil.*

TELE — Abreviatura de televisión y televisor, transmisión de imagen, lejos, distancia. *Mirar la tele esta noche. Televidente, televisar, televísimo, telegénico. (Teléfono, telefonema, telefonear, telefonazo, telegrama, teleológico, telepatía, telescopio, telefoto, teletipo, telecomunicaciones, televisual, teleobjetivo, teleférico, telémetro, telespectador).*

TEMBLOR — Trepidación, tremor, tiritona, tiritada, estremecida, titilación, tiritón, estremecimiento, agitación, oscilación, vibración, palpitación, convulsión, espeluzno, escalofría, calofrío, sacudida, terremoto, sismo, sacudimiento. *Temblor por la fiebre. Temblor de tierra. Tembladera, temblar, tembloroso, temblante, tembleque, temblequear, temblón.*

TEMERARIO — Audaz, osado, arriesgado, atrevido, imprudente, intrépido, aventurero, arriscado, irreflexivo, malaconsejado, inconsiderado, necio, arrojado, infundado, inmotivado, sin pensar, incauto, charlatán, descarado. *Temerario en la guerra. Juicio temerario. Temer(se), temeridad, temeroso, temible, temor, temerón.*

TEMPESTUOSO — Tormentoso, proceloso, inclemente, desencadenado, borrascoso, iracundo, irritado, violento. *Horizonte tempestuoso. Tempestad, tempestar. Encuentro tempestuoso.*

TEMPLAR(SE) — Moderar, entibiar, suavizar, atemperar, quitar el frío, sosegar, dar el punto de dureza o elasticidad, aplacar, atenuar, mezclar, preparar, disponer, afinar. *Templar las cuerdas de un instrumento. Templarse un líquido. Templarse en la lucha. Templanza, temperar, temperancia, temperie, temple, templado, tiempla. (Temperatura, templar, temperamento).*

TEMPRANO — Precoz, adelantado, anticipado, verde, pronto, abortado, prematuro, malogrado, inmaduro, inmaturo; de antemano, previamente, con tiempo, a primera hora, por adelantado, por anticipado, en cierne, en agraz, en flor, de primera intención. *Viaje temprano, tempranero, tempranito.*

TENER(SE) — Poseer, haber, detentar, mantener, obtener, detener, sostener, gozar de, disfrutar, conservar, contener, encerrar, comprender, incluir, coger, asir, sujetar, aguantar, dominar, frenar, parar, refrenar, realizar, cumplir, juzgar, apreciar, reputar, estimar, valuar, evaluar, apoyarse, afirmarse, asegurarse, opugnar, resistir, enfrentarse, dar la cara, adherirse, seguir, atenerse, hospedar, reintegrar, acoger, experimentar, padecer, sentir, estar adornado, ser rico. *Tener a mano, a la vista, a menos, en mente, entre manos algo. Tener dinero en el banco. Tener a alguien por justo. Tenerse en cuenta, en pie. No tenerlas todas consigo. Tener para mañana una cita. Tener la bondad. Tener que ver. Teniente, tenedor, tenencia.*

TENSIÓN — Exaltación, excitación, hostilidad, oposición, suspenso, impaciencia, esfuerzo, presión, compresión, tirantez, tiesura, erección, tracción, rigidez, elasticidad. *Tensión entre dos bandos, por problemas fronterizos. Tensión arterial. Tensar, tenso, tensor.*

TERMO — Recipiente aislante, temperatura, calor. *Termo con leche. Termal, termas. (Termocauterio, termonuclear, termostato, temoscopio, termómetro).*

TERROR — Pavor, miedo, espanto, pánico, amenaza, violencia, campaña de subversión, inseguridad, falta de garantías, insurrección, atentado, sabotaje. *Régimen de terror. Terrorismo, terrorista.*

TESTAR — Otorgar, legar, dejar, mandar, transmitir, mejorar, desheredar, disponer, privar, preterir, anular, quebrantar, revocar, repartir la herencia, colacionar, nombrar albacea, fiduciario o fideicomisario, dar en usufructo, nombrar a los herederos o a la sucesión, dejar a beneficio de inventario, escribir la última voluntad, redactar un codicilo o memoria. *Testar ante notario, con, en plenas facultades. Testamento, testamentario, testamentaría, testador, testado.*

TESTIMONIO — Afirmación, atestación, atestadura, atestiguación, atestiguamiento, careo, deposición, atestado, fe, juramento autenticación, protesto, dicho, información, interrogatorio, refrendación, legalización, legitimación, instrumento. *En testimonio de su buena fe. Testimonio notarial. Testimoniar, testificar, testigo, testificación, testificante.*

TEXTUAL — Exacto, al pie de la letra, palabra por palabra, literal, idéntico. *Reproducción textual. Texto, textura.*

TEZ — Piel, fisonomía, fisionomía, facciones, rasgos, aspecto, cara, piel, rostro, semblante. *Tez morena. Persona de tez blanca.*

TIEMPO — Proceso, transcurso, decurso, curso, lapso, espacio, suceso, era, forma verbal, duración de los fenómenos, tirada, siglo, época, período, lustro, década, intervalo, sentada, fecha, ocasión, ocurrencia, sazón, coyuntura, oportunidad, vacaciones, proporción, lugar, ocio, ejercicio, movimiento, día, cariz, temperatura, estado atmosférico. *A un tiempo. A tiempo. Dar tiempo al tiempo. Fuera de tiempo. En aquel tiempo. Pasar el tiempo. De tiempo en tiempo. Matar el tiempo. En tiempo de maricastaña. A mal tiempo buena cara. Temporada, temporal, temporáneo, temporario, temporizar.*

TIENDA — Comercio, almacén, baratillo, bazar, factoría, boliche, barraca, quiosco, puesto, despacho, farmacia, botica, droguería, depósito, expendio, expendeduría, mercado, bodega, supermercado, feria. *Comprar en tal tienda. Salir de tiendas. Tendero, tender(se), tendal.*

TIERRA — Globo, mundo, orbe, piso, planeta, patria, país, comarca, región, campo, campiña, suelo, lugar, arcilla, légamo, lodo, cal, arena, mantillo, posesión, hacienda, heredad, dominio. *Salir de la tierra. Tocar tierra. Hacer tierra. Comprar una tierra. Tierra firme. Tierra Santa. Echarle tierra a un asunto. Tierrero, tierral, tierruca, terreno, terrenal, terroso, terruño, terrado, terraza, terraplén, terráqueo, terrateniente, terremoto, térreo, terrero, terrestre, territorio, terrón, tierrita.*

TIMBRE — Llamador, avisador, aparato, sonido característico, marca, sello, señal, estampilla, precinto, proeza, hazaña, acción. *Tocar el timbre. Convocar a sesión con el timbre. Papel de timbre. Timbre de gloria. Timbre de voz agradable. Dar timbre el teléfono. Timbrar, timbrazo.*

TIPO — Espécimen, arquetipo, modelo, muestra, ejemplo, ejemplar, prototipo, talle, figura, carácter, letra, ente, adefesio, títere. *Tipo de tierra. Ser buen tipo. Limpiar los tipos de la imprenta. Aparecerse con cierto tipo. Tipejo, típico, tipicismo, tipificar, tipiar, tipiadora, tipografía.*

TODO — Cuanto, inseparable, conjunto, indiviso, uno, suma, adición, masa, perfección, conclusión; completamente, absolutamente, de lleno, de raíz, hasta los topes, al fondo, de cabo a rabo, sin faltar una coma, de arriba abajo, de principio a fin. *Todo hombre. Todos los días. A todo esto. Por todo. Jugarse el todo por el todo. Ante todo. Con todo. Así y todo. No ser del todo malo. Sobre todo. Venir con maletas y todo. Todito, todopoderoso, total, totalidad.*

TOMAR(SE) — Captar, recoger, coger, escoger, capturar, asumir, apresar, asir, recibir, arrebatar, hurtar, birlar, usurpar, escamotear, robar, despojar, ocupar, interceptar, detentar, arrogarse, incautarse, adjudicarse, adueñarse, aplicarse, echar mano de, alzarse con, alargar la mano, quedarse con, ingerir, consumir, beber, alquilar, quitar, elegir, encaminarse, dirigirse. *Tomar nota de algo. Tomarle una cosa a alguien. Tomarse la libertad de hacer algo, el trabajo. Tomarse una bebida. Tomar por la derecha, el portante, las medidas. Toma, tomadura, tomador.*

TONEL — Barril, barrilejo, barrilete, bocoy, cuba, cubeta, tina, tercerola, anclote, casco, combo, barrica, cuñete, pipote, pipa, tanque, candiota, carral, bajillo. *Tonel de vino. Tonelero, tonelería, tonelete, tonelada, tonelaje.*

TONO — Inflexión de la voz, matiz, dejo, elevación del sonido, modo, estilo, relieve, cambiante, aptitud, energía, vigor, fuerza. *Tono alto de voz. De buen tono. Zapato de dos tonos. Dar el tono. Tonada, tonillo, tonadilla, tonalidad, tónico, tonificar(se).*

TRABAJADOR — Obrero, asalariado, jornalero, proletario, operario, artesano, peón, bracero, labrador, temporero, aprendiz, colaborador, ayudante; industrioso, laborioso, afanoso, aplicado, estudioso, ambicioso, diligente, hacendoso, devoto, buscavidas, burro de carga, hormiga, araña. *Trabajador de tal empresa. Trabajador en las tareas, en la oficina. Trabajar, trabajo, trabajoso, trabajante.*

TRACCIÓN — Arrastre, arrastramiento, tensión, propulsión, impulso, impulsión, empuje, tiro, tirón, remolque, estirón, atoaje, zaleo, repelón, solivión, agarre. *Automóvil de tracción delantera. Tractor, tractorista.*

TRAER(SE) — Acercar, aproximar, atraer, ocasionar, causar, acarrear, producir, resultar, tratar, andar, manejar, obligar, constreñir, coercer, usar, vestir, llevar, lucir, persuadir, convencer, reportar, transferir, trasplantar, transbordar, trasladar, retraer, facturar, guiar, importar, traspasar, portear. *Traer el café. Traer serias consecuencias. Traer una cara triste, una ropa. Traer a alguna parte, ante sí, consigo, de otro lugar, en, entre manos, hacia uno, por divisa, sobre sí. Traerse a colación, a cuento. Traérselas una persona. Traído.*

TRÁFICO — Circulación, tránsito, trajín, paso, pasada, comunicación, viaje, ajetreo, transporte, movimiento, desplazamiento, travesía, traslación, vuelo, idas y venidas, navegación, negocio, trato, comercio, trapicheo, trapichero, cambalache. *Tráfico de mercancías. Policía de tráfico. Tráfico por las carreteras. Traficar, traficante, trafagón, tráfago, trafagar.*

TRAICIONAR — Desertar, abandonar, dejar en la estacada, pasarse, no tener palabra, engañar, estafar, vender, delatar, chivatear, entregar, descubrir, apostatar, ir por detrás, dar una puñalada por la espalda, ser desleal. *Traicionar a la patria. Traidor, traición, a traición, traicionero.*

TRAMITACIÓN — Diligencia, gestión, oficio, procedimiento, expediente, requisito, formalidad, fórmula, paso, traspaso. *Tramitación de la petición. Tramitar, tramitado, trámite.*

TRANSACCIÓN — Convenio, transigencia, trato, pacto, arreglo, avenencia, condescendencia, concordia, contemporización, componenda, negocio, concesión, *modus vivendi. Llegar a una transacción. Transacción comercial. Transaccionar, transar(se). (Transatlántico, transbordar, transcribir, transcurrir, transcurso, transferir, transfusión, transformar(se), transformación, transeúnte, tránsfuga, transgredir, transición, transido, transitar, transitorio, transistor, translúcido, transmi-*

sión, transmitir, transparencia. Transportar(se), transponer, transportador, transportar(se), transposición, transvasación, transversal).

TRAS — Después, después de, además, fuera de, atrás, además de, detrás, detrás de, en busca de, en seguimiento de, onomatopeya de golpe. *Tras de, tra(n)s. Trascendencia, trasegar, trasero, traslación, trasladar(se), traslado, traslucirse, trasnochar, traspapelar(se), traspasador, traspasar, traspaso, traspié, trasquilar, trastienda, trastocar(se), trastornar(se), trastorno, trastabillar, trastrocar, trasuntar.*

TRASCENDER — Propagarse, extenderse, comunicarse, manifestarse, difundir, comprender, penetrar. *Trascender algo al exterior. Trascendente, trascendental, trascendencia.*

TRASTAZO — Batacazo, porrazo, calabazada, trompazo, topetazo, topetón, coscorrón, varapalo, golpazo, trancazo, costalada. *Darse un trastazo en la cabeza. Trasto, trastear, trastada, traste.*

TRATADO — Pacto, convenio, compromiso, ajuste, discurso, escrito, obra erudita o científica. *Tratado de París. Tratado sobre la malaria, Trato, tratamiento, tratable, tratar(se), tratante.*

TREN — Ferrocarril convoy, vehículo cadena, séquito, escolta, aparato, material, recado, juego, ringorrango, boato, pompa, fausto, ostentación. *Irse en, por tren a tal sitio. Tren de carga. Tren de lavado. Venir con un tren impresionante, de tantas personas.*

TRIUNFO — Victoria, éxito, vencimiento, trofeo, dominio, premio, palma, corona, ventaja, conquista, avance, ascenso, promoción, subida, ganancia, laurel, superación, botín, logro, consecución, fin, resultado, conclusión. *Triunfo del vendedor tal en la competencia, sobre varios participantes. Triunfar, triunfante, triunfador.*

TROPIEZO — Resbalón, falta, error, yerro, caída, estorbo, embarazo, inconveniente, choque, dificultad, obstáculo, desliz, falta, culpa, encuentro, encontrón. *Tropiezos en el camino. Tropezar(se), tropezadura, tropezador, tropezón.*

TROTAR — Marchar a saltos, andar de prisa, hacer *jogging*, apresurarse, echar los bofes, avanzar, fatigarse, correr. *Trotar a caballo. Trote, trotón, trotador, trotamundos, trotaconventos.*

TUBO — Caño, cañón, cañería, cánula cañuto, receptáculo flexible, cilindro hueco, atanor, fontanería, conducto, canal, fístula, desagüe, manga, manguera, codo, arcaduz, alcantarilla, cloaca, vertedor, colector, sifón. *Tubo de desagüe. Tubo de pasta de dientes. Pantalón de tubo. Tubería, tubular, tubérculo, tuberosidad, tuberculoso, tuba.*

TUMBADO — Tirado, echado, derrumbado, tendido, acostado, lanzado, derrocado, revolcado, abatido, destruido, caído. *Tumbado sobre la cama, a todo lo largo. Tumbar(se), tumba, tumbo, tumbón, tumbadora, tumbadero.*

TUPIR(SE) — Ocluir, taponar, atorar, compactar, apelmazar, apretar, atestar, amazacotar, adensar, espesar, atiborrarse, atolondrarse, conturbarse, aturullarse, cerrarse, confundirse, embrutecerse. *Tupir la cañería, con los residuos. Tupirse en el momento preciso. Tupición, tupa, tupido.*

TURBA — Tumulto, agolpamiento, torrente, enjambre, horda, patulea, populacho, multitud, tropel, muchedumbre, tierra, carbón. *Huir de la turba. Terreno de turba. Turbamulta, turbación, turbado, turbar(se).*

TURBIO — Opaco, velado, nebuloso, vago, oscuro, vidrioso, borroso, confuso, tenebroso, revuelto, dudoso, azaroso, alterado, perturbado, difícil, incomprensible, embrollado, inextricable. *Líquido turbio. Intenciones turbias. Ver algo turbio en la actuación. Turbiedad, turbieza, turbulencia, turbión, turbulento.*

TURULATO — Pasmado, atónito, sorprendido, lelo, estupefacto, sobrecogido, alelado, extasiado, enajenado. *Dejar turulato a alguien, con la noticia.*

U

UBICAR(SE) — Colocar(se), situar(se), radicarse, localizarse, encontrarse, hallarse, estarse, ponerse. *Ubicar los expedientes en los estantes. Ubicarse en tal localidad. Ubicación, ubicuo, ubicuidad.*

ULTERIOR — Posterior, futuro, siguiente, consecutivo, allende, a (de) la parte de allá, del otro lado. *Por un estudio ulterior. Con ulterioridad, ulteriormente.*

ÚLTIMO (POR) — Finalmente, por fin, en una palabra, en suma, resumiendo, en resumen, concluyendo, en conclusión, al fin, al cabo, en resolución, punto final, para terminar, para acabar, para concluir, para finalizar. *Últimamente, ultimar, ultimátum, último, en último término, en último lugar.*

ULTRA — Más allá de, al otro lado de, además de, fuera de, encarecimiento, exceso. *Ultra de los rones. Ultratumba, ultravioleta, ultramar, a ultranza.*

UNÁNIMEMENTE — A una voz, al unísono, sin discrepancia, de acuerdo, con la aprobación de todos, con el ascenso general, de conformidad, a gusto de todos, por la voluntad de todos, en total concordancia o unión, con asentimiento total. *Unanimidad, por unanimidad.*

UNGÜENTO — Untura, untadura, unción, pomada, linimento, bálsamo, ungimiento, embadurnamiento, cubrimiento, empegadura, capa, baño, embetunamiento. *Ungüento para suavizar la piel.*

ÚNICO — Singular, solo, raro, impar, incomparable, indiviso, sin par, indivisible, mero, puro, extraordinario, paradigmático, excelente. *Único en su clase, entre todos, para la tarea. Únicamente, unidad, unicidad, unión, unificar(se), uniformar(se), uniforme, uniformidad, unir(se), unitario, uno.*

UNIVERSAL — Internacional, mundial, cosmopolita, ecuménico, enciclopédico, católico, general, ilimitado, total, absoluto, regular, cósmico, completo, común. *Obra universal. Universo, universidad.*

URGIR — Apremiar, acuciar, apurar, instar, dar prisa, precisar, atosigar, acelerar, aguijar, estimular, necesitar, tener prisa, estar de prisa. *Urgir una respuesta. Urgencia, urgente.*

USO — Costumbre, hábito, práctica, moda, manera, modo, ejercicio, empleo, destino, abuso, función, menester, oficio, servicio, disfrute, gasto, explotación, beneficio, derecho, utilización, manipulación, acción, ministerio, goce, manejo, rutina. *Uso del uniforme. Al uso de tal gente. Usar(se), usual, usanza, usado, usufructo, usaje, usurpación, usuario.*

USURA — Interés excesivo, ganancia ilegítima, explotación, garrote, utilidad exorbitante, avaricia, provecho indebido, logro abusivo, lucro inmoral. *Acusación de usura. Usurear, usurero.*

UTILIZAR(SE) — Aprovechar, usar, emplear, aplicar, valerse, servirse, prevalerse, lucrarse, gozar, beneficiarse, explotar, esgrimir, usufructuar, asir, (coger) la ocasión por los cabellos (pelos), sacar partido, sacar fruto o tajada. *Utilizar un objeto en alguna cosa. Utilizarse para tal fin. Utilización, utilidad, utilitario, utilizable, utillaje, útil, útiles, utensilio.*

UTOPÍA — Quimera, proyecto irrealizable, ensueño, anhelo imposible, ficción, apariencia imaginaria, suposición hopótesis, ideal o plan inalcanzable, ilusión. *Utopía de gobierno. Utópico.*

V

VACANTE — Disponible, abierto, desocupado, desierto, abandonado, libre, solitario, desatendido, vacío, plaza o sitio sin llenar. *Puesto vacante. Anunciar una vacante. Vagancia, vag(ue)ar, vago, vagabundo, vacación, vacaciones, vaguedad.*

VACIAR(SE) — Desocupar, evacuar, escurrir, sacar, limpiar, verter, agotar, arrojar, desaguar, desembocar, desobstruir, desinflar, derramar, hacer el vacío. *Vaciar la piscina. Vaciarse el tacho. Vaciar en yeso. Vaciante, vaciador, vacío, vacuo, vacuidad.*

VAGÓN — Carro, carruaje, coche, vehículo, compartim(i)ento, furgón, reservado, coche comedor, coche cama, coche salón, plataforma. *Vagón de ferrocarril. Vagoneta.*

VAINA — Envoltura, cubierta, funda, guarda, cáscara, brocal, contera, estuche, abrazadera, túnica, farfolla, aderezo. *Meter el cuchillo en la vaina. Vainería, vainazas.*

VAIVÉN — Oscilación, ir y venir, variabilidad, mudanza, fluctuación, inconstancia, veleidad, capricho, inestabilidad, mecimiento, vacilación, titubeo, balanceo, tumbo, tratequeteo, zigzag, *Vaivén de las olas, de los precios.*

VAJILLA — Loza, fuentes, platos, vasos, tazas, jarras, copas, bandejas. *Vajilla de diario, de lujo.*

VALEDOR — Protector, padrino, patrocinador, favorecedor, amparador, tutor, defensor, avalante, fiador, patrón, recomendante, bienhechor, palanca. *Valedor para el empleo, en tiempos de apuro. Valimiento.*

VALENTÍA — Coraje, intrepidez, arojo, ardimiento, arresto, agallas, temeridad, bravura, esfuerzo, acometividad, atrevimiento, denuedo, osadía, furia, brío, ánimo, alieno, espíritu, corazón, entereza, temple, hombría, heroísmo, hazaña, hecho. *Valentía ante el peligro, en la lucha. Valiente, valor, valeroso.*

VALENTÓN — Bravucón, jaquetón, fanfarrón, jactancioso, perdonavidas, guapo, arrogante, follón, tartarín, cheche, plantillero, matón, matasiete, bocón. *Encararse a un valentón. Valentonada.*

VALER(SE) — Costar, importar, montar, estar a, estar en, ser, correr, pasar, merecer, ascender a, elevarse, sumar, servirse, auxiliarse, apoyarse, ayudarse, utilizarse, acogerse, recurrir, refugiarse. *Valer tanto una cosa. Valerse de una influencia. Valioso, valía.*

VALIDEZ — Autenticidad, eficacia, vigencia, poder, utilidad, fuerza legal, valor, vigor, irrevocabilidad, firmeza, duración, acción, certificación, confirmación, aprobación, sanción. *Tener validez el contrato. Validar, válido, validación.*

VALIJA — Maleta, maletín, baúl, bulto, equipaje, bártulo, alforja, neceser, saco, bolsa, bolsón, cofre, arca, mochila. *Valija de correspondencia. Depositar la valija en la parrilla del carro.*

VALORAR — Evaluar, estimar, tasar, apreciar, ajustar, tallar, avalorar, poner precio, justipreciar, pedir, amillarar, tantear, criticar. *Valorar en tanto dinero. Valor, valorización, valoría, valúa, valores, valuar, valuación.*

VARIO(S) — Múltiple, misceláneo, acervo, centonado, otro, diverso, diferente, distinto, desigual, disímil, heterogéneo, híbrido, tornadizo, mudadizo; unos cuantos, algunos. *Vario en su estructura. Varios estudios. Variado, variar(se), variable, variación, variabilidad, variedad.*

VASO — Recipiente, pote, copa, copeta, bol, jarra, búcaro, jarrón, florero, pebetero, receptáculo, cubilete, póculo, cuerna, cantidad de líquido, depósito, conducto, cacharro, bacín, orinal, embarcación. *Vaso para vino. Vasos comunicantes. Vasera, vasar, vasija.*

VELA — Cirio, hacha, hachón, cerilla, cerillo, candil, mecha, farol, fanal, linterna, lamparilla, blandón, lucerna, bujía, candela, candelilla, guardia, centinela, vigilancia, lona, toldo, *Encender la vela. Estar en vela. Salir a la vela. Recoger velas. Pasar la noche en vela. Velada, velamen, velación, velorio, velado, velador, velar(se). Velaje, velero, velo, velón, velonera.*

VENDER(SE) — Traspasar, realizar, ceder, adjudicar, alienar, enajenar, saldar, liquidar, despachar, placear, revender, traficar, comerciar, malbaratar, almonedar, conchabear, rastrear, regatear, feriar, expender, denunciar, entregar, delatar, traicionar. *Vender en la plaza. Venderse por un plato de lentejas. Vender a, en tanto, por tanto una cosa. Vender a los compañeros ante, por la amenaza. Vendedor, venta, ventorro, ventorrillo, ventero.*

VENENOSO — Ponzoñoso, tóxico, mortífero, letal, malsano, tósigo, deletéreo, mefítico. *Fruto venenoso. Veneno, venífero.*

VENGAR(SE) — Desquitar(se), satisfacerse, vindicar, reparar, desagraviar(se), tomar represalias, ir a la revancha, seguir la ley del talión, castigar(se), pagar con la misma moneda, lavar con sangre, compensar(se). *Vengar a los mártires. Vengarse de una ofensa, en el culpable. Vengativo, vengador, venganza.*

VENIR(SE) — Retornar, regresar, volver, aparecer, comparecer, llegar, arribar, presentarse, acomodarse, avenirse, ajustarse, conformarse, transigir, estar próximo el tiempo, traer origen, pasar, producirse, ofrecerse a la imaginación, mover, excitarse, manifestarse, comenzar, suceder, sobrevenir, acontecer. *Venir a la oficina, con un compañero, de la casa. Venir hacia aquí. Venir a costar, a ser, a menos. Estar por venir. Venir como anillo al dedo. Venir a mano. Venirse abajo. Venirse a las mientes. Venida, venidero, viniente.*

VENIA — Saludo, inclinación, reverencia, autorización, licencia, anuencia, consentimiento, permiso, disculpa, perdón, remisión. *Hacer una venia al salir. Con la venia de la sala.*

VENTILAR(SE) — Airear, orear, aventar, purificar, discutir, dilucidar, poner en claro, controvertir, aclarar, examinar, litigar, exponer. *Ventilar la habitación. Ventilarse un asunto ante, en los tribunales. Ventilación, ventilador, ventana, ventanilla, ventanuco, ventanillo, venteado, ventear(se) ventar, ventosear(se), ventoso, ventisco, viento, vendaval, ventolera, ventarrón, ventisco, ventisquero.*

VER(SE) — Usar los ojos, ojear, otear, visitar, divisar, contemplar, catar, atender, acechar, columbrar, distinguir, divisar, examinar, fisgar, mirar, notar, observar, revisar, reparar, vigilar, probar, intentar, experimentar, ensayar, considerar, conocer, pensar, juzgar, percibir, cuidar, atisbar, avistar, vislumbrar, estar, hallarse, conocerse, representarse, darse a conocer, encontrar(se), echar un vistazo, mirar de reojo, mirar de arriba abajo, mirar con el rabillo del ojo, no quitar la vista, no perder de vista, estar a la mira, comerse con los ojos, con la vista, dar una ojeada. *Hasta más ver. A ver. Ver con sus propios ojos, por un telescopio. Ver ya una cosa. Verse con una persona. Verse en un aprieto. Tener que ver con algo. Tener que vérselas con uno. Ver con buenos ojos a una persona. Veedor, vidente, video.*

VERDADERAMENTE — Realmente, en realidad, ciertamente, afectivamente, en efecto, positivamente, indudablemente, indubitablemente, fundadamente, legítimamente, seriamente, en serio, auténticamente, sin duda, exactamente, propiamente, naturalmente, probadamente, genuinamente, sinceramente, francamente, seguramente, de seguro, de hecho, en rigor, no digamos, evidentemente, indiscutiblemente, sin discusión, fidedignamente, a fe, fielmente, certeramente. *Veras, de veras, veraz, verazmente, verdad, verdad de perogrullo, verdadero, en verdad, a decir verdad, de verdad, a la verdad, verídico, veracidad, ser verdad como un templo, como puños. Sin faltar a la verdad. Jurar la verdad, verificar, verificación, verosímil.*

VERDE — Glauco, cetrino, aceitunado, oliva, oliváceo, tierno, precoz, inmaduro, imperfecto, prematuro, crudo, recién cortado, fresco, lozano, follaje, hierba, obsceno, indecoroso, indecente, deshonesto, picante. *Color verde. Fruta verde. Cuento verde. Caer en el verde. Pastar en el verde. Verde claro, verdinegro, verdoso, verduzco, verdemar, verdor, verdolaga, verdejo, verdecer, verdescuro, verdegal, verdeguear, verdín, verdura.*

VERSÁTIL — Voluble, vacilante, variable, veleidoso, antojadizo, lunático, novelero, caprichoso, antojadizo, tornadizo, fantasioso, inconsecuente, inconstante, frívolo, disipado, múltiple, diverso, proteico, variado, multiforme, polifacético. *Desestimar su opinión por ser tan versátil. Estimar a una persona por su genio versátil. Versatilidad.*

VERSIÓN — Interpretación, exégesis, traducción, transposición, transcripción, glosa, comento, comentario. *Versión oficial. Versión de tal persona. Verter(se), vertiente, vertedero, versificación, versículo, verso(s), versar(se).*

VERTICAL — Perpendicular, erguido, erecto, derecho, enhiesto, parado, rígido, duro, tieso, acantilado, cortado a pico, pivotante, hirsuto, escarpado; a plomo, en pie, upa. *Línea vertical. Verticalidad, verticalmente.*

VESTIDO — Ropa, atuendo, prenda, indumentaria, terno, sayo, ropaje, indumento, tela, jaez, paños, pingos, pelaje; cubierto, tapado. *Vestido de salir. Andar vestido con, de tal cosa. Vestir(se) vestidura(s), vestimenta, veste, vestuario.*

VEZ(CES) — Serie de actos, serie de sucesos, iteración, vuelta, mano, ciclo, alternación, intervalo, compás, turno, tanda, rueda, ocasión coyuntura, punto, proporción, ritmo, frecuencia, repetición. *A la vez. De vez en cuando. De una vez, otra vez. A veces. Hacer las veces. Escribir diez veces algo.*

VÍA — Camino, carril, senda, ruta, sendero, pista, pasaje, acceso, rúa, vereda, trillo, calle, trocha, derrota, arteria, atajo, carretera, calzada cancha, galería, paseo, rampa, avenida, travesía, modo, medio, manera, rumbo, curso, dirección, procedimiento, método. *Seguir una vía. Por vía marítima. Vía libre, cerrada. Vía crucis, viajar, viajero, viable, viajata, viajante, viaducto.*

VICEVERSA — Al revés, al contrario, a la inversa, por el contrario, recíprocamente, inversamente, revés, contrario.

VIEJO — Veterano, maduro, provecto, senil, añoso, cano, chocho, anciano, caduco, carcamal, antañón, valetudinario, antiguo, arcaico, añejo, vetusto, desusado, rancio, fósil, primitivo, prehistórico, pasado, lejano, longevo, entrado en años, pasado de moda, destruido, decrépito, acabado, ruinoso, envejecido, estropeado, deslucido, usado, derruido, abuelo, reviejo, matusalén, setentón, ochentón, nonagenario, centenario. *Llegar a viejo. Viejas memorias. Irse por el camino viejo. Viejoverde. Un viejo amigo. ¡Hola viejo! Morirse de viejo. Casa vieja. En el viejo San Juan. Estar viejo por la edad. Vejez, viejecito, vejete, vejestorio.*

VIOLAR(SE) —Conculcar, infringir, vulnerar, transgredir, quebrantar, compeler, obligar, forzar, raptar, secuestrar, estuprar, profanar, desflorar, deshonrar, ajar, estropear, deslucir, atropellar, romper. *Violar el reglamento. Violarse la ley. Violar a una menor de edad. Violar un templo, un secreto. Violación, violado.*

VIOLENCIA — Agresión, ímpetu, ira, furor, arrebato, frenesí, encono, saña, furia, ardor, fuerza, rudeza, vehemencia, fanatismo, extremismo, extremo, ceguedad, incontinencia, descomedimiento, fogosidad, salvajismo, pasión, brusquedad, virulencia, impetuosidad, brutalidad, ardimiento, efusión, poder, viveza, atropello, conculcación, abducción, violación, infracción, ruptura, quebranto, desenfreno, desencadenamiento, impulsividad, intemperancia, rabia, tempestuosidad, forzamiento, arreciamiento. *Imponerse por la violencia. Incitar a, predicar la violencia. Violentar(se), violento, violentamente.*

VIRTUD — Eficacia, poder, fuerza, potestad, vigor, valor, prudencia, humildad, moralidad, dignidad, probidad, honestidad, honradez, integridad, justicia, fortaleza, modestia, continencia, paciencia, templanza, bondad, austeridad, paz, longanimidad, mansedumbre, fe, esperanza, caridad, generosidad, laboriosidad, benignidad, frugalidad, ejemplaridad. *Tener la virtud de curar. Persona de muchas virtudes. Virtuoso, virtual, virtualidad, viril, virilidad.*

VISITA — Recibimiento, entrevista, recepción, audiencia, cita, saludo, conferencia, conversación, cortesía, presentación, convite, agasajo, cumplimiento, revista, inspección, registro, examen, persona de afuera. *Estar de visita en un lugar. Recibir a la visita. Hacer una visita a la fábrica. Pagar una visita. Visitar, visitón, visitación, visitador, visitante, visiteo, visitear.*

VISTA — Sentido corporal, ojo, óptica, mirada, ojeada, encaro, enfrentamiento, revista, revisión, atisbo, atisbadura, perspicacia, apariencia, transparencia, claridad, paisaje, horizonte, panorama, perspectiva, cuadro, vano, abertura, ventana. *Tener buena vista. Estar a la vista. A simple vista. A vista de pájaro. A primera vista. Con vista a algo. En vista de su actuación. ¡Hasta la vista! No perder de vista. Saltar a la vista. Pasar la vista por algo. Hacer la vista gorda. Bajar, clavar la vista. Vista en el supremo. Hermosa vista desde el mirador. Visión, visual, visualidad, visualizar(se), visto, visado, viso, visa, visar, visera, vistoso, visible, visiblemente, visibilidad, visillo, visionario, visto bueno, visaje, mal visto, vistazo, vistillas, vistillar.*

VITAL — Importante, trascendente, fundamental, trascendental, fundamental, sustancial, primordial, cardinal, preponderante, culminante, primario, capital, valioso, nutritivo, tónico, estimulante, energético, vitaminado, activo, eficaz, enérgico. *Vital para el negocio, para la salud. Vitalidad, vitalmente, vitalizar, vitalicio, vitae, vita, vida.*

VÍVERES — Comestibles, bastimento, vituallas, provisiones, existencias, matalotaje, condumio, alimentos, manutención, sostén, manjares, pitanza, subsistencia, viandas, puchero, papa, ración. *Tienda de víveres finos.*

VIVIR(SE) — Existir, subsistir, estar(se), vegetar, revivir, sobrevivir, durar, ir tirando, respirar, mantenerse, hospedarse, proceder, anidar, residir, habitar, morar, pervivir, obrar, potarse, comportarse, proceder, conducirse. *Vivir del tango. Vivirse en el pasado. Vivir a su gusto, con la familia, en paz. Vivir para ver, de milagro. Vivirse bien. Vivir tantos años, en tal lugar. Vivo, vivaz, vivaracho, viviente, vividor, vivienda, viveza, vivificar, vivacidad, vívido, vivero, vivencia, vivar, ¡viva!, ¡Vive Dios!, vivisección, vivíparo.*

VOCACIÓN — Llamamiento, citación, invitación, vena, toque, señal, aptitud, afición, tendencia, inclinación, propensión, disposición, don. *Vocación de, para misionero. Vocación para la ciencia, para las artes plásticas. Vocativo, vocacional, vocal, vocalmente, voz, voces, vocear, voceador, vocerío, vociferar, vociferación, vocinglero, vocablo, vocabulario, voquible.*

VOLAR(SE) — Remontarse, alzarse, revolar, revolotear, trasvolar, circunvolar, levantar el vuelo, elevarse, cernerse, huir, escapar, desaparecer, correr, apresurarse, salir, extenderse, difundirse, enfadarse, encolerizarse, irritarse, poner fuera de sí, sacar a alguien de las casillas o de quicio. *Volar hacia tal ciudad, por entre las nubes. Volarse por la broma. Volátil, volatizar, volatilizar, volante, volador, volandero, volantón, en volandas, voladura, voladizo, vuelo, volada, vuelillo, voleo, volatinero.*

VOLUNTAD — Albedrío, gana, anuencia, real gana, arbitrio, ánimo, merced, gusto, amor, libertad, espontaneidad, asentimiento, aquiescencia, consentimiento, permiso, permisión, conformidad, benevolencia, dilección, afecto, agrado, afición, bienquerencia, cariño, apetencia, antojo, manía, ansia, anhelo, perseverancia, tenacidad, firmeza, energía, intención, elección, mandato, orden, disposición, precepto. *Por su libre voluntad. De voluntad. Tenerle buena voluntad a alguien. Dictar su última voluntad. Voluntario, voluntarioso, voluntariamente, voluntariedad, volición, volitivo.*

VOTO — Parecer, voz, sufragio, dictamen, elección, boleta, boleto, papeleta, balota, deseo, súplica, exvoto, deprecación, petición, compromiso, ofrecimiento, ajo, promesa, palabrota, blasfemia, reniego, maldición, terno, taco, execración. *Voto de confianza, de censura. Depositar el voto en la urna. Ganar por tantos votos. Hacer votos por la salud de alguien. Voto de pobreza. Decir los votos. ¡Voto al diablo! Poner votos en el altar. Votar(se), votación, votante.*

VUELTA — Retorno, regreso, venida, tornada, rotación, giro, inversión, circunvalación, rodeo, borneo, revolución, pirueta, viraje, salto de campana, vuelco, revolcón, devolución, reintegro, dorso, trasera, espalda, revés, emboso, gratificación, recompensa, mudanza, cambio, mutación, labor, repetición, reiteración, mano, vez, recidiva, estribillo, *ritornello,* refrán, bóveda, cobertura, techo. *La vuelta de Martín Fierro. Darle vuelta a la hoja. Dar una vuelta a la cuadra, a la manzana. Darle vuelta (el vuelto) al cliente. Dar una vuelta de carnero. Dar vueltas al tornillo. Mandar a vuelta de correo. Dar una vuelta con una persona, para pasear. Estar de vuelta mañana por la oficina. Poner de vuelta y media a una persona. Dar una vuelta en el tíovivo. Boleto de ida y vuelta. Dar una vuelta en redondo. Voltear(se), volver(se), volteo, voltereta, volteador, vuelto.*

VULGAR — Ordinario, de pacotilla, de medio pelo, prosaico, ramplón, chabacano, bajo, banal, trillado, manido, del montón, trivial, pedestre, sobado, común, mal educado, malcriado, montaraz, patán, rústico, tosco, zafio, prosaico, inculto, adocenado, chusmón. *Hombre vulgar por sus gustos, en sus modales. Vulgarizar(se), vulgo, vulgaridad, vulgarización, vulgarismo, vulgata.*

X

XEROGRAFÍA — Fotografía, electrostática, procedimiento fotográfico, fotocopia, copia seca, reproducción xerográfica. *Alquilar una máquina de xerografía. Xerografiar, xerocopia, xerocopiar, xerográfico.*

Y

YACER — Reposar, descansar, dormir, horizontalmente, tenderse, tumbarse, acostarse, arrellanarse, encamarse, estar, existir, hallarse, encontrarse, ayuntarse, cohabitar, juntarse. *Yacer aquí los restos mortales de tal personaje. Yacimiento, yacija, yacentemente.*

YANQUI — Estadounidense, *yankee,* norteamericano, americano, norteño de E.U., gringo. *Ver jugar a los yanquis de Nueva York. El orgullo de los yanquis.*

YEMA — Botón, brote, gema, gemación, geminación, grumo, gromo, bollón, abollón, capullo, flor, flor y nata, lo mejor, el cogollito, parte del huevo de ave, golosina, punta de los dedos. *Salir de las yemas en la primavera. Ligar dos yemas con azúcar. Turrón de yema. Oprimir bien las yemas para marcar las huellas digitales.*

YUGO(S) — Instrumento para uncir, la yunta, coyunda, jubo, cornal, guarnición, mancuernas, mancuernillas, gemelos, velo nupcial, carga, peso, prisión, atadura, sumisión, sujeción. *Yugo de los bueyes, de la camisa. Yugo matrimonial. Sacudirse el yugo del tirano. Yugar(se).*

Z

ZAFAR(SE) — Librarse, salirse, desembarazarse, soltar(se) separar(se), descoyuntar(se), quitar(se), esquivar, huir, excusar(se), hurtar el cuerpo, eclipsarse, emperifollar, adornar, acicalar, hermosear. *Zafar el nudo. Zafarse un hueso. Zafarse de un penoso compromiso. Zafa, zafo, zafado, zafada.*

ZAFRA — Cosecha de caña de azúcar, fabricación de azúcar, período de molienda, aprovechamiento y venta de ganado, ganancia cuantiosa, ventaja en algo, residuos, escombros, coscote, borra, despojos, desechos, restos, basura. *Tiempo de zafra. Hacer la zafra en una venta. Zafrero.*

ZAGUÁN — Recibidor, antesala, vestíbulo, pórtico, pérgola, galería, atrio, veranda, portal, soportal, porche, claustro, hall, lonja, marquesina. *Entrar en el zaguán, para esperar. Zaguanete.*

ZAHERIDOR — Cáustico, sarcástico, mordaz, incisivo, epigramático, punzante, pullero, pullista, amigo de pullas, vejador, matraca, matraquillero, matraquista, picante, acerado, irónico, virulento, mortificante, agresivo, vejador. *Zaheridor con sus medias verdades, en sus burlas, por su retintín. Zaherir(se), zaherimiento.*

ZAMBULLIRSE — Sumergirse, zabullirse, chapuzarse, darse un chapuzón, hundirse, irse al fondo, ocultarse en el agua, esconderse bajo el agua. *Zambullirse por un minuto. Zambullidura, zambullida, zambullidor, zampuzarse.*

ZANCADILLA — Tropezón, traspiés, trampa, celada, engaño, ardid, astucia, treta, asechanza, trápala, trapaza, maula, candonga. *Ponerle una zancadilla a alguien. Armar zancadillas. Zanca, zancada, zancajear, zancajo, zancajoso, zancos, zanquilargo, zangamanga, zanquear.*

ZANGUANGO — Perezoso, indolente, vago, desganado, desvaído, inapetente, ocioso, remolón, gandul, barzoneador, vagabundo, merodeador, deambulador. *Parecer un zanguango. Zangón, zanguayo, zángano, zanganear, zanganería, zangandongo.*

ZANJA — Excavación longitudinal, foso, cuneta, trinchera, angostura, arroyada. *Zanja de desagüe. Zanjón.*

ZANJAR(SE) — Dirimir, allanar, obviar, resolver, arreglar, vencer, terminar, orillar, solventar, tramitar, despejar, desenredar, aclarar, desatar, desenlazar, abrir camino, salir del paso o *impasse. Zanjar(se) las diferencias.*

ZAPATA — Calzado, pieza del freno, pieza del grifo, calce, tablón, zócalo. *Cambiarle la zapata a los frenos, zapata de un capitel. Zapatilla.*

ZAPATO — Calzado, calco, calcorro, estivo, escarpín, chinela, zoclo, colodoro, pisante, chanclo, chancleta, pantufla, babucha, servilla, bota, botín, botina, borceguí, sandalia, alpargata, mocasín, cacle, caite, botito, zueco, chapín, coturno, andamio, elevador, corcho, madreña, almadreña. *Zapato de dos tonos, con suela de goma. Zapatazo, zapatear(se), zapateado, zapateo, zapatilla, zapatería, zapatero.*

ZARPAR — Levar anclas, surcar las aguas, alzar velas, soltar las amarras, fletarse, salir la embarcación, hacerse a la mar, hinchar las velas, alejarse del muelle, marchar hacia otro puerto, partir la nave. *Zarpar hacia la Guaira, con parada en San Juan. Zarpa, zarpazo, zarpada.*

ZONA — Superficie, terreno, división de la tierra o de un espacio, jurisdicción, banda, lista, faja, tira, correa, brazal, bandolera, cinta, flejo. *Zona postal. Zona de peligro.*

ZOO — Abreviatura de jardín zoológico. *Zoobiología, zoofagia, zoogenia, zoología, zootecnia, zooterapia.*

ZURCIR(SE) — Remendar, recomponer, juntar, reforzar, unir, coser, zunchar, ligar, aunar, empalmar, sujetar, ensartar mentiras, imaginar. *Zurcir(se) las medias, con hilo negro. Zurcir mentiras. Zurcidor de mentiras, de voluntades.*

ZURRAR(SE) — Atizar, golpear, tundir, tundear, aporrear, apalear, batir, varear, propinar, sacudir, zarandear, pegar, vapulear, fustigar, asestar, curtir, adobar las pieles, zurriagar, machucar, dar una paliza, entrarle a pescozones, asentar el guante, moler a palos, abrir la cabeza, medir las costillas, quitar los mocos. *Zurrar al equipo contrario. Zurrarse los oponentes. Zurra, zurribunda, zurrido.*

ZUTANO — Cualquier nombre, nombre desconocido, fulano, citano, mengano, perencejo, esperencejo, perengano. *Andar con zutano. Escribirle a mengano y a zutano.*